太原晚报 THE Sunlight Angel Little reporter WORKS

阳光天使小记者

第1辑 作品集

赵国柱　主编

山西出版集团
山西人民出版社

新华网·山西频道
WWW.SX.XINHUANET.COM
焦点新闻　实用资讯　尽在掌握

关于我们　联系我们
山西高校毕业生图像采集
新华社多媒体数据库

| 新华网首页 | 频道首页 | 三晋要闻 | 焦点热点 | 专题策划 | 网上曝光 | 直播访谈 | 记者看山西 | 数字山西 | 警方传真 | 煤炭资讯 |

2009 太原市"两会"

　　近日，太原市"两会"召开，15名小记者以小学生特有的自信和风采出现在"两会"现场，成为"两会"会场上一道特殊的风景线。他们用小学生特有的方式去观察、采写新闻，把群众关心的问题，把小学生的想法，通过媒体向社会传达。本网特别开辟"小记者跑两会"专栏，刊登小记者的报道。

书写未来从现在开始——访太原市市长张兵生

　　在"两会"期间，采访市长伯伯张兵生一直是我们的心愿。昨日下午，在交通大厦，我们终于"逮"着了这个机会。

　　见到这么多身着红马甲、手持录音笔的小记者，市长伯伯好像有点吃惊。他笑道："说实话，同一家报社的这么多记者采访我，这在全世界也少见啊！"一句话引来大家一阵笑声。这一笑，不仅缓和了气氛，还让我对市长有了新的认识：和蔼可亲、平易近人。

　　"从今年的政府工作报告中，得知太原要建太山植物园，我们小学生都很感兴趣，您能介绍一下太山植物园的有关情况吗？"我们将第一个问题抛给了市长伯伯。"太山植物园正在规划中，是太原市的重点工程之一，我们建这个植物园，是想让太原的植物多样化，让孩子们认识各种植物，更重要的是对孩子们进行综合教育。"

　　接下来，我们又问市长伯伯千峰南路小王村要建一个小游园，这与太原市冲刺国家园林城市有何关系？市长伯伯答道："今后这样的游园要建100多个，让市民每隔三四百米就能走到一个小游园……"我们追问："一个小游园的面积有多大？"市长伯伯风趣地说，"这说不一定了，就像你们的身高，有的会长到1米9，有的会长到1米6，那里地方有多大，我们就建多大的小游园。

　　应小记者的要求，市长伯伯欣然题下16个苍劲有力的大字："阳光天使小记者，书写未来从现在开始。"他的题词引来了一片赞叹声。市长伯伯说，在今天的开幕式上就看到我们小记者在向国歌行队礼，感到特别兴奋，小记者们这么小就关心国家大事是难能可贵的。市长伯伯对小记者提出了期望："青少年正如早晨八九点钟的太阳，太原市的美好未来与梦想需要由你们来完成。"同时，他建议小记者们要积极参与采访、多思考、大胆提问，写出更好的文章。（阳光天使小记者段泫妮、康乃馨、王子硕报道）

小记者风采

一份特殊的提案

　　昨天下午，我们陪同小记者段泫妮向市政协十一届三次会议提案委员会递交了一份"红领巾提案"，我们渴望这份"红领巾提案"能够成为政协提案，让更多的人来关注小学生的课外实践活动这一问题。

　　段泫妮来自山西省实验小学六年级，"学校多多组织我们去春游、扫墓，是我一直以来久有的梦想。上次扫墓，还是5年前的事情。再看我们的综合课，当讲到工厂、机器、庄稼的时候，我特别想到现场看看，亲身感受一下机器的轰鸣、闻闻麦苗儿的清香。"在昨天的政协会上，她看到政协委员都提交了自己的提案，不由得想到了自己这份去年曾在省少代会上提交的"红领巾提案"。详细>>

第一张采访照片的诞生

　　4月25日，是太原市"两会"开幕的第一天，也是我们小记者正式上两会采访的第一天。当我来到南宫会场外的广场时，看到已经有小伙伴们先到了，他们正在采访参会的政协委员，机不可失，失不再来。我连忙拿出相机，快步跑上前去，拍下了第一张采访照片。啊啊，不错啊，角度合理，色彩明快，表情自然，第一张成功的采访照片诞生了！详细>>

晨练老人的心声

4月25日早晨7:40，南宫文化广场，晨光中的老人悠闲地打着太极拳，听说今天这里要召开政协会议，老人们停下活动，向我围拢过来。

"爷爷，您今年高寿啊？""78岁了。"老人停下来，用手比划道。

"爷爷，今天要召开政协会了，你高兴吗？""高兴！"老人兴奋地说，"这可是个事关老百姓的会，太原市城市建设搞得很好，现在绿化多了，有的地方还增设了花园，如果我是政协委员，我就要给政府建议，适当考虑多给我们老年人开辟一些活动场所！"详细>>

大记者向小记者传经

在市政协十一届三次会议召开的当日，太原晚报阳光天使小记者们常常在采访中碰到大同行。

"您好，我是太原晚报的小记者康乃馨，您可以接受我的采访吗？"

"可以，不过我也是媒体的，我是来采访你们的，呵呵！"大记者笑着说。

"撞车了！不过我们的小记者随机应变，不放过任何采访机会，"我们是小记者，您作为大记者是第几次参加两会报道的？"详细>>

整装待发

因为时间还早，政协委员们还没有到，看到最多的是站得笔直、严阵以待的警察叔叔和武警叔叔了。我赶忙奔向前，他们在做大会前最后的准备，一位叔叔正在帮他的战友整理军容。只见他先帮值勤的叔叔拉了拉衣角，然后退到远处上下左右地看了看，又上前帮着整了整皮带，这样反复了好几次，才带着满意的微笑退到一边。我赶忙掌起相机，把这一珍贵的镜头拍了下来，完成了我的第一篇作品。详细>>

扮靓两会的红马甲

4月25日一大早，南宫会场正门口，一道靓丽的风景线吸引了人们的注意，身着红马甲、佩戴着齐全采访工具的小记者们正在等待政协委员的到来。

一进会场，我非常震惊：会场非常大，主席台前花团锦簇，几排座椅在"花丛"中显得格外耀眼。会场上方有一条巨大的横幅，上面有着会议名称及醒目的欢迎辞。看着如此盛大的场面，我被深深地吸引住了，我"东张西望"，无比好奇。刚走进会场的政协委员们看到我们这些小记者，也都表示惊喜、新鲜。我相信，我一定会表现得很出色，展现非同一般的"天使风采"！

在台上铿锵有力的讲话声中，我们小记者成为镜头的焦点。镜头下的我们，个个威严庄重，精神饱满，全神贯注。我不停地记录着，感觉此刻我已真的是一名合格的记者了。我为自己骄傲、自豪！详细>>

新闻背景

红马夹、小记者证、采访本、数码相机、录音笔；聆听、记录、拍摄、提问……在太原市十二届人大四次会议和市十一届三次政协会议的会场上，活跃着一批特别的"新闻工作者"，他们是从太原晚报3000名小记者中层层遴选、参与本届"两会"报道的15名太原晚报阳光天使小记者。在会议期间，他们深入报道一线，以孩子特有的视角采写稿件。

太原晚报阳光天使小记者团成立于2007年8月16日，它以《太原晚报学校周刊》为平台，以开阔学生视野、增长社会见识、提高写作兴趣、锻炼人际交往能力为宗旨，全方位关注中小学生的学习与生活、记录校园动态。小记者团成立近两年来，太原晚报先后策划了《我和小树一起长》、《走进中宇》、《小记者采访少代会》等几十次大型社会实践活动和主题征文活动。这些活动使小记者的综合实践能力和组织沟通能力都得到了锻炼和提高，并收到了良好的社会效果。

3月28日，太原晚报学校周刊登出招募"两会"小记者的启事，经过初选和面试，最终15名小记者有幸入选，担当此次光荣的任务。之后，入选的小记者接受了人大、政协工作人员和太原晚报新闻部记者的培训，他们将以小学生特有的自信和风采出现在"两会"现场，成为"两会"会场上一道特殊的风景线，相信这次"参与"会在他们的一生中留下难忘的回忆。

山西社会调查优势媒体
http://sx.people.com.cn 新闻投诉 投稿 请您打0351-4069830

欢迎投稿：sxrmw@163.com

山西视窗 >> 本网特稿 >> 图片新闻

太原：小记者跑"两会"展少年风采

【打印】【关闭】

太原市政协委员许韶琛接受小记者采访。人民网记
者 伍姚娟摄。

新闻搜索

关键字：_____ 搜索

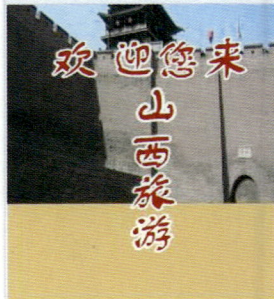

热点回顾
• 南郊工商规范学生用品市场
• 左权严密防控确保食品安全
• 左权基层工商将实现三转变
• 介休工商规范旅游市场秩序
• 稷山规范面粉企业生产标准
• 节支降耗应成每个人的行动
• 临汾工商政策优化创业环境
• 平遥工商坚持护农保春耕
• 南郊工商助推新农村建设

人民网太原2009年4月27日电 （记者安洋 伍姚娟） 4月27日，太原市十二届人大四次会议和市十一届三次政协会议期间，阳光天使小记者来到"两会"现场，就中小学艺术教育、学校门前的安全及市场秩序、春游及户外活动、家庭作业等有关话题，采访两会"代表""委员"。

据了解，阳光天使的小记者来自太原中小学校，年龄最小的9岁，最大的也才15岁。在太原市"两会"现场，15个小记者分散在不同的地角，以孩子独特的视角，围绕教育、交通、食品卫生安全、健康、物价、城建等方面的问题，采访了人大代表和政协委员。

据组织方负责人、太原晚报总编辑贾文清介绍，3月28日，太原晚报学校网刊登出招募"两会"小记者的启事，经过初选和面试，最终15名小记者有幸入选，担当此次光荣的任务。之后，入选的小记者接受了人大、政协工作人员和太原晚报新闻部记者的培训，他们将以小学生特有的自信和风采出现在"两会"现场，成为"两会"会场上一道特殊的风景线，相信这次"参与"会在他们的一生中留下难忘的回忆。

太原晚报阳光天使小记者团成立于2007年8月16日，它以《太原晚报学校网刊》为平台，以开阔学生视野、增长社会见识、提高写作兴趣、锻炼人际交往能力为宗旨，全方位关注中小学生的学习与生活，记录校园动态。小记者团成立近两年来，太原晚报先后策划了《我和小树一起长》、《走进中宇》、《小记者采访少代会》等几十次大型社会实践活动和主题征文活动。这些活动使小记者的综合实践能力和组织沟通能力都得到了锻炼和提高，并收到了良好的社会效果。

小记者们通过参与"两会"报道，可以更好地树立民主政治建设意识，从中加强德育教育。通过这种形式，以提升广大中小学生的主人翁意识。小记者采访团成员之一、山西实验小学的政德娜还向本次政协会提交了一份关于增加小学生课外活动的红领巾提案。

来源：人民网

太原市"两会"期间，阳光天使小记者
向两会代表、委员提问。人民网记者 伍
斌斌摄。

太原市政协委员、太原妇幼保健院院长
陈援农认真回答小记者的提问。人民网
记者 伍斌斌摄。

太原市"两会"期间，阳光天使小记者
用不同的方式记录两会精彩画面，人民
网记者 伍斌斌摄。

小记者在两会现场用数码相机聚精会神
地捕捉精彩画面。人民网记者 伍斌斌
摄。

阳光天使小记者采访两会，成为媒体关
注的焦点。人民网记者 伍斌斌摄。

采访"两会"的太原市阳光天使小记者
们在会场合影。人民网记者 伍斌斌摄。

（责任编辑：张阿斌）

小记者的风采

新华社记者　李建平

太原市活跃着一批"阳光天使小记者"，他们广泛参与社会活动，积极关心社会事务，成为这个城市一道靓丽风景线。

★ 增加写作兴趣 ★

"本来写作是件有趣的事情、高兴的事儿，但我们在大量堆砌辞藻的背后看到许许多多的痛苦不堪、愁眉苦脸。本来童言无忌，孩子的语言应该鲜活、生动，鲜嫩欲滴，但扑入我们眼帘的往往是板着面孔的大话、套话"。太原晚报专刊部主任杨进的话反映了目前中小学生作文的一些情况。

杨进认为，"作文难"的一个重要原因是中小学生课外活动太少，缺乏真实感受。

为了开阔学生视野，增长见识，提高写作兴趣，太原晚报以太原晚报学校周刊为平台，于2007年8月22日成立了阳光天使小记者团。小记者团关注省城中小学生的学习和生活，记录校园动态。两年间，已有3000名中小学生参与相关活动，他们的观察能力和写作能力得到锻炼和提高。

小记者卢子鲲的妈妈说："参加了小记者团后，孩子原本寂寞的生活有了新动机和活力。每次参加完活动，孩子非常开心，不仅主动写文章，而且将活动过程、在活动中拍摄的图片，放到自己的QQ空间与其他人交流。"

⭐ 当社会主人 ⭐

让卢子鲲妈妈更满意的是孩子在做人方面的进步。"小记者团的各种活动给孩子提供了接触社会、感受生活的平台。"

小记者段泷妮的妈妈杜女士说,"参加小记者后,孩子更成熟了,对社会、对事物更加关心了;孩子更自立了,尤其是假期的各种体验活动让她长大了许多。"

通过"与交警同站岗"活动,三年级的刘佳怡体会到了交警叔叔们的辛苦,"我以后一定不违反交通规则了,不给他们添麻烦"。参加了"走进农家,体验乡情"活动,六年级的高瑞觉得自己学到了课本上学不到的农业知识,更收获了自信、乐观和坚强。

⭐ "两会"上展风采 ⭐

2009年4月太原举行市"两会",15名小记者带着自信走进了会场,将他们关心的问题抛向出席两会的代表、委员。

五一路小学的顾欣打响了"头炮":"按照教育局小升初工作就近、划片、免试、分配的入学政策,我们毕业后只能去一些大家不愿意去的中学,这种分配方式对我们来说是不是不太公平?"太原市政协委员、太原市第四十五中学校长温庆武正面应对,从大的政策到身边的例子认真地回答了提问,赢得现场一片掌声和小记者们的认同。

"周三无作业日落实起来为什么那么难?""作为人大代表,作为家长,您对学校门口交通事故频发有什么建议?""学校附近的'三无'食品怎么解决?""限塑令如何更好实施?"……小记者们以孩子独特的视角,围绕教育、交通、食品卫生安全、健康、物价、城建等踊跃提问。

"这些孩子沉着、不怯场、提问积极,场下还拦住太原市市长采访了有15分钟。"太原晚报总编辑对这些小记者的表现非常满意。

(新华社太原5月30日电)

编辑委员会

展开稚嫩的翅膀

寄语太原晚报阳光天使小记者

孙 涛

你们是太原晚报的阳光天使小记者，这是你们的第一部作品集。你们展开了稚嫩的翅膀，如阳光天使般地从这里起飞了，飞向属于你们的色彩绚丽的四季，飞向属于你们未来的辽阔壮美的人生。

阳光真好。阳光下，具有2500多年建城历史的文化名城太原，是我们共同生活的家园。早在史前的旧石器时代和新石器时代，汾河两岸，就是人类开始创建文明的一个地区。中国历史上的汉唐两个盛世，都和太原有着密切的关系。汉文帝刘恒曾在太原地区生活了17年，这里的民风民俗熏陶了他的品性，为其日后开创"文景之治"，打下了思想基础；李世民与父亲李渊从太原起兵伐隋，饮马汾河畔，最终建立了大唐王朝，开创了"贞观之治"。太原历史上名人辈出，数不胜数。唐代文臣狄仁杰、宋代武将呼延赞；唐代大诗人白居易、王维、王之涣；以及生于元末明初，创作出传世作品《三国演义》的大作家罗贯中；生于明末清初，集思想家、书画家、医学家为一身的傅山等。真是人文荟萃，德馨天地。你们是幸福的，因为，这片土地，为你们提供了汲取不尽的营养。

阳光真好。阳光下，我看到你们在汾河两岸，领略着春天温柔的气息，俯瞰着夏天浓厚的田园。你们陶醉在五彩缤纷的秋风里，思索在漫天洁白的冬雪中。你们是阳光下的天使，用一篇篇文章，映证着你们童年生活的欢乐；书写着学生时代的憧憬。你们用朝霞中露珠般的眼睛，观察着属于你们的生活天地；用白云下蓝天般的思维，描绘着属于你们的纯真世界。当这本属于你们的文集，经过历史老人用手轻轻地几番抚摸之后，你们就长大了，长出了坚硬的翅膀。那时，色彩绚丽的四季将由你们延续，辽阔壮美的人生将任你们翱翔。或许，你们会留在太原，为这座古城的现代化建设描绘新的蓝图；或许，你们会飞向浑厚的北方高原和秀美的南国水乡，飞向金色的西部山峦和蓝色的东部海岸；或许，你们还会远涉重洋飞向异国他乡，用你们的学识，在世界各地播撒文化的种子。当你们用成熟的目光和思维，回过头来，重新审视你们曾经有过的这段历史时，你们会感到无比温暖，会生出无限骄傲。因为，你们当年曾是《太原晚报》的阳光天使小记者，你们正是从这里展开了稚嫩的翅膀，开始飞进了科学的殿堂、艺术的圣坛、五彩的职场。

想想45年前，我上了大学后，才在《太原晚报》发表了第一篇文章。我和你们的爷爷奶奶、姥爷姥姥们，在你们这个年龄段时的生活状况和学习环境，是无法与你们现在相比的。你们的父亲母亲们，在你们这个年龄段时的生活状况和学习环境，与你们现在展开稚嫩的翅膀起飞的姿势，也是无法相比的。社会的进步和生命的延续，就在于一代一代的超越，而你们，现在正在超越前人的起跑线上展翅凌空了。

我好羡慕你们。羡慕你们能生活在你们的爷爷奶奶、姥爷姥姥、父亲母亲们在童年时都不曾有过的好日子里。能成长在今天这样一个倡导和谐的、充满生机的好时代里。我还要祝福你们。与辛勤培育你们的老师们、《太原晚报》的编辑们一道祝福你们，继续展开稚嫩的翅膀飞翔吧！无际的长空，无边的大海，繁花似锦的前程，正在欢迎和等待着你们。

（孙涛：中国作家协会会员、原太原市作家协会主席、国家一级作家、太原市优秀专家和杰出贡献艺术家）

{Contents 目录}

{ Contents 目录 }

aunshineang

THE Sunlight
Angel
Little reporter
W

阳光天使在行动

⭐ 书写未来 从现在开始

—— 访太原市市长张兵生

阳光天使小记者 段泓妮 康乃馨 王子硕

阳光天使小记者 作品集

在"两会"期间，采访市长伯伯张兵生一直是我们的心愿。昨日下午，在交通大厦，我们终于抓住了一个机会。

见到这么多身着红马甲、手持录音笔的小记者，市长伯伯好像有点吃惊。他笑道："说实话，同一家报社的这么多记者采访我，这在全世界也少见啊！"一句话引来大家一阵笑声。这一笑，不仅缓和了气氛，还让我们对市长有了新的认识：和蔼可亲、平易近人。

"从今年的政府工作报告中，得知太原要建太山植物园，我们小学生都很感兴趣，您能介绍一下太山植物园的有关情况吗？"我们将第一个问题抛给了市长伯伯。"太山植物园正在规划中，是我市的重点工程之一，我们建这个植物园，是想让太原的植物多样化，让孩子们认识各种植物，更重要的是对孩子们进行综合教育。"

接下来，我们又问市长伯伯千峰南路小王村要建一个小游园，这与我市冲刺国家园林城市有何关系？市长伯伯答道："今后这样的游园要建100多个，让市民每隔三四百米就能走到一个小游园……"我们追问："一个小游园的面积有多大？"市长伯伯风趣地说："这就不一定了，就像你们的身高，有的会长到1米9，有的会长到1米6，那里地方有多大，我们就建多大的小游园。"

应小记者的要求，市长伯伯欣然题下16个苍劲有力的大字："阳光天使小记者，书写未来从现在开始。"他的题词引来了一片赞叹声。市长伯伯说，在今天的开幕式上就看到我们小

⭐⭐⭐ 点评

这是一篇典型的新闻稿，新闻背景是"两会"，更显其新闻价值；新闻人物是张市长，颇具新闻分量；新闻话题是环境、城市规划建设，属民生范畴。新闻写作技巧也很熟练，从标题到语言到内容，十分到位。张市长的寄语彰显出对小记者上"两会"创意的关注、支持。

王海华

记者在奏国歌、行队礼，感到特别兴奋，小记者们这么小就关心国家大事是难能可贵的。市长伯伯对小记者提出了期望："青少年正如早晨八九点钟的太阳，太原市的美好未来与梦想需要由你们来完成。"同时，他建议小记者们要积极参与采访、多思考、大胆提问，写出更好的文章。

⭐ 一个不寻常的下午

双西小学　五年级　杨博文

　　这是一幢大气、美丽的香槟色大楼，她属于太原日报社。在这里，我度过了一个非同寻常的下午。

　　这是一场小记者选拔赛，要从来自各个学校的精英中选出最出色的10位小记者采访太原"两会"。

　　这里处处弥漫着书墨的气息，却无法使我紧绷的神经放松。

　　面试在有着一扇大玻璃门的房间内举行，我们在门外静静地等候。因为太想参加这个活动了，在门外的我一遍遍地给自己加油鼓劲，一遍遍地告诉自己放松。可是一推开门，三位评委老师锐利的目光，很快让我的大脑失去了独立运转的能力。评委老师的问题像一双无形的手，控制着我大脑的运转。在这样的思维模式下，我完全蒙了，有些语无伦次、词不达意。终于可以走出那个房间了，在右手把门关上的瞬间，大脑突然又恢复了正常。刚才一切的一切，仿佛是在梦中。梦醒之后，我才意识到自己刚才的表现有多糟糕，因为那根本就不是自己的最好水平。

　　我哭了，很伤心。因为这个活动我期盼了许久，能亲临其境去采访人们关注的问题是我的渴望。可是我没有把握住这个难得的机会，没有好好地展现自己。

　　然而，就在我心灰意冷的时候，我接到了那个让我兴奋的电话，我初试通过了！我不敢相信自己的耳朵，一遍遍地问妈妈这是不是真的。幸运之神又一次给了我机会，这次我决不会再让它悄悄溜掉。

　　这个平凡的下午，我却经历着大起大落的悲与喜。这个下

⭐ 点评

　　博文小朋友的笔触柔和地把一段难忘的面试经历剖开来给人看，这需要勇气和力量。从写作技巧看，博文小朋友烘托氛围的文字令人欣赏，比如"这里处处弥漫着书墨的气息，却无法使我紧绷的神经放松。"文字不多，但写得饶有意蕴。文章末了由面试而感悟人生，一下子升华了主题，尤以"成功的喜悦可以渐渐忘怀，但失败必须牢牢记在心里"为点睛之笔。

王海华

阳光天使在行动

5

午，我永远也不会忘记。因为成功的喜悦可以渐渐忘怀，但失败必须牢牢记在心里。

⭐ 应聘三部曲

万柏林区大唐实验小学　五年级　刘馨蔓

报名

记得是三月的一天，放学回家的我突然接到班主任老师的一个电话："刘馨蔓，我帮你报上了采访'两会'的名，你准备一篇作文和个人简历，用电子稿的形式发给《太原晚报》学校周刊。"放下电话后，我心想："两会"小记者？"两会"小记者干什么？这么好的机会给我了？有多少人去？……种种疑问在我心里转来转去。

等通知

第二天去了学校才知道，全校只有两个人去，这真是太荣幸了！任务是采访人大代表，我想提问有关教育的问题。我们的负担太重了，家长和老师也跟着受累。教育局要求星期三是无作业日，但课外班都开了，让大家去报名……这些问题都很重要，我一定要争取选上，实现我的"记者"梦，像芮成刚哥哥一样，像王小丫姐姐一样！我甚至有些害怕被选不上，那么多小记者，太不容易了！和那些小记者竞争，也不是一件容易的事情啊！

面试

啊！我终于等到可以去面试这个通知了！心里别提多美了！可还要过面试这关，不过我相信我是最棒的。下午，我和妈妈一起去了新闻大厦。啊！楼好高啊！不知怎么的，我在家一直不怕，看到了这栋楼，反而心生畏惧。面试的小记者正襟危坐地排在那里等待面试，让我感觉像有几百个人那么多。我排在第13个，简单准备了一下，只等待老师叫号了。等待是安静的，心里却像五锣齐响般炸开了锅。

太原晚报

6

阳光天使小记者 作品集

⭐ 点评

文章形式活泼，语言平实，详略得当，生动地把自己独特的一段"应聘"心路展示出来。全文笔调由浅入深、由远及近、由烘托而至内心，流畅、完整地表达出了自己应聘时的心情和综合表现。不难看出馨蔓小朋友是一个乐观、向上、自信的女孩。

王海华

"13号———刘馨蔓"当老师喊出我的名字时，我呼了一口气，轻轻推开门，小心翼翼地走进去了。有3个评委都带着眼镜。评委老师先让我进行了自我介绍。当我说到我爱好语言表演时，老师让我朗诵了一首小诗。本来这首小诗我已经背得滚瓜烂熟了，可一紧张就忘了。不过我还是很有表情地背诵了大部分。我担心地望着老师，可评委老师却冲我笑了笑，又问了问我对"两会"的了解。最后，老师对我说："如果让你去采访，可能会耽误一部分上课时间，你能行么？"我马上肯定地回答："行！"脸上绽放出一丝笑容。心里悄悄地打着小鼓说："看来老师挺中意我！成功的几率可能不少哦！嘿嘿！"

面试虽然已经完了，但我的心像揣个小兔子一样，怦怦跳个不停。我很期待评委最终的决定，我很期待评委告诉我："你被选上了。"我期待能完成"小记者"这个光荣的使命。我期待……

☆ 酸甜苦辣说面试

五一路小学　六年级　顾　欣

等呀等，盼呀盼，采访"两会"代表的事怎么还没有眉目呢？"丁零零——""晚报的电话！"爸爸妈妈不约而同喊道，我立刻竖起了耳朵。原来是晚报阿姨通知小记者集合，但只字未提"两会"采访的事。我有些失望，看来采访"两会"泡汤了。不过，小记者的集体活动还是要参加的。

我一个人匆匆忙忙赶到新闻大厦20层的会议室外，一打听才知道——要"面试"！这时候，我心中的疑惑强烈起来。"采访'两会'还要面试吗？"我好奇地问老师。"对呀！通过面试选拔小记者！"老师回答。我盼望很久的机会终于来了！这时的我激动万分，像喝了令人振奋的——可乐。

在焦急等待中，陆续出来的同学都说面试题目挺难，而且参加面试的人只有20%，也就是只有10个人能获得采访资格。天啊！我大惊。什么？题目很难，而且只能选出10人？我赶来时可不知道是要"面试"的呀！唉！顿时，我如同泄了气的皮

★ 点评

顾欣小朋友这篇文章写得调皮、可爱，貌似轻松地记叙中难掩初次面试的复杂心情。值得肯定的是小作者从题目到内容的设计，酸甜苦辣四味，可乐、爆果汽、纯牛奶、奶茶四饮，兴奋、紧张、自信、轻松四种情绪体验，一一对应，信手写来，别成一体，小作者驾驭文章的能力可见一斑。

王海华

球，蔫了！像灌了先甜后酸的——爆果汽。

等静下心来，我想，轻言放弃可不是我的风格，先看一下大家所谓的难题，比如"两会"的有关知识。认真思考一下，其实自己在日常读报、看新闻的时候，对这些知识都有所了解。比如，"两会"是指每年召开的"人大会"和"政协会"。对了，"两会"的代表们还要对政府一年的工作进行审议，提出意见和建议。想到这些，我信心满满，像享用了储备能量的——纯牛奶。

轮到我了。我虽然充满信心，但走进会议室时还是有些战战兢兢。5分钟的面试，在老师和蔼、温和的提问中很快就过去了。走出会议室时，我的心情一下放松了。面试时兴奋——紧张——自信——轻松的过程，使我对面试有了更深的感触。坦然面对结果，想到这儿，我像品尝了自在悠闲的——奶茶。

不轻言放弃，冷静应对，坦然面对结果，这，是我今天面试最大的收获。

★ 第一次面试

桃南小学　六年级　王子硕

人的一生中，会有许多刻骨铭心的第一次！

怀着欣喜，下午3点我准时到达了新闻大厦。许多和我差不多大的同学早已汇聚大厅，我想，他们来的目的和我是一样的，能来面试的可都是钟灵毓秀呀！看着他们一个个满面红光，充满自信，我不禁有些担心。

"叮咚！"电梯把我们带到了20层。门开的一刹那，电梯里的灯光与楼道里的黑暗形成了鲜明的对比。走在这样的黑暗中，让本就有些紧张的我更多了些沉闷、压抑的感觉，似乎喘不过气来。忽然，一瞬间整个屋子亮了起来，心情，也有了点舒适。

工作人员在那儿点着名，一会儿，我的名字被点到了，第

23个。到我还要两小时，没办法，坐在椅子上等一等吧！等着，等着，人群突然喧嚣起来。原来，是第一个人出来了，大家拥上前问他老师问了些什么问题。有些家长边听边和自己的孩子悄悄地说着什么。我没有凑过去，仍然在椅子上坐着，思考着要说些什么。我总觉着，面试能否通过，不取决于这会儿的临阵磨枪，而是这之前各种知识和能力的积累。

我时不时地观察着面试室，三位面试老师面带微笑，给人以亲和。这种感觉，就像春雨里洗过的太阳，既温暖，又柔和；就像暴雨之后的彩虹，美丽又少见；还像一场淅淅沥沥的春雨，把我看似镇定又有些浮躁的心情润了下来。

"王子硕！"有人点我的名字。我立即精神抖擞，终于该我了！

怀着跃跃欲试的心情，持着平静应对的心态，踏着还算轻盈的步伐，我推开玻璃大门，进了面试室。一进去，我先对着三位老师点头笑了笑，老师们也对我回笑。顿时，整个房间里充满了浓郁的人情味。为了让老师更全面、更迅速地了解我，我把自己的材料交给了老师。"请做一下自我介绍吧！"一位女老师说。

我略带微笑地说："我叫王子硕……我常常想：作为一名学生，不应只把目光停留在考试与学习上，要尽量抓紧点滴时间，争取从德智体美劳全方面锻炼自己、发展自己。我在三年级获得过太原市十佳小主持人的称号，在今年三到四月，我被山西台采访六次……"刚说到这儿，老师打断了我，"都是因为什么呢？说说吧！"这时，我已经完全放松了，就像在家中与朋友谈心一样。"有一次是采访我对于学校安全消防演习活动后的感想，还有就是无作业日的相关问题了。"我回答道。紧接着，她问我："如果你要是采访'两会'的话，你要采访哪些方面？"这问题，简单！我在心中早想过，便自信地回答："教育方面的，重点侧重于初中择校问题及上补习班已经成为一种形式。""你们怎么几乎都说的是教育方面？你有没有想过问一些交通呀，环保呀，民生方面的问题？"听到这句话，我心中立刻不免有些失落。可是，我重拾心情，微笑着说："嗯，其实这方面也应

★★ **点评**

小作者很能沉得住气，这种气势表现在两个方面：首先是对面试的认识、体验和享受，多数小记者记叙面试的文章笔触没有这么从容、平和；其次是对文章写作题目、内容、技巧的把握，不但非常贴切、到位，而且在纪实性、可读性上都高人一筹。阅读全文能够感到小作者已经跳出"面试"现场，豁达超脱地叙述着一切。

王海华

该采访一些，毕竟这些离我们生活很近很近，甚至就在我们生活当中。"老师终于露出了微笑。顿时，我心花怒放。面试结束，老师说："你有时间吗？'两会'需要采访几天，之前还要培训。"啊！哈哈！听到这话，我的心里暗暗高兴，眼前已似乎是一片光明！"有时间！有时间！"我连忙回答道。老师把我的自荐材料还给了我，我说了声谢谢，鞠了个躬，老师们也对我点头示意。当我们四目相对时，我发觉，浓情随着眼神的交汇，在这屋子里悄悄地蔓延开了，暖暖的，甜甜的，我喜欢！

这次面试，使我懂得了许多，了解了许多。其实，社会的竞争是公平的，当我们抱怨落选与拒绝时，应当首先问问自己：我，真的准备好了吗？通过老师们的言谈举止，我突然感觉到：我们是种子，笑容是雨，眼神是土，亲和是光，在他们的帮助下，我们这一粒粒种子在挫折与磨难中渐渐长成了一棵棵强壮的参天大树。我满怀着"乘风破浪会有时，直挂云帆济沧海"的豪情壮志，憧憬着，期待着，能在"两会"上崭露头角！

⭐ 面试有感

后小河小学　五年级　杨凯杰

我是太原晚报阳光天使小记者，当看到报上登载的采访"两会"的活动，我立刻报了名。因为我想做真正的小记者，拿着话筒去采访，去感知社会，去体验社会。

很幸运，我被报社通知参加面试。怀着一种兴奋又忐忑不安的心情，我走进了"考场"。对于"两会"的情况我知道得并不多，只是曾经听爸爸谈到过人大代表会在"两会"讨论有关民生问题，再制定相关政策。当老师提出"两会"需解决的问题时，我的脑海里想到了自己最熟悉的学习生活。尽管我不知道人大代表是否会对小学教育提出讨论意见，但我还是大胆地讲出了我的想法。作为一名小学生，我不认同老师的拖堂行为。因为，我感觉拖堂并没有达到预期的效果。下课了，大家的心思都不在学习上，老师若拖堂讲课，作为学生的我们就会有一

⭐ 点评

小作者直截了当地畅谈了自己第一次面试的经历，能够感觉到凯杰小朋友有一种相当的自信。文章简单、明了，语言也很干净。对小作者来说，面试似乎不是什么难事，既能从熟悉的事情入手，又能随机应变，还能享受面试这种交流，于是我们在轻松、平实地记叙中感受到的是另外一种"面试"。从身边做起，从关心身边的事情开始，写文章如此，面试如此，做事成长也是如此。

王海华

种莫名的抵触心理，听课效率很低，效果也不好。我的回答也许老师们不一定认同，但却是小学生真实的想法和呼声。

面试在一种轻松、自如、畅所欲言的气氛中进行着，我很喜欢这种面对面交流的"考试"形式，第一次面试的感觉很深刻。如果我能参加这次采访活动，我将利用好这次机会去锻炼自己，开阔眼界，增长见识，使自己在实践中有一个新的飞跃。

⭐ 一次难忘的"考试"

阳光双语学校　五年级　李梓薇

太原市的"两会"马上就要召开了，太原晚报决定组织小记者进行现场采访。由于报名的人很多，通过筛选后还要参加面试进行选拔。

当我按时赶到新闻大厦面试现场时，心里吃了一惊，参加面试的小记者黑压压站了一片，从中只选拔10名，我不由得有点紧张。通过和他们聊天，得知很多人都很有经验，有的参加过类似的活动，有的还上过电视呢。我多么想参加这次采访啊！可想到竞争这么激烈，我心里更紧张了，手心里都出汗了。

我是第27号，比较靠后。但每叫到一位小记者的名字，我的心就"咯噔"一下，在大厅里不停地走来走去。当面试进行了一半时，我发现自己已去了三次洗手间。"天哪，时间过得可真慢呀，简直是折磨人哪。"当叫到26号选手时，我突然又觉得时间怎么过得这么快，感觉到怦怦直跳的心一下子就到嗓子眼了。

轮到我了，我保持着镇静，带着一颗忐忑不安的心走进了考场。咦？好奇怪，当我看到三名和蔼可亲的老师后，我反而不紧张了，心情也平静下来了，开始轻松自信地回答老师提出的问题……

走出考场时，终于可以长长地出一口气了。不知是天气的原因，还是紧张的原因，这时我才发现自己的衣服领口都湿透了。不管这次面试的结果如何，我都觉得是一次难得的经历，我一定会记住这次难忘的"考试"。

✦ 点评

小作者敏感真实地记录了自己第一次面试时那种既紧张又快乐的心理体验。非常值得肯定的是梓薇小朋友对手心出汗、叫名字时心里"咯噔"一下等心理细节的把握和描写，真实可信，恰如其分，微妙中透出一种坚定和自信。正因为是心灵的感触，所以才显面试之"难忘"。

王海华

经历考验

万柏林区实验小学　六年级　赵雅馨

"喂，小贺同志，你，紧张吗？"我有些结巴地问道。

"喂，你轻点儿！我的手被你捏疼拉。"贺易茹不满地叫道。

"喂，问你紧不紧张呀！我紧张得汗都流出来了！你看，手上的小抄都花了呢！"我不但不松开，反而抓得更紧了。

"你，你，你！快松开你的手……"小贺白了我一眼。我急忙放开了我的手。因为我的汗把她的袖子弄湿了一大片。我吐了吐舌头乖乖地坐在椅子上等待着……我拿出笔来一遍一遍地描着手上的小抄。

这时，念到我名字了。我慌了，连忙拿出笔来又描了一遍手上的小抄。深吸了一口气，向后望了望。心里那个寒呀，腿都打弯了，有一种绝望的感觉。我觉得自己像一个赴战场的英雄，满怀深情地望了一眼那几个同学，像做最后的诀别！

嘴里念叨着："风萧萧兮易水寒，壮士一去兮……"推开了沉重的玻璃门，迈着沉重的步伐走了进去。

看着前面没有表情的老师，我身上发毛，艰难地咽了咽口水，牵强地扯起一点微笑，硬着头皮介绍起了自己。老师笑了一下示意我坐下，我悄悄地吐了下舌头，拍了拍胸口，小心地坐了下来，气氛没有原先的尴尬与僵局了。我轻轻地清了清嗓子，开始侃侃而谈，不紧不慢地回答着问题。

老师微笑地问我"两会"的知识。我慌乱地看着掌心，虽然描了几遍，但是早被手心的汗弄花了，我只好一个字一个字艰难地把话念了下来……

当我迈出大门时，心情无比舒畅。我擦了擦额头上并不存在的汗水，一不小心把花了的字擦在了脸上。

一点也不难嘛！我在门口傻笑着，这次考验又是我一个骄傲的资本啦！

点评

雅馨小朋友这篇文章写来驾轻就熟，把一场看似难堪的面试经历，写得形象生动、惟妙惟肖，活泼泼一段小儿女情态，人调皮可爱，文诙谐成趣。口语化的语言是本文最大的特点和亮点。

文章开门见山，首段即景对话开始，把读者一下子引进了紧张、高兴、煎熬的面试氛围里。阅读过程中，我们的心情会随着小作者的面试节奏而波动，从最初的羞涩、紧张到最后的戏谑、轻松，小作者拿捏得当，处理精巧，心理写实表达得酣畅淋漓、张扬无忌。

王海华

珍藏在心中的红马甲

羊市街小学　四年级　王井泰

4月24日下午，我拿到《太原晚报》发的印有"阳光天使小记者"的红马甲，心里的那份激动、骄傲、自豪无法用语言描述。在小记者"跑两会"的活动中，这件红马甲将会是我最亲密的"战友"。

4月25日早晨，我第一次穿上了红马甲，站在镜子前仔细看着自己，那红色的马甲仿佛一团火在跳动，我知道这不仅仅是一件衣服，穿上它意味着记者的象征和责任。为了让我不忘"记者"生涯的第一天，爸爸特意给我照了一张我身穿红马甲的相片。

4月27日晚上，小记者"跑两会"的任务圆满完成，红马甲也要被收回去了，心中稍有些遗憾。但是这件红马甲永远会珍藏在我的记忆里，穿红马甲的经历更成为我成长过程中一笔最珍贵的"财富"。

点评

以"红马甲"这一小记者跑"两会"特有的标志，取题、写文，自然、亲切地表达出对这段难忘经历的怀念。文章突出时间概念，给人以强烈的时空感觉。"红马甲"在三个不同片段场景中的出现，是文章的明线，暗线则是小记者跑"两会"的过程。相信"红马甲"放射出的耀眼光芒，会和这段难得的经历一起伴随每个上"两会"小记者的成长！

王海华

我在"两会"

青年路小学　五年级　刘佳怡

4月25日这一天终于来到了，我和其他14名小记者出现在"两会"现场，心中充满了自豪感。

一大早，我来到南宫，工作人员紧张有序地忙碌着，穿着整齐制服的武警叔叔，个个精神抖擞。我充满了好奇，持着采访笔去采访他们，"我能采访您一下吗？"这位叔叔立刻回答："小朋友，我正在工作，你还是采访委员们吧！"他们好敬业啊。

任卫红委员的提案是关于社会保险及农民工就业的问题，要扩大养老覆盖面，帮助农民工就业，并且对他们进行培训，这对他们今后的生活是有保障的。采访结束时，她高兴地说："希望你们小记者能多参加社会活动，增加知识面，开

点评

阅读佳怡小朋友的文章能够充分感受到小作者上"两会"的激动心情，因为文章的节奏是跳跃的，文章的语气是欢快的。初次历练，想写的东西一定不少吧，撷录了"两会"负责保卫的武警、办理提案的政协委员和开会的庄严肃穆等三个片段，确实给人以强烈的现场感，也呼应了文章的题目。

王海华

阔眼界。"

进入会场，主席台上醒目的大字吸引着我的眼球——"中国人民政治协商会议山西省太原市第十一届委员会第三次会议"，正中央挂着一块鲜艳的政协徽章，十面鲜艳的红旗分列两侧，既庄严又肃穆。9时整，大会在庄严的国歌声中拉开帷幕，我们全体小记者以敬少先队礼表达这一神圣的时刻，我的心中再次充满骄傲和自豪。

3天的"两会"经历虽然短暂，但给我留下了难忘的回忆。

我的记者生活

万柏林区大唐实验小学　五年级　刘馨蔓

采访"两会"，别提有多忙了。我参加了政协开幕式、人大开幕式、政协环保记者会、小记者会，我还采访了参会的人大代表、政协委员以及"两会"服务人员。不过，令我印象最深刻的，还是会场门口的武警叔叔。

每次经过"两会"会场，总能看到站得笔直的武警叔叔。他们穿着深绿色的军装，威武而庄严。好像一个个金刚勇士保卫着"两会"的安全。从他们身边走过，我会油然而生一种神圣的感觉。他们是最值得尊敬的人！

回想3天的采访工作，真令人兴奋。每次去开会，坐在许多衣着不同的记者们旁边，最显眼的红马甲成了一道亮丽的风景线。每次采访，委员和代表们都会惊奇地说："还有小记者！"每次提问，委员们都会笑着说："小记者们很可爱，问的问题也非常好！"总之，小记者跑"两会"令人们大吃一惊：在这样严肃的场合，还有小孩子！说我们是小孩子，却一点也不比大记者们差！我不仅采访了政协委员，还学到了大记者怎样采访，怎样提问，怎样写稿……

3天的记者生活，我学到许多东西。它们已经成为我"梦想乐园"中的一块块坚实的砖石，会让我在今后的生活中受益匪浅。为了我的梦想，我会继续努力。

点评

真是"两会"内容何其多，小记者眼里出奇迹！字里行间无不洋溢着一种兴奋和快乐，小记者带给"两会"的冲击力由此可见一斑。这种"生活"多么难得，这种记忆多么珍贵，这里面蕴含的希望多么真诚、无限。来吧，小记者、小朋友，放飞我们的梦想，大胆地走上追梦、圆梦之旅吧。

王海华

百感交集说"两会"

五一路小学 六年级 顾 欣

这次参加"两会"采访活动，我累并快乐着，感触很多。

首先，通过采访"两会"的代表，了解到他们来自各行各业不同的岗位，在工作生活中，他们关注国计民生，勤于思考，善于搜集，每份提案中都凝结着他们的心血。从会场的庄严气氛中，我也能深深感受到代表们对自己责任的重视，他们真正讲出了老百姓的心里话，真正代表了人民的利益。

"两会"期间，我采访了许多默默无闻的工作人员，在会议开始前一个多小时，交警、武警叔叔们就忙开了，还有很多大会的工作人员，牺牲了周六日的休息时间，为了保证会议的顺利召开而无私奉献，只要是为老百姓做实事，他们毫不计较个人得失，我从内心深处尊敬他们。

为了能让小记者顺利参加这次采访活动，太原晚报学校周刊的叔叔阿姨们早在两个月前就开始准备了，从小记者的选拔、培训，到采访活动各个环节的安排，再到组稿、删改，甚至小记者会后的安全问题，无不倾注了他们的心血。我们能在小小年纪参加这样的盛会，离不开他们的努力，是这些可敬的叔叔阿姨们给我们搭建了可贵的平台，才有了我们施展自己才能的空间，我要深深地感谢他们。

这几天的采访活动可以说是累并快乐着。头一天晚上就要为第二天做好准备，什么照相机、录音笔、电池、采访本要一应俱全，还要查阅采访对象的背景资料，拟好提问内容，及时与被采访者电话沟通，第二天会议刚结束就马不停蹄地写稿了，中午饭都是边吃边打字，因为老编等着要稿呢，得赶紧发过去……

这几天，我谢绝了爸妈的帮忙，真是累坏了。不过，我过得很充实，我又一次长大了。

点评

顾欣小朋友的文章给了读者另外一个看小记者上"两会"的视角。一个小记者多少牵挂人，一场小采访几多兴奋事。会上有代表、委员和大量议题，会下有家长、老师、报社编辑和点点挂牵，会场内参政议政、用心谋划，会场外保卫交通、尽情服务，一边是小小年纪初生少年，一边是"负重"前行，新闻家什儿一应俱全，一边是刚上"两会"青涩出道，一边是任务紧张，连轴采访，现场写作，能不累吗？小作者在上"两会"的日子里成长，读者在你的文章里分享。

王海华

阳光天使在行动

15

勇敢见证成功

青年路小学　六年级　李佩聪

4月25日至27日，是我有生以来最忙碌的3天。在这3天里，我所采访的委员、代表虽然只有5位，但他们都在我脑海里留下了深深的印象。其中，采访藏族女委员益西卓玛让我懂得了什么叫"永不言弃"，体会了勇敢带来的成功。

26日市人代会开幕。我早早来到南宫广场准备采访"两会"代表、委员。但因种种原因，四五位代表、委员没有接受我的采访，我开始沮丧。放弃吧？又想做一个勇敢者。坚持吧？又怕没人接受。心里很难做决定，犹豫不决。这时，一位着装朴素、和蔼可亲的阿姨迎面走来，我勇敢地迈出第一步、第二步，接着一路小跑地来到这位阿姨面前，"阿姨，您好。我，我是来自太原晚报的阳光天使小记者李佩聪，我能采访一下您吗？"虽然我有些紧张，但还是勇敢地说出第一句话，阿姨刚一开口，我就又有些紧张了，因为害怕阿姨拒绝采访，没想到阿姨亲切地说了一句"好啊。"

我悬着的心终于落下来了，但所提问题的质量对我来说又是一个挑战，我抬头看见了阿姨和蔼的目光，好像在激励我，于是，紧张的心平静了许多，我勇敢地提问："您的提案是什么方面的？"……我的采访很顺利，大会就要开始了，采访不得不结束了，我忽然想起还没问委员的名字，急忙说："噢！委员阿姨，您的名字是什么？""我叫益西卓玛。"我有些惊讶，"您是藏族的？""是的。""谢谢阿姨！"我兴奋极了，这是我最有意义的一次采访，在压力之下，勇敢地战胜自己，我做到了，我成功了。

太原晚报

16

阳光天使小记者　作品集

点评

写文章选取一角，才能写出道道来。小记者写"两会"也要有的放矢。本文的小作者就是抓住自己成功采访藏族委员一事，流畅地表达出了采访过程中的真实感受。有一颗勇敢的心，去做勇敢的事，才能走向成功。相信明天你会走得更加勇敢、自信！

王海华

难忘的记忆

双西小学　五年级　杨博文

4月25日至27日，我和14名太原晚报阳光天使小记者有幸参加了我市"两会"的采访工作。3天的时间很短，留给我们的不仅仅是一幅幅照片、一段段录音、一件红马甲、一个记者证，更多的还是留在我们心里的美好记忆。

看，那一幅幅照片！它记录着我们3天来采访的每一个场景，也记录着委员和工作人员的点点滴滴。

那是4月25日政协会开幕式前我们在南宫广场的合影，是正在执勤的警察叔叔、是我在采访《新闻快车》主持人赵剑云阿姨，是正在讲话的姬和平主席，是正在接受小记者采访的市长张兵生伯伯，是全心投入工作的大记者……这一切的一切，都永久地收录在了我的相机中，也永久地留在我心里。

听，那一段段录音！它录下了我的执着和一本正经，录下了委员们亲切的话语和语重心长的期望。在那些录音中，我的声音是那样微小，提出的问题是那样千篇一律，可有了今天的锻炼，我相信明天的我会更出色。

抚摸那件红色的马甲，那个粉色的记者证。它们见证了我3天的采访工作，有成功也有失败。在那件红马甲上，我仿佛又看到了委员和记者们惊奇赞许的目光，看到了我穿梭在人群中的身影，又听到了委员、代表们鼓励的声音，听到了我从容采访时的声音。

看着它们、听着它们、抚摸着它们，我心中洋溢着无穷的自豪和激动，这些是给我留下美好记忆的见证，我一定会好好珍藏！

点评

因为难忘，所以珍藏。博文小朋友用饱含感情的笔调，充分运用触觉、听觉、感觉等综合表现手法，把一段难得的"两会"经历展现给了读者。文章充满真情实感，通过一幅幅照片、一段段录音、一件红马甲、一个记者证，寄情于物，寓理于事，别出心裁地写出了小作者心目中的"两会"。

王海华

阳光天使在行动

17

当好记者，难上加难

青年路小学　六年级　于弘毅

当我们在报纸上看到那些精彩的新闻时，不要忘了，那是记者的功劳。所以，我一直对记者怀着崇敬的心情，觉得他们很伟大。

作为一名太原晚报阳光天使小记者，我幸运地参加了今年我市的"两会"。在采访和写稿的过程中，我深深体会到，要想当好记者，可真是难上加难。

记得我第一次在南宫广场前采访时，总是不敢上前，看到其他的小记者采访过后脸上那富有成就感的表情，我的心里就痒痒的，很想去试一试，但是，我的身体好像是被一只无形的大手抓住了，腿像灌满了铅，走也走不动。

这件事告诉我：当记者，首先要有胆量，也要有一种"抢"劲，呵呵，好新闻都是抢出来的。

星期一上午是政协委员发言，一进入会场，我就看见会场后面的桌子上有一台巨大的摄像机，旁边坐着一位带耳麦的叔叔，正在那里调试摄像机。他的额头上有几粒汗珠，眼圈有些发黑，显然，他这两天没有休息好，非常疲劳。开会期间，他经常一动不动地坐在摄像机旁，带着耳麦，聚精会神地监控着摄像机。他告诉我，他早上7点就来到这里，组装支架，调试摄像机，最后，再把摄像机搬到桌子上。我问他这项工作辛不辛苦，他说，说实话，挺辛苦，但是，只要热爱这个工作，你就不觉得辛苦了。他这一番话，使我感触颇深，同时，我明白了，当好记者，首先要热爱这个工作，其次，必须要有吃苦耐劳的精神。其他的工作何尝不是如此呢？

★★ 点评

凡有经历皆为财富。弘毅小朋友采访"两会"，敢于比拼大记者，通过实践体验明白做好一名记者需要热爱、吃苦、勇敢，这就是你收获的财富。其实，学习、工作、生活一样需要我们用心努力。值得一提的是小作者对自己在南宫采访真实的心理描写，非常难能可贵。

王海华

★ 放飞梦想的地方

后小河小学　五年级　杨凯杰

　　作为一名太原晚报阳光天使小记者，我幸运地采访了"两会"。会上，感人的事很多，但最感动我的是来自太原晚报的指导老师们。他们不辞辛劳地为我们的采访活动奔波，所有的采访细节都要逐一安排，每次上会前，老师们都要耐心地给我们讲解采访时应该注意的事项，生怕有一点疏漏。他们总是最先来到会场等着我们，给我们发资料，细心地告诉每一位家长散会的时间，全程陪同我们进行采访。摄影师叔叔也很敬业，不停地为我们拍照，几乎没看到他休息。老师们没有出现在闪光灯下，没有出现在报纸上，他们把梦想的舞台给了我们，让我们尽情展现阳光小记者的风采。

　　的确，通过"两会"，我实现了自己的记者梦，但我更想说："太原晚报是放飞梦想的地方。"

★ 感　悟

胜利桥东小学　六年级　高　瑞

　　27日，我顺利地完成了采访任务。在3天的采访中，我有收获，有遗憾，但更多的是来自内心的感悟……

　　能够从3000多名阳光天使小记者中脱颖而出，顺利入围15名名单，我是幸运的。可是，当我踌躇满志地来到"两会"上时，我发现原来当一个真正的小记者并非我想象的那样风光：你要在采访参会委员、代表的间隙，在极短的时间里写出新闻稿、写出采访花絮，还是很紧张，很有压力的。

　　在现场的实际采访中，最感动我的是大记者的认真和执着。特别是一些摄影记者有时为了一个好的拍摄角度，常常不顾个人安危，甚至从会场二楼的看台上探出身去拍摄，他们真是敬

业啊！

　　而一同来"两会"采访的其他小伙伴，虽然他们有的年龄比我要小，可是他们一点也不逊色，采访、写稿样样在行，还真有一点当仁不让呢！

　　也许是参加这类活动少的缘故吧，与康乃馨、王子硕、段法妮等小伙伴相比，我还是有一定差距的。在采访中他们更为专业，更显游刃有余，更能展现我们阳光天使小记者的良好形象，确实是值得我好好学习的啊！

★ "两会"上的普通人

阳光双语学校　　五年级　　李梓薇

　　3天的采访时间很短，但几个镜头、几个普通人却在我脑海里留下了深刻的印象，让我回味无穷，受益匪浅……

　　镜头一

　　时间：2009年4月25日上午8时

　　地点：工人文化宫

　　人物：一位工作人员

　　回放：一大早，我就匆匆赶到现场，在会场外看见一个工作人员正在认真布置宣传栏。我赶忙上去采访："叔叔，您好！我是太原晚报阳光天使小记者，请问您几点就开始工作了？"叔叔抬起头，用袖子擦了擦脸上的汗珠，笑着答："6点。""叔叔您好辛苦呀！""为了'两会'顺利召开，再苦再累也值得。"说完，他又埋头工作了。我不忍心再打搅他的工作，心里却生出很多敬意……

　　镜头二

　　时间：2009年4月27日上午7时30分

　　地点：山西饭店

　　人物：一位服务员

　　回放：早晨7时30分我赶到山西饭店，准备倾听政协委员们的精彩发言。会议还没有开始，只见十几个服务员们正在紧

★ 点评

　　这篇文章最大亮点无疑就是纪实性的新闻镜头式的写法。梓薇小朋友无论在全文的构思、写法还是取材、对象上都是经过精心设计的，工夫下到了，也就与同类作品区别开了。小作者不写"两会"的轰轰烈烈，笔触一转，关注起了为"两会"服务的普通工作人员，别出心裁，平实自然。写东西就要这样写。

王海华

张地做准备工作，豆大的汗珠布满了她们的额头，茶杯、笔、纸被她们摆放得整整齐齐。当一位服务员与我擦肩而过时，我不禁问她："姐姐，你累吗？"她摇了摇头。"你们工作真认真啊！"她笑了笑，转身又忙碌去了。我一直观察她一丝不苟地工作，但心里却想了很多……

　　他们不是"两会"代表，更无法在大会上发言，但是他们这种默默无闻的精神和认真严谨的工作态度让人肃然起敬。正是这些普通人在普通的岗位上做出了不普通的事情。让我们向这些普通人致敬吧！

我和交警叔叔同站岗
2007 年 8 月 16 日

⭐ 体验站岗

太师一附小　四年级　郭凯菲

8 月 16 日，我很早就起来了，去太原日报社参加阳光天使小记者活动——和交警叔叔一起站岗。

站在岗上，我特别自豪和高兴，因为这可是我第一次近距离看交警叔叔指挥啊！我计算了一下，每次绿灯亮了，大约有 90 辆汽车经过十字路口。忽然，我看见一辆车坏在路中央，交警叔叔上去问明情况后，和司机一起把车推到路边，并帮他修好了车，司机连连道谢，怀着感激的心情走了。这时，我感觉腿好酸，想休息一会儿，可是转念一想，交警叔叔每天要站 11 个小时呢，我一定要坚持下去。

一个小时的站岗结束了，姐姐来接我。回家的路上，姐姐因为赶时间，想闯红灯，我急忙拦住她："不要闯，万一出交通事故怎么办？"姐姐停住了脚步。今后，我要告诉身边更多的人，理解交警叔叔的工作，自觉遵守交通规则。

⭐ 点评

这篇文章让我们感受到，走出课堂的孩子从生活中学习到了更多的经验，对生命有更多的感悟，真是"处处留心皆学问"。小作者叙事完整，语言流畅。如果能够把人物形象塑造得更丰满些，生动些，文章会更具感染力。

马非马

⭐ 神奇的交警叔叔

八一小学　三年级　赵一凡

8 月 16 日，我非常幸运地参加了太原晚报阳光天使小记者活动。

上午，老师带我们到金融大厦十字路口去体验交警叔叔的工作。炎炎烈日下，交警叔叔边指挥着川流不息的车辆，边给我们讲太原市集中修路期间的一些感人事迹。突然，一位交警叔叔招手叫一辆车靠边停下，我们连忙跑过去，原来这辆车的

车牌照是假的。交警叔叔跟我们讲："我们天天看车牌号，所以我一眼就能看出这辆车牌号有问题。假车牌一般有几个辨认方法：1. 牌照颜色的深浅；2. 牌照字体大小；3. 数字的间隔距离。"根据这些特征，我们细细观察这辆车的车牌，发现果然如此，车牌号是假的。交警叔叔在每分钟60多辆过往车辆中一眼就能识别出假牌照，简直太神奇了。

此时，又有一辆车在马路中间开不动了，交警叔叔经过询问，开始帮他推车。望着烈日下交警叔叔推车的身影，我们不由得又添了几分敬意。

短短一个小时，交警叔叔留给我的是一双火眼金睛和一颗火热的为人民服务的心。

烈日下的英雄

晋祠小学　四年级　康　璇

英雄，怎样才称得上是英雄？当我看到在骄阳下工作的警察叔叔，我明白了，坚持为人民服务的交警才称得上是英雄。

我市正在修路，几条主干道全线封闭，因此，其他车道的压力随之增大，经常造成堵车。而6月份正值高考和中考，为了不影响考生考试，交警叔叔在烈日下平均一天要工作十多个小时。而且当遇到考生因为路堵快要耽误考试时间，交警叔叔就会用摩托车将他们送入考场。

不仅如此，交警叔叔的家人也是幕后英雄，给予了他们极大的支持。某队一位中队长每天加班加点，一直到很晚才能回家，他3岁的女儿总是想着爸爸入睡。有一天，他的妻子锁门的时候，女儿抱住妈妈的腿哭着说："爸爸还没回来，锁了门爸爸就进不来了。"还有一次，这位中队长回来得稍微早一些，幼小的女儿竟然从卫生间端出一盆水要给爸爸洗脚。

今天我有幸和交警叔叔一起站岗，我仅仅站了一个小时就已经觉得很累了，交警叔叔每天要站好几个小时，可以想象有多么辛苦啊！

我问叔叔："您当交警后悔吗？"叔叔坚定地说："不后悔。参加这个工作的时候不后悔，现在不后悔，以后也不后悔。保护群众安全，保证群众安居乐业是我们的职责。"在炎炎夏日，工作时间最长的是他们，挥动胳膊次数最多的是他们，吹口哨吹得上下嘴唇合不上的是他们。交警是市民眼里最神圣的岗位，他们是人们心中的好战士，难道我们不应该称他们为烈日下的英雄吗？

最可敬的人

兴华街小学　五年级　梁希蕊

那天，我们来到府西街西口，体验交警叔叔的辛苦。

骄阳无情地暴晒着他们，每当一辆辆车疾驰而过，他们的身边就掀起一阵阵热浪，让人喘不过气来。交警每天呼吸着汽车的尾气和路边的尘土，以汗洗面，但我却没有听到一位叔叔有怨言，依然尽职尽责地做好自己的事。

在体验的一个小时里，我看到了交警叔叔的可敬之处。让我们来看两个小例子吧：一位老奶奶摇着轮椅艰难地过着马路，她看了看周围的人，眼睛里发出求助的神情，这时，交警叔叔出现在她的面前，推着她过了马路，老奶奶望着被太阳晒得黝黑的交警，嘴里不停地说着什么，肯定是在感谢我们的交警。

正午时分，车多人多，一辆面包车突然坏在了马路正中，车主急得团团转，正在他焦急无助的时候，交警叔叔们一起出动，把他的车推到了路边，并帮他把车修好，车主不停地说着谢谢。

小朋友，我不用举太多的例子了，你们已经能够看出我们的交警叔叔是怎样的人，有着什么样的品质。

我在骄阳下站了一个多小时，就已经被太阳烤得无精打采，烦躁不安，心里不停地抱怨着。然而在交警叔叔工作的日日夜夜里，又有多少个一小时呢？他们却从没有怨言过，想到这些，我对交警的敬意又增加了几分。

点评

文题紧密结合，用两个具体的小事例让读者看到交警的"可敬"之处，作者观察细致，描写生动，寥寥几笔就写出了暑天酷热的环境，更突出了交警的不怕辛苦、坚守岗位、为人民服务的高大形象。

马非马

★ 无悔的选择

师院附中　初一年级　牛宇奇

"做人有苦有甜，善恶分开两边，都为梦中的明天。"用这句《向天再借五百年》中的歌词形容他们并不过分。无论是面对骄阳似火、热浪袭人，或是冰刀雪剑、风雨无情，他们从来没有放下肩头维护道路顺畅的责任。

他们便是交警，我们早已见惯不惊的老"熟识"——交警。

8月16日，伴随着"太原晚报阳光天使小记者团"的正式成立，小记者们进行了第一次活动——体验交警工作。

八月的天气，好似火炉，膨胀着的热气从四面八方袭来。在路上，我们的汗水不知不觉地流了下来。但在街口，总能望见可敬的交警，不停地向各个方向发号施令，总能听到与鸣笛声胶着在一起的哨音。永远是标准制式的警帽，永远是标准制式的警服，永远是笔挺的英姿。

交警工作不好干！遇上横的，你管，他不服；你罚，他说你滥罚一气；刚要和他理论一下，绿灯亮了，他理直气壮地一轰油门，喷你一脸尾气，呛你咳嗽半天，走了，无奈吧？

现在更难！太原市正大面积修路，交警承受的压力更大。道路车流量激增，面对拥堵的压力，如何交代百姓便成了一大难题。

那天新建路施工时，由于事先没有得到通知，交警上了岗才发现路堵上了，只留下几米的通道，又要过人，又要走车。早上8时上班高峰期，道路压力正大。有的司机一句话就甩上来："你们交警不会在电台播一下路况？！浪费人多少时间！"实在是让人哭笑不得。交警昨天累了一整天，晚上没接到消息，早上一来便是这情况，谁不憋一肚子气？但有气也不能撒出来，只能忍气吞声，继续在责问声中默默地指挥交通。

将来也不容易！他们的健康状况只能用灰色表示。且不说

★ 点评

此文中，这几个方面的内容处理得很好：一是以歌词开头，入题迅速，且角度选定了"交警工作之难"这个便于展开的话题；二是巧选材料，以"现在更难"的例子，承上而启下；三是再增加一个"将来也不容易"的推论，深化交警的形象，增加叙述的份量；四是用比喻来描写环境，既表达了肺腑之言，又显得文气高雅。

马非马

他们是整天与尘埃尾气做斗争的 "马路吸尘器"，一夏天的暴晒，早已在他们身上留下长时间难以褪去的印迹——墨镜遮盖下的眼眶总是那么不协调地呈白色，还有脱皮……

其实，我们对交警的了解并不全面，他们做的这一切都是为了什么？

头顶上的国徽，臂旁的警徽，为了满腔热血唱出青春无悔，他们在骄阳下岿然不动。

交警 —— 忙碌而光辉的职业

师院附中　初一年级　王琪琦

不必说指挥交通时那标准的手势，车辆违规时那严肃的态度，也不必说酷暑下汗水浸透的衣襟，尾气缭绕时那轻微的咳嗽，单是胸前那个 "为人民服务" 的胸牌，就诠释了他们对工作认真的态度，无悔的执著。

8月16日，"太原晚报阳光天使小记者团" 活动正式启动，上午10点半，太阳正烈，小记者们来到府东街和解放路交叉的十字路口，亲自体验和采访交警的工作。

这个岗是刘晋警官在指挥。笔挺的英姿，标准的手势，给人以方正、严肃之感。

我向他提了一个问题："您在这里如何解暑呢？"

"解暑？" 刘警官愣了一下。"是的，解暑。" 我对他的不解有些意外。"其实没有什么解暑方法，顾得上就喝点水，顾不上就不喝了。每天晚上都喝藿香正气水。" 对这个回答，我很吃惊。如此酷热的天气，穿着长长的衬衫，戴着厚厚的警帽，却只能是喝水。我明白了他刚才的疑惑，其实是不知怎样回答，因为根本没有什么解暑方法。我突然被这个答案给惊呆了，完全说不出话来。面对这样一份辛苦的工作，眼前的交警却露出一脸的微笑，墨镜下的双眼显露的是执著。我从刚才的回答中缓过神来，又问他："您的家人怎样看待您的工作呢？"

"对这样一个光荣的职业，当然是支持，但是不免会对我的

点评

文章从大处着眼，小处着手，选取不同角度的实例进行叙写。开篇不俗，让人眼前一亮。两个简单的问题却凸显了一个普通交警最真实也最朴实的一面。匠心独具，独树一帜。

马非马

身体有一些担心吧。"

"谢谢您。"

刘警官又回到了他的岗位上。我久久凝望着他忙碌的身影，还有在太阳下熠熠生辉的警徽。

⭐ 肩头的责任

师院附中　初一年级　秦德盛

男儿胸中，热血沸腾，浩气四射；巾帼豪杰，多怀奇志，英姿飒爽。这就是我们的交警，矗立于十字路口、红绿灯下的交警。

只因为头上有国徽，胸前有警徽，他们便扛起了肩头的责任。在烈日下、在风雨中，岿然不动，顶天而立地。

8月16日，我随着阳光天使小记者团来到了府东街和解放路交叉的十字路口，亲自体验了交警的工作。

头顶骄阳正烈，时间已近中午，我们在街上走着尚且挥汗如雨，更何况交警身着厚厚的制服。我在站岗之前，已喝了一瓶藿香正气水，可只站了一会儿，就觉头晕目眩，汗水已浸满全身，很累。远处，交警站在路中央，做着标准的指挥动作，一转身，一挥手，英气十足，让人佩服。

我采访了旁边协管的老大爷，有一句话印象深刻："下雨，大家要走路；天再热，大家也要走路。有人走，有车跑，你就得上岗、执勤。"是呀，身为交警，再苦再累，都得上！

交警们平日里执勤，忘我奉献。可是他们，也有妻子儿女，也有自己的家。

一位交警叔叔，有个3岁的女儿。在迎泽大街施工期间，他几乎每晚都得十一二点才能回家。等他回家时，女儿已经睡了。有一天晚上，他还没有回家，妻子女儿要睡觉了，他妻子要把门锁上，女儿抱住妈妈的腿，说："不要锁门，锁了门爸爸就回不来了。"还有一次，他回家比较早，晚上9点多，女儿还没睡，就给他端来了洗脚水，说："爸爸，洗脚，洗了脚就不累了。"他对同事讲这些是哭着说的。

女儿很听话、很懂事，而他却是一个"不称职"的爸爸，他尽不了父亲对女儿的责任。这一切，只因他是交警，他要尽交警对人民的责任。

还有一个故事，发生在高考期间。那段时间，迎泽大街、南内环街施工，交通不畅。高考第一天早晨，三名考生在五一路小学附近向交警求助，要赶到小店区的考场。而不到1小时就将开考，用正常办法无论如何来不及，怎么办呢？交警们给了这三个考生"国宾级"待遇。前面两辆摩托开道，对讲机联系下一路口交警，提前疏散交通。最终，在开考前10分钟将考生送到考场。

在我们心中，交警总是与罚款联系在一起，与冷酷无情联系在一起。其实，交警心中，时时装着人民，装着人民的利益。

试想，谁会为陌生人的交通安全在烈日下、风雨中坚持站岗？谁会为工作职责而放弃了自己作为父亲、儿子、丈夫的责任？谁会为路人的前途而想方设法，竭尽全力？

是我们的交警！他们以自己无私的奉献铸就了新时代的警魂。

点评

文章内容丰富，结构"紧"，全文议、叙、联、结，浑然成为一体。每一个段落的安排都极具匠心，段与段之间衔接顺畅。由于结构紧凑，也给人以有力的感觉。语言"精"，全文用语准确、恰当、精练，句式简短、表达明晰，显得生动活泼，同样给人以有力的感觉。

马非马

可爱的交警

太原市实验中学　初一年级　郭嘉琦

第一次参加阳光天使小记者的活动，体验交警生活。当我来到十字路口，视线中出现了那威严的警服，不禁联想了一幕幕的感人画面：烈日炎炎下，寒冬酷暑中，坚定不移的是那坚强的交警；宽阔的街道上，繁忙的车辆中，艰苦指挥的是那无私的交警；群众的眼睛里，赞许的目光中，穿梭的身影亦是那默默无闻的交警。

我们的任务是协助交警叔叔管理非机动车道和行人，对于那些违章的行人和车辆，我们无数遍地重复着："请不要越线"、"现在是红灯，请稍等再过"、"请您配合"……或许我们的话不够有权威性，一些人根本不予理睬。一句句为行人安全着想的话，似乎变成了令人厌烦的耳边风。我很想用严厉的口气教训

他们，但又怕惹出事非，此时的心情充满了无奈：为什么他们就不能配合一点呢？只不过是举手之劳而已。同时自己也暗下决心：以后再也不违反交通规则了！

心中仿佛由于这不和谐的画面，下起了雨……

我们这些温室中长大的花朵，在太阳的炙烤下，没一会儿就躲到了伞下。但远处耀眼的警服却在诉说着坚强，我心中的敬佩之情更加强烈了。

在大修路期间，最值得赞扬的莫过于交警。就在为人民带来方便和畅通的同时，一幕幕感人的画面正在上演。每一个交警都要在岗位上站无数个小时；每一个交警都轻伤不下火线；每一个交警的背后都有一个理解与包容的家庭。

一个小时后，活动结束，我思绪万千。这一次体验，不仅让我对交警充满了敬佩，同时也凸显出太原市一些市民道德素质的欠缺。在即将到来的2008年，每个人都在为创建一个美好的精神文明家园做准备，那我们何不从一点一滴做起呢？不违反交通法规，遵纪守法，配合工作，让和谐与美好代替一幕幕血的教训，让交警辛勤的汗水换来一个有秩序的交通，让这个社会更和谐。

★ 点评

这篇文章的突出特点是在叙事中注重抒写自己的感受。抒写感受，是文章有深度的表现之一。全文呈总分总结构，条分缕析，层次分明。结尾处集中表达情感，既照应开头又总结全文，首尾连贯，一气呵成。

马非马

我是挑书大赢家
2008 年 1 月 25 日

⭐ 记"挑书大赢家"

三桥街小学　五年级　焦俊杰

今天，天气晴朗。我迎着冬日的寒风，脚踏积雪，步履匆匆地奔向尔雅书店。因为我要参加太原晚报组织的小记者"挑书大赢家"活动。

这是我第一次参加小记者的活动，心里甭提多高兴了！我早早就到了尔雅书店，不一会儿，活动开始了。首先是报社的编辑老师和书店的经理叔叔给小记者们讲了有关挑书的注意事项和活动过程，随后我们还在一起照了"全家福"！接着就是小记者们盼望的挑书活动。我迫不及待地跑到书架前，挑选了一本早已想买的《白话史记》，作者是司马迁。通过语文课本，我已了解了司马迁，他给世人留下一部跨越文史界限的不朽巨著。我看到每个小记者都和我一样，手里拿着一本精心挑选的书，面带惬意的微笑。

最后的活动内容是最让我激动和兴奋的，那就是与我省著名作家祝大同先生对话。他是位和蔼可亲的人，他给我们讲了他是如何走上文学之路的。给我印象最深的是祝大同先生讲的三句话："一，不要给自己看书固定模式，不仅要看专门给孩子写的书，也要看成人的书，也就是博览群书；二，不一定要看很有哲理的书，我本人就是从看漫画得到启蒙的；三，写作是我的使命。"他那娓娓动听的声音与幽默诙谐的语言使我陶醉，敬佩之心油然而生。现场活跃的气氛感染着每一位小记者，大家踊跃提问。我的问题是：怎样才能读懂深奥的书？祝大同先生答道："多读几遍，细细地去品味……"他的解答给了我更多的信心和帮助。

两个多小时一晃而过，我依依不舍地离开了编辑老师、祝大同先生和小记者们。我期盼着下次再相聚。

⭐ 点评

书海浩瀚，如何在有限的时间里阅读对我们成长最有价值的书，这需要老师、家长，尤其是那些成功人士的指点。能够亲耳聆听到作家的教诲，小记者们真幸运啊！

王建光

有意义的小记者活动

八一小学　三年级　张珮琪

　　前几天，我参加了太原晚报在尔雅书店举办的一次小记者活动——"挑书大赢家"。活动的内容有两项：一是在半个小时内选出一本自己最喜欢的书，书店将赠送给我们；二是听著名作家给我们讲如何选书、读书。

　　编辑阿姨刚宣布活动开始，我们就兴冲冲地跑进书店。哇！这里的书太多了，简直是书的海洋！看得我眼都花了，都不知道该选什么书。我看看这本，翻翻那本，都那么好看，哪本也舍不得放下。这时我忽然看见了《鲁宾逊漂流记》，这可是我一直都想要的书啊！正准备让妈妈给我买呢！我太高兴了，毫不犹豫地选上了它。环顾四周，周围的小记者也选上了自己喜欢的书。

　　编辑阿姨告诉我们，拿上选好的书去听著名作家祝大同伯伯的讲座。我更加兴奋了，马上可以看到作家了！这可是我第一次见作家！在近一个小时的时间里，祝伯伯给我们讲了怎样选书，怎样读书，告诉我们要学会读书，养成好的读书习惯，让书籍成为我们的好朋友。我听后深受启发，了解了这么多的读书知识，我更喜欢读书了。

　　不知不觉，结束时间到了。我度过了一个有意义的下午。我期待着下一次小记者的活动！

点评

　　一项活动，两个收获，这就是传说中的"一箭双雕"吧，呵呵，走出课堂，参与更多的社会活动，同学们会有更多的收获。

王建光

阳光天使在行动

31

与作家对话

阳光天使小记者　于弘毅

　　1月25日下午，《太原晚报》学校周刊组织我们小记者在尔雅书店参加"挑书大赢家"活动，与我省著名作家祝大同老师近距离接触。活动之后，小记者们对祝老师进行了采访。祝老师平易近人，语言风趣幽默，对小记者们提出的问题耐心解答，小记者们感到非常亲切，就像和自己家人对话一样。

祝老师：现在可以开始了，你们有什么问题可以随便问！

小记者：祝老师，在我们这个年龄，您说读什么样的书比较好呢？

祝老师：读书没有禁区，你对什么书有兴趣，就读什么书。

小记者：那漫画书呢？有些家长不让孩子看漫画书，说看漫画是弱智，您赞同吗？

祝老师：其实漫画书也是很有趣的，而且有些漫画书还很高级呢！我看漫画书一直看到初中，到后来是觉得满足不了自己的阅读需要了，自然也就不看。（笑）

小记者：您觉得写作是不是很快乐？

祝老师：怎么说呢，我自己认为写作没有什么快乐不快乐，可以说，写作是一种使命。

小记者：祝老师，有时候我对自己写出来的文章总是不满意，该怎么办呢？

祝老师：自己对自己的文章不满意，就说明你已经在进步了，这是好事。许多大作家都对自己写出来的文章不满意呢！如果有一天，他对自己的文章感到满意，那就说明他已经骄傲到无可救药的地步了！

小记者：哦，我明白了！祝老师，像《变色龙》、《三个火枪手》、《基督山伯爵》这样的小说，我们现在读是不是有些早？

祝老师：不，海明威有一句说给大人的名言：不要给小孩看专门写给小孩的书。其实，看这些书也是一样的道理。比如说，英国作家笛福写的闻名全世界的著名小说《鲁滨逊漂流记》，原计划是写给大人看的，可出版后却受到了小孩子们的欢迎。所以，你们这个年龄段的孩子完全可以读写给大人的书。

小记者：祝老师，今天能与您面对面交流很荣幸，听您的演讲，我们受益匪浅，我们非常开心！谢谢您！

祝老师：好，如果有不明白的问题要时常问我哟！（笑）

点评

果然有小记者的本领和风采啊。有了平时的锻炼，再加上每个问题都经过深思熟虑，也就显示出了趋近于专业的水平。采访提纲其实和散文有相近之处，那就是"形散神不散"，不同角度的问题都是针对同一个中心。小记者们的采访就比较好地把握住了这一点

王建光

⭐ 你是我的榜样

万柏林区实验小学 六年级 张 硕

以前经常在电视里看到那些大名鼎鼎记者前辈们"露脸"，觉得他们既风光又体面，令我非常羡慕。就在前几天，太原晚报举办的"我与热线记者面对面"活动中我高兴地认识了三位记者哥哥，其中我印象最深的是一个叫王昕的记者。他长着一双浓眉大眼，既明亮又智慧；宽宽的面颊显得十分英俊，一笑起来两个酒窝，可爱极了。他那亲和的外表一下子拉近了我与他的距离。

互动时间，我向他提了一个问题：在发生一个十分重要或重大的事件时，同时具有较大的危险性，但作为一个记者又必须得去事发现场拍照和采访，像这种情况你会怎么对待呢？我以为这个问题很难回答，王昕哥哥很从容地回答了我：那就是明知山有虎，偏向虎山行，但必须胆大心细、机智勇敢；不能蛮干，更不能胆小怕事、缩手缩脚。说完还给我举了"天龙山着大火"的例子。那一日，王昕哥哥得到天龙山着大火的消息，立刻驱车赶到天龙山，那里的火势又猛山势又陡，汽车根本开不上去，王昕哥哥灵机一动，跑到山民家里去请他们带着他去现场，山民们把他带到了一个既安全又能拍到好照片的地方，这样危险没有了，又写出了好文章，还获了大奖，真是三全其美。

之后哥哥又告诉我们，在采访时不仅要尽量避免危险，还要开动脑筋把自己的任务完成好。这时我才了解做记者还有这么多学问，与我原来想象的真是大相径庭啊！

王昕哥哥，我眼中英雄的记者哥哥，是我的榜样，我要好好向他学习，长大以后也像他一样做一个机智勇敢的有为青年。

⭐ 点评

他——王昕记者，你心中的榜样。你喜欢他英俊亲和的外表；欣赏他遇事的沉稳干练、机敏细致。哥哥，你一声又一声亲切地呼唤着，我似乎能看到你坐在哥哥旁边，瞪着大大的充满好奇的眼睛，认真地听着哥哥讲给你们的故事。满脸的羡慕，满脸的惊奇，满脸收获的喜悦！

吕全玲

阳光天使在行动

33

THE WORKS
Sunlight Angel Little reporter

记者，我佩服你

青年路小学　五年级　于弘毅

2月14日，正月初八，一个晴朗的日子，一个让人激动的日子——太原晚报阳光天使小记者团组织我们小记者与晚报热线记者面对面交流。我高兴得一蹦三尺高，因为我众多的梦想中有一个就是做一名记者！

和小记者们见面的是三位年轻的记者哥哥，他们三人年纪都不大，但从面部表情看他们非常成熟，经验丰富。我最喜欢的记者是武哥哥。

武哥哥主要给我们讲了自己的采访经历和他总结出来的采访突发事件的步骤。第一，用眼睛看，就是到了突发事件现场之后用眼睛仔细观察现场情况。第二，要用耳朵听，这一步，武哥哥就举了一个他自己的例子：有一次，他去采访一个交通事故，但是事故现场已经被民警封锁了，武哥哥就是通过听旁人的讲述和议论，把各种线索结合到一块儿，经过判断写出了稿子。第二天，《太原晚报》独家报道了这个事件，这一切归功于武哥哥！我听后暗暗佩服：武哥哥好聪明！他太棒了！第三，就是思考。这是最关键的一步，"只要能学会思考，就可以把现场情况加以总结，写出新闻稿件。"武哥哥告诉大家。

听着这些，我仿佛看到了在每一个突发事件现场，武哥哥仔细观察、侧耳倾听、认真思考……最后写出了一篇篇出色的新闻稿件，得到了领导的赞许，武哥哥的脸上露出了欣慰的笑容……

武哥哥就是我眼中的优秀记者，他勇敢、机敏、善于思考。将来如果我当了记者，我要以武哥哥为榜样，做一个家喻户晓的大记者！

★ 点评

一个让你激动得一蹦三尺高的日子，记者来了，他们要和你们面对面的交流！武哥哥，你最喜欢最佩服的记者，他以自己亲身经历的事件很细致很耐心地教授你们如何成为一名优秀的记者。你听得是那样地仔细，以至在表述时是这样的条理清晰！一个活脱脱的记者迷出现在我的眼前！文章中，我能感觉到你已学到了很多，努力吧！不久的将来定会实现自己的理想——成为一名真正的记者。

吕全玲

⭐ 一次受益匪浅的活动

大南关小学　五年级　闫羽欣

前几天，我去新闻大厦参加了"我与热线记者面对面"的活动。

在这次活动中，我见到了三位记者哥哥。老师介绍说，他们都是很优秀的记者，曾获过很多大奖。宋鹏伟哥哥儒雅英俊，沉稳自信，他给我们讲了新闻的元素、要素，对采访的步骤也做了详细的指导，还告诉我们"什么是新闻？""什么是记者？""怎样去提问？"以及新闻采访的注意事项。小记者们个个都在仔细倾听，还不时地记上几笔。

接下来是武俊林哥哥，他才华横溢，亲切和蔼，讲述了他亲身报道过的几起突发事件，教我们如何在现场展开采访？如何拍照？如何捕捉细节信息？小记者们听得很认真，若有所思地点头。

轮到王昕哥哥了，这是我最喜欢的一位哥哥，他年轻、阳光、平易近人。他主要谈了谈关于"小记者"的话题。比如："小记者应具备什么素质？""小记者的职责是什么？""小记者平常应该做什么？"我们觉得和记者哥哥的关系又近了，心里喜滋滋的。

然后便是互动时间，我从记者哥哥的回答中感受到他们的勇敢，并体会到他们的辛苦劳累，常常凌晨还在赶稿子，作息也不规律。在许多车祸、火灾、爆炸现场都有他们的身影，这多么危险啊！想到这里，我对"记者"这两个字眼肃然起敬。

在这次活动中，我既学到了很多的专业知识，又让我了解了记者这个危险高尚的职业，让我受益匪浅。

⭐ 点评

是啊，确实是受益匪浅啊！细细地品读文章，似乎眼前浮现出这样一幅画面：三位记者哥哥，亲切、和蔼各有特点，分别以亲身经历的事情为例，细致耐心的讲述作为记者必须具备的素质和能力……每个人的特点在你心中都留下深刻的印象，每个经历在你心中都油然而生钦佩之情！

吕全玲

阳光天使在行动

35

假如我是记者

万柏林区实验小学　五年级　张博睿

在我的脑海里经常会浮现出我的记者之梦，我身挎摄像机，手拿采访本，穿行于大街小巷……各种媒体上也会经常出现我的名字。

假如有一天我成了真正的记者，我就会马上去汽车公司，把世界上最快的又能在水陆空行驶的汽车买下，好让我能以最快的速度到达第一事发现场，抢到第一手的资料，把真实的事情记录下来。

假如有一天我当上了记者，我就会买下最好的照相机和电脑，让我抢拍的镜头比谁都多，比谁都清晰，我会以最快的速度把我写的文章见报，保证新闻的快速性。

假如我是记者，我会时时刻刻拿着电话准备出发，第一时间赶到，就算是在凌晨，只要有线索也会马上出发。把世界上所有的新鲜事及时准确地、原原本本地传达给读者，保证新闻的准确性。

假如我是记者，哪里需要我，我就会出现在哪里。吃苦耐劳、不怕危险、伸张正义、惩恶扬善，时刻把记者的职责牢记心中……

点评

孩子，全文以假设的方式书写，我能感受到你是多么渴望成为一名真正的好记者！可以想象到，已成为记者的你能以最快的速度记录真实的事情；能以最好的方式表现各类新闻资料，并以最快的速度传递给人们；能最认真地对待工作，每时每刻都整装待发，再多风险，再多阻挠你都毅然接受并且全力以赴。这一切都因为你爱这一职业并决心捍卫它的神圣。

吕全玲

活动后的喜悦

同心外国语学校　初二年级　潘志强

终于，我能有幸和记者面对面交流了，我很兴奋。在这一次面对面交流中，我对新闻记者有了进一步的了解，也使我这个小记者受益匪浅。

活动开始了，在几位记者的介绍与讲解后，我们迎来了与记者面对面的机会，只见小记者们三五一群，把记者叔叔围了

起来询问着。我也不甘示弱，提出了自己的问题："武记者，请问在现场采访时，应具备哪些技巧？怎样才能收集到有价值的信息？"只见武叔叔笑了笑，一一回答了我："多看、多听、多想、多抓细节和吸引力大的地方。"并给我举了他亲身经历的采访，让我犹如身临其境，感受到采访现场的各种氛围。在他的话语中，不时带有生动、幽默的话语，让我更好地理解了这个问题的答案。

时间过得飞快。转眼间，30 分钟的交流时间就过去了，我有些不舍，但一想到获得了记者平日的心得与经验，笑容又回到了脸上。这笑，是我和记者面对面之后的喜悦。

⭐ 精彩问答

阳光天使小记者　于弘毅　张亦雷　闫羽欣

"我与热线记者面对面"活动中，听完三位记者哥哥的讲课之后，小记者对他们进行了半小时的提问。下面是小记者们提出的一些犀利、有趣的问题，记者哥哥的回答也同样精彩、深刻。

小记者问：为什么您选择做记者？

答：当记者最大的好处是，天天都有新鲜事，采访中也会发生许多意料之外的事，所以不会觉得乏味。每当看见有自己采写的新闻稿件见报，心中总有一种成就感。

小记者问：写稿子时，怎样把握细节？

答：重要在采访上。首先和对方沟通好，如果采访明星或知名人士，可以采访之前先了解采访对象，采访时最好先选对方感兴趣的话题聊，然后，再转入你想知道的问题。谈话过程中也要注意对方不同于他人的一些小动作和小细节。

小记者问：您在采访时有些紧张会怎样调整情绪？

答：这是很正常的，一开始都会紧张。不用过多调整，自己克服，慢慢就好了。

小记者问：您最感动的一次采访是哪次？

⭐ 点评

笔端轻轻飞扬，挥洒着你的喜悦。你明白了采访的技巧，学会了怎样收集有价值的信息，这一获取知识的过程本身就是喜悦。你感染于他们谈笑风生的语言；感染于他们一件件亲历的事情；兴奋于他们传达给你的一条条经验。高声地笑吧！孩子，勇敢地去拼搏吧！你也会是一名优秀的记者！

吕全玲

阳光天使在行动

37

答：清徐一个小村中一位脑瘫年轻人很想要一台电脑。一个企业家听说了，把自己刚买的电脑送给了他，还时常去看看他，企业家却不希望媒体报道。这件事让我挺感动。

小记者问：您在采访的时候，遇到对方拒绝回答你的问题这样尴尬的场面，该怎么办？

答：遇到这样的情况，要跟对方拉近距离，还可以夸奖对方几句，让他对你产生好感，这样采访就相对容易些。

小记者问：在您的记者生涯中，有哪些苦与乐？

答：当记者的苦就是采访到的重要新闻无法通过媒体传播给群众，乐就是采访到的新闻让群众受益。

小记者问：您经常去灾区采访，那里很危险，是什么力量驱使您不怕困难，坚持完成采访任务？

答：记者就是我的职业，只要把采访的问题带在身边，到达采访现场后，我就会把一切抛于脑后，全身心地投入工作。

小记者问：您每天都要报道新闻、写稿件，会不会觉得很枯燥？

答：不，一般不会。因为每天的新闻事件都不一样，普通人都有好奇心，作为记者，这就是我的工作。当然，工作不仅仅是自己的兴趣爱好，有时也会觉得枯燥，要学会自己调整。

小记者问：您在采访的时候会遇到一些危险的情况，这时候，是继续采访，还是中途退缩？

答：当然不会退缩！作为军人，上战场打仗肯定会有牺牲，但军人是没有退缩的，即使牺牲也值得。记者也一样，遇到危险情况必须完成采访任务，不会退缩。如果有什么意外，那也是值得的。

★ 点评

文章紧扣"精彩"连续选择了9个问题。从选择记者这一职业的原因到如何真正履行记者的职责做了层层深入的追问。你学到了在采访时如何与对方沟通，如何控制自己的情绪，如何缓和尴尬的场面，如何写好稿子以及感受记者生涯中的苦与乐等等——真正理解了记者这一职业的神圣。

吕全玲

六一，我们和你在一起
2008 年 5 月 31 日

我有了一位新朋友

万柏林区实验小学　五年级　李博雅

"六一，我们和你在一起"联欢活动给了我很多感受，有快乐也有悲伤！快乐是因为我见到了灾区的同学，并结成了朋友。悲伤是因为我一看到灾区的孩子，就想到了这次可怕的地震！

联欢活动中有一个环节，每位小记者把自己的名字以及祝福的话写在小纸条上，放进一个小箱子里，然后让灾区的孩子抽，被抽出的小记者就和他成为好朋友，并坐在一起。我真幸运啊，竟然被抽到了！我激动地跑到他身边，通过交流，我知道他是青川人，现在正读高一！他的学校坍塌了，所以来到太原生活和学习。我们互相留了联系方式，成了一对好朋友！

指导老师　朱　玉

点评

我身边也有一位来自灾区的孩子，在2008年的"六一"，他成为我们全校师生的朋友。这个场景我"记忆犹新"，孩子因激动而颤抖的唇，夹杂着委屈、新鲜、期盼的一双泪眼，情感"决堤"后，把我们当成亲人般的失声恸哭……面对经历过伤痛的伙伴，你的感受也一定很强烈，写出来，为你的这个好朋友，也为更多经历过灾难的伙伴们。

郝新媛

阳光天使在行动

39

节日快乐

青年路小学　五年级　师锦萱

"节日快乐！"这是我在联欢会结束时说的祝福语，这句话看起来平淡，但却是发自我内心的祝福。

今天是我长这么大以来过得最有意义的"六一"节，因为我们要和来自四川地震灾区的 20 名学生一起度过我们的节日。联欢会开始了，我有幸能和灾区的姐姐们坐在一起，了解他们现在的生活、学习情况。我们就像亲姐妹一样有说有笑。联欢会上，精彩的表演一个接着一个，但我最喜欢的是我们一起做游戏，游戏的名字听起来很有趣，叫"龙传人"，首先我们分成两组蹲在那里，双手搭在前面同学的肩膀上，只要双手离开就算输。主持人一发出命令，我们就飞快地蹲着走，努力追赶另外一组。场外欢呼、加油声此起彼伏，团结就是力量，我们赢了！时间过得真快，真舍不得跟她们分开。虽然我们在一起的时间并不长，但我们却结下了深厚的友谊。

联欢会在一曲《感恩的心》大合唱结束，我走到姐姐面前，认真地说："节日快乐！"姐姐笑了。

★ "六一"小记

八一小学 四年级 马玥英

5月31日，我参加了"六一，我们和你在一起"联欢活动，与市领导、报社的叔叔阿姨、各校老师同学以及我们阳光天使小记者共同度过了一个愉快的节日。特别值得一提的是，其中有20位特别的朋友，他们是刚从地震灾区来的四川省江油中学的学生。

联欢场面非常热烈，同学们的表演充满激情，有架子鼓、快板、合唱、跆拳道，特别是聋哑学校的同学表演的舞蹈，表达了所有人对灾区人民的祝福。灾区的朋友们也表演了很多节目，我们一起做游戏，还把准备的礼物送给他们，礼物多种多样，有七彩星、熊猫、钢笔和笔袋等，礼物虽小，但那是我们的一片心意。

★ 抛开烦恼 快乐就好

锦绣苑小学 五年级 霍雷

5月31日，太原晚报迎来了一群特殊的客人，他们是来自四川灾区江油市的20位学生。

太原人以热烈的方式欢迎着他们，太原的小朋友与他们共

同联欢、游戏、交流、结对子，我也是其中一员。

联欢会上，我们每个人都为他们献上了一句鼓励的话，有的情意绵绵，有的荡气回肠，有的使人记忆深刻，有的使人感动落泪。我为他们献上的是：抛开烦恼，快乐就好。

在欢乐的气氛中，他们似乎暂时忘记了烦恼，与大家聊天、观看节目，精湛的跆拳道、华丽的街舞、独特的环保时装表演，个个别出心裁，样样令人心旷神怡。

在意外的巧合中，我们成了朋友，在偶然的巧合下，使中国人凝聚了起来，也是在偶然的巧合下，不知上演了多少感人的画面，这是个偶然，也是必然。

⭐ 明天会更好

大营盘小学　六年级　王兴羽

地震后20天，是"六一"儿童节，那些因天灾而失去亲人的朋友，他们的"六一"又在哪里度过呢？这些天来，我天天替他们担心，害怕他们经历一生中最难过的"六一"。正在此时，我参加了太原晚报举办的"六一，我们和你在一起"的活动，这个活动是送给20名灾区孩子最好的"六一"礼物。

5月31日下午2时30分，排山倒海的掌声迎来了远道而来、几经磨难的朋友们。活动正式开始，为了不让他们的心灵再受伤害，我们表演的节目都是欢乐轻松的，丝毫没有悲伤的气氛。第一个节目是架子鼓，那轻快、雄壮的《西班牙斗牛曲》，仿佛让我看到了解放军战士在一线抗震救灾的身影和高昂的斗志。第二个节目是大家熟悉的《让我们荡起双桨》，歌声与鼓声柔和、温馨，好像是在欢迎那20个朋友，当我看到那来自灾区的朋友绽放出笑脸时，我心里特别高兴。后面的节目同样精彩，尤其是聋哑学校同学表演的舞蹈《辣妹子》，那些孩子听不见，却能跟着音乐翩翩起舞，她们说不了话，只能用手语交流，想想她们的不幸，想想她们训练时的辛苦，给人一种说不出的感受。她们与灾区的朋友一样是不幸的，但是她们却用她

点评

孩子：原本平淡无奇的一篇文章因"偶然"和"必然"而变得耐人寻味，也使文章有了一些深意。"蜻蜓点水"的过程描写没有留给我们深刻的印象，可以捕捉一两个镜头，以点及面，让我们也能在你文字中重新回到那个难忘的场景中去。

郝新媛

点评

孩子：我情不自禁地要给你鼓掌了。你的质朴、善良、细腻渗透在文章的每一处"天天替他们担心""为了不让他们受伤害……""看到朋友们绽放出笑脸，我心里特别高兴"。最后以"灾区的孩子们并不孤独，全中国的孩子都向他们伸出援助之手"结尾，点睛之笔不仅渲染了情感，更有一种信念蕴藏其中，读来感人至深。

郝新媛

们的心鼓励着灾区的朋友，我看到那20位朋友又一次绽放出了笑脸……

灾区的孩子们并不孤独，全中国的孩子都向他们伸出援助之手。

向你们致敬

新建路小学　五年级　杜　颖

今年"六一"格外不同。因为我与太原晚报阳光天使小记者和20位灾区的同学在一起，这是一个充实而有趣的"六一"。

刚到新闻大厦26层，我便听到欢快的谈笑声。走进会场，灯火通明，宽敞的舞台四周围坐着100余名小记者与20位特别的朋友——灾区的孩子们。

联欢会第一个节目是架子鼓表演，鲜明的节奏拉开了联欢会的帷幕。紧接着，一个身姿矫健的大姐姐走上舞台，随着动感音乐跳起了优美的拉丁舞，精彩极了！

让我记忆深刻的是聋哑学校同学表演的"辣妹子"，她们虽然听不见也说不出，但她们跟着老师的指示，跳得和正常人一样好，我从她们身上看到了生命的坚强！由此，我想到了灾区的同学，他们面对天灾，无所畏惧，在被救出的时候，勇敢地露出了微笑！坚强、勇气、是你们所具备的，我们向你们致敬！

点评

孩子："六一"，是全世界孩子的节日，穿上最漂亮的衣服，表演精彩的节目，那份快乐是属于所有孩子的。因此，我们从来不会把"六一"和悲伤联系起来。然而，汶川的灾难彻底打破了我们一直延续的梦，那里的孩子在这一天对"快乐"有了更深的理解，在你和这些伙伴的接触中，一定能感受到。真希望透过你的文字读到"坚强、勇气和敬意啊"。

郝新媛

奥运福娃乐园游
2008 年 6 月 14 日

⭐ 奥运在身边

八一小学　四年级　贺宇洋

　　上周六，我早早就起床了，这天，太原晚报阳光天使小记者要去龙潭公园的"福娃乐园"参观游玩。

　　龙潭公园的变化很大，几年没来，优美的环境，如镜的湖水，嬉戏的儿童，让人赏心悦目。已经有好多小记者来到集合地点了，嘿嘿，我们又在一起相聚了。带队老师给每个小记者发了一张体验卡，五个游玩的项目都是奥运场馆和比赛项目的缩影，让大家亲身体验2008北京奥运，既可以痛快玩，还能体验奥运的比赛项目，真是太好了。

　　我们首先在"鸟巢"里玩，地面软软的，里面都是模拟跑道，另一边还有一个篮球场，同学们可以传球和投篮。紧接着，我们观看了三折幕电影，演的是《福娃诞生记》，我还是第一次看到这么大的电影呢。电影只有七分钟，但我更深刻地了解了北京奥运。奥运不仅是一个体育比赛，更是一个让世界了解中国，让世界看到中国发展的机会。最后，我们又来到"空中飞人"这个项目，我第一次尝试了空中飞人，在天上飞来飞去，把我吓得牙齿直打战，真是厉害！想想那些跳伞运动员们，在离地面几千米的高空往下跳，真让人佩服。

　　那天真好玩，感觉北京奥运就在身边，同时还学到了许多奥运知识。

⭐ 点评

　　孩子：你太"吝啬"了，本来养足精神，打算和你一起去"福娃乐园"痛快地消受一番，吊足我的胃口，你却吝惜笔墨，寥寥几笔，把"真好玩"留在我的想像空间里，让我有些"空欢喜"了。其实，"奥运"的涵义很深远，在你的成长道路中会不断得到解读。

郝新媛

43

⭐ 观《福娃诞生记》

八一小学　四年级　马玥英

　　6月14日上午，我和许多太原晚报阳光天使小记者一起观看了三折幕电影《福娃诞生记》。

我是第一次看三折幕电影，宽宽的幕布分为三折（这下我知道为什么叫三折幕电影了）。一开场看到一座高高的山，山顶上站着一只藏羚羊，然后看到一群藏羚羊气势宏大地向我们奔来，那声音震耳欲聋。一只年轻的藏羚羊瞬间变成一只活泼可爱的福娃，它就是迎迎，来自中国的西部大地，将健康美好的祝福传向世界。迎迎是青藏高原特有的受保护的动物，是绿色奥运的展现。它身手敏捷，是田径好手，代表奥林匹克五环中黄色的一环。

随后，一只活泼可爱的大熊猫晶晶跳了出来，它来自广阔的大森林，象征着人与自然的和谐共存。晶晶憨厚乐观、充满力量，代表奥林匹克五环中黑色的一环。

接着出场的是一条鱼，它在浩瀚的大海中嬉戏，这是福娃贝贝，它传递的祝福是繁荣。贝贝温柔纯洁，是水上运动的好手，和奥林匹克五环中蓝色的一环相互辉映。

接下来出场的是福娃妮妮，妮妮来自蔚蓝的天空，是一只展翅飞翔的燕子。它把春天和喜悦带给人们，飞过之处播撒着"祝您好运"的美好祝福。

最后出场的是福娃欢欢，它跃过我国的万里长城一路跑来。欢欢是福娃中的大哥，它是一个火娃，象征着奥林匹克圣火，它传递的是更快、更高、更强的奥林匹克精神，代表五环中红色的一环。

五个福娃从四面八方赶来，飞向首都北京，飞向"鸟巢"，它们把手中的色环相聚在一起，形成了五环。奥运场馆顿时彩灯高挂，礼花盛开。

让我们在8月8日相约北京，为奥运加油！为奥运喝彩！

点评

孩子：你知道吗，读了你的文章，我都有些后悔错过这场精彩的三折幕电影了。假如叮当猫让我借用他的时空转化器，我一定返回当时那个场景中，和影片中的"福娃"们相聚，为奥运加油，感受你当时激动和兴奋的心跳。值得高兴的是，你对五个"福娃"的描写很传神，已经让我身临其境了。

郝新媛

感受奥运

青年路小学　五年级　杨昊

周六早上8点，我作为一名太原晚报阳光天使小记者来到

了龙潭公园中的福娃乐园，天气虽然不太好，但丝毫没有影响我们的情绪。

由导游带队，小记者们一起参观，首先映入眼帘的是一排排的奥运知识栏，我看到了许多熟悉的面孔，有现代奥林匹克的创始人皮埃尔·德·顾拜旦先生、有中国第一个夺得奥运会金牌的运动员许海峰，还有伏明霞、王军霞、高敏……

接下来，我们看到了火炬传递的路线，圣火途经很多城市，但让人记忆犹新的是美丽的江南，西子湖畔真让人难以忘怀；还有科技发达的广州、深圳，数也数不清的大楼真让人惊讶；还有这次受灾严重的四川省，那里的景观是多么迷人啊，那乐山的大佛，那九寨沟美丽的景色，那卧龙山奇特的风景；当然还有我们山西省，有历史悠久的运城，有龙城太原，还有煤炭丰富的大同……导游的一番介绍，不仅让我们了解了圣火的传递路线，还让我们更加了解了中国各个城市的美丽，真是跟着圣火看中国啊！

接下来各届奥运会的会徽和吉祥物，让我难以忘怀的是德国柏林奥运会的会徽，那是一只老鹰，象征着法西斯，爪子抓着五环，这分明是在表达控制和平的意思，当时的纳粹德国已经暴露出了他们企图控制人类的野心，希特勒妄想统治世界。当盟军进入德国，子弹打穿了挂在钟楼顶上烙着会徽的大钟，至今，德国人民还保存着那个大钟，以示警告。

北京奥运会的会徽是中国印——舞动的北京，这个图案看起来是印章所印的，印章是我国悠久的文化艺术，所以才把图案设计成印章，而印章上的图案是一个抽象的"京"字，可真是巧夺天工啊。北京奥运会的吉祥物——福娃，造型可爱，寓意深刻，五个福娃的颜色代表奥运五环；名字是"北京欢迎您"的谐音；贝贝是鱼，代表水上运动，晶晶是熊猫，代表力量，欢欢是圣火，代表和平，迎迎是藏羚羊，代表田径，妮妮是燕子，代表北京。可真是寓意深刻啊！

这次活动大家都很开心，我们不仅玩得痛快，还增长了许多奥运的知识。

★★ 点评

孩子：我想找个最近的切入点谈谈我读了文章后的感受，于是想到你应该学过的一篇课文，老舍先生的《猫》：猫有胡子，喜欢吃鱼，脚上有肉垫，走起路来悄然无声……这些内容，很多人都知道，因此老舍先生在猫的"古怪性格"上花费了大量笔墨，读来很是吸引人。我不想用游记或参观记常规的文体格式框架你的思路，但如果能紧紧抓住参观的特色，落脚在一些别人不了解或了解较少的内容上进行详写，就会给人留下深刻的印象了。

郝新媛

难忘"奥运游"

万柏林区实验小学　四年级　蔚昊洋

上周六，我和众多小记者一起来到奥运福娃乐园，感受奥运带给我们前所未有的快乐。

一大早，奥运福娃乐园已是人山人海，我们都快没有落足之地了，我赶紧插入队伍，"旅程"开始了。

领队的阿姨首先带我们进入"奥运长廊"，给我们讲述历届奥运会的趣事、火炬传递线路和历届奥运会的吉祥物。我是第一次听到这么权威的介绍。比如怎样采集圣火，奥运会比赛项目，以前奥运会的趣事……真是应有尽有。接着我们还玩了最大的充气游乐设施——"太空基地"。还有"迷你奥运场"、"鸟巢"、"水立方"……真是过足了瘾。

时间过得可真快！不知不觉，到了中午12点。在爸爸不停地催促下，我依依不舍地走出了公园的大门。

真是快乐的一天呀！

点评

孩子希望这"有意义而快乐"的感受能长久的驻足在你身边。"奥运游"虽然结束了，但留给你的探究和思考却刚刚开始……

郝新媛

福娃乐园游记

太师二附小　五年级　赵之澜

那天一大早，我带了相机、笔、本和一些美味，兴高采烈地到了龙潭公园。

在大门口和小记者们聚集后，我们一齐奔向福娃乐园。妈妈在身后还忘不了叮嘱："小心点，别摔倒了，出来后给我打电话！"

我们参加的活动有五个项目。第一项是参观知识长廊，我立刻用相机拍了下来，那长廊有五种颜色，当然是五环的颜色！

然后，我们去看了三折幕电影。还参观了鸟巢、水立方、太

点评

孩子大概这种快乐的体验会一直珍藏在你的记忆里，要能和你一起分享该多好！我想你印象最深的是"过断桥"的感受，为什么不详细描写一下呢？从"恐惧不安"到"接受挑战"，最后经过复杂的心理活动终于战胜自己，获得了成功。要是能以"惊险过断桥"为题，把游记改为叙事，将是多么精彩的一篇文章。

郝新媛

阳光天使小记者 作品集

空基地等。那里都是我们小时候玩的气垫，蹦蹦床，拳击，让我们来了个童心大回放。

在所有的项目中，我最喜欢的是太空基地。其中有两处过断桥、走独木桥的地方，吸引我前去挑战。在过断桥的时候，恐惧在心里散开，旁边有个大哥哥向我挑衅："你看你多大了，过这都不敢？"我不甘示弱，对他说："你怎么不敢上来？"然后，心中装着恐惧和"愤怒"纵身一跃，跳过断桥，趴在了前面小朋友的身上！我朝他扮个鬼脸，会心地一笑，我过来了哦！

时间在欢笑中流逝，11点多，我们在南门会合，叽叽喳喳，你一言、我一语地讨论一番后，依依不舍地分别了！

很有趣的一天！很难忘的福娃乐园！

★ 穿越福娃欢乐岛

新建路二校　四年级　郭奕岑

上周五晚上，我难以入睡，我的心充满兴奋和激动，因为第二天有一个特殊的活动：去龙潭公园参加太原晚报阳光天使小记者福娃乐园体验活动。

星期六，我起了个大早，揉了揉眼睛，以要飞的速度准备完毕，跟随妈妈一路又唱又蹦地来到目的地。

已经有好多小记者来到福娃乐园。乐园走道两旁的奥运知识栏迅速吸引了我的目光，经过解说员的一番讲解，我知道了奥运火炬手一共有2480名，我居住的城市太原是火炬在中国传递中的第100站，奥运鸟巢能容纳91000名观众等等，这些知识让我受益匪浅。

正当穿过知识长廊时，"哇！"我不禁大喊："看！快看哪！"远远的，我看见了大型福娃充气玩具，"那个好像是'鸟巢'！看！那个是'水立方'！"一座座令人眼花缭乱的奥运福娃充气玩具，让我们叹声连连，立刻想上去玩个够。"那是什么房子？"一位小记者突然叫道，我们顺着他指点的方向看去，那座"房子"外形奇特，5个活泼可爱的小福娃在上面摆出了

★ 点评

孩子，知道吗，我的心竟然随着你的文字不停起伏着，欢快着。你"要飞的速度"让我的好奇心膨胀到了极点，谢谢你带着我们在"福娃欢乐岛"快活地体验了一遭。而更可喜的是通过活动，你体会到团结和友谊的重要，这不正是"奥运精神"的深意吗？不虚此行啊！

郝新媛

各种各样的造型，原来，所谓的"房子"正是我们五个活动项目中的第一个项目：看《福娃诞生记》这部电影。我们听说要看电影，一个个像山上的野兔活蹦乱跳，高兴得合不拢嘴。接着，我们来到了第二、第三个项目。不知不觉中，我们已经开心快乐地体验完了第四个项目，而第五个项目是福娃乐园中最大的一个突破吉尼斯纪录的充气玩具：福娃宇宙之旅。我与我们班其他四位小记者一同穿越"宇宙隧道"，来到"飞船"里，并从不同的三个出口分头依次"飞出"飞船探险，"不好！我们的基地被敌方占领了！""我们的飞船被侵略了！"不一会儿，我们五个人团结一致、齐心协力把侵略者赶跑了。

"太好玩了，我们再来一次吧！"就这样，我们沉浸在虚拟世界中，把自己想象成保家卫国的勇士。

这次活动，不仅让我了解了许多奥运知识，也更深地体会到了友谊的深厚与团结的可贵！

★ 福娃乐园里的欢乐

万柏林区实验小学　四年级　张笑然

上周六清晨，小鸟欢快的叫声，把我从梦中唤醒。我一骨碌爬起来，因为我要去龙潭公园的奥运福娃乐园，参加太原晚报组织的小记者活动。

一进乐园大门，两边的奥运知识长廊就吸引了我们的目光，通过阿姨的讲解，我们知道了很多奥运知识。令人兴奋的是，7月8日至7月10日，奥运火炬将传到我们山西，从名将关羽的故乡运城，到被列入世界文化遗产名录的古城平遥，再到濒临汾河、三面环山的"锦绣太原城"，然后经"煤都"大同传到内蒙古自治区。我感觉到，奥运离我们越来越近了。

接下来的活动让我们玩得痛快淋漓。在"鸟巢"、"水立方"等大型气垫乐园里，我们尽情地跑着，跳着，仿佛是一只只精神饱满的小老虎，上下翻飞，腾空飞跃。我好像又来到了竞技

点评

孩子：字里行间里都能感受到你的骄傲和自豪。通过你对活动过程的描述，看得出你是个喜爱运动的小健将。在这个"欢乐无比"的上午，我想你收获的不仅仅是"像小鸟一样"的快乐，更有一份憧憬和信念在其中吧。

郝新媛

场，努力地跳过一个个"跳马"，跨越一个个"栏杆"。我攀上最高处，沿着陡峭的坡道往下滑，风声在耳边响起，我不由得大叫起来。我的脸蛋像苹果一样红，我的心情像小鸟一样快乐。太阳公公虽然没有露出笑脸，但我们小记者却在奥运福娃乐园里撒下了片片欢声，阵阵笑语。

感谢《太原晚报》的叔叔、阿姨让我们度过了一个欢乐无比的上午。

★ 和谐之旅

太师二附小　四年级　贾之颖

6月14日上午，天气凉爽，我和太原晚报的众多小记者一起在龙潭公园内的奥运福娃乐园参观、游玩。通过讲解员阿姨的解说，以及观看相关的图片，我了解了许多有关奥运圣火传递的知识。

2008年奥运会圣火传递的主题是"和谐之旅"，传递的口号是"点燃激情，传递梦想"。圣火于2008年3月在希腊点燃后，经过30多天境外传递。我国境内的传递从5月到8月进行，在7月8日至10日进行山西段的传递，途经运城、平遥、太原、大同四个城市。运城是夏朝的都城，曾诞生过众多的政治家、军事家、文学家；平遥古城是古老东方艺术的载体；太原是省会城市，自古就有"锦绣太原城"的美誉；大同是中国的"煤都"，历史文化悠久。

当天，还有一个火炬手爷爷在征集2008名小朋友的签名，为圣火在太原的传递助威。我也签了名，给他加油，等圣火传递到太原的时候我一定前去参加这个令人激动人心的活动，为奥运加油。

随后我们观看了三折幕电影《福娃诞生记》，电影比三维立体银幕更立体、更具震撼力，为我们在福娃乐园的"和谐之旅"画了一个圆满的句号。

★ 点评

奥运给我们每个中国人留下了一个梦，而作者心中的奥运之梦就是圣火传递。尤其是将"圣火传递"和自己亲临乐园的参观巧妙地融合起来，读来，妙趣横生，印象深刻。

郝新媛

★ 相聚福娃乐园

太师二附小　五年级　赵　茜

奥运福娃乐园，一直是我梦想的地方。今天如我所愿，我们太原晚报阳光天使小记者相聚在这里。

"奥运福娃乐园。"我轻轻地读出声，原来到站了。五个福娃贝贝、晶晶、欢欢、迎迎和妮妮站在乐园的北门上。它们做着不同的表情，不同的动作，但都有一个相同的意思——欢迎你，欢迎这里的每一个人。

首先，我们来到了奥运知识长廊。这里有历届奥运会的徽章、吉祥物和精彩图片，2008年北京奥运会火炬传递路线和比赛场馆，更有为我国做出过突出贡献的运动员的照片和中国人民为迎接2008年北京奥运会的一些活动。当看到四川省接力时间和路线时，解说员姐姐神情激动地说："2008年5月12日14时28分，我国四川汶川发生了里氏8.0级特大地震，火炬传递时间被迫改到8月2日——8月5日，说明中国没有忘却它，没有抛弃它，中国人民永远团结在一起。"

在三折幕电影中，一群藏羚羊狂奔而来，仿佛就在我们面前，这时迎迎出现了，它从一只藏羚羊身上取下了奥运五环中的黄环。一片翠绿的竹林里，晶晶拿着竹子在山坡上嬉戏着，玩耍着，那个样子真可爱，然后它拿到了奥运五环中的黑环。一片汪洋大海，波涛汹涌中贝贝坐在海豚上，拿到了奥运五环中的蓝环，跳啊跳，跳啊跳。一群各式各样的风筝在天空中翱翔，妮妮探出了它的头，原来它拿着奥运五环中的绿环躲在风筝里，和我们玩捉迷藏呢！古老的长城上，摆着一些火盆，最中间的那盆，也就是奥运圣火燃烧最旺的那盆，欢欢拿着奥运五环中的红环从中间奔出来。五个福娃拿着奥运五环飞翔到这里——国家体育场鸟巢，最后，拼成了一个奥运福娃的图像。

看完电影，我们玩了四个淘气堡。起初我觉得很幼稚，但后来，其乐无穷。我和我的伙伴们玩着各种游戏，你追我赶，但

太原晚报

50

阳光天使小记者　作品集

★ 点评

"我们经常摔倒在一起，像一个大肉包子，但我们依然很开心。""虽然袜子脏了，头发乱了，但这在我们快乐面前只是小小的灰尘。"孩子，你的语言太有"魔力"了，不觉让我的心头一亮。在这个活动中，我感受到你所看到的不仅是用你的眼睛，更是用心，一颗善于观察和感知的心。

郝新媛

由于是气体的，所以很容易摔倒。我们经常摔倒在一起，像一个大肉包子，但我们依然很开心。虽然袜子脏了，头发乱了，但这在我们快乐面前只是小小的灰尘。

如果说龙潭公园是一个很大的潭，阳光照耀潭水一定有很多的闪光点，那么其中最大最亮的点一定是奥运福娃乐园。

★ **味美香甜的笨鸡蛋**

新建路二校　六年级　于羡渊

要问我参加这次中小学生"榆社乡情"夏令营的感受是什么？我说，是味美香甜的笨鸡蛋！

哈哈，你们肯定在笑话我了！参加乡情夏令营是让体会农家生活，体会那里生活的清苦，你倒好，鸡蛋好吃？还是"笨"的？还"味美香甜"，言过其实了吧！

我说，不，这是我在榆社的真实感受。

开营仪式结束后，我和另外两个同学到了结对伙伴——一个姐姐家。姐姐在山西师范大学上大学，我非常羡慕。她的家里没有冰箱，没有洗衣机，只有一套旧家具。我们聊着天，看到姐姐的妈妈在做饭。

阿姨一个人不一会儿做好了饭！共有四道菜，炒豆角、炒西葫芦粉条、炒笨鸡蛋和炒豆腐。炒豆角有些硬，粉条一咬就断，不像家里的好吃，但笨鸡蛋和豆腐超级好吃，没有放葱哦！蛋黄比家里的略黄，咬一口到嘴里，嫩嫩的，滑滑的。嘴里还没有全部咽下去，筷子便又朝鸡蛋盘里伸过去……怎么这么香，是刚才游云竹湖累了？还是……总之啊，这里的鸡蛋就是香。我抬眼看看我的另外两个同学，她们的注意力也是在鸡蛋盘里。

蛋足饭饱，我们才注意到院子里的鸡宝、鸡妈们正在勤奋地"忙碌"，蹦、刨、摇着头拽，我们看到院主人并没有给它们准备什么精饲料。一只猫在追着鸡，被我们赶跑了……

我想，虽然这里生活清苦，但是姐姐的学习成绩却那样好；虽然这里没有精饲料，但是这里的鸡蛋却是如此美味，真不容易啊！

★ **点评**

味美香甜的笨鸡蛋让读者看到了你的夏令营生活。开头结尾前呼后应，意味深长，农家生活的清苦，笨鸡蛋的美味，鲜明的对比，给人以深刻的启迪。

邵东华

⭐ 美丽的榆社

万柏林区实验小学　六年级　贺怡如

以前，我总以为在山区的农村，只有闭塞与落后，环境很脏很差，可是这回的榆社之旅，让我对农村有了一番不同的感受。

汽车快进入榆社境内时，我们渐渐发现周围的山变多了，水变清了，就连头顶上的那片天空也变得越来越蓝了！

开营仪式过后，我们首先泛舟在云竹湖上，湖好大，一眼望不到边，天好高，不时飘过两片白云。在明媚的阳光下，金色的湖面上零零星星地分布着几座小岛，岛上隐隐约约有几座小木屋，水面上还不时掠过几只水鸟，三三两两的打渔船走近了，又远去了；黑色的水鸟，棕色的渔船，绿色的小岛是那样自然地融合在一起；闭上眼睛一闻，好清新的空气！蓦然间，我仿佛置身于世外仙境，感觉到身心无比舒畅。

看了云竹湖，当然也要爬爬雾云山了。雾云山，传说山上有龙，所以晴天有云，阴天有雾，到了干旱时节去龙池求雨，只要心诚，三天以内必有大雨。现代人虽然已经不会再去求雨了，但是关于龙池的传说却永久地留传下来，吸引着无数来访者去一探究竟。

我们到达雾云山时，刚下过一场细细的小雨，半山腰以上全被雾笼罩着，我们顺着羊肠小道向山上爬去，小路两边老杏树的枝叶中，藏着一颗颗红红的山杏，看得人直发馋，摘一颗尝尝，汁儿流到嘴里，蜜一样甜；走着走着，突然眼前一亮，前方有条小溪，那小溪是天造地设的，虽然只有两三厘米深，却清得见底，把溪底的鹅卵石一个个都映了出来，有红色的、青色的、灰色的，煞是好看。我们正在奋力往上爬的时候，眼前突然出现了一片开阔的草地，这就是有名的雾云草甸了。它就像一大片厚厚的床垫，翠色欲流，让人看了，不由得想爱怜地抚摸它们。往下一看，脚下已是白茫茫一片，不知山脚在哪里

53

⭐ 点评

读了你的文章，我们仿佛也身临其境。优美的语言，清晰的思路可见你平日里作文的功底。加油哦，未来的作家！

邵东华

了。

　　回家的路上，我一次次回头望去，直到榆社消失在视线中。美丽的风景，清新的空气，奇妙的传说，榆社之行给我留下了无尽的思念。

⭐ 没有翅膀，心也能飞翔

山西省实验小学　五年级　高　茜

　　当我又一次想起那藏在山中的"家"时，不禁一阵感慨——那是一个怎样的"家"啊。

　　与榆社乡村小朋友结对子的第二站，是参观贫困户、五保户的家。一路上，老师给我们解说什么是"五保户"：是基本丧失了生活能力，需要靠国家补贴来生活的家庭。

　　正说着，我看到正前方是一个好像要废弃的土房，老师的声音也随之响起："到了。"

　　正惊愕间，我们随着老师进了那个"家"，那是怎样的一个家啊！院子里没有一群鸡，一只牛的欢快伴奏，只有一条看家狗斜倚在门栏上；四周有两三间破败的房屋；上房中，脚下踩着的是土地，只有一张床、一个衣柜，凹凸不平的墙……那墙上挂着什么？是一张张鲜红的奖状！

　　"这家孩子在家庭贫困的情况下坚持读书，并且成绩优异——奖状就是见证！现在，他已经考取了自己理想中的大学……"

　　哦，天哪，正所谓"人穷志不穷"，家庭贫苦，但只要有一颗积极向上的心，就足以实现自己的梦想了！相比之下，在城市优越环境中读书的我们呢？

　　没有翅膀，心也能飞翔，这个夏日的午后，我明白了这个道理。

⭐ 点评

　　小作者另辟蹊径，选取了榆社夏令营中的一个点——"那是一个怎样的'家'啊"，通过用心观察，以点带面，感悟出深刻的道理，妙！不过，"翅膀断了"有待商榷，换成"没有翅膀"更贴切些。

邵东华

一次难忘的夏令营

太铁二校　三年级　李俊逸

　　8月5日，我去榆社参加了一个有意义的夏令营，这是我第一次去农村，因此特别激动，一路上我不停地想：那里到底是什么样的，是不是和我们所在的城市一样美？

　　到达榆社后，我发现这里和我想象的完全不一样：这里是另外的一种美，尤其是人的心都很美，但这里的条件很艰苦。当天下午，我们去参观了这里的一所小学，并且，在那里上了一节思想课，内容是大家出行用什么交通工具。我想，应该是汽车或摩托车吧，但我又想了想，一路上，我看见人们出行时用的都是破旧的自行车，没见到汽车和摩托车。村里的一位老师说，其实，我也很想带上孩子们到城市里去看一看。城市比农村的人多，车多，人品好，热情款待客人！我对老师说："农村的人不也是这样吗？最主要的是我们是一家人！"

　　上完课，我们又和老师聊起来：这个地方太贫苦，桌子椅子都破烂不堪……老师对我说："这里桌子的桌斗和你们学校的桌斗截然不同。你们的桌斗是'开口式'，而我们的是'掀盖式'。每个桌子断开的地方都安着两个合页，每个板子都会突出来一点，以便开桌斗。难道你没有发现这里的桌面都是凹凸不平的吗？每次同学们写作业的时候都要垫一个又硬又厚的纸片，以免写作业的时候把纸戳烂。"我想，要是更多的人给这里捐款，赞助这里的学校，同学们也不至于在这样艰苦的环境中学习！农村的孩子都能在这样的环境中坚持学习，我们在城里有那样好的环境，又有什么理由不好好学习呢？

　　这次不寻常的夏令营，让我懂得了不少道理。我一定要好好学习，长大报效祖国！争取把农村改造得像城市一样美丽！把那些破旧不堪的教室变成多媒体教室，让山里的孩子也能坐在宽敞明亮的教室里学习！

阳光天使在行动

点评

　　你选取了夏令营中去参观学校这个角度来写，落后、艰苦的环境与城市的良好环境作比，更让人心生无限的感慨。稍显不足的是，第2段主题不够明确，你说呢？

邵东华

55

体验农家乐

胜利桥东小学　六年级　高　瑞

前几天，作为太原晚报阳光天使小记者，我有幸参加了"太原市中小学生榆社乡情夏令营"活动。虽然只有短短的两天时间，但我认识了许多、学到了许多、也感悟了许多……

此次夏令营的目的地位于榆社县河峪乡东秀村，这里依山傍水，风景秀美，民风淳朴，人性善良。我们的到来受到了当地乡亲们的热烈欢迎。在老师的安排下，我们很快就被热情好客的乡亲们"瓜分"了。住惯高楼大厦的我们，第一次走进了开满野花、种满蔬菜的农家小院；吃惯了麦当劳、肯德基的我们，第一次体验到了小米饭、和子饭的清香；而睡惯了单人床的我们，也第一次与伙伴们一起并排躺在了土炕上……

在与农村小伙伴们同吃、同住、同劳动的氛围中，我们结下了深厚的友情。在傍晚举行的篝火晚会上，我们玩起了愉快的游戏："击鼓传花"，传出了我们的欢声笑语；"抢凳子"则抢出了我们相互谦让的良好品德。伴随着优美动听的音乐，围着熊熊燃烧的篝火，我们很自然地拉起了双手，彼此不再遥远陌生……

两天时间非常短暂，一眨眼就过去了，但在这两天中我却收获了许多：在这里我不仅收获了友谊，收获了许多在课本上学不到的知识，更收获了自信、乐观和坚强！

点评

文笔优美，善用多种修辞，可见平日的作文功底！文章重点写了与农村小伙伴结对子的情形，从一个侧面表现了多彩的夏令营，更可贵的是能从夏令营中收获很多很多……

邵东华

体验生活

解放北路小学　四年级　李瑞鑫

在我的童年生活里有许多有趣、难忘的事情，就像天上的繁星，数也数不清楚。今天，让我来给大家摘下一颗最耀眼的星星吧。那是8月5日，我参加了一次特殊的夏令营，一次体

验农村生活的活动。

　　我怀着一份好奇与迫切踏上了"太原市中小学生榆社乡情夏令营"的旅游车，从太原出发，大约两个小时的车程，我们来到了榆社县东秀村，当我看到古老甚至是破旧的村庄，我不禁想，这里能有什么好玩的？

　　但随着隆重的开营仪式，我立刻感觉到这里叔叔阿姨和小朋友的热情，我从心底升腾出一种说不出的感觉，对这里产生了一丝好感。

　　我们按照夏令营日程表：与农家孩子结对子，我们三个营员与东秀村的宋高峰同学一起回到了他家。他的家有一个不大的小院，院里有三间土砖房、土炕……家里的电器就只有电视机和电灯，这就是他家呀？没有电脑、没有家用电器、没有卫生间……我吃惊了！

　　"李瑞鑫，开饭了！"我看着桌子上一盘豆角、一盘野菜、一盆稀饭，还有玉米面做的面时，我开始发愁了，没有肉啊！

　　习惯了城市的楼房，吃惯了餐餐有肉，从未体验过的吃和住，在这里我都品尝到了，嘿嘿。

　　喂牲口、玩碾盘、看古井、睡土炕、我一一亲身体验，我才知道农村生活的艰辛，才知道同龄小朋友在这里的生活……平日里，吃饭挑食的我，住惯了楼房，用不完的中性笔早丢了、作业本早早就作废了，想想自己实在是太浪费！

　　这次夏令营让我了解了很多知识，看到了农田作物，体验了农村生活和学习的环境……我要珍惜现在的生活，积存一些爱心，去帮助一些需要帮助的孩子。让我们手拉手，明天一定会更加美好！

★ 点评

　　通过描写夏令营生活，能与自己平日里的生活作比，从而懂得珍惜，很好！不过，语言若再精炼些就更好了。

　　　　　　　邵东华

⭐ 拼　搏

解放北路小学　四年级　李瑞鑫

　　在山西体育职业学院，我看到了漂亮的体育场：红色的跑道、绿色的草皮球场，一切是那么和谐。这里还有各种运动项目的训练馆，给我印象最深的是拳击训练馆，大哥哥们在刻苦的训练，汗水洒落在地板上，身体疲惫却仍在坚持……眼前的一切，让我想到了"拼搏"二字。

　　在这里，我参加了"定向越野"比赛。比赛前，我想，我平时跑得比较慢，能顺利完成任务吗？我对自己没有一点信心。这时，"拼搏"两个字，浮现在我大脑中，对，我要去拼，我要争取去拿第一、第二名！最终，我拿到了第二名的优异成绩！自己的拼搏和努力，换来了心中的喜悦，好开心啊！

　　今天的体验，我明白了有一种精神叫"拼搏"，无论体育运动，还是自己的学习，我都要用拼搏来鼓励自己，争取拿到属于我的金牌！

⭐ 记一次有趣的活动

八一小学　五年级　马玥英

　　8 月 22 日，我们带着一颗充满激情的心，来到山西体育职业学院参加了"我与奥运同行"活动。

　　这里可真美啊！翠绿的树木，深绿的草坪，塑胶跑道，别有一番情趣。欢迎仪式结束后，我们跟着老师参观了体操馆、摔跤馆和柔道馆……

　　我们来到射箭场，那里有 50 米和 20 米远的立标，运动员们正在训练。他们一手拿弓一手拉弦，"嗖"的一声，箭射到了

⭐ 点评

　　这篇文章的最大成功之处是小作者能结合这次活动中自己的体验，围绕对"拼搏"的联想，践行与感悟来写。文能言声，一个孩子能通过观察、思考并在自己的生活中体验拼搏带来的喜悦与幸福实属不易，所以读者会不由自主地把目光放在小作者是怎样拼搏的这个过程。如果小作者能在自己践行"拼搏"的过程中多花些笔墨，读者会对拼搏有更深刻的理解，文章的影响力会不可估量。

张　莺

⭐ 点评

　　我们写文章是希望通过文章能记录下我们的成长历程，让更多的人能了解我们的经历，而吸引读者的就是对细节的刻画，比如运动员射箭时的神态、身姿，及他们对奥林匹克精神的展现。活动的"有趣"在于让孩子们亲身经历一些以前没有经历过的东西，细致的对自己的体验进行生动的描写会使很多和你一样的小读者产生共鸣。

张　莺

立标上。"九环"、"十环"、"十环"……他们的表现真的很棒，我们一起为运动员加油、喝彩。最后，老师让我们自己拉拉弓，那弓真重呀，手都拉红了，好疼！随后，我们去了射击场，我小有收获，捡了好多子弹壳呢！

体验艰辛

太师二附小　五年级　傅丹琳

赛场上的运动员让我们羡慕不已，但他们平时身处什么样的环境呢？太原晚报学校周刊让我们亲身体验了一把。

在射箭场，运动员们在酷热的天气下训练，他们一箭又一箭地练习着，而对于我们来说，想举起弓都很困难，他们就是这样日复一日、年复一年，过程千篇一律，是有什么神奇的魅力吸引着他们吗？我想，这就是体育的力量吧。

下午，我们开始了亲身体验。我感受的是形体训练。瑜伽训练让我感到有些困难，教练说是身体的柔韧度不够。但芭蕾舞则截然不同，它立刻让我感到了美和舒展，在柔和的音乐中做着一个又一个芭蕾手位，感觉很美。随后的踏板操是快乐而轻松的，我们随着节拍跟着老师学习，虽然很累但是非常开心。

在奥运会上，我们关注最多的是运动员们得到金牌后的喜悦，可背后却有不为人知的汗水和一次次的失败。

难忘的一天

八一小学　四年级　赵一凡

这里真大呀！这是给我们的第一印象。活动开始前，报社老师给我们发了统一的白色T恤，队伍一下子变得很精神。

我最喜欢观看25米步枪射击表演，运动员们的枪法真叫个准，不时打出十环的好成绩。场馆的地上落满黄灿灿的子弹壳，在老师的允许下，小记者们一窝蜂地冲进去捡起来。一位运动

★ 点评

这篇文章让我看到一个成熟、智慧的"小大人"。一开篇小作者就提出了自己的问题，能带着问题去体验，去寻找答案这是有智慧的小记者。接下来，小作者层层递进，写自己在体验各种体育运动中的感受，最后一语道破：每一个骄人成绩的背后都有不为人知的汗水。全文布局合理，语言流畅，思路清晰，抓住自己的不同体验不断说明主题，让人随着小作者的体验体会到了体育带给我们的人生启示。

张莺

★ 点评

开门见山，写自己初到山西体育职业学院的心情。"黄灿灿""一窝蜂""恋恋不舍"等词语生动地写出小记者们的真切感受，突出这是美好而难忘的一天。

米艳琴

阳光天使在行动

59

员对教练说："今天的地都不用扫了。"我们都跟着乐了。中午，小记者们体验了营养丰富、搭配合理的运动员餐。下午4时30分，体验活动结束了，我们恋恋不舍地跟山西体育职业学院道别。在这里，我度过了美好的一天。

感受体育的魅力

太师二附小　五年级　曹羽桐

北京奥运会正在紧张进行的时候，我们100余名小记者参加了太原晚报学校周刊组织的"与奥运同行"活动。

首先我们来到了体操训练馆，练习体操的队员们为我们献上了精彩的表演，优美的旋律配着轻盈的舞姿，让人感受了体育柔美的一面。那些练体操的小队员和我们的年纪差不多，但那么多高难度的动作，她们却做得得心应手、伸缩自如，令我们赞叹不已。接着，我们又观赏了射击、柔道、摔跤、篮球等，一上午的参观令我们大开眼界，同时也引起了我们对体育的兴趣。小记者们一个个跃跃欲试，迫不及待地准备下午的体验活动。吃过午饭之后，我们终于可以亲身参与自己感兴趣的体育项目了。

我参加的体验活动是形体操锻炼，我们学了啦啦操、瑜伽、形体和踏板操。在亲身体验中，我体会到了体育运动的艰难和不易。做形体时有个动作，让两腿伸直，弯腰，再用手抓脚，我刚刚勉强够到脚踝就受不了了，想起那些小体操队员们优美的动作，该是付出了多少辛苦啊！

一天的时间很快过去，活动就要结束了，但小记者们仍然意犹未尽、流连忘返。通过这次活动，我不仅了解了许多体育项目和奥运知识，体验到了运动的魅力和乐趣，更懂得了一种体育精神，那就是顽强拼搏、坚持不懈、全力以赴。不光是体育，在学习上、生活中，对待任何一件事情，都要发扬这种精神，才能取得成功。

点评

文章具有很强的条理性，按照参观体验的顺序来写。小作者在写法上有两个可取之处，其一，详略得当。其二，环环紧扣。从上午的参观到下午的体验，小作者选取了体操这个点，把自己的参观与体验很自然、巧妙地衔接了起来，这对于初学写作的小学生来说是个很不简单的成功。

张　莺

★ 心与梦想一起飞

兴华街小学　三年级　连欣晨

今天，我参加了太原晚报学校周刊举办的"与奥运同行，感受运动乐趣——阳光天使小记者健身体验"活动。这可是我当小记者以来第一次参加的活动呀！

跆拳道、柔道、射击、射箭、篮球、形体、乒乓球、定向越野……参观项目之多令我目不暇接。运动员们真辛苦呀，所以尤其应该注意他们的营养问题！上午的参观结束后，我们一起去餐厅吃了"运动员餐"。这一回，我这个在家被追着吃饭的"小公主"居然第一批"冲"进餐厅。我先要了我最喜欢的米饭，盛了一大堆菜，五颜六色，让人垂涎欲滴。小记者每个人一条鸡腿两只虾是必须的，我们的食物好丰盛呀！

下午，我们分组体验了各自喜爱的体育项目，感受最深的就是辛苦和教练员们一丝不苟、对细节严格的要求。在返途的路上，我翻看了当天的采访笔记，记录最多的字竟是"汗水"！是啊，正是一个个稚嫩的幼苗驾驭着汗水之舟，才不懈地驶向了奥运会的领奖台。那51次令国人骄傲、辉煌的五星红旗在国歌声中升起的背后，诉说了多少运动员们的艰辛，那一块块耀眼的奖牌正是对他们和教练付出的最高褒奖！

也许今生我不太可能成为他们中的一员，但我一定要为他们做些什么！快点长大吧，我要研制出更有营养，更加美味，搭配合理的膳食结构，使他们的体能得到提升，让他们潜心锻炼，无后顾之忧。

★ 点评

"心与梦想一起飞"，第一次看到这个题目让我为之一振，心灵的感触激发出了一个孩子的梦想，这次的活动对于这个孩子来说应该是终身难忘的。

好的文章一定是经过精心构思与反复推敲的，写文章有时就像烹饪，材料精挑细选，留下最适合做菜的部分，通过参观体验，小作者把自己的梦想定位到为健儿们制作出更营养可口的配餐，但这个梦想给人的感觉有点突然，如果能在第二自然段中自己用餐的部分适当做些铺垫会让文章更显得合情合理，流畅自然。

张莺

61

★ 体验的体验

滨河小学　二年级　崔少亭

同学们，你们参加过太原晚报学校周刊组织的阳光天使小记者体验活动吗？噢，没有啊？那就随我一起来山西体育职业学院参加一次吧！

来到山西体育职业学院，一位女老师领着我们走进篮球馆。里面的队员正在专心致志地训练。我仔细一看，他们高大魁梧，体态健壮，身上的肌肉一块一块的，一看就知道是长期锻炼而成。他们正在用心地苦练投篮技术，浑身上下像大雨浇过一样，全身是汗珠。旁边就是排球馆，我们情不自禁地跑进去。排球队员们正在刻苦地练习垫球、扣球、高吊、救球、鱼跃，那种百折不挠的精神，让我心生佩服。

下午，小记者要到足球场实实在在踢球。兵分两队，一个A队，一个B队，我被分到了A队。比赛开始了，教练让B队先发球。发球的是一个大男孩儿，身体棒极了，脸儿白白的，戴着眼镜，看起来文绉绉的，想不到他还是个主力队员。B队还有另外一个强手，他比较黑，站在那儿，像个黑铁塔似的，脸儿黑红黑红，黑眼珠滴溜溜的，看人看球时，真像一只老鹰，盯住不放。我们都叫他"非洲"。

大男孩先把球传给了"非洲"，"非洲"一脚大力射门，"嘭"的一下，球碰到门柱，反弹回来，这时大男孩一个飞顶，球进了！转眼间，B队已经3∶0领先。A队急了，发怒了，我什么也顾不得，如同脱缰的野马，在"非洲"盘球时，直冲过去，断了他的球，三跑两跑，直逼B队门前，大男孩呼呼地蹿到我面前，像只猛虎一般，我颠起球一顶，"球进了，球进了！"我们队欢呼雀跃，那个高兴劲就甭提了。不一会儿，我们又进了一个球。这时，裁判大喊"比赛结束！"我们还有些不服气，大家七嘴八舌地说："再有两分钟，我们肯定能胜利。"

我队虽然以2∶3负于B队，但我体会到，作为一名运动员，不但应当苦练个人技术，而且还应当具备团队精神，这样才能冲向胜利的终点。

点评

这次活动带给小作者的收获无疑是丰硕的。小作者细致的观察和生动的描写仿佛让我们身临其境，从他的字里行间我们也能推断出小作者平时就是一个喜欢体育运动的孩子。文章最精彩的地方是孩子们的足球赛体验，尤其是"这时，裁判大喊：'比赛结束！'我们还有些不服气，大家七嘴八舌地说：'再有两分钟，我们肯定能胜利。'"通过他的笔尖我们看到一群朝气蓬勃的孩子，一群不服输的孩子，看到了我们祖国的未来。

张莺

我体验我快乐

太原市实验小学　五年级　孙彦琦

在我的生活中有许多有趣又难忘的事，就像天上的星星，数也数不清，我就摘下一颗最亮的星吧！22日我参加了"与奥运同行，感受运动乐趣"的活动。

在体验活动中，我选择了定向越野。这是一项IQ与体力相结合的运动，可以在户外、校园、教室等地方玩耍。游戏规则是：做游戏时，每人手拿一张地图，一个指北针和一个纸卡。按照地图的指示，找到一个地方就用纸卡打一下，最后看谁用的时间短并且要打完所有点就获胜！

我们打完起点后，便争先恐后地冲向了各自的点。在地图的指引下，我顺利地找到第一个点之后，顺着地图就找到了第二个，第三个……突然间，第六个点困住了我，我绞尽脑汁也没有找到，最后问了一位姐姐才找到。

通过这次活动，我感受到了运动员的辛苦，获胜的成绩不是瞬间产生，而是从小苦练而成！

我最爱打乒乓球

双西小学　四年级　刘知远

乒乓球馆宽敞明亮，整齐地排列着墨绿色的乒乓球桌，这是在山西体育职业学院的一个运动场馆。打乒乓球是我最喜欢的体育运动，当老师让我们选择的时候，我毫不犹豫地选择了乒乓球。

我们自发分成几个小组，我们组都是生龙活虎的男孩子。教练给我们发了球拍和球，活动就开始了。通过观察，我发现大部分小朋友都没有专门学习过打乒乓球，刚开始发球都过不了网。而我从去年开始一直在培训学习，教练一对一地教我，我

点评

对于新的事物读者总是希望了解得更多更详细，抓住这一点我们就能把文章写好，把读者的胃口打开。这篇文章有一个很好的"点"，那就是小作者寻找第六个点时遇到的困难，有矛盾有冲突的作品才能生动引人，如果小作者能抓住自己遇到了什么样的困难又是怎样解决的，展开生动地描写会紧紧抓住读者的心。

结尾中小作者的感悟，我个人认为是否能够再结合上"定向越野"是"IQ和体力相结合的运动"来谈呢？体育运动是智慧和体力相结合的一项挑战，这样是不是更能扣住主题呢？

张莺

阳光天使在行动

63

已经掌握了打乒乓球的基本动作。打乒乓球对我来说一点不难，而且充满乐趣。

对面的小朋友把球发给我，我一个反手打过去，他就接不住了。当我发下旋球的时候，有的小朋友就接不住，只好重新发球。我们六个男生轮流上场打，几个回合之后，我们都满头大汗了，但是却一点也感觉不到累，好像浑身有使不完的力气。当别的小朋友打球的时候，我们就抢着捡球，有一个小朋友发明出用饮料瓶打乒乓球，看上去就像是在打棒球，我们乐得哈哈大笑。我在电视里看到过奥运会的棒球比赛，这可和真正的棒球差远了。

两个小时很快就过去了，当老师召集我们集合的时候，我还正在兴头上，还没打够呢，我恋恋不舍地望了望乒乓球桌和拍子，真希望时间过得慢一点。

这次小记者活动，让我拥有了无比开心快乐的一天。

★ 一生的动力

尖草坪区第二实验小学　五年级　荣佳琦

今天，晴空万里，金灿灿的太阳火辣辣地照射着。我们太原晚报阳光天使小记者参加了一个特别有意义的活动——去山西体育职业学院体验奥运项目。

来到训练操场。"哇！好大！"我们不由自主地叫起来。瞧！宽阔的操场上，这儿绿油油的一片，那儿是火红的一片，真像一块五颜六色的绒地毯！走上去，软绵绵的，真舒服！

主席台前，由无数粉色气球映衬的黄色字幅——"与奥运同行"瞬间映入我的眼帘。是啊！我们作为一名小学生，虽然不能在奥运赛场上和对手一比高下，但是我们同样可以用自己的行动参与到其中，为奥运加油、为奥运喝彩、与奥运同行！

老师大声说道："走！咱们去参观25米气步枪！"啥？气步枪？太好啦！我一定要看看气步枪到底怎么打、也要看看打气步枪的姿势是什么……

我怀着许许多多的好奇来到了25米气步枪训练基地。只见，一位叔叔左手端着枪，右手扣着扳机，一只眼睛瞄着枪靶，另一只眼睛紧闭，准备射击。突然，"嘣"的一声巨响，我连忙一看，他们已经开打了！"嘣"又一声巨响，我赶忙捂紧了耳朵，他们这是要"连环攻击"呀！我注意到这些叔叔们的衣服。都夏天了，他们怎么还穿厚厚的衣服？我好奇地走到教练旁边问道。原来，气步枪运动员，就必须穿得厚厚的，因为可以缓冲脉搏跳动而增加射击的稳定性，还能缓冲枪托的后坐力。

听完这些，我深切地感受到这些叔叔们有多么辛苦，他们为了能有一个好成绩，不顾夏日的炎热，每天穿着一件厚厚的衣服训练。可再回过头来想想我们，遇到困难时知难而退、考试考不好只会气馁，而不是冷静地想想这道题为什么错。这些练气步枪的叔叔们真的很了不起！

我在地上捡起一粒子弹壳，它是不起眼的，但却是他们进步的标志！我想，每当我遇到困难时，一定要看看这粒子弹壳，因为，它将会成为我一生的动力！

⭐ 运动真快乐

山西省实验小学　五年级　杨洁玲

自奥运会开赛以来，我几乎天天都是"沙发土豆"，尽情地享受着这份大餐。这不，太原晚报学校周刊组织我们小记者亲身体验奥运健儿的训练，我便迫不及待地报了名。

一进山西体育职业学院大门，宽阔的篮球场、绿草如茵的足球场，告诉我这里就是奥运健儿的摇篮。

在体操馆里，松软的垫子上，6名体操队员正为我们表演呢。哇！她们毫不费力地就把脚举过了头顶，腿绷得直直的，真像一首歌里唱的："站似一棵松。"看，长长的彩带在她们手里一会儿扭成螺旋状，一会儿转成大圆圈儿……真精彩，看她们表演真是一种享受啊！

队员们的表演让我们开心，耳下午的亲身体验更让我们感

⭐ 点评

小作者的文章仅仅围绕运动给自己带来的快乐展开，从两个方面着笔，一是欣赏体育运动给人带来的享受快乐。二是自己在体育运动中体验到的快乐，层层递进，让读者产生共鸣。

小作者的语言很流畅，描写也较为细致，但结尾略显仓促。

张莺

受到运动的乐趣。午休后，我们来到形体馆。我们坐在垫子上，随着手上下移动的节奏做深呼吸。做着做着，我感觉心旷神怡，仿佛飞上了天空。难怪这个动作的名字叫"天使的翅膀"。我们又练了踏板操。一会儿工夫，我便能在踏板上自如地做动作了。我做了一次又一次，累得我汗流浃背，但还是乐此不疲。

体验定向越野

万柏林区实验小学　四年级　季沛霖

在野外，手持地图和指北针，按照组织者设计的路线，逐个找到标绘在地图上的地点，用时最少者获胜，这就是定向越野运动。22日，太原晚报阳光天使小记者的健身体验活动，让我过了把定向越野瘾。

活动在山西体育职业学院举行。我们参观了漂亮的体育场馆，观看了精彩的体操表演，体验了百步穿杨的射箭，终于，我最向往的定向越野运动开始了。我第一个出场，手拿地图，带着指北针毫不含糊地跑进了场地，费了半天劲终于找到了一个，正当我沾沾自喜时，却发现是错的，原来是因为马虎，地图没有摆正。我紧张地满头大汗，但还是不停地告诉自己："要冷静！不要着急！"我又看了几遍地图，终于找到了第一个点。接下来就顺利了，我认真地完成了所有的任务，一共用了7分02秒，排名第五。这时，我的心情舒畅极了，同时也体会到了成功来之不易。

"了解目标，把握方向，不断努力，终能成功。"教练给我们总结了定向越野运动的要领，忽然我想到：世界上任何事情要做成功不都需要这样吗。活动结束了，尽管很累，但我觉得收获很大。

点评

文章收启自如，层次清晰。从小·作者的介绍中，我们认识了"定向越野"这一运动项目，紧接着，小·作者略写了体操表演、弓箭射击，详细带领读者体验了紧张而有趣的定向越野运动，"了解目标，把握方向，不断努力，终能成功。"一句深化了中心，揭示了一个看似浅显却极其深奥的道理。

米艳琴

★ 一场篮球赛

万柏林区实验小学　四年级　蔚昊洋

8月22日是我盼星星盼月亮才盼来的一天。为什么？悄悄地告诉你，我要和太原晚报的其他小记者一起去山西体育职业学院参观，还要亲身体验各种体育项目呢！

简短的欢迎仪式过后，我们期待已久的参观开始了。在篮球馆中，正在训练的大哥哥给我们表演了一场激烈的对抗赛。运球、传球、抢篮板、上篮……虽然只有10分钟，但这足以让我喜欢上了它，我迫不及待地想要亲自试试。

吃过午饭后，真正的体验开始了。教练先让我们做了许多有趣的准备练习。大约一个小时之后，我们最期待的时刻终于来了——打比赛。我被分在了第三组。一二组比赛后，轮到我们上场了。在比赛中，我们团结一致，配合得十分默契，最终以3比2险胜对手。虽然此时我已经大汗淋漓，但也无法掩饰我心中的喜悦之情。

在奥运会这个世界顶尖的赛场上，能拿到一枚奖牌是多么不容易，让我们一起为运动员们喝彩吧！

★ 快乐篮球场

大南关小学　五年级　卢子鲲

"打篮球喽！"我们高兴地喊着，山西体育职业学院教练带领着我们一起训练。首先是热身，跑步、拉韧带、活动各个关节，教练告诉我们，无论什么项目的比赛，都要热身，目的是减少受伤和以更好的状态投入激烈的竞赛。小记者们此时此刻都变成了小运动员，瞧！有跑步上篮的，有传球的，有踢腿的，还有投篮的，个个奋勇当先！

"比赛开始！"随着教练一声令下，大家的激情被点燃，小

点评

你的文字传递着一种情绪，会让人产生和你同样的感受：激动、喜悦、兴奋，甚至有些"迫不及待"。姑且不说赛事如何精彩，单就和个子两米多高的哥哥们面对面的那一刻，大家就已经兴奋不已了，此起彼伏的欢呼使整个操场"沸腾"起来，这更增加了大家对比赛的强烈期待。你参与的这场令你"盼星星、盼月亮"的篮球赛也一定有着同样的精彩，作为场上队员，你体味更多的大概是当时的心理活动和赛后的感受，如果把这些内容重点做渲染，就会牢牢抓住读者的心，引起共鸣，真正和大家分享你这份难忘的记忆。

郝新媛

阳光天使在行动

67

伙伴们一个个摩拳擦掌，跃跃欲试！

炙热的阳光烤着大地，酷热的天气令人难以忍受，但球场上的我们却丝毫不觉得热。比赛开始了，我方球员首先抢到球，展开攻击，大家虽然互不相识，但仅仅一个小时的接触，很快就变得十分默契！就好像美国的"梦八队"，队员之间配合得近乎完美。队员们拼抢，有好的机会就传给队友，即便投篮不中也不埋怨，继续抢篮板，并且互相鼓励，继续进攻，快速回防……在这样的进攻下，对方渐渐不支。我第一次如此真切地感受到团结与努力相结合时力量是如此巨大。

突然，球到了我手里，我一个假动作把对方晃过，便直冲篮下！等等，如果这样上篮，对方定会犯规，也许还有可能受伤，我何不……"上——篮——！"我故意大声喊道，可却顺势来了个原地转身，果然让对方球员扑了个空。说时迟，那时快，我站稳脚，跳投，那个可爱的篮球像明白主人的心思，稳稳投入篮筐，顺着篮网应声落地，"球进了！"我们赢了！我们高兴地相互击掌，拥抱，欢呼雀跃，仿佛置身于五棵松篮球馆，真正体验到了篮球带给我们的激情和胜利的喜悦！

在接下来的比赛中，我们乘胜追击，越打越勇，队员之间的相互信任和鼓励，让我们一次次取得了胜利。比赛结束，我们三战三胜，围观的群众和小记者们爆发出热烈的掌声！

点评

小作者开门见山，直接将读者带入快乐的篮球场。"小伙伴们一个个摩拳擦掌，跃跃欲试！"一句写出对篮球的喜爱之情。"炙热的阳光烤着大地，但球场上的我们却丝毫不觉得热。"巧妙地运用对比反衬，突出小伙伴们专注于比赛的神情。"球到了我手里等等，如果这样上篮，对方定会犯规，也许还有可能受伤，我何不……"一句既是动作描写，又是心理描写，生动地写出小作者篮球比赛很有经验，有着沉着镇定的好品质。

米艳琴

★ 运动的乐趣

青年路小学 六年级 张炜佳

这次体验，最让我难忘的是射箭和乒乓球。射箭队的哥哥姐姐们弯弓搭箭注视着前方，只听"嗖"的一声，我们还没反应过来，箭早已飞到了靶上，听到有人报10环时，大家报以热烈的掌声。一位哥哥练习完了，邀请我们去拉一拉他的弓，我使尽了全身力气，也只拉动了一点儿，哥哥轻轻一拉就拉到了头，哥哥说拉这个弓需要20公斤的力气，也就是说你要把弓拉

到头就和拉动20公斤的东西一样。我再次使劲一拉，在哥哥的帮助下拉到了一半，我很满足，因为我尽力了，而且我还拉了真正的弓，好开心，我想这大概就是运动的乐趣吧！

下午的体验，我选择了乒乓球。对于从来没有玩过乒乓球的我，这可不是一件简单的事。我们一个小组有七个人，大家轮流上场。一开始，我还不敢上场，生怕大家笑话我。看看大家打球，我才发现都是新手，也就没有什么好怕的了。轮到我上场了，我手握拍子，觉得它有千斤重，把球抛起来，准备打出去，可不知怎么被我自己打到了身后。好不容易打了出去，又飞出去老远。慢慢地，我开始总结经验，球不能打得太用力，选择恰当的时机打……正当我找到点门路时，该回家了，我只能恋恋不舍地放下拍子，打道回府。

回家的路上，每一个人都是喜滋滋的。这一天，每个人都学到了好多东西，每个人都找到了运动的乐趣！

⭐ 运动的力量

沙河街小学　六年级　王志尧

21日晚上，我异常兴奋，因为第二天我要参加太原晚报学校周刊组织的活动：与奥运同行，感受运动乐趣。

22日早晨，我和妈妈来到新闻大厦。因为是第一次参加这样的活动，我万分紧张，幸好我们班另外几个同学也在，缓解了我紧张的情绪。

在山西体育职业学院，我们受到了热烈的欢迎。我们先后来到体操馆、柔道馆，队员们为我们表演了节目，太精彩了，给了我可做不出来。午饭后，我们来到乒乓球馆，体验乒乓球运动，毕竟我两年没拿拍子了，一上场连输好几个球，第一局直接败下阵来。三五局过后，我又找回了感觉，连赢两局。我状态越来越好，越"杀"越猛，连带队老师也招架不住，败下阵来。最终，我因体力不支，拿了个小组第二。总之，那天下午我玩了个痛快，重温了两年前打乒乓球的乐趣，我流连忘返。

点评

小作者抓住在射箭场和乒乓球馆的感受和体验，运用了拟声词"嗖"，生动地展现了运动员射箭的情形；"我手握拍子，觉得它有千斤重，把球抛起来，准备打出去，可不知怎么被我自己打到了身后。好不容易打了出去，又飞出去老远。"这一句运用活泼的语言，生动地写出了小作者初打乒乓球的感受。

米艳琴

点评

一次看似平凡的活动，却激发出你继续练球的动力，着实令人高兴。这次运动的"痛快感"不仅是成绩的取得，更重要的是你找到了自我，找到了自信，这才是运动真正给予你的"力量"所在。你用"太精彩""流连忘返"形容自己的感受，可对于感受背后的过程性描写有些疏浅，所以读后使人感觉不强烈，真希望你的文字也能增加一些"力量"，好让我们分享到你更多的收获与欣喜。

郝新媛

阳光天使在行动

69

"妈妈，我要继续练乒乓球。"这个想法归功于太原晚报的叔叔阿姨们。谢谢你们。

★ 品尝运动大餐

五一路小学　四年级　杜晓惠子

在山西体育职业学院，运动的种种乐趣让我回味无穷。但最难忘的是当天的午餐。

中午，饥饿难耐的我们涌入餐厅。原来，我们吃的是运动员的饭，简直是太好吃了！有紫菜丸子加少许的胡萝卜汤，有鸡腿、鸡肉、牛排、过油肉、烧茄子、鱼香肉丝，主食有大米、面条、豆沙包、花卷，吃完饭后，服务员给我们端来了西瓜、桃子、苹果、香蕉等水果。我心想，原来运动员的饭菜这么好，难怪他们长得那么结实，那么有力呢！这些饭菜都是学院为他们科学搭配的，营养和维生素充足，蛋白质丰富。他们真幸福呀！

点评

科学合理的膳食安排，也是出于对运动员健康保障和良好发挥的考虑。对他们而言，真正意义上的"幸福"并不是丰厚的美食，而是通过不懈努力、赛场拼搏后的无悔和付出。

郝新媛

★ 我理解了运动员

六十三中　初一年级　钱　喆

22日，我们以"太原晚报阳光天使小记者"的身份参观了山西职业体育学院，体验运动的乐趣，感受运动的魅力。

短暂的开幕式之后，我们欣赏了活力健美操表演，参观了体操、定向越野、乒乓球、射击、射箭等体育项目。

中午，吃过运动餐后，我们来到体操馆休息，为下午的体验"养精蓄锐"。

真正的体验终于来了。小记者有的踢足球，有的跑定向越野，还有的打乒乓球，而我和其他21名小记者打起了篮球。一开始，教练让我们在场地慢跑三圈，之后，还没等停下来喘口气儿，又让我们全速冲刺。直到我们全累趴下的时候，教练才喊停。拉韧带、学运球、学罚篮……经过这些基本功训练后，教

练让我们进行了将近一个小时的对抗赛。虽说浑身酸疼，汗流浃背，湿透了两件衣服，但我却很快乐。

前几天，我看中国男篮对阵西班牙男篮的比赛时，中国队第四节体力不支的表现让我气愤不已，甚至差点摔了手边的杯子。现在想想，我们平时打不到半小时就累成了那样，而那些运动员却苦练几小时，难道不值得我们赞佩吗？射箭运动员每天举着20公斤的弓，拉着十分难拉的弦；摔跤运动员每天训练，连垫子上都沾满了汗水……

面对此情此景，我高声呐喊："我们理解你，我们支持你！运动员加油！"

点评

小作者真切地写了自己在体育学院的体验和感受，联想到观看男篮比赛时的沮丧、愤慨，再以反问句"现在想想，我们平时打不到半小时就累成了那样，而那些运动员却苦练几小时，难道不值得我们赞佩吗？"揭示主题，突出运动员精神的可贵，也自然理解了艰苦训练的运动健儿们。

米艳琴

⭐ 太原市召开第五次少代会

阳光天使小记者　卢子鲲　康乃馨

本报讯　9 月 23 日，我市第五届少代会在迎西大厦隆重召开。

会议现场，鲜艳的中国少年先锋队队旗在主席台上十分显眼，一位位少先队员庄严而坐，彰显出我国新一代力量的蓬勃生机。伴随高昂的鼓乐声，全体少先队员向队旗敬礼！

来自我市的 101 名少先队员代表与 64 名辅导员及少儿工作者代表参加了会议。

大会回顾总结了我市近年来的少先队工作，对今后的少先队工作进行了展望部署。市少工委主任杜志强代表上届委员会作了题为《勤奋学习、快乐生活、全面发展，为培养建设新太原的合格接班人做好全面准备》的工作报告。

会议选举产生了我市少先队新一届工作委员会，表决通过了工作委员会的组成方案及关于工作报告的决议。选举产生了我市出席山西省第五次少代会的代表。

全国少工委和各个省、市、自治区少工委纷纷发来贺电、贺信，对大会的召开表示祝贺。

会后，全体与会代表参观了山西博物院。

太原晚报

72

阳光天使小记者 作品集

点评

作为小学生，能完成这样一篇通讯稿，应该说是比较成功的。少代会对于少年儿童来说，是一件大事，你抓住了通讯稿的特点，真实、客观，且注重时效性，主题明确，取舍精当的呈现了整个会议过程。要真正写好通讯稿，今后还需要多学习，多练笔，期待你更大的进步。

郝新媛

⭐ 努力成为建设新太原的接班人

阳光天使小记者　段泓妮

时间：2008 年 9 月 23 日
地点：迎西大厦太原市第五次少代会现场
受访人：太原市少工委主任杜志强

小记者：您好，杜主任，您是我们全市32万少先队员的领头人，您能给我们谈谈这次会议的主要精神是什么吗？

杜志强（以下简称杜）：非常高兴接受你的采访。这次会议回顾总结过去三年我市少先队工作的成绩和经验；以构筑少年儿童社会主义核心价值体系为工作主线，研究制定今后一个时期少先队工作的任务和目标；选举产生少先队太原市第五届工作委员会；教育和引导全市少年儿童勤奋学习、快乐生活、全面发展、健康成长，为我市建设新型工业基地、特色文化名城和现代宜居城市培育合格人才做好全面准备。

小记者：我还想知道，今后为了完成这个任务，我们少先队员应该怎么做？辅导员老师应该怎么做？学校及社会又应该怎么完成这个任务？

杜：广大少年儿童要树立崇高的理想信念，要弘扬伟大的民族精神，要培育高尚的道德情操，努力使自己成为建设新太原的合格接班人。广大辅导员老师要围绕这一目标，牢固树立服务意识，不断创新服务手段，积极提高实践能力，努力使所有少年儿童都能充分享受到改革与发展的成果，在少先队温暖的大家庭中茁壮成长。同时，要加强少先队基层组织建设和辅导员队伍的建设，探索少先队工作运行机制。借助党政力量，努力争取社会各方面的配合与支持。继续加大宣传力度，扩大少先队社会影响，树立与创新我市少先队工作品牌，并运用社会化的运作方式，整合包括教育、物质、阵地等资源，利用一切可以利用的力量，努力在全社会形成关心少先队事业、支持少先队工作的良好氛围。

小记者：那您认为目前我市少先队员及少先队工作的状况怎么样？

杜：过去的三年，我市少先队工作在团省委、省少工委的指导下，在市委、市政府的亲切关怀下，在团市委的带领下，在市教育部门和社会各界的大力支持下，紧跟时代步伐，紧抓爱国主旋律，引导少年儿童养成了良好的思想道德品质；拓展服务领域，完善服务手段，服务少年儿童的能力和水平进一步提

★★★ 点评

看得出，小记者具有良好的综合素养。不仅能抓住了会议的核心内容来提问，而且所提问题准确，开门见山，切中了要害。

高　峰

高；坚持以少先队基础建设为根本，少先队自身建设不断完善，组织充满活力，推动了红领巾事业的蓬勃发展。

小记者：非常感谢您接受采访，我也是一名少先队员，您能对我们太原晚报阳光天使小记者提点希望和要求吗？

杜：我在从事的工作中，接触过许多的大记者。但接受我们少先队员的采访还是头一次，也是分量最重、最感自豪的一次。我真诚希望你们珍惜太原晚报给你们提供的机会，多锻炼、多参与、多实践，关注少先队工作动态，把我们少先队的活动情况随时发布给更广大的少年儿童，做一名真正的小记者。最后祝所有的小记者快乐学习、健康成长！谢谢。

少先队代表的学习与生活

阳光天使小记者　高　茜

时间：2008 年 9 月 23 日下午 5 时
地点：迎西大厦一楼大厅
受访人：太原市第五次少代会代表刘子菁

小记者：你好，我是太原晚报的小记者，这两天你参加少代会，心情一定很激动，你的学习成绩也一定非常优秀，能知道你在班级担任什么职务吗？

刘子菁：中队委。我们班很多同学竞选这个职位，我是凭借自己的勇气和优异的学习成绩获得成功的。

小记者：课余时间你喜欢阅读什么课外书籍，从书本中学到了什么？

刘子菁：我特别喜欢读童话故事，书本中的故事可以使自己有丰富的想象力，让自己变得活泼开朗。当然走出书本，走出校园，也能学到许多知识。

小记者：听你妈妈说，你曾去过五个国家，给我们分享一下出国的感受吧。

刘子菁：我去过日本、韩国、新加坡、加拿大……我了解

点评

这是场生动、活泼而富于思想的交谈。整个采访过程营造出了宽松、和谐的氛围，体现出的是同龄人之间心灵的沟通与融合。问题精炼，采访话题贴近被采访对象的生活实际。另外，标题简明、准确地概括采访内容，使读者一目了然。

高　峰

到国外的小朋友没有像我们这么多的作业，特别轻松，居住条件也非常好，我还参观了一些著名的建筑。

小记者：你能听懂他们的语言和他们交流吗？

刘子菁：不能，但是在一起玩得很开心，必要的时候请妈妈帮忙翻译。回来后，我更努力学习英语了，未来可以更好地交流。

小记者：你辛苦了两天，今天的采访就到这里吧，今后我们就是好朋友了，谢谢你。

刘子菁：再见。

小荷才露尖尖角

——记太原市第五次少代会小司仪郝昕雯

阳光天使小记者　马瑞书

小记者：你好，我是太原晚报小记者，我叫马瑞书，很高兴认识你。

郝昕雯：我是杏花岭区外国语小学四年一班的郝昕雯，今年9岁。

小记者：能担任这次大会的主持人，你一定很有经验，你学习语言表演多长时间了？

郝昕雯：大概不到一年吧！

小记者：哦，这么短的时间，你就这么出色，你的学习历程一定很艰辛吧！在中途有没有遇到过困难，想过放弃吗？

郝昕雯：有过。在刚刚开始的时候，参加一些大型活动会很紧张。每次上台前，大脑一片空白，当时很想放弃，但每次成功主持一台节目下来，心里又无比欢欣。在一次又一次的锻炼中，终于打开了这个心结。

小记者：你现在感觉怎么样？

郝昕雯：现在，我在台上表演非常自如，一点儿也不紧张了。

小记者：你觉得现在这个搭档怎么样，和他发生过冲突

阳光天使在行动

75

点评

标题是新闻稿的眼睛。"小荷才露尖尖角"这一题目拟写得好，深深地吸引了读者的眼球。小记者所提的问题准确，采访话题贴近被采访者的生活，使受访者有话可谈。

高　峰

吗？

郝昕雯：我和他配合得很好，不管台上台下，我们都是好朋友。

小记者：请问，你是第几次和他搭档呢？

郝昕雯：第二次。

小记者：你的校园生活又是什么样的呢？精彩吗？

郝昕雯：我们学校读书环境很好，校园很美丽，老师们和蔼可亲，就像朋友一样。班里还有许多志同道合的朋友。学校生活让我感到很快乐。

小记者：除了学校的课程，你有没有参加课外学习班？

郝昕雯：有，我参加语言表演、奥数、语文和英语课外学习班。虽然有些累，不过我还是很充实，从中能体会到许多成功的快乐。

小记者：谢谢你接受我的采访。　**指导老师　邵东华**

⭐ 我们是祖国的未来

阳光天使小记者　杨焯雅

时间：2008 年 9 月 23 日下午 5 时

地点：太原迎西大厦

受访人：太原市第五次少代会代表刘沛宜

小记者：你好，我是太原晚报阳光天使小记者杨焯雅，我来自青年路小学六年四班，很高兴认识你。

刘沛宜：你好，我是此次少代会的少先队员代表之一，我叫刘沛宜，来自青年路小学五年三班，希望我们能成为朋友。

小记者：我有几个问题想采访一下你，可以吗？

刘沛宜：当然可以。

小记者：刘沛宜，听说你不仅学习成绩在班里名列前茅，而且钢琴也弹得很不错。

刘沛宜：嗯，是的，我从 6 岁起就开始学钢琴了。

小记者：这5年你能坚持不懈地弹下来，真的很不容易，在这期间，你有没有想打退堂鼓的念头呢？

刘沛宜：当然有呀，那已经是两年前的事了，但我至今还记忆犹新。记得那是一个异常寒冷的晚上，我还有一大堆作业没有做完，又没有人送我去上钢琴课，所以我打算不去了。但妈妈却对我说："宝贝，其实做一件事情并不一定非要有多大成就，关键在于你是否用心、坚持不懈地去努力。"这句话使我懂得了许多，在这之后的每一节钢琴课，无论刮风下雨，我都风雨无阻地去上好每一节课。

小记者：五年级也算是高年级了，作业会日益增多，你还会坚持下去吗？

刘沛宜：我想答案是肯定的。在我心中一直有一个美好的梦——有一天，我能穿上漂亮的白纱裙，坐在舞台上，让天籁一样的琴声尽情地从指间涌出。我努力地追求着我的梦，哪怕汹涌的大海、惊涛骇浪也无法阻挡我追梦的脚步。我欣然相信，乌云背后有彩虹，成功背后有汗水，追求背后有收获。

小记者：谢谢你的配合，那就让我们一起全力以赴地去追寻自己心中的梦吧。命运对任何人都是公平的，只要勤奋刻苦，每个人都有机会迈进成功的殿堂，拥抱心中的梦想。

刘沛宜：很高兴认识你，再见。

小记者：再见。

★ 当班干部不影响学习

——访太原市第五次少代会代表张伯明

阳光天使小记者　崔少亭

一个身材不胖不瘦，个子不高不低，头发黑黑、眉毛弯弯、脸蛋粉嘟嘟的小男孩坐在我面前，他就是我的采访对象——新建路小学四年级大队委张伯明。

点评

这篇采访稿的内容简约而全面。所提问题清晰、完整，与被采访者的学习、生活有密切联系。

高峰

我问张伯明的第一个问题是："当班干部会影响学习吗？"他想了想说："不会。因为只有学习好的同学才能被评选上班干部，才能为班级做一些力所能及的事情。有时成绩会有所下滑，落到别的同学后面，每到这个时候，我就会牺牲一部分课余时间加紧补习落下的功课。所以当班干部不但不会影响学习，而且还会让我更加自觉地学习。"

"担任了大队委，你的课余时间就更少，管的范围也扩大了，那么，你喜欢担任这个职务吗？还希望继续把它当下去吗？"我接着又问。"当然。"他挠了挠头说："首先，大队委更容易帮助别人：帮助同学，同学高兴；帮助老师，老师乐意。同时还能提高自己的组织能力。我不但希望把大队委担任下去，还要把它干得更好，决不辜负老师和同学对我的期望。"

我沉思片刻继续问："假如让你组织一次为贫困山区捐款的活动，你会怎样做？如果同学有抵触情绪，你会采取什么样的措施？"张伯明考虑了一阵子，说："我会向全班同学发出号召，告诉大家做人要有爱心，你帮助了别人，你就会得到别人的帮助。如果某些同学有一些抵触情绪的话，就要给他讲道理。实在不行，就放弃他的捐款，因为此次募捐活动是一种自愿行为。但是我相信这些同学在下一次的募捐中一定会献出自己的爱心，为贫困孩子捐款。"这位大哥哥回答可真棒呀！

★ **点评**

采访话题独特，抓住了大家最关心的问题来展开。采访内容由浅入深，被采访者的回答有理有据，有较强的说服力。

高 峰

★ "金牌司仪" 采访记

阳光天使小记者 郭晓婧

当我接到采访市少代会"金牌司仪"的通知时，我心里一点底儿都没有，金牌司仪？会是什么样呢？我疑惑着。

终于到了采访的日子，吃过饭后，我们几个小记者就与那几个少先队员代表见面了。我瞄了一眼那位所谓的"金牌司仪"，他穿着粉色的小马褂，蹬着一双黑皮鞋，脸上挂着职业的微笑，双手紧握，两腿并拢，给人一种超专业的感觉。自我介绍的时候，他上身微微倾斜，大声说："我叫王旭堃，11岁，来

自新道街小学，希望能和你们成为朋友。"

我开始采访"金牌司仪"了。他端坐在沙发上，不动声色地说："我接受一切采访。"我暗暗笑了，真是个"小大人"。"嗯，你有什么业余爱好？""很多吧。"他摸了一下下巴，"比如下象棋、读书、打篮球。""哦，那你平常喜欢看什么书呢？"我继续发问。"中国的有《水浒》、《三国演义》等，也就是四大名著，外国的有《高老头》、《海底两万里》、《十日谈》等。""你有什么偶像吗？"我一边写一边问，笔尖在纸上飞舞。"偶像嘛，"他顿了顿，"赵本山叔叔吧，现在应该叫人家爷爷了。""嗯，你第一次参加比赛是在什么时候？"他想了一会儿，说："第一次，好像是在我四五岁吧，参加的是希望之星大赛，得了十佳。""哦？"我有了兴趣，"这么说你参加过很多比赛。你有过怯场吗？""这个嘛，"他一副老成的样子，"肯定是有的，孩子嘛，但是后来随着比赛的增多，年龄的增长，就习以为常，怯场也就，呵呵……"

面对我的一连串问题，他始终表现得镇定自若，全身散发着"小大人"气息，我想，除了有良好的心理素质，一次次的主持经历也锻炼了他吧，难怪他是我市闻名的"金牌司仪"呢！

通过采访这个"小大人"，我不仅采访了他，还学会了如何泰然自若地面对一切。真是一箭双雕！

★★★ 点评

小作者通过自己细心地观察，抓住了人物特点，提问投其所好。被访者以轻松愉快的语气，向我们娓娓道来，令人回味无穷。

高峰

太原日报社首届读者节侧记

阳光天使小记者　卢子鲲　闫羽欣　李欣航

"读者的节日，互动的平台。" 11月29日上午9时30分，当市委常委、宣传部长范世康宣布"开幕"，刹时，爆竹齐鸣、彩花飘舞，太原日报社首届读者节隆重开幕啦！

太原日报、太原晚报、山西商报以及太原新闻网的负责人集体亮相。平时"只见其文，不见其人"的优秀编辑、记者也依次出场与读者见面。在这个热闹非凡的日子，还活跃着太原晚报阳光天使小记者。150余名小记者早早就来到现场，虽然都穿着棉衣，小脸蛋冻得通红，但仍然露出喜悦的表情。小记者们个个精神抖擞，都为能来参加这么隆重的节日感到兴奋。

在本次读者节上，我市20所小学被授予"太原晚报·阳光天使小记者站"，一直热心为太原晚报提供新闻线索的10位报料人也受到表彰。

在新闻大厦一楼大厅，来自我市供水、供电、供气物价、教育、交警、环保、市政、社保等职能部门的负责人耐心解答读者的提问。此时，大厅里满是太原晚报阳光天使小记者活跃的身影。他们个个忙得不亦乐乎。在交警的咨询台前，十几位小记者把交警叔叔团团围住，咨询许多交通安全问题。而几位年老的太原晚报忠实读者则面对众多小记者不慌不忙，对"怎样看报收获大？""对小记者版的看法？"等问题一一作答。

谢涛、武忠、曹强等我省艺术界名角也登台助兴，节目接近尾声时，一位88岁的老读者白松鹤爷爷为读者节献上一曲《我和你》，歌声将现场气氛推向高潮。

最后，随着幸运读者的产生，太原日报社首届读者节落下帷幕。

点评

"读者节"场面宏大，人物和事情较多，但几位小记者能准确地抓住主要事件、典型人物和场景，用自己的视角比较完整地记叙所见所闻，非常难得，显示出较强的现场驾驭能力。侧记写得结构紧凑，详略得当，已初步具备消息的写作基本要素，你们也成为真正意义上的小·"记者"。

马非马

长辈的重托

——访太原市委常委、宣传部部长范世康

阳光天使小记者　段泫妮　高　茜

11月29日，已是太原的冬天，凛冽的寒风却阻挡不了读者的脚步。一大早，新闻大厦门口便人山人海，挤满了前来参加太原日报社首届读者节的人。我的心随着人流浮动，激动与兴奋溢于言表，因为，今天我们将采访市委常委、宣传部长范世康。

让报纸越来越好看

开幕式一结束，我们几个小记者便将范世康爷爷团团围住，迫不及待地提出各自的问题。爷爷看起来比在电视上更为和蔼可亲，我紧张的心情终于略有放松，提起问题来也就轻松自如多了。

对于我提出的举办这次读者节的意义和评价，范爷爷侃侃而谈："虽然我们举办读者节在全国不是首次，但这个活动对于报社的发展却是意义重大、长远。"不等我们继续提问，爷爷已经把我想问的第三个问题"希望太原晚报办成什么样的报纸"一股脑儿讲了出来，那就是希望我们的报纸能办得越来越好看，让读者越来越喜欢。

搭建平台定期交流

在讲到对办报的要求时，范爷爷认为像今天这样的读者节活动要多举办，还要吸收更多的人加入评报活动，搭建一个编辑与读者互动的平台，让读报的和办报的定期交流，使报纸可以更加满足群众的需求。

范爷爷说，很高兴看到100多名太原晚报的阳光天使小记者参加了读者节。我们几个小记者又提出了今后希望能有少儿读物在报纸上连载，希望能定期推荐优秀的少儿书籍，希望能有更多的版面反映学校生活。范爷爷高兴地竖起了大拇指，直夸我们的意见提得很好，他希望报社专门召开小记者见面会，

★ 点评

题目是文章的眼睛，从题目即可看出文章立意高远。内容也真实、具体，剪裁得体。笔墨集中，详略有致。材料典型，小标题的准确概括使读者对文章内容一目了然。

马非马

也让大编辑与小记者"交流互动"。

长大成为一名优秀的新闻工作者

整个采访过程，范爷爷一直语重心长。当我低头看到自己胸前的小记者证时，不由得想到让爷爷对我们提些希望和要求，爷爷爱抚地拉着我们的手说："太原晚报有你们这么多小记者，已经成了报社和教育战线的一个亮点，你们都是这个年龄群体的先行者。我出生在农村，种过地，当过兵，到了城市，参加过各类教育宣传工作。像你们这样的小记者，就应该多参加这样的活动，可以从中得到锻炼，增加你们的人生阅历。希望你们不仅能写出漂亮的文章来，还要好好学习，长大后成为一名优秀的新闻工作者和社会活动家。"

范爷爷的话温暖了在场所有小记者的心，也让这隆冬似乎少了些寒冷。我们将牢记长辈的嘱托，努力去实现自己心中的梦想。

★ 读者的节日　互动的平台

—— 访市委副秘书长、太原日报社社长赵国柱

阳光天使小记者　于弘毅　李佩聪

11月29日上午，太原日报社首届读者节隆重开幕。这天，天气晴朗，严寒挡不住读者们的参与热情。作为一名小记者，我荣幸地采访了市委副秘书长、太原日报社赵国柱社长。

见到赵社长的时候，我略有些紧张，他正在那里签名售书。身穿黑色上衣的赵社长戴着眼镜，文质彬彬，很有亲和力。看到我们，他首先微微一笑，对我们表示欢迎，然后热情地邀请我们坐下，我紧张的心情立刻放松了，开始对赵社长提问。对于我们的问题，他都一一详细做了回答，没有一点不耐烦。虽然是在一楼热闹的大厅里进行采访，但赵社长却依然平静、自然。

赵社长首先给我们介绍了举办这次读者节的目的和意义：第一，这次读者节为读者、报纸编辑和记者搭建一个交流、互

动的平台，相互增进了解。第二，相互增进感情，更好地为读者服务，共同努力，把报纸办得更好。第三，我们本次活动的主题是"读者的节日，互动的平台"，那么报社为读者提供这个节日，就是想让大家快快乐乐地过一个自己的节日。

在谈到本次节日安排了什么活动时，赵社长说，本次节日活动丰富多彩，对订报大户进行奖励，给阳光天使小记者站授牌，评选优秀读者，还有其他精彩的文艺节目。尤其重要的是，还为读者请来水、电、气、暖、物价、社保、环保、教育、市政、交警等部门的负责人，为读者释疑解惑，提供咨询服务。

赵社长还高度评价了我们阳光天使小记者团。他说，小记者团的活动，对青少年的思想教育、身心健康都有很大帮助。他还勉励我们要好好学习，掌握更多的本领，认真学习新闻业务知识，多向老记者请教，写出更多有价值、有见地的好文章，奉献给广大读者。在谈到如何更好地阅读时，赵社长说，要选好教材，有重点地阅读学习，把学到的知识运用到实践中去。

我们还从赵社长那里知道了太原日报社的办报宗旨：贴近实际、贴近生活、贴近群众。我觉得，这"三贴近"有益于我们的写作，会促使我们把文章写得更加真实。

谈到太原晚报面对全市50余万中小学生，在今后的新闻报道和版面安排上有什么计划和打算时，赵社长回答说，青少年在我们的读者里占了很大比例，为了给这个群体服务好，我们特地开设了每周5个版面的学校周刊，大量刊载小记者的文章，报道小记者们的活动。太原日报社的"三报一网"都会随时报道小记者的活动。随着小记者队伍的发展，必要时还会扩版，让小记者们有更多展示自己才华的机会。同时，以后要更好地实现"三报一网"的互动。

半个小时的采访时间一晃就过去了。但还有一个遗憾，我们知道赵社长是一位著名的书法家，本想请教他几个书法方面的问题，但因为时间的关系没能如愿，大家希望还有机会能再一次采访赵社长。

通过这次采访，我们看到了领导者的另一面。以前，我们总以为他们都是高高在上，但今天赵社长却非常平易近人。我

★★★ 点评

这篇作文的题目起得好，采访记录内容也真实、具体，尤其是对人物的描写成功。无论是感觉描写，心理描写，还是动作描写，都符合人物的年龄特点和当时的特定情境。如果把段落的过渡更自然流畅一些，文字运用再精心雕琢一些，文章会更完美。

马非马

阳光天使在行动

93

们想，这就是好领导，我们今天终于见到了！

均衡教育　全面发展

——访太原市教育局局长马兆兴

阳光天使小记者　于弘毅　李佩聪

作为一名小记者，在首届太原日报社读者节活动中，我们采访了太原市教育局马兆兴局长。

小记者：马局长您好，我们是太原晚报阳光天使小记者，今天有幸在这次读者节上对您采访。

马局长（微笑着）：你们好！

小记者：我们想问您几个问题。现在，我们学校的学生多操场太小，没有足够的活动空间，面对这样一种情况，会有怎样好的办法解决呢？

马局长：首先，活动场地比较少比较小，是长年的历史积累所造成的，现在我们正在努力改变这种状况。最近在政府的常务会上已经决定，明年会大量地给我市的中小学校修建操场，给孩子们更多的活动空间。但是从另一方面来看，从我们小学生自身来讲，我们可以自己来寻找活动的场地，因为锻炼身体是非常重要的。在学校，我们可以利用课间时间活动，休息时，可以去公共的体育场所锻炼身体，这样把社会资源和学校资源一起利用起来。

小记者：马局长，现在有的同学和家长对副科不重视，您怎样看这个问题？

马局长：学生是要全面发展的，比如说，懂得欣赏音乐、绘画，有一个好的身体，这些对一个人来说是非常重要的，是一辈子的事情。从对自己负责的角度考虑，我们一定要把这些课学好。这些课时安排的相对比较少，所以一定要保证教学质量，提高课堂效率。你们同意我的观点吧？（微笑着看小记者）

小记者（点点头）：同意！

点评

从几组对话中可以看出，小记者此次访问目的明确，设计的问题具有极强的代表性，反映了大多数学生的心声，从学校环境、教育教学到令人瞩目的小升初，环环相扣，层层深入，是一次相当成功的现场采访实录。

马非马

小记者：作为一名六年级学生，我们都想上一所好的中学，那么我们怎样才能进入我们向往的重点中学呢？

马局长：按国家规定，初中教育属于义务教育阶段，国家规定是免试、就近、划片、分配入学，义务教育的目标是均衡教育。我们知道大家都想去好的中学，我们会努力让各个学校的差距缩小，争取让每一个学校都成为好学校，这当然需要一个过程。

小记者：我们小记者团成立一年多了，一年里我们参加了许多社会实践活动，请说一下您对阳光天使小记者的希望。

马局长：这个小记者团是太原晚报为全市中小学生提供的一个很好的平台，在这个平台上，你们可以见更多的人，了解更多的事情，开阔自己的视野，丰富自己的思维，学会待人接物，我希望你们能抓住这样一个机遇，好好锻炼自己，提升自己，做对社会有用的人。我们应该感谢太原日报社的领导给我们的学生提供了这么好的机会。

小记者：谢谢马局长！

⭐ 唱晋剧是一种乐趣

——访国家一级演员、晋剧表演艺术家谢涛

阳光天使小记者　　王井泰　荣佳琪

11月29日上午，我们坐在太原日报社接待室等待谢涛阿姨的到来，寂静的空气仿佛被凝固，我们不停地向门口张望。不一会儿，谢涛阿姨快步走了进来。初见谢涛阿姨觉得她是那么年轻，那么亲切，她身上有一种磁力吸引着你，让人感到艺术家独特的气质。

我们坐在谢涛阿姨旁边开始提问。"谢涛阿姨，您最近排练了什么新的剧目吗？"谢涛阿姨告诉我们，为了纪念改革开放30周年，他们新排了一个小型的现代短剧。接着，我们又提出了第二个问题："现在的小学生大都不了解晋剧，您认为普及晋剧能从哪些方面做起？"谢涛阿姨说："晋剧是民族的瑰宝，应该

让孩子们从小了解。在中学生、大学生中可以根据教科书演一些历史剧，在小学生中，男孩子可以教他们学画脸谱，他们对孙悟空、猪八戒的脸谱很感兴趣，女孩子则体验戏剧中的八角手绢，鸡毛的翎子，漂亮的头饰。校园除了让学生学习文化知识，还可以把戏曲融入进去，让学生认识戏曲，关注戏曲，这需要一个过程。"

在采访过程中，谢涛阿姨还给我们讲了《傅山进京》这部戏。阿姨在这部戏中扮演了傅山，这部戏在上海、苏州、北京，还有省内很多地方都上演过，得了很多奖，晋剧也由此走向全国。

在采访中，谢涛阿姨深情地讲述了她对晋剧事业的热爱。阿姨说："我已把晋剧当作一种事业。事业和职业有区别。职业只是养家糊口，而事业带给你的并不仅仅是快乐，比如，你们知道阿姨得奖了，很有名气，但这些都是阿姨通过无数努力换来的。无论做什么事情都要认准目标，坚持下去。晋剧是阿姨喜欢的事业，值得去做，而且阿姨从戏剧中得到了很多给养。"戏曲广大的舞台在农村，一年他们要在农村演出200场以上，全部都在露天。即使就是这样的寒冷天气，不能穿厚衣服。谢涛阿姨说："你是演员，即使生病了，但只要票卖出去了，打完点滴也要上台。"

谢涛阿姨得知我们都还不到10岁，鼓励我们说："遇到困难要永不放弃，不能因为一些小挫折而丧失信心。我想，正是因为对传统文化的那种坚持，才会使我一次又一次站在成功的舞台上！"说完，谢涛阿姨沉默了。她是在为自己的成功而感叹，也是在为自己遇到困难永不放弃的那种可贵精神而自豪。谢涛阿姨的回答虽然很简练，但我却能够感觉得到谢涛阿姨对晋剧的那种专注和认真。

★ 点评

小记者详细记录了对晋剧表演艺术家谢涛的采访过程。通过访问了解了晋剧，了解了晋剧名家，从中感受到晋剧的魅力，感悟到"遇到困难永不放弃的那种可贵精神"。相信这次难忘的经历，会让你们在今后的学习生活中迎难而上，永不言弃。

马非马

★ 莲花落的传奇人物

——访国家一级演员、莲花落表演艺术家曹强

阳光天使小记者　曹羽桐　傅丹琳　傅　瑜

11月29日，在太原日报社新闻大厦四层会议室，我们与

国家一级演员、著名莲花落表演者曹强老先生进行了零距离接触。会议室宽敞明亮、暖意融融，我们在满心期盼中见到了曹爷爷。曹爷爷是一位慈祥和蔼的老人，穿着朴实、身材瘦弱，但是声音浑厚，谈吐依然流畅。怀着兴奋和崇敬的心情，我们开始了对曹爷爷的提问。

小记者：作为太原莲花落的创作者和表演者，您在莲花落的产生、发展中有着无可取代的作用。那么最初是怎么想起学它的呢？

曹强：那还是在上世纪60年代初，一个朋友推荐"晋中落子"，当时已几乎无人从事，濒临消亡，我感觉这一曲种挺有意思，就到处找资料找相关会唱的人，几经周折最终找到了李连根老师。然后，从语言、唱腔、节奏等方面进行了改革，尤其在语言上改为了太原方言，因此定名为"太原莲花落"。纠正一点，应该是"莲花乐"，"莲花落"是人们习惯的称呼。

小记者：一般学艺讲究从小练习，所谓"童子功"，而您原来是讲相声的，半路改行，并取得了巨大的成绩，是否付出了更多的辛苦？

曹强：那是。学什么都是要下辛苦的，我是笨鸟先飞。不过曲艺都是相通的，我之前从事相声好多年，为莲花落的学习打下了一定的基础。任何事情都一样，不下苦功夫是做不好的。

小记者：太原莲花落作为省城太原惟一的地方曲种，您有没有选些人来传授，使它发扬光大呢？

曹强：现在也有学习的，是些爱好者，但要达到一定水平的目前还没有，将来能学成什么样结果很难说。我非常希望能后继有人，将莲花落发扬光大。

小记者：现在一些地方京剧已经进入课堂，请问您对此有什么看法，太原莲花落也可以走进校园吗？

曹强：京剧进课堂是件好事，能把民族的文化艺术发扬光大。但太原莲花落的前景不容乐观，它是个小曲种，很难引起重视，目前基本处于自生自灭状态。

小记者：今天是太原日报社首届读者节，请问您对太原日报、太原晚报的评价如何？

曹强：这两张报纸办得很好，给读者带来了很多的方便和乐趣，而且越办越好。我读日报晚报好多年了，一直是忠实读者。

小记者：您对我们阳光天使小记者有什么期望呢？

曹强：这种形式很好。小记者的文章我也时常看看，写得很好，并且很有意思，趣味性很强。希望小记者们今后更加努力，多看书多学习，多了解一些知识，多见世面，开阔眼界，将来当一个优秀的大记者！

随后，曹爷爷登台为读者表演了莲花落《说医疗》，精彩的表演博得了阵阵喝彩。而我久久地品味曹爷爷的话语，体味着他半个世纪来为太原莲花落所付出的种种艰辛……

点评

相信任何一个读者看了文章，都会对太原莲花落有进一步的认识，都会对曹强老先生为莲花落做出的贡献而肃然起敬。小记者们采访前一定做了很多功课，才有如此到位的提问，如此精彩的采访。

马非马

★ 她是我们学习的榜样

——访国家一级演员、晋剧表演艺术家阎慧贞

阳光天使小记者　马心蕊　宋昕蔓　翟文星

11 月 29 日，在太原日报社首届读者节上，我们有幸采访了国家一级演员、晋剧表演艺术家阎慧贞奶奶。

小记者：您从事晋剧表演艺术多少年了？

阎慧贞：有 52 年了吧，我现在 69 岁了，也就是说十七八岁开始学戏。

小记者：当时您家里人同意您学吗？

阎慧贞：当时他们都不同意，因为十七八岁正是上学的年龄嘛！又因为唱戏在当时是一个低贱的职业，但我自己非常喜欢这行，所以就擅自决定退学了，等家长知道已经晚了，只好由着我学下去。

小记者：当时您拜谁为师呢？

阎慧贞：我先后拜白晋山、丁果仙为师，他们当时已经是很有名气的晋剧演员了，当时老师觉得我嗓子条件不错，外形也可以，很爽快地答应收我为徒了。到如今我自己也有 56 个徒弟了。

小记者：学艺过程一定也很苦吧？

阎慧贞：嗯，可以说是挺苦的。每天早晨天不亮就要练嗓、下腰、劈腿……

小记者：想过退缩吗？

阎慧贞：呵呵。可以说是想过，因为入行时年龄已经不小了，别人都是十三四岁，但想到自己好不容易进团，不能就这样轻易放弃，所以咬咬牙还是坚持下来了。

小记者：那您多大出师了呢？第一场是在哪表演的？

阎慧贞：1959年出师，在尖草坪的北文化宫。

小记者：您还喜欢别的剧种吗？

阎慧贞：当然，每种剧种我都喜欢。比如京剧、豫剧、黄梅戏等都很好听。

小记者：您最喜欢的晋剧唱段有哪些？

阎慧贞：《芦花》、《空城计》、《打金枝》和《蝴蝶杯》等。

小记者：您是太原晚报的忠实读者，您喜欢看报纸的哪些版面和栏目呢？能对报社提一些建议吗？

阎慧贞：我比较关注时事政治方面以及文艺艺术类的新闻。希望晚报能越办越好。谢谢。

小记者：谢谢您接受我们的采访。

从对阎慧贞奶奶的采访中，我们深切感受到她老人家严谨的艺术作风、开朗乐观的处事风格以及活到老学到老的认真精神，她真是我们学习的榜样啊。

★ 点评

可以感受到，这是一次轻松愉悦的采访。问的人一追到底，答的人毫无保留，充分体现出下一代的求知若渴，以及老一辈艺术家对下一代的关怀爱护。结尾处对人物的赞美，情真意切，感人至深。

马非马

★ 晋剧是高雅的艺术

——访国家一级演员、晋剧表演艺术家武忠

阳光天使小记者　张民昊　万安娜　侯钰婕

11月29日，作为太原晚报阳光天使小记者，我们有幸采访了我省著名晋剧表演艺术家——武忠。

在新闻大厦四层，一位白发苍苍的老人慈祥地用他那粗糙的双手轻轻地抚摸着我们的脸，布满皱纹的面颊上总是红扑扑的，他就是武忠爷爷，国家一级演员、我省晋剧表演艺术家、国家级非物质文化遗产的传承人。

武忠爷爷始终不忘国家对他的培养，虽然已经退休多年，可是还一直为晋剧爱好者服务。为了能参加太原日报社首届读者节，展示和发扬晋剧文化，武忠爷爷推掉了其他的重要活动。武忠爷爷说："只要能为弘扬晋剧做出一点儿贡献，我都会来！"

在 50 余年的舞台艺术生涯中，虽然唱晋剧的日子无比艰辛，晋剧之路上的困难也始终与他相伴，但出于对晋剧的热爱，武忠爷爷一直在执著地奋斗着。就这样，一座座艺术高峰被他奇迹般地征服，武忠爷爷的《徐策跑城》更是在山西家喻户晓，深得观众的喜爱，荣获了全国中老年戏曲会演牡丹奖。

近些年来，学习晋剧的人越来越少。武忠爷爷真切地希望下一代能够热爱山西，热爱太原。他说："晋剧其实是非常高雅的艺术，你们要接触晋剧，多了解晋剧文化，将它发扬光大。发扬山西文化的火炬，已经传到了你们的手里。"

接着，武忠爷爷不顾寒冷，登台为太原日报社的读者表演了《徐策跑城》里的精彩片段。他的表演惟妙惟肖，阵阵寒风不时吹起老人的白发，武忠爷爷的精神温暖了台下所有的人，触动了台下所有人的心弦。

太原晚报

阳光天使小记者 作品集

★ 点评

这篇习作通过孩子们的视角，向我们讲述了晋剧表演艺术家武忠的演艺生涯。从人物的身上让读者看到一种执著地奋斗的精神。作者娓娓道来，语言质朴生动，情感丰富而真实，结尾含蓄，发人深省。

马非马

★ 热心的出租车师傅

阳光天使小记者 严子睿 付睿昕 徐栎阳

11月29日上午，我们以小记者的身份采访了的哥——吴希春。

吴叔叔是太原晚报的一名忠实读者，在偶遇一起交通事故后，他及时报警，并随后联系了太原晚报记者，幸运的是，他第一次报料就被报社采用了。这之后，他就成了一名交通新闻报料人，到现在已经有 5 年的时间了。吴叔叔说他每天开车在路上，能碰到很多有价值的事情，他的想法很简单，就是要通过媒体让更多的人了解我市的交通情况和道路安全状况。当我

★ 点评

在这篇习作中，小作者将人物的事迹介绍清楚，言之有物，言之有序。如果能具体写写其中的某件事，并且将出租车师傅的外形、语言、动作等细节刻画生动，那么人物形象就会立体而饱满，使"热心"的特点更加突出，也能加深读者的印象。

马非马

们问他当热线报料人对他的工作有没有什么影响时？他说："没有，我觉得为老百姓服务是光荣的。"

热心的吴叔叔是个平凡的人，因为有了他的热线报料，使得原本平凡的事情变得不一般，他真是个极其有爱心的人，我们都很喜欢他。

⭐ 和蔼可亲的徐主任

阳光天使小记者　朱泽宇　边世静　韩果樾

太原日报社读者节这天，我们异常兴奋，为什么？因为我们今天要作为小记者采访市政府便民热线12345的主任徐紫晋。

10分钟，20分钟，30分钟，40分钟……我们耐心地等着，终于，叔叔来了，采访开始了！这毕竟是我们第一次采访，未免有些紧张。"不要紧张，慢慢来。"在徐叔叔的鼓励下，我们开始提问了。

整个采访中，徐叔叔严谨认真的态度一直在感染着我们，我们谈得越来越投机，一开始的紧张和害怕都飞到了九霄云外，原来这就是采访，和蔼可亲的徐主任给我们留下深刻的印象。

⭐ **点评**

你把采访前、采访后都写到了，独独最重要的采访中着笔较少。写采访花絮，须有真实具体的描写，文章才更有说服力，说明你对人物的观察及现场情况的综合把握还有待提高。小记者可不是那么好当的哟。

马非马

⭐ 任劳任怨的好站长

阳光天使小记者　米子暄　马芮溪

听许多人说，姜新良伯伯是一个优秀的站长。120武警站自挂牌到现在一年多，姜伯伯都是吃住在站里，将心思全部都用在了建设一个标兵站上。虽然累，但他毫无怨言。

在采访中，我们时时刻刻都能感到姜伯伯对急救工作的热爱。当我们问他："您在急救工作中有没有最难忘的事？"姜伯伯说，他在急救工作中没有最难忘的事，因为每一次急救，都是他最深刻的记忆，都是他永久铭记的事情。

姜伯伯身上还有许多闪光点。一次，送完患者后，医护人

⭐ **点评**

小作者紧紧围绕姜新良伯伯的优秀的品质，从热爱工作、拾金不昧两个方面进行描写。但是感觉文章用力平均，重点不太突出，犹如打水仗一般，水花四溅，就是找不着"攻击"的重点。加进一些细节描写对人物形象丰满会更好一些。

马非马

员打扫车厢时，发现了一个钱包。里面装有现金以及身份证。姜伯伯通过多次寻找，最终把钱包交还失主。类似的事情还有很多。

在姜伯伯的身上，我们看到了他敬业的工作精神、优秀的道德品质，他真不愧是一位优秀的带头人。

喜欢晚报的农民爷爷

阳光天使小记者　马玥英　戴悦洋　冯雅颂

晋源区木厂头村村民潘柱光爷爷平时最爱看的报纸就是《太原晚报》，这些年他一直坚持为晚报报料，因为他觉得《太原晚报》好，愿意为农民说话。村里面发生了什么事，他就给报社热线打电话。当我们问他被评选为十大报料人后的心情如何？潘爷爷兴奋地说："非常高兴。"

点评

文章短小精悍，就是向读者传递着一个信息"农民爷爷喜欢晚报"。生活化的语言，使文章更显自然亲切。如果能将采访人物的经过写一些，内容就更具体了。愿你们像春天的小竹笋一样，节节拔高，写出更多更好的文章。

马非马

做一个正直的公民

阳光天使小记者　张伟强　赵雅馨　李博雅

身为小记者，我们终于迎来了第一次的采访，心都怦怦直跳！但是，当我们看到一副慈祥的面孔时，顿时不紧张了……

我们的采访对象是一位59中的老师，名叫赵宏亮。他是十大报料人之一。

由于我们事先认真地准备了采访内容，所以采访很顺利。

问：您是怎样成为十大报料人的？

答：我是民盟的一员，可以向社会提出问题和建议，但是必须在固定的时间，所以不能及时上报，于是我想到了新闻媒体，通过这个途径向社会提出问题。

问：您第一次报料是什么时候？

答：第一次是在2000年，那时恒山路发生严重交通事故，我想提醒司机朋友们注意交通安全。

问：你为什么要做报料人？

点评

真是有心的孩子，几个问题问下来，读者的眼前就出现了一个"家事国事天下事，事事关心"的老师形象。他强烈的社会责任感深深吸引了我们。文章语言铿锵有力，掷地有声。文章以赵老师说的话为结尾，言简意赅，回味无穷。

马非马

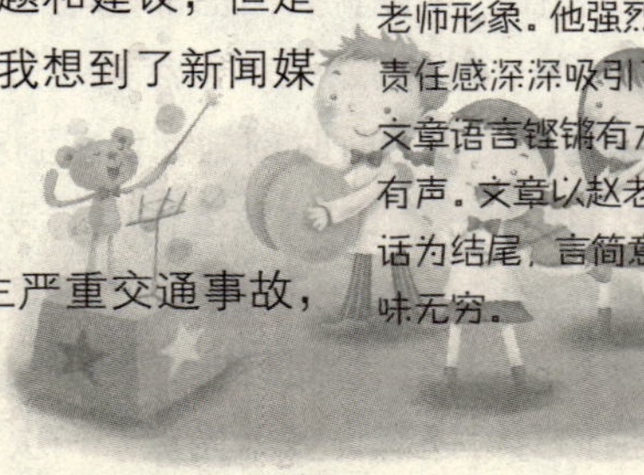

答：我想为整个社会提出建议和意见，提醒我们所有人注意到我们的社会现状，让社会上的不良风气及时清除，为社会不良秩序及时改善做一点贡献！

问：您最近一次的报料内容是什么？

答：是在今年3月份，白塔村的石碑被盗，这是一个关系到国家文物保护的事件，也关系到人们对国家文物的重视和保护程度，我认为应该引起世人的重视，所以我坚决把它报告出来。

赵老师说虽然他的报料有时候不会被采用，但他还会坚持下去，因为他明白每一个公民都应该这么做，做一个正直的公民。

他告诉我，他是一名老师，所以也应该给自己的学生做榜样，让他的学生做正直诚实的人！

★ 默默奉献的急救大夫

阳光天使小记者　梁瑾旻　徐惠琳　贾雨心

11月29日上午，新闻大厦大厅里人山人海，全是太原晚报的小记者，大家要去采访喽！

我们的采访对象是郭飞叔叔，他是122交通事故的一名急救大夫。我们最感兴趣的就是如何抢救伤者。郭大夫说，他们在接到任务时，要火速赶往现场，制定抢救方案，在第一时间抢救活着的人；如果人已经死亡了，还要做心电图予以确认；要是骨折，就要立刻上夹板，包扎；如果大面积出血或失血过多，就要静脉输血。多么复杂啊！抢救工作真是一件辛苦的事，可他们从来没叫过一声苦，总是在忙碌着，奔波着，默默无闻地奉献着。

通过采访，我们也知道了交通事故是那么可怕，一刹那间，就夺走了人的生命。所以我们一定要牢记：遵守交通规则就是珍爱生命！

★ 点评

文章的内容由急救大夫——如何抢救伤者——遵守交通规则就是珍爱生命，整体线索分明，一气呵成。文章赞美了工作在一线的白衣天使，结尾对生命的感悟升华了主题，是全文的亮点。

马非马

电话就是命令

阳光天使小记者　于瑾茹　赵怡任　曲欣玥

张海星叔叔脸上一直带着笑容，看上去随和极了，我们紧张的心也放松下来。

"叔叔，122是干什么的呀？我对你的职业感到很好奇。"张叔叔说，122是交通事故报警电话，如果交通事故中有人受伤，他们的工作就是赶到现场，救治伤员。"你平时的工作状态是什么样的？""我们的工作可不像平常的到点上下班，电话就是命令，即使有时候正在吃饭，只要电话响起有人受伤，也要立刻放下碗筷赶去事故现场。""造成交通事故有哪些原因？""每天都会发生多起交通事故，大多是因为酒后驾车，疲劳驾驶，还有车速太快等等。"当我们问他们每天都做这种事枯燥吗？他回答："习惯了！"多么简单、朴实的一句话呀！他们就是这样一支服务于社会的队伍。

太原晚报

94

阳光天使小记者　作品集

点评

应该在文章开头交待时间、地点、人物身份及采访缘起。一问一答的对话过程，如果能把人物的动作、神态、心理活动都着以笔墨刻画一下，文章就会更具体生动，更能突出人物品质。结尾简炼、感人。

马非马

用心观察生活的任叔叔

阳光天使市小记者　朱芳陆　马瑞书　周鼎贺

我们的采访对象是十大报料人之一太原上岛咖啡北大街店总经理任文平。（以下采访录中小记者为"记"，任文平为"任"）

记：任叔叔好，我们是太原晚报阳光天使小记者，借此机会想问您几个问题。您如何能发现生活中的新闻？

任：（面带微笑）只要用心观察生活，就会发现生活中处处有新闻。

记：您认为您所报料的新闻在报上登载后对社会有什么影响？

任：在报上登载后，问题能解决得更快更好些。

记：您是上岛咖啡店经理，工作一定非常繁忙，而您同时

点评

整篇文章以纪实的风格来写，采访过程清晰明了，目的明确。小记者的问题设计很有针对性，言简意赅，一语中的。主人公在繁忙工作的同时还不忘反映民生民意，令人敬佩。结尾作者的感悟也应是我们每一个人的心声。

马非马

也要搜集新闻，您是怎样处理二者关系的？

任：其实报料或发现问题不是很费劲，我们随时都能搜集素材。比如从人们的谈话中就可以发现一些问题，如果调查属实就可以向报社反映。

记：在您报料的过程中，哪件事让您最难忘？

任：（略加思考）我报料的事很多，有时在路上看见一个井盖没有了，这事是大还是小？说大就大，如果汽车轮子、自行车轮滚下去，就危险了；说小也小，就一个井盖没了。但我们还是要及时反映，因为这关系到很多市民的人身安全。

记：您被评为十大报料人，有什么获奖感言？

任：我今后还会继续报料，为人民办事。

我们也要像任叔叔一样用心观察生活，为别人着想。如果人人都这样，我们的社会将会越来越美好、和谐。

⭐ 关注身边事的民警

阳光天使小记者　刘泽良　刘丁元　李睿彤

太原日报社首次举办读者节，这是一个读者的节日，这是一个互动的平台，我们去采访了十大新闻报料人之一吴建伟叔叔。

问："您好，请问您为什么要当一个报料人呢？"

答："就是自己的一个喜好，也是为了宣传，让人们在第一时间通过报纸这个平台更快捷地了解事件。"

问："在报料的事件中您有没有什么难忘的事件呢？"

答："有一次在晋祠路两车相撞，撞死个人，当时现场惨不忍睹，我就想通过这件事告诫司机们要谨慎驾驶，注意安全。"

问："您是从哪里获得第一手信息呢？"

答："我是一个民警，这个职业让我有较多机会了解更多的信息。"

这次采访不仅锻炼了我的能力，而且还发现了身边有这么多值得我们敬佩的人。

阳光天使在行动

⭐ 点评

文章主题鲜明，语言通顺、朴实、流畅。但文中有些信息传达的不到位，如对被采访人物的第一印象怎样？结尾写感想时，要紧接前文作一个概括，然后再向外延伸，否则前后脱节，衔接不畅。

马非马

115

令人尊敬的警察

阳光天使小记者 郭小菲 王鼎铖

我们的采访对象是坝陵桥派出所社区中队民警徐英庆叔叔。作为一个警察，徐叔叔长期和基层群众打交道，会接触到很多新鲜有趣的事情，出于警察的职业敏感，他把一些有用的线索报到了报社，让广大读者引起重视。我们曾经从报上看到，徐叔叔把发生在身边的案例结合自己多年的从警经验，编成一本小册子——《居家安全手册》，他自己出钱印刷，免费赠送给社区的居民。当我们问他为什么要这样做时，徐叔叔说，这是警察的职责。

整个采访让我们受益匪浅，也明白了作为一位报料人以及警察的责任。徐叔叔的亲切以及他对于工作的认真态度，让我们更加尊敬他。

点评

开篇简明扼要，精炼有序。重点描述民警徐英庆叔叔对工作的认真，对社会的责任感，给人留下深刻印象。文章语言通俗易懂，贴近生活实际，读来令人倍感亲切。小学生能有这样的体会，令人刮目相看。

马非马

晚报连接你我他

阳光天使小记者 郭文捷

在太原日报社首届读者节上，我采访了太原晚报的老订户。一开始，我的胆子有些小，想找一位和蔼的老奶奶作为采访对象。我很快找到了一位，追上去就问：

"奶奶，您好，您订报有几年了？"

那位老奶奶和颜悦色地说："我订晚报应该有七八年了吧！"

"那您在当初订报纸的时候，觉得什么地方吸引您呢？"我见第一个问题老奶奶答得很好，就有了一些自信，继续问道。

"我当初只是随便翻了一下，读了其中的一篇报道，就决定订这份报纸了。我觉得它很贴近我们的生活啊！"

"那您觉得太原晚报对您有什么帮助吗？"

点评

报纸是一个巨大的信息交流的平台，让我们及时了解国内外时事、欣赏美文、掌握信息。小记者初出茅庐勇气可嘉。两次采访的经历描写，各有侧重，前者详写对老奶奶的采访过程，后者略写自己在锻炼中的成长。匠心独具，文章有新意。

马非马

"太原晚报对我们当地的发展报道得很详细、很全面，能很好地帮助我了解咱们太原。"

"那好，谢谢您能接受我们的采访！再见！"我高兴地离开了那位老奶奶。

第一次采访算是顺利结束！接下来，我又采访了八九位老读者，我的信心也随着采访的次数而逐渐增强。

我轻轻走到一位正在看报的老爷爷身边，面带笑容地对老爷爷说："爷爷您好，我是一名太原晚报阳光天使小记者，借读者节这个机会，想请教您几个问题，您可以接受我的采访吗？"

老爷爷并没有我想象中的那么严肃，点点头答应了我。这次采访，我不再急匆匆地说话，语言也不再生硬，结果非常成功。过后我自己都快要激动得跳起来了！

★ 读报让他们永远年轻

阳光天使小记者　周怡静　庞兴会　景思齐

太原日报社首届读者节采访活动是我第一次参加小记者活动，这可是我的第一次采访啊，我既高兴又紧张。

幸运的是我们采访的是三位高龄的太原晚报老订户、老读者。他们都是那么平易近人，看见我比较紧张，就不时地鼓励我，主动给我讲述好多他们看报的故事，三位爷爷虽然都到了耄耋之年，但他们看起来是那样的精神矍铄、神采奕奕。这或许要归功于三位爷爷都喜欢读书看报，而使得思维活跃，永葆旺盛的精力吧。

白爷爷告诉我："我从1952年太原晚报创刊，就开始订阅，这么多年，可以说是看着太原晚报一步步走过来的，我还有剪辑摘要报纸的习惯，剪了一堆，可以装订好多本呢。"爷爷一边说一边用手比划着，眼睛里闪烁着光芒。爷爷回忆起那些往事是多么快乐呀。我一边飞快地记录一边认真地倾听着，爷爷还对我说："这个读者节开办得好啊，让全民读书看报，提高人们的素质，尤其是从你们这些娃娃抓起，可是件利国利民的大好

点评

文章开头对此次采访的任务交待得十分清楚，以饱满的激情，向大家介绍了读者节的盛况及自己的采访经过。通过对被采访人物的外貌、语言和动作的细致描写，衬托出老人热爱生活、对晚辈循循善诱的思想品质。作者以轻松愉快的语气，向我们娓娓道来，让我们如身临其境。

马非马

阳光天使在行动

97

事。你们可要好好学习，好继承我们祖国的伟大事业，让老百姓生活得更加美好。"

在爷爷们的鼓励下，我轻松而又愉快地完成了采访任务。三位爷爷爱学习爱看报的精神更加激励我要好好学习，养成爱读书爱看报的好习惯，终生受益。

★ 对私自涨价的要坚决查处

阳光天使小记者　赵致伟　卫波莹　颜　琳

本次读者节上，我市供水、供电、市政、环保和物价等部门的负责人也应邀来到报社，与读者见面，零距离交流，解答读者的疑问。这边大人们咨询得热火朝天，那边小记者也采访得像模像样。下面是小记者采访物价部门负责人的现场实录。

在金融危机的影响下，物价极不稳定，政府会怎样处理这些事儿？为此，我们特意采访了太原市物价局的负责人。

问：最近金融危机在全球蔓延。这种情况下太原市的物价总体上是上涨还是下降？

答：物价总体来说是下降了，这和金融危机有很大关系。

问：请问你们是如何查处单位有乱收费的情况？

答：我们要查他的票据、查他的账本，还要进行暗访，比如你收了不该收的费了，我就要从调查中落实你到底收费没有。

问：多余的钱怎样处理？

答：我们首先要责令有关单位把乱收的钱全部退给市民，再根据具体情况来对他们进行处罚。

问：现在是供暖期，据说有某些区域供热私自涨价，这个现象存在吗？

答：你说的这个现象在太原确实存在，我们也对这些私自涨价的地方进行查处。

问：你们对这种涨价有什么应急处理方式？

答：我们首先要提醒他们，如果还不见效，就对他们进行了处罚。

★ 点评

这是一篇严肃认真的采访，体现了小记者们对社会现象的关注，以及有一颗正直善良的心。文章标题醒目，引发读者探究的欲望。问题犀利，针对性极强。结尾简单明了。

马非马

问：还有一种情况，就是收了费却不办事，这属于什么情节？

答：这是变相乱收费。我们每年都要进行几次大型的抽查，来查处你们所提的这些问题。

问：对市民有没有开通投诉电话？

答：有，请你们记住：12358。

问：谢谢您接受我们的采访。

采访到这里就结束了。在这里，我们要对物价局的全体工作人员表示敬意。

⭐ 跟孔老师学采访

阳光天使小记者　翟文理　马心蕊　宋昕蔓　马雨芃

在太原日报社首届读者节上，太原晚报学校周刊的编辑老师安排我们跟着经验丰富的大记者孔莉萍老师学采访。

孔老师亲切和蔼，面容气质都很像我们学校的老师，还长得有些像舒淇。她带我们去采访著名的晋剧大师武忠和他的妻子阎慧贞。

采访之前，孔老师告诉我们，作为新闻记者，最主要的活动就是采访。"采访"，顾名思义"采"就是采集，"访"就是访问，而"采"的主要手段就是看，"访"的主要手段就是问。因此，在做人物采访时，首先要对采访对象有一定的了解，也就是要事先"做功课"，这样再根据采访主题，拟订一份采访提纲，采访起来就会做到心中有数、游刃有余了。

刚开始，我们坐在两位艺术大师旁，虽然事先对他们有所了解，但还是不免有些胆怯，毕竟这是第一次采访，没有经验，不知道如何下手。此时，孔老师问了阎慧贞奶奶几个问题，打破了僵局。"看您的眼睛非常有神，以前一定练过吧？""呵，是的。"阎奶奶一边笑着一边说……接下来，我们也开始试着采访阎奶奶。"您从事晋剧多少年了？""嗯，从1956年就开始了，有52年了吧！""哦。""那您跟谁学的艺呢？""丁果仙先生。"

我们没想到阎奶奶如此和蔼，就像亲奶奶一般。学着，听着，我们渐渐找到了一点采访的感觉，开始大胆提问。

在进行另一个采访项目的间隙，孔老师告诉我们，作为一名小记者要有一双慧眼、一张巧嘴和一双灵耳。首先在实际采访活动时，应该认真仔细地用眼睛捕捉对方的真实意图，挖出最有味的"独家"新闻来。其次，要认真聆听采访对象的交谈；还要有一张巧嘴。谈话时自如地掌握语言、语气、语势的技巧。这样才能综合运用语言的技巧，完成采访。

小记者该如何进行自我介绍？孔老师告诉我们，一般可以这样开始："您好！您能接受我的采访，这是我的荣幸。请允许我先做一个简要的自我介绍。我叫×××，是太原晚报阳光天使小记者，十分高兴能在接下来的时间里与您进行交流和沟通……"总之，在采访中要做到态度谦恭、声音响亮、充满自信、落落大方。

采访结束，我们发觉自己有许多不足，比如，由于采访对象的讲话速度快，我们很难全部记录下来，而我注意到孔老师的记录速度就很快，她告诉我们，那叫速记，可以记录下谈话内容的重要部分，小记者没有学过速记，要记下采访对象的全部讲话，是很困难的。一般来说，如果需要记录下采访对象的全部讲话，可以使用录音机，这也是现代记者常用的采访工具。

太原晚报

100

阳光天使小记者 作品集

★ **点评**

文章详细记录了一次跟资深记者学习采访的经历。两条线索齐头并进，"学习""采访"两不误。老师教得耐心细致，学生学得认真仔细。内容虽多但是经过作者的精心梳理，却是条理清晰，层次分明。真是收获颇丰呀！

马非马

★ 当记者不容易

阳光天使小记者　韩明颖　杨倩雯　高颖琦

在太原日报社首届读者节上，我们三位小记者的任务是跟随太原晚报新闻部的张晓丽老师学习采访。虽然我们已经做了一年的小记者，可真正的记者在我们心目中还是很陌生。张老师身材修长，面容白皙，看到我们过来，远远地就热情地招呼着我们，很快就打消了我们紧张的情绪。

张老师首先要采访太原晚报的"十大报料人"之———的哥吴希春。以下就是我们的记录。

张记者：您一般关注什么事情？

吴：关注交通事故、环境卫生。

张记者：您一般是怎么报料？

吴：一般说时间、地点、人物。

这时，我忍不住插了一句：拍照片吗？

吴：不照。

接下来，张记者开始采访报料人晋源区木厂头村村民潘光柱。

张记者：您从哪一年开始报料的？

潘：从2004年开始的。

张记者：您为什么给报社报料？

潘：相信报社办实事、能给我们做主。

……

在张记者的指导下，一个个报料人侃侃而谈，而我们三个小记者急急地记着，生怕漏掉一个字。

一上午的时间飞快而过，虽然我们只是跟随张晓丽记者对"报料人"进行了简单的采访，但我们都觉得很累。我们深深地感觉到，做一名记者真不容易啊！我们还有很多很多东西需要去学习和实践。

★ 点评

这样的学习方式相信在座的每一个小·记者都受益匪浅、终身难忘。文章前因后果交待详细，重点描写了张记者的采访过程，末尾谈了自己此次的收获。语言流畅，布局合理，段落衔接紧凑，过渡自然。

马非马

★ 采访花絮

阳光天使小记者　郭晓婧

羞涩开口

有一部分小记者没有被安排固定采访任务，只能自己去寻找目标采访，以自己的视角去看这次读者节。小记者们可是"大姑娘上轿——头一回"，看着人流，只好咬咬嘴唇，硬着头皮上了。"爷爷，我是晚报的小记者，我能采访您一下吗？"一个身着红色衣服的女生对一位正在交谈的爷爷说，好像怕爷爷不答应似的，女生又赶紧补充了一句："就两三分钟，绝不多耽搁！"

大记者架势

读者节上，众多小记者吸引了大家的目光，一个个稚嫩的面孔，认真的表情，让在场群众忍俊不禁。其中有一名小记者叫薛婷，今年11岁，当"记者"已经一年了。为了顺利采访太原日报社首届读者节，她提前做了很多准备工作，了解有关情况，真有点记者的架势。她说，她今天也是带着任务来的，回去还要写稿子。"长大了我也要做记者，我一定能干得很出色。"薛婷说。

刨根问底

看见"太原晚报十大报料人"走下领奖台，几位小记者立刻忙前忙后地找他们进行采访，可都快把一楼大厅翻了个底儿朝天，也没有找到。这时，她们看到一旁的志愿者。有办法了！她们从志愿者嘴里套出了答案，十大报料人去了20层，怪不得找不到呢！她们飞速乘上电梯到了20层，啊哈，果真在，看她们的神情，好像喜悦都快堆得掉下来了。

难倒报料人

"叔叔，叔叔，给讲几句话吧！""叔叔，求你了！"小记者们似乎变得大胆起来，开始积极踊跃提问，弄得几位报料人恨不得多长几张嘴来回答，刚刚回答完一个问题，又蹦出来十几个问题，弄得报料人连口水都没时间喝。"叔叔，给讲几句感言吧！"一个女生请求道，这一来，所有小记者都要感言。于是就出现了开头的一幕。"这些小家伙可真把我难住了！"十大报料人之一吴希春笑着说。

★ **点评**

作者构思巧妙，善于选点展开。特写镜头别开生面，情趣盎然。全文节奏明快，语言清新，始终洋溢着诙谐与风趣，读来乐趣无穷。

马非马

★ # 第一次当记者

阳光天使小记者　薛　婷

在这次读者节上，我收获颇大，我认识了很多小记者和许多忠实的读者。从这些忠实的读者身上，我看到了《太原晚报》的魅力所在。

102

阳光天使小记者　作品集

阳光天使羊市街小学小记者站任钰杰：这是我的第一次采访，我的采访对象是两位年迈的老读者。经过一番紧张的对话后，我连一声"谢谢您"都没敢说就"逃跑"了。第一次采访的经历让我懂得了做记者真难！

阳光天使太师二附小小记者站杨嘉笛：结束了近两个小时的采访，我收获良多，第一次体会到做记者的成就感。我希望自己能一直坚持做下去，当一名合格的小记者。

阳光天使万柏林区实验小学小记者站季沛霖：那天，我不到6点就起了床，冒着寒风赶到新闻大厦。活动开始了，我被安排采访日报的忠实读者。我不停地询问，不停地记录，忙得不亦乐乎。过了一会儿，庆祝活动开始了，我拼命地挤到人群的最前边，一会儿拍照，一会儿记录，恨不得自己能像孙悟空一样有三头六臂。忙了半天，腰酸背疼，手冻得没有了知觉。特别是有时候感觉这个镜头不错，很有意义，想拍下来，可相机偏偏没有准备好……当个记者可真难啊！

阳光天使建设北路小学小记者站苏文慧：我跟大南关小学的两名小记者分到一组进行采访，这两名小记者有数次采访经验，能随他们一道采访，是我的荣幸。我随着这两名小记者不停地来回采访，他们每采访一个对象，问问题都那么干脆利落，语言是那么清晰，笔是那么敏捷，很快在本子上记录下来，一会儿就记录了那么多，我好佩服他们啊。

阳光天使万柏林区实验小学小记者站张可：老师一声令下，小记者都去忙自己的工作了，再瞧大厅里，呵！采访读者的小记者还真不少，我在人群中寻找没有被包围的读者，哈！发现目标，出击！终于发现了一个正在读报的老奶奶，我飞奔过去对她采访。刚开始还有点紧张，看到老奶奶认真回答我的问题，看到老奶奶慈祥的面容，我有了勇气，大胆地提出问题，认真地记录。老奶奶夸我是个好记者。出师告捷，使我在后面的采访都比较顺利，我更有信心了。

在半天的采访中，我很忙碌，我体验到了一个记者的辛苦，同时我又是快乐的，我战胜了自己的胆怯，有了新的体验，作为一名小记者我感到自豪，忙碌中充满了快乐！

★ 点评

小记者采访小记者，视角独特，别出心裁，让人有一睹为快的念头。文章节奏感强，不同的人有不同的感受，但是相同的是对记者行业的了解与敬佩之情。一个个活跃于读者节上的小精灵们，用他们的热情为活动注入一缕清新。

马非马

realisti

THE **Sunlight** **W**
Angel
Little reporter

人物纪实

figures

ORKS

老师会变

万柏林区大唐实验小学　五年级　韩明颖

从三年级开始，一位梳着齐耳短发、戴着眼镜、能说会道的老师教我们语文。从那时起，我发现老师竟然会"变身术"。

老师像妈妈

一次上课，肚子突然和我过不去，折腾得我头冒冷汗，手捂肚子，举手向老师"求救"。刚才的一切老师可能都看到了，她示意同学们自己读课文，快步走到我身边，扶我到办公室，一边倒水，一边轻声问我：早晨吃东西了吗？看着桌上热腾腾的水，瞧着老师慈爱的脸庞，肚子好像被感动了，折腾劲减弱啦。老师嘱咐我先休息，看着她转身的背影，我觉得老师真像妈妈！

老师像朋友

"一个、两个、三个……"，我们在操场上给老师数踢毽子的个数，小小毽子在我们师生间传递着，毽子上下飞舞，我们的心也随之跳动。老师像个大天使，身边围着一群小天使，一起玩，一起数数，一起笑。

老师像学者

"这个问题应该是……"老师像学者一样思考，"可能是这样……"老师对每个问题都反复斟酌，才下结论。老师常给我们讲季羡林、余秋雨的作品，尽管我们似懂非懂，但我们爱听。

暑假里的一天，同学们在电话中传递着一个消息："今天的《太原晚报》看了吗，太原市十佳班主任有咱们郑老师。"瞧，我们的老师居然又变出了新花样，你说能不让我们激动吗？

点评

文章开头简略地介绍了老师的外貌，接着通过对老师关心学生，与同学们一起活动的描写，表现了老师的和蔼可亲及平易近人。老师"会变"，但不变的是对学生永恒的爱。文章内容条理，重点突出。

高峰

★ 家有老妈

双西小学　三年级　郑歆睿

神仙妈妈

我们一家看奥运会篮球比赛，易建联给姚明传球的时候，一不小心对方抢走了，我都急死了，生怕对方进球。只听妈妈说："进不去，进不去。"球果然就没有投进去。我激动地抱着老妈。该中国队投球了，妈妈说："能进去！"球立刻就进去啦，而且是三分球。我高兴得亲了老妈一口。

妈妈说进就能进，真成神仙了！中国队进八强啦！

咸的味道

妈妈总是忙碌，今天她先去小饭桌打扫，再回家休息一会，就出去给我买泳具，回家没一会儿就又去小饭桌打扫，然后做饭。晚上，我躺在床上的时候，妈妈还在一边洗衣服，一边收拾家呢！这一天妈妈是多么累呀，我心里有一种咸咸的味道。

超级大厨

今天是快乐作文班的聚餐会。一进门，看见各种各样的晚餐都摆在了桌上，于是我也赶快把自己美味可口的饭菜摆好。

张泽浩偷偷地吃了我的一块寿司，点着头直说："嗯，好吃好吃"。有的妈妈一个劲儿地对着我的美味拍照，老师夸我的汤做得好，同学们对我的饭菜都赞不绝口，快乐的时间就像一颗流星瞬间而过！谁让我有一个会做美味的超级老妈呢！

★ 点评

小标题使用得巧妙、恰当。全文节奏明快,语言清新,始终洋溢着诙谐与风趣,读来其乐无穷。

高峰

我心目中的好老师

太原市实验小学　六年级　李 源

　　老师，是一个多么高尚的职业啊！每个学生心目中也都有一个衡量好老师的标准，我也不例外，现在就来听听我心目中的好老师的形象吧！

　　我心目中的好老师和蔼、可亲，她和我们不但是老师和学生，还是无话不谈的朋友。我喜欢她长着一头乌黑亮丽、柔顺的头发，配上一对炯炯有神、会说话的大眼睛；我喜欢她声音甜美、动听，如同泉水叮咚，轻轻地流淌在我的心田，我们时常在她朗读的课文中陶醉。我喜欢她举止温文尔雅，流露出哲学家的气质。

　　上课时，她严肃认真、一丝不苟，不厌其烦、一遍又一遍地为我们解答疑问。课堂上，她总是用睿智的眼神与我们交流，那是心与心之间的对话。

　　她无私奉献的品质，深深地震撼着我们的心。她辛辛苦苦地为我们批改作业，没有一点儿怨言，不求任何回报，任劳任怨！她如辛勤的园丁，呵护着我们这些幼小的树苗，为的是让我们长大后能有出息，成为国家有用之才，干出一番惊天动地的大事业。她还把我们当成她的孩子一样来照顾，她让我们懂得了做人的道理和做人的品格。

　　"用语言播种，用彩笔耕耘，用汗水浇灌，用心血滋润。"这就是我心目中的好老师，一个和蔼可亲的好老师！

指导老师　王惠芳

点评

　　文章紧紧围绕"我心目中的好老师"的标准展开叙述，语言如小溪流水般明快。结尾总结出"我"心目中的好老师形象："用语言播种，用彩笔耕耘，用汗水浇灌，用心血滋润"，概括精炼，很好地点明了中心。

高 峰

我的好朋友 "咩咩"

建设北路小学　五年级　张 露

大家好，我叫张露，是建设北路小学五年二班的一名学生。我有一个从学前班到现在的好朋友，她叫"咩咩"。

"咩咩"是我和王子奇给她起的，她真正的名字叫做杨洋，我们给她起"咩咩"这个名字是因为她的名字里有一个洋。

她是一个温柔的小女孩。她有着一头乌黑的头发，有一张不爱说话的小嘴，像樱桃一样，还有一双炯炯有神的大眼睛，又黑又亮。

杨洋有时发起脾气来也很凶。有一次，我们几个同学去上英语学习班。下课的时候，王子奇则偷偷地站在杨洋背后，拿粉笔在杨洋背上画画，杨洋警告过他不要再画，可是，王子奇就是不听。杨洋急了，拿起粉笔，在王子奇身上画了个遍。王子奇再也不敢惹杨洋大侠了。

杨洋对同学很大方。一次上美术课，李慧没带勾边笔，就问杨洋借笔，杨洋二话没说就借给她了，李慧说："谢谢你，杨洋！"杨洋说："不用客气，同学就应该互相帮助，你拿去用吧，用完还我就行了！"可是，当李慧用完却忘记还她，等到第二天下午才想起来。她对杨洋说："对不起，昨天用完后我直接放进了铅笔盒，忘记了，现在才还你，真是对不起！"杨洋说："没关系，不要紧，我还以为你没用完呢！"看，杨洋多么大方啊！

这就是我的好朋友"咩咩"。她有时大方，有时会耍点小脾气，我很喜欢她。

点评

孩子，你对好朋友的观察很仔细，可以看得出你是个细心的孩子。之所以能成为你的好朋友，在你们之间一定有令人难忘的事情，内心的感受也会更加强烈，如果从这个角度来写，文章就会有感染力，让大家真正了解"好"在哪里了。

郝新媛

品德老师三部曲

迎泽区第一实验小学　　五年级　　任佚佳

一部曲：听写乐章

我们的品德老师叫王根。我们第一次见到他，是他给我们听写的时候。

有一次，我们语文刘老师有事，所以王根老师给我们听写。可是，王老师的普通话不太好，所以，他把"红润"读成了"馄饨"，把"袭击"读成了"洗衣机"。我们听了半天没听懂，窃窃私语："这个单元明明没有'馄饨'和'洗衣机'呀！"王老师看我们都听不明白，便着急地说："你们这单元怎么学的？连'馄饨'和'洗衣机'都不会。"这时正好进来了一位老师，王老师说："来，你给他们读一读这两个词。"那位老师说："红润和袭击。"我们一阵大笑，王老师说："好啦，现在知道了吧，快写吧。"这时，有人起哄说："王老师，你的脸红得像个大苹果。"

二部曲：扮"哭"乐章

我们的品德老师还爱扮"哭"。他一看见有同学作业没写好，就开始说他小时候怎么怎么苦，现在怎么怎么甜，还说现在条件这么好，还不好好学。尤其是说话时的表情，我的妈啊，比哭还难看！

三部曲："抽抽"乐章

我们品德老师最大的特点就是"抽抽"，腿一晃一晃的，手一直敲桌子，我经常想：他的手敲得不疼啊。有一次，老师又"抽抽"了，有位"英雄"竟然当众说道："老师又'抽抽'啦。"欲知事后如何，看了前面你肯定知道。

★ **点评**

你可真是观察入微呀！把品德老师的一言一行，一举一动都描写得栩栩如生、活灵活现。几部华丽的乐章演奏下来，让读者不仅看到了一个有个性、有特点、有"手段"的老师形象，而且也感到现在的孩子难教呀！

马非马

⭐ 我的早餐

万柏林区大唐实验小学　二年级　牛浩冉

今天妈妈给我准备的早餐有鸡蛋、牛奶、苹果……

每天早晨，妈妈为了让我吃上有营养的早餐，总是准备又多又丰盛的食物，有时候是牛奶、牛肉和果酱面包，有时候是燕麦粥、包子、水果等等，美味的早餐总让我的小肚子饱饱的，上课也有精神。

我从妈妈那里学到了许多吃早餐的知识。比如说，早餐与前一天的晚餐相隔时间比较长，胃早已排空，应及时吃早餐并保证其营养价值，这才能让我在学校上课及参加各项活动时精力充沛；妈妈还说早餐既要吃饱又要吃好，这样我每天生长需要的各种营养，包括蛋白质、脂肪、各种维生素、水、膳食纤维等才能得到补充，我才能快快长高，变得更聪明。如果我要是没有吃早餐的话，我的肚子就会在上课时咕咕叫，让我注意力跑到了肚子上，这怎么能学好呢。

吃了妈妈为我准备的早餐，我的身体壮壮的，高高的，我喜欢吃妈妈做的营养早餐。　　　　　　　**指导老师　郝春华**

★ 点评

小早餐，大学问。虽然只是日常生活中的一件平常事，但作者却描述得有声有色，结尾处不可或缺的点睛之笔，较好地凸现了文章主题，让我们看到了一颗慈母心。

马非马

⭐ 爸爸的爱

大南关小学　四年级　宋肖南

爸爸对我的爱，就像天上的星星，多得数也数不清！

有件事一直印在我的脑海里，总是无法删除！那天，我和爸爸到公园玩，玩了一下午，我们都累了，准备回家。爸爸开着车，慢慢往回走。因为那是一个冬天，如果把车开快了，容易出交通事故。爸爸的车，如同一个"摇篮"，我躺在摇篮里睡着了……爸爸见我睡了，怕我着凉，就脱下自己的大衣，轻轻地给我盖上。爸爸给我盖衣服的时候，我不知怎么了，自己就

★ 点评

"爱若天高似海深，情如地厚比水纯。沧海桑田常变化，唯有真情永长存。"诗人把爱比喻成了天和海，说明爱是世上最伟大最永恒的东西。文中父亲的爱体现在小小的细节中，这爱打动了我们的心。

马非马

醒了，可能是爸爸的爱把我唤醒了吧？

爸爸，您爱我，我也爱您！

泪水凝聚的爱

后小河小学　五年级　武晓彤

长这么大，已经历过许多事，也流过很多泪，有辛酸的泪、激动的泪、委屈的泪、感动的泪……每年都要哭好多次，回想起曾经流过的泪，我发现自己在哭声中长大了。

二年级时，妈妈为我报了书法兴趣班。经过一段时间的学习，在妈妈的鼓励下，我满怀信心地参加了全国少儿书法大赛。这是我第一次参赛，为了取得好成绩，我充分利用业余时间准备书法作品。那天放学后，我还是像往常一样，认真地挥笔写着书法作品，不知不觉已经过去两三个小时了，眼看我的作品就要大功告成了。这时，妈妈为我端来一杯水，一滴调皮的水珠飞跃出来，正好溅在了刚写好的字上，纸上的墨汁随即扩散开来，不一会儿，清晰的字迹变得模糊一团。无能为力的我看着眼前的一切，既着急又生气。我伤心极了。满眼含泪望着坐在身边的妈妈，再也忍不住了，冲着妈妈大声喊道："都怨你，都怨你。"此时的我端着手中的这杯水，非但不觉得它的可贵，反而觉得十分厌烦。这时妈妈轻轻拉着我的手，用颤抖的声音说："好孩子，别哭了，都怪妈妈不小心，咱们从头来。我相信你下一幅作品会写得更好。"听了妈妈的话，忽然间一种被爱的感觉从我的手掌传遍全身。刚才是我错了，妈妈是最理解我的妈妈，妈妈是最关心我的妈妈。就在那次参赛中，我获得了全国青少年书法大赛一等奖。当我拿到奖状时，泪水再一次模糊了我的眼睛，是高兴、惭愧、自豪？也许都有吧。此时此刻流到嘴角的泪水，我感到是甜甜的。

点评

一滴调皮的水珠毁了一幅即将完成的书法作品，可它却折射出母女之情、宽容理解之爱。小作者用细腻的笔法将人物的一举一动、一颦一笑都勾画得入木三分。孩子的成长离不开父母的辛劳，这泪水寓意深刻，耐人寻味。

马非马

可爱的老爸

桃南小学　二年级　刘奕翔

老爸爱看书，尤其爱看地理书和报纸。他看书的时候一声不吭，就和木头人一样。

平时我写作业时他总是在一旁看书，看得奶奶叫他吃饭都顾不上。睡觉前，他躺在被子里也要看一会儿书。老爸不仅自己爱看书，还常常给我讲书中的知识。昨晚，他给我讲了冬虫夏草的故事，刚开始我还以为这东西是花呢，没想到它是药呀！

老爸说："多看书你就会增长知识！"现在，我越来越爱看书了。

点评

你是个生活的有心人，从点点滴滴的小事中刻画了爱书如痴的"老爸"形象，体现了"可爱"这一特点。语言通顺流畅，中心明确。希望你在未来的学习过程中，用心感受和体味生活，写出更加感人的好文章。

马非马

妈妈是我最好的老师

万柏林区实验小学　五年级　韩宗睿

人们常说："妈妈是孩子的第一位老师"。随着年龄的增长，我对这句话的理解逐渐加深了。

记得几年前，奶奶生病了，爸爸的工作很忙，服侍奶奶的担子就落到了妈妈的肩上。有一次，妈妈听说甲鱼清炖后能补身体，便迫不及待地去市场上买。可当时正值寒冬腊月，甲鱼不好买，妈妈经过多方打听，跑了很多地方，好不容易才买回了甲鱼。刚到家她就顾不得疲劳，把甲鱼清蒸了，还一口一口喂给奶奶吃，这一口口送的是妈妈对奶奶的深厚亲情啊！虽然奶奶最终还是永远地离开了我们，但是我相信：奶奶在九泉之下一定会为她有这样一个贤惠的儿媳妇而欣慰的。

奶奶去世以后，我想妈妈也该休息了，谁知妈妈又报考了卫生管理学院，要继续学习三年。看着妈妈每天晚上伏案学习的身影，我很是不理解，不知道妈妈究竟图个啥？带着迷惑去

点评

"谁言寸草心，报得三春晖。"小作者从自己妈妈的身上看到了怎样孝顺老人，怎样"活到老学到老"、怎样积极进取。这样一个优秀的母亲，怎能不让我们赞叹呢？文章语言准确到位，描写生动传神，将人物的特点勾勒得一览无遗。

马非马

问妈妈，妈妈说："一个人要有进取心，俗话说，活到老学到老，这样一生才有意义。"妈妈的话让我豁然开朗，再次凝视妈妈伏案学习的身影，陡然间发现妈妈高大了许多。

妈妈的白头发多了，知识也多了。妈妈教会了我要有孝心，要懂得上进。

指导老师　翟梅花

☆ 给姥爷的一封信

太原市实验小学　五年级　张百川

亲爱的姥爷：

您好！我是您最爱的外孙——百川。你虽然离我很远，很远，可在几年前，您那个深情的拥抱，那个让您含笑而终的拥抱，让我永远难忘。这一切仿佛都在昨天发生，也仿佛时间定格在了那天。这件事虽过去了很多年，可你的那只粗糙的大手给予我的温暖，仿佛现在还能感觉到。写到这儿我心头不禁涌起了一丝甜蜜，可甜蜜过后，我心一酸，流下伤心的眼泪。我没想到那一次分手，竟成了永恒。您因病而离我远去。

每次跪在您的墓碑前，我都低着头，抿着嘴，一言不发。我的心，犹如刀绞，不是滋味。每当我在梦中梦到您坐在椅子上，逗着我开心，我一蹦一跳地跑上前去，要您抱我。姥爷啊姥爷，你我虽不在同一个世界，可我相信，你我的心是紧紧地连在一起，什么也分不开！

姥爷，清明节时我一定会献上一束最鲜艳的花和一句最想念的话，寄托我对您的哀思。姥爷啊姥爷，您离开的脚步太匆忙了，就像一颗流星，刹那间消失在了无边的天际中。此时无言的您躺在里面，而能言的我又能说些什么？

您的外孙　百川　**指导老师　吴彦梅**

★ 点评

阅读这篇文章的时候，不禁想起了著名散文家朱自清的代表作《背影》。两篇文章虽体裁不同，但异曲同工，对亲人所表达的感情都是入木三分。百善孝为先，正是因为有了对长辈无限的敬爱之情，文章的语言才如此震撼人心。孝敬长辈，百川同学做得不错。

王建光

妈 妈

太原市实验小学　四年级　朱晓琳

你们想了解我的妈妈吗?

我的妈妈非常关心我,对我体贴入微。记得有一天晚上,我感冒了,有点咳嗽。家里没有咳嗽药了,我说:"妈妈,明天再买吧,我没事"。妈妈说:"不行。"当时已经是晚上十点多了,妈妈坚持出去给我买药。我心想:妈妈这么关心我,我有时还气她。妈妈买上药回来了,我喝着药,药虽然苦,但我能从药中感觉到妈妈对我的爱!

我喜欢吃饭的时候看电视,一顿饭能吃半个多小时。妈妈生气了,就把电视"啪"的一声关掉了,这时全家都鸦雀无声。我心里也明白是我错了,却不敢开口向妈妈承认错。过了一会儿,妈妈主动过来给我讲吃饭看电视的坏处,我们就握手言和了。我以后不会一边吃饭一边看电视了。

妈妈每天很辛苦,本来就下班晚,回来还得给我检查作业,还要看着我练琴。这就是我的好妈妈,我从妈妈的身上感受到了母爱的力量!

指导老师　牛淑青

点评

父母给孩子的爱无穷无尽,不计其数,但孩子们能够体会到的却并不多,更不深刻。用心体会,不仅可以塑造自己完善的人格,文章也会写得更深刻、更动人。

王建光

巧嘴妹妹

桃园小学　二年级　柴思熠

我的妹妹今年四岁,胖乎乎的脸上长着一双明亮的大眼睛,扁扁的小鼻子,樱桃小嘴,梳着两个麻花辫,十分可爱。

上学期末,我考了双百,全班第一。姥姥姥爷乐得笑开了花,对我连声夸赞。一旁的妹妹羡慕极了,忙说:"我上了学也能考双百。我妈妈已经给我准备好了上大学的书包!"

暑假,我们乘车前往山东日照。夜幕降临,汽车奔驰在高速公路上,爸爸说:"终于看到路标上有'日照'二字了。"妹

点评

短短200多字,就能把一个聪明伶俐、心灵嘴巧的小·姑娘的形象活灵活现地呈现出来,最重要的是抓住了三件具有典型意义的小·事,而且都是直接引用了妹妹的原话。一个二年级的孩子,能有这样的技巧,真令人钦佩。

王建光

人物纪实

115

妹随口便说："我听见大海的声音了！"我们忍不住都笑了起来。其实离海边还有一百多公里呢！

最近，幼儿园的老师问小朋友有什么难过的事。妹妹毫不犹豫地站起来就说："奶奶生病住院了，我感到很难过。"

你说我妹妹的嘴多巧呀！

⭐ 我

公园路小学　三年级　张旭辉

我的名字是爸爸妈妈苦思冥想出来的，意思是朝阳升起时洒下的光辉，充满了蓬勃的希望。我皮肤微黑，鼻梁笔直，弯弯的眉毛下，是一双乌黑闪亮的眼睛。第一次见到我的人，常会夸上一句："这小子真帅！"爸爸妈妈工作辛苦，我很想帮他们一把，可又无能为力。每次有什么好吃的东西，我从来不独享，总要给他们留一点。他们一边品尝一边悄声说："孩子懂得关心长辈啦。"我听了心里美滋滋的。

我也有让他们担心的时候。有一次黄昏时分，我趴在桌上借着微弱的夕阳看书，妈妈提醒我："把台灯打开。"书里的故事实在精彩，哪顾得上那么多。过了一会儿，妈妈又进屋来，看见我还是老样子，立刻生气了："你是不是想戴近视眼镜？"我赶紧把台灯打开，向妈妈认了错。

这就是帅气、孝顺又顽皮的我，你想认识我吗？

⭐ 点评

通过你的描述，确实感到你是个帅气、孝顺还勇于承认错误的好孩子。关于自我介绍的文章以后还会遇到，要是能够突破常规写法，在角度、构思、文体、语言的某一个方面大胆创新，就会有出其不意的效果。

王建光

⭐ 天使在人间

万柏林区实验小学　六年级　韩佩瑶

她，一向沉默寡言，暑假过后，竟像变了个人似的，一反常态地话多了起来，甚至偶尔还说几句脏话，这突如其来的转变，到底是为什么呢？

终于，有几个同学知道了。原来，在暑假里，她永远地失

去了自己的妈妈。这沉痛的打击谁又能受得了呢？是啊，怎样帮助这位同学呢？她们几个思索着……一天上自然课，她忘了带橡皮，平日里小气的A君见状，立即将橡皮借给了她。她脸上闪过一丝惊异，A君注意到她惊异的表情，微笑着说："以前是我太小气！相信我一定会改掉这个毛病，我现在正在努力呀！"她没有犹豫，接过橡皮，报以礼貌的微笑，说："加油哦！"

课间，她跟几个女生说着并不可笑的笑话。而那几个女生，也像演戏似地配合着笑起来。她心里忽然有了一种莫名的失落，也许是这百无聊赖的课间十分钟让她想起了那段不该回忆的往事。不一会儿，几个同学对她说："出去玩儿吧！"她越玩越开心，她笑得那么灿烂，几位同学心里也乐开了花。

几周下来，她有所察觉了，但她依然和同学们开心地玩闹着。谁也没有察觉，她已经明白了。一天，在弥漫着芳香的榕树下，她对雨婷说："其实，我知道了。"雨婷心里一沉，难道她……她接着说："不过，我不会在意。妈妈死了，也不能重生。我已经振作起来了。你们一定要相信我哦！"雨婷笑了，心中的石头落了地，幽默地说："相信你，没道理！"两人手拉手消失在夕阳的余晖中。

晚上，我趴在窗台上，望着灿烂的夜空，心想：世界上应该有天使吧！她们不都在我们的心中吗？ **指导老师 高灵仙**

★ **点评**

人之初，性本善。此言不虚。用细微的爱心温暖遭受人生重大打击的同学，你们就是在人间的天使。

王建光

★ 我最敬佩的人

万柏林区实验小学　六年级　刘珈豪

我最敬佩的人是从我入学到现在一直教我的语文老师——李老师。李老师站在讲台前面，苗条的身材格外引人注目，亭亭玉立。她步伐轻盈，像阳春三月的杨柳一样婀娜多姿。脸像绽开的白兰花，笑意写在她的脸上，洋溢着满足的喜悦。

李老师十分关心同学。记得有一次，杨勇上完体育课后在我们班门口不小心摔倒了，李老师正好经过，她三步并成两步走了过去，把杨勇扶了起来，急切地问："摔疼了吗？伤到哪了……"老师不停地安慰着他，杨勇感动地哭了。

李老师就像妈妈一样关心我们，爱护我们。冬季天黑得早，下雪天老师总会送路远的同学回家。如果同学病了，李老师会放弃自己的休息时间去看望他，还为他补课。因此，我们班语文成绩特棒，不是年级第一就是第二。

李老师对我们做到了严而有方，严而有度，不愧是位德才兼备的好老师。六年的小学生活即将结束，真舍不得离开她，我最敬佩的人——李老师。

指导老师 李 丽

我的"非常"姥姥

太师二附小　五年级　曹羽桐

我的姥姥很"非常"。非常？对啊，就是非同寻常的意思啊。怎么非常呢？我来给你介绍一下吧。

她的知识非常丰富，不管是自然界的、生活中的、学习上的，她都知道。平时我遇上难题总要找她问。有时候，我还会故意出一些小难题，考考她！一次，我想难住她，于是就问："姥姥，为什么冬天吃冰淇淋就会肚子疼呢？"她把道理说得清清楚楚、头头是道，很轻易就过关了。姥姥为什么能懂这么多知识呢？噢，原来呀，姥姥只要一闲着，就坐下来看书、看报纸，经过好多年的积累，书上的知识就全部变成了她自己的知识了。所以，我给姥姥起了个外号叫"科学家"。

姥姥自己知识丰富，还十分重视对我的教育。平时，只要姥姥在我家住，每天晚上，总是她讲着故事伴随我进入梦乡。有时候，因为我的贪玩误了功课，被她发现就要好一顿教训，我就和她生气了，可过后我还得乖乖地把落下的功课补起来。平时看报纸时，有如何培养教育孩子或者孩子成长方面的文章，她也要细心地保存下来，或者念给我听，或者让爸爸妈妈学习。所以她还是个"教育家"。

姥姥还懂得营养方面的知识，有一次吃饭时，她给我来了一大块冬瓜，可我不爱吃，便一转手夹到了妈妈碗里；姥姥看

在眼里，和颜悦色地说："冬瓜里含有多种营养成分，这些营养正是小孩子需要的，它不但能让你长高长胖，还能让你变聪明。"她还能说出各种不同蔬菜、水果所含的不同营养，所以，我又给姥姥起了个外号叫"高级营养师"。

姥姥很爱我，我也很爱她。每次听说我要回去吃饭，不管是冰天雪地的冬天还是烈日炎炎的酷暑，姥姥都要跑到很远的大超市买来我喜欢吃的东西。特别是在我生病的时候，她就会放下手头的事情，急急忙忙地赶过来，守在我身边，把我抱在怀里，眼睛里盛满了焦急、心疼和慈爱，比她自己生病还难受。

这就是我的姥姥，一个慈祥的长辈，一个严格的老师，还是一个经常和我下棋、做游戏的好朋友。

"犬父"炒股记

万柏林区实验小学　六年级　陈　曜

近几月来，我们一家人的"看电视权"被剥夺了。事出何因？还须从三个月前说起。

三个月前的某中午，犬父在和姑父的一次交谈中得知，姑父炒股赚了钱。于是犬父就开始打他的金算盘。第二天中午，爸爸回来说，以后电视归他管，还说他已是"炒股事业"的一员了。某中午我到姑父家玩，只见犬父和姑父两人坐在沙发上有说有笑，当我向姑姑打听后，才得知犬父炒股不到一个月，就赚了13万元。所以我不得不说犬父炒股是一个奇迹。

股市哪可能只赚不赔呢？不到一个星期，犬父买的"垃圾股"终于有了"反应"：暴跌两次"跌停板"，刚开始赚的钱只剩下七万了。这样的打击对于刚进股市的犬父来说，确实不小呀。当姑姑向我透露这个消息时，我的心情、零花钱的数目仿佛都已经像犬父所买的"垃圾股"一样停了。当天中午收盘后，犬父一直吃不下饭。此状况一直持续到下午开盘，那只"垃圾股"竟然不断有所上涨，最终一个"涨停板"让犬父心中的石头落下了。

点评

关心父母，也要适当关心他们的工作和生活，这样不仅可以体会他们的苦与乐，而且也能获得一些课外知识。处处留心皆学问。虽然你现在对股市等成人话题一知半解，但正因为你的"留心"，你的知识会越来越多的。别忘了，将来你若成为一名金融学家，你的"犬父"可是第一功臣啊。

王建光

为了方便，犬父来到电脑城，逛了半个时辰，抱得一笔记本电脑而归。全家人以为犬父有了笔记本，应该不会和我们抢电视了，孰知犬父每日左手电视遥控，右手电脑鼠标，还说炒股要面面俱到。看着犬父不亦乐乎的背影，我不得不说："犬父，I 服了 you。"唉，我这已"陷身"牛市的犬父啊！　　**指导老师 高灵仙**

⭐ 这就是我

万柏林区第二实验小学　四年级　王雯璐

阳光天使小记者 作品集

　　有这样一个小女孩，她长着一双单纯透亮的眼睛，两弯淡淡的眉毛，白净的皮肤，修长的双腿。

　　她十分喜爱看书。喜欢《西游记》中无所不能的齐天大圣，讨厌好吃懒做的猪八戒，欣赏《皮皮鲁总动员》中聪明的皮皮鲁，同情《喜乐与我》中的那只被虐待的小狗。每天放学回家后，她要做的第一件事就是钻到书房里看书。妈妈饭做好后，叫她几遍吃饭没有回应，常常要把她从书桌拽到饭桌上。

　　她有丢三落四爱忘事的毛病。她的课本和学习用品经常需要妈妈帮她找；妈妈放到餐桌上嘱咐她一定要吃的东西，她也经常忘。甚至有一次，老师让她告诉妈妈帮忙复印卷子，结果一个星期过去了，等老师问起她时，她才想起这事。

　　她的业余特长是弹钢琴。平常每天弹一小时，星期日弹三个小时，雷打不动。她经常会被优美的钢琴曲吸引得下不了琴凳。别人一提起她总说："这小姑娘钢琴弹得不错。"

　　她还喜欢滑旱冰。刚开始学时，一位邻居小姐姐告诉她滑旱冰时要："身体向前微倾着，两只脚张成八字形，滑行时脚不要抬得太高，把身体的重心移到滑行的那条腿上。"她用心记住小姐姐的话，半天就掌握了滑旱冰的要领。如今的她滑旱冰的技术在小朋友当中数一数二。

　　你知道文中的"她"是谁吗？"她"就是——我。

⭐ 点评

　　天地间走来了小小的"我"，爱好广泛很活泼，学有所长会琢磨，有时丢三也落四，总体来说很不错。

李秀英

我们班的"三大天王"

后小河小学 六年级 刘泽良

　　我在后小河小学六年三班读书，我们班不仅人才济济，水深龙多，"三大天王"的助阵更是锦上添花。

　　我们班的头号天王赵鑫华是一名运动天才。跑起来如同一头西班牙公牛，特别快，影子一晃就不见了。他还特别喜欢打篮球，是一名优秀的篮球运动员。打球时，他灵活善变、左拦右扑，犹如天神下凡，无人能敌，多次为我们班争得荣誉。他如此威武，让全校所有的学生都羡慕不已。

　　他，是现代版的诸葛亮，才思敏捷、机智过人，在人群中出类拔萃；他，还是一个书呆子，无论什么书都特别爱看；他，知识很丰富，什么样的问题都难不倒他，我们有什么不会的事情都找他商量；他，学习成绩也非常优秀，他就是我们班的二号天王—— 尚靖番。

　　她，是三大天王中唯一的女生。得到"天王"的封号是因为她在美术上造诣颇深。她的画栩栩如生，调配的颜色更是鲜明，给人以强烈的艺术感受，深受美术老师和同学的好评。她获得过许多大奖，她就是乔伊芳同学。

　　我们班以"最聪明的班"和"优秀班集体"的称号著称于年级。我们在课堂上，认真听讲，课下，我们尽情玩耍。我们班常作为榜样让全年级学习。可是我们并不骄傲，并一直保持着、努力着。为我们的行动加油、喝彩吧！

点评

　　看到你和你的班级如此健康快乐的成长，真是高兴！三个人物虽未谋面，却如见其人；虽未交谈，却深知其性。这都是小·作者善于抓住特点描写人物的功劳。写人习作，抓特点是关键，巧渲染是根本。

李秀英

我的爱好

太原市实验小学 三年级 彭嘉璐

　　我是一个可爱的小女孩。
　　我的名字叫彭嘉璐，我还有一个英文名字叫Naro。今年我八岁了，我长着一双水汪汪的大眼睛，乌黑发亮的头发，很长很长，这可是我好不容易留下来的。为了留长头发，我还跟爸爸妈妈争吵过好几次呢！

随着年龄的增长，我越来越爱看书、写作了。我开始把心思诉说给我的好朋友——作文或日记。我喜欢写在一个别人打不开的小密码本里。就连"QQ记事本"、"QQ邮箱"等都被我设置上了密码。为此，妈妈还说："你又没有隐私，干吗还设置密码呢？"可我总觉得我也有自己的内心世界呀。

通过读书，我学到了很多知识，懂得了爱。每当我从电视和报纸上得知还有因家庭贫困上不起学的小朋友时，我就把压岁钱和零花钱通过学校组织的献爱心活动捐赠给他们。虽然钱很少，但我觉得如果人人都献出一点爱，世界就会变得更加美好。我多么希望那些贫困的小朋友们能像我一样，有一个幸福美满的家呀！

这就是我，一个爱好读书、富有爱心的小女孩。

指导老师 王丽俊

点评

通过事例介绍，大家会发现小·作者是个富有主见，心细如丝的爱心女孩，在自己创造的天地倾吐对生活的认识和感悟，这也是成长的标志。喜爱读书的她理解了爱的含义，并将爱融入于现实生活，尽力献出自己的爱心，达到学以致用。读过这篇文章后，相信每个人都会不由自主地回到童年，回到那个有点小·秘密却纯真无邪的年代。

史晓丽

你一直在我身边

太原第二外国语学校　刘　敏

严皓老师，我现在很想您，真的，很想您。

这学期换了一个班主任。他讲课的风格很像您，让我不自觉地会想起与您在一起的日子。那些片断闪闪烁烁，拼成一个又一个充满回忆的故事，在我眼前重演。最精彩的是展示课上您的慷慨激昂，最崇拜的是讲台上您的深刻睿智，最羡慕的是您名字后一长串的荣誉，最钦佩的是您的刚正不阿，最鼓舞的是您复习时对我们信任的目光，最体贴的是降温之后您对我们的叮咛嘱咐，最带劲的是运动会上您的助威呐喊，最美丽的是您微笑的刹那。

您总是出汗，讲课时左手常握着一张面巾纸；您的手指容易感染，右手食指经常都包着纱布；课多的时候，您的嗓子时

常沙哑；有时嘴会起泡，但并不影响您精彩的讲述。我们都以为您是严厉的老师，可若是我们状态极好，您又会露出孩子一般的笑；以为您高不可攀，体育课上您却与我们一起跳皮筋，打乒乓球，没有一点隔阂。

现在上完课会自然而然地拿起总结本，满满地写上两页纸，总是很有成就感。科目换了好多，本也换了不少，可初中的那个数学总结本我保留至今。本上的方法是您教的方法，本上的红色是您批上去的痕迹。然而您教给我们的，却又绝不仅是那几道题，那几种方法，而是对人生应有的、积极的态度。我时常会遇到困难，有些事情令我几度想要逃避。但安静的时候，我总会想起您课上曾经对我们说过的话。有些事，你是不得不去面对的，与其在过程中痛苦地煎熬，不如换种态度，淋漓尽致地享受它所带来的快乐。有些事，你甚至费尽力气也找不到它其中的快乐，那么不如坚定地与它斗争，坚持到底，告诉它你有多么强大。我们的力量是自己所不能估计的，只要你坚持着，坚定着，坚强着，坚信着，就一定可以得到想要的结果。

有时我想我很幸运，可以有您这样一位优秀而亲近的班主任。但我又想，这幸运不是我一个人的，而是我们班54个孩子中每一个人的，是您教过的每一个学生的。您把自己的爱分成好多份，每一份又不是几分之几，而是完完整整的一。

初一开学，您戴着银色边框的眼镜，反光的玻璃片让我看不清您的双眼。我坐在最后一排，以为我们之间隔了好远。

初二的时候，您对我说，加把劲，把学习赶上来。我的脚崴了，在家休息一个月，您打过电话来告诉我，这不是什么大不了的事，调整好心态，多下工夫，照样可以赶上去。那一年，我的成绩开始有起色。

初三的时候，临近中考，学校放假。在学校的最后一个上午，您对我们说："剩下的放假三天，我随时在办公室恭候，有任何问题马上打电话来，随时解答。"您把"随时"两个字说得很重。不仅是那三天，那三年您都是这样。无论我们有任何问题，您随时都热心、耐心、细心地帮我们解答，毫无怨言。

高一站队时我们和您带的班挨着，有时我会偷偷看您在干

点评

从小·作者的笔触中能够感觉到和谐的师生关系永远值得我们去记忆、怀念。小作者尤其善于运用排比句式，将一位好老师教学、育人的细节展示在世人眼前，一些句子本身不乏哲理，也为本文增色不少。最成功地就是感情真挚，用情用心写出了对严皓老师的一腔怀念。最后一句话"刹那间发现，您一直在我身边"既点题又呼应全文。

王海华

什么。您还是和以前一样，站在队伍的中后方，面带威严地看着每一个同学，但眼神中又不免有疼爱。刹那间发现，您一直在我身边。

⭐ 谢师恩

太原市36中　初二年级　张艺宁

　　师爱如一阵清风，吹走我心头的痛苦；师爱像金色的阳光，照耀着我，催我奋进；师爱如一棵生命之树，让我在逆境中有了前进的动力；师爱似一曲生命的旋律，伴我在学海中起舞……师爱如阳光似春风，他默默奉献，不求回报，无论对他人，还是对社会。

—— 题记

　　有一群人，他们平凡他们懂得默默付出，他们平凡他们明白无私奉献，他们如泥土但却孕育出娇艳的鲜花，他们如秋雨滋润种子结下硕果……他们把青春奉献给了教育事业，他们用一支笔教会了一代又一代青年，为社会培养了一批又一批人才。而他们有一个共同的名字—— 老师。

　　走进课堂，仔细聆听老师所说的每一个字眼，您的思想，您的话语，充溢着诗意，蕴含着哲理，又显得那么神奇。黑板上的字迹已经模糊不清，而我们心中对老师的感恩永存。您给予我们奋进的力量，教会我们热爱生活。

　　"园丁"不是一个空洞的代名词，而是一个崇高的称号。他们为幼苗洒下甘甜雨露，盼幼苗茁壮成长；为树苗修剪枝枝蔓蔓，望树苗长成为参天大树。

　　小学时期，您把无知的我领进教室，给予我丰富的知识。最令我难忘的是小学一个个慢镜头。一次，我们放学晚了，我在空无一人的街道等车，又被突如其来的雨淋了个"落汤鸡"。这时，夜色之中出现了一个熟悉的身影，老师把她的伞借给了我。原来，老师与我同路，而这时已经将近晚上8点

★★★ 点评

　　本文最精彩的地方就是文章开头题记中对老师"群像"的描摹，用清风、阳光、大树、旋律四种比喻形象地解构了老师的职业特质和奉献精神。开始用的是第三人称，接着用的是第二人称，最后以第一人称"我"切入感人的镜头。如果能够用一种人称统摄全文，整体效果可能更佳。

王海华

了，可我从来不曾注意老师的辛苦，老师的累，老师为我们的操劳……

9月10日是教师节，我多想送老师一个有纪念性的礼物，一个胜过从礼品店买来的礼物——愿天下老师永葆青春！

⭐ 最疼我的人走了

太师二附小　五年级　张博君

最疼我的姥姥走了，我再也见不到她慈祥的面孔，再也听不到她亲切的声音，再也得不到她的爱抚了。

每当想到这些，我心里就格外难过，和姥姥在一起的美好时光，一遍遍在脑海回放。

姥姥最爱我了。每次给压岁钱都给1000元，爸爸妈妈不让我收，可是姥姥总是硬让我收下，这些钱都是姥姥从平日自己生活中节省下来的，可见姥姥是多么疼我。

本来姥姥在看电视，但她一看见我来了，就把电视让给我看，因为她知道我爱看电视。她明明不喜欢我看的电视节目，可她总是乐呵呵地陪着我看，满眼充满了慈爱。可知姥姥是多么亲我！

在姥姥病最重的时候，只有我能把她从睡梦中唤醒。我知道那是姥姥在牵挂着我。那几天姥姥的心跳是每分钟32下，但姥姥还是忍着，因为她不想让她的儿女操心，不想成为儿女的负担，可见姥姥又是多么坚强。

姥姥，如果您能在天堂看到我这篇日记的话，您一定会对我微笑的，对不对？姥姥，你知道吗？你的外孙无时无刻不在想您，我知道人死了不能复活，我只能把无尽的思念埋藏在心底。姥姥啊，希望您在天堂过得幸福，快乐！

★ 点评

小作者把对姥姥的一腔思念写得真挚感人！题目设计非常好。文章开门见山，直接承题，一开始就把读者带进一种浓浓的思念里。全文撷取日常生活中给压岁钱、看电视等细节，将长辈对晚辈的爱写得感人至深。姥姥病重时分的"32下心跳"等细节的运用和描写，充分展示了小作者对姥姥的爱。最后以镜头式的天堂祈福收尾。全文一气呵成，顺畅自然，不失为一篇好作品。

王海华

人物纪实 125

我的"太原"老师

新建路二校　五年级　王亦轩

其实，我所有的老师都是太原人，不过只有教我吹单簧管的老师说的是太原话，所以我们几个单簧管小学员私下里都叫他"太原"老师。

我们的"太原"老师长得浓眉大眼，平日里不苟言笑。与众不同的是他留着一头具有艺术家气质的长发。一开始，我们还觉得有点别扭，后来听说搞艺术的都这样，所以慢慢地我们也都习惯了。

"太原"老师平时说一口太原话，上课时也不例外，一开始我们不习惯，闹了不少笑话。有一次，老师在纠正学员嘴形的时候说："'在'个音应该'外'的吹。"许多学员都把"外"听成了"歪"，所以在吹奏这个音时吹得七上八下。后来我们才知道，这是标准的太原方言。

我们的"太原"老师不但语言有趣，有时动作也十分搞笑。如果学员吹得不好，"太原"老师就会抡起胳膊，用很夸张的动作去打学员的屁股，还说："打你狗儿的！"当然，打得倒是一点也不疼，反而觉得他这是在用另一种方式启发你。

当然，"太原"老师也有真生气的时候，每当这时候，他会很严厉地批评你，纠正你的错误，给你提出改进意见，让你保证不再犯同样的错误。

现在，"太原"老师正在努力学习普通话，可我们倒不希望他这样做，我们希望他永远都说他那口太原话，永远做我们幽默风趣又和蔼可亲的"太原"老师。

点评

小作者观察领悟生活的能力非常强，全文风趣生动地记叙了"太原"老师给学生带来的乐趣，字里行间将一段音乐课外辅导写得增色不少。可喜的是题目的设计，一下子把读者的阅读欲望勾了起来，听着小作者娓娓道来，在轻松愉悦中让我们记住了这位可爱的"太原老师"。

王海华

☆ 双胞胎的我

青年路小学　五年级　陈 茜

　　我就像一个双胞胎，上学时，积极上进。可一到放假，就懒洋洋的什么也不想干，整天睡觉，像个小加菲猫。

　　开学了，我这个积极分子又成了早睡早起、积极上进的好学生。每天早晨6点10分就起床，朗读课文，接着刷牙、洗脸，并梳好头发。然后，把妈妈叫醒，一起吃饭。到了学校，积极回答问题，考试考满分。下午回家，要积累和写题，大家说，我是一个好学生。

　　可一到放假，我又成了懒洋洋的加菲猫。有一天，我和妈妈看电视看到凌晨4点。我们一直看完大结局才睡了觉。第二天，我和妈妈眼睛肿得像小皮球。于是，我俩罢了工，一觉睡到了中午。爸爸回家吃饭看到我俩睡得像两头小猪一样，就为我们做了一顿丰盛的午餐。不知道是我饿了，还是爸爸厨艺太good，那顿饭简直就是美味佳肴，我又被大家评为爱吃爱睡的加菲猫。

　　这就是我，一个"双胞胎"，既是积极上进，又是加菲猫，真是人间小怪物。

⭐ 点评

　　文章生动活泼，小作者可爱之极！全文生活气息浓郁，三百余字间把陈茜小朋友爱学习、爱玩耍的"两面"性格写了出来。假期要多出去走走，窝起来看电视可不太好噢！

　　　　　　　　王海华

☆ 姨妈，我想你

新建路二校　五年级　于羡渊

　　去年，我的姨妈从新西兰回来了，她一是想家，二是……我也想她。四年了，我已是小学高年级的学生了。个子长了一大截，长发成了运动发。如果走在街上，姨妈肯定认不出我！

　　在国内，姨妈是一位老师，一位多才多艺，喜欢哈哈笑，也喜欢讲笑话让别人笑的人。

　　这次，她休假回来，我却被她的唠叨声烦死了。当我想睡

个懒觉的时候，姨妈就开始"咚咚"地敲门，还大叫"快起来锻炼，锻炼完还要写卷子和作业呢。"我只好从床上爬起来，跟着姨妈一起跑步做操。

当我写作业时，有不会的题，她从来都不会直接告诉我准确的答案，只是告诉我做题的方法，我问她为什么不告诉我答案？她说，你只要答案，不要方法，你永远都不会做。晚上我看电视离得很近，她说，这样看对眼睛不好，而且你应该多看一些新闻。

我左盼右盼，盼着姨妈走了。第二天早上，我刚想睡懒觉，就情不自禁起了床，锻炼身体。当我遇到难题时，会想着方法，而不想着答案。当我想近距离看电视，就马上往后坐。

感谢姨妈，让我有良好的习惯！今年过年你回来吗？姨妈——我想你！

★ 邋遢王

五一路小学　三年级　杨亦青

我们班有个"邋遢王"，她的故事可好笑了。

一次上完体育课，我看见她有一只脚没穿袜子，便问她："你怎么没有穿袜子呀？""邋遢王"说："今天体育课跑丢了。""啊！那怎么你的鞋没丢呀？""我也不知道。"听了她的回答，我忍不住大笑起来。

还有一次，我看见她一只脚上穿着红袜子，一只脚穿着绿袜子。我问她："你的两只袜子颜色怎么不一样呀？"她说："早上起晚了，时间太紧，随便拿了两只袜子穿在脚上，也没看一样不一样。"

听她的同桌说，她上个学期光英语书就丢了三本呢。这不，你看，现在上的是数学课，可她的桌子上却摆着语文书。同学们，你们说她邋遢不邋遢，有趣不有趣。

⭐ "三心" 邻居

万柏林区实验小学　五年级　张可翔

家里又停水了，爸爸妈妈正在为怎么做饭发愁。正在这时，"丁冬"门铃响了，我去开门。

啊！多么朴素的身影，原来是邻居阿姨。阿姨的眼睛一笑就眯成一条细缝，旁边的门缝里饭香不断钻进我的鼻孔里。阿姨开口了："有水没？没水上我家去打，我家存着点水。"

老爸连忙去提水。热心的阿姨还一直说："不够再来提，没事，快再提点！"真是一位热心的阿姨。生活中，阿姨也是个细心人，饭做得色、香、味俱全；工作做得一丝不苟，不放过一个问题；家务做得井井有条。楼道经常被她打扫得干干净净。今年春节，我们一家回老家不在家，每天拿报纸的事请阿姨帮忙，我们回来以后，阿姨把叠得整整齐齐的报纸交给我们，还按照日期排好顺序。虽然是一件小事，但阿姨的细心令我佩服。

阿姨还特别有耐心。她女儿小时候接受能力很差，平常小孩一个字读几次就认识了，可她读了20几次还是不会，阿姨很急，但她没有骂女儿，她发现女儿爱看画，就耐心地一张张画好，再配上汉字，一个个教她，就这样一直把她送进了优等生的行列中。

这就是我的邻居，她是一个普通的女工。不过，在我眼中，她并不普通，她就是我的"三心"邻居。

⭐ 点评

观察别出心裁，好个"三心"牌邻居。小记者写文章如果能更多地从身边人、身边事入手，则既可以把握如何选择素材、言之有物、言之真实、作好文章，更可以从日常生活里汲取丰富的营养，并从中学会做人、做事、做文章。从这个意义上说，小作者给我们活泼泼地勾勒出一个富有爱心、细心、耐心的好邻居，展示出一幅和谐生动的社区生活图景。

王海华

⭐ 将爱传递下去

万柏林区实验小学　六年级　温开轩

我有一个朋友，他不仅相貌可爱，心地也十分善良，他的名字叫李明。

李明是我最好的朋友，但更像我的小老师，一举一动都值

得我学习。前几天，我与李明一起坐公交车去书店。车厢里人很多，好不容易才等到两个空座位，我们说说笑笑，坐了一两站后，我突然看见上来一位白发苍苍的老爷爷，我假装没看见，心想：我的屁股还没坐热呢！这时，李明神秘地对我说"等一下，我去去就来。"我不知道他要去干什么，便不在意地扭头看窗外的"风景"。

突然，不知从哪儿窜出个"小淘气"坐到了李明的座位上，还踹了我一下，我赶紧说："这里有人坐。"我望了望李明，只见他双手搀扶着那位老爷爷正朝这边走来。顿时，我觉得他突然变得高大起来，而我……我回过头来看了看"小淘气"，他水灵灵的眼睛正目不转睛地盯着我，好像对我说"大哥哥，你为什么不让我坐一会儿呢，我的腿都站麻了……"我感觉自己的脸颊很烫，立刻站起身来把座位让给了这位小弟弟。在我们的带动下，同龄人都陆续站起来把座位让给了更需要它的人，车厢里顿时热闹起来。

太原晚报

阳光天使小记者 作品集

点评

"三人行，必有我师焉。"在公交车上让座这是我们经常能够读到的习作题材，但是小作者却从这平凡的小事中写出不平凡来。作者描写了我与朋友对于让座的两种态度，形成鲜明的对比。结尾处"车厢里顿时热闹起来"暗含了题目的"将爱传递下去"，让人回味无穷。

马非马

父爱如山

太原成成中学　初一年级　裴博宇

曾经在小学学过朱自清的《背影》，被他父亲那种慈祥的父爱深深打动着；听着腾格尔的《父亲》，又被他父亲粗犷的爱吸引着。而那时我总觉得我的父亲似乎是太平凡了，始终没有让我心动的"事迹"，但后来发生的一件事让我体会到了父爱如山。

那是一个多雨的夏季。中午上学时还晴空万里，下午放学时却是大雨倾盆。同学们在等待中陆续被家长接走了，而我站在校门口犹豫着，因为我知道妈妈这个时间上班正忙，而爸爸近日因为腰椎间盘突出症，腿也疼起来了。我无奈地站了一会儿，本想等雨小些了再走，但校门口人越来越少，我把书包抱在胸前免得淋湿，心想就这样跑回家吧。刚想冲进雨里，却看到坡路上隐隐约约出现的身影像是爸爸，我仔细看着，一点点

走近，啊，是我的爸爸！我欢快地奔了过去……

我拿着爸爸递给我的伞，兴奋地讲着刚才的种种，爸爸笑着，这时风吹着伞，像要掀翻了一样，爸爸赶紧说："躲在我身后吧！"我高兴地躲在爸爸高大的身躯后。不大一会儿，我们就下了坡走到了十字路口。"哇！成小河了呀！"因为雨急，这条路的下水不通，水都聚在了这里，"我们怎么过呢？"我问着，爸爸弯下腰来，对我说："来，爸背你过去。"小时候爸爸常背我玩，长大后早已生疏这种感觉了，我愉快地扑上了爸爸宽大的脊背，爸爸晃了一下，缓缓地站起了身，我这才意识到爸爸近日腰腿在疼，赶紧说："爸，放下我，自己走吧。"爸爸头也没有回，只说："搂紧我的脖子。"说着，一只脚已经趟进了水里，我伏在爸爸的背上，感觉着他一摇一晃的步履，眼泪顺着我的脸颊淌了下来。我没有朱自清的文笔，也没有腾格尔的歌喉，但我有和他们一样为人子的心，我的心里难受着却无法用语言表达，十字路口的雨河似乎很长很长，让我那样难以忘怀。

到今天，我已长大成为初中生了，身体结实了许多，再过这条街道弥漫的雨水时，总想着，不久的将来，我也能用坚实的臂膀为父亲遮风挡雨！

★ 点评

老实说，"父爱如山"是一个让人写烂了的题目，很难再写出新意。不过你的优势在有真实的情感、丰富的细节，即便主题立意平淡了些，还是值得让人一读的。世界上有千千万万个父亲，便有千千万万种父爱，希望下次你能找到更独特的视角，我期待着。

马非马

爷爷，我想你

东华门小学　五年级　程安楠

爷爷，我好想你！

新的一年，我最想要的是一张通往天堂的火车票。

我好想我的爷爷，我有8年没有见到爷爷了。记得小时候爷爷和我一起睡觉，由于我淘气，等爷爷睡着了我就开始拿出放在柜子里的体温计玩。玩着玩着，不小心把体温计给打碎了，当时我不知道该怎么办。爷爷醒来后发现体温计碎了，我看到爷爷的脸色不好，以为爷爷要生气，吓得哭了。爷爷看见我哭了，并没有生气反而来安慰我，父母知道这件事后，骂我，爷爷却说，孩子有好奇心是好事。

★ 点评

文中小作者通过回忆，记叙了爷爷对"我"关心爱护的两件事，表达了"我"对爷爷的怀念之情。"一张通往天堂的火车票"，让读者看到了一个孩子纯洁美好的心灵。文章以感受开头，以感受结尾，首尾连贯，同时又使文章主题回环复沓，感染力极强。

马非马

还记得有一次，我生了一场大病，父母出差都不在家，爷爷抱着我去医院，医生给我检查后说："这个病很难治，你们要做好有生命危险的准备。"回到家，爷爷和奶奶轮流抱着我，因为我很难受，让谁抱着都不舒服。在我3岁那年，爷爷去世了，那时我还不知道哭。

现在我长大了，父母把这些事告诉我，我更加怀念爷爷了。在纪念亲人的日子里，我都会对爷爷说一些心里话。

如果我有一张通往天堂的火车票，我将会把我的幸福和快乐带给我的爷爷，让爷爷和我一样幸福、快乐和健康。

★ 一张纸条

太师一附小　五年级　康乃馨

在我床头的小匣子里，至今保存着一份珍贵的东西，那是一张纸条，一张老师写给我的纸条。

那是四年级下半学期的事情。当时，经过几场激烈的角逐，我终于从几万名小学生中苦战而出，将代表山西省小学生参加2007年度中央电视台迎奥运"希望之星"英语风采大赛全国总决赛。回想起刚经历过的激烈竞争的场面，再联想到全国的选手肯定是高手如云，竞赛结果定然不会令人满意时，情绪顿时如泄了气的皮球一般低落了。

临行前，跟班主任王小平老师请假，顺便流露出了自己的一些想法，本来以为老师会给我打打气，谁知老师听完莞尔一笑，拍着我的肩膀揶揄道："没想到我们的小秀才也有气不足的时候啊，等等，老师送你一个东西。"

说着，老师伏案疾书，把一个信封递给了我："去了赛场，你再看！"

怀揣信封，我忐忑不安地赴京参赛了。由于初赛成绩不理想和身体不适应，竞赛期间，我的情绪十分低落。终于，在一个晚上，我怀着无助的心情打开了那个信封。里面是一张纸条，纸条上老师那隽秀的字体映入了我的眼帘：

★ 点评

一张纸条在孩子困惑的时候给了她勇气，给了她力量。小作者用饱含真情的文字再现了自己参赛的那一瞬间。从情绪低落到忐忑不安到十分低落，我们都为小作者深深捏着一把汗。此时老师那春风化雨般鼓励的话语，让我重新振作起来，心里的细腻描写让我们与小作者一起在文字中飞扬！

李晓霞

"康乃馨，任何时候都不要轻易放弃机会，每一次勇于进取的实践都将是你获得的宝贵财富。竞赛的成绩并不重要，重要的是你的态度和心情，学会在困难中挑战自己，培养坚强的信心和敢于拼搏的勇气，是你即将获得的最好成绩，你永远是老师的自豪与骄傲！"

看完这个字条时，我内心顿时涌起一阵暖流，这些天压在心头的困惑与不安骤然消失了，周身也顿然轻松了许多，那一刻，我知道了还有比竞赛更重要、更宝贵的东西。

那次竞赛结束，我遗憾地没有进入全国20强，但是，我的心情却阳光灿烂，那次竞赛竟成了我以后更加刻苦学习英语的动力。

从北京回来后，我把那张纸条保存起来，晚上经常把老师的纸条拿出来认真地品读一番，犹如又听到了老师的教诲和鼓励，激励着我不断拼搏进步。

这只是一张普通的纸条，但是它却很珍贵、很温暖。

⭐ 每当想起您

太师二附小　五年级　王丽泽

"静静的深夜，灯光在闪烁。老师的窗前彻夜明亮，每当我轻轻走过你窗前，明亮的灯光照耀我心房……"每当听到这熟悉的旋律，我的眼前就浮现出一个人的身影。

她和蔼可亲的面容，感人的一幕幕，过电影般出现在我脑海里。最令我感动的是，她做了腋下脂肪瘤切除手术后，本来医生要求她休息两个月，可她因为惦记我们班50多名学生，术后一周，伤口还没拆线，就回到了学校给我们上课。看着她绷带吊着胳膊给我们讲课，批作业，我真心疼。我虽然嘴上没说什么，但暗暗为她担心，同时，也油然生出一种敬意。

每当我想起您，敬爱的班主任老师，我就有了加倍努力学习的动力。教师节就要到了，在此我祝您以及和您一样辛勤工作的所有老师身体健康，节日快乐！也真诚地对你们道一声：辛苦了！

⭐ 点评

老师，多么崇高而伟大的职业。小作者笔下，汩汩流出的是油然而生的敬意，是对老师最真诚的祝福。文章事例典型，让人感动。如果有经典的细节润色，你可能会让读者与老师的距离更近，感动更浓。

李晓霞

人物纪实

133

和郭老师嘻哈的日子

太师一附小　六年级　卫　星

　　嘿！那不是郭老师吗？哇噻！他居然换了一身西装，咦？神色也不对，他讲话从来都不眉飞色舞，肯定遇上了什么好事。真是人逢喜事精神爽！郭老师看到我们这群"白眼狼"居然也是笑脸盈盈。原来，郭老师要结婚啦！

　　郭老师是一位年轻有为的语文教师，听说他是硬被拉到小学来的，不过，我们可高兴啦，捞住了一条"大鱼"，大学本科生，得来不易呀！

　　郭老师是一个和蔼的人。从他刚进我们班的时候就吹嘘了起来："我是一个和蔼的人，比较容易亲近。"唉，真是老"郭"卖瓜，自卖自夸！从第一堂课起，他就给了我们一个巨大的惊喜，他走上讲台，像圣人一般宣读着："座位随便坐啊！"听到这个喜讯，刚才还是小绵羊的我们顿时乱成一锅粥。从那时起，他在我们心中就神圣无比，也从那时起，郭老师就认定我们是一群"难养的娃"。

　　当郭老师站在我们的讲台上时就注定是霉运的开始。他每天的任务除讲课外，不是为我们背黑锅，就是身心疲惫。虽然我们这群"难养的娃"让他呕心沥血，但他还是不计前嫌地和我们打成一片。

　　还记得那节体育课，我们一大群人围成一圈踢毽子，五颜六色的花毽子在空中飞舞，你一脚我一脚踢得正起劲。忽然听到有人喊到"Look！"我们朝他指的方向看去，郭老师正两手插兜一副悠闲地向我们走来，他还没从校园的风景中回过神来，就被几个人"五花大绑"般地拉到了我们中间。"嘿，接着！"拿到毽子的郭老师也有了兴趣，加入了我们的行列中，哟，技术还真不错咧！那不听话的毽子在郭老师的脚上跳来跳去，乖得像绵羊，就是不着地，看得我们一愣一愣的。

　　我们和郭老师无话不谈，他就像一位大朋友，我们之间从

点评

　　看着这样的题目，看着这样的文字，我不难想象你们和郭老师之间的亲密无间，嬉笑间见真情。随意挥洒的文字里藏着的是美好的回忆，幽默的语言，无拘无束的行文，这一切似乎都与文章的内容不谋而合。文章选材典型，详略得当，凸显出师生之间浓浓深情，也看出了小作者对老师发自肺腑的敬意。

李晓霞

没有隔阂，就算被他"打"得痛哭一场的人，过不了几天又笑盈盈地跟他有说有笑了。总之，在我们的眼里，他是一个毫无瑕疵的人。当然，人无完人，他太矮、太小气、太不民主。嘻嘻，说了这些可不要恨我啊！

但我们都很爱他，他也爱我们。从没有考虑分离的我，也开始担忧起来。我们捕获了3年的大鱼竟然要跑了，不免有些伤感。但庆幸的是我们之间有钻石般的回忆。

别看我们跟他没大没小的，但是郭老师永远是我们心中最敬重的老师！

⭐ 我心目中的老师

五一路小学　四年级　马雨芃

我心目中的老师是一位美丽、有智慧、有爱心、有童心、对待每一个同学都公平的老师。

我心目中的老师长着乌黑的长发，穿着粉红色的裙子，美丽极了。我一看到她，心里就会很舒服。

我心目中的老师还得有智慧。在课堂上，她会解答同学们提出的所有问题，总是不厌其烦。在考卷上，她从不打分数，只打A、B、C、D，好让那些考得差的同学回家免受皮肉之苦。

我心目中的老师是一位有爱心的人。如果有同学生病了，她会送上关心，还会带着礼物去看望他们。如果有同学家长来晚了，她会陪着他们，或者送他们回家。如果有同学打架了，她一定不会让写检查或请家长，而会蹲下来，耐心地劝说他们。

我心目中的老师是一位有童心的人。上课时，她用动听的声音给我们讲课；下课时，她会同我们一起玩耍嬉戏。美术课上，她会把自己家的小白猫抱来，让同学们画。星期天时，她会约同学们一起去游乐园玩，还给大家买棉花糖吃。

我心目中的老师还是一位公平的人。不像现在的某些老师，不是偏爱这个学生，就是偏爱那个学生，而对差生却不闻不问。

我有一个理想，长大了，一定要做个这样的老师。

点评

小文章一入文就开门见山，直入主题，对心目中的老师有了自己的思考：美丽、智慧、爱心、恒心、对待每一个学生都公平。

这绝非抛砖引玉，而是有的放矢地为后文的描写提供了思路。文中对开篇提到的特点逐一论述，有序、自然、语言明快、表意清晰。结尾简洁、有力，提出了自己的理想，小文章浑然一体，张合有度，是一篇不错的习作！

李晓霞

完美老师

青年路小学　六年级　范文锋

　　在教过我的老师中，有的很严厉，有的很幽默，有的很慈爱，有的很率真……不过，他们都不是我心目中的老师，我心目中的老师，是集他们所有人优点于一身的"完美"老师。

　　我心目中的老师，首先是一个知识渊博的人，每一堂课，他总能引经据典，把无聊枯燥的课文讲得有声有色，让我们了解更多的课外知识。课余时间，他和我们谈古论今，让我们听到更多的新鲜事，这样，我们的学习生活就会更加多姿多彩，充满生机。

　　我心目中的老师，应该是一个公平公正的人，对每一个同学都一视同仁，无论他是好学生还是差学生，他从来不去挖苦讽刺同学，伤害他们的自尊心。他又是一个善良、热心的人，对于功课不好或有困难的同学，总是不厌其烦地帮助他，不让一个同学掉队。

　　我心目中的老师，是个懂得让同学们该放松时放松，该严肃时严肃的人，同学们有了好成绩时，他和我们一起高兴，我们有错误时，他会毫不留情地批评我们，让我们不犯同样的错误。

　　我心目中的老师，是个风趣幽默的人，在紧张的学习中和我们开个小玩笑，不但可以让我们放松身心，还能大大提高学习效率。

　　我心目中的老师，是个健康阳光、热爱体育的人，他和我们谈论足球、篮球，也和我们一样有喜欢的球星，他和我们一起打篮球，一起为胜利而欢呼，为失败而沮丧。

　　我心目中的老师，他也有自己的喜怒哀乐，也有自己的缺点，偶尔也有疏忽犯错的时候，但这都不重要，只要他心里装满了对学生的爱，就是我心目中的好老师。　　指导老师　王爱蓉

点评

　　你是一个善于思考的好孩子，因为我在你的文字里看到了你的思考：知识渊博、公平公平、风趣幽默……每一笔都不是蜻蜓点水，而是有理有据，层次安排更显示出了小作者作文功底之深厚，结尾处对完美老师的一要求更是直指要害，既收束上文，又升华文意。欣赏你的文章，让我在内心深处油然而生的是对教师职业的敬畏！

李晓霞

心中盛满学生

万柏林区大唐实验小学　五年级　李金珊

如果有人问我，你心目中的好老师是什么样子的？我会幸福地告诉他，我的班主任郑老师就是我心目中最好的老师。

郑老师的课上得棒极了。她讲起课来引经据典，朗读起课文来简直像播音员，时而把我们带到美丽富饶的西沙群岛，时而把我们带到一望无际的大草原。课堂上谁没有听懂，谁开小差了，都逃不过郑老师的眼睛，她像魔术师一样，给我们轻轻地一点拨，我们的眼前随即打开一扇扇窗户，让我们看到一个个多彩的世界。为了让我们学好每一课，不知要花去她多少心思。她还经常带我们出去讲课，听课的老师好多好多，但她神情自若，关注的只有我们——她最爱的学生！

郑老师走路快极了，像急行军。可是她再忙都要抽出时间和我们一起聊天、一起玩，可见我们在她心目中多重要。一次阳光体育活动时间，我和几个同学拿着一份有趣的心理测试题来考郑老师，直考得她连连摆手说"不玩了，不玩了。"最难忘的是我和郑老师还有一张一起跳绳的照片呢！她真像我们的快乐伙伴。

郑老师酷爱读书，经常给我们推荐各种书籍，她只要一有空就钻进书店挑选适合我们阅读的书。我们班设有图书角，有读书课，还有最有趣的图书互换活动。在郑老师的影响下，我成了一个小书迷，书读多了，写作文的时候就能大显身手了。现在，我们班的小书迷越来越多。

郑老师说我们都是小天使，不小心折断了翅膀掉到人间，她要为我们每个人缝好翅膀，让我们飞得更高。当我考试没考好的时候，她会给我一个信任的眼神；当我获得成功的时候，她会给我一个亲切的微笑；放学的时候，她和我们并肩走在一起，直到把我们送出学校……

这就是我心目中的好老师，一位心中盛满学生的老师。

★ 点评

我真为你自豪，能够遇到这样一位老师那真是三生有幸。小作者思路独树一帜，我心目中的好老师应该是集众人之所长，而你却从现实中找到了她。于是，我们有幸随着你的文字走进她的课堂，走进你们的快乐伙伴，走进她为你营造的书香班级。这发自肺腑的文章根本不需润色，就有感动充盈心田！

李晓霞

⭐ 好老师像亲人

太原市实验小学　六年级　王泽霞

我心中的好老师是一位学识渊博、幽默风趣、热心善良、贴近学生的老师。

他让我们学会科学知识，把知识毫无保留地传授给我们。帮我们解决学习中的疑难问题，耐心地、一点一点地让我们弄懂、学会。

他是一个能和学生成为好朋友的人。他能在我们嬉戏时，陪我们一起玩耍；在我们学习时，和我们一起努力；在我们快乐时，与我们一起高兴；在我们伤心时，他给我们讲述人生的道理，劝解我们。

他总是充满活力与朝气，上课说话幽默风趣，讲解生动，还有新颖的教学方法，可以吸引同学们认真听课吸收知识。

他还能理解学生的心理，能体谅学生。

他有很深的文化知识和人生经验，因为只有"深入"才能"浅出"，才能让我们不断进步学会更多。

他通过自己的言行举止，为人处世给学生做榜样。对学生理解、宽容、教导、信任、一视同仁。

他还时常激励学生，与学生交流、谈心。让学生可以拥有动力继续前进，让我们在快乐中学习到更多的知识。

这就是我心中的好老师——像奶奶一样慈祥，像妈妈一样宽容，像朋友一样知心，像火一样热情。她是我们的良师益友，为我们开辟一条通往成功的星光大道，让我们走向成功！ **指导老师　邵东华**

⭐ 点评

你是一个心思细腻的女孩，从文字里不难看出你对"教师"这一职业的定位——神圣。

小作者舒缓有致，以总分总的形式结构全文，结尾点评，收束全文。作文中从不同层面、不同角度呼唤着自己对老师的期待。美中不足的是，题目为《老师像亲人》你在文中对老师的期待角度似乎与亲人有出入，你说呢？

李晓霞

★ 糊涂老师

杏花岭区外国语小学　五年级　魏丹宁

我们班曾经有一个很有趣很敬业的老师，他非常糊涂，大家都叫他"糊涂老师"，让我来说说他是怎么糊涂吧！

有一次，打了上课铃，老师还没有来，过了半节课，老师才匆匆赶来，他一进门，我们就哈哈大笑，原来，他的扣子系错了，肚脐眼都看见了，老师发现了，笑着把衣服系好。有时候他像一个小孩一样，裤子上还有饭粒。

还有一次，他给我们模仿课文里的笨小孩踢足球。老师刚准备踢，我们想拦住他，他不听，一脚踢了出去，"咣"的一声，老师的鞋已经不知道在何处了。我们早就发现了老师的鞋带没系，现在，我们只能帮着老师找他那"臭烘烘"的鞋了，无意中，我们发现，老师的一只脚穿着蓝色袜子，另一只脚穿着是棕色的袜子。找到鞋后，老师不好意思地穿上鞋，走了。

他常常搞得我们笑个不停，虽然他很糊涂，但是，每当我们走到好老师排行榜时，总会见到他在上面对我们笑，现在，他已经不教我们了，但每当我们路过他带的那个班时，总会听到他逗得那个班的孩子们哈哈大笑。

他讲课非常认真，从不马虎。有一次，墨水瓶翻了，扣了他一身，但他为了不打扰我们，就当什么事情也没有发生，继续讲课。有一次，快要期末考试了，他生病了，校长让他回家休息，让别的老师代课，但他不，他说自己教得好，发着高烧来给我们上课。

我忘不了这个"糊涂老师"。他总是不拘小节，把精力都放在教课上，全身心投入到教课上，他是我心目中最好的老师。

★ 点评

糊涂老师不糊涂。文章中的事例让人忍俊不禁，老师不拘小节，随着你的描写深入人心。过渡得巧妙自然，让我们看到糊涂老师的另一面，讲课认真，带病坚持上课，让我们在嬉笑中多了几分对糊涂老师的尊重与爱戴。

李晓霞

她像我们的大姐姐

万柏林区实验小学　六年级　韩　悦

第一次见到翟梅花老师，是我刚升入四年级的时候。上课铃响起来，迫切的心情促使同学们不时地向门外张望，想早一刻看到新老师的面孔。脚步声从门外传来，新老师走进教室，只见她圆圆的脸蛋上嵌着一双迷人的小眼睛，细长的眉毛好似弯弯的月牙儿，显得和蔼可亲，一条长长的马尾辫吊得高高的，显得特别有精神。翟老师亲切地问候了大家，又作了简单的自我介绍。青春活力是翟老师留给我的第一印象。

两年的接触，让我更了解了翟老师，她是一位对工作一丝不苟的老师。随便翻开任何一位同学的作业本，密密麻麻的红圈圈和鼓励性评语都成了每一位同学作业本上最得意的装饰品。由于翟老师工作太忙，她经常把作业本带回家批改，对于班里学习有一定困难的学生，翟老师还常牺牲自己的休息时间，耐心地辅导他们，真是诲人不倦啊！

在课下，翟老师又是我们的知己，不管同学们提出多么千奇百怪的问题，都能从她那里得到详细的解答。除了一起探讨知识外，翟老师还常和我们一起活动，踢毽子、跳绳等，真是我们的知心大姐姐。

翟老师，一位十分朴素的老师，她没有时尚的衣服，没有迷人的妆容，但她在我们心中，永远是最美丽的老师。因为翟老师用她的才华和她对同学们无私的爱，像磁铁一般将我们58个孩子深深地吸引住了。

★ 点评

相信翟老师看了你的文章一定热泪盈眶，文字里弥漫的是对老师无尽的钦佩之情。

文章中诸多的细节描写都能看出小·作者不同凡响的笔力。外貌描写的手到擒来已让读者对翟老师有了深刻的记忆，接下来的选材更是游刃有余，在对老师无尽的喜爱中，一气呵成，布局全文。

李晓霞

我心目中的好老师

新建路二校　五年级　姚　兰

我心目中的好老师是对工作认真负责，就像辛勤的园丁给

花儿浇水、施肥一样，耐心细致地把知识一点一滴地教给我们。

我心目中的好老师是上课风趣、幽默、搞笑，像讲童话故事一样吸引我们，让我们在快乐中学习，在游戏中复习。

我心目中的好老师是关心爱护我们的老师。当我们在生活中遇到困难时，他总是能帮助我们克服困难，就像四川地震中的谭千秋老师那样，在生死关头也不忘记自己的学生。

我心目中的好老师是可亲可敬的。她就像奶奶一样慈祥，妈妈一样热情，姐姐一样和蔼，朋友一样知心，是我们的良师益友。

我心目中的好老师是知识渊博的。就像在肚子里装着"十万个为什么"一样，我们问什么都知道。

我心目中的好老师是听我们说悄悄话的。我们把小秘密告诉老师，她与我们一起喜怒哀乐。

这就是我心目中的好老师。

★ 点评

一个个憧憬化作了曼妙的文字，成了作者心中美好的期待，整齐雅致的语言更让读者赏心悦目，文章思路清晰，段落层次分明，作者在用文字塑造着心目中的好老师，分总的结构使文章中心更突出。

李晓霞

★ 她让我们爱上语文

建设北路小学　六年级　陆嘉睿

她，高高的个子，清秀的圆脸盘上架着一副度数不大的浅颜色眼镜，看上去很文静；她，引领着我们在"学海无涯苦作舟"里感受着快乐与甜蜜。她就是我现在的班主任李玲秀老师。

"兴趣是最好的老师"。从三年级一接上我们，李老师就想方设法地提升我们学习语文的兴趣。

上课时，她每次都能紧紧抓住同学的心理。有时通过丰富的课外资料吸引同学；有时，用激情的朗读感染同学；更有时通过表演、绘画、唱歌等不同形式辅助教学。课堂内，时而掌声如雷、时而欢声一片、时而静谧沉默、时而激情涌动……四十分钟的时间，瞬间即逝，常让人回味无穷。课余，丰富多彩的读书活动，又为语文学习增添了亮丽的一笔。结合课文读名著，每周一次的"读书交流会"成了展示自己综合语文能力的一个平台。迫切的心情，急切的等待，让读书活动越搞越热烈。

★ 点评

她是兴趣的化身，她是快乐的源泉，有了她便有了美丽的语文。她是小作者心中承载着知识的扬帆，心中挥之不去的是她带来的一次次激动。读书交流会的浓墨重彩成了读者驻足已久的美丽。文章题目更是意味深长，耐人寻味。

李晓霞

每周写三篇读书笔记是我们最喜欢的一项作业。"好词、好句的积累","主要内容的概括","思想内涵的品味",在日积月累中，我们的写作水平得到了提高。

几年来，同学们最爱上的课就是语文了，与其说爱语文，倒不如说爱李老师。

温柔的马老师

双西小学　三年级　魏天悦

马老师是我一二年级时的班主任，她是我最喜欢的老师！因为她很温柔，什么时候都是柔声细语地跟我们说话。即使我们犯了错误，她也是悄悄地、小声地给我们讲道理。但她有时候也会假装厉害一下，把全班同学都吓了一大跳！所以，我给她起了一个外号——"披着狼皮的羊"。嘻嘻，我也知道给老师起外号不对，但是，我喜欢她嘛！

虽然现在马老师不教我了，但我心里还有很多马老师的影子，她永远是我最喜欢的老师。

太姥姥的八月十五

尖草坪区第二实验小学　五年级　张亦雷

我的太姥姥已经99岁了，但精神头还是倍儿棒，这不，今年中秋回了老家，还和我们聊天呢！

太姥姥的耳朵不太好使了，但还是爱聊天，我们一回来了她就问我们："回来了？多会儿走呢？"妈妈扯着嗓子回答完，她若有所思地点点头，一点也没被吓着。太姥姥真是太老了，脸都是皱皱巴巴的，用"铺不展的牛皮纸"形容她老人家一点也不夸张。太姥姥很爱笑，无论见了谁，她都是笑眯眯的。看见我们回来了，她笑得更欢。我们一回来，总少不了听她的唠叨，九句话只回答她一句话，她也不介意，继续干自己的。太姥姥老得连

事情过去了许久，但我至今常常想起曾经的那份天真，那份可爱，那份无知。

神秘的怪圈

万柏林区实验小学　六年级　焦伟晋

一个星期天，我照常上补习班，来了一位新老师，临下课前给我们讲了一个故事："有人提出，先用一条长方形纸条围成一种圆圈，在这个圈上画一条直线，使这条直线首尾相连，不许断开，并且只能有一个面，如何围这个圈呢？"同学们纷纷行动起来，有的抓耳挠腮使劲想，有的左顾右盼，有的动手做起来……

老师把这个问题留成作业，我怀着无比好奇的心情回到家，拿出一张纸，埋头做起实验。

我左叠叠右折折，先把纸围成一个圈状，用笔在圈上画一条直线，怎么画都是两面。于是，我又在接头的一条边上扭了360度，发现纸圈还是两圈。我有点着急了，难道老师说的这个实验就不能做？还是我哪个地方做错了？一连串的问题在我的脑海回荡。那接头转动180度呢？我还是不甘心，又思索起来。我继续用纸圈了画，画了圈，终于，工夫不负有心人，我竟然连成了一条线，"我成功了！"我高兴地跳起来，但我还是半信半疑，我在百度上输入"怪圈"搜索起来，"百度"中一个叫"莫比乌斯圈"的名字吸引了我的眼球。

"公元1858年，德国数学家莫比乌斯，发现把一个扭转180度后，再将两头接起来的纸条，具有魔术般的性质。"

"莫比乌斯圈"还有更为奇异的特性。一些在平面上无法解决的问题，却不可思议地在"莫比乌斯圈"上得到解决。如今，"莫比乌斯圈"已运用于带式输送机、高效率马达、发电机、医疗设备、磁悬浮列车等。

通过这个实验，我发现只要勤于思考，任何问题都能被克服，难题也会变得容易。

指导老师　高灵仙

★ 点评

看得出你是个很爱动脑筋的孩子，获得成功后的喜悦也跃然纸上。你想告诉我们通过这个实验你诸多的收获，但头绪多，过程描写过浅，就会给人"散"的感觉。相信你"只要勤于思考"，今后写出的文章和你的实验一样，将会得到更多成功的鼓舞。我们也仿佛看到了中国的"莫比乌斯"，就是那个不言弃，懂得钻研，知道"工夫不负有心人"的孩子。

郝新媛

我的课外生活

三桥街小学　五年级　马悦舒

一年有365天，在这365天里，我们除了每天上课、写作业之外，还有着丰富的课外生活。

我非常爱看书，只要有时间，我的手上总捧着本书细细品味。老师们经常说，光学课本知识是远远不够的。就像孩子不能每天只吃母乳，长大了就得吃点别的东西，要不就会营养不良。老师说得对，看课外书可以让我们的知识变得更加渊博。就这样，课外书已经伴我走过多个年头了。

课余时间，我还经常帮助父母分忧解难，做一些家务。我想，爸爸妈妈每天工作都那么辛苦，还要关心我们的学习，我们要多帮父母干一些力所能及的事。现在，我已经是父母的开心果、分忧瓶………

除此之外，我还经常去公园和小伙伴们一起玩耍。在绿油油的草坪上打两个滚儿，在热闹的湖边喂喂鱼……

当然，学电子琴和学英语也是我最爱干的事。每当听到电子琴发出悦耳的声音，我的心情就无比舒畅。每当学会一个新单词或新句型，我是那么的高兴。

丰富的课外生活，让我变得更加充实，更加快乐！

眼镜找朋友

九一小学　四年级　马钰婷

俗话说：眼睛是心灵的窗户，我们来看看这两位同学是怎样对待眼睛的吧！

李红的态度使眼镜十分失望，因为上课时老师让大家读书，李红的好习惯让眼镜很伤心。眼离书一尺，胸离桌一拳。做眼保健操时，李红做得很认真，仔细地做，眼镜看到这场面，十

分伤心，眼泪夺眶而出，"这样一个爱惜自己眼睛的人，我真为她骄傲。"说着说着，眼镜伤心地走了。

走啊走啊，眼镜碰上了张明，他的读书姿态让人难以想象，好似眼睛都快钻进书里去了，眼镜十分高兴。令眼镜更高兴的是，张明还喜欢躺着看书，奶奶常常跟他说，不要躺着看书，可他就是不听，还说一次两次没什么，我的眼睛这么好。但很快，他就尝到了苦头，不但眼睛近视了，而且度数还很深，非常难治。

眼镜终于找到了自己的朋友，张明成了眼镜的好朋友。眼镜十分高兴，可张明终于悟出了一个道理：不听老人言，吃亏在眼前啊。"大家一定要爱护自己的眼睛！不要和眼镜交朋友。"张明语重心长地提醒大家。

让我们一起珍惜心灵的窗户吧！不要在窗户上再加一个窗框了！

点评

小作者独具匠心，通过两位同学对待眼睛的不同态度，用强烈的对比告诉我们要"爱护眼睛，保护视力"。从题目可以看出，你是以"眼镜"的视角来叙事的，但是实际写作过程中却变成了"我们"，小瑕疵，要注意哟。

马非马

⭐ 50周年校庆

沙河街小学　五年级　王志尧

星期五早晨，到了学校门口，啊！50年校庆还剩9天，算起来就是下个星期天。

下了第四节课，背上书包，走到大厅一看，哇！许多老师在跳舞，大家都在看，挤都挤不进去。舞队一张一合，就像一个皮球，压回去还会弹出来，真好看。等一下，那不是蒋老师吗？我说怎么看见蒋老师在办公室跳舞呢，原来是在练习啊！校庆还真有意思，不仅要赛篮球，还要请已经毕业的名人，超级热闹。唔，校庆不是要庆祝一天吗？那班级就有可能开联欢会，那我不就可以和朱子恒一起唱《将军令》了吗？那我不就能一展我的歌喉了吗？想到这儿，我不禁大喊一声：耶！高兴！兴奋！哈哈哈！

呆什么？赶快回家练歌啊！目标：家里——冲啊！

点评

整篇文章都洋溢着欢乐的气氛，透过一个小学生的眼睛，让读者仿佛也融进了这积极的热闹的准备工作中，真的可以想象校庆那天的盛况呢！题目是文章的眼睛。但本文的题目似乎与内容有点差距，如果改成"喜迎50周年校庆"就更贴近文章所要表达的意思了。

马非马

抢功劳

国师街小学　六年级　李　沫

　　星期一，轮到我们六年四班打扫操场。我是一个热爱劳动的人，但是班里有一个同学跟我是死对头，他也是一个热爱劳动的人。每当我扫了很多垃圾时，他就会把自己扫的垃圾堆到我堆好的垃圾堆上。当卫生委员问这是谁扫的时？他就和我一起说这是"我"扫的，等卫生委员一走，我和他就吵了起来。我说："你为什么把自己扫的扫到我这儿？"他说："愿意，你管得着？"我说："管得着，你不懂我的地盘我做主？""这可是校长的地盘，怎么能说是你的地盘呢？"他说。从此，我和他谁都不理谁。

　　时间过得飞快，一个月过去了，我们俩依旧谁都不理谁。可是有一次，我真不幸，我居然跟他成了同桌，这可怎么办？有时，老师叫我们两个人思考，我和他只要面对面相看，我们俩就会说："哼！"告老师我是没那个胆，跟他直说，我还不愿意呢。

　　有一天，我想了个办法，只要我与他和平共处，那不就完事了吗？于是有一天，我脸红地对他说："我认输。"他也回过头来，不好意思地说："我也认输，咱俩本来少谁都不行。"我们俩全笑了。

美丽的焰火

万柏林区大唐实验小学　三年级　张炳婷

　　昨天，中国（太原）煤炭与能源新产业博览会开幕了。为了庆祝这一次盛会的召开，昨晚在滨河公园举行了焰火晚会。我有幸观看了这场盛大的焰火晚会。

　　焰火是在晚上8时30分开始的。先在低空放了像瀑布一样

的礼花，接着是各式各样的礼花飞向高空。礼花上去的时候花纹也是各式各样，有的像麻花，有的像多根线条。上去以后开的花更是绚丽多彩，千姿百态。有的像菊花，有的像牡丹，有的像山丹丹花，有的像椰子树，有的像仙人球长满了刺，有的像千万条金鱼在水里游，有的像红苹果挂在树上，细看又好像千万盏灯笼挂在空中，还有的像垂柳千丝万缕的枝条一样。最神奇的是还有好几颗地球和人造卫星的图案，美丽的卫星在地球轨道上栩栩如生。有时一起上去好几个礼花让人目不暇接，看也看不过来，我越看越高兴。

焰火放完了，我还不想回家，这是我看到的最好的一次焰火晚会。

指导老师　王亮杰

点评

文中用了好多个"有的像"，比喻生动、形象、贴切，使文章的趣味性大大增强。说明小·作者很有生活经验，所以才会有如此丰富的联想。全文眉目清晰，生动紧凑，结构合理，流畅连贯，自然通达。

马非马

⭐ 恰恰舞风波

五一路小学　四年级　左临文

上课铃响过，大嗓门儿焦老师走进教室。同学们像老鼠见猫一样"哧溜"一下各自坐好。焦老师宣布："我们班里要跳恰恰舞，现在我来分舞伴。"顿时，班里一阵躁动……不一会儿，队排好了，我跟我最讨厌的女生做伴，真痛苦！

到了操场，我伸出袖子跟她跳舞。不料遭遇拒绝，她说："大螃蟹，谁愿意跟你跳啊！"我马上反击："小老鼠，你跟谁说话呢，我用钳子一掐你就拜拜啦！"她见这招不妙，马上使出绝招——哭，她像"孟姜女哭长城"，泪流三千尺。我一看，心想，完了，她要哭到老师把我"绳之以法"之后才会罢休。怎么办？我急得像热锅上的蚂蚁，只好说："好了，好了，别哭了，我请你吃冰淇淋还不行吗？"她马上露出了笑容。

唉，真是赔了冰淇淋，又折兵。

指导老师　马艳萍

点评

全文叙事集中，节奏明快，男女生的大对决，招招精彩。语言生动准确，始终洋溢着诙谐与风趣，仿佛将读者带进了开心乐园，令人眉开眼笑。文中几个比喻句如画龙点睛般为文章增色不少。

马非马

那年那月
151

一瓶汽水，爽！

迎泽区第一实验小学　四年级　李睿彤

在这酷暑之中，温度高达摄氏35度，小树们被烤得直不起腰来，学校的健身器材被晒得滚烫滚烫。在这个大火炉里，上体育课绝对是最痛苦的了！

顶着炎炎烈日，我们的"法西斯"老师让我们在硕大的操场上跑了一圈又一圈，不一会儿，我们就像被烤"熟"了一般！个个汗流浃背，与"落汤鸡"、"落水狗"有的一比。

走入教学楼，每个人都疯狂地买一瓶已冻为冰块的"雪碧"，再使劲摇几下，在太阳地下一晒，就化得差不多了。瓶子的周身布满了水珠，把它放在额头上，冰一冰，那感觉，只有一个字——爽！

一拧开瓶盖，汽水就开始"沸腾"起来，全部涌到瓶口，气泡"鱼贯而出"，"哗"！全冲了出来，冰镇的汽水流到了手上，还是一个字——爽！

剩下大半瓶，嘿嘿！当然毫不客气，一口气干掉。一些喜欢搞怪的男孩还装模作样地凑在一起，在那儿干杯呢！好像他们手上拿着的，不是雪碧，而是香槟！在这盛夏之中，喝上一瓶冰镇汽水，温度就降下了一大半！真是无与伦比的惬意！更是一个字——爽！

点评

文章开头对环境的描写形象生动，巧妙地运用拟人手法，突出了天气的"热"，为下文的开展作了很好的铺垫。看这瓶汽水，"放在额头上，冰——冰——爽！""流到了手上——爽！""喝上一瓶——爽！"真是应了那句广告语——"晶晶亮，透心凉！"

马非马

我的话

太师二附小　四年级　杜哲文

开学后的一天，"小饭桌"的小朋友郝佳问我："你和儒儒在你们学院的操场烤过花生吗？"我明知道没这回事，但还是说："是啊，我们在一起烤过。"她接着又问："那你能带我再烤吗？"这下我慌了神，不知道该怎么办。我真后悔刚才说的那

句话，可世界上没有卖后悔药啊。如果告诉她实情，怕她笑我；如果我不说，万一她真的要来，我可怎么办啊！

随后的几天里，我很紧张，害怕她突然来找我。我真想藏起来，或者找个地缝钻进去。后来，我决定告诉她真相，这样，我就轻松了，也能得到解脱。当我一五一十地告诉了她后，没想到，郝佳没有说我，也没有笑我，更没有指责我。我兴奋地对她说："下次你来我家，我带你到操场上烤花生吧，我会准备好的，我等你。"她微微一笑，说："我一定会去的。"

如果你有一件不想说的事，最好说出来，这样，你的心会平静下来的。

指导老师　马艳萍

点评

是呀，我们要为自己说的话负责。文中小作者随口一句话，却给自己带来那么多的烦恼，真是悔不当初啊！人物心理活动刻画得入木三分，结尾如果紧扣"怎样说话"来谈感想，会更贴切。

马非马

⭐ 校园麻辣烫

晋源区实验小学　五年级　肖　越

你要问我，我的校园生活怎么样，那可真是酸甜苦辣咸，五味俱全啊。我来给你举例说明吧。

酸溜溜

有一次，我捡到一个毽子，刚想交给老师，给自己班加分。没想到，突然有个男生从旁边跑过来，一把抢走了我手中的毽子。我不能给我们班加分了。我心里真难过。我的心那个酸呀！

甜滋滋

美术课上，我用蜡笔画了一只狐狸。孙老师表扬了我，说我画得好，让大家向我学习。同学们向我投来羡慕的目光，我的心里顿时甜滋滋的。

苦巴巴

有时候，作业多，写也写不完，胳膊都有点疼了，可老师还怪我动作慢。我真是哑巴吃黄连——有苦说不出。唉！苦啊！

点评

校园是我们每个人成长的摇篮，小作者选取了五个具有代表性的事例，讲述了校园生活的多姿多彩，让每一个读者都能从中找到自己的影子，感同身受。但是每一件事都是泛泛而谈，如果能将细节描写生动具体，会更具吸引力。

马非马

火辣辣

运动场上，火辣辣的太阳烤着我们。运动员在赛场上争先恐后、挥汗如雨。我们大家一起为运动员加油，站起来，身子向前探着，声嘶力竭地喊着："加油！加油！！加油！！！"那场面真够火辣的。

咸丝丝

有一次，一个男生无缘无故地欺负我，我气得哭了，他怎么这么不讲道理？真是横行霸道啊！眼泪委屈地流下来，流进嘴里，咸咸的。

怎么样，我的校园生活够五味俱全的吧！那你的校园生活又是怎样的呢？

一分钟

晋源区实验三小　二年级　贾林潮

早晨，我还睡得香喷喷的，突然就听到姥姥说："别睡了，马上要上学了！"我迷迷糊糊地说："再睡一分钟吧。"姥姥说："车快来了，快穿上衣服，得快呀！"我说："一分钟过得可真快！"看来每一分钟都值得珍惜呀！

点评

　　文章来源于生活，虽然是日常生活中的一件不起眼的小事，但是引发小作者的感悟，写出了大道理"每一分钟都值得珍惜"，真了不起！语言朴实，生活气息浓厚，很真实。

马非马

我的课外生活

三桥街小学　五年级　焦俊杰

上五年级可不比四年级时轻松，作业不仅多，而且难，虽然学习任务是比较繁重的，但我的课外生活却是丰富多彩的。

周六、周日应该是休息日，可我还是有想上的课——葫芦丝。一说吹葫芦丝，我兴趣就来了。每次上课都很认真地听老师讲，回家认真地完成老师布置的练习。记得刚学的时候，我还出过一次洋相。那时我连"哆""唻""咪"都找不见音，老师

却让我当众发音，我用了九牛二虎之力，憋得满脸通红，吹出的音像放屁声，引得同学们哄堂大笑，此时，我的脸比太阳更红比火球更烫。不知怎么，正是因为这次有趣的经历，我深深地喜欢上了葫芦丝。每当"六一"和新年我都会为同学们吹奏，让他们和我一起来分享快乐！

我还有一个课外爱好——书法。从上一年级时就喜欢写字，因此妈妈给我报上书法班。刚开始写毛笔字时，横写得很粗，老师说："写得这么粗，像棍子，写不好就用它揍你！"书法老师是位很幽默的人，他的课总是在欢声笑语中度过。我已经坚持写了四年了，还得了不少奖呢！有全国的二等奖、省里的二等奖……这些荣誉一直激励着我，使我明白一个道理——坚持就是胜利！

我的课外生活是充实的、是有趣的、是高兴的。

指导老师　张建红

点评

真是一个多才多艺的孩子，能够合理安排时间，使自己的生活五彩斑斓。文章写了自己的两个特长，吹葫芦丝和书法，事例具体，尤其是比喻生动、形象、贴切，使文章的趣味性增强，让人乐在其中。

马非马

⭐ 丢沙包

双西小学　六年级　芮钰雅

沙包的玩法有很多种，我们通常玩的是丢沙包。如果你有兴趣，那么我来教你吧。

这个游戏先把同学分成攻方和守方。守方站在选好的场地中央，攻方分成两组，分别站到守方两边，由攻方开始向场中央守方抛沙包。如果攻方将沙包打中了守方的同学，这位同学就战败下场；如果攻方接到对面队友扔来的沙包，则在这回合中，守方全部不能动；如果守方接到攻方扔来的沙包，则增加一次游戏的机会：既可以自己留用，也可以救助下场的队友。当场上所有的守方同学战败下场，两队就交换角色重新游戏。

自由活动的时间，是大家显露身手的时刻。分好组，做好热身准备，召集好同伴，各队凑在一起秘密地商量战术和对策。一场沙包大战开始了！攻方采取了先发制人的战术，用最快的速度把沙包投向守方，守方有个同学在猛烈的攻势下开始慌乱，攻方就按原定的"各个击破"的战术很快地打下了他和其他两名守方同学。这时，守方的一位同学心生一计，也想出了对策，故意把头扭向一旁，好像被什么吸引了注意力似的，攻方误认为他走神了，便向他丢去了沙包，这位同学迅速转身，沙包被他稳稳地握在手中，守方的一名同学获救了。守方士气大增，而攻方也不甘示弱。只见攻方一名同学用力掷出沙包，守方队员却轻松抓到了，正当攻方以为比赛失败的时候，一个沙包却打中了刚接到东西的守方队员。怎么回事？原来攻方用劲过大，把手套甩了出去，守方接到的是手套，自己却被沙包打中了，把同学们逗得直不起腰来。

在寒冷的冬天，我们不觉得冷，是游戏的热情活力驱散了寒意吧？它的作用远不止这些，它还教会我们干什么事情都要有团队精神，要想取得胜利就得讲究方式方法。怎么样？有意思吧，咱们一起来玩吧。

太原晚报

阳光天使小记者 作品集

⭐ 捉迷藏

太原市实验小学 三年级 彭嘉璐

我经常跟宝贝儿玩捉迷藏的游戏。

游戏规则是：寻找的人要手捂脸，面对墙，数 1、2、3……一直数到 10 再去捉。躲藏的人要在 10 以内找到躲避的地方，如果没有找到躲藏的地方，那么就会被寻找的人捉住。

宝贝先要当寻找的人，我想：哼！她要能捉住我才怪呢！宝贝面对着墙，手捂着脸，数着 1、2、3……（数到 10 就"捉"）我赶忙找地方隐蔽。我走进楼道，觉得不安全；看看树丛后还是觉得不安全。"7、8、9……"时间快到了，我心里一慌，刚刚要躲进房子里，就听见她喊："看见你啦！还不出来！"我刚想跑，却没来得及，立刻被"俘虏"了。我不服气地说："你肯定看了，要不你怎么知道我在这儿？"

该我当寻找的人了。我也数着 1、2、3……我声音轻轻地，

⭐ **点评**

　小作者详细描述了丢沙包的规则、战术、经验和乐趣。文章通过"教你玩"的巧妙形式，全面介绍了这种游戏，而且条理分明，首尾呼应。

王建光

⭐ **点评**

　时代不同，但游戏给孩子们带来的快乐是相同的。正如一位小记者所言：童年的梦伴随着快乐酿成了一片甘甜的汪洋，而童年的游戏像一个个多彩的贝壳留在每个人心灵深处。

王建光

因为我要听听她往哪儿走了，她脚步的声音往楼道走了，我想，这回你可露了马脚喽！于是，刚数完10，我就到了楼道里，却一直也找不见她，这回我绝望了。突然，我发现，房顶上有晃动的身影，定睛一看，是宝贝！我说："别装蒜了，我都看见你了。"我跟她说："你真是个'狡猾'的人！"她甜甜地笑了，笑得那么灿烂，那么自然……

指导老师　王丽俊

✿ 吹鸡毛

太原市实验小学　四年级　孟　蕾

　　我是一个四年级的小学生，喜欢玩的游戏多得不可计数。如："红绿灯"、"传电话"、"穿过小树林"……可我最喜欢的游戏还是吹鸡毛。

　　那次上课，老师组织我们进行了一场激烈而又有趣的比赛——吹鸡毛。吹鸡毛怎么玩呢？听，老师正说哩："同学们，我们在教室中间画一条线，选手分别站在线的左右两边，鸡毛落在哪一边，哪一边就输了，输了的那一边可要表演节目哦！"听了老师的话，同学们都跃跃欲试。

　　扣人心弦的吹鸡毛比赛开始了！两组同学都上身前倾，两腿分开，一副胸有成竹的样子。双方都鼓足腮帮使劲地吹，唯恐鸡毛落入自己的领地。小小的鸡毛成了我们注意的焦点，它飘过来、飘过去，观众们的心全系在这小鸡毛上了。小个子丁力和机灵鬼张凤开战了。丁力刚把鸡毛吹起，张凤来了个先下手为强，没等鸡毛过线就猛吹一口气，鸡毛落到了丁力这边，焦急万分的丁力愣了神，他万万没想到自己会首战失败。观众们的喝彩声、加油声连续不断，掌声雷动，齐声呐喊。张凤的拉拉队欢呼雀跃。吹鸡毛比赛真是有意思！它既丰富了我们的课余生活，又增进了我与同学之间的友谊。

指导老师　郝卫明

点评

　　吹鸡毛？新鲜！我们曾经玩过吹气球，大同小异。一场独特的游戏，让孩子们感受到了浓浓的快乐。童年时代的这些游戏，都将成为今后久久难忘的回忆。这是每个成年人的切身体会。

王建光

火烧赤壁

太原市实验小学　六年级　侯江霖

四年级的秋天，在学习古代四大名著《三国演义》时，同学们都为书中的动人故事情节所打动，于是自发设计了"火烧赤壁"的小游戏。

我们有的扮演曹操，有的扮演孙权，有的把自己当作诸葛亮……游戏开始了，同学们把操场跑道当作长江，各自占据南北两头，虎视眈眈地盯着对方。北军的将领们登上主席台，弯下身，眯着眼，望着南军的地形；南军一边紧张地部署着部队，用大树作掩体，摆好了架势，准备抵挡袭击，一边叫来"诸葛亮"出谋划策。他们决定利用"火攻"。突然，"曹操"率领一艘"战船"朝南驶来，"孙权"大吃一惊。但不一会儿，那艘船就掉头离去，原来只是佯攻。这时，南军的几个"小战士"气喘吁吁地抱来一堆干草。"周瑜"站了出来："大家请注意！要做好一切准备，迎接我们的敌人。"南军士气大振。

"曹操"的军队喊着口号冲过来了，脖子上的红领巾在风中飞舞，好像一面面旌旗。大家都模仿着兵器碰撞发出的"乒乒"声。"周瑜"把手一挥，叫道："火攻准备。"南军"士兵"们把干草一扬，借着风力，"火势"急速蔓延。北军败退。这场面真的形似书中写得那样壮观。

时间是短暂的，而友谊是长久的。再过几年，这些游戏可能会被忘掉，但童年时代这些朝夕相处，情同手足，经常在一起玩耍游戏的同学以及由此产生的友谊，就像一叶小舟，永远驻留在我的脑海里。

指导老师　刘晓莉

点评

孩子们导演的"火烧赤壁"可以与电影《赤壁》相媲美呀。不同的时代的游戏内容虽不相同，但从中得到的快乐，体会到的友情是大致相同的。希望孩子们能有更多的时间，玩更多有意义的游戏，这些都是将来人生中挥之不去的精神财富。

王建光

一句话一辈子

万柏林区实验小学　五年级　张博文

当你看到这句话，肯定会有些摸不着头脑，那就听我慢慢道来吧！

11月7日那天，我要完成老师布置的长期任务——帮助董春晖同学完成作业。这听起来是那样"神圣"，我不免沾沾自喜，匆匆吃罢午饭，信心十足地来到董春晖家。把作业本拿出来后，我仿佛军官对士兵训话一般地说："董春晖，赶紧做，有什么不会的地方我告诉你！"董春晖严肃地回答："明白！"我也开始了一轮疯狂的"战斗"，为了达到预定的目标，我不停地看着手表，精确地计算着时间。

下午，我的心情十分舒畅，像是卸掉了一个大包袱，做什么事情都开心，但俗话说得好，乐极生悲啊！第二天，老师叫我去办公室改稿纸本，突然，老师提起了昨天的作业，我还以为老师要表扬我呢，没想到，老师的脸阴下来，"昨天你的作业明显不如以前认真、工整，而且你的这篇短文就写了这么几行，这是你的水平吗？"我的脸"刷"地一下子红了。原来，昨天我为了在董春晖面前表现出我写得快，就把作业草草完成。看着其他同学认真写的作文都很好，我心里惭愧死了，千不该，万不该，我不应该拿老师对我的信任开玩笑，不应该为了只求速度而不认真。

接着，老师给我讲了"欲速则不达"的道理。这句话让我深刻地认识到，想要一味去追求成功，往往达不到预期的目的。只追求时间上的快乐是远远不够的，一定要从实实在在的质量上胜人一筹。

指导老师　翟梅花

★ 点评

有时候老师的一句话确实能使自己铭记一生，并且会对自己一生的行为起到指引作用。老师的社会价值由此可见一斑。

王建光

老鹰捉小鸡

太原市实验小学　四年级　张丽君

"丁零零"下课铃响了。同学们飞快地奔出教室，在操场上尽情玩耍。在这里，同学们有的在踢毽子，有的在跳跳绳，还有的在玩老鹰捉小鸡的游戏。

我最喜爱玩老鹰捉小鸡的游戏。首先"石头剪子布"，赢了的先当鸡妈妈（老鹰不能捉鸡妈妈），输了的当老鹰。任碧先当老鹰，张晓、王月当鸡妈妈，剩下的人都当小鸡，我也是他们中的一员，成为一只"小鸡"。游戏正式开始，老鹰往东边捉小鸡，小鸡在鸡妈妈的带领下往西躲老鹰。就这样，老鹰往西追小鸡，小鸡往东躲老鹰。这样反反复复，大家已经累得筋疲力尽了。这时候老鹰突然出击，一只跑不动的小鸡成为它的猎物，被老鹰趁机捉住。我正暗自庆幸，突然发现老鹰来到了我身边，由于没有防备，我一下子就被老鹰捉住了。真倒霉！

这时，上课铃响了。向教室跑的路上，我还在想着玩游戏时的情景。通过这个小游戏，我明白了做什么事情都要保持机智的头脑，在看到别人犯错误的同时，要清醒地看到自身是否存在着同样的问题。否则，就会在同一个地方摔倒。

新的一堂课开始了，同学们又在专心学习了。

点评

玩游戏得到快乐是最基本的收获，若能从中悟出一些道理，那就是锦上添花了。

王建光

小蚂蚁大战甲壳虫

杏花岭小学　二年级　田雨佳

这天早晨，去上 WC 的时候忽然看见一群蚂蚁在围攻一只巨大无比的虫子，我连忙问妈妈，"妈妈，妈妈，这是一只什么虫子呀？""这是一只大甲壳虫。"我定睛一看，这只甲壳虫披着亮闪闪的深蓝色盔甲，威猛无比。哼，这群小蚂蚁还想斗过比它们大几百倍的大甲壳虫，真是不知天高地厚，太可笑了！

我不再理会它们，去上 WC 了。

等我从 WC 出来再一看，哇！吓了我一大跳，这群小蚂蚁居然把一只大甲壳虫四脚朝天翻过来了。甲壳虫的四只脚拼命地挣扎着，可无论它怎么挣扎也翻不过来，气得直想哭，可是又哭不出来。这时那一群小蚂蚁一起扑上去把甲壳虫的四条腿全掰断了。几只小蚂蚁掉头找它们的朋友去了，不一会儿，来了两群小蚂蚁，它们共同扛起了已经奄奄一息的甲壳虫往家走，它们喊着口号——δΩ、δΩ（蚂蚁文：一、二），步调一致地朝家走去。到了家门口，可愁坏了蚂蚁们，这可怎么办？门洞这么小，甲壳虫怎么进去呀？正在大家犯愁的时候，蚁王来了，它手拿利斧向甲壳虫冲去，一顿乱砍，甲壳虫被大卸八块。蚂蚁们高呼："ξƽӅ！ξƽӅ！"（蚂蚁文：蚁王万岁！蚁王万岁！）

小蚂蚁们顺利地把甲壳虫运回了洞里，分享了一顿美味大餐。

⭐ 做蛋糕

五一路小学　四年级　毛宇欣

星期天早晨，我对妈妈说："妈妈，我想吃蛋糕。"妈妈说："你作业写完了？要不自己做蛋糕好吗？"我一听高兴极啦，说："那还不简单？"妈妈笑着说："你先别急着说简单。"

中午，妈妈指挥着我舀出三大勺白面放在面盆里，同时把牛奶、鸡蛋一起慢慢倒在了面里，并加入了蜂蜜和白糖，用筷子顺着一个方向搅，把面揉成团后，在面盆上盖好盖子，放在暖和的地方，下午，面就像"小山"一样发了起来。我拿出了蛋糕模，把面分成小团放在模子里做出蛋糕的"模样"。为了好吃，又在表面撒上了核桃仁、花生粒、瓜子仁和山楂片，做好这些后，我把蛋糕放进微波炉烘烤。

大约 10 分钟，飘出了浓浓的香味，我高兴地跳着脚喊："妈妈，快来呀，蛋糕好了。"香喷喷、黄灿灿、松软软的蛋糕出炉了。为了更好看，我在烤好的蛋糕上面抹了点奶酪、撒了些巧克力粒，最后还在每个蛋糕表面点缀了一颗红樱桃，别提多漂亮了……我神气地拿着自己亲手做出的蛋糕给爸爸妈妈一人一份。他们品尝后高兴地对我说："味道挺不错，进步不小，可不能骄傲啊。""不过，你看看自己的手和脸。"爸爸对我说。我跑到卫生间一看，自己都笑了，原来我脸上沾着面团成了"小花脸"，手上的面团也没顾上洗，黏在一起像是鸭掌。这时我想起了妈妈早晨对我说的话。

通过这次做蛋糕经历，我明白了做什么事都不像想的那么难，但也绝不是想象的那么简单。

我最想告诉大家的事

东华门小学　三年级　傅正阳

每个人的童年都有一些难忘的事情留在记忆中，我最想告诉大家的，就是我小时候在森林公园的湖边玩水的事。

四岁那年夏天，一个闷热的下午，烈日下的森林公园也没有了往日的凉爽。在湖南面的小沙滩边，我和妹妹玩起了水。湖水很浅，姥姥索性就连衣服带人一块把我们放进水里，我们摘下凉帽捞水中的小石子，并装进帽子里。

有几个小姐姐也来和我们一起玩。她们把从岸边捡来小木棍放在水上，让小木棍随风漂流，这引起了我和妹妹极大的兴趣，我们用手拍着水，小木棍被溅起的水花冲来冲去，拿小石子一打，小木棍漂远了。风一吹，又回来了，打远了，漂回来，再打远，再漂回来……就这样我们度过了一个凉爽愉快的下午。

童年是美好的，而这件事情给我留下的记忆是深刻的。玩水投石子，看漂在水上的小木棍让我终生难忘。

点评

小作者详细描写了蛋糕的制作过程，不仅学会了一门技术，让家人分享了劳动成果，还明白了"做什么事情都不像想的那么简单"这样一个道理。文章把制作前后的重点对话引进来，增添了一丝丝生活气息。最大的特点是首尾呼应，完整有序。

王建光

点评

长大之后才发现，童年有很多重要的事情都漫漶不清了，但有一些微小琐碎的事情却记忆犹新，正如小作者能够对这样一个小游戏印象深刻一样。真是难以解释。能记住的就记住吧，记不住的也不要勉强，由它们随意飘散吧。

王建光

那一次，我哭了

山大附中　初一年级　宋　晨

　　我与它已经相伴了9年半，它像我的守护神一样，一直陪伴着我。

　　每当我触摸那黑白相间的琴键时，就会想起以前的那段辛酸与苦涩的生活。小时候，钢琴仿佛就是我的敌人，一直在束缚着我，让我失去了许多自由。成天被捆在琴凳上，弹那无聊、枯燥的谱子，那音符仿佛是一条条黑色的长链，把我锁在了它的圈子里，无法逃出这个令我讨厌和憎恨的地方。有时，小伙伴叫我去玩，我总是不能去，只能眼巴巴地看着他们在楼下自由奔跑，我像一只被关在笼子里的小鸟，没有了自由。

　　弹琴时，妈妈总会坐在我的身边，监视着我。如果我的节奏不对或者弹错了音，一个大板子就会从高处落下来，重重地打在我的胳膊上，我的胳膊顿时变成了红红的一大片，由红变成了青，由青变成了紫，烙下了深深的印记。那一次我哭了，苦涩的泪水从我的眼里流出，滑过脸颊，滴在了我的胳膊上。忘不了，我永远忘不了。

　　我弹钢琴总是让爸爸妈妈头疼，让老师感到失望，我十分伤心。可是又有什么办法呢？没有办法，只有努力，只有自己去进取。于是我暗暗下定决心，一遍遍地认真练琴，直到父母和老师叫好为止。

　　从那以后，我便努力练琴，早晨练，中午练，晚上还要练。练，练，练。

　　6年后的一天，老师对我说："你最近钢琴进步得真快，你可以报九级了！"

　　2006年8月13日上午，我满怀信心地来到湖滨会堂参加考级。当楼道里响起了优美的钢琴声的时候，我仿佛进入了欢乐的钢琴世界，我的手指在琴键上跳跃着。琴声此起彼伏，琴键如流水般流动着。演奏完毕后，评委对我笑了笑。

点评

言为心声。本文最大的特点是敢于写出自己在艺术道路上痛苦和无奈的心情。这是很多有共同经历的孩子没有写出的心声。恭喜你最终取得成功，愿苦涩的泪水永远不再，愿激动的泪水常流。

王建光

当我拿到证书，看到上面写着我已通过了九级！那一次，我哭了，泪水又一次从我的眼睛里流出，这不是苦涩的泪水，这是激动的泪水。

⭐ 窃读记

青年路小学　五年级　王琬卓

"卓，你看看你，一进门手也不洗，饭也不好好吃，剩那么多，你留给谁呀！弄了半天，原来就为了看几本书！""哎呀，正看到关键时候呢！""问了你几遍了，多会儿都是'关键时刻'！这书，我先拿着，先睡午觉！"啊？睡午觉，不要啊，千万不要，明明就是看到关键时刻嘛，正当我在肚子里埋怨的时候，一只"魔爪"伸向我手中的书，"啊！不好！"我大吼一声，正想逃，俗话说得好，"三十六计，走为上计"！谁知我慌了手脚，一不小心，把书扔到了后面，这下可糟糕了，我在心里对自己说。可定神一看，书离妈妈还挺远的嘛！有希望了！我赶紧连滚带爬地向书的方向前进，可边拿书还边想，抢来抢去不是办法呀！怎么办呢？这样？好，就这么办！

想好了办法，也拿到了书，立刻行动。我装着一脸郁闷对妈妈说："好吧！好吧！我睡觉！"不等妈妈回答，我就跳上了床，盖上被子，大吼了一声"我睡觉啦"。随后拿出书和手电筒，不等我开始看，妈妈就过来冲我大吼，"过来，到我屋里睡，省得你又耍什么小花招！"啊？这可怎么办？这时脑子突然闪过一个念头"瞒天过海"！

当我把书藏在"肚子"里，路过卫生间时，我捂住肚子，说："妈，肚子有点疼，你先去睡！"说着，便跑进卫生间，细细品读起来，哈，真的很快乐！偷偷地拉开妈妈房间的门，嘿！天助我也，妈妈睡着了！赶紧坐在椅子上，一页、两页，我像一匹饿狼，贪婪地读着——这种窃读的滋味！

看了一下表，哎呀，1点40了！这时，我仿佛听见书说："小主人，妈妈要醒啦。"我上了床，悄悄地把书放在枕头下面。

太原晚报

164

阳光天使小记者　作品集

这时，妈妈突然醒了，正想抓住我看书的证据，一看，我正端端正正躺在床上呢。哼，想抓我，没那么容易，不过不能看得太入迷了……

⭐ 我和舅舅下军旗

青年路小学　六年级　温晋韬

一天下午，我和舅舅又一轮的军旗决战开始了。山界外，红、绿两军正在战前准备，布置兵力。身为红军"总指挥"的我把一个军长和一个师长都布置在了右路，因为那里有我的大本营，司令居中，这样，我的左路就显得相对薄弱。

战斗号角吹响了，"红军"师长身先士卒，冲在最前面，炸弹尾随其后，这一招确实厉害，一直冲到了对方第四排。后来，虽说我损失了一个师长，但也回敬了对方一下，炸掉了他的军长。正当我洋洋得意地指挥进攻时，舅舅突然不动声色地杀了我一记回马枪，突破了我的左路防线。瞬间，排长、连长、营长被"吃"得连个渣都没有了，我心里不由地有些发毛，又赶忙调集回我的大部队，紧急支援左路，幸亏我在军旗前埋伏了一个"重"子，抵抗住了这一轮进攻。谁知，舅舅的第二轮攻击又一次打响了。我让司令进"行营"，随时准备作战。可是，这次他进攻的路线是右路，那里有着我的"军旗"。可就是干瞪眼没办法，只好用司令去撞炸弹，两个旅长也相继殉国。这时，我恍然大悟，自己中了调虎离山计！终于，我抵挡不住，被舅舅夺走了"军旗"。

舅舅笑着亮出了他的兵力。什么？刚才调动我大部队的竟然是一个小旅长！舅舅接着说："下军旗一定不能过于保守，要坚持，还要有主动出击的魄力，如果你要坚持攻城，说不定赢家就是你。"

我输了，输得心服口服。

是啊！"干什么都不能太保守，要坚持"。一想起我和舅舅下的这盘军旗，这句话就回荡在我耳边。我静静地思考：这不

点评

思考出智慧！如果我们做事能像温晋韬小同学一样善于思考，善于总结，一定会有很大进步。下军棋需要"勇敢、机智、坚持"，学习又何尝不是如此，一篇课文，一道习题，一个实验，可能都会带给我们有益的启迪。"勇敢"告诉我们要有闯劲儿，"机智"引导我们要注意技巧，"坚持"提醒我们要持之以恒。还等什么，聪明的你，背起这三个行囊奋进吧！

李秀英

THE WORKS
Sunlight Angel Little reporter

就是一种"军旗精神"吗？勇敢、机智、坚持这三个词将永远刻在我的心间，催我奋进。

⭐ 人鼠大战

五一路小学　四年级　杨亦青

我家住二楼，可进来老鼠已不是第一次了。

上一次是两个月前的一个晚上，因为它刚窜入我家就被爸爸发现，很快就被歼灭了。

可这次就不同了，不知这家伙什么时候溜进我家厨房，还咬坏了好多东西，放了两天"粘鼠板"都没逮着，爸爸翻箱倒柜找了半天也没发现它的踪迹，晚上，爸爸又蹲点守候，终于有重大发现，老鼠居然藏在我家洗衣机发动机的隔层里，怪不得好好的洗衣机忽然不动了，凶手竟然还是这可恶的老鼠。于是爸爸和老鼠在6平方米的厨房玩起了"猫捉耗子"的游戏，爸爸找来木棍一处一处地排查，鬼灵的老鼠只要你碰不住它，它就纹丝不动，真是大将风度、沉着应付。一个多小时过去了，爸爸认真仔细地检查，终于发现老鼠躲在冰箱后的一张废纸片下面，爸爸急中生智一脚把它踩死了。我们大获全胜。唉！老鼠要是不搞破坏，像小猫、小狗让人当宠物养，那该有多好啊！

为了防止再次发生人鼠大战，我和爸爸妈妈分析老鼠是怎么进来的。我们发现，老鼠是从厨房窗户排油烟机的烟道溜进来的，爸爸买来铁丝网固定在窗外，以除后患。

⭐ 点评

很高兴看到了生活中颇有情趣的一段"小品"，素材真实，情节生动，结果大快人心，我以我手写生活，家中小事、校园小景、班级趣闻……都可以，随有随写。不求长篇大论，但求真实可信；不求语出惊人，但愿文中传情。生活是写作不竭的源泉，小伙伴们，可要记住哦！

李秀英

⭐ 课外班之战

滨河小学　五年级　卢晨晔

课外班，是大部分家长眼里的重中之重，少则一两个，多得让孩子连喘气的机会都没有。我报的课外班一周有四节课，累得我够呛。

苦战了两小时，我终于可以歇会儿了。回到家，我第一句话就是："哎呀，累死我了。兴趣班，兴趣班，没兴趣怎么报班。"没想到这句话引发了一场战争。这场战争没有滚滚硝烟，没有炮火轰响，却也杀得刀光剑影，天昏地暗。

妈妈见我骑着"赤兔"、手拿一把青龙偃月刀、长驱直入向她奔去，连忙翻身上马，拿一杆长枪："你以为你报的班是多的，天外有天，人上有人！"我被这"回马枪"杀得不知所措，连忙重整军马，进行下一轮进攻："你看人家马帅，一个班都没报！"妈妈依旧没有慌乱，抖起战矛，向我反刺："那只是你身边的人，我身边的……""马帅妈妈不是你身边的？"没等她的枪过来，我抽出宝剑，用力一劈，将妈妈的枪斩成两截。

我还以为胜利的旗帜已倒向我这边，没想到妈妈弯弓搭箭，向我射来："你小孩就得听我们大人的话，大人说什么你就听什么，你没有发言权！"我始料未及，被箭射到了要害，翻身落马。我手下的士兵元气大伤，被杀得溃不成军、人仰马翻、丢盔弃甲、抱头鼠窜。原本是我必胜的局势就被这一张弓和一支箭化为泡影。

★ 掰手腕擂台赛

新西小学　三年级　李晨晨

下课时，老师说，课间要举行一场掰手腕比赛，一听到这个消息，教室里立刻沸腾起来。

李老师说："安静，安静！现在，我们选两位大力士上台。"最后，我们选定了梁志超和石凯宇两位同学。

他俩自信地走上台，两只手握在了一起。随着老师一声"开始"，他们开始了激烈的比赛。两人胀红了脸，使出九牛二虎之力，生怕对手把自己压下去。

看着周围的同学一个个紧张地为自己支持的一方加油，我的心也提到了嗓子眼。

"梁志超赢啦！梁志超赢啦！"欢呼声像炸雷一样划破了教

室上空。支持梁志超的人兴高采烈，支持石凯宇的人则垂头丧气。

我想，平时不是总讲"比赛第一，友谊第二"吗？失败了大可不必灰心，在过程中享受到快乐就足够了。

教室里的小乌龟

建设北路小学　六年级　李艺如

一届一届的学生，学完又走了，教室里学生的面貌一年一年也都不一样。可教室就是教室，永远都是不会改变的。几十张桌子、几十把凳子、一个黑板、几盒粉笔，显得那样没有生机，为了改变这样单调的学习环境，同学们自愿拿来了鱼缸、小乌龟等，放在教室里供同学们观赏。

刚开始，我对小乌龟不怎么感兴趣，没有太在意它，可自从它让我明白了什么叫"坚持不懈"这个词的真正含义后，我对它产生了敬佩。

那天，我们正在上英语课，静静的教室里老是听见"扑通"的声音，同学们不约而同地一齐往后看，都笑出了声，这只小乌龟想往外爬，却仰面朝天地翻了下去。渐渐地，同学们停止了笑声，空气似凝固了一样。天哪！你猜我们看到了什么？小乌龟一次次地想爬出去，却一次次地随着"扑通"声以失败告终。小乌龟累了，但它再短暂歇一会儿后，便再一次义无反顾地想爬出来，它一次又一次地失败了，但它没有屈服！它震撼了我，震撼了全班同学！

小乌龟最终没能爬出来，但它已经在精神上成功了。它不仅让我明白"坚持不懈"的真正含义，还让我懂得了一个道理：成功总是给予那些坚持者。

小花猫变成了猫妈妈

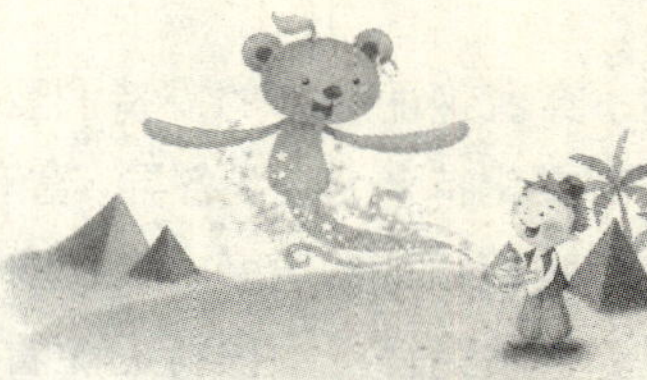

万柏林区大唐实验小学　二年级　常智朝

那天，我回到姥姥家。一进门就发现姥姥家那只非常灵活、可爱并且是我最喜欢的小花猫——花花不见了。真奇怪，它到底跑到哪儿去了呢？我跑过去问姥姥：花花去哪儿了？姥姥说：“花花躲到隐蔽的地方去生孩子了。”我又惊又喜，喜的是花花要当妈妈啦，惊的是花花生宝宝为什么要躲起来呢？我带着满脑子的疑惑问：“姥姥，它为什么在那种地方生孩子？”姥姥说：“它怕人们伤害它的孩子。”哦，我明白了，它这样做是为了保护它的孩子。

指导老师　史晓丽

点评

小孩子心里，总有那么多的小问号，可见他们灵动的思维像蝶儿在舞。常智朝小同学也不例外，一有新的发现，立即问了出来，更可贵的是他把转瞬即逝的瞬间写了下来。多写吧！孩子们，你们会发现熟能生巧。

李秀英

一场有趣的婚礼

东华门小学　六年级　尹思源

今天，妈妈要带我去参加一场婚礼，听说新娘是日本人，那我参加的不就是国际婚礼了？对于即将到来的婚礼，我的心中充满了好奇和期待。

隆重的婚礼拉开了序幕，宽大的投影屏幕上播放着新郎新娘甜蜜的合影。突然，现场漆黑一片，五彩的霓虹灯亮了起来，新郎新娘缓缓地穿过红地毯，6位扮成天使的姐姐紧随其后。新人的闪亮登场使现场气氛顿时热烈起来，由于和新娘语言不通，主持婚礼的叔叔出尽了洋相。为了让新娘明白他的话，他只能用手比划，惹得客人们哄堂大笑，美丽的新娘更是莫名其妙。“什么意思？”新娘一字一顿地说。哇！一时间，人们都啧啧赞叹，原来新娘会说汉语呀！婚礼进行得十分顺利，台下的客人笑语喧哗，台上的新人也沉浸在巨大的幸福之中。

接着，婚礼演出开始了。在优美的古典音乐伴奏下，身材高挑、穿着艳丽服饰的模特们登上了舞台。这些服装具有浓郁的晋商文化特色，造型各异，富有创意：有的头顶宫殿模型，有的穿着胸配银饰的唐装，有的身着绘有龙纹的战袍，有的身披铠甲，手拿铜锣……模特们随着音乐的节拍摆出了一个个动人的造型，来宾们情不自禁地鼓起掌来，精彩的表演将婚礼的气氛推向了高潮。

这场婚礼带给了大家许许多多的快乐，这是我参加过的最有趣的一场婚礼！　　　　　　　　　　　**指导老师　王计莲**

太原晚报

阳光天使小记者 作品集

我们的爱心超市

建设北路小学　四年级　孔琥霖

"来啊，大甩卖喽！"从四年四班教室里不时传来一阵阵叫卖声。

您可能会问："为什么教室里会有叫卖声？"我来告诉您吧：这是我校开展的一次"'新世纪，我能行'爱心超市"活动，义卖所得的钱全部捐给希望工程。我们班的店名叫"1017爱心超市"，即"邀您一起"献出爱心，帮助那些贫困山区的孩子圆上学梦。听了我的介绍，心动了吧，那就快来我们"1017爱心超市"购物吧！

我们"1017爱心超市"分为四大区域，分别是书籍区、文具区、玩具区和衣服区。每一个区域的生意都非常红火，其中最热闹的要数玩具区了，这里的顾客摩肩接踵，叫卖声此起彼伏，讨价还价声不绝于耳。前排的顾客正在和售货员讨价还价，后排的顾客伸长脖子，手里挥舞着一张或数张钞票，巴望着早一点儿轮到自己接近柜台……

一批顾客刚刚离去，马上又涌进了一批顾客，"超市"里顿时显得拥挤不堪，我这个"保安"赶紧走上前去维持秩序，我让向北行的靠右走，向南行的靠左走，在我的指挥下，这里很快变得秩序井然。

"噢，有人来换岗了，我这个保安终于可以休息啦！"我高

兴地跳了起来。在这休息的空隙，我赶紧到别的"超市"逛了逛，我看到四年三班的"快乐城堡"里有一把我非常喜欢的枪，他们要价10元，我数数带着的钱，只有6元，只好等着，希望他们能够降价，没想到过了一会儿他们真的降价了，我软磨硬泡，最终以两元钱的低价买到了我心爱的枪，我高兴极了。

临近结束，同学们看到还有许多商品没有卖出去，都着了急，有的竟然拿上书跑到楼道里、操场上去叫卖，同学们有的喊："买一赠二啦，快来买喽！"有的喊："快来瞧，快来买，一角钱一本书啦！"我想：为了给班里增加营业额，我就买几本吧。我快步走过去，掏出一元钱，买了10本书。

活动结束了，但那人头攒动的景象还在我眼前浮现，那此起彼伏的购物声还在我耳边缭绕……在本次活动中，我们既奉献了爱心，又增长了才干，还增加了我们生活的乐趣。真希望这样的活动能多开展几次。

指导老师　牛麦媛

★ 点评

问渠哪得清如许，为有源头活水来。生活是习作的源头活水，小作者将校园生活中的闪光的一刻记录下来，既保留了美好瞬间，又表现了校园生活的美好，一举两得。

李秀英

★ 我的生活缩影

万柏林区大唐实验小学　二年级　白雪坤

喝牛奶

小时候我一直喝的是奶粉，现在我长大了，爸爸让我开始喝牛奶。牛奶可以直接喝，也可以加热，它的营养价值很高，可以补钙，对我们小朋友的身体发育有极大的好处，大家都来喝牛奶吧。

打嗝

今天我写作业的时候老打嗝，害得我作业写不成，还老流泪，难受极了。我用喝开水的办法想止住打嗝，没用；我用吓唬自己的办法，却还是停不下来，我急得就要哭了。后来不知为什么，它自己就停下来了。我觉得很奇怪。

听老师讲故事

下课了，同学们围着老师，想让她给我们讲一个故事，老师非常爽快地答应了。她讲了一个非常有趣的故事，我们都听得入迷了，有的在哈哈大笑，有的眼睛睁得大大的，我呢，好像已经走进了故事中的魔幻世界。过了一会儿，故事讲完了，大家说："老师讲的故事真好听。"

鼻子喝水

我口渴了，端起水瓶仰起头就要喝，没想到水没有喝进嘴里，反而喝进了我的鼻子里，呛了我一下，鼻子酸酸的，痒痒的，我感觉非常难受。我想，大象每天用长鼻子喝水就不难受吗？

爱的彩衣

万柏林区实验小学　六年级　陕怡然

清晨的第一缕阳光毫无保留地洒在大地上，全世界都暖洋洋的。我站在院子里，呼吸着这沁人心脾的芳香，仿佛漫步在广阔的田野上一般，惬意极了。正当我陶醉在其中，突然闻到了一种令人作呕的气味。我不禁睁大眼睛，咦？怎么连大街上都有"成群结队"的垃圾呢？到底是谁在做这种既恶心又非常不文明的事呢？

正想着呢，我又看到了"三五成群"的痰和乱扔的纸屑，我抬头望了望，原本干干净净的墙面好像得了牛皮癣，满是人们乱涂的字，地上甚至还有小狗留下的粪便，一不小心就会踩到。一阵风吹来，我听到"沙沙，沙沙"的声音，原来是那些塑料制品的声音。我实在是忍无可忍了。不可以，像这种脏乱差的现象不能出现在我原本美丽的家乡里。我应该做一些力所能及的事，发动身边的每一个人来美化我们的太原。说干就干，我立刻返回去，飞奔到我的朋友家，把她们全部都叫出来，说："看，这就是我们的太原，她已经被人们'折磨'成这个样子了，

所以我们要拯救她，让她重新变得美丽起来。""好！""没问题！"朋友们一致同意。

我们从家里拿出了桶、卫生纸、扫把，风风火火地干了起来。我拿着桶蹲下来，捡我们平常最常见的果皮、纸屑。我一步一步地往前走，手忙脚乱，不让一个垃圾溜掉。这时，我感觉到了清洁工的辛苦。我四处张望，那几个朋友弯着腰，细心地察看着地面，她们左手拿着桶子，右手拿着卫生纸擦着地上的污染物……

干了好一会儿，我们终于让整个院子变得干净起来，可这还远远不够，我们美丽繁华的太原还有很多需要我们美化之处，就让我们都行动起来吧，用我们的双手装扮她，让她变得更加美丽！

指导老师　郭燕林

⭐ 一次有趣的实验

沙河街小学　五年级　房皓琛

这学期，我们换了一个科学老师，他姓周，长得帅而且特聪明。自从周老师带我们科学课后，我越来越喜欢上科学课了。科学课动手的次数很多，不像原来的科学课，生硬、死板、还净做题。我们做过太阳钟、潜望镜、还有人造彩虹……但我最喜欢的是做简单电路的实验。

那天，周老师讲完简单电路的原理后，让我们开始动手操作。第一个同学上去了，看他的样子好像胸有成竹，很神气很骄傲的样子，我们就在下面一直起哄："电死！电死！"他还很不服气，不停地摆弄着给我们演示，结果演示了至少18次，都没能使小灯泡亮起来。老师摆摆手让他下去，他垂头丧气地回到座位。接着，周老师领着我们一起做，先把两根导线的尾端按在电池的正负两极，头部插入小灯泡灯座内。我照着老师的样子急切地做起来，"咦，怎么不亮啊？"不可能，再来一次，还是不亮。周老师走过来，拍拍我的头说："这位同学做得不错，就是电池插反了。"我一看，可不是，真是太毛糙了，惭愧地低

⭐ 点评

　　兴趣就是最好的老师，从你的题目便可略见一斑，在你眉飞色舞的描述中更证了这一真谛。思路清晰，行文大气。尤其是电路实验的细节描写，更让我们对小作者细致入微的观察表示欣赏。用心品味生活，生活总会给你启迪。

李晓霞

下头。

动手能培养我们的实践能力，提高我们的创新能力。这次有趣的实验让我越来越喜欢动手做一些小实验、小手工，还让我也明白了一个道理，那就是光成绩好是不够的，还要有很强的动手能力，我相信自己以后会做得更好。

圣火照龙城

五一路小学　五年级　李　鑫

2008年6月26日，是龙城儿女永远铭记的日子，神圣的奥运火炬在并州大地闪烁着耀眼的光芒，把这个拥有2500多年历史的龙城照耀了。

龙城儿女无比激动，一大早就来到大街上观看圣火传递，街上许多市民穿着"为中国加油"的衣服，手中拿着国旗和奥运会会旗。有的人脸上还贴着国旗，一派喜气洋洋的景象。

火炬手高举火炬跑来了，大街上滚滚的人群挥舞着国旗和会旗高呼："祖国万岁！中国加油！"的口号，这是340万龙城儿女共同的心愿啊！

传递圣火的火炬手共有208名，他们来自不同的岗位，有领导、企业家、工人、学生，是各个岗位的精英，是龙城的骄傲，他们用饱满的激情传递着手中的圣火。无论是现场的市民，还是电视机前的观众，肯定和我一样怀着骄傲和激动的心情为祖国加油、助威。

这次火炬还首次进入大型企业太钢。十里钢城装扮一新，满怀激情的太钢人热烈地欢迎圣火的到来。另外还有一大特色就是圣火在火车上传递，当火车缓缓开动时，太钢人挥舞国旗为火炬手助威，虽然只有短短的600米，但在太钢人看来却是意义非凡。

神圣、庄严的火炬传到了最后一棒郭凤莲的手中时，她面带微笑，自信地走上台来，轻轻点燃圣火盆的那一刻，全场沸腾了。

点评

百年奥运，百年梦圆，当奥运火炬传递到太原，整个龙城沸腾了。在文章中，小作者描绘出一幅宏大的场面，不仅介绍出激情昂扬的火炬手，满怀激情的观众，还重点写出奥运火炬在太原传递的最后一棒，令读者心情随之激动。小作者的真情流露，把每个读者都带进了那个难忘的日子，都会情不自禁地会喊出一声"祖国万岁！中国加油！"

史晓丽

我期待圣火在鸟巢点燃的那一刻，祝体育健儿取得好成绩，让五星红旗高高飘扬在奥运赛场！　　　**指导老师　武旭春**

☆ 我与奥运

山西省实验小学　四年级　李佳明

今年，人们都在谈论有关奥运会的话题：福娃贝贝、晶晶、欢欢、迎迎、妮妮；水立方；鸟巢……

八月的一天，我坐在了奥运会的观众席上。哇！这个场馆好大，好漂亮呀！它还是一座高科技的节能场馆呢！瞧，比赛开始了，正是我最喜爱的女子排球决赛，由中国队对美国队。大家都高喊着："中国队，加油！加油！"我激动地挥舞着国旗，也不由自主地大喊："中国队！中国队！"每赢得一分，我都激动地又拍手，又欢呼，巴不得冲上去和她们并肩作战。比赛结束了，中国队赢得了女子排球的冠军，我们高兴地跳了起来，不断地鼓掌，全场成了一片沸腾的海洋。

咦，不知什么时候，我又走在了北京的大街上，一些外国游客向我问路。我低头一看，我已身穿奥运会志愿者的制服，还佩戴着胸卡，多光彩呀！于是，我微笑着，带着他们走，边走边用英语向他们介绍中国、北京、鸟巢、天安门……他们不断拍照，兴趣盎然，并要求我再多讲一些中国的文化，我一边走一边侃侃而谈，身边响起阵阵"啧啧"的赞叹声。

不多时，我又来到了奥运会的比赛场上，这里即将举行跨栏决赛。嘿！我和刘翔站在了一起。只听"砰！"的一声枪响，我像箭一样冲出去，有如神助，第一个冲到了终点。啊？我比刘翔还快？哇！我得了第一名，我得了第一名啦！我兴奋地手舞足蹈起来。

"怎么了，儿子？"妈妈的声音打断了我。哦，原来是一场梦啊，多么美的梦呀！愿北京奥运会就如这梦境一般美好。2008年8月8日，我期待着这美好的一天早日到来。让我们共同祝愿：北京奥运会圆满成功！　　　**指导老师　宫小芳**

★ 点评

小作者以梦的方式为大家展现出一幅幅壮观的奥运画面，想象的情节，精彩的描写，条理的思路，构建出一个美好的祝愿，一个令中华儿女百年魂牵梦萦的祝愿——北京奥运会圆满成功。

史晓丽

课间十分钟

万柏林区实验小学　三年级　王天扬

清脆的铃声响了，同学们像利箭一样冲出教室，操场上一下子沸腾起来。

同学们在操场上嬉戏。瞧，那边有一群女生，她们正在跳绳呢！她们像小鹿一样灵活，在跳绳中间跳。看，那边也有一群女生，她们正在踢毽子，毽子就像小鸟一样飞上飞下。

那边有一群男生，他们正在玩悠悠球。

他们玩得最好的要算高辰宇，只见他熟练地在右手的中指上套了个环，接着使劲一甩，悠悠球就在下面不动了，然后，他用左手的食指勾着线，把右手的线放在悠悠球的槽里，右手和左手相互交叉，使劲一提，悠悠球就像孩子一样飞快地回到了高辰宇的手里。

他们中玩得最不好的要数杨潮岗了，他用右手使劲地向前甩了一下，可悠悠球不听他的话，偏偏往下跑。

那边还有一些同学在丢沙包，有两个同学在对面丢沙包，还有两个同学站在中间，丢沙包的两个同学密切地配合着，你丢过来我丢过去，中间的两个同学你躲我闪，一个沙包丢了过去，中间的同学来了个海底捞月。

我们的课间活动可真是丰富多彩！

点评

只有享受了课间十分钟的快乐，才算是度过一个美好的童年。小作者善于选取观察点，将众多的人物分组来描写，既有序又清丽，使课间十分钟如动画片一样展现在我们眼前。这篇文章出自三年级学生之手，实属不易。

史晓丽

小足球赛

太师一附小　五年级　刘高守一

"叮零零……"放学了，学生们从校门口笑着闹着跑出来。在离学校不远的地方，有一片整修过的空地，空地旁边是一块附近木材厂废弃的木头。自从空地成为孩子们的"足球场"，木

头就成为一排"天然座位"。这时，孩子们已陆续来到他们的"乐园"，先用扔硬币的办法选中双方队员，然后用书包垒成两个象征性的球门。双方队员友好地握了握手，比赛在紧张的气氛中开始了！

开始，观众只有两位，一个12岁左右的男孩带着他七八岁的小弟弟。他们目不转睛地盯着足球在球场上滚动，时而激动地站起来，时而泄气地坐下去。奇怪的是，他们的表现完全相反，一个兴高采烈，另一个就垂头丧气。

比赛进行得越来越激烈，球员们配合十分默契。啊！一方的守门员在扑救一个"险球"时额角受伤了！队友立即帮他贴上事先备好的"邦迪"，比赛继续进行。对方球员准备进攻，守门员严阵以待。

观众席上的观众渐渐多了起来，哗！有八位观众，还有一只小白狗趴在小主人的脚边懒洋洋地睡觉呢。

忽然，对方球员给了守门员一个"飞球"，球门失守了！替补队员"哐哐"地敲响铅笔盒，比赛结束，1比0！双方队员再次友好地握握手，背起书包，一边往家走，一边还热烈地讨论着刚才的比赛。

小白狗站起身打了个哈欠，观众解散了，空地上恢复了夏日傍晚的宁静。

点评

五百余字写尽一场独具童趣的"小足球赛"，可见这位小记者写作功底蛮扎实的。在课业负担沉重的今天，我们已经不容易看到孩子们欢乐童年里畅快的玩乐嬉戏了。此文大人看起来都觉得意趣无限，况乎儿童，真不失为一篇佳作。

王海华

助"猫"为乐

桃园小学　一年级　裴一凡

今天，欣悦姐姐来我家玩，爸爸出去买菜。过了好长时间爸爸才回来。我们问他干什么去了，他说："我买了点菜，又买了点牛肉。"然后爸爸拿了一块牛肉，带我们坐电梯到了一楼，我们问他要干什么，爸爸说："等一会儿你们就知道了"。

原来地下室有一只走丢的小猫咪，就要饿死了。爸爸把牛肉放在那里就走了。过了一天，爸爸又带我来看猫，发现牛肉

点评

取城市生活一角入手，平铺直述中还留下个"小包袱"，原来是一只可爱的小猫咪丢了。语气中透着孩子的爱心和稚嫩。文章虽短，但不失"真"趣。

王海华

那年那月
177

吃了一半。我高兴极了，这样猫就饿不死了。听扫楼道的阿姨说，小猫咪的主人找到了，是14楼的小姐姐丢的。扫楼道的阿姨还替小姐姐谢谢爸爸呢！

⭐ 两分钟有多久

山西省实验小学　五年级　李佳臻

今天，天气晴朗，万里无云。我们大家在老师的带领下，亲身体验：两分钟有多久。

首先，老师让我们先观察渊博学校，然后用两分钟的时间描述自己所看到的一切。只听老师一声令下"开始"，我们便奋笔疾书起来，和时间赛跑，可是由于时间太短，还没等我写完开头，老师已经喊停了。心中的想法没法尽情地表达，我无可奈何地停下笔。这时我感到两分钟太短暂了。

接着，老师让同学们各自写一个与众不同的动作，经过一番筛选，老师决定让我们按白居杰所写的动作开始做，而且坚持两分钟。"把左手放在太阳穴上，右手撑腰，腿叉开。"刚开始，我感到非常轻松，渐渐地，我有些支撑不住了，腰开始发软，腿开始发酸。两分钟还没到，大家都坚持不住了，我差点就一屁股坐在板凳上，旁边的吕姝慧，腰也想放松一下，可是放松了就会被罚两分钟，只好咬着牙坚持。哎呦，两分钟太漫长了！

最后，老师让我们在操场上尽情地玩，我们一个个生龙活虎，与刚才判若两人，还没眨眼的工夫，老师就把我们"唤"回来了，原来两分钟到了。唉！两分钟太短暂了。

今天，我终于明白了两分钟并不是120秒那么简单啊！

⭐ 点评

课题活跃引发孩子们活跃，这样的教学实践对孩子的成长大有裨益。小·作者通过三个事例的不同体验，认真地回答了题目的要求。内容切题、文风朴实是这篇文章的最大特点。

王海华

这个暑假偷着玩

双西小学 六年级 相禹丞

终于放假了！

终于"苦尽甘来"了！

终于可以在没有作业的暑假中玩个痛快了。

我的想法是美好的，但"天有不测风云"。刚一放假，爸爸便给我报了奥数和英语班。妈妈也来跟我"约法三章"：每天下午必须复习两课英语，其余的时间，语文、数学搭配起来学。只有傍晚才能出去散散步、打打球。最可气的是，电视也得少看，电脑几乎不让开，连我的游戏机也被收缴了。

别说痛痛快快玩了，连放松的机会也不多了。不行，我得反抗！

这天上午，我正在做妈妈布置的作业，忽然听到门"砰"的一声关上了，爸爸妈妈上班走了。这时，我脑子里出现了一个大胆的设想：爸爸妈妈都不在家，我为何不能玩一把游戏机呢？说干就干！可是当我准备到姥姥房间的书柜里取游戏机的那一刻，我犹豫了。对啊！姥姥就在床上坐着呢。想瞒过她是不可能的，假如她看见我拿游戏机，告我一状，那可就惨了。怎么办？我灵机一动，计上心来。我大大方方地把游戏机和充电器一块拿了出来。姥姥果然马上就发话了："你爸爸妈妈不是不让你玩那个吗？你怎么不听话呢？"面对姥姥的质问，我漫不经心地说："唉！姥姥，我不是要玩。这东西没电了，时间长了不充电，就坏了，我给它充点电。你看这不是充电器吗！"姥姥将信将疑地哦了一声说："好好学习啊，别老想着玩。"我郑重地点头道："是！姥姥！"姥姥被我逗笑了。

回到房间，我插上充电器就玩了起来。可是我也留了个心眼，严防姥姥突然"视察"。果然，没过一会儿，姥姥步履蹒跚地进来。我如猫儿般迅疾地坐在写字台前，装模作样地写起作业来。姥姥进来看看我，拍拍我的肩膀，微笑着点点头，什么

点评

恰如题目点出的那样是"偷"玩，所以整个过程充满了孩子式的意趣，心理描写非常到位，小鬼当家，悬疑迭出，确实玩中带惊，惊中有险，险中还有乐。"希望家长既鼓励我学习，也支持我玩"的呐喊，相信也是每个少年的心声。

王海华

也没说，转身走了。哇噻！这还真有点惊心动魄呢！弄不好可露馅儿了，我感觉有点后怕，只好忍痛割爱，静心写作业了。

有了这次经历，我便隔三岔五地故伎重演。您也许会说我了：你呀，是不是真的光知道贪玩，就不喜欢学习呢？您千万别以为我是个不爱学习的坏孩子，我其实是酷爱学习的，但我也特别爱玩。只是希望家长既鼓励我学习，也支持我玩。呵呵！

奶奶做的布娃娃

万柏林区第二实验小学　三年级　白一灵

我上幼儿园时，奶奶怕我害怕，给我做了一个布娃娃。记得我肚痛，就把布娃娃放在暖气片上，等烤热后再放在我的肚子上，那暖烘烘的感觉立即扩散到全身，肚痛就会好了。现在我长大了，只要我一肚痛，我总能想起奶奶做的布娃娃。我也曾用暖水袋试过几次，却总不如布娃娃那样奏效。奶奶做的布娃娃啊，留给我的是深深的怀念，我常在梦中惊喜地发现自己又拥有了一个美丽的布娃娃。

放暑假时，我跟姐姐讲起以前的趣事，也流露出对布娃娃的怀念，奶奶在一旁听着，没有吭声。

在我临开学的前一夜，一觉醒来，已是凌晨两点钟了，隔壁房间的灯还亮着，奶奶的咳嗽声也一阵紧似一阵。我推门进去，只见奶奶正一针一线地为我缝制布娃娃，我的眼睛潮湿了。昏暗的灯光下，奶奶正戴着老花镜，吃力地把线往针眼里穿，我扑到奶奶怀里说："奶奶，不用做了，我明天买一个就行了。"奶奶说："傻孩子，买的不如做的好。"

如今，我又有了一个美丽的布娃娃，一个小朋友要用她一套200元的布娃娃跟我换，我没有答应，我对她说："我可不跟你换我奶奶的心。"

点评

一灵的布娃娃是孙女和奶奶感情的纽带，也是她成长中的一种寄托和独特体验。难能可贵的是孩子笔触中的自然抒情、顺畅过渡，读来令人感动，令人沉思。"我可不跟你换我奶奶的心"是为全文的点睛之笔。

王海华

⭐ 妈妈，我爱你

青年路小学　五年级　师锦萱

　　那是一个星期日的下午，我要上英语课。临出门时，妈妈说："贝贝自己回家，妈妈要加班就不接你了。"我点了点头，高高兴兴地出了门。

　　下课后，我兴冲冲走出教室。呀！天阴了，要下雨了！我没带雨具怎么办？只听"轰隆隆"一声巨响，天下起了倾盆大雨。眼看着别人的爸爸妈妈一个个接走了自己的心肝宝贝，我心里觉得很委屈。可转念一想，妈妈工作忙，我应该多体谅和理解才对。可是……天色越来越暗，加上冷风伴着大雨，我感觉到了害怕。

　　我哭了起来。没有一个人理我，我哭得更厉害了。

　　突然，一个熟悉的声音让我停止了哭声。透过泪眼，我看见一个人，手里拿着两把伞。

　　是谁？这个人慢慢地靠近了我。是妈妈！我大声叫起来，也不管外面下着多大的雨，我跑向妈妈，和她抱了好久、好久……妈妈说："不早了，咱们回家吧！"我用力点点头。马路上静悄悄的，只有我和妈妈依偎着行走……

　　我爱妈妈，因为她是我生命中唯一能温暖我的火种。我想说："妈妈您真伟大，我爱您。"

⭐ 点评

　　小作者用充满感情的笔调，把对妈妈的那份爱写得真挚感人。天底下最无私博大者莫过于母爱。如能在语言的组织上更为紧凑一些效果会更好。

王海华

⭐ 购物纪实

后小河小学　五年级　邢哲源

　　以前，都是妈妈带我去超市买东西，我只管捡自己喜欢的物品随便挑，妈妈付钱，我从来不关心它的价钱。今天，妈妈为了锻炼我对钱的支配能力，给我100元钱，让我自己购物，自己当回家，做回主。

进入超市，我推了辆手推车去挑选商品，心里一直念叨着妈妈给我的购物标准：既要实用又要实惠，即物美价廉。

　　我一边走一边仔细挑选，我先在二楼的食品专区转悠，苏打饼干15元，老人很适合吃这个，我拿起一盒，找到它的出厂日期仔细算，还在保质期内，我放心地把它搁进手推车里，我可不买"三无"产品。我推着车继续向前走，牛奶和面包是我们家每天的早饭必需品，于是，我又挑了一些，酸奶正在搞促销活动，1.25升卖7元9角，挺合算的，这可是妈妈的最爱，我拿了一瓶放在手推车里。

　　对了，我要打篮球，教练让准备袜子和篮球，所以，我上了三楼，这里专门卖日用品、电器和服装，我来到卖篮球的地方，这里篮球的价位不等，有27元的、38元的，还有81元的。我想：81元太贵，27元质量不一定好，还是折中买38元的吧。我翻捡着挑了一个篮球，看看表面没有磨损，掂一掂不算太轻，拍了拍弹性还不错。就选了它了，大功告成。接着该去买袜子了，面对各种各样、颜色鲜艳的袜子，我有些不知所措了，我穿多大的合适呢？妈妈要是在眼前就好了。为保险起见，还是回去请示妈妈再说吧。哎呀，不行，今天我当家，得自己做主。再说，给自己买袜子穿多大的看看鞋号不就得了，最后我挑了一双24CM的，多亏我动了动脑筋。

　　接着，我到收银台去结账，收银员给了我发票，还找了零钱，我算了一下，整整好，我满载而归。

　　独自购物确实很不容易，里面的学问还真不少，爸爸妈妈每天要为家里的各项开支精打细算，我感受到了大人的辛苦。

★ **点评**

　　我们呼吁孩子们这种真诚之作、平实之作！哲源小朋友这段"另类"购物纪事，让我们看到一个娇子如何独自面对和适应如今的商业社会。衷心希望更多的小作者、小朋友能有这种贴近生活、贴近实际的经历，以更好地丰富人生、收获成功。

王海华

★ 走夜路

东岗小学　六年级　张德均

　　唉，真倒霉。妈妈有事，把我送到终点站就走了。可是离姥姥家还有很长一段路呢。我既害怕，又无可奈何。只好自己

勉强地走回去。

路上，一阵狂风向我吹来。我很害怕，便加快了脚步。我想：我白天什么也不怕，无论做什么，我都是第一个冲上去。可黑夜，连刮风也怕，真是太没有面子了。

我想起村里的老人经常讲一些绿舌头红眼睛的鬼怪来吓唬不回家的小孩，可现在和真的一样。我向路边一看，不得了啦。一双绿眼睛正瞪着我，我吓得嘴张成了一个"O"字形。捡起一个木棍向里面乱打。只听"啪啪"两声，原来是两只废弃的绿灯泡。

我加快了回家的速度，可是老觉得身后有什么东西跟着。我急忙躲了起来，只见一个黑影一闪而过。我不知如何是好，一下子坐在地上，心想：这下怎么办？回不了家，就干脆让它把我吃了算了。

可是一双大手把我托起，啊！原来是哥哥。

第一次在夜里走路，真让人害怕。

点评

文中所写这种天气，加之是黑夜，即便是大人走路也会害怕的。小作者能够正视现实，有勇气把这一切写出来，本身就是一种勇敢。害怕是大人和孩子都具有的一种正常情绪，只要我们将它控制住，不让它在生活、学习和工作中"捣乱"，我们就是勇敢的。

王海华

⭐ 爱上烘焙

回民小学　五年级　刘星宇

我最大的爱好是和妈妈一起在家里做蛋糕。

自从妈妈买了烤箱后，就迷上了做蛋糕，并且从网上学到了不少做蛋糕的方法，就像电视剧《我叫金三顺》里的金三顺一样能做出各种美味的糕点。在妈妈的熏陶下，我也学到了不少，经常给妈妈帮帮忙，但一直没有机会自己做一次。妈妈总说我还小，说我不会。其实那有什么难的，我早就看会了。等有机会我要让妈妈看看我的真本事，别总瞧不起我们小孩子。

机会终于来了，教师节那天下午，妈妈不上班，去上街了。我在家写完作业后，觉得很无聊，干点什么呢？当我的眼睛落在柜子上的烤箱的时候，我就有主意了，我要自己做个蛋糕给妈妈看看，顺便作为送给妈妈教师节的礼物。我从冰箱里取出五个鸡蛋，学着妈妈的样子，把蛋黄和蛋白分别放到两个碗里，在蛋黄的碗里分别放了两勺白糖、两勺色拉油、三勺牛奶和四勺低筋面粉，还又放了一点泡打粉。然后把这些东西搅匀。我在蛋白里放了两勺白糖，用打蛋器朝顺时针放向不停地搅拌，因为妈妈说过一定要朝同样的方向搅拌才行。搅了五六分钟后，我有点坚持不住了，胳膊可真累啊，可看看蛋白，比妈妈打得差远了，我咬牙继续打。又打了几分钟后，还是不行，我的胳膊累都快断了，哎！真是看着容易做着难啊！10分钟后，蛋白终于打好了，就像白色的奶油一样。我把打好的蛋白分两次倒入蛋黄糊糊里面，然后学着妈妈的样子用铲子上下搅拌均匀，最后把蛋糕糊倒入蛋糕模子里面，放入烤箱。我定了200度。40分钟。在烤了20分钟后，家里就弥漫出一股蛋糕的香味。又过了20分钟，蛋糕烤好了，我取出一看，和妈妈烤的一样啊！尝了一口，真香！这是我的第一个烘焙作品，我真高兴。妈妈回来后，尝了我烤的蛋糕，夸我是天才烘焙大师。

从此，我就经常和妈妈一起做蛋糕，还学会了烤比萨，长大后，我希望自己能成为一名真正的烘焙大师！

★ 外号风波

山西省实验小学　六年级　师暖阳

我们每个人都有自己的名字，父母在给我们起名字的时候，也给了我们很多的祝福。可是我班有些人就爱用别人的名字开玩笑，给人家起外号。

我叫师暖阳。爸爸妈妈本来是想让我一生温暖，做一个阳光女孩，可有些捣蛋鬼偏要和我的名字过不去。记得一年级的时候，有几个男生走过来，问我几岁了。我不知道他们要干什么，就告诉他们："6岁。""哇，吃奶羊，6岁了还不断奶啊！"还没等我反应过来，他们就嘻嘻哈哈一哄而散了。从此，这个谐音外号便在班里广为流传，几乎代替了我的名字，真伤脑筋。

我的好朋友温芷薇也是一个受害者。前一段时间，我看见几个捣蛋鬼动不动就在温芷薇耳边捏着鼻子、"嗡嗡"地学蚊子的声音。每到这时候，"女大侠"温芷薇便会赏他们一拳。我见了问她是怎么回事，她苦笑着对我说："他们用我的名字起外号，叫我'蚊子飞'，烦死了。"嘿，亏他们能想得出来。

有一天，我在奥数班上课的时候，淘气包秦树跑过来，对我说："出个谜语，你能不能猜出来？""你说。""把马清蒸着吃，打一个同学的名字。"那一定是姓马的吧，我想。马启明？马醒？马静？还没等我反应过来，马静的课本已经敲在了秦树的脑袋上。"唉哟！"秦树龇牙咧嘴地跑开了。马静无奈地对还不知道是怎么回事的我说："我的'静'字拆开就成了'青争'，和姓连在一起就成了马青争，明白了吧？"现在马静还在为别人叫她"马清蒸"而苦恼。

我们班的这些捣蛋鬼，要是能把这聪明劲儿用在学习上就好了。

点评

这是一篇可以拍案叫绝的文章，文字很实，叙事娓娓道来，让人含笑深思。相信师暖阳找到的这个用力点非常巧妙，起外号反映了客观的学校生活，体现了信息时代色彩。我也提供两个例子，我有两个朋友，一个叫谢润章，被读作仙人掌，一个叫马宁涛，被读作馒头。玩笑并无恶意，写来总有机趣。呵呵。

冯 海

⭐ 童年趣事

沙河街小学 六年级 郭霏阳

在我三四岁时，每到天黑，妈妈就对我说："听！飞机声，来接奶奶上班了。"于是，我跟奶奶说声再见，奶奶就走了。我起初有点儿不相信，后来 越来越怀疑，为什么奶奶总是晚上上班，她去哪儿上班呢？

有一天，天黑了，吃完晚饭，妈妈又说奶奶要坐飞机去上班。我心想，这次一定要搞清楚奶奶到底走没走。我哭闹着在家里找，妈妈说："我帮你找吧。"她先拉着我来到奶奶的卧室，推开门："没有奶奶吧？"我说："没有。"妈妈又拉着我推开厨房门，问："也没有奶奶吧？"这时，我心里更疑惑了，奶奶到底走没走呢？她真的去上班了吗？突然，我好像发现奶奶的身影在门后一闪。我猜到个八九不离十，奶奶其实没有走。妈妈还不知道我发现了这个秘密，我就灵机一动，计上心来，假装说："奶奶确实不在。"但我心里已有了计划。

晚上，我悄悄把小手电放在枕头下面。上床后，我假装很快睡着了，可心里像是十五只吊桶打水——七上八下。等爸爸妈妈睡着了，我像一个训练有素的士兵蹑手蹑脚地下了床，慢慢地爬向奶奶的卧室门口，轻轻把门一推，先是探着脑袋往里看，停了一会儿，没什么动静，我就开门进去，爬到床边一看，啊！奶奶在睡觉。我终于知道谜底了，奶奶晚上没上班！我高兴地叫了起来，把爸爸妈妈也叫醒了，他们过来一看是我，脸上都是哭笑不得的表情……

如今我长大了，明白了妈妈当时为什么要骗我。因为那时奶奶一整天辛苦地照看我，晚上应该好好睡一觉，而我肯定要折腾奶奶，妈妈是为了奶奶能更好地休息才那样做。这件事虽然过去很多年了，但它像是我记忆小河里的一只金鱼游来游去。

★ 都是舌头闯的祸

万柏林区大唐实验小学　二年级　白雪坤

今天，我写作业的时候口渴了，想喝水。我又想变个花样喝水，我想到了小狗每次用舌头喝水，那我就当一次小狗吧！我拿起水杯，把舌头伸出来喝水。没想到，我才舔了两下子，水杯就翻了个跟头，水洒到了我的衣服上、裤子上，还有作业本上。呀，糟了！我顾不了那么多，赶紧把作业本从"灾难"中救了出来。作业本上全是水，我只好把作业本晾到暖气上。等到把它烤干了一看，作业本变得皱皱巴巴的，好像有无数个核桃娃娃在搞恶作剧。唉，明天怎么交作业呀，同学们会笑我的，这都是舌头闯的祸！

指导老师　史晓丽

瞧！我们这个班

太原市实验小学　四年级　王皓然

说起我们四年三班，真是无人不知，无人不晓。我们可是市先进班集体呢！有人一定会说，你是王婆卖瓜，自卖自夸吧。既然这样，那就听我给大家夸一夸吧。

让老师"受不了"的班

千万不要以为这个"受不了"是让老师生气得受不了，而是乐得受不了。我们班53个同学，个个活泼、开朗，时不时地在课堂内外闹出一些小插曲。有一次，老师让同学们用"……一定……不一定……"来造句，有个同学回答说："大便的时候一定会小便，小便的时候不一定会大便。"话音刚落，教室里立刻爆发出一阵笑声，老师也忍俊不禁，笑开了花。看见老师和同学们这样的表情，那个同学还一本正经地说："我经过多次实验，真的，不骗人！"同学们笑得更是前仰后合，老师也笑得直抹眼泪。连声说："受不了，受不了……"

令人赞叹的民乐班

我们班是全校有名的民乐班，人人都身怀绝技，吹拉弹唱样样精通。不信？你瞧！一曲二胡《赛马》，时远时近，时而悠扬，时而短促，仿佛带你来到了万马奔腾的大草原；扬琴表演，犹如行云流水，天籁之音……每逢大型晚会，你在观众席上可找不到我们，因为舞台上才是我们施展才华的地方，我班的精英们都身着节日的盛装，随着指挥的手势专注地表演着，颇有少年演奏家的味道！

名副其实的"惜源"班

提起"惜源"，当然就是指珍惜资源。现在不是提倡环保，节约能源吗？我们教室后整齐地放着好几个大袋子，专门用来装一些废纸和瓶子。别小瞧这些不起眼的东西，可给我们班挣了不少班费呢！更重要的是让我们明白了"惜源"要从自己做

★ 点评

你觉得快乐的东西，一定能给别人带来快乐。看完，我也笑了。本文有两个亮点，一是选取生活细节上有特点，每件事情都有事例。二是文章有小标题，能看出构架之间的逻辑，将文章划分出内容块，需要更强的构思能力和驾驭能力。

冯海

起。以前，有个同学花钱大手大脚，现在在大家的影响下，变化可真不小，有时他到饭店吃饭还专门收集一些饮料瓶，带到班里。

指导老师　布俊枝

⭐ 参观猴山

太师二附小　二年级　齐宇轩

风和日丽的一天，杜老师带我们到动物园参观。一进大门，我们直接就到了猴山。猴山上有许多猴子。有的在爬山，有的在吃苹果，还有的在荡秋千。我最喜欢爬山的那只小猴子。你瞧，它站在一块大石头上，想爬上去，它使劲地爬呀爬，却怎么也爬不上去，它的样子真可爱呀！看完猴山我们该看其他地方了。啊，猴山真有趣！

⭐ **点评**

每个人都是这样从易到难、由简到繁，一步步写好文章的。写什么不重要，写出常人看不到的趣味，才最值得称道。建议观察更细些，更深入些。可以让文章更生动，更吸引人。

冯海

⭐ 尔雅书海行

八一小学　三年级　赵一凡

1月25日下午，我和好朋友甜甜一起来到尔雅书店参加《太原晚报》学校周刊组织的活动。

正值寒假期间，书店里的顾客很多，多半是放了假的中小学生。我们来到活动地点，已经有不少小记者到了。下午2时30分，活动正式开始。书店的经理叔叔首先讲话，对小记者的到来表示热烈欢迎，并且承诺赠送每人一本定价20元以下的书。我们一听都高兴极了。《太原晚报》的编辑阿姨讲了一些注意事项后，小记者进入书店选书。这是我第一次来尔雅书店，这里的书不仅种类多，而且内容健康，和我平时常去的书店不一样，二楼儿童阅读区的书非常适合我们阅读。可惜只有30分钟的时间，我在书店挑花了眼，一口气挑了十几本，哪一本书都不舍得放下。正当犹豫不决时，一本少儿版《红楼梦》跃入眼帘。我以前几次想要这本书，可妈妈就是不给买。我毫不犹豫

⭐ **点评**

记述了一次读书活动，过程清楚，重点突出。对讲座的描述也做了提炼，写印象最深的东西往往与众不同，还是那句话，先想清楚，再写清楚。

冯海

地把其他书放下，拿起这本书。

拿着选好的书，我们来到二楼听著名作家祝大同伯伯的讲座。他讲了自己和书的故事，我记忆最深的是这样一句话：小孩子不能只读小孩的书，要读大人能读、小孩子也能读的书。谁都知道读书的重要性，却不知道选书更重要。好书可以助人成才，不好的书反而害人、毁人。我们从小就要学会选好书、读好书，长大后才能成为对国家有用的人。

活动结束后，我恋恋不舍地离开尔雅书店回家。妈妈看出了我的心事，对我说："只要你喜欢，妈妈以后经常带你来这里看书、买书。"我高兴地笑了。

⭐ 衣服上的"日记"

双西小学　六年级　芮钰雅

身上的大衣穿了好长时间，该换洗啦。趁着洗衣水还没有接满，我仔细地看着这件大衣，上面的几块污渍像是一篇篇日记，又让我回想起这几天发生的事。

袖口和胳膊处的污渍，大多是在学校课桌上蹭到的。看到它不由得想到我的同桌宸宸，前一段时间她请了三天假，我很是担心她，是不是生病了？星期五放学回家后，宸宸打电话问我作业。我听到她的声音很高兴，不过她在打电话时还一直咳嗽，原来是发烧还没有好。我真希望她早点康复，这样我们就又能一起上学了。

后背处的一些污点，则是打扫卫生时留下的。前天家里大扫除，我拿着掸子四处清除灰尘，结果不得其法，将灰尘弄得满屋飞舞。后来，我才发现忘了收好这件大衣，上面留下了一些灰尘。不过窗明几净、居室生香的感觉早就把这点不快抵消啦。

而衣服下摆处的几片橙色，就更有一番说道了。周日下午上完课外班，我坐3路公交车回家。车行了两站之后，前面一位阿姨手中的塑料袋突然被她衣服上的拉链挂破了，里面装的

⭐ 点评

文章处处有真情实感，感情的抒发就像涓涓细流一样沁人心脾，叙述墨迹如讲故事一样娓娓道来，令人百听不厌。希望构思巧妙的你，写出更多精彩的故事。写得不错，望继续努力！

关夏敏

橙子"咚咚"地跳了出来，在车厢中互相追逐着。我看到阿姨手里提了好多东西，不方便捡拾，就帮助她把调皮的橙子捡了回来。虽然橙子被摔破了几个，不过阿姨还是显得很高兴，对我道谢后下车了。那大衣上的橙色，就是不小心沾上的橙汁。

除了这三处明显的污渍处，还有一些小斑点，这件衣服真是该洗了。既然上面的污渍有这么多美好的故事，为什么还要洗掉呢？你知道吗？朋友，只有当旧的事情过去，新的故事才会依次到来。

★ 我是书迷

青年路小学　五年级　李　臻

盼望已久的寒假来临了，我终于可以去姨妈家了，你知道我为什么想去姨妈家吗？一是姨妈做的饭菜非常可口，总让我垂涎三尺；二是姨妈的书房里有各种各样的书，总让我流连忘返，禁不起诱惑的我当然要去了！

刚进门，我就闻到了香味。走近一看，原来姨妈正在准备我最爱吃的炸鸡翅和蔬菜汤，我谢过姨妈后立刻来到书房。书房的墙上挂着四个大字：开卷有益。书房的书柜里、书桌上到处是书，有科普类的、侦探类的、文学类的、益智类的、教科类的……这么多好书，我真不知道从何看起。

忽然，我看到书桌上放着一本大部头的书，出于好奇，拿起它看了起来。这是一本名著，名叫《悲惨世界》，是法国作家雨果的长篇小说。我翻开看，刚看了几页序言就被深深地吸引住了，主人公冉阿让为了养活姐姐的7个孩子偷了一片面包，被判苦役，19年后才获释。后来，他受福来主教感化，重新做人，改名马德兰，开设工厂，成了富翁，还当上市长。看着、看着，不知过了多久，只听到"咚！咚！"的敲门声和姨妈的叫声："阳洋，吃饭喽！"我看了看表，才知道已经在这里看了两个小时了，肚子也咕咕叫起来。来到餐桌前，我边吃边想着书里的情

★ 点评

不必在意有没有深刻的主题，你只管拿起笔，记录下一幕幕平凡却难忘的生活故事。有些随着时间流逝而被淡忘的小事，因为文字的力量而转化为记忆中的财富，你的写作便是有用的了，相信自己是最棒的。

关夏敏

节，狼吞虎咽地吃完饭，又迫不及待地跑进书房，津津有味地看了起来。

"抬起头，离书太近了，会坏眼睛的！"姨妈不知什么时候进来了，也不知她待了多长时间，我抬起头，看着姨妈，可姨妈却吓了一跳，"阳洋，你怎么哭了？"我不好意思地告诉她我是被冉阿让的悲惨遭遇感动了……

这下，你一定知道我是书迷了吧！

我掌握了学习方法

太师三附小　五年级　李美漉

亲爱的小伙伴们，现在让我们穿上隐形衣，坐上时空倒流机，去看看我是怎样学会了学习的方法。

"啊……""这是哪呀？……""嘘，悄点声，小时候的我正在写作业呢！"

只见我正得意洋洋地写作业，可是，最后一道题难住了我。我左思右想，用尽种种方法，就是做不出来。我抱怨："这是什么破题，这么难，谁是出题人，找他算账去！"突然，我想起了我的好朋友宋怡婷，她学习很好。

我拨通了她家的电话，"喂！是宋宋吗？练习册上最后一道题怎么做？"只听她分析起来，"这道题应该用假设法解……"我根本没听进去，最后，我直接问她答案是多少，只听她用带点生气的语气说："拜拜！""连题都不告，算什么朋友？"

"咚！"爸爸下班回来了，我赶紧把题递给爸爸，问："爸爸，这道题怎么做？"爸爸很快给我分析起来，但我仍然没耐心听，"答案到底是多少？"只见爸爸那笑嘻嘻的脸，这会儿却变得严肃起来，他语重心长地对我说："当你不会，向别人请教时，应该认真去听别人的分析；当别人请教你的时候，你应该认真地给他分析，不要光告他结果而不说过程，这样会害了他。现在，我给你讲完了题，你自己去思考吧！"

★ 点评

活泼可爱的你以幻想开篇，把我们带入到一个梦幻的世界，很有读的欲望。文章中人物形象通过神态、语言刻画得非常鲜明：你是那样的懒，却也是那样的可爱。整个过程如身临其境。文章前后呼应。嗯，很不错的一篇习作！

吕全玲

最终，经过几个小时的奋斗，用了三张稿纸，我终于算出结果。

从这件事中，我知道干什么都要有耐心，不要半途而废。

⭐ 快乐的野餐

新建路小学　二年级　袁宇轩

温暖的春天来了，天气很好，特别适合野餐，我和小表哥成成来到郊外山坡上野餐，我们带了好多好吃的东西和好看的书，还有一张绿床单呢！

山坡上有一片桃树林和大大的草地，我们来到桃树林前面，把绿床单铺在柔软的草地上，打开书包，把里面的点心、苹果、水壶和书都摆在床单上。我们一边看书一边感受美丽的春光，小鸟在身后的树林里唧唧喳喳地叫着，小草绿了，桃花红了，一阵春风吹过，桃花芬芳扑鼻，我们沐浴着春风，一起吃吃喝喝、说说笑笑。

我说："天气这么好，阳光这么灿烂，我一会儿要躺在草地上美美地晒太阳。"

成成说："我要在草地上痛痛快快地打滚撒欢。"

野餐是多么惬意的事情呀！　　　　　指导老师　薛春燕

⭐ 点评

跟着你，看到了盛开的桃花，看到了翠色欲流的草地，看到了你们欢笑、蹦跳的身影；听到了小鸟的鸣叫和你们欢快的谈笑声；闻到了花、草、泥土、空气的清新气息！哦，我还能闻到你们美餐的味道啊！对了，太阳公公也好喜欢啊！暖暖地包容着、呵护着你们。孩子，看看！你抓景物、把握景物特点的能力有多强！让人全部的感观系统都调动起来了！真想跟一起去野餐呢。

吕全玲

⭐ 奥运梦

太师一附小　三年级　李璐桐

我看到了蓝蓝的天，白白的云，红红的花朵，绿绿的草坪，雄伟壮丽的长城……啊！我来到了北京。五个福娃正用期待的眼神迎接奥运。天空中飘着不同国家的国旗，中间的旗子是五环旗，五环代表着五大洲。

英姿飒爽的运动员上场了。全场顿时响起了雷鸣般的掌声，持续了许久，才渐渐地停下来。不一会儿，枪声一响，

运动员们像离弦的箭一样冲出起跑线，你追我赶，争先恐后向可以带给他们荣誉的终点奔去。人们屏住呼吸，紧张地注视着赛场，忽然，大家听见一个声音："我赢了！"紧接着，全场响起了最热烈的掌声、欢呼声："我们赢了！""中国人赢了！"我也跟着喊起来："中国人万岁！""中国人万岁……"妈妈突然把我叫起来，我才发现这原来是个梦。妈妈问："你梦到什么了？"我回答说："我梦见我到了北京，看了奥运比赛，中国人赢了！"妈妈笑了："这是梦，又不是现实。"我说："虽然不是现实，但是，这是我一辈子做的最美好的梦。"

我希望中国在 2008 年的奥运会中，取得胜利。

★ 谁动了我的苹果

太原三十四中　李　菲

从出生的那一天起，我就用彩笔在洁白的纸上，描绘我的童年时光。我用粉色填涂欢乐，用蓝色填涂想象，用黄色表现稚气，用绿色描绘梦想。最后，我还要用黑色来书写悲伤。我无忧无虑地描绘着多彩的童年时光。

我的童年是欢乐的，爸爸妈妈疼我，爷爷奶奶爱我，姥姥姥爷喜欢我。而在我的印象里还有一件事情，到现在我还觉得有意思。

那时我刚上幼儿园的中班，除了我，其他人都是从小班开始一直上到中班的。而我是插班生。妈妈把我送到教室里，我不愿意上，哭了好一阵子，好不容易不哭了，就从自己的小书包里拿出一个苹果，然后拉上小书包的拉锁。拉锁拉好了，我突然发现我放在桌子上的苹果不见了，本来我都不哭了，可发现苹果不见了，我差一点就又开始哇哇大哭了。我正准备哭呢，突然发现同一张桌子的一个女生拿了我的苹果！她正在吃呢！心里气得不得了！可我胆子小，又是插班生，怕我说了只会让别人讨厌，也就没对她说什么。那天妈妈给我带了两个苹果，可另一个苹果，我说什么也不往外拿了。

我现在想，或许她现在就是我班里的一个同学呢！她，是谁呢？

⭐ 挑刺

桃园小学　二年级　安宇杰

今天，我右手的小拇指上不小心被扎了一根刺，很疼。

回家后，我举着小拇指让爸爸看，嘴里还不停地叫着："疼死了，疼死了……"爸爸说："不要怕，我马上给你治疗，一秒钟把刺挑出来。"我以为爸爸要用牙签来挑，结果爸爸拿了一根又细又长的缝衣针向我走来。我害怕极了，浑身发软，可是看到爸爸那么认真的样子，我挺起了胸膛，鼓足勇气，抬起头，紧紧闭住眼睛，把手交给了爸爸。我只觉得疼了一下，爸爸说："刺出来了。"我高兴地跳了起来。爸爸说："勇敢就能战胜困难，你以后要做一个真正勇敢的男孩。"

经过这次挑刺，我感到对待每件事都要勇敢，长大才能成为不怕困难的人。

⭐ 点评

读着这篇小短文，老师眼前浮现出一个稚嫩无邪、乖巧勇敢的小男子汉形象。尤其是挑刺时"挺起胸，鼓足勇气，抬起头，紧闭眼"的可爱模样，让人越发喜爱。你善于选择生活中平凡却最有趣的事来写，你的文笔像一块未经雕饰的璞玉，一定要好好珍藏哦。

张瑞萍

⭐ 一件委屈的事

山西省实验小学　五年级　朱婧

在我的生活中，每天都有许多事情发生，有令我快乐的，有令我气愤的，还有令我委屈的。前几天就有一件令我委屈的事。

那天，风刮得很大，树摇摇晃晃，我的头发也被风刮得乱蓬蓬的，天很阴，似乎马上要下雨了，但还是迟迟没有下。我背着书包走向学校，半路上，突然发现一个黑色塑料袋，鼓鼓的，散发出一阵阵臭味，几只苍蝇趴在上面嗡嗡作响，谁看了都会恶心。我本想捡起来，扔到垃圾箱里，但一闻到那股恶臭，就改变了想法。我想，要是里面装着

大便之类的东西，那就太恶心了，我可不敢捡，再说，上课时间也快到了，还是让清洁工来打扫吧。于是，我加快脚步，继续向前走。

忽然，一阵风把我的红领巾刮了起来，我看着飘扬着的红领巾，心里想，我怎么能就这样走了呢？我应该把垃圾袋捡起来扔掉，不然怎么能对得起胸前飘扬着的红领巾？于是我又返回去，正蹲下身子，捡垃圾袋，这时有两位卫生监督员走了过来，看着我做的动作，以为是我把垃圾扔在这儿的，便不由分说，劈头盖脸地骂了我一顿，其中一位还指着我的鼻子："你真是个坏小孩，亏你还是少先队员，居然把垃圾扔这里，你对得起你胸前的红领巾吗？"我刚想张口解释一下，就被另一位数落说："你还想狡辩？我都亲眼看见了，现在的孩子越来越不像话了，快把垃圾捡起来，扔到垃圾箱里去。"我提起垃圾袋走向垃圾箱，却觉得好像拿的是万斤石头一样，特别沉重。扔了垃圾，看着两位卫生监督员渐渐远走的身影，心里特不是滋味，自己做了好事，不表扬就算了，还被不分青红皂白地臭骂一顿，真是糟糕透了。

不过，后来想一想，虽然自己受了委屈，但也为保护环境尽了份力，也没什么后悔的了，如果当初没有回过头来捡垃圾，那才是最后悔的，不管怎样，我毕竟做了件好事，受些委屈，我也高兴。

指导老师　李明霞

★ 点评

因捡垃圾袋被误解，这场小小的风波被写得曲折有致。全文朴实的言辞让我们看到了一个胸襟豁达，正直善良的好孩子形象。本文选材新，构思新，写法新，因为新得实实在在，所以读来引人入胜。

张瑞萍

★ 第一次拉面

迎泽街小学　五年级　宁翔宇

有一则推销方便面的广告，其广告词是"弹面才好吃"。今天，我也来做一做弹面。

擀好面，烧开锅，万事俱备，只欠东风。我学着爸爸拉面的样子，一遍又一遍，一次又一次，重复着这周而复始又单调的工作。一次，我把面条拉断了，一根细细的面如蚯蚓一样断成两截，一头大一头小，一截粗一截细。我突发奇想，老重复着拉面、入锅、拉面、入锅的工作多乏味呀！不如做一根最长的面！我立即把这想法付诸行动。我把那些如蚯蚓一般的面条并排摆在案板上，用手指把两根面条的顶端捏住，组成一根由三根小面条凑成的大面条，往锅里一扔，嗬，滚烫的水珠蹦了起来，热气逼得我直往后退，但好奇心驱使我踮着脚向锅里一瞅，啊，那根长面居然奇迹般地"活"了，如一条蛟龙在水里翻腾！

一会儿，我闻到了一股奇特的香味——那拉面里包含着自己辛勤的劳动，真是别有一番风味哩！它伴随着热乎乎的蒸汽一起出了锅，被妈妈捞到了碗里。香喷喷的拉面诱得我口水都要出来了，可是，看着自己的"杰作"都不舍得吃啦！

今天这碗拉面带给我的不仅是快乐与美味，而且让我明白了一起劳动并与大家分享的道理；分享的不只是劳动的感受，更重要的是感受劳动的乐趣！

★ 当家长不容易

万柏林区实验小学　二年级　郭庭宇

星期六，我刚睁开眼睛就听见妈妈说："今天你当爸爸，我当孩子。"我听了心想：妈妈是不是又想贪图享乐？

妈妈学着我平时的样子用撒娇的语气对我说："你给我买8大盒巧克力和小零食。"我学着爸爸的语气对她说："你这孩子太贪心了。"于是我给"孩子"讲《渔夫和金鱼的故事》。话还没说完，她又学我平时生气的样子骂我："你个臭爸！"还踢了我一下。唉，当家长真麻烦！

"孩子"又告诉我下课的时候，她的语文书、数学书被同学拿走了。她去告老师，老师却批评她不应该把书摊在桌子上。我告诉她："你把书都放进书包里不就没事了嘛！"她生气地说："这不都是跟你学的吗？有什么样的家长，就有什么样的孩子！"我赶快说："以后我再也不这样了！"

没想到她又说自己在学校惹事了，星期一老师又要叫家长。

点评

在你诙谐幽默的叙述中，我们与你共同分享了第一次拉面的无穷乐趣。一根普通的面条在你的笔下变得出神入化，"一头大一头小，一根粗一根细"，瞬间"如一条蛟龙在水里翻腾"，再加上发自内心的真实感受，让人如临其境，如见其人。全文语言凝练，一气呵成，读来亲切自然。

张瑞萍

点评

在生活中，如果相互不能了解，难以沟通，不妨通过换位思考的方式来解决这个问题。小记者的妈妈巧妙地通过换位，让孩子感受到当家长是如何不容易。这对于孩子的教育来说，确实是个好办法。其他同学也可以效仿啊。

王建光

我一听"头大"了，当我这样孩子的家长可真不容易呀！

指导老师　王　琳

⭐ 滑板飞上马路

万柏林区实验小学　五年级　季沛霖

周日中午，我在小区玩滑板，妈妈去买菜时我非要闹着一起去。

妈妈怕我出事，一出小区就扶着我在马路上滑。我滑滑板已经很熟了，真想像小鸟一样在宽敞的马路上自由飞翔。正想着，忽然邻居小朋友浩浩叫道："季沛霖，你现在还需要你妈妈扶你滑滑板吗？真笨！"我听了很生气，心想：哼！我早在几个月前就会自己滑了，我还会翘板、上坡、下坡等高难度动作，我现在就显示给你看看！想着，我挣开了妈妈的手奋力向前冲去，然后又"飞"到了马路中间，接着又来了一个360度的大转弯，正当我沉浸在飞翔的快乐中忘乎所以时，身后突然传来了刺耳的急刹车声音，我慌忙扭头一看，一辆黑色的小汽车停在了离我仅有一步远的地方。顿时，我的脸色苍白，浑身冒冷汗，手足无措。"孩子，快回来！"妈妈急切的呼唤好像指南针一样为我指明了方向，我迅速滑回妈妈身边，紧紧地抱住妈妈，再也不敢松手。

现在我终于明白，为什么不能在马路上滑滑板玩了。

点评

很多时候，只能自己亲自经历了，才会有切实的体会。但遗憾的是，这种体会得付出代价。所以，谨记"良药苦口利于病，忠言逆耳利于行"。

王建光

⭐ 跳大绳

双西小学　四年级　曹思宇

上周六，我们班进行了一场跳大绳比赛。老师把我们分成A组和B组。比赛规则是：在规定时间之内，每位同学跳过去加一分，分数最高的一组，就是本场最耀眼的明星。同学们个个摩拳擦掌，心都卡在喉咙里了，都在为自己组能得高分而准备着。

比赛开始了，首先上场的是A组。他们的开头很顺利，跳一个过一个，脸上都洋溢着灿烂的笑容。可好景并不长，因为A组有很多弱手，虽然那些弱手做了充分的准备，但大绳就像一个封闭的弧形，无法让你进去，就算进去了，也紧张得喘不过气来，因为他们没有掌握跳出来的要领。从他们的表现中，我猜想这些选手一定很扫兴。最终，他们以14分的成绩结束比赛。

轮到我们组了。我打头阵，沉住气，暗暗告诉自己不要紧张，开一个好头。我按照要领跳进去，轻松地冲出了封闭的弧形，果真给我们组开了一个好头。紧接着，我们组员一个接一个顺利跳过，从他们脸上看不出一点紧张，都特别开心。最终，我们以31分结束比赛，成为这场比赛最耀眼的明星。

★ **点评**

你们组胜出的关键在于心理素质过硬，而非技术高人一筹。一个人或者一个团队要想取得成功，必须要有良好的心理素质，否则定会事倍功半。

王建光

★ 第一次自己回家

八一小学 五年级 周怡静

今天，妈妈中午有事，让我坐公交车回家。我既高兴又有点儿发愁，高兴的是我可以体会一下自己坐公交车回家的滋味，发愁的是下车后那段回家的路，这么冷的天怎么往回走啊。

第四节课下了，随着体委的"散队"声，我兴奋地跑向车站，正好103路电车过来了，哇，一堆小学生蜂拥而上，把车门挤得不留一点儿缝隙。我也想挤一挤，但我力气太小了，没我的份儿，我只能甘拜下风——等着。终于，他们全上去了，我正要上时，又一个人冲了过来，差点把我挤倒，那人刷了卡，就窜到后面去了，我心想：真是个疯子。我上了车，还没站稳，车子就开了，哗，人们全都随着惯性往前倾，我差点儿趴下。哎，坐公交车真不安全啊！山大南门站到了，人也渐渐少了，我才趁机找了个座位坐下来，真累啊！

终于到达终点站，我下了车，寒风呼呼地刮着，好像在嘲笑我一样，我冒着寒风疲惫地走回家。一进门，我把书包一丢，

★ **点评**

苦难是成长路上的一笔重要财富。对于当代青少年来说，苦难的磨练尤其显得重要。乘坐公交车这样的事情仅仅是成长道路上一颗小石子，今后还会遇到更大更多的困难。当你战胜了这些困难，才会成熟，也才有可能成功。

王建光

倒在沙发上，真是累死了！

妈妈回来夸我说："真是长大了，以后天天坐公交车回家吧。"

⭐ 日记二则

大唐实验小学　一年级　李金锴

一

今天，我和刘卓颖中午不好好吃饭，妈妈说："你们不好好吃饭，脖子就像小鸡脖一样。"刘卓颖说："一只小公鸡，一只小母鸡。"我哈哈大笑说："我是一只小公鸡，你是一只小母鸡。"

二

今天我在家写毛笔字的时候老是磨蹭，妈妈一直催我，还叫我"老催"，我不敢磨蹭了。写完后，我一口气喝完一大杯水，妈妈说："李金锴真是一头大水牛！"我纠正道："老催是头大水牛。"

⭐ 我们的足球队

桃南小学　二年级　李珂泓

清晨，总有一群快乐的男孩在操场上跑来跑去，这就是我们桃南小学足球队。你别以为我们是支不起眼的小球队，我们可是全市校园足球大赛的冠军。

球队的每个队员都要经过层层选拔，标准有三条：第一，要热爱球队，团结队员，互相帮助；第二，要坚持训练，无故不得请假；第三，也是最重要的一点，不得耽误学习。就这三条，如果有一条不合格，我们就得离开足球队。因此，每个队员都把加入足球队看成是一种荣誉，格外珍惜。

记得有一回，我们正在操场上训练，天空突然电闪雷鸣，不一会儿就下起了大雨，别的同学跑回教室躲雨，我们足球队却没有一个队员离开操场，大家都坚持在雨中训练。雨水淋湿了我们的头发，淋湿了我们的训练服，淋湿了整个操场。足球在雨中滑来滑去，我们也在雨中滑来滑去。训练结束时，我们全身湿漉漉的。看着身上流着的汗水，脚下淌着的泥水，大家没有一个人抱怨，高高兴兴回到课堂上。教练夸我们都已经长成男子汉了。

现在，高年级的队员就要毕业了，今后的比赛任务就落在我们头上，我们会像他们一样出色，让我们足球队一届比一届优秀。

⭐ 特别的礼物

九一小学　四年级　张泰久

今天，闫老师一上课就和颜悦色地说："当我第一眼看到你们纯真可爱的笑脸时，我就喜欢上了你们，所以我要送你们一个小礼物。"闫老师说得越来越神秘了。

礼物？同学们七嘴八舌地议论起来："是什么呀？"过了好一会儿，同学们再也憋不住了，"老师，快告诉我们吧！"闫老师说："好吧，好吧，就告诉你们，你们先闭上双眼。"我们静静地闭上双眼，当我们睁开眼时，闫老师手里拿着一张白纸说："这就是礼物。"咦？送我们一张白纸有什么含义呢？全班同学都在哀声叹气，有的同学的兴致好像从高高的天空坠入了万丈深渊，感觉竹篮打水一场空。我们迫不及待地问："您只送我们一张白纸有什么打算，一张白纸分给70个人，也太异想天开了吧？"

老师说："我要在这张纸上画上一把钥匙，为你们打开知识的大门；我要把这张纸折成雄鹰，带你们翱翔在美好未来的天空中；我要用纸折成小船，让小船驶进快乐的王国；我要用纸画上一颗金星和红星，金星照亮整个世界，红星让我们团结一致，心连心。"

我的心豁然开朗了，如果我有一张白纸，我要在上面写上对老师感谢的话，我们老师那样关爱我们，我一定要以好的成绩回报老师。

一张白纸寄托着老师对我们无限的关爱，真是礼薄情深！

✦ 点评

能遇到一个好老师是一个人终生值得欣慰的幸福。闫老师可能就是这样的人。

王建光

☆ 跟姨夫打赌

徐沟中学　黎　明

春节回老家，甭提多高兴。想到要见我姨夫，我激动得一晚上都没睡着觉。

一见面，姨夫直接掏出500元钱给我。这可不是什么压岁钱，而是按约定我应得的奖励。

那是去年的约定。去年我的学习成绩很丢人，姨夫说："今年要好好学，考好考坏均有奖，考到全校800名学生中的前200名就奖励500元人民币；200名以后就'奖励'两个巴掌"。当时我鼓足勇气说："姨夫，您输定了！"

俗话说，重奖之下必有勇夫。今年，我真的时来"学"转，成绩突飞猛进，一直稳定在全校前200名。姨夫的重奖成为我学习进步新的"支撑点"！

对了，忘了告诉你，我的姨夫可不是什么大款，他只是一个养鸡能手，每年就靠鸡下的蛋来养活家人，一年忙到头也就挣个万数来块钱，生活非常节俭。就这，他和姨妈硬是把我表姐培养成了大学生，想问是哪所大学吗？告诉你，是令人向往的浙江大学噢！

我定睛看我的姨夫，仿佛又老了许多。是啊，岁月的风霜刻满他的脸庞，生活的重担压弯了他的脊梁……在所有亲戚中，我最亲的就是我的姨夫。每次回老家，我想玩，他就陪我玩，我想吃，他就给我买。他也是我非常敬重的人，经常循循善诱给我讲一些学习的方法和做人的道理。

开学的时候又快到了，我执意要去看看姨夫的鸡场是个什么样子，想象中机械化程度一定很高。但是，我错了，我忘了这里是贫穷小山村，不是繁华大都市。鸡场里，满地鸡屎，臭气熏天，冬天即如此，夏天又何堪？鸡窝里，漫天鸡毛，一团糟糕，但我看到了鸡蛋，红润、圆滑……

临走时，我眼睛红了，泪水在眼眶中打转，我口袋里那500

★ 点评

生活中永远不乏学问。小作者的文章里"包袱"很多，真诚、平实的描述中，告诉读者有这样一位扎根乡村、有知识、有能力、有爱心、很性情的姨夫。其实对孩子们来说，课堂教育只是一个方面，更重要还是来自真实生活中的爱的教育。文章题目还可以设计得更美丽、温情一些。从对养鸡场的描写上看，小作者这方面还有提升的空间。

王海华

元好沉、好沉，我不知道那是多少个鸡蛋换来的，但我知道，一定好多、好多……

"姨夫，我也要考一个像样的大学让您瞧瞧！将来挣了钱把这 500 元翻成一百倍，不，翻成一千倍来孝敬您。"

"嘿嘿……"姨夫笑了。那笑容是那么慈祥、那么灿烂，深深地刻在我的心坎，成为永恒！

⭐ 黑锅

新建路小学　六年级　杨卓凡

黑锅，人人都背过，但我背的那次却给了我极大的伤害。

一天，我上完学，正要回家，天气很晴朗，是踢足球的好天气。我到了院里，见地上静静躺着一个足球，我跑过去捡起来，心想："嗯？谁的足球忘拿了，我把它拿到传达室，让别人去那里拿！"谁知突然跑来一位老爷爷，过来就使劲敲了一下我的头，说："谁家的小孩，踢碎我家玻璃，还想跑？亏我把球放这儿引你过来，要不还抓不着你！"我想，他肯定是误会了，就说："老爷爷，不是我踢碎的，我是看见这里有个球，捡起来还给别人的……"我还没说完，老爷爷就说："你还死鸭子嘴硬！"这时一个大哥哥过来说："就是你踢的，别不承认了，我看见了！"周围的人越来越多，有的人还窃窃私语着，我心里像打翻的五味瓶，酸甜苦辣说不清，我冲回家，大声哭了起来。

这黑锅我知道永远摘不下来了，所以，我一直不愿意去触动它……

点评

黑锅即委屈，文短而用意重，意简而含味深。看来卓凡小朋友还没有从这场生活的"不白之冤"中走出来。小孩不小，大人不大，不要让心灵被一时的不幸所蒙蔽，我们还有整个生活，还有许多爱我们的人和我们爱的人。既然有勇气写出来，那就去正视它、解决它。请把这口锅大胆地扔出去，我们和你在一起。

王海华

⭐ 误解三年

东华门小学　六年级　李　晨

误解，是每个人都会经历的事。有的误解，可能时隔一分钟就解开了，而有的误解，会持续三年，仿佛永远都解不开

了……

一个男生和一个女生，从一年级开始，就是很好的朋友，甚至可以说是知己。女生困难时，男生会帮她解决；而男生接到老师布置的任务后，女生会帮他出谋划策。两人的学习也一直都很好，处在一个平等的状态，没有谁好谁坏之分。

关系改变发生在三年级期末考试的时候。这一次不知怎的，女生考了全班第二，那个男生考了第三名。这是他们第一次名次排这么前。女生怀着兴奋、喜悦的心情，跑到男生座位边上。这时男生正盯着手中的试卷发呆，女生轻轻绕到他身边，愉悦地说："呵，怎么样？吓傻了吧！看来咱们平时的工作没有白费哦！一会儿去庆祝一下？"回答她的却是男生冷冷的眼神，那是一种陌生的，她从来没有见过的眼神。不带丝毫感情的声音响起："哼，我确实吓傻了！怪不得这两天我每次叫你出去都没有时间呢！原来是想背着我偷偷复习，然后压倒我，是吧？"女生一下子愣住了，过了半晌，才反应过来，他，误解她了，顿时，心里像打翻了醋瓶一样，酸涩无比。语气中有一丝无力："那几天我家里有事啊！求你相信我好不好？"似是恳求的语气，却迎来了男生的怒吼："我不会再信你了！咱们不再是朋友了！"男生转身走掉，女生也只是无言……

从此，两人之间一直隔着深深的误解，不再解开。而那个女生——就是我。

⭐ 难忘的事

东岗小学　二年级　李祥宇

有一件事深深刻在我的心头。

那是去年冬天，因为我上课做小动作，成绩一直下降，妈妈和老师与我谈了好几次，我都满不在乎，觉得自己很了不起，没有同学能追得上我。班主任李老师为了不让我继续退步，给我一个警告，暂时撤销了我的班干部和中队委职务。那段时间里，我难过极了，为了像从前那样优秀，我开始努力，上课不

★ 点评

每个女孩或是男孩都有成长中的烦恼。李晨小朋友的文笔真挚、流畅，段落处理得当，是一篇朴实真诚之作。既然写了出来，说明你的心灵深处已经有了宽恕的因子。愿每个青春年少的孩子永远阳光健康地成长。

王海华

★ 点评

本文取材真实生活，开头简明扼要，起到总领全文的作用。语言虽然并不华丽，但却极为准确生动，情感丰富而真实。文能言声，我想文章正是你心灵的反映，相信"满招损，谦受益"的道理你会牢记在心。

马非马

做小动作，认真听讲，作业也按时完成。一个月后，我的学习成绩渐渐提高了，期末考试还考了双百呢！元旦那天，班主任李老师又重新把班干部和中队委的职务还给了我，我高兴极了，心中的喜悦难以言语。

这件事使我明白了一个道理，学习是自己的，好成绩是努力得来的，没有好的纪律哪能有好的成绩？作为一名班干部更应该以身作则，所以，今后我再也不能骄傲自满。

童年趣事

太原市实验小学　五年级　柳　青

是夜空的小星星吗？不！那是天边的云霞，七彩的梦幻。箭一般的光阴把我带回到五彩缤纷的童年生活。那里飘荡着无数欢声笑语。听！那傻傻的笑声……还记得4岁的时候，一天，阳光明媚。爸爸在客厅里喝酒，看着他那美滋滋的表情，我的心中不禁泛起了一丝涟漪，"酒是甜的吗？喝酒对身体有好处吗？为什么爸爸那么喜欢喝酒呢？难道比雪碧还好喝？"一连串的问号在我脑海中浮起。为了证实一下我的猜想，小小的我准备冒一次险，那就是偷喝一口酒。主意已定，说干就干。趁着爸爸上卫生间的时候，我悄悄跑进客厅，开始了我的计划。我先尝了一口酒，"哇，好辣啊！这么难喝，不可能吧？爸爸刚才美滋滋的表情早已证明了酒的美味。难道，是我喝得太少了，还没有品味出来吗？嗯……一定是这样，干脆我把这杯全干了吧。嗯，就这么定了。"想到这里，我咕嘟咕嘟把那杯酒全干了。我感觉我的身子轻飘飘的。这种感觉还没有持续多久，我便昏昏沉沉睡了过去。七彩般的童年是那样的美好，快乐。令我回味无穷！五彩缤纷的童年生活是我一生的快乐财富！

点评

这是一篇回忆性的文章，小作者紧紧围绕一个"趣"字，描写了因好奇心作祟而醉酒的经历。透过文字，我们仿佛也回到了那美好的童年，不禁莞尔一笑。如果"昏昏沉沉睡了过去"之后再加些笔墨，不让我们等到"且听下回分解"就更好了，多多少少让人有点意犹未尽的感觉。

马非马

给姥爷剪胡须

新建路小学　五年级　王　鹏

　　童年趣事，就像一个个光彩夺目的贝壳，充满情调。尤其是帮姥爷剪胡须那件事，回想起来，真让人觉得好笑。

　　那是二年级的一个暑假，一天中午，姥爷正在午休，我来到床头，玩弄着姥爷的胡须。姥爷的一大把胡须随着呼噜声一起一落。对了，爸爸不是每天刮胡须吗？看起来挺年轻。于是，我从客厅里拿了一把小剪刀，开始帮姥爷剪胡须。

　　随着姥爷下巴上的胡须逐渐减少，我也暗自高兴，一不小心，剪刀轻轻碰到了姥爷的嘴巴上，姥爷被惊醒了，他看见我拿着剪刀玩，就怒气冲冲地对我说："你不知道玩剪刀很危险吗？快放了！"我一脸笑容，对姥爷说："马上就好了，包您满意。"姥爷一头雾水，突然发现自己的胡须已经变得参差不齐，顿时火冒三丈："你没事剪我的胡须干什么？快说！"我一脸委屈地对姥爷说："我看见爸爸常刮胡须，会变得非常年轻，所以我也想让您变得年轻一些，谁知您……"姥爷听完后哭笑不得，就戴上帽子穿上衣服去了理发店。至于姥爷年轻了没有，我也没看出来。

　　事情已经过去好几年了，但我依然记忆犹新。

★ 点评

　　题目新颖，一下子就抓住了我的眼球。小作者将事情的发展过程一步一步地写清楚，让事情的每一个层次都展现于读者眼前。文章叙事完整、具体，详略得当，人物细节描写到位，一举手一投足都是那样活灵活现，使人觉得生机勃勃，趣味十足。

马非马

与晚报相伴的夜晚

建设北路小学　六年级　苏文慧

　　当我拥有自己的报纸时，心里好高兴！记得去年，老师布置下写新闻的作业，我都是借邻居的报纸看，现在可不用了。

　　我的读报时间一般是在晚上。每当我写完作业之后，我就会打开心爱的报纸，用心品味。通常，我先把喜欢的新闻看一遍，如果遇到好的文章或图片，我就会把它们剪下来，夹在我的收藏本里。记得有一次，我因为作业多，写完就瞌睡了。当我闭上眼睛的时候，妈妈走进我的房间，亲切地对我说："你今天怎么不看报纸了？""太困了，我不看了，明天再说吧。""那好吧！"妈妈说。可是报纸放在我的书桌上，好像在说："做事为什么不能持之以恒呢，今天的事情，为什么不做，非要拖到明天？"虽然当时我很瞌睡，但我翻来覆去就是睡不着，总觉得有什么事没做。我知道，是晚报在等我看呢。于是，我起身打开报纸，这时，晚报好像对我笑了，里面有好多好多精彩的内容吸引着我，我越看越想看。

其实，读报是一种心情，是一种习惯，它能给我带来快乐，带来兴趣，还可以知道好多好多的知识，就像欣赏美丽的风景。让报纸继续陪伴我的每个夜晚，让我们都拥有晚报，拥有快乐吧！

结下好缘分

太师一附小　五年级　郭凯菲

以前，我最爱看的书是《小公主》，也最爱玩"芭比娃娃"，从我成为《太原晚报》阳光天使小记者的那一天起，我的生活便有了更多味道：酸、甜、苦、辣……《太原晚报》让我养成了读报的习惯，更让我开阔了眼界，懂得了生活的意义。

一次，《太原晚报》上一篇题为"山羊上高速，忙坏巡逻警"的新闻吸引了我，我一口气把它读完，还讲给学校的同学听，他们都觉得我见识多。从此，我觉得读报是一件非常有意义的事，我爱上了读报。我特别喜欢看每周五的"文摘周刊"，上面的新闻、趣事更多，更有意思呢！

然而，我最盼望、最喜欢的是每周三的"学校周刊"，这里是我们学生的乐园，当我读到那些与自己同龄的小朋友的作品，也有了写作的兴趣，是"学校周刊"让我有了一个展示自我的机会。每当我拿到稿费单，同学们都用羡慕的眼光看着我，我心中的快活劲儿就别提了。现在，我的同学也都跃跃欲试，想报名当小记者呢。

以前，我回到家，总是说："饭做好没？"现在，我说："《太原晚报》来了没？"我与"晚报"就这样结下好缘分。

★ 太原晚报伴我成长

胜利桥东小学　六年级　高 瑞

兴许是受遗传因子的影响，从小我就和爸爸一样酷爱看报、读书。

在我很小的时候，喜欢写作的爸爸就时常为《太原日报》或《太原晚报》投写稿件。每每有文章发表，他总会细心地剪贴下来，小心珍藏。我很为我的爸爸自豪。

去年7月，太原晚报公开招聘阳光天使小记者，听到这个消息，我兴奋极了，毫不犹豫地报了名，并尝试着将几篇自认为写得不错的作文投到了报社。可是，几周过去了，我的作文始终没有见报，望着每期学校周刊上刊登的其他学校小伙伴的作文，我开始着急起来：是我写的作文不够好？还是报社只刊登"有关系"的小伙伴的作文？虽然我仍在努力写着，但再也没有勇气发送它。爸爸开始鼓励我，和我一起分析投稿技巧，这增添了我的信心。又一篇作文发送出去了，接下来就只有怀着忐忑不安的心情默默祈祷等待了。终于有一天，爸爸拿回一份太原晚报，高兴地对我说："瑞瑞，你的作文见报了！""真的吗？"我急切地抢过爸爸手中的报纸，"《怀念缤纷部落》，胜利桥东小学五年二班高瑞"，看着变成铅字散发着墨香的自己的名字，我的脸上终于露出了胜利的笑容。

现在，学校周刊成为了我课余生活的最爱，在这里，我不仅认识了各位认真负责、和蔼可亲的编辑老师，也结识了许多志趣相投的小伙伴，通过报社组织的"我是挑书大赢家"、"我与热线记者面对面"、"走进农家，体验乡情夏令营"等系列活动，我开拓了视野，学到了许多课本上学不到的社会知识。

哦，对了，告诉大家一个小秘密，今年我的发稿率远远高于爸爸呢！

★ 点评

本文集中笔墨写了投稿一件事情，有曲折，如投稿未中，有照应，如与父亲的投稿竞赛。一句话，多看，多想，多写，笔下自然生花。

冯 海

乐在其中

青年路小学　三年级　张璐韬

　　我读的第一份报纸是《拼音报》，那时，我才6岁。渐渐地我长大了，常常看到姥姥戴着老花镜津津有味地读着《太原晚报》，稀奇极了，也急着去凑热闹。

　　哇！报纸上除了密密麻麻的文字，还有各种各样、五颜六色的插图。捧在手里还有一股淡淡的油墨香味。妈妈还经常给我读一些奇闻趣事。你们知道报纸上有哪些趣事吗？快来听我介绍一下吧！报纸上的内容丰富极了，有我爱读的小学生作文、爸爸爱看的新闻、还有姥姥关心的健康小知识，多得说也说不完呢！

　　一天晚上，爸爸和我都在看报纸。爸爸拿着《环球军事博览》，我看着《太原晚报》。看着看着，有一个不懂的词，我问爸爸："爸爸，油拉是什么意思？""油拉？"爸爸纳闷地看看报纸，接着哈哈大笑起来"小马虎呀，小马虎，你再仔细看看，是什么字？"我这才仔细一看，原来，是"抽泣"！我也忍不住大笑起来。妈妈也被我逗得前仰后合。真成了一大笑话。有了晚报我们家的笑声也多了！

　　告诉大家一个好消息，前几天，我的作文还上了《太原晚报》的学校周刊呢！当得知这个好消息时，我简直就像一个装着弹簧的洋娃娃，一个子就蹦了起来，心里乐开了花。

　　报纸就像一部永不生锈的播种机，不断地在我的心里播下理想和知识的种子，让我不断进步，像芝麻开花一样一节比一节高！

太原晚报

208

阳光天使小记者 作品集

★ 点评

　　文如其人，文章有情趣，说明作者就是一个富有情趣的人。写文章不一定都能成为作家，但通过写文章，可以培养对生活的热爱，积累对生命的关爱，丰富对世界的表达。世界上懂得生活的人总是比懂得写作的人少。

冯　海

☆ 我的晚报缘

羊市街小学　五年级　冀淏翔

　　我今年 10 岁，可我和晚报交朋友已经有 11 个年头了，在我还没出生的时候就已经和晚报打上交道了，因为妈妈那时候就天天看晚报。

　　在我还不满一岁的时候，妈妈就经常让我看晚报上的图片，给我讲一个个好听的故事；我长到两三岁时，晚报又做了我的启蒙老师，帮助我认识了很多字；等到五六岁时，我已经基本能读懂文章了，晚报就真正成了我的良师益友，读晚报也就成了我每天必做的功课。

　　我觉得晚报就是 Mr. Knowledgeable ——"无所不知先生"，它简直就是上知天文，下晓地理。它让我知道世界的每一个地方发生了什么，它告诉我秦始皇的名字叫什么，它给我讲有趣的故事和笑话，它还让我了解了许多生活常识……记得有一次，我的鼻窦炎发作了，鼻子堵得厉害，这时我想起来曾经在晚报上看到过解决办法，于是我就告诉了妈妈，妈妈按照那个方法试了一下，果然奏效，鼻子不那么堵得难受了。晚报可真是我的好朋友啊！

　　如今，我又做了晚报的小记者，开始做它的小帮手了。看来，我和晚报的缘分还真是不浅啊！我相信，我和晚报的故事还会继续下去，而且还会越来越精彩！

★★★ 点评

　　作者在妈妈肚子里的时候就与晚报结缘了，这个例子很有说服力。能找到这样的例子并用在开头，说明作者动了一番脑筋。学生生活两点一线，谁能在平常生活中发现不平常，他的文章一定引人注目。

冯海

☆ 糖果暑假

尖草坪区第二实验小学　五年级　郭晓婧

　　我的暑假就像一袋什锦糖，有甜甜的，有酸酸的，有苦苦的，也有辣辣的，多彩多姿。

　　"晓婧，抽屉里有钱，一会儿自己去买吃的，我现在有事，挂了啊。"妈妈说了不到两句，话筒里就传出"嘟、嘟、嘟"的忙音了。"姐姐，我好饿呀，我都快饿死了！"弟弟不耐烦地说，还撅起了嘴，我赶忙做起了我最拿手的饭——方便面。"姐姐，怎么每天都是方便面啊，我都快成方便面了。"弟弟发起了牢骚，我无奈地露出一抹苦笑。

俗话说得好：老鬼不在，小鬼翻天。这话可真不假。妈妈刚走，两个小鬼便"现出原形"。"姐姐，陪我们打会儿扑克嘛！""好姐姐，求求你了！"哼，你们的小把戏能哄过我，糖衣炮弹，不吃这一套！"不行！"我斩钉截铁地说。经过一番死缠烂打后，发现我就是一颗豆芽菜——软硬不吃。这下可把他俩惹毛了，拿起毛巾就往我脸上捂，"啊，救命啊，不要闹了，啊！"爸妈都不在家，真是叫天天不应，叫地地不灵啊。最后还是没办法，我举白旗投降了。

我的七彩暑假，我的糖果暑假，我的快乐童年！

真实的暑假

六十六中　初一年级　郝玉洁

上午

窗帘的缝隙露出了强烈的阳光，直射到我的脸上。我不得不赶紧起床，清晨第一件事是读外语，这是妈妈安排的，我要按时完成它。

妈妈说头天晚上睡觉看一下英语，第二天早起只需复习两分钟，效果会很好。我一看已经5分钟了，时间过得可真快呀！

早餐时间到了，我馋得顾不上洗手就直奔厨房。早饭一般是我自己来做，因为爸爸妈妈都没时间，今天难得妈妈给我做早饭，我很激动。妈妈拿出3个馍馍都切成了大约1.5厘米见方的小块儿，然后将色拉油温热了，放进去绿油油的葱丝，再将小块儿馍馍放进去，炒成金黄色后，再放点盐出锅，那味道香得我口水直流。

阳光天使小记者　作品集

太原晚报

吃完早饭，我开始工作，我的工作当然就是学习了。首先我要写完一篇一千字的作文，然后再写一篇英语故事，最后，还要把三四单元的英语全都背会。一天都在家里，头都晕死了，可是又不敢说出来，否则我会被骂上一顿，因为我的英语期末考试才考了65分，妈妈大发雷霆，让我在暑假恶补英语。

上午就这样在忙碌中过去了。中午，我帮着妈妈和面、炒菜，妈妈夸我现在成了她的家庭得力助手。我很喜欢干家务，不过，我现在干家务还有点顾前不顾后，妈妈说如果我能改了这一点，就更优秀了。

下午

下午，妈妈让我办个游泳卡，顺便买身泳衣。我兴高采烈地和好友崔凝一起去买游泳衣了。我试了黑色和粉红色的游泳衣，都很合身，可哪一件好呢？崔凝说我穿亮一点好看，我也这么觉得。可卖游泳衣的阿姨说我穿黑色的很好看，我都被他们说得不知道该选哪一件了。最后，我还是选了粉红色的那件。因为我的皮肤不是很白，穿亮一点比较好。

妈妈告诉过我，办游泳月卡只需30元，我翻翻我的小钱包，刚好够30元，可办卡的阿姨却说办卡需要40元，我愣了一下，吞吞吐吐地说："我一会儿再来好了。"我飞奔下楼，从家里拿了10元钱。

烈日当空，我来回一跑，出了一身的汗，不过心里倒是美滋滋的，因为我明天就可以去游泳了，那将是多么有趣呀！我一边想着游泳的欢乐，一边往回走，真是越想越开心！

回家后，我马上开始背英语，因为妈妈说不定哪天要抽查我，这个暑假英语可是我的重点项目呢。

晚上

7点吃完饭后，我习惯去小花园玩一会儿，我领上表妹去了小花园，那儿的人多得数不清，有小孩，有大人，还有老人。现在是暑假，人比平常要多两倍。

点评

本文按时间顺序写自己暑假真实的一天，让人感受小作者有计划、有意义的暑假生活，语言真切，抒发了真情实感。"这是妈妈安排的，我要按时完成它。""早饭一般是我自己来弄""我很喜欢干家务"……从这些语句中，我们看到了一个懂事、乖巧、可爱的女孩。

米艳琴

那年那月

211

我和妹妹在人群中走动。忽然我听到有人在叫："快过来呀，郝玉洁。"我随着声音走出了人群。找到了叫我的人，原来是我以前的老同学周蕊！她挥挥手中的羽毛球拍说："我们来打羽毛球好吗？"说起打羽毛球，我还是可以的，因为我以前和二姨一起在体育馆练过几回，还是有一定基础的。

我和朋友们大约玩儿到了9点多，就散了。

临睡前，我躺在床上又看了会儿英语单词，翻了一会儿《太原晚报》的学校周刊版和《少年文艺》，这个时间是我最大的享受。

暑假，就这么日复一日地过去了，我期盼着在开学的时候，我的英语和写作水平能有一个大的提高。

瞧！我们班其乐融融

万柏林区实验小学　六年级　张天怡

早晨一到学校，就听领早读的贾一鸣、李元钰等人打开大嗓门"翻开书xx页，读。"我快速回到座位打开书大声诵读，忽然感到有人蹭我的胳膊肘，斜眼一瞧，原来是小组长示意我该交作业了，我又马上低头翻书包，找作业……哎！我仅仅迟到了3分钟就落下了许多学习任务，好一个忙碌的早晨，好一个井然有序的班级！

课堂上，老师面带笑容与每一个同学进行目光的对视，每一个眼神，每一个动作都是那样的融洽和谐，同学们看着神采飞扬的老师也禁不住激情盎然，或点头，或微笑，或站起来发表高论……40分钟的时间很快就过去了。

一下课，班中形形色色的人物便都不同程度地活跃起来。瞧！辩论高手张博文又开始在小范围内发表他的高见了；稳重文静的大队委韩悦不紧不慢地准备着下一节课的学习内容；各科课代表则紧张忙碌地清点着作业，之后疾步走向老师的办公室；那个小淘气郭雨萌，又迫不及待地走上

点评

文章按时间顺序进行描写，抓住同学们在不同时间段的各具特色的表现，紧扣主题"其乐融融"，活灵活现地再现了"我们班"的特点。作者的思路清晰，文章条理清楚，读后给我们留下了难忘的印象。

马非马

讲台搂住老师的胳膊，甜甜地叫了声"干妈"，好一派其乐融融的景象。

这就是我们万柏林区实验小学六年五班的缩影，如果你喜欢，就赶快加入我们的行列吧！　　　　指导老师　翟梅花

瞧！我们班藏龙卧虎

太原外国语学校　初二年级　沈　晴

说起我们这个班，怪人趣事儿呀，还真不少！

假小子——小馨

刚上初中军训的时候，老师让男生站一行，女生站一行。奇怪的是我前面有一个男生一直不到男生那行去，我刚想提醒一下，后面的笑笑抢先说了："男生站那行，不站这儿。"她转过身来，满脸疑惑："啊？你说什么……"听她说完话后，我才恍然大悟，原来是个女生！后面的笑笑也突然意识到了这点，尴尬地笑了笑，说："真不好意思啊，把你认成男生了……"后来经过一段时间的相处，才了解了这个留着小子头的女生小馨原来这么温柔内向，现在回想起来那件事，还真是可笑。

"大胃王"——小博

这个人，不得不说她很有特点。她非常非常苗条，如果可以让我更夸张地形容她的话，我会用四个字：皮包骨头！但她的食量和身材完全不符。记得有一次，我们班有个同学过生日，我们便聚在一起为那位同学庆祝生日，我们边吃边说笑，只有她一个人安安静静地吃。等我们吃饱以后打闹的时候，她还在吃，居然还吃得津津有味！我还以为她受什么刺激了，要拼命吃东西来发泄，忙把她拽走，她在临走时居然冒出来一句："你干嘛把我拽走了啊，我那只螃蟹还没吃完呢！"……我当时真恨不得一头撞死！她可真是当之无愧的"大胃王"啊！

"外号王"——小桐

你见过在一年之内有几十个外号的人吗？而且这些外号里

点评

文章生动活泼，选取了班中极具代表性的人物，并通过具体的事例突出人物特点，再加上小标题的一目了然，备加引人注目。

马非马

没有一个重复的。让我想想：春天、希望、大长今、乌贼、熊掌……好多好多，全部都是小桐的外号，并且每个外号背后都有一段小故事。比如最近的外号熊掌，就是因为她的手又胖又大像熊掌，于是熊掌便成了她的新外号，印在我们班每个人的心里，挥之不去啊！

我们班的怪人趣事要是挨个讲，恐怕三天三夜都讲不完，总而言之是藏龙卧虎加搞怪。以后有时间再给大家细细道来吧！

☆ 瞧！我们班欢声笑语

太原市实验小学　六年级　李佩昊

走进我们班，闯入眼帘的是淘气、活泼又可爱的同学们。就因为这些同学，我们班才充满欢声笑语！

老师给我们全班起了个新名字——"活宝"。因为我们班有太多的奇人怪事，时不时地就上演一些"小插曲"，就连平时很严肃的学习委员有时看到我们学习疲倦了，也会给我们开一个小玩笑！

我们班有一个小福尔摩斯，他可是我们班的小侦探，什么事情也逃不过他的眼睛，他就是——白浩洋。有一回，我们班同学的小鸭子丢了，白浩洋通过脚印和判断，小鸭子肯定自己跑进了垃圾箱了！结果，却让我们大吃一惊，小鸭子果然在里面，这让我们十分敬佩！

我们班还有一个小数学家，他在我们眼里就算是天才了。他就像华罗庚一样，随便你考他一道数学题，他立马就能回答出来。他就是——董智源！他那敏捷的思维，快速的反应，冷静的态度，使得任何题目在他眼里都是小菜一碟。因为他博览群书，所以他的知识也很渊博，任何节日的由来，各国名字的来历等等都不在话下。不错！他就是一个热爱学习渴望上进的天才！

我嘛！不知道怎么说，但是总的说来我也是一颗闪亮的星。说出来你别笑哦！我就是一个人见人爱的——笑星！我会模拟

★ 点评

文章字里行间流露着对班集体的喜爱之情。首先开门见山点明我们班的"欢声笑语"来自"淘气、活泼又可爱的同学"，接着通过典型人物的具体描写让读者乐在其中，最后呼应开头。小作者之所以能抓住细节，刻画形象，可见平时是个细心观察的有心人。

马非马

表演许多动物，田鼠、熊猫，那都是小case，表演大猩猩才是我的绝活。我表演的大猩猩一会儿抓抓头，一会儿挠挠腮，一会儿向别人做要水果的动作，一会儿抓抓别人的头，看着我的表演，班里那个笑声啊！别提了！

我们班的奇人怪事，应有尽有，只要你想知道，请随时来找我。

指导老师　邵东华

☆ 瞧！我们班谁最闪亮

大南关小学　六年级　闫羽欣

走进我们班，就像步入了一张万千画卷。超级明星数不胜数，但他们之中谁最闪亮，那我可要好好地想一想。先列举出几位候选人吧。

看！那个看似平凡的女孩，其实就是我们班的"飞毛腿"——李雨涵。她身材高挑，唇红齿白。在操场上总能看到她刻苦训练的身影。和她一样的还有文静女孩梁珍。她们在校运会上一次又一次夺冠。别以为她们架子很大！在大扫除时，她们可是最忙的人了——扫地，擦窗，搬放桌椅样样能干，秀气的脸上布满了汗珠，可没有一丝怨言，总是默默无闻地奉献。她们就像是那不爱张扬的路边小花，既朴实又洋溢着朝气的美。

我们班有一位在年级出名的"小舞蹈家"——赵泽琳。她明眸皓齿，皮肤白皙，体态轻盈，成绩也不错，她的舞姿更是优美高雅，令人陶醉。在上届"六一"联欢会的开幕典礼上，她担任领舞，出色的表演博得阵阵掌声。

再说说我们班的"智多星"——卢子鲲吧！他又瘦又高，鼻梁上架着一副近视眼镜，看起来真像个博览群书的小学者。他的各科成绩顶呱呱，稳坐年级第一把交椅。那些"创新杯"、"福布斯杯"、"新东方杯"等等比赛，他要么不参加，一参加准拿第一。要是想超过他，还真有些难度呢！年级的各路豪杰都曾上前挑战，可惜至今无果。他的威信也是相当高，曾任我班大队委。这样的人才可不多啊！

★ 点评

题目是文章的眼睛，一看本文的题目读者脑中不由得画个问号，想赶快一探究竟。文章抓住"飞毛腿"的"刻苦""能干"，"小舞蹈家"的"舞姿优美"，"智多星"的"成绩顶呱呱"等人物特点，刻画逼真，形象生动。谁最闪亮？真是让读者也难以抉择呀！

马非马

我们班还有一位怪人，他不高不壮也不显眼，数学成绩很好，思维活跃，难题讲得头头是道。可是千万不能看他的作业本，稀里糊涂，简直无法辨认，字都挤在一起，老师经常批评他，可他好像一点都不在乎。那样复杂的数学题都能够解出来，可就是写不好字。对了，他就是陈述乾，你说他怪不怪？

我们班的"知名人士"可真不少，除了以上几位，还有"小画家"段舒萌、"小作家"甄实、"小歌唱家"李文静……

一口气说了这么多候选人士，他们之中谁能胜出，我还是没想好，他们各有长处，都很优秀。至于谁最闪亮这个难题嘛，评判权就交给你们。大家仔细评一评，想一想，究竟谁最闪亮？

指导老师　吉梅珍

瞧！我们班精英荟萃

杏花岭区外国语小学　五年级　解沛宁

现在流行一句话——"白领"加"骨干"加"精英"等于"白骨精"。可在我们学校提起我们五年二班，那可是无人不知，无人不晓，因为我们班是全校群"精"荟萃的地方！

要说我们班就不能不从我们的班主任张老师说起。那个"老太太"可不得了。"老太太"？由于张老师已接近退休年龄，再加上教龄又长，所以她总是以"老太太"自居。但她在教学上可称得上是"精"英。尤其在课堂上那才是"精"神奕奕。

"学习精"郭家正

郭家正不苟言笑，平时总是很羞涩，静静地坐在座位上读书。只有在我们几个要好的朋友玩得开心时才开怀大笑。他生来就是属于考场的。每当考试时，他才是真正的他。每当成绩发下来时，他总是位居榜首。难怪老师说他只要是学过的知识就不丢分。他在学习上总是"精"益求"精"。

"体育精"郭宏宇

郭宏宇是卫生委员，别看他平时一副大大咧咧的样子，但一到运动场上，他就变得冷静、沉着。有一次，他参加4×100米比赛，跑着跑着突然把鞋跑掉了，郭宏宇见势不妙，大喊一声："决不能影响集体成绩，拼了！"结果一鼓作气跑到了终点。当他站在跑道中央的时候，那才是"精"神百倍呢。

"朗读精"郭嵩昊

郭嵩昊是我们班的文体委员，别看他个子小，朗读水平可厉害呢！有一次，老师讲了一篇古文，由于内容太枯燥，同学们听得昏昏欲睡。老师叫郭嵩昊读课文，突然，一个百灵鸟一样的声音把我震"醒"了，噢，原来是郭嵩昊在读课文啊，接着，同学们也都接二连三地坐起来，认真听他朗读！真是"精"彩飞扬。

这就是我们班，各色"精"英荟萃的班。

★ 瞧！我们班温馨如家

青年路小学　六年级　师锦萱

只要一提到家，就会给人一种亲切、温馨的感觉。家是我们人生道路上的起点，也是我们成长中的避风港和归宿，世界上有各种各样的家，有全世界的大家庭，也有每个人的小家庭，但是作为学生我们可以把自己的班级当成家，我们对自己的家也有独特的感受。

我们班是一个大家庭。同学们都是我的兄弟姐妹，老师就是我的爸爸妈妈。我们班的同学都有远大的理想和目标，都想成为对社会、对国家有作为、有贡献的人才，我们在老师的带领下正在发奋努力！大家共同度过这段快乐时光，共同品尝其中的喜怒哀乐，共同经历里面的风风雨雨。虽然，有些时候，同学们闹一些小矛盾，但很快就和好了。

让我来说说从一年级到现在，我所成长和学习的地方——

班级。清扫班级是每天要做的一件事情，可以前的我并不明白。刚上小学轮到我做值日，组长安排我扫地，我随手拿起一个破笤帚开始漫不经心地扫地，组长在教室时我还挺认真，当组长转身离开时我就开始做起白日梦，还没有等到组长来检查，我就溜之大吉了，走在回家的路上心里暗自高兴，居然没有让组长发现我。可是，第二天我来到学校，老师把我叫到一边严厉地对我说："班级就是你的家，你今天是一名卫生员，你应该认真对待这件事情，不能马马虎虎，这里是你们学习和成长的地方。"我不好意思地低下了头。

直到现在，我还记得老师对我说的话，每次做值日我都会把温馨的小家打扫得干净、整洁。

瞧！我们班的"帮派"

万柏林区大唐实验小学　五年级　韩明颖

我们五年一班，真可以说得上是"帮派"多多，这不是说别的，而是指同学，不信往下看！

幽默帮

它是由李田晔、张智剑、刘一鸣组成的，他们可是我们班的"活宝"哦！张智剑的口头禅："你IQ太低了！"有些同学还会反驳"你IQ不低？"李田晔爱说："告诉你……！"或者"我诅咒你！"刘一鸣呢，动不动就说："你是我的偶像，呕吐的对象……"不管怎么样，他们的话永远都是那么好玩好笑。

天才帮

天才帮当然得是IQ高的，这样的人很多，我、杨圣霖、韩芷月、李田晔、营浩宇、刘馨蔓，挺多吧！比如杨圣霖吧，每次考试差不多都是名列前茅，仅次于韩芷月。李田晔、营浩宇都是数学的拔尖生，语文嘛是NO、NO、NO。

拖拉帮

"拖拉帮"，就是我们班拖后腿、学习较差的那部分同学。在

"拖拉帮"中，有的平时学习不用功，有的上课做小动作，还有的上课不认真听讲……不过，他们虽然有缺点，但每个人都有各自的闪光点，依然非常可爱，而且在老师和同学的帮助下，他们正在努力上进呢！

说到这里，我想你已经对我们班的"帮派"有所了解了吧？给我们班顶一个吧。

★ 瞧！我们班多么快乐

胜利桥东小学　五年级　高　瑞

如果要把班级比作什么的话，那么我一定会把我的班级比作我的家。为什么要这么说呢？因为在一天的24个小时之中除了吃饭和睡觉，我和老师同学们在一起的时间要远远多于和父母在一起的时间。因此，我的班级实际上就是我的另一个"家"，各科的代课老师就是我的父母，全班的同学就是我的兄弟姐妹。

我校是一所农民工子女接收学校，学生来自五湖四海全国各地。这里边既有我们这些土生土长的城里娃，也有跟随父母别土离乡来城市务工的农民工子女，虽然我们来自不同的地方，但我们之间并没有城乡的区别和隔阂，更多的是一种理解、尊重和宽容。

具体到我的这个"家"，共有兄弟姐妹37人，男女比例是13比24。"家"里年龄最大的快13岁了，最小的仅有10岁，他们的岁数相差了近3岁，怎么样？我的这个"家"挺有意思吧？作为家庭，磕碰总是难免的，同样在我们兄弟姐妹之间有时也会产生一些矛盾：我们曾在课桌上划过泾渭分明的"三八线"；女孩的文具盒里曾被调皮的男生藏过毛毛虫、"吊死鬼"；而捣蛋男生也曾受到过顽皮女孩突然抽走板凳，摔个"屁股墩"的戏弄……

我们在快乐中成长着，我们在矛盾中成长着，我们在尊师重教的良好氛围中成长着。而就在我们的成长中，我们的观念也在发生着悄然变化：过去那些被我们女生戏称为"阴盛阳衰"

★★ 点评

这是个和谐、温暖的"家"，它寓意深刻，让人回味无穷。通过小作者独特的视角向我们展现了一个团结友爱的主题。家庭成员各具特色，家庭氛围积极向上，快乐活泼，充满活力。文章表达了小作者对"家"的无限热爱之情。

马非马

的男生，在步入高年级后突然全都变了，他们已经不是只知道成天玩闹的男孩，而是一群不再捉弄女生、懂得珍惜时间的男生了。特别是在我校一年一度的足球比赛中，虽然我们班从来没有赢过几乎是由校队成员组成的六年一班，但我们班男生奋勇争先、不惧劳苦，坚决捍卫班集体荣誉的举动，还是赢得了我们全体女生的喝彩和掌声。我们知道从第一场的2比13的惨败，到最后一场的2比2战平，除了汗水和泪水，更多的是男孩们坚韧不拔的顽强和持之以恒的努力。

瞧！这就是我的班级，我的家！　　**指导老师　路文萍**

★ 瞧！我们班积极向上

五一路小学　四年级　马雨芃

我所在的班真是丰富多彩，不仅团结，而且都积极向上。因为大家都想得第一，所以我们班与别的班展开了一场激烈的竞争。

你来看看我们的教室，就能感受我们班很团结。窗台上摆放着几盆美丽的花，它们都是同学们带来的。后面墙上原来是个脏兮兮的黑板，现在变成了红花台。红花台很漂亮，绿油油草地上开满了粉红色的小花，蓝蓝的天上飘浮着几朵白云，这个"杰作"可是同学们齐心协力做出来的。两边的墙上贴着几幅书法作品，是我们班杨亦青写的。正是大家的团结一心，才让我们班变得这么美丽。

我们班的同学都积极向上，充满了竞争。这学期，新转来一个同学叫薄楚凡，她的学习非常好，尤其是数学，已经好几次都是班里的第一名了。落在她后面的优秀生彭舒、刘馨远、杨泽都不服气，正在暗暗地加劲儿，想超过薄楚凡，所以大家都非常努力。

好啦，现在来说说我的同桌吧！她的名字叫杨佳璇，是个可爱的小女孩，二年级时，她就在报纸上发表了作文。当我听到这个消息时，心里很不服气，心想："她能上报发表文章，我

★ 点评

　文章围绕中心选取了几个典型事例巧妙构思，着力表现了同学们你追我赶惟恐落后、积极向上的精神风貌。篇幅不长但是条理清楚，层次分明。结尾处再次点明中心，与开头遥相呼应。语言朴实、真实，人物形象生动。

马非马

为什么不能？"于是，我开始不断地努力，多读书，常写作文，还请爸爸辅导我。功夫不负有心人，我已经有多篇文章发表了，还成为太原晚报的阳光天使小记者。现在我们班也有越来越多的人爱读书写作了，好几个同学也报名当小记者呢。

瞧，这就是我们班，既团结又向上，能成为其中一员，我感到非常骄傲。

指导老师 彭 慧

★ 瞧！我们班多才多艺

九一小学 五年级 马钰婷

在我的脑海中，有一件事让我记忆犹新，那就是在北京奥运会倒计时100天的时候，我们班组织的一次主题队会活动。

记得那天，全班同学就像即将出征的士兵一样，衣着整齐，一张张笑脸都洋溢着一种激动的期待。当下课铃声一落，同学们齐刷刷地拿着凳子一溜烟地跑了出去。哎呀，你瞧瞧，憋了一上午的激情总算要释放出来了。我们几个主持人也是兴奋不已，小跑着来到校门口。

在校门口，我们简单地围了一个圈子，空出一块场地来。我们几个主持人轮番上场引导着节目的进行，最有意义的就是点火炬活动了。我们自制的火炬和火炬盆并不比真正的逊色，起码在我们心中是这样的。当火炬点着之后，在每一个同学之间传递，熊熊燃烧的火炬载满了每一位同学对奥运会的期盼，也把我们对北京奥运的祝福传递开来。

火炬传递结束之后，就是我们自己的文艺表演了，最有意思的自然是我们的奥运时装小模特表演了。参加表演的同学，一个个穿得异常光鲜，当然手里都少不了道具，乒乓球拍、羽毛球拍、棒球棒、足球等等应有尽有。伴着激情的音乐声，一位位小模特闪亮登场。你看，小巧的张璐像模像样的模特步吸引了大家的眼球；而我们班的"滑稽大王"赵军出场后更是让人捧腹大笑，他低着头，抱着球，我看他哪像走模特步啊，简直就像一个"偷地雷"的嘛，不过，大家都知道他是在模仿超

★ 点评

俗话说得好，"红花还靠绿叶衬"，写人离不开记事。要想把人物写活，就必须注重叙事的生动性。作者详细描写了一次主题队会，在活动中同学们大显身手，你方唱罢我登场，好不热闹。人物特点鲜明，形象鲜活，充分说明小作者"独具慧眼"。

马非马

级偶像周杰伦呢。

不知不觉中，我们的主题队会就要结束了。我感觉时间过得真快，我们展现了好多才艺，也知道了好多奥运知识。更主要的是，这次主题队会让我看到了大家多才多艺的技能，也看到了我们这个集体是那么的团结。要知道，整个策划和组织，都是我们自己琢磨了好久才确定的，连老师都感叹我们的能力不错呢。怎么样，大家记住我们这个班集体了吗？

瞧，我们班幸福快乐

太师三附小　六年级　苏欣茹

瞧，我们这个班。一个充满欢乐、团结互助、自信自强、积极向上的班。

瞧，班主任宛老师风趣幽默，寓教于乐，一双大大的眼睛倾注着母亲般的慈爱。有一次放学回家走路队时，同学们背古诗《悯农》，漫不经心地把"谁知盘中餐"背成了"谁知碗中餐"，引得其他班的同学和老师哄堂大笑。宛老师见状风趣地说道："你们真是太爱我了，连背古诗都忘不了我的姓，应该是盘中餐吧？来，大家再背一遍！"从此，我们对待任何事情再也不敢掉以轻心了。

瞧，我们班的同学们，在素质教育的今天，一个个都才能突出，能力非凡，自信自强，积极向上。

"写作能手"——刘佳羽是我们班的才女。她的作文经常被当成范文来朗诵。读她的文章啊，就像一泓清澈的甘泉，沁人心脾，简直是一种享受哦！

"女乔丹"是对白雪同学的尊称。白雪可不是童话故事中那个娇公主，她喜好打篮球，在篮球场上就像一台不知疲倦的机器。"坚持到底，永不放弃"是她的座右铭。

"朗诵大王"——凌晓悦是我们的班长。瞧，她正兴趣盎然地朗诵古诗。"床前明月光，疑是地上霜……"她的朗诵字正腔

点评

瞧这一个班，小作者在文中的字里行间处处洋溢着快乐和幸福，描绘了一幅和谐的画卷。班主任的幽默，同学们的才能一一呈现在读者面前。语言生动活泼，富有感染力，令读者读后有言已尽而意无穷之感。

马非马

圆，感情丰富，都快赶上中央电视台的节目主持人了。她的梦想是考进北京广播学院。我们相信，凭着这种认真刻苦的学习精神，她一定会实现自己的理想。

我们的生活五彩缤纷，徜徉在花季的我们有着靓丽的面庞，有着宏大的理想。我们自信！我们自强！我们用勤奋开拓着未来！…

指导老师　宛飞雁

☆ 妈妈不再偏心眼

海边街小学　五年级　曹　弘

也许你们认为有一个哥哥很幸福，可是我却不认为，因为……

我哥哥是一个残疾人，而且他经常冤枉我。但是妈妈却护着我哥哥，每次都听他的不听我的，所以我希望让哥哥成为我弟弟。

记得有一次，爸妈都吃完饭了，我和哥哥还没吃完，哥哥不想吃，想倒掉饭，可是我不让，哥哥就一直坚持。后来，他悄悄走进妈妈的房间看妈妈睡了没。他进去后马上出来了，妈妈睡了。他走进卫生间，只听"哗"的一声，饭被倒进了马桶。

下午，我回到家，妈妈一脸愤怒地质问我："你中午是不是把饭倒了？"我马上辩解："不，不，不是我。"可妈妈却大声说："胡说。"我继续争辩着："真的不是我，是哥哥倒的，我的饭吃完了。"可妈妈就是不相信。过了好一会儿，哥哥回来了。妈妈问："你是不是把中午饭给倒了？"哥哥说："不是我，是我妹妹倒的。"妈妈听后，大声喊我："丫头，过来。"我马上从房间里跑出来，问妈妈："怎么了？""你哥说是你把饭倒掉的，是不是真的？"妈妈又问。我说："真的不是。"

接下来，妈妈狠狠地骂了我一顿，我很生气，也很倒霉，因为我有一个这样的哥哥。

妈妈，新的一年，我希望您不再偏心哥哥，好吗？

点评

文章取材于真实生活，叙述详细具体，描写生动逼真。由于小作者对人物细节描写到位，让我们眼前出现了一个"不辨是非"的妈妈，一个不诚实的哥哥，一个受尽委屈的"我"，人物个性鲜明突出，形象丰满，跃然纸上。

马非马

我的寒假梦想

太师一附小　五年级　郝昕瞳

寒假来了，让我们兴奋的日子到了，在这个寒假里我要痛痛快快地玩，用无限的快乐来代替无数的练习题；我要用快乐做成的鞭炮，炸掉老师与家长唠叨的话语；我还要用无尽的卡通、漫画来代替教科书的位置。

我要读书，要读好多好多的书。我要读《寻找前世之缘》，跟随叶隐去秦朝，去埃及找到法老，去打败可恶的吸血女伯爵。我要读四大名著，跟随唐僧师徒去西天取经，跟随梁山好汉到"聚义厅"逛逛，还要跟孙权、刘备、曹操去游览三国。我还要读《米老鼠》、《漫画 patry》，体会卡通带来的乐趣。

我要去旅游。我要去四季常青的海南，吃"水果之王"榴莲，采椰子，下海游泳，去探索海底世界的奥秘。

我还要去滑雪，要像一颗流星一样滑落下来，让我圆圆的身体在雪上翱翔……

亲爱的爸爸妈妈，可不要让我失望哦！

点评

郝昕瞳同学的热情好像一把火，燃烧了整个寒假。感觉每个孩子都会有这样的想法。老师以一个过来人告诉同学们，放假可以尽情地玩，但学习时一定要高效、认真地学，毕竟一张一弛才是文武之道。

李秀英

我的寒假我做主

青年路小学　二年级　李龙震

以前的寒假总是爸爸妈妈做主，现在我要自己做主。

第一件事是我要回老家，在老家，我的老姨家养了很多黄粉虫，我姑姑养的黄粉虫是可以烤着吃的。虫子被烤熟了，味道可香了。我爱吃虫子的尾巴，虫子的尾巴可好吃了。

第二件事就是在家玩电脑。在老家也可以玩电脑。我玩的是"暴力摩托"，里面最有钱的是"塞丽那"，最厉害的是"戴威"，因为他有武器。

第三件事是疯狂地看书，因为复习时不能看课外书，所以

点评

放松心情，有劳有逸，是正确的学习生活方法，这一点毋庸置疑，只要活动健康有益，合理安排就好！

李秀英

我要疯狂看书。

寒假的读书生活

青年路小学　五年级　陈　茜

在寒假中，每个人都有自己想做的事情，比如滑雪、冬泳、冬令营。而我想在寒假中去图书馆，再感受一下真正的书香生活！

寒假的某一天，五点半时，我在闹钟声中醒了。洗漱中的我还一边听着流行音乐"日不落"。六点半时，我准时踏上了图书馆之路。天黑漆漆的，像是涂上了油漆，但我丝毫不惧怕，因为终究有一丝路灯的光芒闪烁着，我骑着自行车一直向前行驶。

"到了！"这是一家很大的图书馆。我踏进了图书馆，向四周巡视着。已经有不少人在图书馆认真读书了。那里安静无比，我走到工作人员身边，轻声问："阿姨，儿童文学图书在几层？"阿姨和蔼地说道："四楼，乘电梯，右边。""谢谢！"我说。不知为何，我进了这里，说话也有了礼貌。书太多了，一望无际啊！终于，我找到了我期待已久的——《大王书》。我找到一个空位坐下，很快融入了书的世界。

这就是我喜爱的寒假生活，我喜爱的书香生活。

点评

学有心得是非常好的学习方法，小作者只想在寒假时多感受一下书香生活，融入书中，乐趣无穷。只是同学们，要注意有劳有逸，休息眼睛，锻炼身体哦！

李秀英

我的卡通漫画城

太师一附小　五年级　杨　玥

寒假，这两个美丽的字眼，曾让多少学子憧憬和盼望。那么，寒假要做些什么呢？有的同学说："玩电脑玩到熊猫眼。"有的同学说："睡觉睡到自然醒。"还有的有远大计划：去旅游、写小说、出国……而我却做起了画卡通画的梦。

我的绘画水平一直是很不错的。学画三年，也不是白学的，

那年那月

225

什么全国的、省的、市的、区的、校的……奖得了个遍，可我得奖的作品都是山水呀、动物呀、人物呀，唯独没有卡通画。在这一学期，我迷上了卡通人物画，还自己买了本《卡通漫画技法》书自学，可苦于没有时间画。寒假，我就要完成它，你说我能不开心吗？

早上八点半，我睁开惺忪的睡眼，一束阳光照进来。啊！新的一天。我在阳台上支起画板，栩栩如生的卡通人物在我的脑海中闪现，我用心画起来。不久，古灵精怪的淘气少女"曼妮"跃然纸上；风度翩翩的美少年"啊虎"出现在画中；一尘不染的荷花仙子"青青"……一幅幅卡通漫画在我手下新鲜出炉了，你瞧，清秀的脸庞，纤细的眉毛，夸张的动作，让我越看越喜欢。

下午，我把漫画贴到卧室、客厅的门上、墙上……我的家变成了一个漫画城。"呵呵"，我笑起来。

我的美丽寒假

太师二附小 五年级 赵 荻

寒假快要到了，我有三个愿望，也可以算是三个"任务"。只要完成这三个愿望，平常枯燥乏味而又作业多多的寒假，就会变得美丽而又有趣！

首先，在寒假的时候，我要多读书，因为平常根本没时间读，还有就是我们班的许多同学积累的东西很多，而我的积累却很少，我很着急，所以，寒假第一个要完成的"任务"就是要多读书，读好书。我的第二个愿望是跟妈妈学做饭，之所以要这样做，是因为爸爸妈妈每天回来得都很晚，每天我回到家时，爸爸妈妈总是还没有回来，而我已饿得饥肠辘辘，我也不免要做"白日梦"——如果口袋里有钱该多好，去吃一碗热热的面条……所以，我要跟妈妈学做饭。我相信没有一个女孩愿意自己跟大肥猪一样胖，我跟其他女孩一样希望自己非常苗条，这就是我的第三个愿望：我要减肥！

这就是我的三个愿望，大家为我加油也鼓气吧！

寒假快乐生活

山西省实验小学　二年级　董奕楷

寒假，我打算这样过。

首先，我想练习写作文。我的作文总也写不好，句子乱乎乎的，而且还不通顺。虽然这样，我还是很喜欢写作文。在我们作文班，有很多同学的作文都上了《太原晚报》，我很羡慕他们。我要多读书，多练习，赶上他们。老师说，多读一些儿童文学可以提高写作水平，我试着读了一些，作文水平真的提高了一些。

我打算帮妈妈做家务，可是妈妈总是说我太小，做不好，看来，这个寒假我只能坐在椅子上写作业了。

我觉得寒假的坏处是不能跟同学们玩，如果同学们能到我家来做客，我会好好地接待他们的。

点评

这篇习作虽然没有华丽的词藻，但很"真"，这是习作之本。共写了三件事，详略掌握得特别好，值得学习。

李秀英

我安排自己的寒假生活

太师一附小　二年级　宫琦瑾

小时候，总是爸爸妈妈替我做主。如今，我长大了，我要自己做主，安排寒假生活。

我要回奶奶家痛痛快快地看电视。我喜欢看《家有儿女》，我最喜欢里面的小雪，她学习特别好，也很懂事，我要向她学习。说来你可能不相信，我家里没有电视，因为妈妈怕我看电视影响学习。不过，我还是要把作业完成，因为学习第一，不然会被老师批评的。

另外，我想学画画，因为我画的不好看。美术老师教过我们画鱼、小汽车、房子好多好多的东西，我一定要把它们画得很漂亮。

这就是我即将开始的精彩的寒假生活。

点评

别看小·作者年龄小，可是他的主意高。在寒假里做些自己喜欢的事，大概是每个孩子的梦想，只要安排合理，内容健康，父母会助你梦想成真的。

李秀英

⭐ 我的寒假

迎泽区第二实验小学　二年级　张哲华

马上就要过寒假了，我要给自己订一个寒假计划。

我喜欢游泳，每当我在电视上看到运动员在世界大赛中得了金牌，都激动万分。很多同学都比我游得好，他们都报了游泳班。所以，这个寒假，我要学习游泳，超越他们。

我要看书。妈妈答应给我办一张图书馆的借书证，只要想看书，随时可以去图书馆。

我要玩游戏，玩《平衡球》、玩《祖玛》。

我还要努力学习，争当好学生。

我要帮妈妈做家务，妈妈太辛苦了，放假了，我有大把的时间，正好为她分担一些。

⭐ **点评**

小作者热爱生活，想法很多。有学习，有放松，还能帮妈妈做事情，真好！相信如此寒假定会丰富充实，其乐无穷。

李秀英

⭐ 放炮的启示

羊市街小学　三年级　王井泰

大年三十晚上，我和大爷、爸爸、哥哥一起去放炮。

我们一下楼，就听见小广场上鞭炮声、礼弹爆炸声混合在一起，此起彼伏，震耳欲聋。已经有好多人聚集在一起了，人们兴高采烈，孩子又蹦又跳，有的鼓掌，有的欢呼，真热闹啊！

我们放了鞭炮，顺手把装烟花的袋子放在地上，爸爸则拿着摄像机拍摄我们燃放鞭炮的场面。天空中的礼花不停地绽放，大红的、浅绿的、淡紫的、银白的、金黄的，各种各样的礼花把天空点缀得五彩缤纷，除夕的夜晚就好像白天一样。我抬头看着美丽的夜空，脖子都酸了。大爷把一大串鞭炮放完，想起还有很多胜利花没放，于是我高兴地和大爷去拿，我们走到放烟花的袋子边，刚弯下腰，不知道从什么地方蹿过一个二踢脚，

⭐ **点评**

小作者善于场面描写。由于不知从哪里蹿出来的二踢脚点爆了烟花袋，大爷因此而受伤。小作者抓住人物动作、神情，再现了当时紧张的情形。最有意思的是，小作者捕捉到大爷在受伤之后的语言"红（鸿）运当头……我这是中了头彩了"体现出大爷的乐观、开朗，一股亲情也因此弥漫开来。事情虽然已经过去，但是留给小作者一个深切地感受——平安是福，没有生活经历的人是不会产生如此深刻感受的。

史晓丽

正好掉进我们放烟花的袋子里，我站得稍微远点，看见亮光一闪，听见一声巨大的闷响，放烟花的袋子一下子就炸了。哎呀，不好，大爷被炮炸伤了，我们都吓坏了。只见大爷迅速拿出手帕，捂住伤口，我们赶紧上前看，大爷的眉毛上方裂了一个大口子，不停地往外渗血，幸好，没有炸住眼睛。手帕很快被血染红了。我们赶紧回家，大妈为大爷清理伤口，用纱布包扎，大家都在商量要不要送大爷去医院，幸好大妈是从医多年的护士，伤口处理得非常棒，一会儿，大爷的伤口就不流血了。大爷可真坚强，这时还在和我们幽默地开着玩笑，说："没关系，大家不用紧张，我这是红（鸿）运当头，预示着来年有好运气，哈哈哈哈！我这是中了头彩了。"看着大爷谈笑风生，每个人都松了一口气。

大年初七，我们家拿到《太原晚报》，看到《燃放烟花爆竹三人摘除眼球》的新闻报道，想起除夕夜的那一幕，还心有余悸，真是有惊无险哪！平安是福，过年时平平安安地放炮也是福。

提醒青少年朋友们，放炮虽好，但安全更重要。

⭐ 蒸花馍

西山八校　李蔚欣

春节是合家团圆的日子，有许多习俗，蒸花馍就是一个。因为我自己也参与了，感觉更有意义。

腊月二十八，我们开始蒸花馍。经过发酵的面，有很多窟窿眼，加上适量的碱面，揉匀以后，就可以捏小动物了。今年要捏三种动物：鱼，象征年年有余；兔子，这是我最喜欢的小动物；老鼠，今年是鼠年。捏鱼时，首先要把一块面捏成椭圆形，在下方斜剪两刀，用细齿梳子压下花纹，鱼尾巴就做好了。接下来捏鱼头，另外拿两小块面，捏成直径半厘米的小圆片，安上花椒籽，粘在上方做眼睛，这就是金鱼的泡泡眼，按个坑就是嘴，鱼头就做好了。最后，用剪刀在中间剪上鱼鳞，身体就做好了。随后，兔子和老鼠也在我的巧手下栩栩如生、活灵活现地展现在眼前了。

那年那月
229

⭐ 点评

读完这篇文章，一股浓浓的年味飘入心中。春节前夕蒸花馍，这是山西的习俗。小作者跟随家人一起捏动物造型的花馍，有顺序地写出自己操作的过程，动词运用准确，如"捏、剪、压、按"等，一条活灵活现的金鱼就出现在大家的面前。聪明的小作者会安排内容，详写捏金鱼，略写捏兔子和老鼠，使文章整体结构精炼合理。

史晓丽

2008年的春节，由于我学会了蒸花馍，所以成为我最难忘的春节。

拜年

迎泽区第二实验小学　二年级　张哲华

初三早上，我和爸爸、妈妈去姥姥家。在姥姥家最有趣的事是拜年了。11点多，二舅和二舅妈来了。大舅逗我说："要是你说了过年好，人家没有给压岁钱，你就跟他开口要压岁钱。"没想到我当真了，二舅刚来就给了我100元，我又对二舅妈说过年好，可二舅妈没给我钱，我就说给压岁钱，二舅妈没办法了只好给了我100，大家都笑我。

最后，大舅和大舅妈给了我200元，爸爸给了我100元，大妈给了100元，奶奶给了100元，姥姥和姥爷给了200元，今年我的压岁钱一共900元。我收下了钱，交给了妈妈。我成了一个"小富翁"。

★ 点评

拜年挣压岁钱，这是春节期间小孩子最快乐的事情。俗话说童言无忌，这样原汁原味的生活场景由一个二年级的小学生写出来，让读者感到可爱至极，特别是结尾用到了"小富翁"一词，更让读者想象到小作者当时开心得意的神情。为什么要给压岁钱？压岁钱有什么意义？小作者如果能找到答案，文章就更精彩啦！

史晓丽

缤纷饺子

万柏林区实验小学　六年级　霍曼景

除夕，一到晚上，妈妈就会和我们一起包从前她们吃的各种味道的饺子。

我学着妈妈的样子，把一个硬币大小的面压扁，用小擀面杖把面擀大，擀成厚薄均匀的饺子皮，然后往里面包上一点肉馅，有的饺子里面放了钱币，有的放了盐、有的放了辣椒、有的放了糖。最后我把饺子皮的口捏住，又用两只手往里一捏，一个饺子就好了。我做的饺子都非常可爱，就是个别几个饺子耳朵有点大了。

不一会儿，饺子就都包好了，水也开了锅，妈妈把饺子一个个放到了锅里，望着在锅里滚动的饺子，我想："等饺子

煮好，我一定要拼命地吃饺子，要第一个吃到带钱币的！"

10分钟后，饺子煮好了，我和妹妹弟弟立刻来到饭桌前，连菜也顾不上吃，就立刻吃起饺子来，因为我们都想第一个吃到带钱币的。那样就表示一年都平平安安。我们头也不抬地猛吃起来，终于，在我吃到第3个饺子的时候，突然觉得有个东西很硌牙，我把它拿出来一看，惊喜若狂，立刻惊叫起来："耶！是钱币！是钱币！"弟弟妹妹都向我投来了羡慕的眼神。

一会儿，我又拿起一个饺子，结果刚吃，我的嘴里面就往出冒火，因为里面都是辣椒，我立刻喝了一杯饮料，不一会儿，弟弟也吃到了有钱币的饺子。就这样，我们边吃饺子边看着春节联欢晚会，迎接新年的来临。

⭐ 逛庙会

万柏林区实验小学　四年级　季沛霖

听说今年动物园举办了"首届春节民俗文化庙会"，我非常兴奋，缠着爸爸妈妈带我去看看。

一进动物园大门，五个福娃就站在彩色的充气拱门上欢迎着我们的到来，一排排黄色的小旗、一串串喜庆的红灯笼、花池中"盛开"着梅花和迎春花（绢花）衬着人们喜庆的笑脸，把动物园装扮得更有过年的气氛了。

"咚、咚、咚……"随着铿锵有力的锣鼓声，民间传统艺术表演开始了。第一个节目是舞狮：那狮子随着鼓声在广场中跳来跳去，时而翻腾、时而直立、动作轻盈、神态威风，精彩的表演赢得了观众的阵阵喝彩。接下来登场的是二鬼摔跤：只见两个小鬼抱在一起，脸上满是愤怒的神情，它俩使出全身的力气你把我推过来，我把你压下去，不分胜负，急得我真想跑上去帮他们一把。表演结束了，我这才看清楚两个小鬼竟然是由一个人扮演的，真令人叫绝。还有背棍、舞龙、威风锣鼓……看得人们目不暇接。

我依依不舍地离开表演场，继续往前走。各种地方小吃让

点评

看到"缤纷饺子"这个题目，已经让人产生无限遐想了。春节吃饺子象征着团圆幸福，家里的饺子能包出那么多种口味，真是一桌缤纷饺子宴。小作者不仅写出了参与包饺子的过程，还写出了自己吃饺子的心理活动、动作以及语言，这一系列描写都突出了浓郁的中国年味道——图个吉利平安。

史晓丽

⭐ 点评

文章中，小作者先是介绍出庙会的场景布置，接着按照参观的顺序写出了民间传统艺术表演、各种地方小吃，还有民间手工艺品。重点写出观看艺术表演的情景，系列动词的使用增强了节目的精彩度。小作者善于观察，善于体会，写出一台年味十足的庙会，令人向往！

史晓丽

我品味不尽：撒尿牛丸、遗臭万年臭豆腐、开封小笼包、湖北豆饼、东北梅花鹿肉、新疆馕饼……真是太好吃了，馋得我都走不动了。

一路上，吹糖人的、做面塑的、剪剪纸的随处可见。我们还参观了冰雕、兵马俑，在许愿树下许了愿。虽然很累，但我特别高兴，庙会让我大开了眼界、了解了许多中国的民俗、增长了知识。要是天天都举办这样的活动该多好呀！

⭐ 可怕的地震

五一路小学　三年级　马雨芃

5月12日中午，午睡醒来后，我正在穿衣服，突然感觉到楼房在摇晃，我的头也特别晕。这时，妈妈叫我："快坐下！地震了！"我立刻坐在沙发上。过了一会儿，地震过去了，我和妈妈去了学校。一进校门口，就看到全校师生都在大操场上，我马上跑进我们班的队伍里。同学告诉我："刚才地震了，我们都从教室里跑出来了。"

当天晚上，我从电视上看了新闻，知道四川汶川发生8.0级大地震，倒塌了很多房屋，压死了很多人。其中，有失去父母的小孩，还有失去亲人的大人，也有一些人被武警官兵救了出来，但他们受的伤很重，我看了很心疼。第二天，学校组织给灾区捐款，我捐了20元。我也想去献血，可是我还太小，不能去，但是我真的很想帮助灾区的人们。

这是我第一次经历可怕的地震。通过这件事，我知道了地震的危害有多么大。在地震来临时，我们一定要先保护好自己，躲在桌子下或卫生间里，如果有可能的话，也要去帮助别人。同时我想，如果地震能像天气预报一样，在发生前就被测出来，提醒人们做好防护准备，那样就会少伤害许多人。所以，我现在一定要好好学习，长大后研究出这样的仪器，教给大家提前预防，让可怕的地震不再那么可怕。

⭐ 点评

一场让人猝不及防的可怕灾难，不但架起了我们爱心的虹桥，而且让你幼小的心灵更真切地感受到生命的可贵。在文中你通过自己的亲身体验、亲眼所见，叙述了"5·12"地震中自己的亲身经历，紧接着抒写了自己对灾难中失去亲人的人们深深的牵挂与惦念。一个"心疼"让我们感受到年幼的你内心那份朴素而纯真的爱，一份"20元"的捐款，更让我们为你那份沉甸甸的爱心而感动。结尾进一步痛定思痛，从灾难中坚定了自己的理想。全文层层深入，步步抒情，浑然一体。

张瑞萍

★ 用爱书写奇迹

大南关小学　五年级　卢子鲲

2008年5月12日，一个被蒙上黑纱的日子。8.0级大地震，震痛了一颗颗鲜红的心，死亡的阴影渐渐笼罩了我国西南部。但从阴影中，射出了几束奇迹的光芒。那是生命在死亡面前的刚毅，那是武警官兵冒着生命危险的搜救，那是救死扶伤的医护人员凝聚在一起的一股坚不可摧的力量，那是中国血肉同胞对灾区人民的一声声祈福……

我的爸爸是位外科医生，当灾情洪水般袭来时，爸爸毫不犹豫地请战奔赴前线。这让我想起在我上学前班的时候，那场突如其来的"非典"席卷大江南北，那个时候的爸爸就是第一个进入隔离区救治病人的，当时我就认定爸爸是英雄。就在昨天，更让我坚定了这个信念，爸爸是我敬仰的英雄和学习的榜样。作为第一批医疗救援部队，爸爸背上行囊，毅然地踏上了前往灾区的征程。

我看到妈妈在送行爸爸的时候，泪珠像断了线的珍珠，一颗接一颗往下落。妈妈哽咽着，她的眼神中涌满了焦急和牵挂。妈妈满含着热泪地说："能多救一个就多救一个！"话没说完就和爸爸紧紧拥抱在一起。送行的人们见此情景纷纷落泪，我强忍着的泪水顷刻间如决堤的大坝倾泻而出，泪水中饱含着对爸爸妈妈的肃然起敬，更为有这样的父母而骄傲！

太多太多的感动围绕着我，我不能像爸爸一样奔赴抗震前线。但是我会尽我的全力奉献我的爱心和祈福。我是太原晚报学校周刊的阳光天使小记者，我会将我所有的稿费捐献给灾区人民，我会和同学们共同为灾区人民祈福，祝愿他们冲破黑暗，早日回到光明！

指导老师　吉梅珍

★ 点评

在这场震痛所有人的大灾难中，无数平凡的人在用他们的真挚爱心书写着伟大的生命的奇迹。在无数的爱的画面中，你将镜头拉近自己的爸爸，作为一名医务工作者，从"非典"到"抗震"，他的义无返顾印证了他在你心目中神圣的英雄地位。全文没有一处直面爸爸的言谈，却在巧妙的插叙中，回忆爸爸在抗"非典"工作中的忘我；在奔赴抗震灾区感人的送别场面中，以妈妈的眼泪将自己对爸爸的敬意衬托到极至。结尾将自己的"祈福"与开头关全国人民的"祈福"巧妙照应，是一篇立意新颖，表达方式新颖的佳作。

张瑞萍

2008 最动人的敬礼

五一路小学　四年级　高嘉良

　　一个敬礼，平时是轻而易举的，可是在这次汶川大地震中，一个男孩的敬礼，却显得无比珍贵和感动，深深地震撼着我的心灵。

　　他，3岁半，叫郎铮，在地震当天，他被压在杂乱的废墟下，17个小时后，郎铮被解放军救了出来，他的左手小臂骨折，解放军叔叔给他进行了简单的包扎后，小心翼翼地将他放到一块木板上，当木板被抬起的那一瞬间，小郎铮用仅可以活动的右手，虚弱而又标准地向救命恩人敬了一个礼。

　　郎铮年纪虽然小，但是，面对大地震，他没有恐惧，在废墟下漫长的17个小时，他勇敢、坚强，当被解放军叔叔救出时，他能强忍着疼痛，用敬礼表达了他感恩的心声。

　　看到这幅图片之后，我的心灵被强烈地震撼了，一个年仅3岁半的小男孩不仅坚强勇敢，而且还有着一颗感恩的心。

　　瞬间的灾难，让我们承受了巨大的悲伤；坚强和勇敢就是重建家园的希望；心存感恩，我们的祖国到处充满阳光。

指导老师　高　毅

捐献爱心

山大附小　三年级　赵亦玮

　　5月12日14时28分，对于汶川人民是灾难的一刻，对全国人民来说也是痛心的一刻。这次地震给灾区人民带来了很大损失，也同时牵动着我们每一个人的心，大家纷纷献出爱心，踊跃给灾区捐款，我们班也不例外。

　　在班主任王老师的带领下，同学们纷纷捐出了自己的零花

太原晚报

阳光天使小记者　作品集

234

点评

　　这个感人至深的小故事虽然只是汶川大地震中的沧海一粟，但一个3岁孩子的敬礼却饱含了太多的感动。你是个情感细腻的孩子，将地震中小男孩的伤情与他敬礼的那一刹那进行了细致地刻画，从而凸显了他刚强而感恩的心灵，结尾的点题更是水到渠成。相信，这一感人的场景将成为你成长历程中刻骨铭心的一幕。

张瑞萍

点评

　　稚嫩可爱的你亲身经历了捐助灾区，奉献爱心的活动。两次捐款，一次比一次更能寄托自己纯洁真挚的爱心，细腻而真实的内心活动，让我们如见其人，越发喜爱富有爱心的你。全文朴素的言辞中处处在阐述一个字："爱"，这也是文章的主题。

张瑞萍

钱。我摸摸自己的口袋，身上只有两元钱了，那是妈妈给我买鸡蛋灌饼的钱。我毫不犹豫地把它交给了老师。晚上回到家里，我从电视里了解到人们为灾区积极献爱心的情况，很受感动，决定从自己的存钱罐里再拿 10 元捐给灾区。

又是新的一天，我高兴地带着这份爱心来到学校，把它捐献给灾区人民。在接下来的一天里，我别提有多高兴了！虽然只有 12 元，但是它代表着我的爱心，希望这份爱心能为灾区人民帮上一点忙。

在这次爱潮涌动的活动中，我们班一共捐献了 1685.5 元。愿这一份份爱心能早日传递到灾区，祝灾区的明天更加美好！

⭐ 十三亿双手支援

新建路小学　四年级　李家河

汶川大地震，有的人惊慌，有的人害怕，有的人不知如何是好，但有些人表现出了他们的坚强。一个在废墟中呆了 124 个小时的女孩，她不哭，被救出来后，说了句令人刮目相看的话，那就是："今天晚上的月亮真明亮啊！"

当然，他们有难，我们随时都要帮助。有一句话说："一方有难，八方支援。"我们就是这样，一方有难，十三亿双手支援。全国人民都在帮助四川人民，有的捐衣，有的捐食物，有的捐帐篷，有的捐钱……就这样，你一元我一元，你一件我一件，你一项我一项，互相帮助，点燃了爱之火。

我们的空降兵、消防官兵、武警官兵，还有白衣天使，都在拼命地跟死神对抗。他们不知疲倦，夜晚不能睡觉，白天不能休息，分分秒秒与时间赛跑。还有一些不顾生死的志愿者，一天不知要照顾多少人。与死神对抗的不只是四川人，还有我们。是你们的坚强，让我们懂得了生命的力量。生命的奇迹还在延续。灾难中你们不孤单，还有我们来承担。你们的哀痛，就是我们的哀痛。我们的心要在一起，我们的手要牵得更紧。

★★★ 点评

灾难中的人们因为有全国人民的支援，生命之火温暖了灾区的每一个角落。开篇借小姑娘被救后说的话深深牵动了读者的心，让大家感受到生命的美好而可贵。下文巧妙以"一方有难，八方支援"引领下文，重点叙述了全国各行各业对灾区的鼎力相助，处处回扣主题。结尾情真意切的抒情，读来更是荡气回肠，进一步深化了主题。

张瑞萍

地震的启示

太原市实验小学　三年级　刘书源

汶川大地震让我想到了很多很多……

平时，我们应该多掌握地震方面的知识。地震来临，不要慌，要镇静，懂得自救。比如说，可迅速蹲在桌子下面或者墙角，假如在家，最好去厨房或卫生间躲避。住在楼房低层的人，迅速跑到外面空旷的地方。

他们值得尊敬

青年路小学　五年级　袁　正

5月12日，一个惊心动魄、一个让我们终生难忘的日子。四川汶川发生了特大地震，许多房屋都倒塌了，大桥也塌了，公路、铁路损毁了，伤亡人数已达到数万人，损失非常惨重！

在这场地震中，我看到四川都江堰市一所中学的教学楼塌陷了，许多师生被无情掩埋在倒塌的楼房下，被救治出来的那些幸存者不是这儿伤了就是那儿断了。更让我感动的是那些奋战在一线的武警官兵和医务人员，他们的孩子有的也被埋在废墟下，生死不明，但他们忍着悲痛，冒着雨水，在余震不断的情况下奋不顾身地抢救被埋在废墟下的人员……有时他们一天也顾不上喝一口水，只能吃一碗方便面，连夜奋战，他们是一群值得敬重的人。

指导老师　刘紫英

⭐ 五月，五月

双西小学　六年级　芮钰雅

　　五月，是百花齐绽林荫鸟鸣的五月；五月，是生机盎然苍翠葱茏的五月。但是，这个五月留给我们的，还有很多很多，很多很多……

　　五月，是地动山摇颠沛流离的五月；五月，是生死未卜劫后余生的五月。远方，我们还未经历那山崩地裂的灾难，却早有一次次心灵呼救的共鸣传入神经。五月啊，五月！四川遭受了一次巨大的浩劫！生命啊，生命！从残垣断壁中能感受到的坚定！时间啊，时间！每一秒钟都是无数灵魂的永存！五月，是团结一心奉献关爱的五月；五月，是擦干泪水重建家园的五月。希望，在瓦砾下默默坚持，闪烁着温暖的光点，照亮每一天的黑夜。五月，五月……百花，是脱离危险的灾民的笑脸，林荫，是顶顶帐篷支撑起的地和天，信念的鼓励，物资的援助，跳动的爱心——唤起了勃勃生机。相信血脉可以创造奇迹，我们永远和你在一起！

　　五月，生生不息；五月，危难中的传奇；五月，人性的美丽光辉；五月，夏天里的心手相连。五月，五月！死神的命令多么苍白无力；五月，五月！任何灾难都无法阻断世间的爱意！

✦★ 点评

　　孩子，你以行云流水般的笔墨，诗情画意的语言将我们的思绪拉回到那个意义非凡的五月。全文气势恢弘，开篇以美的意境衬托灾难中人们的铮铮铁骨与浓浓爱意，接着，紧扣"巨大的浩劫"，"残垣中的坚定"，"爱心中的奇迹"抒写自己的情怀，浓浓的情意在一唱三叹中荡漾。你的诗文一直在老师脑海中回荡，是五月的春意，爱意与坚毅融化了灾难的阴霾。

张瑞萍

⭐ 废墟·生命

迎泽街小学　五年级　宁翔宇

　　"啪嗒——"，桌子上的一袋蚕卵掉在了地上，蚕儿们好像已经预知了地震，不停地蠕动。桌子一会儿向左，一会儿向右，好像故意跟蚕作对似的，不让它们爬过这张桌子。

　　"啊——地震啦！"人们惊恐地尖叫起来。一时间，陆地像变成了海洋，人们站在上面软绵绵的，晃动不停。整个太原都好像被一个巨大无比的勺子搅来搅去，再无一个宁字。顷刻间，吊灯如钟摆般晃悠，人如踩在蹦蹦床上身不由己。一切仿佛都被施了魔法似的，无力控制。一些同学开始感到恶心、头晕。所有的一切迹象都表明了一个事实：地震真的发生了！这是我第一次感受到地震。

校长紧急通知，每个班的学生都跑到操场上避震。当听到大队部李老师说"活动"这两个词时，我们欢呼雀跃，好像过节似的，就在操场上疯玩了一节半课。原本以为这次地震只是一个小地震，并无大碍。可是，灾难还是在四川省汶川县发生了，震级8.0级！

晚上看"新闻联播"时，才知道这次地震比唐山大地震所释放的能量还要强。看到电视上惨不忍睹的场景，我心里很难过。人的生命是如此脆弱。但我也看到了在地震后不久出生的婴儿，在废墟上，新的生命降临了。所以，我坚信，虽然汶川遭遇了罕见的灾难，但在人们的共同努力下，一年以后，汶川还会像以前一样，到处充满生机和活力！

★ 点评

开篇先声夺人，蚕卵掉地的声音，人们尖叫的声音，校长的紧急通知，这一切，将险情一步步逼近人们，细节描写逼真，让人如临其境。结尾以"惨不忍睹的场景""新生命的降临"来回扣主题：废墟扼杀了许多生命，又孕育了更多的希望，因为坠落的石块无法让生命低头！

张瑞萍

★ 爱的奉献

万柏林实验小学　五年级　张博睿

"爱是love，爱是amour，爱是rak，爱是爱心，爱是love，爱是人类最美的语言……"伴随着歌曲《爱的奉献》，我们学校举行了"抗震灾，献爱心"的捐赠活动。地震时，我正在午睡，妈妈突然喊起来："宝贝快起床，地震了！"当我确定妈妈不是开玩笑时，想起了课本中学到的《地震中的父与子》，好可怕呀！

汶川地势险要，地震后，山体坍塌，公路中断，只有徒步和空运才能去那里。好多学校都成了废墟，灾区儿童需要我们的帮助。在捐赠活动中，同学们纷纷慷慨解囊，踊跃捐赠，有的捐了100元，有的捐了20元，也有捐1元的，几角的……我虽然只捐了10元，但这是我的零花钱，我一个月也没多少零花钱，平常

★ 点评

全文处处紧扣主题，以歌曲《爱的奉献》巧引下文，具体叙述了自己与同学们捐献爱心的情形。最令人感动的是"平时花10元钱都会心疼好几天"的你，慷慨解囊，足以印证你这份爱心的沉甸甸。朴实的语言，朴素的真情是全文最大的特色。小建议：可将结尾的"聚沙成塔""集腋成裘"做进一步延伸，以此升华情感：每人一份爱的细流定能汇集汪洋大海。

张瑞萍

花上10元钱我会心疼好几天。不过这次我觉得不一样，因为这10元钱派上大用场了，帮助那些和我同龄的孩子，让他们买瓶水喝吧。俗话说，"积沙成塔，集腋成裘"嘛！**指导老师　朱　玉**

⭐ 我祈祷……

太师一附小　五年级　吴　熙

"这路的质量怎么这么差？"我一边走一边抱怨着。这天下午我正在路上走着，突然，脚下的路好像在抖动，我一边走一边晃，远处的大楼也好像不太稳，"幻觉，绝对是幻觉。"我自言自语。

还没等我迈进教室，一位同学将我拦住，"吴熙，刚才的地震你感觉到了吗？""什么？地震？"我大吃一惊，"我没感觉呀！"他本想反驳我，广播里传来了老师的声音：地震了，请全体师生立刻到操场，大家不要拥挤。转眼间，整个操场黑压压一片。没等我们缓过神来，楼门和校门立刻齐刷刷地关闭了。同学们在操场上交头接耳，议论着刚刚发生的一幕。

晚上，得知四川省汶川县发生了8.0级大地震。转眼间，地震伤亡人数已经达数万人。我为他们感到惋惜，感到痛心。在此我深深为他们祈祷，尤其是那些与我同龄的学生们，他们本应该和我们一样拥有快乐、幸福的童年，可现在……

我祈祷悲剧不再，永远……

⭐ **点评**

你是个很有思想的孩子，能在文中以自己的见闻及独特的心理活动为线索，真实记录地震来临的刹那间的具体情形。那颇显稚嫩可爱的错觉令人难忘，这是最珍贵的写作素材。

张瑞萍

⭐ 摇摇晃晃的下午

沙河街小学　五年级　房皓琛

唉！又是一个无聊的中午，心情很差。"下午要发生点大事该多好啊！"我走在上学的路上，自言自语地说。

抬头看，蓝蓝的天，白白的云，没有什么不正常的。

走进教学楼大厅，也没什么不对劲的，我驻足黑板前看新贴出的"手足口病怎么预防",但黑板却左摆一下，右摆一下。怎么了？大白天活见鬼了，真奇怪啊！刚准备上楼，只见成群结队的同学像脱缰的野马从楼上冲下来，嘴里还在喊着："地震了，快跑啊！""什么？地震了？"我拾起一边的簸箕，盖在头上，飞奔到操场……

下学回到家里，电视上每个台都在播地震的节目。看到那么多和我同龄的孩子失去生命，受到重伤，困在倒塌的楼里，我的心情很沉重。我要拿出自己挣的稿费，捐给灾区的人民，尽我一份微薄之力。

地震

太师一附小　五年级　谭思颖

和往常一样，这天中午，我和同学走在上学的路上。

走了许久，同学对我说："我们去看看这家店的笔吧！"于是，我们走进了那个小商店。刚进去，我就感觉自己眼前的东西开始转，我当时还以为头晕了，心里挺怕自己晕倒，可过了一会儿就好了。但小商店里的风铃一直响。我心想，没风呀，这风铃怎么动起来了呢？今天的怪事可真多。正想着，就听见小商店的阿姨说，刚才地震了！我恍然大悟，拉起同学的手就往外走，生怕又来一次地震。一路上，我们听到好多人都在议论刚才发生的一切。

去了学校，我问同桌："你感觉到地震没？"我同桌把眼睛瞪得圆溜溜的，问道："什么？刚才地震啦？骗人吧！"这时，成老师走了进来，大声喊道："同学们，赶快下楼到操场站队！"话音刚落，全班同学一窝蜂地往外跑，边跑边议论：是不是去躲避地震呀？

回家后，看了新闻才知道四川发生了大地震。从电视上我看到，一些地方所有的房子全部倒塌了，死了好多人，还有许多人受伤，无家可归。在捐款活动中，我把所有的积蓄全部捐了。钱虽然不多，但表达了我对灾区人民的一片爱心，希望他们早日重返家园。

点评

文章真实描绘了大震来临，远离灾区的我们的感受。敏捷的动作"拾""盖""飞奔"更让人如临其境，如见其人。这样的构思让人耳目一新，不加粉饰的内心活动，没有豪言壮语的抒情，一切娓娓道来，更能凸显你真挚的爱心与敏捷的才思。

张瑞萍

点评

全文以自己的见闻、感受为线索，真实地记录了地震来临时，远离灾区的我们的一幕幕。整篇文章思而有序，随着小商店、学校、家里不同地点地转换，自己的情感也在发生变化，恍然大悟——出乎意料——心痛献爱心，环环相扣，娓娓道来。朴素而不加雕饰的语言更能表达自己真挚的情感。

张瑞萍

⭐ 百年圆梦

青年路小学 六年级 杨 昊

听，那奥运的脚步已经来了；听，那华夏儿女激动的呼吸；听，那全球人民的欢呼雀跃！百年圆梦，就在今天，就在这个不眠之夜！

这一天，我们等了多久，终于把它盼来，让奥林匹克踏上这片历史悠久的土地，这片充满神韵的土地！2008年8月8日，就在这个日子，这个百年圆梦的日子，就是今天，第29届夏季奥林匹克运动会在我们的首都北京举行！很早以前，有人对中国的奥运提出三问：何时能有中国运动员参加奥运会？何时能有中国运动员在奥运会获得第一枚金牌？何时能举办一届奥运会？而此时，我们华夏儿女可以自豪地说："我们办到了！"我们圆了这个百年梦想！

开幕式来了，乾坤大地一片祥和，在这片充满神韵的土地上，第一次迎来了奥林匹克运动会！一切仿佛那样短暂又那样漫长，2001年7月13日，当国际奥委会主席萨马兰奇宣布第29届奥林匹克运动会的举办城市时，全中国人民都沸腾了。7年的等待，说短暂只是一眨眼，说漫长，是日日的煎熬。1000天、100天、7天、0天！我们终于盼到了，终于！这是全世界的一场盛宴！

头顶同一片蓝天，怀着同一个梦想，让世界人民携手，和平、友谊、进步，奥林匹克运动的宗旨将会化成无比坚固的桥梁，一座沟通的桥梁，一座连接梦想、不分国界的友谊之桥。奥林匹克，让世界人民更加团结，让世界人民增加了彼此的友谊，让世界人民共同进步！

★ 点评

激情涌动，一气呵成！全篇贯穿无限的自豪，胜利的喜悦，让读者的心也跟着你一起澎湃！情感真挚，文笔优美！

邵东华

★ 奥运向前冲

师院附中　初二年级　王诗若

从8月8日晚开始，我们家进入了奥运非常时期，妈妈宣布，奥运期间，坚决远离厨房，去食堂吃饭或者叫外卖。爸爸买了一大堆零食、矿泉水，还有面包，当然还有他最爱吃的核桃，和我们一起看电视。

李宁叔叔如太空行走般点燃了主火炬，也点燃了2008北京奥运全世界人们火一般的热情。

9日上午10时，北京奥运会举重项目战幕拉开，在首先进行的女子48公斤级决赛上，我国选手陈燮霞以总成绩212公斤获得了冠军，并且打破了奥运会纪录，这也是中国代表团在本次奥运会上的首枚金牌。我们全家都激动得跳起来了。当五星红旗升起，陈燮霞登上领奖台的时候，我觉得自己眼睛湿湿的。

下午的男子10米气手枪，爸爸一边吃核桃，一边说："这个庞伟，不太保险。"没想到，决赛中庞伟以出色的成绩，一路领先，获得102.2环，又为中国添了一枚金牌。爸爸有点得意忘形，往嘴里抛了个核桃，"哎哟！"爸爸大叫一声，原来他把带皮的核桃扔进了嘴里。

妈妈说："庞伟得了金牌，你得意什么啊？"

爸爸说："哪个男孩没有过端着冲锋枪驰骋疆场的梦想？"

是啊，长大之后，英雄主义的幻想大多被淡忘在遥远的童年，而保定男孩庞伟却让这个儿时的梦想开了花结了果。从在保定初尝射击，到走出国门征战世界，再到今年3月的奥运选拔赛上成功拿到奥运入场券，庞伟正在一步一个脚印地书写着自己的射击人生。相信在后面的项目中，我们的运动员一定会发挥出自己最高的水平，多拿几枚金牌。

妈妈说："奥运精神，重要的是参与！"

对哦，我也要参与一下，我从沙发上一跃而起，来到书房，拿起笔来，写下我家的奥运生活。

阳光天使小记者 作品集

★ 点评

幽默的语言，朴实的叙述，折射出奥运期间每一个普通的家庭，这样的情形就在我们身边。奥运生活，一家如此，家家如此，爱国之情，首当其冲。

邵东华

就像某网站的宣言：还在等待什么？还在犹豫什么？说的就是你！现在就拿起相机上街去，奥运开始了！你就是我们的"前线记者"！

哈哈，让我们都来参与奥运吧！

☆ 我的奥运照片

太师二附小　三年级　郑文普

　　我家有一本记录我成长的相册，其中一张珍贵的照片，很有纪念意义，照片上的我光着小屁股，穿着红肚兜兴奋地拍着手。

　　那是2001年的一个仲夏夜，我刚洗完澡舒舒服服坐在沙发上，似懂非懂地看着电视，当时全国人民都在为一件事情激动，那就是申办奥运！那天是最终选定城市的日子，当萨马兰奇准备公布结果的时候，我的眼睛都瞪成了小铃铛。当他说出"中国——北京"时，现场沸腾了，人们都在欢呼，我也被感染了，激动地拍起小手为北京加油，那时我只有两岁多呀，妈妈在这个时候及时拍下了我这张拍手的照片。

　　现在我长大了，10岁了，我们终于盼来了奥运，我将要用我的实际行动继续为奥运加油。

　　这张照片多有纪念意义呀！

★ 点评

　　小作者另辟蹊径，选取了2001年北京申办奥运成功时自己的一张照片作为礼物，献给北京2008奥运会，照片有意义，文章更有意义！

邵东华

☆ 哥哥的足球梦

太师一附小　五年级　王梓妍

　　"中国队！加油！哦耶！进啦！"唉！真拿哥哥没办法，他呀，是个十足的足球迷。这不，又在看奥运会足球比赛了。"喂，哥哥，你能不能不大呼小叫啊？""哎呀！我的好妹妹，4年才有一次这么精彩的比赛，你就让我享受一下吧。"我想了想，说："好吧，我就给你几个东西吧！"哥哥看着我跑过来把5个小皮球放在他面前，很疑惑。"哥，你就边看边踢吧！毕竟皮球的'杀

★ 点评

　　朴实的语言描写，让一个爱踢球，有梦想的男孩出现在读者面前。值北京奥运之际，用此文作为礼物真可谓以点带面。全国人民心系奥运可见一斑。

邵东华

伤力'还是比较小的嘛。""不愧是我的妹妹！你真有'柴'啊！谢啦！""还有啊！不要大呼小叫啦！"

哥哥学着电视中足球明星们踢球的样子，有板有眼地踢着，别提多带劲了。这时，姥爷从屋里出来，有些愤怒：显然是被哥哥踢球的声音吵坏了！"你要翻了天啊？"眼看姥爷要关电视，我见情形不妙，连忙替老哥打圆场，"姥爷，您看哥哥多有运动细胞啊！再说啦，哪个男孩不想当运动员啊？！哥哥当不了，你还不让他踢一踢，过过瘾啊。万一破个世界纪录呢？运动也是好的嘛！"姥爷被我这小丫头说动啦，同意哥哥继续圆奥运梦。哥哥向我投来感激的目光。我神气地看了哥哥一眼。

看到他一直坚持踢，踢出去，捡回来，再踢再捡……他的汗水洒在地板上。这不正是奥运健儿需要的拼搏精神和毅力吗？让我们为奥运健儿加油吧！愿他们取得优异的成绩！

★ "90后"的光荣

太师一附小　五年级　张天乐

奥运的钟声于2008年8月8日在北京敲响了，这是我们炎黄子孙的骄傲，大家兴奋着，快乐着。

看了一场场比赛，最难忘的是我国女子体操队团体比赛。

小将何可欣小小的个头儿，却拥有一套令人惊艳的高低杠动作。当年在多哈世界杯赛场，何可欣凭借高难动作以及完美表现将金牌收入囊中，也收获了自信和一片赞誉，被当地人誉为"高低杠公主"。"公主"的背后是多少年的苦练，付出多少艰辛、多少汗水。

小将李珊珊凭着自己对体操的爱好，小小年纪不怕吃苦，尽管自身条件不好，但她凭着自己的毅力扬长避短，终于在平衡木和自由体操两项中成功。

夺得金牌后，记者采访，她们说："重要的是享受比赛的过程。"她们的成熟和智慧让我震惊。

我们同是90后，她们比我大不了几岁，失去了同龄孩子们

点评

孩子，你的文章也很棒！抓住奥运会我国女子体操队这个团队形象，重点描写了两位人物，带出整个团队顽强拼搏为国争光的精神。

邵东华

玩耍的时间，担负着为国争光的责任，顶着巨大的压力，一步一个脚印走到今天。我为她们高兴，为她们自豪。

中国女子体操队！你们是最棒的！

我家的奥运战争

青年路小学　六年级　张炜佳

2008年奥运会的召开，是我们每一个中国人的梦想。我家也不例外，为了这次奥运会，爸爸买了几件印有五环图案的衣服，妈妈买了好多零食，做好熬夜的准备。

从8月8日奥运会开幕那一刻起，我家的电视就好像吃了兴奋剂，从早到晚，播个不停。爸爸喜欢体操，只要有体操比赛，不管看过几遍，他都坐在电视前，一动不动地盯着屏幕，吃饭也顾不上。虽然已经看过好几次了，他仍是那么紧张、激动。一次，我们正在吃饭，电视里第三次播女子团体赛了，爸爸忙得饭也不吃，何可欣在由高杠转到低杠时，不小心掉了下来，爸爸大喝一声，拍了一下桌子，吓得我连饭也喷了出来，妈妈手中的筷子也掉到了地上。为了看体操，爸爸已经两三顿没好好吃饭了，妈妈急得直骂，我笑笑说："一两顿饿不着的，正好还可以给他减肥。"晚上我起来上厕所，看到爸爸正坐在电视机前啃馒头，"哈哈哈哈！哈哈！哈哈！哎哟！"笑得我肚子都疼了，爸爸红着脸说："睡你的觉去。"

第二天早上六点半就听见爸爸在那儿大叫："好样的……太棒了！"真是受不了他。爸爸最喜欢看颁奖仪式，而且最爱看中国拿金牌的仪式，每当国歌响起的时候，他也会跟着一起唱，他那五音不全的歌声回荡在我们的耳边，我和妈妈也只能"享受"了。

老爸对体操的感情，那叫一个狂热呀。妈妈则不同，她热衷的是排球。如果爸爸妈妈同时看电视，那就要发生一场"世界大战"了，爸爸要看体操，妈妈要看排球，可怜我家的遥控器被两人抢来抢去，没完没了。还是爸爸大度，让了妈妈。于

点评

多么熟悉的画面，多么熟悉的语言，小作者描写的家庭不正是每个家庭的缩影吗？朴实自然毫无做作的描写让人倍感真实！

邵东华

是我家又出了一条新规定，一人一小时的遥控器控制权，妈妈看一小时的排球，爸爸看一小时的体操，有时候，爸爸正看到精彩部分，遥控器被妈妈突然抢走，老爸气得大叫："正精彩呢！""时间到了。"妈妈毫不客气地说。"就一点儿了，让我再看完那一点儿。""不行，说话算话，还要给女儿做榜样呢。""可是……唉！"无聊的战争。

奥运会还在继续，奥运精神更要发扬光大！虽然在我家有争有抢，但那也是我们对奥运热情的表现，我相信，这种热情将永不熄灭。

奥运三十六计

小五台小学　五年级　张泽俞

晚上，我坐在电视机前，看着羽毛球的男子单打铜牌争夺战，当羽毛球将要落地的一刹那，却突然变成了一个乒乓球。原来，是妈妈偷偷换了台，唉，三十六计走为上，我飞快地溜走了。过了一会，趁妈妈去喝水之际，我使了暗渡陈仓之计，以迅雷不及掩耳之势抢回了"主动权"，换回了"CCTV-3"，看着看着，到了第一场赛点的时候，马琳突然出现在电视屏幕的正中央。妈妈哈哈大笑，我又吓了一跳，原来，她把我手中遥控器里的电池偷偷给拿了，并且换到了另一个遥控器上。没办法，我只好用出了"隔岸观火"，静观其变。当中场休息的时候，才"命令"妈妈换了回去。

点评

妙啊！三十六计出现在了家庭，出现在了观看奥运比赛时。虽然文字不多，但可以让读者感受到国人的满腔爱国情。

邵东华

我妈是个足球迷

海边街小学　六年级　曹弘

我妈是个足球迷，她特别爱看足球比赛，特别是女子足球比赛。

前几天，女足比赛开始了。妈妈上午早早就把电视打开，焦

急地等着比赛开始。过了一会儿，比赛开始了。上半场，中国女足的7号把球踢偏了，妈妈说："嗨，球也踢偏了，真臭。"我说："阿根廷不是也没有进球吗？你还着急什么呀，还有下半场呢。"过了一会儿，中国女足15号踢高了，又没进。妈妈看了又着急又拍手说："真臭，又没进。"上半场，阿根廷队拼命射门，可是都被中国女足拦住了。其中一个球真悬，幸亏被中国队的守门员拦住了。看得我妈都喊起来了。

下半场，中国女足把13号换上场。一上场，13号就射进一颗球，妈妈高兴得跳了起来。随后，阿根廷队奋力反击，结果还是输了。老妈大喊："耶！中国队赢了。"中国女足赢了，太棒了。

☆ 男篮，加油！

桃园小学　五年级　王佳琪

"加油！加油！"

"进球！"

"哎呀！"

姥姥和姥爷就像返老还童一样边看中国男篮对美国"梦八"队的比赛，边激动地大叫。我更是在沙发上一蹦三尺高。

"好！进！"

姥爷一边大喊一边重重地拍了一下桌子："哦！好疼哦！"他一边说一边又把目光转向屏幕。

又进了一个球，姥姥高兴得竟差点从椅子上摔下来。

中场休息时，姥爷说："哈！又超过美国3分了！"说着他拿起一个苹果往嘴边送。一咬，才发现咬不动，一摸，原来是假牙没了。我们大家手忙脚乱地寻找假牙。找着找着，姥爷忽然一拍脑门儿："噢，想起来了！假牙在厨房的水杯里泡着呢！"

中国队和美国"梦八"队的比分不相上下，我们都绷紧了神经。

美国"梦八"队越战越勇，但中国队渐渐体力不支，姚明、

点评

抓住妈妈看足球比赛的种种进行了人物刻画，反映国人心系奥运。不过，孩子，若能对妈妈的表现进行淋漓尽致地描写，人物形象就更丰满了，你说呢？

邵东华

点评

孩子，你能准确地找到精彩点，进行生动的描写，真好！尤其是对姥爷的一系列刻画，多么真实自然！

邵东华

孙悦等总进不了球，有时投篮几次都进不去。

姥姥、姥爷不知从哪儿弄来两面国旗，一边喊着"中国加油"，一边紧张地看比赛。而我，则"高高"地站在沙发上，拍着瘦瘦的胸脯说："好汉输了怕什么？"但末了又小声地加了一句："但是……我很在乎。"

第四节，11号易建联总是进球，连进了四五个，姥姥、姥爷连叫："11号，进！"

最终，中国队不敌美国"梦八"队，输了。球赛结束，我们躺在床上还在津津有味地讨论着，期待着明天我们的男篮会有新的进步……

偷窥

太师一附小　五年级　杨玥

从8月9日到现在，我的奥运生活都是在门缝中度过的。这是为什么呢？且听我慢慢道来。

因为奥运会开幕前我落了一大堆作业，所以奥运期间，妈妈让我补作业。做完后还要预习其他课程，总之是剥夺了我看奥运会的权利。我这个小奥运迷怎么会受得了！咦？有啦！第二天清晨，我早早地坐在桌前伏案疾书，提前写了好几天的作业，我的门缝生活也由此开始。

我熟练地猫着腰，轻轻地拉开一条不宽不窄的缝。嘻嘻！精彩的奥运赛事尽收眼底。

第一项是跳马，中国代表团派出的是邓琳琳、程菲和杨伊琳。杨伊琳成功打响了头炮，程菲也顶住压力很好地完成，当我看到邓琳琳几乎是完美的一跳时，禁不住为她欢呼一声。

"Good！"呀！糟了！我飞快地溜回椅子上。妈妈打开房门看了我一眼，随后又重重地关上了房门。吁——还好，我长出一口气。

中国女将第二个比赛的项目是高低杠。首先出场的是美国队。三个小姑娘个个出色，这样一来势必会给接下来出场的中

★ 点评

通过门缝，奥运的精彩赛事尽收眼底，这个角度很新颖！美中不足的是文章后半部分没有继续抓住门缝展开话题，而且，题目"偷窥"总让人觉得不太舒服，老师建议题目改为"门缝里的奥运"，你看好不好？

邵东华

国队员带来巨大的压力。中国出场的三个小姑娘给人的印象是"稳"。好！一颗紧张的心终于放松下来，好样的！

第三项是平衡木。这次是由中国队先出场。第一个出场的是程菲，谁知，一上场她就从平衡木上失足跌落了下来。这给即将出场的邓琳琳和李珊珊将是一个考验！她们顶住了压力，完成得很好。比赛发生了戏剧性的变化，第一个上场的美国选手也从平衡木上掉了下来……

最后一个项目是我最喜欢的自由体操，中国三个选手在体操上都完成得不错。

中国女队真是好样的，她们高超的发挥，为国争了光，真精彩！

⭐ 我家也轮班

太师一附小　五年级　张昕玥

奥运会让我们家也有了一场大轮班：我、妈妈和奶奶上"白班"，爸爸上"夜班"。一大早我就起来写作业，奶奶正飞速完成着一天的工作，妈妈在为昨天的加班补觉，边睡还边说着梦话"加油！好球！"奶奶在厨房"哇噻……"已经开始做午饭了。中午，妈妈懒洋洋地躺在床上，打着哈欠说："今晚夜班，得多睡会儿"。听了这话，我和奶奶用疑惑的眼神看着她，心想：预告今天中午有女子体操赛，这可是她盼望已久的比赛啊。过了不一会儿，妈妈就进入了梦乡……"呀！比赛开始了"，我特意把声音放到最大，果然不出我的所料，一听到中国女子体操队，妈妈马上把眼睛睁得老大，目不转睛地盯着电视，边看还边不停地大叫："好！""这动作漂亮！""哎呀！真险！"这几乎是所有比赛的专用词。"真可惜！"我急得都快哭了，何可欣在高低杠比赛中前面做了那么多高难动作，还做了两个7.7分的动作，这可是世界上只有一两个人才能做到的，可就在换杠时却从低杠上掉了下去，她哭了，我也哭了，还好，最后我们还是胜利了。

⭐ 点评

角度选取的好！用全家轮班观看奥运反映国人的心系奥运，尤其重点对妈妈进行描写。不过，孩子，第一段如能分开段来写，是不是就更清楚呢？

邵东华

晚上，爸爸回家了，妈妈8点去上夜班了，我和奶奶在家睡觉。爸爸怕睡着了，把电视音量开到很高，我和奶奶第二天醒来好像也上了个夜班。

这就是我们家的奥运生活。

⭐ 奥运风波

沙河街小学　六年级　王　帅

奥运会一开始，我家就发生了一次小风波。

那天，我们一家三口坐在电视机前，看排球比赛，妈妈说："我看中国队这次有希望胜利。"爸爸说："我看不一定。"爸爸妈妈争论起来，一场风波开始了。

比赛开始了，果然不出妈妈所料，中国女排越打越厉害，把教练高兴得合不拢嘴。爸爸在那里指指点点，装模作样的，好像也觉得自己要赌输了似的，而妈妈则一直喊加油。我抱着遥控器认真地盯着电视，一动不动，说："我看这次中国队有戏，老爸要输了。"可是，我爸爸装作没听见，最后，中国队以3：0的优势战胜了委内瑞拉队，我们全家人都乐翻了。

妈妈得意地说："看，你输了吧！"也许是因为中国队赢了吧，所以，当天晚上我和爸爸妈妈的胃口都特别好，心情也不错。而最最高兴的还是我，我一口气写了很多作业，还写了一篇关于中国女排胜利的日记，为此，妈妈特意表扬了我，爸爸专门跑出去买了一大堆好吃的，准备以后看奥运会的时候吃。怎么样？这就是我们一家在奥运会期间发生的一次小风波，有趣吧？

⭐ 点评

小作者善于抓住家庭成员各自不同的表现来刻画人物，有板有眼，真实自然。与其说是奥运风波，不如说是家庭快乐，呵呵！

邵东华

⭐ "菲"比寻常

沙河街小学　六年级　王志尧

"老爸，快起床，别赖床了！今天有菲尔普斯夺取第8块金

第一次跳集体舞

青年路小学　五年级　陈　茜

前一段时间，刘老师告诉大家，以后每个星期四可以不上晚自习。大家一阵欢呼，可是，刘老师马上又说："但要跳集体舞。"

"啊！？"全班同学哗然。我同桌说："好像要拉手手哦！"老师让大家下楼站好队。一会儿，台上两位老师示范。首先，男生请女生跳舞，然后，面对面跳。轮到大家跳，男生和女生早商量好了，有的抓指头，有的抓袖子……我抓着孟慧杰的指头。不一会，刘老师的"千里眼"发现了我们的异常。"啪、啪……"打手的声音回响在耳边，看着我那又红又肿的圆圆小手，比皮球还可爱。只好跳了，孟慧杰叫着："妈妈呀，救救我吧，苍天啊，大地呀！"我对他说："我还不想和你这个臭螃蟹跳，不过，'千里眼、顺风耳'已经在你身后了。"于是，我们又跳了起来。孟慧杰笨得像头猪啊！我气得狠狠地踩了他一脚，他报复性地掐了我一下。气死我了，老虎不发威，让你当猫耍呀！我这座小火山要爆发了，"世界大战开始了！"一会儿，刘老师不知有什么事上楼了，男生们一起喊起来："我们不想和臭女生跳了。"女生也不甘示弱，对他们叫起来："猪想和你们男生跳呀！"我们班全乱了，吵死了。这时，我发现郝妍麟和高原一直都很和平。原来，他们都在掐着胳膊跳。于是，大家都和平了。

第一次舞蹈课终于 OK 了！谢天谢地啊！

文章活泼生动，非常形象、具体地写出了小学生们对跳集体舞这一新鲜事物的反应。集体舞进校园引发这样一场风波，一时间让小朋友们难以适应，小作者用调皮的笔触把这一感受写得淋漓尽致。尤其全文紧扣"第一次"，把小男生、小女生、老师在跳集体舞中各自不同的表现写得真实、自然，读来令人忍俊不禁。

王海华

校园风波

胜利东街小学　六年级　王　喆

今天天气阴沉沉地，同学们都闷闷不乐。哦，是因为跳集体舞呀，同学们像霜打的茄子似的，少言寡语。

"丁铃铃"，下课了。同学们慢吞吞地走出教室，在操场上排好队，等老师来分配舞伴。我们与自己的舞伴排好队形，手拉手，可想而知有多少同学不愿意呀！我们想出了一个又一个点子，如：把袖子拉开，对方手拉住自己的袖口；还有一人拿三副手套，把自己捂得严严实实的，以免与异性接触……我们的鬼点子可真多，可最后还是被老师一一制止了。老师必须看着我们手拉住手后才肯放我们走，我们很不情愿地拉住手，脸都像正午的太阳似的，红透了。老师却在一边偷乐——跟我玩，还嫩点，正如俗话说的："姜还是老的辣，就你们，配吗？"我们不服气，开始发起最后一次总攻，我们决定在老师的手套上做手脚，用双面胶贴在手套上，两个老师为我们做示范拉手时，就贴得紧紧的了，哈哈，我们胜利了。这又应了俗话："长江后浪推前浪。"

不过，老师还是为我们好，而且跳的次数多了以后，感觉慢慢变得好了起来。我们开始听老师话，好好跳了。

学校生活又恢复了往日的平静。

"白船"也疯狂

东岗小学　五年级　魏兰轩

近日来，我们学校开始学习校园集体舞，五六年级跳的是《小白船》，听说还要比赛呢！

面对一脸严肃的陈老师，我们无可奈何，只得练。星期二下午是我们五六年级的"末日"。到了操场，我和潘昊良分为一组。为了不让别的班小看，我们班每个同学都拉起了手。我们放弃了反抗，听从了命令，所以，一直受到音乐老师的表扬，陈老师也以我们的表现为骄傲。

很快，第一节课就过去了，我们用辛勤和汗水迎来了第二节课。第二节课，我们练习换舞伴，我被换到三班，三班的男生没有我们班男生那么听话，我跟叶昌宇拉手时，他只管把手缩进袖子里，根本不管什么团结不团结的，害得我们经常被老师骂，我狠狠踢了他一脚。他直叫唤，凡老师问他叫什么，他看

点评

集体舞"风波"就这样在小·作者生动的描述中从喧闹归于平静。小·作者把小学生刚开始接触集体舞的心理、动作等写得贴切、自然，特别是把这场"风波"中的"师生斗"活泼泼地表达了出来。由困惑、羞羞答答到恶作剧，再到感觉良好、慢慢接受、归于平静，这恐怕是任何一桩新鲜事物出现在世人面前所产生的一系列反映，由此可见，小·作者体悟事情的能力很强。

王海华

点评

小·作者自然、生动、流畅地把跳集体舞在小学生中的反应，通过几个具体细节表现得淋漓尽致。值得一提的是小·作者在题目的设计上，别出心裁，以音乐伴奏《小白船》为具象，由点到面，由小到大，由远及近，由事到人，显示了处理文章的技巧。

王海华

看我，再看看凡老师，一句话也说不出来。再看看旁边的申同学更是可怜，被刘风琦欺负得话也不敢说，一阵哭声传来，原来是李帅菲被陈韦亮骂哭了。大家都不跳舞了，赶着去安慰李帅菲。这还是跳集体舞吗？简直累死人啊！

时间匆匆流逝，为了不再让《小白船》这样"疯狂"下去，我们重新打起精神，认真地跳下去。

⭐ 跳舞风波

后小河小学　六年级　杨步君

几个星期前，体育老师告诉我们一个重大消息：这个星期学"集体舞"。全班同学顿时发出轰动全校的叫声："啊！……"这是死命令，不服从找批！老师又说："要从男生里选8名，女生里选8名，先练习。"

因为我班人数众多，而我的"海拔"算中等，从高个子到低个子，我差1个人就被选上，真是不幸中的万幸！被选上的人可就倒霉了：不拉手的，身材高大的老师一脚能把120斤的胖子踹到3米远开外（当然是想象中的），所以不拉手的人就是自找没趣。可拉手多不好意思呀！

过了几个星期，排头兵练得差不多了，轮到我们跳了。我们比他们聪明：有的戴上手套，有的把袖子弄出那么长。老师问为什么戴手套，我们可以编出好几个理由，大家心照不宣。

我们的课间操——也就是"集体舞"，不转圈。不管男生"海拔"多低，也能跳。有的同学手套也不好好戴，戴到半中间。交谊舞有个甩手的动作，结果，那个同学一下把手套甩到老师身上，同学们都停下来看着他笑。老师罚他做50个俯卧撑。

这就是校园集体舞。不知道这样的情形会持续多长时间？不过，我们想，只要能在课后好好玩个够，集体舞就集体舞呗！

✦ 点评

一样的心理体验，在每个学校表现出来的形式不一样。小作者写出了小学生对尝试跳集体舞不甘、不愿的心情，"选秀"、跳舞、恶作剧等细节写得生动活泼，最终在游戏和玩耍的意义上接受了集体舞。孩子们有其心灵世界，万变不离其宗的就是怎样让他们既健康地成长起来，又能很好地享受这个过程。

王海华

255

黑色星期三

迎泽街小学　五年级　宁翔宇

今天，又是星期三，同学们欲哭无泪，因为今天有体育课和音乐课，上午和下午都要跳可恶的《小白船》舞，真是恐怖。

第三节，又是体育课，我们"哭爹喊娘"想要回家，可惜这一切都是梦。打铃了，上课了，熟悉的声音在耳边响起："今天我们来跳集体舞。"不一会儿，我们跳开了。我们用上了编创的三大法宝：拽袖子、戴手套、拎手指。可惜不一会儿便被"火眼金睛"的老师发现，更可怕的是，老师还一会儿下主席台查一次，不拉手的便会"倒霉"。我们班中队旗手——李天昊竟然跳得流鼻血了，我们狂笑不止。时间像滞留了似的，一分钟像一小时，真是"度分如时"呀！我和我的舞伴每人扯上自己的袖子，随着音乐跳，好像我们配合得天衣无缝似的。老师一过来，我们便缩回手来继续跳，好几次差点被老师发现，咻！

终于下课了，同学们马不停蹄地跑到厕所洗手，一个接着一个，造成了"交通堵塞"。

晚上躺在床上，细细想来也没什么，不就是拉个手嘛！可是，跳舞的时候，就好像总有个隐身人拽着你，逼迫你不拉手。

唉，真是奇怪！

点评

小作者成功地对小学生跳集体舞的心理做了细微、妙趣横生的描写。从刚开始时的"恐怖"、"可恶"、"欲哭无泪"到跳舞中学生们编创的三大法宝，到最后的"交通堵塞"、"隐身人"、"黑色"主题一以贯之。全文语言生动活泼、形象自然。结尾处让读者不由得跟着小作者的想法，反思现有的小学教育。跳集体舞到底能走多久？

王海华

集体舞"大战"

海边街小学　六年级　孟诗然

"啦啦啦，啦啦啦，我是快乐的小头头……"因为我们刚升为学校的六年级学生，也就是全校的"头儿"，所以我们为这个"伟大"的年级编了一首"班歌"。而且这节又是体育课，所以大家手舞足蹈，更加放肆了。可谁也预料不到，厄运正在向我们招手……

我们的"太极瘦四眼"——体育崔老师开始整队，当班长报告完人数之后，厄运悄悄降临了……

"同学们，由于你们近来表现不错，而且你们当初也是学校的第一个试验班，所以我决定让你们第一个接受这个伟大而艰巨的任务——跳集体舞。"

当崔老师刚宣布完这件事时，全班同学都要Go To W.C.。用鼻子也能想出来，当然是逃避喽。但纸包不住火，老师很快识破了我们的伎俩。

"哎哎哎，哎哎哎，我们是命苦的小头头……"看，连庆祝的歌都变味了。

这时，我们班的"聪明豆"——冀远开始准备"战略计划"了。A：女生全体装病。B：男生全体装病。C：不好好跳，让老师改成男男女女跳。

唉，A和B都失败了，算了，只要还有一丝曙光就不能放弃。

我们就不拉手；跳起来专门踩对方的脚；一不满意就是一脚……

老师也失望了，只好"忍痛割爱"，这成就了我们的C计划——改成男男女女跳。

虽然跳起来有点怪，但我们还是胜利了，"啦啦啦，啦啦啦，我们是胜利的小头头……"

★ 我渴望这样的小池

五一路小学 三年级 马雨芃

我家楼下有一个绿色的垃圾箱，它像一座小房子，平时我们都把垃圾扔到那里。有一天，我发现垃圾箱里的垃圾并不多，反而在它不远处，有一大堆垃圾。垃圾像一个小土坡，散发出刺鼻的臭味，上面还有许多野猫野狗在找吃的。这堆垃圾原来不在这儿，原因是有些人贪图方便，故意把垃圾扔在那里，一天一天的，垃圾就堆得越来越大了。我想，要是有人管一管，他们就不会再乱扔垃圾了。

★ 点评

这是所有作文中唯一"抗争"成功的文章。小作者处理文章的技巧比较娴熟，用一首自编儿歌，三句不同的歌词，三种带有不同感情的唱法，将全文自然地串了起来。如果在句子、段落的组织上再紧凑一些，效果可能会更好。

王海华

★ 点评

你用敏锐的眼光，撷去生活中急待我们改进的几个画面，展示了生活中的不和谐音符。更可贵的是小作者在文章的后半部分的字里行间，洋溢着对生活的热爱和对环保的热切呼唤。

关夏敏

我常常想象，我家的楼下是这样的：人们都改掉了乱扔垃圾的坏习惯，在那里修上一个清清的小池。小池里放养了好多小鱼，有黄色的，有红色的，有白色的，还有银色的，十分可爱美丽。我们还在池中放了一个雕塑，它是海里最小的美人鱼爱丽儿，在那里微笑着游泳，好像在和小鱼们嬉戏呢。在小池的不远处，专门修一个比"淘气堡"还要好玩的城堡，里面有各种各样的玩具，专供小孩子们玩耍。人们沿着小河边植树，他们一边种一边说："只要我们不乱扔垃圾，我们的家园就会变得更美丽！"

★ 我眼中的脏乱差

青年路小学　五年级　王琬卓

朋友，你是否注意过，那废纸在天空上飞舞？朋友，你是否注意过，那烂塑料袋在树枝上摇曳？朋友，你是否注意过，烂菜叶在你身旁，散发着腐烂的味道？我想，你会注意到的。

在路上，干枯的树叶，堆成一堆，数不胜数。一阵风吹过，本来就不干净的天空加上这枯叶就更糟糕了。有时，狂风会卷起层层土灰，扑面而来。即使在公园也不例外，塑料袋会高高挂在树枝上，绿油油的叶子上添了这么一个"彩花"，这树可真挂上"彩"了。

菜市场更是不用说了。卖菜的身旁是烂菜叶；卖鱼的身旁是鱼血、鱼鳞；卖水果的旁边是果皮、果核……

马路上，经常会出现痰渍。这给城市添了不协调的一笔，也给清洁工人添了一个难题。如果这是一个病人吐的痰，那么细菌就会随着空气传播开来，传到健康人身上，健康人也会被病魔缠身，后果将不堪设想。

垃圾箱本来就是装垃圾的，但现在呢？为了图省事，我们却把垃圾随手扔在垃圾箱外面，对"请把垃圾放在里面"的标语视而不见；草坪上，我们随意踩踏，却无视"别踩我，我怕疼"、"请勿踩踏草坪"的标语；水哗哗地流时，却没有看见"节

★ 点评

从文章中就可以猜想出你是一个美丽、漂亮、严谨、有责任心的阳光女孩，而文章有能从几个侧面，分层次地讲述生活中的不和谐，抒发真情实感。结尾发出呼吁深化主题。

关夏敏

约用水"的标语……

也许，这些对我们微不足道。但这些小事，却时刻影响着太原的整体环境，影响着我们的生活环境。也许，就是这些"脏乱差"影响了我们的生活。

看了这些，难道你还无动于衷吗？快，快，快行动起来吧！到草地上，去捡起那白色的塑料袋；到水池旁，去关掉那开着的水龙头；到空地上，去种一棵绿色的树吧！

请让我们一起加入到"环保太原"的行动中吧！相信，太原明天会更加美好！

⭐ 无奈

万柏林区实验小学　五年级　范李侨娜

傍晚时分，我奉奶奶之命过马路买袋咸盐，望着眼前川流不息、飞驰而过的一辆辆汽车，我耐心地等待过马路最适合的时机。

遗憾的是，我所处的地点距离交通岗还有将近100米的距离，所有途经此地的车似乎都在与红灯抢时间，希望能赶在红灯前顺利通过交通岗，因而车速也是出奇地快。

在诸多车辆当中，"车高轮大"的拉煤大卡车好像又是所有车辆的统帅，比那些名牌轿车开得还要快，还要猛。他们好像在进行着飞车比赛——看谁拉得煤多，看谁走得更快。

看着这些从我身边呼啸而过的一辆辆大卡车，我隐隐感到有一些细小的颗粒在敲打着我的面颊，定睛一看，原来是从那些超载的卡车身上散落下来的煤粒。低头看看地面，顺着它们前进的方向，两条长长的黑色"跑道"呈现在路人面前。正在挥舞着笤帚清扫路面的清洁工阿姨暂时停了下来，无奈地摇摇头，与我处在相同境遇的一位老大爷也不禁感叹道：哎！这样的日子何时才是个头呀！

指导老师　翟梅花

⭐ 点评

抓住瞬间生活镜头，将之放大，从中发现之特点，用平实语言，加之多种表现手法的综合运用，使文章特色彰显。感情真挚，让读者能从中感受到那种无奈，抒发了真情实感。

关夏敏

城乡清洁，好！

太原市实验小学　六年级　周梦瑶

　　星期天的早上，我和爸爸去锻炼身体，我们徒步走了很远。啊！早晨的空气好清爽，不过我的心情更舒畅！你知道为什么吗？告诉你吧，是因为我看到了，伴随着2008北京奥运的到来，伴随着"城乡清洁工程"的全面启动，我们太原，变得更美丽了！

　　曾记得滨河路、恒山路坑坑洼洼，黄沙满天；曾记得灰黄的"纱衣"伴随着开矿炼钢覆盖在太原的上空；还有臭水渠内"五彩"的垃圾，扑鼻的臭味，住宅小区墙壁上无数的小广告令人心烦意乱；更有一些不自觉的主人，纵容宠物排泄的污物随处可见……

　　可是现在，我发现那些已经是历史了。现在的太原，可以说是一座美丽的大花园。蓝天白云，绿树鲜花，一条条平坦的柏油路四通八达。马路中间的隔离带，被擦洗得干干净净，仿佛穿上了洁白的衣裳；墙壁上的涂鸦、小广告也已经无影无踪；楼梯扶手"换"了新装，腿脚不好的老爷爷老奶奶再也不用因为怕脏，而不扶扶手上下楼了；"铺路"的树叶，也被清洁人员清扫走了；小区内的指示牌、健身器材洁净得仿佛刚刚安上，就连隐蔽在灌木丛里的那些烂纸、塑料袋也被细心的小学生清洁队伍"俘虏"……走在路上，空气似乎也干净了，清凉清凉的！

　　"城乡清洁"工程才开展几天，便有了这么大的成果，相信在2008北京奥运到来之时，太原将成为一颗熠熠闪光的明珠！

太原晚报

260

阳光天使小记者　作品集

点评

　　你的作文能对我们生活城市的前后变化进行细致的描写，说明你是一个善于观察的孩子。太原是多么美啊，希望正如你的文章中所期盼的那样，一个美丽而清洁的太原在崛起！

关夏敏

大家一起来清洁

万柏林区实验小学　六年级　李晓煦

　　蔚蓝的天空上，鸟儿在白云间穿梭，放声高歌；茂密的树

林间，小兔不时从草洞里探出头来，蹦蹦跳跳；清澈的小河里，鱼儿拍打水面纵身一跃，向人们问好……美丽的风景原本处处皆是，但是现在，他们去哪里了呢？

对各种资源的过度开采和不注意保护使这些离我们越来越远。天，灰蒙蒙的，只有少见的几天有些蓝色的影子。树林呢，20年前的树林，如今大部分已经找不到影子了，只剩几棵大树孤零零地陪伴着人们。小河就更不用说了，虽然还在，但是根本不见"清澈"之象。尤其是某些村庄里的小溪，混浊不清，臭气熏天，鱼儿在这种环境下怎么能生存下去呢？再加上滚滚浓烟入天空，沙尘随风满处飞。我们若再不采取"清洁"措施，我们生存的环境迟早会被毁灭的。

幸好，人们认识到了这一点。近几年来，我市大力采取了"清洁"工作：天空已渐渐地恢复了它的本来面貌，路边的棵棵绿树也为这座美丽的城市添上了传神之笔，昔日又脏又乱的臭水沟已在全体市民的努力下消失得无影无踪，取而代之的是一条条清澈的河流。美好景色在人们施行"清洁"措施后又回来了！

朋友们，环境在于维持，让我们携起手来，一起加入到"城乡清洁"活动中来，为我们家园的环境保护献上自己的一份力，从小事做起，从身边做起，我们的家园就会更加美丽，更加可爱，太原的明天就会更加辉煌。　　　　　　指导老师　孙晓园

★★★ 点评

关心生活，关注社会，并不是成年人的特权。通过这一篇文章看得出来，在你的心中，不仅装盛着美好的景象，还有更多的是关注社会的心事及自己的一份努力。结尾所发出的呼吁升华了文章的主题。

关夏敏

★ 我是城市的化妆师

太原市实验小学　六年级　韩　舟

我是城市的小化妆师。这不，今天我又给这位帅气的"太原"先生祛了一下"斑"。这天，我来到漪汾苑的流碧苑。我拿着镊子、塑料袋、抹布和水桶一个一个地把地上的"黑斑"和墙上的小广告清理得干干净净。

这时，我看到了又有"病毒"在到处制作黑斑了，总有可恶的人在一张一张地贴小广告。我想，这"病毒"比别的病毒

害得人多，不可以和他硬拼，只能与他智斗，我对他说："请你不要再贴了好吗？这是我们共同的家，我们应该保护它。你会在你自己的家里发狂似的乱贴吗？"那人没吭声走了，不一会儿，我见他又出来了，这种顽固的"病毒"真该把它处理掉。

我想，如果多一些爱"家"的人，城市就会增加不少"守护兵"。

现在，每位市民都在用自己的力量打击、消灭这些可恶的城市"黑客"。我们都要做城市的"守护神"，虽然我们的手脏了，但是城市干净了，城市漂亮了！虽然我们累了一些，但是城市精神了。我相信，只要人人出力美化城市，我们的龙城会更美好！更清洁！

指导老师 王惠芳

大扫除

太师三附小　五年级　李美漉

春天来了，大地渐渐从沉睡中苏醒过来，春姑娘派春风捎来信，带着各种色彩的染料，染红了桃花的腮，染白了梨花的脸，染黄了迎春花的发辫儿，到处都是欣欣向荣，生机勃勃的景色。

在这美好的时刻，学校组织我们全体师生大扫除，为和谐家园做点贡献。

星期三下午，下课铃刚响，我们班的同学就纷纷拿起扫帚，提上水桶，带着簸箕向卫生区奔去。

搞卫生，我们女生可是内行。大家齐心协力，有的拎着垃圾桶，低头弯腰捡纸片；有的拿起拖把用力拖地，连一点灰尘也不放过；有的拿着抹布和废报纸，站在凳子上，认真地擦着玻璃；有的擦着讲台黑板和桌椅……

透过玻璃，我看见楼下的男生也干得热火朝天，白杰拿着扫帚，"哗啦，哗啦"起劲地扫地，好不容易把垃圾扫到了一起，忽然，一阵风把纸屑刮飞了。马宾远看见了，立刻把扫帚压在垃圾堆上，同时向旁边的霍贤踞喊："老霍，帮帮忙，快把刮走的纸屑捡回来。"霍贤踞立刻放下水壶，去追飞走的"蝴蝶"，把它们捡起来用力团在一起，嘴里还嘟囔着："看你再跑，再跑也跑不出我的手掌心……"

大扫除结束了，我们的校园变得更加美丽。大家望着整洁美丽的校园，心里无比欢畅，露出了微笑…… **指导老师　郭　巍**

landscap

THE **Sunlight** W
Angel
Little reporter

sketch

景物素描

我眼中的落日

解放北路小学　四年级　李瑞鑫

落日像喝多了酒的红脸醉汉，跌倒在汾河边的山腰上，把大地照得一会儿通红，一会儿金黄。

夕阳缓缓绽开了笑容，路边的花草，在晚霞的抚摸下安静地睡着了，而汾河中的两条巨龙显得更加壮丽。

只见落日像一个害羞的小姑娘，躲在云彩身后，悄悄地向下张望，还没等它发现什么动静，云彩就用它绚丽的晚霞做胭脂，涂红娇美的脸蛋，把汾河映得通红。

夕阳缓缓地向山下隐去了，恋恋不舍地收回最后一缕余晖。落日如此妩媚、迷人，又如此善良，无私地把余晖奉献给了云朵，挂着满脸的笑容，静静地守望着人们。

太原晚报

266

阳光天使小记者　作品集

点评

这醉人的描写使文章生动具体,让读者爱不释卷。作者注意观察具体事物,并展开丰富的想象,来表达对落日的喜爱和对大自然的赞美。这是本文的成功之处。

高峰

四川依然美丽

新晓双语实验小学　四年级　徐梓皓

四川大地震过去已经快半年了，我带着极大的好奇心，和爸爸、妈妈开始了"天府之国"自驾游。

走进四川的北大门——广元市，一下子就感到了南国的浓浓绿意。热闹的街道、熙熙攘攘的游人……那场大地震似乎并没有留下什么后遗症，人们依然平静、快乐地生活着。看着高速公路路牌上那一个个曾经熟悉的地名：青川、北川、什邡……大大的广告牌上到处写着"中国加油、四川加油"、"感谢全国人民对四川人民的支持"等振奋人心的话语，我的心里热乎乎的。

成都是一个让你来了就不想走的城市。马路两旁到处是茂盛的榕树。粉嫩的木棉花点缀在翠绿的树叶上，分外漂亮。早听说成都是个美食天堂，一下车我们就直奔春熙路"龙抄手"总店。这里不仅有各类抄手，还有品种繁多的小吃：叶儿粑、钟水饺、担担面……上面都浇着一层红红的辣椒，吃起来又麻又香，特别过瘾。

第二天，我们来到了号称"天下第一佛"的乐山大佛脚下。大佛呈坐状，双手抚膝，神态安详，看上去十分雄伟。大佛虽然巨大，但雕刻得十分精细。无论是神态、手指、脚趾都栩栩如生。我不由得对古人的智慧产生了深深的敬佩。

第三天，我们到达峨眉山。乘着缆车，我们上了著名的金顶。清晨的峨眉山薄雾弥漫，山道两旁尽是二三百年树龄的雪松、冷杉，它们又高又直，俨然是峨眉山忠实的守护者。绿树成荫、野花遍野、空气清新、山泉流淌，峨眉山仿佛是人间世外桃源，美哉，美哉。

虽然大地震让四川遭受了重创，但丝毫没有破坏她的美丽。如你爱她，就来吧，四川依然美丽。

点评

本文取材真实，段落分明，过渡自然。作者运用生动流畅的语言写出了自己游览四川时的所见、所闻、所感。在小作者的娓娓细说中，读者仿佛身临其境。可谓佳作一篇。

高 峰

★ 蒙山之行

万柏林区大唐实验小学 二年级 常湘楠

早晨，我们全家人去登蒙山。

那里的人好多呀！远远地，我就看见了著名的蒙山大佛，蒙山大佛依山而建，头比山还要高，看起来非常壮观。我们沿着石阶，慢慢往上爬，好不容易才走到大佛的脚下。听爸爸说，它高66.6米，肩宽28米，是世界第二大佛。我们站在它脚下，觉得很渺小。大佛的两边各有一个石像，据说是龙的儿子，左面的一只低着头，右面的一只仰着头。爸爸告诉我，低头表示失败了不要放弃，仰头表示成功了不要骄傲，对待什么事情都要拥有一颗平常心！

下山的路上，我买了一只小水枪，从清澈的溪水里灌满水，朝小树身上喷，还喷到了爸爸身上！哈哈，我可是故意和他玩的。

最有意思的事情是爸爸从路边采了一朵盛开的红色牵牛花，

点评

作者按照游览顺序展开叙述，思路清晰，结构紧凑，重点突出。随着一路拜访，蒙山许多曼妙的景物都在小作者笔下显得活泼动人，富有情趣！

高 峰

爸爸让我吸牵牛花的花筒，我轻轻一吸，哇噻，竟然是甜的！爸爸说，那是花蜜！我顿时想起了小蜜蜂采蜜的情景，原来，花儿不仅好看，而且好吃！

这真是一次难忘的蒙山之行！　　　　**指导老师　史晓莉**

⭐ 雨

双西小学　三年级　张如月

下雨了！下雨了！外面下起了绵绵细雨。

细细的雨丝被风吹得斜斜的，地面凹下去的地方出现了一圈圈波纹，小鸟在天空勇敢地飞着，小草和大树一边跳舞一边喝水，它们越喝长得越高。

我忍不住打伞出去了，雨打在伞上发出"当当"的声音。突然，我闻到了一股淡淡的花香，原来是一株丁香喝过雨水后发出来的。我抬头看雨点儿，小雨点儿还真像一颗颗断线的珍珠。我仿佛觉得自己就是一个雨点落到了一棵柳树上，柳树还向我点头致谢呢！过了一会儿我才醒悟过来，又回到了真实的世界。

我喜欢下雨，喜欢雨的世界！

⭐ 点评

孩子：读着你的文字，我脑海中勾勒出一个"调皮的，可爱的，好奇的"小姑娘，伫立雨中向天求问的模样。在你细致的观察中，"细细的雨丝被风吹得斜斜的……一圈圈波纹……一颗颗断线的珍珠……"一切都仿佛有了生命，"丁香喝水""柳树点头"……"雨"已经不再是雨，而是你的快乐，为什么呢？因为你有一颗热爱自然的、纯净的心。

郝新媛

⭐ 会说话的云

山西省实验小学　五年级　王璐纯

云，高高在上，圣洁无瑕。一抬头，就能看到它清美的身影。可是你知道吗？云会说话。

一天上午，我背倚着阳台，仰望云儿洁白的身躯，我的脑海里出现了一个问题：云儿，你要去哪里呢？你又去干什么呢？

那片云立刻散开一个小洞，那小洞是箭头状的，指向西边。渐渐地，它又长出了一对角、四条腿，又冒出一条尾巴。啊，云

在跟我说话呢，它说它要去西边的牧场看看，因为那里有肥美的草原。

后来，我和云成了好朋友，我们经常聊天、玩耍。它有时像一匹撒蹄欲奔的骏马，带着我体验奔跑的快意；有时又像一只撒欢的小羊羔，和我玩捉迷藏的游戏；有时又会变成一大捧棉花糖，把我的口水都逗出来了。

一个午后，云似乎不想走了，在天空静静地躺着。不一会儿，天下起了毛毛细雨，而天空依然明亮着。我快活地跑出门，伸出舌头，享受云从远方带来的清泉水。

云也有不开心的时候，它的脸色变得灰蒙蒙的，有时还会流很多泪，好像对我倾诉心中的烦恼。每当这个时候，我就大声告诉它：忘掉那些不愉快，开心一点，好吗？它果然很快停止了哭泣，露出白白的脸蛋，还戴上了一条七彩的项链。

外出旅游时，云也跟着我。一次，我要给一座青翠的大山照相，忽然发现云立在山顶，我立即明白了它的意思，把镜头对准了它。哟，它变成了笑脸的模样，我抓住机会给它照了许多特写，展现它不同的身姿。

傍晚，晚霞给云穿上了华丽的彩装，第二天清晨，云还会换上火红的裙子，与太阳一道迎接一个崭新的黎明。

云天天都给我讲它从天南海北带来的有趣的故事，使我不再为一些小事烦恼，让我的生活充满乐趣，更加多彩。

点评

情与景，文与章，笔法流畅，行云流水。需要的不是点评，而是在小作者构思匠心中的凝神静听……这就足够了。

郝新媛

夏，多姿多彩

山西省实验小学　五年级　曹若宸

夏天，来了。

燥热、多雨、短袖衣……

燥热是肯定的。太阳毫不保留地把太阳光"奉献"给我们，人们手里有了雪糕、冷饮，享受难得的清凉。老人们手持蒲扇，围聚在一起聊天，不亦乐乎。年轻人火气壮，光着膀子在满是繁星的夏夜喝着冰冻啤酒……

这一群群的人们为寂寞的盛夏添了许许生气。

天忽然阴了，伴随着片片乌云的是盛夏独有的闷雷声。行人纷纷躲在路边的屋檐下，家里的人都跑到窗前，欣赏这天然的清洁剂。雨越来越大，最后变成了瓢泼大雨。那些躲在屋檐下的人们都躲进室内，整个世界仿佛只剩下了"哗哗"的雨声。很自然，也很静谧。雨是阵雨，很快便消失了。人们走出家门，世界一片清凉，完全消失了热感，很是清爽。

短袖衣是大家的首选，为的是多一丝清凉，此时，一缕清风都显得那么重要，尤其是那些校园里的篮球健将，累得满头大汗，一股凉风吹来，他们都张开双臂，享受这一时的清凉。

夏天给人感觉很难熬，但好像很快又过去了，绿得发黑的叶子渐渐转黄，温度也没有那么高了，凉风习习，这一切都预示着——秋天，就要来临了。

夏天，来得快，去得也快，多姿多彩的它，等待着下一年的轮回。

美丽的陷阱

万柏林区大唐实验小学　五年级　付　琳

在自然界里，生长着很多种吃动物的植物！啊？植物还能吃动物？这真是不可思议。但我可以告诉你，这是真的，在自然界里就有500多种这样的植物。它们靠捕食寄生虫、昆虫和其他植物为生，我们称它为食肉植物。食肉植物多数生长在泥塘附近的潮湿土地上。常见的有毛毡苔、茅膏草、猪笼草、瓶子草、捕虫草和狸藻等。

我们了解了这些，是不是让你大开眼见了呢？接着往下看，这一定会让你大吃一惊！

在澳洲潮湿的森林里，生长着一种植物，名叫猪笼草。它的叶子像个小小的"花瓶"，这个花瓶里散发出一种诱人的香气。当蜜蜂停靠在这个"瓶"口上准备采蜜时，就跌入"瓶"中，然后就会慢慢地被消化掉。

在阴暗潮湿的角落里，生长着毛毡苔。有一只苍蝇被叶尖上的黏液粘住，无法动弹。约过了几个小时以后，毛毡苔将苍蝇包住，把黏液渗入苍蝇体内，不一会儿，这只苍蝇就成了毛毡苔的美味大餐。

为了适应生存环境，这些食肉植物的叶子就成了他们的"捕虫器"。它们那灵巧的捕虫叶成为了许多动物的"美丽的陷阱"。

指导老师　耿瑞芳

⭐ 天龙山游记

万柏林区大唐实验小学　六年级　葛璇杓

"六一"的天就像是由孩子们一张张多才多艺的脸串起来的一样，谁只要看一眼，心里立刻感到无比嫉妒。而太阳公公想表现出它高兴的心情，每一个孩子的脸都被太阳公公打扮得红彤彤的。

我们就在这风和日丽的天气里，坐着漂亮豪华的车驶往天龙山。

苍翠欲滴的森林织成一片巨大的绿色天幕，让我们感觉自己仿佛在轻柔宁静的夜空中飞翔。那委婉、动听的鸟鸣正是一支天然的小夜曲。"野鸡！"我第一个发现，但灵巧的它转瞬就消失在灌木丛中，似乎只是为了给这幅自然美景点缀一点朦胧的色彩。

终于到达山顶的停车场，从车上下来，每个人都深深地呼吸着这新鲜的空气。仔细品味，沁人心脾的清新中似乎还有丝丝的松香味。

"听！"我们立刻屏住呼吸。是松涛，轻轻的，隐隐的，但却让人有置身海上的感觉。

沿着台阶，顺着旅游指示牌，我们游览了几个景点，但真正吸引我的却是一群群忙碌的蚂蚁。

✦ 点评

这是一篇游记，游览顺序清晰明了，段落的过渡流畅自然。景物描写传神逼真，遣词造句贴切得体，呈现在读者面前的恰似一幅生动传情的写生画。如果把写作重点放在天龙山的景点，是不是比只描写路上的景物能更突出主体呢？

马非马

我俨然一副大摄影师的派头，不断地取景、拍照，随着一声声的"咔嚓"，定格了一幅幅美景，收藏了一张张笑脸。

虽然我们还想继续往前走，但是天色已经有一些暗了，我们只好恋恋不舍地告别了天龙山，但天龙山却把欢笑永远地留给了我们。

指导老师　冀剑锋

大草原之旅

万柏林区大唐实验小学　四年级　杨倩雯

去年暑假，我和爸爸妈妈去内蒙古大草原旅游。

一进入大草原，马队就在我们车的两旁护航，一直到蒙古包。一下车，一股清新的空气迎面扑来，就像刚下过雨似的。我们走着走着就看到了羊，那雪白雪白的毛，真叫个漂亮呀！羊的头上面还有一对可爱的羊角呢！内蒙古大草原的商场很多，各式各样，千姿百态的东西展现在我们面前。过了一会儿，天渐渐变黑了，我们就住在内蒙古大草原的蒙古包里，吃过晚饭后，我们开始了隆重的篝火晚会。晚会实在太精彩了，演员们给我们表演了跳舞、唱歌、摔跤比赛和悠扬的马琴。我们围着他们不停地转，唱完之后，我们手拉着手在熊熊大火旁跳舞，实在太好玩了！篝火晚会结束了，我们一家三口坐在草原上看星星，那闪耀的星星，数也数不清楚。星星一会儿变大，又一会儿变小，真有趣。我们还骑了马，当时特别紧张，心里像有两只兔子在蹦，可是骑上去也就不怕了。骑完了马，我们一家三口恋恋不舍地离开了美丽的内蒙古大草原。

这里真美！我要经常来玩！

指导老师　张晓婷

★ 点评

开头对事情的时间、地点、人物等写作要素交代得清楚，内容具体，条理井然。语言清新活泼，欢快明朗，字里行间跳动着的童心，使文章也有了生命力。为了避免将文章写成"流水账"，小作者应该有重点地详写在旅游过程中给你留下印象最深的一两个地方。

马非马

⭐ 我家的小狗真馋

杏花岭小学　三年级　贾雨薇

一个炎热的夏天，爸爸给我买了一只小狗，它很乖，也很馋，我很快就喜欢上了它。

有一天，我正在家里吃雪糕，雪糕真凉，让我从夏天一下子跳到了春天，我吃得津津有味。突然，小狗用飞快的速度向我跑来，瞪大眼睛看着我，我就把剩下的一点给它吃了。

你看我家的小狗是不是很馋，它长着一身黑毛，有一双大大的眼睛，耳朵小小的真可爱！

⭐ 勇敢的小白兔

新建路小学　四年级　杨子豪

小白兔在我印象中是可爱、温顺的，有些童话里上当受骗被吃掉的总是它。可当我养过小白兔之后，我对小白兔的印象发生了转变，因为我的小白兔——欢欢是勇敢而机智的。

欢欢有两只长长的耳朵，一对红宝石似的眼睛炯炯有神，两条强壮而有力的后腿，一蹦三尺高。浑身是柔软、雪白的毛，连一根杂毛都没有，活像一个披着白衣白甲的武士。

记得有一次，欢欢和邻居家的狗闹了矛盾，狗恶狠狠地盯着它，好像在说："你赶紧走开，不然……"欢欢并没有理它，仍然自顾自地玩，狗火了，往上一扑，欢欢猛地一闪，狗摔倒在地，欢欢冲上去，把狗的一撮毛咬了下来，然后机灵地躲在一旁得意地看着狗，好像在说："我急了可是要咬人的。"欺软怕硬的狗只好三十六计，走为上了，逗得我哈哈大笑。

这就是我勇敢、机智的小白兔——欢欢。

爷爷家的 "伊甸园"

太原市实验小学　四年级　袁昕钰

爷爷家西面有一个长方形小园子，里面种着许多蔬菜、花草和树木，一年四季都很美。

春天到了，园子里绿油油的，地里好像铺上了一条绿毯子。一群小鸟停在树上，唧唧喳喳地叫个不停。静静的小园睡醒了，开始热闹起来。

夏天，成行的向日葵长得很茁壮，绽开了一朵朵金黄的花朵，迎着朝阳怒放。火红的石榴花引来了一群蜜蜂和蝴蝶翩翩起舞。茄子紫了，西红柿红了，带刺的黄瓜挂满了架子。

秋天，牵牛花开了，为小蜜蜂吹奏了一支乐曲。石榴裂开了嘴，露出了珍珠般的颗粒，像在对我憨笑。这一切怎么能不惹人喜爱呢？

冬天，树上披着白雪，地上也铺着雪，小园子成了银装素裹的世界。小园子真是一幅诱人的四季画，它是我心中的"伊甸园"。

指导老师　王丽俊

点评

这篇习作按春夏秋冬四季的时间顺序描写了"爷爷家的小园子"。春的生机，夏的绚烂，秋的丰收，冬的洁白，季节特点鲜明，并运用了大量比喻、拟人等修辞手法，给文章增色不少。

马非马

我家的小猫

万柏林区大唐实验小学　四年级　吕晓枫

猫的性格好古怪。有时调皮，有时又很老实，表现得很乖，会成天睡大觉。

小猫的样子憨态可掬，大大的眼睛，三角形的小鼻子下面配一个"喵"个不停的小嘴，嘴边还有两沲小胡子，真是讨人喜欢的小家伙。

每当我家吃饭时，它不管三七二十一直奔餐桌问我们要吃的。不给，就"喵"个不停，甚至爬到你的碗里抢吃的，真是个贪吃的家伙。

点评

热爱动物是现代人的一种美德。文章读后如见其物，如闻其声，可见小作者一定是个生活中的有心人。因为只有平时留心观察，并能同小猫心心相通，才能写得如此活灵活现。

马非马

有一天，我看小猫爬在鱼缸旁"看鱼"。我叫我妈妈一起看，妈妈说："等着看好戏吧。"只见小猫把脑袋伸进鱼缸去吃鱼，嘴巴够不着。不一会儿，小猫把前爪伸进鱼缸，结果还够不着，小猫失望极了，静静地看着小鱼，试着往上扑，可总是扑不上去，最终，小猫摔在地上，看上去好让人心疼啊！

猫的毛很软，摸起来很舒服。

猫的尾巴很细。

我很喜欢它，你呢？

指导老师　王瑛

⭐ 美丽的迎泽公园

大南关小学　六年级　乔满琳

迎泽公园没有颐和园高大，也没有西湖的风景"美如画"，可总觉得伴随我成长的迎泽公园最美。

走进大门，迎接我们的是捉迷藏的喷泉，那喷泉的水流一会儿变成一桩矮矮的水柱向路人撒娇，一会儿又变成一朵小花来亲吻你的小脚，一会儿又变成冲天大浪直入云霄。

我们随着老师的引导来到"嬉水区"，这里的喷泉更是让你回味无穷，它们都是隐身的，当你不注意的时候，一股突如其来的水流不知不觉就冒了出来。如你的运气好，可能会躲过"袭击"。那你也别大意，看水池两边的水柱迅速地冒了出来，友好握手之后形成了一个"拱形门"。可水间的水柱不停地向上冒，那你就遇上了名副其实的"水帘洞"。穿过"水帘洞"，一个个就像嬉水的鸭子浑身湿了个透，别提有多过瘾……

穿过水帘洞，走过独木桥，绕过假山，就到了美丽的迎泽湖畔，这里更是风景秀丽。你瞧，湖面上的喷泉随着音乐的旋律在舞动着、跳跃着，时而冲向人群，时而又舒缓而收，美极了！

不知不觉便来到了藏经楼。到处都是花团锦簇、姹紫嫣红。

⭐ 点评

这篇习作运用了移步换景的写作顺序，像摄像机进行摄像一样，由外及内，推进拍摄。段与段之间的过渡自然流畅，水到渠成。并且细心观察抓住景物特点，进行具体描绘，语言丰富生动形象，寓情与景，借景抒情。

马非马

景物素描

275

有好看的满天星，还有一株株姿态优美的美人蕉；有一根根青翠欲滴的翠竹，还有一盆盆造型独特的美丽盆景。啊！那不是小喜鹊吗？你看它正在一片绿绿的小草上寻找着蒲公英，时而又仰起头来欣赏一棵棵高大挺拔、苍翠欲滴的松树。啊！美丽的大自然，那沁人心脾的香气顿时让我神清气爽。

放眼望去，湖面上波光粼粼，一条条游船在碧波荡漾的湖水中游荡着。湖心岛上绿树成荫，一幢幢彩色的房子金光灿烂。昂首九孔桥，向湖中望去，蓝天白云倒映在了湖面上。

临走时，我又深情地望了一眼迎泽湖。这时，夕阳的余光洒在湖面上，霞光为这位美丽的少女披上了金色的纱裙。明天您将会更加绚丽而多姿！

牵牛花

太师二附小　四年级　李宇涵

不知不觉，我家阳台的花盆里冒出了一棵小芽芽。

渐渐地，小芽芽越长越大。原来，它是一株牵牛花呀！牵牛花不如牡丹高贵，不如玫瑰芬芳，也不如百合淡雅，但它依靠它那顽强的生命力，不断生长，不断攀登。

过了几天，牵牛花长出了几个小花蕾，时间一天天过去了，小花蕾开始脱掉绿绿的外衣，换上了粉红色的衣服。第一朵牵牛花开花了！它长着深红色的茎，嫩绿的叶片。那朵粉色的小花显得格外显眼，它是一朵圆形的花，中间有一个五角星，从远处看，好像一个精致的小喇叭。

牵牛花，你给我带来了无尽的快乐。

点评

　　小作者紧紧围绕牵牛花的生长过程描写。先写抽芽，再写开花。其中重点描写了花开的过程。如果能把色、形、静、动再进行细致入微地刻画描写，就会更好地突出牵牛花的特点，文章也会更生动具体。

马非马

秋天的树叶

山西省实验小学　五年级　邵惟佳

一定不要错过秋天，这个美不胜收的季节！

我在秋天的院子里散步，秋风吹过来，那金黄的槐树叶子，在空中翩翩起舞，慢悠悠地落到地面。此时，我醉了，仿佛自己也变成了一片金黄的槐树叶子。

家门口被称为"银杏一条街"，街两旁栽满美丽的银杏。初秋的银杏叶黄中带绿，叶脉清晰，边缘呈水波形，又像一把把打开的小扇子，满树的小扇子哗哗作响，让人心情舒畅。秋风猛烈时，这些小扇子便像蝴蝶似地从树上飞起，漫天翱翔。风停了，它们就静静地躺在地面，恬静优美。

人们说，世界上没有完全相同的两片叶子。枫叶是红色的，叉开的五瓣叶瓣就像人的手指一样，上面还有一些小洞，边缘呈锯齿形，恰似一颗颗排列整齐的牙齿。秋风里的枫树叶，就像一只只飞舞的红蝴蝶，点缀着秋天，点缀着世界。

给大自然增添色彩的还有更多可爱的树叶，冬青叶有许多锯齿和小刺，山白蜡叶是深绿色的，叶子边缘有许多看不清的小锯齿。栗子叶是青绿色的，叶脉如血管，历历在目……

秋天真美！尤其是装点它的片片树叶。树叶真美！尤其是风儿吹过的时刻。

点评

文章开头出手不凡，吸引读者。紧紧抓住树叶在秋天这一特定季节进行描写，语言简练而准确，联想触景生情，情景自然融合。一些精妙词语的使用，无形中也为文章增添了不少情趣。

马非马

我的玩具

万柏林区实验小学　五年级　马旭伦

我有一个《三国志》里的赵云玩具模型，它有着很酷的造型，我非常喜欢它。

它是一个长约10厘米、宽约7厘米的玩具模型。在《三国演义》中，赵云是蜀国的一员猛将，在《单骑救阿斗》中，展现了他惊人的武艺，是刘备实现统一天下梦想的得力助手。玩具里的赵云更是威力惊人，勇不可当，拥有万夫不挡之勇。

它有一匹坐骑，名叫"飞影闪"，是令曹操闻风丧胆的名马，跑起来像闪电般快，堪比马中之王——赤兔，能让赵云在乱军之中冲出包围，脱离危险，配合赵云武艺，无人可挡。

赵云手持两把尖锐的武器，一把名叫"山"，外形像魔杖，另一把名叫"风"，外形像一把红缨枪，这两把武器锋利无比，能在一瞬间砍倒数十人。另外，这两把武器更可合体为"武双戈风"，威力无比，像风一样"嗖"的一击，敌人就会应声倒地。

赵云还有更多的装备。它有一条灵龙，具有开天辟地的本领，它可以装在赵云不同的地方。比如，装在"武双戈风"上，就能成为最锋利的武器，还能有一必杀技，名叫"龙激导"，出招时，武双戈风似缠绕着龙的灵气，像一条龙向大地击去，可卷起数万个敌人，以一抵千，还可装在背甲上，变身为灵龙赵云，可使赵云拥有无穷的战斗力。

总之，它是一个形态逼真的玩具模型。**指导老师　赵亚萍**

⭐ 可爱的松鼠

太师三附小　四年级　王逸舟

高大的松树上，有一只活泼、机灵、尾巴又大又长、毛茸茸的松鼠。

看到我的到来，松鼠快活地表演起来。它在树枝间跳来跳去，大尾巴一晃一晃的，十分可爱。它抓住了一个圆圆的东西，用牙齿使劲一咬，那个东西就被摘了下来。我仔细一看，原来是个大松果。松鼠高兴得"吱、吱"叫。声音太刺耳了，我赶快捂住耳朵。过了一会儿，松鼠跳到另一棵树上去。那里有一个小巢，应该是它的家吧。嗬！里面竟然有只小松鼠，松鼠用它又大又长的尾巴盖住小松鼠，把松果上的小果实一粒一粒抠

出来，喂到小松鼠的嘴里。看到这一幕，我的眼圈红了。这个母亲真伟大。

喂完孩子，松鼠用唾液把大尾巴舔湿，在脸和身体的各个部分舔呀舔，不一会儿，毛就油亮油亮的了。之后，松鼠蹦蹦跳跳来到水边，左照右照，像一个美丽的女子洗完以后、总觉得自己不够漂亮一样。见到小鱼在河里游来游去，松鼠张开嘴巴喝起了水。它露出了雪白的牙齿，我不禁感叹：原来松鼠的牙齿也是雪白的呀！

这只松鼠太可爱了。

★ 爬山虎与老墙

大南关小学　四年级　常思礼

在一堵阴暗的、已经满身都是灰尘的老墙上，裂出了一道道深深的裂痕。这堵老墙好像是一位饱经沧桑的老人，经过岁月的流逝，已经满脸都是皱纹，衰老不已，它在人们的记忆中渐渐逝去，只有我们这些孩子在玩捉迷藏时，才来到这里。

随着年龄的增长，我们不再玩那些简单的游戏，那面老墙也在我们的记忆中渐渐逝去……

一天，我闲来无事，偶然又来到这个地方。当我看到那墙面时我惊呆了！我发现老墙的每一个裂纹都被绿色的爬山虎所占满，老墙似乎年轻了许多……我很奇怪：爬山虎是如何在老墙上生根发芽的呢？想着想着，我不禁落下眼泪，老墙是用土壤垒起的土墙，也许是一只鸟儿把种子带给了老墙，老墙把自己仅有的一点水分全部给了爬山虎，而它自身却很有可能因缺失水分而垮塌，爬山虎也没有忘记老墙的"养育之恩"，用自己的绿色将老墙装点得充满生机……

它们在秋风中相互支撑，不离不弃，一起向我们讲述着一个美丽的故事。

这就是爱，这就是爱的相互温暖，相互传递！

★ 点评

这篇作文取材新颖，构思奇妙。作者虽然年纪小，但是文章却写得寓意深刻，发人深省。从"老墙"与"爬山虎"那密切的联系中，让读者深深体会到"爱"的力量，"爱"的伟大。结尾恰到好处地点明中心，语言朴实而含义深刻，耐人寻味。

马非马

小花猫

羊市街小学　五年级　姚旭红

一身白色的毛，一双会变色的眼睛，一张小馋嘴，加上一对又大又灵敏的耳朵，凑成了一只小猫咪。它的名字叫花花。

这只小猫咪是在姥姥家帮姥姥捉老鼠的。这天，我写完作业想跟小花猫玩一会儿，但我突然发现它正在找着什么！连我走到它身旁也不知道，后来，我不小心触动了一下桌子，花花那炯炯有神的目光立刻向我投过来，好像在说："别说话，我正捉老鼠呢！"这时候，一只小老鼠探出头来，花花警惕地看看它，小老鼠似乎发现了它，又收了回来。不大一会儿，它又出来了，花花前腿一弓，后腿一蹬，猛地一下把小老鼠按在地下。花花叼起老鼠就往院子里跑，然后停在一个角落，把小老鼠东摔一下，西摔一下，直到小老鼠断了气，才美滋滋地吃起战利品来。

小花猫也很胆大，敢把小蛇叼回来玩。

一天，花花把一条长80厘米左右的小蛇放在床底，不动它。等小蛇以为没风险、又动起来时，小猫才用锋利的爪子"啪"地一下把蛇按住，直到吃了它为止。

我爱我家的小猫。

太原晚报

阳光天使小记者 作品集

点评

这篇习作从小猫的样子写起，寥寥几笔勾勒出一个可爱的小猫形象，然后通过两个事例让我们看到了小猫捕鼠时的沉着、勇猛，捉蛇的胆大。事例有详有略，过渡自然，语言十分精练，拟人化的手法也为本文增色不少。

马非马

蒜苗成长记

太师二附小　四年级　吕佳月

（一）

前天，老师组织我们每人种了一盘蒜，才过了两天，蒜苗就有了不小的变化。只见蒜的底部长出了一些小毛毛，老师说这就是根。那一个个小小的根，就像老爷爷的白胡子，有趣极

了。蒜的上方也不同了，有几个蒜的顶部裂开了一个小缝，还有一个蒜里面，长出了一个绿里带黄、黄里带白的小蒜苗。

我盼望着我的小蒜快快长大，好让我吃哦！

（二）

几天不见，一盘蒜已经长得像一片小森林了。根已经长得很长了，我用尺子量了量，它们中的"大王"的根已经有6.5厘米了！再看看蒜苗顶部，咦？原来的一圈紫已经不那么明显了，变成了纯青色，像是被人打青了一样。我又看了看蒜苗，哇！前几天的蒜苗里面长出了新的小苗，小苗里面又长出了一个小苗，就这样，调皮的小苗一个接一个地冒出来，长成了一片。我还发现，最外面的皮儿几乎完全变成了白色，而且越往里越绿。

我心想：蒜苗一定比我最爱吃的土豆炒肉片还要好吃吧！想着想着，我竟流下了口水。

（三）

半个月过去了，我的蒜苗终于长得老高，有的都往下弯了，是品尝它的时候了，下学时，我小心翼翼地用剪刀把它们剪了下来，翠绿的苗儿渗出了液体，我都有些不忍了。蒜苗啊蒜苗，你不是在哭吧？不过一想到老师说过，剪掉蒜苗后它还会继续长出来，我又加快了速度。

晚上，妈妈给我做了蒜苗炒鸡蛋，鸡蛋和蒜苗混起来的淡淡清香飘荡在空气中，真好吃。

★ 点评

你真是个爱"吃"的孩子，段段以"吃"结束，真实得令每个看了的人都会忍俊不禁。文章以蒜苗的生长过程为线索，仔细观察，抓住不同时期的变化特点，用生动形象的语言描写。你的文章不仅传情——对蒜苗的喜爱之情，而且还飘着食物诱人的香气。

马非马

☆ 雨夜

万柏林实验小学 六年级 胡琪

我喜欢被雨装扮的夜晚。

当华灯初上的时候，晴朗的月空，有几颗孤零零的星星像生了气一样。过了一会儿，天空乌云密布，阴沉沉的，"滴答"，"滴答"，下起雨了，千丝万缕的细针从天而降，雨中的世界像人间仙境一样。我撑着伞，迈着轻盈的脚步走出了大门，人们忙忙碌碌穿梭在街上，雨水落在鹅卵石上"滴答""滴答"，雨点打在树叶上"沙沙""沙沙"。马路两旁的树木都仰望天空，像一个个彬彬有礼的绅士，挺拔地站在那儿。花儿、草儿都在认认真真地听大树给它们讲故事。雨浸润在地面，已变成了波光粼粼，好像在炫耀自己的美丽。当车灯照在水面时，像金子般洒在水面上，溅起一圈一圈水花，一会儿，又恢复了原来的状态。

雨停了，月亮从山后悄悄露出了头，像一位害羞的姑娘。星星向我眨起了眼睛，仿佛这一切变成了童话世界。

我慢慢地写，慢慢地想，仿佛又看见那一次的雨夜，那个雨夜是那么安静，那么美丽。

指导老师 朱玉

游庐山

山西省实验小学 二年级 解森炜

庐山，风景秀美，名扬天下，"诗仙"李白在庐山留下了"飞流直下三千尺，疑是银河落九天"的千古名句；东坡居士在此悟到了"不识庐山真面目，只缘身在此山中"的哲理。现在，我们来到庐山，一睹它的风采。

第一天，我们随导游来到了庐山老别墅，这里有大大小小的各国别墅，造型别致。顺着山道，我们来到了三叠泉，站在瀑布脚下，我真想跳进瀑布感受清凉。因为这几天江西适逢罕见的高温，对水的感觉才是"我的眼里只有你"，也才体会出朱自清先生"我想起梅雨潭的绿了"的韵味和心情。庐山的石路可真长呀，爬了数不清的台阶，我们终于到达了石门涧，在这里看到了千奇百怪的石像，石门大佛、神猴观瀑、金龟回头……争先恐后地向你的眼睛扑过来，让人体会"目不暇接"这句成语的表现力。

第二天，我们来到了"仙人洞"，这里就是毛主席写下"天生一个仙人洞，无限风光在险峰"的地方，我和妈妈赶紧合了

一个影留作纪念。离别"仙人洞",驻足三宝树:两棵六百年的杉树,一棵一千年的古树,真是"十年树木也需时,百年树人终得学"啊!

庐山啊,两天时间我怎能看得完游得尽呢,我真想变成庐山的一棵树、一株草、一块石、一阵风……**指导老师　侯玉芹**

⭐ QQ

太原市实验小学　四年级　梁鑫宇

"QQ"是我给大舅家一只小狗取得名字。它和它的名字一样讨人喜爱。

QQ周身洁白,像披着一件雪白的毛衣,它长着一双圆溜溜的黑眼睛,就像一颗黑宝石嵌在白玉上,它的耳朵长长的,还会一张一合的呢,它的四条腿跑起来像风一样,可有意思啦。

QQ爱吃肉和骨头,每次我到大舅家的时候都要带上一小块肉和一根骨头给它吃,每当这时它就会向我点点头,然后很快地吃起来,你看,随着它那一张一合的小嘴,骨头和肉渐渐缩小,不一会儿它就吃完了,最后还会朝我摇摇尾巴,好像在说:"谢谢。"接着便回到它的"天堂",舒舒服服睡觉去了。

QQ很爱干净,有一次我洗完手,不小心甩到了它的身上,它立刻用爪子把脸抹了一遍,接着用爪子梳理自己身上的毛。

QQ的胆子很大,每次我到大舅家的时候,它都会对着我汪汪叫个不停,有一次吓得我一下子就跳到了沙发上。慢慢的,我也习惯了,而且每次到了大舅家,都要和它玩耍一阵子,它玩得可高兴了,有时还会唱出"自己编的儿歌呢"。

QQ,我非常喜欢你!　　　　　　　　　　　**指导老师　邢颜芳**

⭐ 点评

真是富有时代气息的名字,乍一看题目还以为是写网络文章呢!开篇不俗,极具吸引力。文章着重描写小狗的样子、生活习性,并通过具体的事例讲述,内容具体,形象生动。观察细致入微,给读者留下了非常深刻的印象。

马非马

菊 花

万柏林区实验小学　四年级　马　萱

大千世界，植物无奇不有，而我独独喜欢菊花。

一个风和日丽的下午，我去了一位朋友家，她家养着一盆十分引人注目的菊花！

我发现，这种植物十分奇特，不管朝哪面放，它都是朝着太阳，它的花瓣上有锯齿，可能是保护自己吧！它的花瓣好像是被卷过的，展开像一个个黄色的地毯，花蕊像一个小公主住在宫殿里。

回到家里，我又查阅了有关资料，才知道菊花是一种草本植物，种类很多，是我国著名的观赏植物。白菊花可做饮料，也有药用价值。

我是多么喜欢菊花，真想养一盆啊！可惜我没有时间养。如果可以的话，我一定要养一盆，一定要精心地呵护它，让它开出最美最艳的花朵来。　　　　　　**指导老师　齐春梅**

点评

这篇习作中小·作者选择喜爱菊花的原因是"不管朝哪面放，它都是朝着太阳"，说明作者观察仔细。我们一般写植物时，总要把它的根茎叶花果，抓住特点来写详细。你也可以试着再多写一写。而且既然查了资料，那么你看到的是哪种菊花呢？

马非马

校园的早晨

太师二附小　三年级　栾泽奇

校园的早晨是一个生机勃勃的早晨。我迎着朝阳，高高兴兴地来到学校。

一进校门，就看见花坛中那一朵朵娇艳欲滴的花儿微微咧开了嘴，朝着我们点头微笑。清晨那一颗颗晶莹剔透的小露珠，顽皮地在花叶上滑滑梯，蹦着跳着，玩得不亦乐乎呢！

同学们在操场上欢快地跳舞，有的像小兔子一样在跳绳，还有的在操场上追逐打闹，我们的校园多热闹啊！突然，一个东西打到了我，凶手原来是一个沙包，我拍拍身上的土，捡起

点评

作者很善于观察生活，能敏锐地捕捉一个个动人的瞬间，并且抓住"校园"这个特定环境的特定的时间段——"早晨"。笔下的你们，就像早晨七八点的太阳，充满朝气与活力。

马非马

沙包，高兴地和同学们玩了起来。

这是一个生机勃勃的早晨，一个活泼灿烂的早晨，我喜欢校园的早晨。

⭐ 和谐校园

桃南小学　三年级　王劳谦

"和谐"是什么意思？让我查查字典吧。噢！原来"和谐"就是"配合得适当匀称"。我明白了，我们的校园就有一种和谐的气氛，就是一个和谐的校园。不信，你来看看。

一进校门，首先映入眼帘的是一座喷泉，它喷出的水花在空中舞动着，就像是一群活泼的小男孩。在这些生龙活虎的小男孩四周，摆放着一些盆花，他们在阳光的照耀下茁壮成长着。在喷泉水花的映衬下，这些花朵显得格外鲜艳夺目，把学校装扮得更加绚丽多彩。

再往前走，展现在我们眼前的是学校高大的教学楼，平缓的楼梯，就像让我们成长和进步的阶梯。静静一听，教学楼里不时会传来同学们琅琅的读书声，多么和谐的校园环境啊！

操场上，同学们一个个在开心地玩耍。大家活泼的一面都在此刻表现了出来，男孩子们在篮球场上尽情地奔跑着，他们有的扔沙包、有的捉迷藏、还有的在玩老鹰捉小鸡的游戏，女孩子们则围在一起跳皮筋、踢毽子……

该上操了，同学们都自觉地排好队，主席台上的老师喊着口令，台下的同学则听着口令整理队列。开始做操了。大家的动作整齐一致而且很大方，每个人都很认真地配合着广播口令，多么和谐的课间活动啊！

"丁零……丁零……"上课铃响了，它好像在对我们说要好好上课。回到教室，教室很快安静下来。老师面带微笑地走上讲台，"老师好"，大家的声音非常洪亮。

上课时窗外十分安静，树枝不摇了，鸟儿不叫了，蝴蝶停

点评

文章以设问开头，将"和谐"的定义交代得十分清楚，起到总领全文的作用。运用了移步换景的顺序依次描写了校门、教学楼、操场、教室，用不同地方不同同学的不同表现，来展现校园的"和谐"。过渡自然流畅，结构完整，首尾呼应，不失为一篇佳作。

马非马

在花朵上，好像都在听同学们读课文。

你看！我们的校园是多么的和谐啊！

⭐ 秋

太原市实验小学　三年级　师佩瑶

秋是什么时候来的？可能谁也没有注意。但是秋天的确来了，不知不觉地来了。

我爱看中秋皎洁的月光；我爱看大雁南飞的景象；我爱看丰收的田野；更爱看像珍珠一样，堆满粮仓的谷粒。

秋天的美是成熟的，它不像春那么害羞，夏那么火热，冬那么含蓄。

指导老师　布俊枝

⭐ 四 季

大南关小学　一年级　张雨芝

春天到了，我们出去玩儿吧。夏天到了，我们吃冰棍儿吧。秋天到了，我们捡一片树叶当书签儿吧。冬天到了，我们赶紧挤暖和儿吧。

⭐ 美丽的小花园

双西小学　三年级　武雅宁

在我们学校大操场的西边，坐落着一座美丽的小花园。

小花园的墙特别美丽，是白绿相间的花墙，还是镂空的，上面有四个红色的大字——"书香绿苑"。所以从外面可以看见里面，就像一扇小窗子。在小花园中心，有一座蘑菇亭，顶上是橘色的，它的周围是草地，还有一条鹅卵石铺成的小路。春天，

嫩绿的小草睁开了睡眼，舒展开了自己的身体。绿油油的一片，就像绿色的"地毯"。草地上盛开着各种各样的小花，有红的、蓝的、黄的、紫的。五颜六色的花儿们在草地上玩，很快乐。夏天，树木十分茂盛，就像绿色的海洋，有的像小伞，有的却直直地挺立在地面上。在草地上，有三只可爱的"小鹿"，它们是一家三口，一只在右边，两只在左边。一只小鹿卧在地上，鹿妈妈对小鹿和蔼地说："爸爸出去给我们找食物了，就要回来了。"小鹿点了点头，在左边的鹿爸爸蹦蹦跳跳地回来了。小鹿和鹿妈妈都是在欢迎鹿爸爸呢。它们说："欢迎回来。"瞧它们生活得多快乐啊。

　　每当下了课，同学们就会围着小花园观看里面美丽的景物。有的同学看着那挺立的松树，想：我也要像松树那样挺立，这样我一定很强壮。还有的女同学想：我真想像花儿一样漂亮、可爱。美丽的小花园给我们的学习生活带来多少趣味与美丽呀。

　　我们的小花园是多么美丽啊，我们都喜欢小花园。

★ "F1" 赛车

万柏林区实验小学　六年级　李晓煦

　　每当我看到电视上转播的"F1"比赛中高速奔驰的帅气的赛车时，我的目光不由得转了回来，锁定在书桌上的一辆仿真F1赛车上，心中便升起一种喜悦之情。

　　我的这辆"爱车"是一辆全身鲜红，上面点缀着几块黄色、白色的斑纹，是一辆比例仿真赛车。它的前后轮都能活动。更有趣的是，它的车盖还可以掀起，里面所配置的发动机、油箱、齿轮等还可以卸下、拼上，让我懵懵懂懂地明白了汽车行走的原理。

　　我喜欢它，不只喜欢它的外形，还有它给我的动力。一次考试后，我的成绩很不理想，心情很烦躁，随手推倒了面前的一个个东西。即使这样，我的怒火仍不能平息，一把把它推了出去。它果然就滑了出去，撞倒了一本大书。我愣住了：这么小的东西，怎能撞倒这么大的书呢？我冷静下来，细想起来。是

点评

　　小作者从镂空的花墙着眼，带领读者进入花园，着重描写了花园不同季节的变化，尤其是三只小鹿的拟人对话，给文章增色不少。文章融情入景，写完景之后写情，使得全文富有感染力。

王建光

点评

　　是啊！F1赛车运动之所以有巨大的魅力，与赛车近乎完美的机械构造有密切的关系。每个部件都完善了，赛车才会有强大的动力，才能勇往直前。在学习上也一样，各个方面都完备了，才可能取得优秀的成绩。能从自己喜爱的赛车上领悟到学习中的道理，比家长老师的说教更加有效果。

王建光

呀，考不好没什么，只要尽力了就行。这本被撞倒的书正如我们成长中的一次"堑"，只有如那 F1 一样，勇往直前，才会看到胜利的曙光。F1，我的最爱，正是这盏灯标，正是这承载着我的梦想的冲刺者，指引着我冲破困难，品味成长！

指导老师　孙晓园

梅　花

万柏林区实验小学　五年级　李博雅

　　我爱梅花，爱它的骨气，爱它的坚强，爱它的永不屈服。

　　它排在岁寒三友的第一位，是最有骨气的！它在严寒的冬天不肯屈服，用自己娇嫩的肌肤顶着风欺雪压。只有它会有那份精神与那份傲气。梅因冬天而存在，而正因为梅也使冬天添加了几分温馨、清香，减少了几分严寒、冷酷。

　　"宝剑锋从磨砺出，梅花香自苦寒来。"大家会感觉冬天很寒冷，都不愿出门。而梅花这种没有思维的植物却在冬天里绽放，雪白的花瓣顶着寒风傲然挺立，显现出与任何花儿都不同的姿态。中华民族的英雄有很多，他们都是经历过风风雨雨的，毫不退缩，毫无惧色！它也是迎着狂风、暴雪一步步成为中国国花、成为岁寒三友的第一！这么多的荣耀！同时，梅花也付出了代价，它经历的困难不知有多少。生活中，有些人的意志都没有它强，因为有些人本来可克服眼前的困难，但却不积极面对，有的甚至采取逃避的办法。

　　我不会忘记梅的傲骨，梅的精神。也正因为梅的这份傲骨、这份精神，让我勇往直前、永不退缩。站在寒风中，又飘来了梅的阵阵香气，那样清淡、那样高雅。我的脑海中，又看到了梅花的坚持与毅力！

指导老师　朱　玉

点评

　　这是一篇微缩的《梅花赋》，文章主题鲜明，写作手法成熟。若喜欢梅花，就继续加强对它的了解吧，你会学到更多关于梅花的知识，领会更多积极向上的精神。

王建光

快乐的一天

万柏林区实验小学 五年级 尚 洁

　　暑假里，妈妈爸爸领我回老家。老家全都是平房，与城市有着天壤之别，我对老家有些失望了。

　　在姥姨家的大院里，我看见了桃树、梨树，还有桑树，盛开的鲜花争奇斗艳，几只花蝴蝶在其间飞舞。我的失望之情稍稍缓和了一些。进了屋子，姥姨告诉我："尚洁，跟姐姐去房后玩吧。"在房后，我看到了完整的山村景色。它别致整洁，卵石垒墙，碎石铺路，前临河滩，背衬青山，显得清秀幽静，像极了油画。

　　姐姐又带我来到竹林，只见一群小鸡和一只母鸡在觅食，小鸟也在树上欢叫着，仿佛在说："饿了，饿了。"我急忙跑回家里，拿来一些杂粮，喂小鸟和小鸡，它们就像三天没吃饭一样，你争我夺，不一会儿就吃完了。小鸟和小鸡对着我直叫，好像是在感谢我。

　　傍晚，我跑进厨房对姥姨说："姥姨，我帮您吧！""好呀。"姥姨笑了。姥姨先让我把木柴放进炉灶，然后让我用一块石头和另一块石头打火来点燃这些柴火。我把两块石头放在手里，用力地打，可怎么也打不出火来。我想放弃了，但猛一用力，火花竟然出来了。我把火放进柴里，火半天都着不起来，只冒出小小的烟。姥姨让我拿了把扇子，我扇呀扇，火终于生起来了。开饭了，我们把饭端到院里，"海阔天空"地吃起来。一家人边吃饭，边欣赏风景。太阳还没有下山呢，天边的一片长霞，美丽无比。

　　就要离开老家了，我心想："乡村要比城市好许多啊！"

指导老师 陈 剑

点评

　　"水清鱼读月，林静鸟谈天"。好一幅山村田园图啊。作者把农村清幽原始的环境和简单质朴的生活进行了清晰地描写，这是久居都市的人所向往的。很多事情，只有相互对比，才能发现各自不同的特点。农村和城市也是这样，大家有机会要多去乡村体验呀。

王建光

景物素描

289

⭐ 上房揭瓦的猫

太师一附小 五年级 吴 熙

　　妈妈从楼下抱回一只可爱的猫。瞧，它有多么可爱：头和背的上部为黄色，其他部分为白色。眼睛米黄色，中午眯成一条缝，晚上瞪得特别大，早晨半圆形；鼻子肉色，软绵绵的，鼻孔时大时小地翕动着，和嘴连在一起，很像英文字母"X"。尾巴每天摆来摆去，为我们家扫掉了一切尘埃。更不得了的是，它的趾甲异常尖锐，或许就是凭借这一天然优势吧，它可以爬上我家的任何一个地方，也因此变得异常嚣张。

　　一天，我放学回家，只见家里一片狼藉，盒子横七竖八地散落在地上。我开始找猫，想看看是不是它惹的祸，可找了两个小时也没有找到。这时，我突然听到了它的叫声："喵——""喵——"猫究竟在哪儿？正当我左顾右盼时，一个盒子突然从大柜上掉了下来。我终于发现了猫——它躲在大柜上，看着下面渺小的景物不敢往下跳，只能在柜上叫，还把柜上的盒子都拨拉了下来。我看着眼前的场面哭笑不得，连忙取来我的网杆，要把它网下来，可它极不配合，在柜顶跑来跑去，躲避着我的网杆，我气得六神无主，可又不知所措。这时我突然想出了一个好办法——把席梦思拉来，让猫向下跳。经过一番折腾，猫才安然无恙地落地了。我看着喵喵叫的猫哭笑不得，可它一溜烟跑到了饭碗旁狼吞虎咽起来。我只能无奈地一笑："小淘气鬼。"

　　"吴熙，席梦思为什么在地上？看我不打扁你！"天哪，爸爸何时回来了？我得赶快逃命！"饶命！""饶命……"

⭐ 点评

　　通过对小猫"上房揭瓦"事件的描写，刻画出了猫的活泼和自己对猫的爱怜。作者对猫的观察特别仔细，文章自然流畅，结尾部分最为精彩，一波未平一波又起，高潮不断，颇具戏剧性，令人忍俊不禁。

王建光

☆ 蒜苗观察记

万柏林区实验小学　四年级　张笑然

2007 年 10 月 3 日 星期三 雨

　　早晨，我在桌子上找到一头大蒜。我剥去了它的白色外皮，发现里面有 9 个兄弟抱在一起，我小心翼翼地把它们一个个分开，然后把它们养在一个加了水的小碟子里。

　　下午，我发现有三个领头的蒜瓣，根比上午长了一些。那白色的根须就像老爷爷的白胡子一样。第二天，它们的头上都长出了绿色可爱的嫩芽，大约有半厘米长。还有一些蒜瓣头顶上突出一个白色的小芽苞，似乎里面的芽在不断膨胀，不断长大，可就是顶不出来！

　　过了两天，我又去观察。那三个领头的嫩芽已经长了足足一厘米，就像小姑娘梳着一根翘翘的小辫子。那几个顶不破皮的蒜，费了九牛二虎之力，终于破壳而出，展露出自己嫩绿的小芽，仔细一瞧，可爱极了！

2007 年 10 月 7 日 星期日 阴

　　今早儿一起床，我便奔到阳台，去看我的蒜苗。哇！这蒜苗比前几天长了好几倍，你看，最高的一根都有六厘米高了，前几天发出的芽变成了草绿色，新抽的苗却是翠绿色。排在前三位的，我还给它们编了序号。"1号"蒜苗又细又长，弯弯的，像小姑娘的柳叶眉；"2号"蒜苗又粗又厚，苗中生苗，像一垛厚厚的矮墙。"3号"蒜苗从主芽的正前方抽出一枝新芽，就像鲨鱼的大嘴巴。

　　这一盘蒜苗各有各的样子，高、矮、粗、细都不相同，越看越有趣！

指导老师　齐春梅

★ 点评

　　"老爷爷的白胡子"、"小姑娘梳着一根翘翘的小辫子"、"小姑娘的柳叶眉"、"一垛厚厚的矮墙"、"鲨鱼的大嘴巴"，本文最大的特点就是比喻运用得比较丰富、精准，从而使得文章清新灵动，最终在众多观察日记中脱颖而出。

王建光

⭐ 樱花雨

太师二附小　四年级　傅琬宁

行走日本，看樱花雨，去追逐樱花雨，在樱花树丛中嬉戏、玩耍。行走日本，樱花盛开了，清风中带着浓浓的清香味儿，樱花凋谢，一片片，一群群，一堆堆，无数樱花落下，成了"樱花雨"。

清晨，人们来看樱花雨，"哒哒哒⋯⋯"的马蹄声在树丛中显得格外清晰，"咯吱咯吱⋯⋯"的车轮声，让人更加感到美的"声音"，樱花花瓣落下，成了樱花地毯。上午，在樱花丛中舞蹈，即使你周围没有人观看，你也不会感到寂寞，樱花花瓣纷纷落下为你伴舞，"踏踏"的木屐声，是多么美，色彩斑斓的和服与樱花一样绚丽多彩。

行走日本，去看樱花雨。

⭐ 点评

读完此文，心驰神往。

王建光

⭐ 玉兰赞

三桥街小学　四年级　石林育

在金灿灿的阳光里
有洁白如玉的玉兰
玉兰的绿枝已被照射成金枝绿叶
似翡翠挂在枝头
脚下根深扎
花，聚在一起
叶，充满生机
枝，粗壮而壮观
玉兰 冰肌玉骨
国色天香
洁白无瑕

⭐ 点评

大胆尝试，勇气可嘉！精雕细琢，尚需努力！

王建光

⭐ 雪糕树

万柏林区气化街小学　二年级　郭静仪

树是一根绿雪糕
风儿飘飘，来舔雪糕
哇！好甜！好甜！
雨儿沙沙，来舔雪糕
哇！好香！好香！
蚂蚁馋了，想舔雪糕，抬头望望
哇！好高！好高！

⭐ 点评

一首想象奇特、妙趣横生的儿歌。

王建光

⭐ 寻找秋天

万柏林区大唐实验小学　三年级　高笑钰

一个天高云淡、秋高气爽的日子，我带着一个收藏盒来到晋祠公园，寻找和收藏秋天。

刚刚跨入公园大门，我的视野就开阔起来。一幅由金黄色、红色、绿色交织的美丽画面立刻扑入我的眼里。我们迫不及待地向大门右侧的植物区奔去。微微发黄的草地上铺满了金黄色的落叶，踩上去软软的，舒服极了！

各种不知名的高低不同的灌木丛相互缠绕在一起，有的是红色的，有的是绿色的，有的大如碗口，有的小如绿豆，有的像圆圆的蒲扇，有的像细长的面条。我拾起一片半黄半绿的叶子，把它装入收藏盒，它代表了夏去秋来季节交替的瞬间。我会把它珍藏起来。

抬头望去，蓝天下，依然是红、黄、绿的世界，各色树叶在秋风中不停地摆动，时而飘落下几片黄叶，在空中缓缓地盘旋而下，好像不愿离开大树妈妈。触手可及的低空中，悬挂着油亮火红的果实，让我想到了课文中学过的词语"瓜果飘香"、

⭐ 点评

郊游的快乐就是生活的好味道。小作者眼中有一个多彩的世界，那些缤纷的色彩，不仅来自于秋叶的绚烂，更出自小作者丰富的内心。"收藏秋天"是一个亮点创意，有童趣，充满诗意，如果再写写秋色中的晋祠，这个秋天就更美了。

李秀英

"果实累累"……

时间过得真快，一盒精心收集的"秋天"很快就满了，我会永远将它们珍藏起来。 **指导老师 冀剑锋**

秋天的气息

滨河小学 六年级 胡昕萦

秋天送来了一阵清爽，落叶飘散在天空，秋天的气息嗅到了大自然的芳香，鸟鸣的脆声隐约在枝头上，响得清脆，响得透彻。轻声流进我的胸怀，流进我的耳语。

秋风飕飕，皎洁的月光洒遍大地，这层纱衣使万物显出神奇的变幻色彩。秋天，虽不像春天那样有生气，却有诱人的金色果实，它，最容易勾起人们的秋思。

秋天的风，吹走了春季的"湿"，吹走了夏季的"闷"，带来了一阵清凉。人们都说，秋风是干燥的。我却不以为然，我喜欢秋风拂面的感觉，它可以让人头脑清醒；可以让身上的尘埃飞向远方；可以带我们的灵魂走进秋色。秋风一闪，万树都会报以热烈的掌声和优美的舞姿，那个场面隆重盛大，不亚于盛大晚会的热闹场面，漫天飞舞着蝶一般的落叶。叶子之间碰撞出的响声似乎在向大地母亲报喜，离家的孩子要回到大地母亲的怀抱，激动的心情是无以用言语表达的，也不需要表达，因为秋风已经悄悄地告知大地。

秋天的叶，带走了春季的"绿"，带走了夏季的"壳"，带来了一段漫天飞舞的动人场面。每一片落叶都是一个生命的结束，同时又是另一个生命的开始。落叶在风中尽情地舞动着婀娜的身姿，时而翩翩下落，时而转圈，时而随风而行。身披黄衫的它们，此时在以最优美的舞姿向大树告别。感谢大树母亲的养育之恩。

秋天的叶铺满了世界各个角落，犹如在弹奏着动听的琴曲，此起彼伏。有"大珠小珠落玉盘"之气势，"余音绕梁三日"。

秋天的风，秋天的叶，秋天的色调，秋天的阳光，构成了

★ 点评

秋天是一幅长长的画卷。秋风、秋叶、秋色、秋阳是这幅画卷的画家，而小作者则是摄影师，她用自己独特的视角，把一个美妙的秋景图奉献给大家。瞧！画中颜色多丰富，有"白"帆，有"金"色果实，有"黄"衫……画中还有动感，"秋风嗖嗖"，"漫天飞舞着蝶一般的落叶""时而翩翩下落"……其实，正如小作者结尾段中所说，画中还埋藏了许多秘密，不过，这秘密等待着爱好大自然的、喜爱写作的你去发现，去描绘。

李秀英

一幅绝妙的秋景图。图画中埋藏了许许多多的秘密，只要我们善于发现，就可以揭开；图画中蕴藏了许许多多的人生哲理，只要我们积极求索，就可以领悟。图画中展现了多姿的人生，只要我们端正态度，就可以拥有。

秋天——一幅美妙的人生宏图。

⭐ 秋天的爬山虎

北营小学　四年级　杜佳月

秋天吹来了阵阵凉意。我们都换上了长衣长裤。学校的那一墙爬山虎也换上了漂亮的新衣服。

今天，我们去学校的北墙边看爬山虎。远远望去，把我吓了一大跳，我以为墙上起了火。再仔细一看，原来，有些爬山虎换了一件红得像火一样的衣服。怪不得像起了火呢！但是有些叶子还没来得及换上新衣，还穿着绿色的旧衣服。这样一来，一墙的叶子就变得更加漂亮了，有深绿的、火红的、半红半绿的……真是美丽极了。瞧，那串叶子火红火红的，叶茎也想穿漂亮衣服，就变成了嫩红的。一阵凉爽的风拂过，叶子就发出沙沙的声音，忽高忽低，就像奏响了秋天的奏鸣曲。我又想，爬山虎的叶子到了秋天会不会不光滑了呀？于是，我便用食指轻轻地摸了摸，呀！叶子还是那么光滑，就是有些脆了。

丁零零，上课铃响了。我与同学们排着队，恋恋不舍地离开了那一墙火红的爬山虎。我觉得秋姐姐真好，让秋天的爬山虎变得美丽无比。

指导老师　周丽莉

⭐ 点评

又是一年风儿凉，树叶忙着换衣裳。聪明作者勤观察，眼中秋色好风光。时光就像白驹过隙，转瞬即逝，尤其是课间十分钟。杜佳月同学是一个有心人，利用课间时光做了件有意义的事，而且把它记录了下来，真是难能可贵，长此以往，必受益匪浅。

李秀英

⭐ 热爱绿色

五一路小学　五年级　辛朝晖

走进一片绿色田地，呼吸绿色空气，让我带领你进入另一个世界。在这里，你的脚步正悄悄地被清洗，你的一生正慢慢被你的行为洗礼。

燕子快要飞回南方，绿色即将枯萎变黄，一片片黄叶落下时，我们又要穿上厚厚衣袄。也许，我们从不注意，我们拥有微妙的空气，它是绿色的，它不仅仅是看不到的空气，而且是我们的生命，它看得见，摸得着。它是"草"，它一直存在，一直在我们身边，一直是毫不起眼的"草"。

我们一直都不重视它，毫不留情不假思索任意践踏，这好似一场战争，难道我们真要与绿色鏖战下去吗？

我们已经错了，我们摧毁、窒息了它。它那带着犹豫而又清爽的颜色逐渐消失，我们不经意的一个动作，就让绿色消失了很多。

绿色，在这片大地上勾勒出美丽的青姿，在肥沃的土壤上挂上了翠玉镯、玉项链，在辽阔的山坡上衬托着一朵朵红花，在空气中又夹杂着一种特殊的味道，一种颜色调出多种色彩，难道你还想把它除去吗？难道你还不重视它吗？

在那个长满生命的山坡上，有着大片绿草地，蔚蓝的天空上飘着朵朵白云。忙碌的人们远离城市喧嚣，来到这幽静的世外桃源打打高尔夫球，与好友聊聊天，好不惬意。正是有了这些绿色的草，它给人们带来勃勃生机，我们需要热爱绿色，让它一直存在，让我们永远拥有"生命绿"。

点评

这篇习作点睛之笔在结尾，在"让我们永远拥有'生命绿'"前面那么多描写，那么多感受，都是为了后面那美好的倡议——"生命绿"，即使是在秋风中，即便是在风雪里。读到最后，你才觉得小·作者有一颗多么坚强的心，这种"坚强"让我们每一个读到其习作的人都略有所思，都充满向往。

李秀英

秋实

山西省实验小学 五年级 史沛鑫

风，轻轻地、温和地吹着，美丽的秋姑娘姗姗而来，她用缤纷的彩笔给田野画了一幅硕果累累的画。

秋天，是个丰收的季节，也是个喜悦的季节。田野里，黄澄澄的稻子仿佛披上金色的轻纱；果园里，枝头挂满了饱满的果实，乐呵呵的石榴有的笑咧了嘴，有的笑破了肚皮，仿佛争相向人们报告丰收的喜讯。

秋天，这个季节没有多少争奇斗艳的鲜花，但是菊花却在这个季节独占鳌头，使秋天更加美丽。

秋天，还有许多美丽的落叶。那落叶有的是长的，有的是椭圆的，还有的是半个叶片。落叶飘下来的样子千姿百态：有的像蝴蝶在空中翩翩起舞，有的像黄莺在一起嬉戏，有的像飞燕在欢快地荡着秋千。秋叶滋养着大树，这一切将会是新的开始，新的起点。在不久的将来，它会重新绽放在枝头上，依然会给我们带来崭新的希望与生命的色彩。

秋天，不像春天那样明媚，也不像夏天那样火热，更没有冬天那么冷酷。我爱这欣欣向荣、五谷丰登的秋天！

指导老师　孟霞

★ 赵州桥

新建路小学　四年级　郭俊逸

三年级时，我学了《赵州桥》那篇课文，今年，家人带我去河北旅游，我才真正见到了有1500多年历史的赵州桥。

这座桥建于隋代，又叫安济桥，是石匠李春建造的。桥面上有一个浅浅的大坑，坑前面还有一条印痕。姥姥告我说：传说这座桥是鲁班造的，八仙之一的张果老和鲁班打赌说，我骑着毛驴在这桥上走，要能压塌你的桥，就算你输，如果压不塌，我以后就倒骑毛驴。结果走了半天也没有压塌桥，从此张果老就开始倒骑毛驴了。桥上的坑就是毛驴的蹄印，那印痕就是毛驴在桥面上滑了一下，摔了一跤留下的膝盖印。

赵州桥有一个大桥拱，两旁还各有两个小桥拱，这是为洪水来临时，让洪水从两旁排出。这座古老的桥全长46.4米，大桥拱净跨37.2米。我站在河的岸边上，给赵州桥拍摄全景时非常激动。从三年级的课本到眼前的桥，我真实地看到了赵州桥的美丽、壮观。想到这里，我"咔嚓"、"咔嚓"按下了快门。

★ **点评**

就像"一千个观众心中有一千个哈姆雷特"一样，一千个孩子心中会有一千个别样的秋天，小作者眼中的秋天温和、妩媚、色彩缤纷，一派欣欣向荣，我们也不禁随着他的视野看过去，被他愉快的情绪所感染，但习作也引发了思考，题为《秋实》，是不是应再引申下去，写写"人"，这样"秋实"会更"实"！

李秀英

★ **点评**

我们总想继承和发扬祖国灿烂的传统文化，这是好的，但不一定非要在课堂里，有时走出去亲身感受一下效果更佳。相信小作者通过学课文，参观实景，写感受这一系列的学习，对赵州桥，对祖国的建筑文化会有一个深刻印象，也有利于今后的学习。

李秀英

赵州桥体现了1500多年前工匠的才能。它是世界上现存最早、保存最完好的桥，如今，汽车还能在上面走呢。

⭐ 雨中之乐

万柏林区实验小学　六年级　姚　瑶

雨珠从天空洋洋洒洒地落下来，犹如断了线的珠子一般，甭提有多美了。那优美的舞姿是我们所跳不出来的，那便是自然的神奇之处。

"下雨啦！"不知是谁这么喊了一嗓子，大家欢快地奔下楼，在操场上享受着大自然的杰作，尽情奔跑着，尽情玩耍着，没有一丝约束，这完全是孩子的世界。一只只快乐的小鸟自由地在蓝天翱翔，在蓝天中嬉戏，也许只有孩子才会明白其中的乐趣吧，这也正是孩子的天真之处。他们在雨中奔跑，溅起一阵阵浪花；他们在雨中嬉戏，传出一阵阵笑声。这是孩子们最喜欢的雨。

窗外，雨在下着，却仍不忘优雅。那轻盈的体态、外形衬托着它的美丽，一直从天空中舞蹈在地面上，用脚尖落地，平稳又不失体态，那可谓温文尔雅的舞姿成为它最具代表性的特征。那魅力是无法抵挡的，使人难以忘怀它的美，优雅的美。雨小了，它更为优雅地旋转；雨大了，它的速度虽然快了，但优雅犹存，只不过增添了几分淘气色彩，颇为有趣，二者兼具。

走出门，是一片欣欣向荣之象。绿叶上的雨珠晶莹剔透，顺着精致的纹理，滴落在小水洼中，发出清脆的声响；雨珠滴落在玻璃窗上，留下一道道美丽的水痕；滴落在泥土上，慢慢地被吸收，滋润着万物。

它是优雅的。它在有感触的人眼里是优雅的。

雨富有色彩，富有生机。雨来啦！让我们来享受大自然给予我们的美，发现它的美。

指导老师　翟梅花

⭐ 点评

能体会雨的"优雅"的人，应该是一个充满诗意的、恬静的、爱好生活的人，我想小作者当属此类。我们无数次提到"我们的生活并不缺少美，缺少的只是发现美的眼睛。"在欣赏此文的同时再品味这句话别有蕴味。亲爱的同学们，从今天开始，留心你身边的一砖一瓦，一草一木，兴之所至，再写下来，你会发现生活原来如此美好。

李秀英

☆ 美丽的汾河景区

理工大附小　四年级　杨子兴

　　我的家乡在太原，它是一座风景优美的城市，尤其是汾河景区，给这座城市增添了一道亮丽的风景线。

　　那里的春天好像比别的地方早似的，迎春花早早就跳上了枝头，小溪里的水开始流淌了，被冻得硬邦邦的沙滩变得松软了。远远望去，天上的风筝像一群群美丽的蝴蝶随风飞舞，勤劳的小蜜蜂"嗡嗡"地叫着，奏响了春的乐曲。

　　夏天，太阳火辣辣的，大人们在汾河里游泳，小朋友们在小溪里戏水、玩耍，有时温度太高，人们光着脚走在沙滩上，还得跳"踢踏舞"呢。

　　秋天，公园像被黄色的画笔涂了一层似的，下雨时，公园就像起了雾似的，被蒙了一层神秘的面纱；晴天时，到农家风景区，会别有一番风味，在那里，你就好像变成了勤劳的农民一样，那里的水果随意摘下来吃一个，哪个都很香。

　　冬天，这里建起了电动玩具区，下过一场雪后，这里就变成了童话的世界，瞧，孙悟空在向你招手，白雪公主在和小矮人们做游戏，猪八戒在大口大口地吃西瓜……小朋友们在雪地上游戏着、奔跑着，有趣极了。

　　汾河景区，你真是一道太原市不可缺少的风景线！

☆ 秋天的颜色

太师二附小　二年级　刘小池

　　秋天是红色的。有红红的苹果，有红红的辣椒，还有中秋节红红的灯笼！

　　不、不！秋天应该是黄色的。有黄黄的鸭梨，有黄黄的香蕉，还有走进学校的小黄帽！

★ 点评

　　小作者这篇习作叫人喜欢，原因是他通篇都在传达着一个信念——我爱我"家"，太原是我们大家的"家"，汾河公园是"家"中一宝。它春季到来绿满窗，夏季来临百花香，秋季水果随意尝，冬天雪中游戏忙。我爱我家乡！学好知识为她添荣光！

李秀英

★ 点评

　　童年是多彩的，正如刘小池小同学眼中的秋天，浏览一处景物，收获一筐果实，写下一段感受，都会给我们带来内心的愉悦。小作者才二年级就能写出如此流畅的、充满色彩诗意的习作，值得赞扬。

李秀英

我知道了——秋天还是五彩缤纷的。有紫色的茄子，红色的高粱，金色的稻子，还有蓝盈盈的天和我们灿烂的微笑！

我眼中的秋天

青年路小学　三年级　侯沛然

秋天像一个魔术师，给夏天的草穿上了一件黄绿色的小坎肩，给油绿色的田野换上了一件灰绿色的大风衣，给大地铺上了一层金黄色的地毯！

看呀！柿子涨红了脸，高兴得笑个不停，橘子树上挂满了金黄的橘子，像一个个光闪闪的金元宝，沉甸甸的！山楂着急地扭起了腰，使劲地和苹果比美，苹果鼓鼓肚子拍着胸脯得意地说："我比你们都大，哈哈……"大树妈妈听到了，挥挥手赶紧叫自己的树叶宝宝从树上飞下来……

魔幻般的美丽，是我眼中的秋天！

蒙山大佛

滨河小学　六年级　戴子渊

今天，爸爸带我们去位于太原市西南约15公里的蒙山大佛参观游玩。

听村里人讲，从山脚走到大佛跟前得走八九里路，所以我们就坐着电瓶车上山。一路上，微微的秋风拂过我的脸庞，感觉像母亲的手抚摸着我的脸。天高云淡，山路弯弯曲曲，满山的枫叶映入我的眼帘，有红的，黄的，绿的，各种各样的颜色，真是美不胜收！而远方传来的阵阵溪流声，更是让我们沉浸在大自然原始的怀抱中！

眼看着就到了大佛的脚下，该爬台阶了。听爸爸讲，只要是有佛的地方，不是一百零八级台阶，就是一千零八十级台阶。我数了数，还真是一百零八级台阶！

上了台阶，我便不时地听到沉闷而悠长的钟声，我循着声音望去，原来是一个老和尚用木桩敲钟。我又向正前方看去，看到一个巨大的鼎，这个鼎上刻着许多我不认识的经文，鼎里插着许多高香，冒出的灰黑色的烟雾不时被我吸进鼻孔。抬头仰望，呈现在我眼前是一尊盘腿而坐的巨大石佛！他的头发就像陀螺的纹路一样，脸上的表情自然悠闲，眼睛半睁半闭，看上去好神圣呀！爸爸买了三炷香，先蘸了点儿油，再放到火上烧。点着之后，爸爸虔诚地拜了三拜，又磕了几个头，才把香插进鼎里。我猜想：爸爸一定是希望这尊大佛能给我们全家带来平安和幸福吧！

上山容易，下山难。我们扶着山路旁边的扶手，一步一步才走下台阶。顺着水流，我们来到了一条用石块铺成的水桥上，过了水桥，我们选择了另外一条路，这条路的景色与来时的路完全不同。在这条弯弯曲曲的小路上，随时可以闻到漫山的花儿送来的扑鼻芳香。泉水叮咚，树叶作响，漫山的绿野金黄，真不愧是佛教之圣地！

★ 小狗花花

太原市实验小学　四年级　梁鑫宇

双休日下午，小狗花花和它的好朋友们正在玩"捉强盗"的游戏。年龄最大的小狗花花扮演"强盗"的角色，小伙伴们让花花先藏起来，然后再将它找出来。这就是这个游戏的玩法。

花花静静地藏在草丛中，生怕小伙伴们找到它，小象欢欢找了一大圈也没有找到它，便着急地回家看少儿节目了。小熊豆豆一边找，一边"呜、呜"地吓唬，想把花花吓出来，找着找着，眼看天快要黑了，而且肚子也咕咕地一直在叫。它心想，让别人去找吧！我回家吃饭呀！其他几个小伙伴也和它俩一样，找了一会儿便各自回家了。

天渐渐地暗了，雪花从天空中飘落下来，"为什么一个小伙伴也看不见？"花花自言自语地说，是不是下雪小伙伴们都回家了？不会的，它们不会说话不算数的。也许它们正在讨论该如何找到我呢！想着想着，花花睡着了。它梦见了月亮阿姨，月亮阿姨用她那温暖的双手抱着花花。花花感到好温暖、好幸福。

雪越下越大，忽然，花花听到妈妈的声音，"花花，花花，你在哪里？"花花被妈妈的声音叫醒了，它睁开朦胧的睡眼，看见了在雪地里焦急的妈妈。"妈妈，我在这里。""孩子你怎么不回家呢？""我正在和小伙伴们玩捉强盗的游戏呢！我在等它们来捉我。"说完，它从草丛中爬出来，自言自语地说："小伙伴们怎么还不来找我呢？是不是它们找我找得迷路了，我一定要去找找它们。"说完，它离开妈妈，找起了小伙伴。

同学们，你们说花花能找到它的小伙伴吗？你们想对花花说些什么？

指导老师　邢颜芳

点评

难得看到一个由小学生创编的寓言故事，语言中透着细腻，叙述中露着酸楚，浑然一体的习作使我们仿佛听到一声声呼喊：守信乃做人之本！同学们，你们听到了吗？但愿我们都能做到。

李秀英

画"三毛"

新建路二校　四年级　樊青丽

上课了，老师说："今天教你们画一幅画。"接着老师边画边说："丁字两旁挂灯笼，三天三夜不吃饭，饿了吃个大鸡蛋，三根韭菜三毛三。"老师刚说完，黑板上出现了一个又可爱又可笑的"三毛"。我心想：语文课为什么画"三毛"呢？

老师问："谁愿意试试？"好几个学生举起手来，老师叫郭汇凡上去，郭汇凡刷刷几笔，一个五官端正的"三毛"出现了。

望着黑板上的"三毛"，我也想试试。老师说："王舒心，你来！"王舒心便走上台去。没想到，他拿起粉笔刚准备画，突然，老师用双手捂住了他的眼睛，他只好无奈地画了起来，只听"刷刷"几笔，一个搞笑版的"三毛"出现了，老师松开了手。瞧！丁字鼻比脑门高出一头，三毛飞上了天，左耳隔了十万八千里，右耳长到了脸蛋上，真是名副其实的"四不像"。

后来，老师又叫任煜上台，任煜也被蒙上了眼睛，只用了30秒，一个胖嘟嘟的"三毛"画好了，比起那个骨瘦如柴的"三

点评

这是一节妙趣横生的语文课，文字里回响的是快乐。用心品读才会发现快乐的背后是老师的睿智。小作者在描述"画三毛"的过程中详略得当，选材典型，既有老师的示范，又有同学的跃跃欲试，哄堂大笑，使文章节奏明快，让人读完怡然自乐！

李晓霞

毛"，已经大有转变。

老师还叫了许多同学，他们画的"三毛"有趣极了。一个个古怪的"三毛"，就这样诞生了。

这堂画"三毛"课真是太有趣了。

⭐ 观夜景

太师二附小　三年级　李弘宇

热闹了一天的城市终于平静下来，夜幕降临人间。

我像往常一样抬头寻找闪闪发光的星星，可是我找不见，它们会去哪儿呢？"哦"！它们在那儿，原来是星星滑落人间，变成路边的明灯，普照大地，为深夜里回家的人们照明呢。

虽然月亮和星星都藏在夜空中，但是却丝毫不影响人们散步时的心情。湖面上，荷花发出淡淡的清香，小鱼在水中快活地游来游去，偶尔把头露出水面，吹几个小泡泡；荷叶挨挨挤挤地像一个个翠绿色的大玉盘，露珠从大玉盘上滴入湖中，湖面泛起一圈圈波纹荡漾开去。

听！那边传来的美妙歌声。原来是蝈蝈儿和蛐蛐儿正在为深夜歌唱。起风了，一阵阵凉爽的风抚过你的身体，把你一天的疲劳消除；一阵如牛毛般的细雨从天而降，洒落在植物的身上，像是给它洗了个澡。

啊，凉爽的并州夏日夜晚。

⭐ **点评**

精致典雅，我想用这样的文字来形容你的佳作：小文章入笔轻盈，结尾俊俏。文章里不时闪烁着你可爱的思考，那星星变成了明灯普照大地，那小鱼儿吹着泡泡，荷叶则像翠绿的玉盘，连蝈蝈蛐蛐儿都在深夜歌唱。这样的联想让人爱不释手，这样的文字更是让文章生动形象，好一个凉爽的夜晚，好一篇令人心仪的佳作！

李晓霞

⭐ 夸家乡

新建路小学　二年级　潘子鹏

太原是我的家乡，是一座美丽的城市！

太原的晋祠是全国闻名的名胜古迹。它始建于北魏。这里山环水绕，古木参天，风景如画。圣母殿、侍女像、鱼沼飞梁、难老泉等是晋祠的精华，每天吸引着许许多多的中外游客。

汾河景区风光秀丽，园内花团锦簇、芳草如茵。明媚的阳光照在河面上，波光粼粼，特别漂亮。

迎泽公园里有惊险刺激的过山车，有让人"心惊胆战"的蝙蝠飞行，还有心驰神往的峡谷漂流……昆虫乐园也很不错，还有摩天轮和在空中行走的"太空漫步"，它不时地会出现一些动物让你拿枪打……

太原的公园还有很多：龙潭公园、儿童公园、森林公园、动物园，还有奥林海世界等等，都很好玩。

啊，美丽的太原，我美好的家乡，你的明天会更加辉煌！

指导老师　薛春燕

阳光天使小记者　作品集

点评

你以家乡为豪，全国著名的名胜古迹晋祠、一脉贯通的汾河景区，游戏设施齐备的迎泽公园，都成了美丽家乡的骄傲。小作者虽只有二年级，可却有很强的布局行文能力。从内容选择的典型，首尾呼应的自然，都让我们对你的写作水平刮目相看！

李晓霞

可爱的洋娃娃

太原市实验小学　三年级　贾博舒

我们家有一个很漂亮的洋娃娃，叫"小芭比"。她红红的脸上嵌着一双大大的水灵灵的眼睛，眼睛下有一个小小的鼻子，那小嘴又红又小，可爱极了。长长的头发从头部一直披到腰间，金黄金黄的，美丽极了。

星期天，家里只有我一个人，我又孤单又害怕。这时，我想起了"小芭比"，就和她玩了起来。我当妈妈，她当娃娃。我教她写字，手把手地教着"小芭比"。可是字儿们老是歪歪扭扭地站在那儿，写了好几遍，都快把我气哭了。

有时我还和"小芭比"一起跳舞呢！有一次，我让她坐在那儿看我跳舞，跳着跳着，我的脚不小心扭了一下，我不能再跳舞了。她的眼睛一眨一眨地好像在说："你的脚扭了，还可以教我跳舞呀！"于是，我就摆摆"小芭比"的胳膊，抬抬她的腿，教她跳起了舞。

每当我寂寞时，她总在我身边陪伴我，我喜欢我的洋娃娃。

指导老师　王丽俊

点评

洋娃娃是小女孩的世界里不可或缺的重要角色，她走进了你的生活，走进了心灵，于是走进了你的作文。正因为你平时细腻的观察，所以在写起文章来才滔滔不绝。从"芭比"的外貌，到我与"芭比"的游戏，都读出了小作者对洋娃娃的一往情深。

李晓霞

白兔欢欢

建设北路小学　五年级　李卓然

上个月，妈妈买回一只小白兔。当我第一次看到它时，它又蹦又跳，我给它取名为"欢欢"。

欢欢长得很好看，两只眼睛红红的，像两颗红宝石。耳朵里有数根细细的血管，红红地映衬在两只长长的耳朵上。欢欢的鼻子不停地张着，呼吸时，鼻翼张开，露出两只鼻孔。欢欢的牙齿很小，只有两颗，像小白石子一样。指甲是粉色的，尖尖的，但它从不挠我。

欢欢十分淘气，也许是公兔子的缘故吧，就爱在家里"冒险"。不是把沙发的布子给弄烂了，就是把厨房里的食物吃个一干二净。有一次，我在家里看电视，不知什么时候，欢欢悄悄跑到水盆旁边，它用爪子扶在水盆边上，想探头往里看。突然，"哗啦"一声，欢欢成了"落汤兔"。看了欢欢的模样，我哭笑不得。

欢欢爱挑食。常言说：小白兔，爱吃萝卜爱吃菜。可我对这句话提出了异议。我家欢欢不爱吃萝卜不爱吃菜，它更爱吃面包和饼干。刚来我家时，它对胡萝卜爱不释手，可自从我喂了它一次面包后，就开始挑食了。

可惜，欢欢在换季时病死了，我眼泪哗哗地流，止也止不住。直到现在，我仍深深地想念着那只小白兔——欢欢。

点评

说不尽的是爱怜，读不完的是思念。对小白兔欢欢观察到细致入微，便是最好的印证，从形态上的精雕细琢，从生活习惯的历历在目都让我们感受到作者对小白兔的喜爱。二、三、四自然段的总分结构使文章层次分明，让读者一目了然，好看、淘气、爱挑食的欢欢深入人心。结尾处，它的离去，让我们也不免心酸。

李晓霞

景物素描

305

打扫卫生的小鱼

万柏林区第二实验小学　三年级　王雯璐

在清澈美丽的小河中，有许多许多的鱼在那里快乐地生活着。水底有许许多多五颜六色的石子，还有碧绿的水草。鱼儿们吐着泡泡，唱着歌；小鱼小虾你来我往，非常热闹。

有一天，让人意想不到的事发生了。小青鱼、小鲫鱼、小鲢鱼正在水中欢快地做着游戏，突然从水面上掉下来很多垃圾，小青鱼被一块石头打伤了，小鲫鱼被破玻璃瓶砸中了，小鲢鱼被废易拉罐击中了。鲜血从它们身上冒出来，它们痛苦地叫喊着："哎哟！救命呀！"它们的妈妈听见喊声，连忙赶过来，鱼妈妈看到受伤的孩子，心疼得眼泪都流出来了，它们游出水面，发现伤害它们的是人们乱扔的垃圾……

小鱼们看到了草地上早已不见了往日的绿色，留下的只有凹凸不平的土坑。小鲫鱼说："如果人类再不爱护自己的家园，恐怕下一代的鱼儿比我们更可怜。它们将看不到如诗如画的春天，谈起鸟儿就像我们现在谈起恐龙的感觉一样，真是太可怕了。"小鲢鱼赶忙说："那么我们就把河里的垃圾打扫干净吧！""这主意真不错！"小青鱼兴奋地说。于是，小鱼们马上行动起来，只见它们时而把沉到河底的垃圾叼到河岸，时而用尾巴把浮在水面的垃圾扫干净……

这时一群老鱼游了过来，不约而同地赞叹道："这些小鱼打扫得可真干净，人类以后可要保护环境啊！"并且建议小鱼给人类写封倡议书，呼吁人类像我们鱼类一样爱护大自然。

下雪啦

山西省实验小学 四年级 柴峥灏

早上，我懒洋洋地躺在被窝里，只听妈妈说："宝贝儿，外面下雪啦！"我一下子就起了床，用最快的速度穿好衣服。

我来到楼下，哇！眼前的景色如同一个童话世界，四处洁白一片，又像一幅优美的图画：花池里、车顶上、马路边到处被一层薄薄的白雪覆盖；我走着，脚底发出咯吱咯吱轻微的响声，不一会儿，脚下就像穿了高跟鞋。

爸爸也下楼来了，我立刻藏在离单元门口稍微近一些的汽车后面捏了4个雪球，趁爸爸不注意，用两个雪球朝他的方向打过去，只听"啊！"的一声，我又拿另外两个雪球向

他那边再次发起进攻，爸爸再次发出中弹的叫声。我等了一会儿，没有发现什么动静，就慢慢向爸爸这边靠近，原来爸爸正低头专心致志地捏"子弹"呢，在他身后有4个雪球。我哈哈大笑，爸爸发现我在这里，就拿起他早已准备好的雪球朝我这儿扔了过来。不一会儿，我就像圣诞老人一样，白白的眉毛，白白的胡子，哈哈哈……雪地上响起我们父子俩快乐的笑声。

★ 那雪那景

九一小学　陈榕榕

　　记得有谁说过，无雪的冬天是令人尴尬和遗憾的。盼着盼着，天上就有了动静，终于下雪了，这飘飘洒洒的雪花，装扮了冬天，也温暖了我的心情……

　　那天早晨，仿佛有某种预感，我早早就从床上爬了起来，拉开窗帘一看：哇！好一个粉妆玉砌的世界！空中是漫天飞舞的雪花，地上像是铺了一张巨大的白地毯，一幢幢房屋戴上了一顶顶漂亮的雪帽子；再一瞧，一棵棵树的枝条上都挑上了一串串雪花，真是"忽如一夜春风来，千树万树梨花开"呀。

　　我被这银装素裹的景色陶醉了。只见大片大片的雪花忽上忽下，时缓时急，像一只只洁白的蝴蝶在空中飞舞；像一个个银色的精灵在空中玩耍；像仙女撒下的玉叶银花，弥漫着祥瑞之气；那一片片雪花如飞絮般轻柔，又闪烁着晨露的晶莹……此时此刻，寒冷仿佛飞到了九霄云外。我怀着惊喜而迫切的心情冲出家门，雪白的大地上踏下了我的脚印，不知道过了多久，地上的雪越积越厚了，放眼望去，天地一色，苍苍茫茫，十分壮观。这景，美得高雅，美得浪漫，美得醉人。很长一段时间，我竟忘记了自己的存在，让神思自由地徜徉在雪的世界中。我伫立在浩瀚的雪海中，任羽绒般的雪花沾到了我的衣服、脸颊和眉毛上。冬雪像一位高明的化妆师，一会儿工夫，便将我化

★ 点评

　　刚看到题目，一种梦幻般的感觉就弥漫开来。小作者被雪景迷住了，她先从整体上为我们营造出一个粉妆玉砌的世界，再将视线定格在雪花上，以串串比喻句极力描绘出雪花的轻盈与精美，以至于自己都融入雪花之中，能和"庄周化蝶"相提并论了。小作者没有停留在对雪景的描写中，还赞扬了雪纯净无私的高尚品德，隐含着自己做人的一个准则，达到借物抒情的作用，使得主题鲜明起来，也使读过这篇文章的人去思索，达到"言有尽而意无穷"的效果。

史晓丽

妆成了一个步履蹒跚的"白雪公主"。我情不自禁地伸出双手去拥抱这美丽的雪花。雪花,你像天使的翅膀一样洁白,像婴儿的心灵一样纯净。你铺天盖地而来,无私地润泽着万物。你悄无声息地孕育着绿色春天!你纯洁,你无私,你厌恶一切肮脏、污秽的东西。我不禁默默地沉思:做人不也应该这样吗?

⭐ 仙人掌

太师二附小　四年级　韩家琛

有一次,妈妈买了一盆仙人掌,我那时还小,不知道它的刺会扎人,于是,不管三七二十一地摸了一下。"啊!"我尖叫道。"怎么啦?"妈妈关心地问。"它扎了我一下。"我指着仙人掌的刺说。"以后小心一点儿,就不会发生这种事情了。"

我把仙人掌放到了阳台上,天天不浇水,为它扎了一下我而报仇。日子一天天地过去了,我也把这件事忘在了脑后。有一天,我突然想起了放在阳台上的仙人掌,心想,这下仙人掌可完了,不浇水肯定渴死了。我急忙跑到阳台上,看到仙人掌还是那么绿,还是那么高,一点也没有变化,怪不得能在沙漠里生活呢!

我开始喜欢仙人掌了,有时也要给它浇点水,让它长得更绿、更高。

⭐ **点评**

小作者按照事情发展的顺序来叙述,先是自己摸了仙人掌而被扎,引发出对它的一串串疑惑,又通过不给它浇水作为"报仇",认识到仙人掌耐旱、坚强这一特点,从而从心底开始喜欢这种植物。小作者情感变化使得文章跌宕起伏,有了吸引力。

史晓丽

⭐ 美丽的马伦草原

青年路小学　五年级　李易聪

"天苍苍,野茫茫,风吹草低见牛羊。"儿时背这首诗时,我小小的心扉就对美丽的大草原充满了无限的遐想与向往,今日,我终于来到了山西的草原——马伦草原。

马伦草原位于宁武县西南面的马伦乡,海拔2718米,盛夏也天寒地冻的,我们每人租了一套棉衣,全副武装向美丽的

马伦草原驶去。

马伦草原俗名黄草粮，为何叫黄草粮，大概是因为春秋季节草是黄色的吧！

据说马伦草原是历代帝王饲养战马的基地。我抬头向四周远眺，一碧千里，只有几棵稀疏的松树。有几条人们踏出的小径，四面都是小丘，平地是绿的，小丘也是绿的，这美景就像中国画那样四处翠色欲流，轻轻流入云迹。这种境界既使人惊叹又让人舒服。

大草原上，牛马成群，在那里尽情地享受着大自然的恩赐。它们有的是在极目远眺，有的在草原上飞驰，无论走到哪里都像给无边的绿毯绣上了美丽的大花。

当然，来到了草原哪有不骑马的理由，我骑上了一匹枣红色的马，扬鞭疾驰，此时，自己就是一位骁勇善战的将军。这种惬意让我放声高吟：奔腾千里荡尘埃，渡水登山紫雾开。掣断丝缰摇玉辔，火龙飞下九天来。

随着导游，我们来到了古老的北齐长城遗址，尽管这里已是斑斑驳驳，但是，听着导游的介绍，我的眼前仿佛出现昔日辉煌的景象，它是劳动人民的结晶呀！我似乎还听到这些砖瓦仿佛在向人们诉说着沧桑。

★ **点评**

> 小作者终于圆了自己的"草原梦"。初到草原，一切都那么新鲜好奇。小眼睛由远及近地观察和勾勒出了草原的美丽，时不时畅谈一些自己的心理感受，整个文章有一种跳跃般的节奏。这种写法在孩子们中间运用得最多，效果也不错。不足之处没有说明结尾处北齐长城与马伦草原的关系。
>
> 王海华

★ 校园的清晨

九一小学　四年级　宋韦倩

校园是我们茁壮成长的地方，校园的清晨也是最美丽的。

星星隐去了，天色迅速变化着，由鱼肚白色变成暗蓝色，又变成明朗湛蓝的颜色。脚步声、低语声，惊醒了沉睡的校园。太阳泛起火红的笑脸，使朦胧的校园豁然揭去面纱。雀儿的歌声渐渐高起来。一会儿，柳梢首先吻到了一线金色的光芒，和奏中加入了鹊儿清脆的歌声。

小草、大树迎风挥着手，跳着舞，迎接我们到学校上课，湿润润的风轻轻地扫着，从开着的玻璃窗钻进教室来，微微地拂着一切，又悄悄地走了。淡白天光，也占据着每个角落，给教室的门涂上了一层梦幻的白颜色。我们琅琅的读书声，从窗里传出来，雀儿、鹊儿给我们伴奏，那声音真动听！

一块块云彩在东方慢悠悠地飘着，衬托着那火红的太阳，就像孩子随意涂抹的画面，美丽极了，有一种说不出的诱惑力。一条彩虹横跨在东边的天空上，从世界的这一端跨到世界的那一端，吸收了世界上一切柔和的色彩，凝固在高空里，那道彩虹洒下无数亮斑，绚丽的七色彩虹映照天际。

再看啊！那无边的叶子上闪动着晶莹的露珠，一颗，两颗，千颗，万颗……啊！像夜空璀璨的繁星，像碧波上撒满了宝石，又像千百双闪光的眼睛，望着我们……

校园的清晨，富有诗情画意的清晨。

美丽的四季

太原理工大学子弟小学　五年级　杨　昕

春、夏、秋、冬这四个季节都蕴藏着神秘的色彩。美丽的春天生机勃勃，炎热的夏天荷花满塘，金黄的秋天果实累累，寒冷的冬天白雪茫茫。

不知不觉中，春姑娘踏着轻盈的脚步向我们走来。春姑娘一来，小燕子就穿着乌黑的燕尾服从南方赶来。小小的杨树叶圆圆的，前面突出一个小尖角，远远望去，好像一个嫩绿的小桃心。春姑娘亲吻着小草，小草伸了伸懒腰，打了个哈欠，轻轻地睁开明亮的眼睛，小花也绽开了笑脸，小草小花上晶莹的露珠好像一颗颗透亮的珍珠滚下来。春，充满了生机。

夏哥哥一蹦一跳地来了，夏哥哥一来，可不得了，小狗热得直吐舌头，知了热得不停地叫着"知了，知了"。荷花塘里开满了粉红的荷花，像一个个亭亭玉立的少女。荷叶碧绿碧绿的，远远望去，像一个个碧绿的大圆盘。小蜻蜓快乐地飞，小青蛙"呱呱"地叫，夏，烈日炎炎。

秋婆婆拄着拐棍，弯着腰慢吞吞地走来了。秋婆婆是一个井井有条的婆婆，她把秋一块染成红色，一块染成黄色，一块染成橙色……田野里金黄的稻田，像一片金色的海洋，随着秋风一片片地翻来，高粱穿着火红的衣服，弯着腰。秋风一吹，树上的树叶就落下来，像美丽的蝴蝶一样翩翩起舞。秋，五谷丰登。

冬爷爷迈着沉重的脚步向我们走来，他一来，天上就下起了大雪，整个世界都沉浸在雪的世界中，房屋上一层层雪像一层层奶油，大地上一片片雪像一床床大被子。树枝上的雪花像一条条臃肿的银条，在月亮的照耀下闪闪发光。冬，一个无声的世界。

啊！美丽的春、夏、秋、冬。

神奇五老峰

新晓双语实验小学　四年级　王星璇

五老峰在永济市我奶奶家那儿。那一天，我怀着喜悦的心情攀登了五老峰。

站在山下，几串云朵缠绕在山上，合在一起真像一座通向山顶的神奇桥。

进入山里，我们背着大包走在石阶上，石阶很长，一眼望不到头，像是通向天空的长梯。石阶上落着一片片黄树叶，一些大个儿蜗牛在不知疲倦地向上爬着，它们也想亲自去看看山顶的美景。

石阶两边是密密的树林，我们沿着石阶不断地向上攀登，终于登上山顶了。我高兴极了！一座小桥出现在我眼前，我小心地走在上面，双手紧紧抓着护栏，往下一看，高高的崖壁，在茫茫云海中只露出个尖。我惊呆了，不知是在山上还是在天上。

五老峰真是一个神奇的好地方！

点评

五老峰是我省著名人文自然旅游景点之一。小作者用简短的篇幅，跳跃性地叙了进山前、山脚下、进入山里、登临山峰等不同时刻，自己的所见所想所感，将登临五老峰的感觉真实地写了出来。平安、真实是全文的特点。

王海华

景物素描

311

龙城在腾飞

太原三十六中　初一年级　张艺宁

太原在祖国悠久的历史长廊中，像一颗璀璨的明珠，闪烁着熠熠的光辉。这座具有2500年悠久历史的中华古城，以其悠久的历史、灿烂的文化、丰富的资源而闻名天下。

古往今来，太原利用科技的力量不断创新发展，窄小的街道在一位位工人的汗水中变成一条条笔直的柏油马路，绿树在街道两旁迎着朝阳日落，伴随行人走过春夏秋冬……

平！从前是飞扬的尘土、拥挤的街道、烦人的噪声。经过几个月的繁忙工作，我们的市容市貌发生了翻天覆地的变化。宽阔的街道让行走变得顺畅，无论是穿梭在大街，还是行走在小巷，你都会看到令人心旷神怡的变化。2007年的夏天，这座古城发生了巨大的变化！

绿！树高了，花艳了，植物种类多了。绿化带来的良性循环，是天蓝了，水清了，生态环境改善了，空气质量变好了。9月的花依旧婀娜多姿、芳香四溢。那种美，美得娇艳，美得妖娆，美得几乎能与6月的花季相媲美！9月的树依旧挺拔，摇曳生姿。那种绿，绿得柔和，绿得平静，绿得迷人，绿得仿佛再度跨入了夏天。

奇！在广场，人们用绚丽多彩的花拼摆出形态各异的平面图案及立体美景，形成古城一道亮丽的风景线！不光给外地游客难以忘怀的印象，也给太原市民一个良好的生活环境，更向世界展现出一个别具特色的龙城——科技在不断发展，时代在不断进步，人们的生活水准也大大提高。

以往，人们在拥挤的车道中抱怨生活的不公；今天，人们沐浴在21世纪改革发展的阳光下，享受着幸福舒适的生活！世界在发展，中国在发展，太原在发展！让我们拥抱美好的生活，祝愿龙城腾飞！

点评

小作者用"平"、"绿"、"奇"三个字写出了新时代下太原城市的变迁。小作者能关注、体验并写出所生活这个城市的发展变化，小公民意识还是很强的。稍显不足的是题目大了些，试想一下"龙城腾飞"可不光是市容变化就行了啊。

王海华

⭐ 秋姑娘来了

新建路小学 五年级 鄢 妮

昨天，太阳还是骄阳似火，今天，太阳变得如此柔和，洒下了无数金色的光辉，因为秋姑娘来了。

秋姑娘是大自然神奇的画家，她带着心爱的画笔在大地上绘出最美的秋天。

秋姑娘乘着秋风来到田野，她挥动画笔，画出金灿灿的谷穗儿，金黄色的麦浪，秋天的田野一片金黄；秋风带着秋姑娘来到枫林，神奇的画笔把枫叶染红，秋天的枫林像一团燃烧的火焰；秋风又把秋姑娘送进了果园，她手中的画笔给苹果染上了红色，苹果笑了；把葡萄涂上了紫色，葡萄醉了……

秋风伴着秋姑娘走在乡间小路上，她用画笔点缀路边的野菊，五彩缤纷的野菊花在秋风中尽情摇摆。一阵微风吹过，浓浓的花香顿时淹没了小路，小路浸在了香海里。

秋姑娘沐浴着秋风，踏上了松软的草地，她用画笔轻轻在小草的草尖上点上一丁点儿的黄色，好似为它们戴上一顶小黄帽。小草得意地在秋风中晃着脑袋，好像在告诉人们：秋天，真是个宜人的季节呀！

秋天的空气又甜又香，秋天的阳光又明又亮。秋姑娘在大地上绘出了一幅多姿多彩的秋天的画卷。

秋天是金色的季节。秋天是灿烂的季节。秋天是硕果累累的季节。秋天是收获的季节。

⭐ 点评

好一幅秋景图。小作者观察细腻，笔触柔和，恰如其分地运用拟人化的手法，把秋天比作秋姑娘，随着秋姑娘的神奇画笔，将一派秋趣活脱脱地写了出来。文章优美、亲切，读来给人一种愉悦的享受。

王海华

⭐ 日落之美

后小河小学 五年级 刘泽良

在我生日的那天傍晚，我坐在山头看日落，日落是那么耀眼、美丽。

太阳从高空倾泻下来，周围的云霞像染了颜色一样，到处都是红艳艳的。太阳一点一点往下降。当落到一半时，开始显示它的雄姿。霞光洒满了大地每一个角落、缝隙，直到全部变成红色为止。由于有云彩的遮掩，太阳像变了一个样，从圆圆的大肚皮变成了闪闪发光的半个盘子。好像云娃娃举不动了，从空中掉了下去，让力大无穷的大力士山神托住了。因为山神年迈无力，太阳开始一点点下沉，直到山神无法再托上去。太阳好像发了火似的，以最快的速度继续下降、下降再下降，当太阳还剩一个小边时，便停止了那样的速度，好似要留在人间做最后的炫耀。最后，太阳完全消失了，它躺在了大山的背后，躺在了小草上……

微风轻轻地吹拂着我的面颊，感觉舒服极了。我望着日落竟忘记了回家，日落是美丽的，也是可爱的。

★ 秋天的乐章

三十六中　初一年级　赵凡超

浓郁的绿，炙热的夏，鸣噪的蝉。所有与夏天相关的一切，仿佛一夜之间就在秋风中褪色为淡漠的记忆。这一切，无论是被风吹走了也罢，抑或是被人们忘却了也罢，不可否认的是，秋天正慢慢地走进我们的视野……

头顶上满满盈盈的叶子，不再以单调的绿色为主。一抹橘黄悠悠爬上了枝头叶尾，见证了秋天给予大自然的改变。曾经的风，拂面而过时留下的，不再仅仅如夏天般凉爽，而仿佛夹杂了银白的霜，多了一层淡淡的冷意。人们于是添上了一件件宽厚而舒适的罩衣，偶尔晨练，鼻尖便会在秋风中微微地发红……这是秋天对人类的浸染。

风吹了，叶落了。一片片，飘飘而下，犹如一个个第一次出门远行的孩子，带着对旅途的好奇与对母亲的眷恋，依依离开。在这个金色的秋天，我们就像那一枚枚的叶子，离开了童年的"枝丫"，步入了少年应该面对的前途。纵然有对童年的不

舍与对未来的无限憧憬，但也需有承担责任与付出艰辛的心理准备。也许，在这个秋天，我们是饱含着泪水离开，但在下一个秋天，我们必将会带着微笑归来……

金黄的稻田，随风舞动于广阔的苍穹，犹如波浪舞蹈于苍茫的大海之上。风吹稻浪，传递着愉悦的音符，一串串，谱写着收获的乐章。无需惊讶，因为正是你春天播下的种子，经过汗水的长久浇灌，此时结出了大而肥硕的果实。这是自然对你的回报与抚慰，因为你是真正懂得无私奉献的人……秋天，总是对那些勤劳而善良的人，格外地仁慈。

秋，就是如此地充满了动人的情感与富丽的色彩，甚至无法用人类的语言去形容，只得用心灵去静静地聆听，默默地感受那风的果断，雨的温柔，叶的静美以及果实的丰厚……一切的一切，都演绎成一场美妙的秋之交响。这悠扬的乐章，是秋天呈献给人类的献礼，我们中的每一个，都应该俯下身去，以感恩的姿态去认真地聆听！

⭐ 秋 雨

成成学校 高一年级 常 婧

一场秋雨，淅淅沥沥，蓦地下进了我的心。

春天的绿雨已经远去；黄色的夏雨也已经远离。只有蓝色的秋雨还在，不知为什么，如此这般地为她们添加颜色，或许只是心中那份莫名的感动在指引、驱使着我吧！

倚在窗前的我静静地看着那只隐形的巨手，在拨弄着一个无限的琴筝；看那蓝色雨在空中画出的弧线，看那蓝色雨在地上溅起的雨花儿；看那些为了维持生计而奔命的身影，看那些溅起波浪、急驰而过的汽车；看那些小心翼翼却又轻轻跳跃式移动着的伞花儿们。我想，只有在雨中，这个世界才能展示得如此澄澈、如此晶莹。并不是因为雨清洗了这个世界那么简单，而是每个人都敞开了自己的心，尽情地享受雨的纯净、清爽。

春天的雨会很明显地与秋天的雨不同，是因为温度的差

景物素描

315

点评

文见其人，相信小作者一定拥有一颗晶莹而敏感的心！一场萧瑟秋雨在作者笔下被写活了。雨下在地上，却折射出人们不一样的个体心灵反应。这雨寄托着小作者的所见所感；这雨写尽了喧嚣世人在雨中的群像；这雨让我们难得地找回了一种清凉、爽畅、简单和快乐。

王海华

异：春天的雨温暖、细腻、如丝般柔顺；而秋天的雨则寒冷、粗犷、如利箭般划过。放下伞，沐浴在芬芳、惬意中，虽有些冷，但很舒畅，浑身的毛孔仿佛都被彻底地打开了，汲取着秋雨的精华，释放着所有不快与烦恼……

躺在床上的我听着雨中的微弱声响，像在急切地叩击着心门，又像高跟鞋发出的"嗒嗒"声；像春蚕在咀嚼桑叶，像骏马在平原上奔驰；像山泉在鸣咽，像波涛在澎湃。想想来自生活的压力，想着日益临近的月考，想着眼前的运动会，想着未完的作业，想着"浩瀚的题海"，想着 Jay 的音乐，想着如何才能使自己尽快入睡。哈！或许这些问题会在下一个辗转反侧中找到答案吧！

⭐ 华山听泉

太原五十二中　初二年级　张馨予

游罢华山，我们顶着烈日回旅馆，顾不上抱怨身上的酸痛，我的心还依旧浸在华山那清凉的水中……

夜间登华山，身前身后一片夜色，朦朦胧胧望到山峰高耸挺拔的身影。零星几点"星光"在头顶的山路上闪烁。呵，原来是游人用的灯。踏着进山的石头借着清明的月光，身旁浓密的树木间隐隐传来冷冷淙淙的水声。这水声奇特得很，不似溪水之轻快，又非泉水之绵长。

深入山中，月色渐渐隐蔽，一片墨色中，依旧有一种来自自然的光辉照着前方的石阶。山间有风，使人感到丝丝凉意，却听不到风声，只有阵阵松涛伴随着清脆的泉声在耳边回荡。眼不见，耳则愈灵。水声哗哗地从身边跳过，叮叮咚咚，跳到了我的心里。夜愈静泉声则越加丰富，从不喜欢音乐的我，竟也被这自然的韵律所感染。脚下的石阶越来越陡，而我的心反而异常宁静，余留下一片空明，仅有那汩汩流过的泉水……

1点了，夜的寒意开始弥漫，被汗水濡湿的衣衫开始向我传递着阵阵凉意。而此时，倦意也滚滚而来。泉声似乎也和缓多

⭐ 点评

山水即文章，好一番夜游华山，聆听泉乐！小记者采用倒叙的方法，用细腻的笔触，把乘着夜色攀游华山于宁静中感受泉之韵的心灵体验，生动地表达出来，读来令人仿佛身临其境。

王海华

了，奔波欢腾了一天，小溪也倦懒地打起了鼾。

加件厚实的棉衣，我们继续前行，艰难地攀爬……一路上，天梯，擦耳崖，一线天……诸多险地都因为有泉声相伴而分外轻松。而此时，泉睡了，我呢？睡意更浓。

良久，终于到了东峰顶，我倚在一平整的石块前，睡了……睡梦中，泉声又依稀响起，那样轻柔，甜美，好似一曲温馨的催眠曲。那一觉，分外香。待我醒来，雨正细细密密地下着，东方已出现了一抹潮红，啊，天亮了。揉揉惺忪的睡眼，再侧耳听那如梦如幻的泉音，却再不可寻。入耳的只是一片嘈杂的人声。唉，古语云：夜深人静。正是如此！

☆ 美丽的校园

万柏林区第二实验小学　三年级　任纪祯

我的学校是万柏林区第二实验小学，校园中的一草一木都告诉我四季的美丽。

春天，积雪融化了，树丛中的小草从地下钻出小脑袋，露出调皮的笑容，校园中小径两旁的树木抽出新的枝条，长出嫩绿的叶子，校园仿佛成了一个巨大的绿球。

夏天，校园里树木长得葱葱茏茏，密密层层。把处于树木之中的教学楼都遮住了。花坛盛开着各种各样的花，有的像披上婚纱的新娘，有的像一个个紫色的小喇叭……争奇斗艳，芬芳迷人。还有的花把蝴蝶都招引过来了，那些蝴蝶在花朵上翩翩起舞，小蜜蜂在花丛中忙碌地采蜜。

秋天，校园里树上的叶子像蝴蝶一样在天空中飞舞，枯黄的叶子落在通往教室的小径上，好像铺上了一层厚厚的毯子。

冬天，校园里的树变得光秃秃的，下了雪之后的校园披上了一层厚厚的雪衣。天刚刚初晴，树枝上便出现了许多晶莹剔透的冰挂，像走进了一个美丽的冰雪世界。

每当我走进美丽的校园，就好像走进了一个童话的世界。

指导老师　弓焦弟

★ 点评

这种文章难写，主要是难以写出新意。写大家熟悉的东西，远比写大家陌生的东西来得艰难。但这也是一种历练，常规动作做好，才能做好自选动作。

冯海

景物素描

317

⭐ 冬

青年路小学　三年级　栗舒萌

　　冬天匆匆接了秋天的班，带着一群白色的小精灵，踏着火红的枫叶地毯，来到了人间。

　　冬天带来的小精灵太调皮了！她们变出一块薄如蝉翼的锦缎，盖在山坡上、田野上，披在光秃秃的大树上、房顶上……又在小河上、小溪里，撒上了几层白色的、小小的花朵，让它们全变成了冰块。小朋友们高兴得手舞足蹈，有的搬着铁锹，有的把木头滑板扛来了，还有的拿着冰刀鞋，在冰上滑来滑去，整个世界变成洁白的了。

　　所有的植物都枯了，只有梅花昂首怒放，松柏依旧苍翠、挺拔。

　　冬天是美丽的，是纯洁的，是白色的。

太原晚报

319

阳光天使小记者　作品集

⭐ **点评**

　　冬天是白色的精灵，这种比喻显示了作者思维的放射性。写作过程中，应该注意设计类似词句，在意料之外，又在情理之中。写作有时需要"异想天开"。

冯　海

⭐ 神秘的风

建设北路小学　五年级　贾　萌

　　"风儿在哪里？你不知道，我不知道。你看，风铃唱出欢乐的歌，风儿已从那里走过……"这首歌的名字叫"神秘的风"，唱的是温暖的春风。让我们来谈一谈四季的风吧！

　　春天的风叫微风，夏天的风叫熏风，秋天的风叫金风，冬天的风叫寒风。

　　春天，轻柔的微风一吹，拂到大人、小孩、老人的脸上，又柔又舒服，让人感觉像有一个美丽的小姑娘在给你按摩。我最喜欢微风了，因为她吹醒了小动物、小草、小花，还让小树苗发了芽。你看，小树高兴得舞起了枝条。

　　夏天，天气火辣辣的，就像有个大巨人把地球放进了蒸笼，一直用大火蒸。好不容易有一丝风，却是热风，让人心凉了一大截。

⭐ **点评**

　　关心生活，关注科学，并不是成年人的特权。通过你的文章看得出来，在你的心中，不仅装盛着童真和书本、学校，而更多的是关注生活，热爱生活。

关夏敏

秋天，金风吹红了高粱，吹红了苹果，吹黄了黄澄澄的大鸭梨。金风代表了农民伯伯丰收的喜悦。

冬天，寒风一吹冻得人一边喊冷，一边瑟瑟发抖，一边抱怨风的不是。的确，寒风有时会像刽子手，像大魔头，像爱唠叨的老婆婆或老公公，让人感到厌烦。但爸爸却说，冬天如果没有寒风，各种病菌就会肆无忌惮地繁殖，人们就会得各种各样的疾病。想想也是，寒风不仅是人类在冬天的保健医生，还能帮助我们培养坚强的意志！

风还有好处呢！她会造电，就是风力发电。风啊风，你以后一定要为人类造福，不要成为一个祸害呀！

☆ 春天的风

太师二附小　三年级　孙玮芃

在一年四季中，我最喜欢的风是春天的风。

难道不是吗？每当大家在寒冬中度过时，不都首先想到春天温暖的风吗？看！她来了！

清晨的风，是颜料盒。看！她把黄色给了迎春花，黄黄的小花像一张张小嘴，报告着春天的消息；她把粉色给了桃花，桃花的脸蛋上不再那么白，泛起了红晕。看！她把紫色给了丁香花，丁香花在微笑着向她道谢。春天的风，是滋润万物的甘露。瞧！她进了林里，把一阵风给了柳树，柳树的枝条软了，也绿了。

白天的风，是闹铃。看！随着第一阵丁零零，大地脱下了厚厚的被子，展现出柔情的躯体，伴着第二声闹铃，小草变绿了，小鸟在唧唧喳喳地传递着春天的信息……

傍晚的风是什么？是健康！是快乐！院子里的喷泉解冻了，水哗哗哗哗地流着，孩子们一个挨一个地传递着喷泉开了的消息！他们怎么知道是春姐姐在替他们说情？看！河边有人影，哦！原来是老人们在散步，只有天知道，那是春姐姐想让他们不要停，让他们有好身体！

春天的风，这善良的风，这温暖的风，给大家带来了欢笑，

★ 点评

一双慧眼——发现春风的美；一只妙笔——描绘春风的美；一颗真心——感悟春风的美；你的心中——全是美。美好的心灵，感悟到绚丽的世界！

关夏敏

给大家带来了温暖，给花草树木带来了苏醒……

我真爱这万物复苏的春天，更爱春天里的风！

⭐ 秋之乐章

太原五中　连妍超

"一叶落而知天下秋"。叶——秋之乐章的指挥棒，划过一道弧线，乐章就此响起。

瑟瑟秋风可算是秋的主旋律，它带着其他音符穿过你的耳膜，带来无尽的震撼与感动。

叶，杰出的指挥家与演奏者，携着它的音符，乘上秋风旋律，身着白色燕尾服，在秋的乐章上载歌载舞。

叶在树杈上悠扬地荡着秋千，可能是为了抵御南下的寒流，也可能是为了回响出清脆的乐音。它把自己蜷缩起来，在来来回回的秋千上，荡出苍茫、喑哑的旋律，为乐章笼上纯秋色的背景乐音。

叶落无声，好像简谱上的圆圈，给演奏者本人一个小憩的缘由，也给听众回味的空当。

秋风卷着落叶，牵起大地的手，共同演奏低沉、温柔的大提琴，为乐章奏起秋的"海浪"，蕴藏起千万种温柔，在风中翻涌、奔腾，抚慰你的灵魂。

秋雨是个合格的伴奏，淅淅沥沥，打在秋的乐器上，与它们同奏起神奇、清高之章，好似在编钟上敲了几节音符，虽然来也匆匆，去也匆匆，却带着余音绕梁的魅力，勾起主唱的思绪，激起最强的乐章。

魔力附于主旋律上，穿透主唱的心扉，主唱再也耐不住心中喷薄而出的乐音，涌出最强乐章。

"落霞与孤鹜齐飞，秋水共长天一色。"这是王勃于乐章之感；"自古逢秋悲寂寥，我言秋日胜春朝。"这是禹锡于乐章之讼。

这一声声叹颂将秋之乐章推向高潮，在这吟咏声中有乐章的一切，悲凉、喜悦、丰收、失落……

⭐ 点评

一叶飘摇而落，缓缓地奏起秋的序曲，音乐会就此拉开帷幕。秋风带来苍茫喑哑的背景音乐并把整个乐曲缓缓地推向高潮。最后一叶轻轻落下，音乐会落幕。文章字里行间都洋溢着浓浓的文学气息，都透露着作者让人瞠目结舌的文学才情。作者信手拈来自然之物，寥寥几笔就赋予了它生命的气息，短短几句万物就有了灵性，和作者你一起伤感、一起洒脱、一起体味人间的缕缕情丝。

吕全玲

秋之乐章，有感时伤怀之想，也有豪放洒脱之喜。好似夕阳，既有终止之悲，又有新生之喜。乐章悲喜交融，等待着冬来叹颂。

最后一片叶，落下，轻轻地，一切，就此落幕。

⭐ 雪的思绪

太原外国语学校　高一年级　郭　捷

突如其来的一场雪，把我从宁静中揪了出来。

漫天雪花纷飞，脚下吱吱作响，雪中散步还真是别有一番滋味。

原本在抱怨星期日的学习班，可被这温柔而洒脱的一场雪感化了。这场雪在我看来好像是为我而下的，因为前些天总是有些不开心的事困扰着我，可看到飘飘洒洒的雪花，心里因为雪的"安慰"竟变得舒畅起来。站在车站等车，却迟迟不见车的踪影，我便开始了我的徒步"旅程"。

第一站：我生活学习了六年的母校

漪汾桥的桥东头，我曾经的母校在我心中总是那么温馨和亲切。离开母校已经四五年了，母校依然静静地矗立在那里，不同的是，教学楼重新被粉刷过。

第二站：我生活了七年的家

已经好久好久没有回来了，这里的一切都在去年年底城建改造时推平了，踩在这一小块曾经的乐土上，突然发现我对这里的感情很深，虽然很久没回来过了，但是心里一直珍爱着。原来的房子推平后，植了N棵树。夏天的时候，我一定会再回来，到那时，这里一定会长出茂盛的树木。

第三站：漪汾桥

我在这茫茫的雪景中像是一个漫游者，向着自己的目的地前行。雪厚厚的，我在雪中蜗牛般地挪动。从桥上的第一道彩虹走到最后一个，回头望着一路走下来的脚印，轻轻一笑，顶

点评

享受生活，感悟生活，用心用情书写生活、改变生活，这是我读你的文章所得。亲切柔和的笔调，朴实纯净的内心，娓娓道来这雪带给你的缕缕思绪。享受着雪的安抚，用爱去重新回味着生活：母校是那样的温馨、亲切；家的一块土、一棵树都因你而丰盈了爱；熟悉的桥留下一径脚印——清晰地印着你的笑脸，带动着你迎风雪走向诗意、畅快的生活。雪给了你这篇文章，文章又牵动了我的思绪，被你感动了。

吕全玲

着风雪继续前行。

结束旅途。

一场雪，让我在忙里偷闲在学习中体验了雪中散步，感受了雪带给我的思绪。

⭐ 我去过天涯海角

师专附中　初二年级　秦德盛

曾去过天涯海角，海南三亚的一处风景名胜。

相传苏轼被贬于儋州，孤身一人到此后，自觉仿佛来到天之涯海之角，天涯海角便因此而得名。现今，巨石上苍劲的"天涯海角"四字，据说为郭沫若亲笔题写，再加上曾至此处的宋朝名将李纲，三位名人使这南中国上的一点闪烁着人文底蕴。

而今的天涯海角，早已不复一千多年前的偏僻、荒凉，变得人山人海、喧嚣热闹，使当年先哲那冷清孤寂却又仿佛天人合一的感觉几乎荡然无存，不免令人生憾。

说实话，这里的沙滩称不上特别好。只是独立海边，目视大海，遥望天际的感觉自然而然会让人豪气冲天。

伫立海边，茫茫大海一望无际，近处，潮起潮落，海水一次次漫过沙滩，又一次次退下去，而远处似乎有着大风大浪，波涛汹涌，极目远望，天与海仿佛真的连在一起，那条淡淡的分界线竟有些看不清了。天上，轻渺的云彩朦朦胧胧，看得人竟有些痴了。潮起又潮落，看几番世事浮华尽烟云；云卷复云散，悟此生天道不改是沧桑。呵呵，怒涛澎湃，心潮逐浪，远望海天，苍莽一色，再没有什么尽头。最喜欢欣赏美景的感觉就是这样：仿佛天地间只有你一个人，独立于天之涯海之角山之巅，静静地用心去体悟。或许，当年苏轼的感觉就是这样吧。

看着左掌上的纱布，昨天为了攀上礁石而被划破的伤口还在隐隐作痛，而坐在礁石上看海的波澜还是那样清晰，走出小洞天重见光明的景象仍历历在目，那豁然开朗的感觉和真正的

⭐ 点评

很欣赏你的文笔，淡定、沉稳、自信、孤高，又多了几分豪情。行文中从近处、远处、天上三个角度观赏饱览海与天，潮起潮落，风起云涌的奇景。感慨世间沧桑，颇有经历世事变迁，看尽花开花落，历炼荡涤之后对人生的彻悟，确实有苏轼豪放苍然的味道！举了一个小女孩与父亲天真的对话，给你大气磅礴的文字增添了几分似水的柔情。

吕全玲

大洞天就在自己的胸中的体悟如斯般明了。

天涯海角，是天涯海角。

突然想到了这样的故事：

一个小孩站在海边问父亲：

"爸爸，大海真的没有尽头吗？"

"是的，你看远方，海和天连在了一起，是没有尽头的。"

"那我们现在不就在海的尽头吗？"

好聪明的孩子，他说得对。我们的脚下就是海的尽头，海的尽头就是脚下的岸。

没有什么天涯海角，世界是圆的；

更没有什么穷途末路，只要坚持下去，终究会靠岸。

真正的天涯海角，就是你停步的地方。继续向前，依旧有路，有广阔的天地。

⭐ 我的钢笔

新建路小学　三年级　贾紫叶

每个人都有一件最心爱的物品，有人喜欢玩具小熊，有人喜欢洋娃娃。但你要问我，我会悄悄地告诉你："我最心爱的物品是一支普通的钢笔。"

它是妈妈开学时送给我的。它蓝白相间，光滑的笔杆上有一条小鱼镶嵌在这里，小鱼是绿色的。笔杆上的色彩和笔帽一样，但上面画着一只可爱的小猫，它好像在说："小朋友，你要好好学习呀！"

每当我学习疲劳时，看看小猫，它好像在说："你真是个认真的孩子！"这时，我马上就不再觉得累了，便又拿起这支钢笔，写起字来。

我爱我的钢笔，我喜欢我的钢笔。

⭐ **点评**

从小·感受出发，你我都会得到真知。

冯海

景物素描

323

我的大布猫

新西小学　二年级　张津睿

我最喜欢的小动物就是猫了，可是没有时间养它。我收集了许多关于猫的图片和物品。这些东西有的太软了，有的太小了，都不能陪我很好地玩。妈妈明白了我的心思，用布给我缝制了一只大布猫。

这是一只黄颜色的猫，头上戴着大大的蝴蝶结，时尚浪漫；黄皮肤上缝着紫色的波浪线像五线谱一样美；宝石一样的眼睛炯炯有神；草莓般的嘴让人垂涎欲滴，黑色的小爪子温顺、乖巧，粗粗长长的尾巴上扎着五颜六色的丝带，红色的战袍像猪猪侠一样既可爱又威风。我太高兴了，抱着大布猫爱不释手，为它起了一个好听的名字——宽宽，它可以陪着我玩和睡觉喽。

我想对妈妈说："妈妈，谢谢你，我喜欢宽宽，更爱你。"

太原晚报

324

阳光天使小记者　作品集

点评

宽宽好，不如妈妈的手艺好，妈妈的手艺好，不如你写的文章好。

冯海

小金鱼

太师三附小　三年级　马卓妮

我家曾经养过几只可爱的小金鱼，它们大大小小，颜色不一，有乌黑的，有鲜红的，有青灰色的，还有金黄色的。它们每天在透明的水里游来游去，自由自在，非常快活。

我非常喜欢小金鱼，它的眼睛鼓鼓的，张开时"O"字形的小嘴，它的身体特别柔软，手一摸，滑滑的，尤其是那条美丽的大尾巴，好像一把小扇子。

可是，有一天，在夜色渐浓的时候，我发现鱼缸里有两条小金鱼待在原地一动不动，我想：它们是不是死了？可不像，它们还睁着圆溜溜的大眼睛呢！我焦急地喊："小金鱼，小金鱼，你们怎么了？"可它们还是睁着眼睛，毫不理会我的话，我仔细地观察起来，慢慢地，我发现，鱼跟人不一样，人的眼皮就

点评

观察能力强，并具备一定感悟能力。在求学时期，哪怕丁点的感想都不该放过，那是上帝赐予的宝物，稍纵即逝，一旦错过，终生遗憾。

冯海

像一层被子，可以包住眼睛，鱼没有眼皮，所以，睡觉也是睁着眼睛，它的身体几乎一动不动。

哦！我明白了，原来可爱的小鱼儿不闭眼睛就可以睡觉啦！小懒虫，我差点儿被你们给骗了。　　**指导老师　徐　瑞**

⭐ 可爱的"叮当"

大南关小学　四年级　唐睿琪

"汪汪！汪汪！"在我放学的路上传来一阵快乐而又激动的叫声，寻声望去，只见隔壁的叮当像箭一样冲过来，我想躲开，叮当来了个急刹车，又向我迎面扑来，把我吓坏了。过了一会儿，我才想起叮当并不咬人。叮当在我的脚下穿来穿去，像钻山洞一样，还不时地站立起来，冲着我叫，又围着我蹦蹦跳跳，像欢迎一位老朋友一样。

我得上楼写作业，叮当缠着我不让我上楼。隔壁阿姨想带它回家，我们一起上楼，叮当一下子冲进我家，阿姨无奈地跟着进来。叮当看看这儿，看看那儿，好像看不够似的，似乎到处都是新奇。"叮当，叮当。"我叫了它两声，它向我跑来，我拿了一块蛋糕，捏得碎碎的，放在手心，我对它说："坐下，握握手，我给你好吃的。"叮当乖乖坐下，先将前爪伸出来握了握我的左手，然后我给它吃蛋糕，它吃得别提有多香了，撒到地下的都吃了，看来，它很喜欢那块蛋糕。

阿姨说，有一次听见我说话，叮当就在我家门前叫个不停，看来叮当很喜欢和我玩。好不容易阿姨才把叮当抱回家，叮当在楼道里不停地："汪汪、汪汪……"

这就是我们邻居家的叮当，又可爱又淘气。

⭐ 点评

动物通人性，只要你跟它真心做朋友，必然会得到回报。人与自然和谐相处，就包括爱护小动物，从给予爱的过程中，你也会收获爱。

冯　海

景物素描

325

未来的电子书

双西小学　四年级　张　一

好多同学不想当"四眼怪"。我想未来的一种高科技书本——电子书会帮助同学们不会成为"四眼怪"。它的外观不大好看，只是用铝做的。你每天可以不用背书包，整天拿上这本电子书来上课，放学用它来帮助你。电子书的左手边有一个开关，想用的话，按一下，它就开始运行各个工作系统，1分钟后你将会听到这样的声音："主人，主人，一切准备就绪。"那么你就可以去操作，如果它说没电了，你也不用管，因为它会自动换好电池，为主人服务。开始写作业了，电子书会把你的头调到最佳位置。如果考试回来，你考砸了，你可以去找电子书来帮助你分析错题。如果你写完作业了，那么电子书会打开一个小型的液晶电视，你就可以看动画片或别的节目。如果你要预习或是要复习，你可以打开目录，选科目，比如说：选语文，那么你按一下语文，按第几单元，你就可以开始了。

电子书不错吧，我希望全世界的同学们都会拥有这本电子书，给我们、家长和老师都减轻了负担。

点评

这是个有想法的作者，心有多大，舞台就有多大。还可以想得更大胆一些，比如饿了电子书可以出现点菜单，帮你预订饭菜，饭菜营养搭配，防止偏食。比如你走神，电子书的电子眼能够监测到，发出语音提示。

冯　海

玩陀螺

太师三附小　三年级　冯子琦

我有三个手转陀螺。它们全身透明，中间空心，可以上下拆开。我非常喜欢玩它们。

有一次，我好奇地把一些橡皮屑放进陀螺里，轻轻一转，趴在地上一看，不得了了，橡皮屑都看不见了。陀螺一停，橡皮屑又落回到陀螺底部。

为了看得明白，我又把水灌进陀螺里，使劲一转，然后从陀螺的上面和侧面仔细观察。这回让我又大吃一惊，快速旋转

点评

好奇是最好的老师，孜孜不倦地研究玩具，这本身说明作者的定力，定力就是持久力。做一件事情就做到底，做到家。经过作者的反复实验，玩具的内部构造更加清晰，这是探索真理过程中的必经之路。愿作者成为未来的爱迪生，未来的牛顿。

冯　海

的陀螺不仅底部是空的，而且中间也是空的。

为了观察得更清楚，我就把墨水装进陀螺里，大约装了陀螺容积的一半。飞转的陀螺里的墨水的确不在底部和中心，而像一条蓝色的腰带缠绕在陀螺里面最宽的部位。

我把这个现象告诉爸爸，问这是为什么。爸爸说这是由于离心力的缘故。尽管我听不太懂爸爸讲的道理，但是，我想我会逐渐去探索。

指导老师 赵晓丽

⭐ 捏橡皮泥

太师一附小 三年级 毛浩洋

我从小就喜欢捏橡皮泥，想捏什么就能捏出什么，不过，捏人就不会了。

一天，我和姐姐一起玩橡皮泥。姐姐说："我要捏台冰箱。"她拿出一块蓝色橡皮泥，上上下下，左左右右地捏齐，不一会儿就捏出个长方体。她又拿出一块黄色的橡皮泥，捏了两个门把手粘在长方形的正面，一台漂亮的冰箱摆在了桌子上。我不甘示弱，捏起了电视机。我拿出一块黑色的橡皮泥，先捏了一个正方体，然后用小刀刻出电视机的屏幕，最后，我找来两根牙签，插到电视机的上面，天线就有了。这是一台老式电视机，现在的天线已经不用这种天线了。接下来，我们又捏了衣柜、床、沙发等生活用品。看着一桌子的成果，我俩都很有成就感。

⭐ 点评

捏橡皮泥跟写东西一样，是训练创造力的益智游戏。说话是一种口头的表达，写作是一种书面的表达，说得好，写得好，世界通过你的嘴和笔，就会绚丽缤纷。

冯 海

⭐ 黄豆变身记

新建路小学 三年级 岳菲洋

黄豆芽是我们桌上的美味佳肴，但黄豆究竟是怎样生长的呢？带着这个问号，我进行了仔细的观察。

第一天，我抓了一把黄豆泡在水里，不一会儿，有的黄豆身上就出现了珍珠般大小的水珠。大约1个小时，豆豆身上长满了皱纹，就像一位年轻的小姑娘变成了一位老奶奶。到了傍晚，豆豆的皱纹逐渐平息了，个头也变大了，好像一个个胖娃娃静静地躺在水里。

第二天早晨，我迫不及待地去看豆豆，它们的个头好像更大了，豆豆的一端顶部似乎萌发出胚芽，有的豆豆还戴上了青绿色的面纱。它们静静地躺在水里，争先恐后地喝着水，好像互相在暗暗地较着劲，看谁明天长得高、长得壮……

第三天晚上，我做完作业，又去看我的豆宝宝，发现有的豆豆已顶出小小的嫩芽了，为了让它们生长得更快，我特意给豆豆找了一个盒子，下面铺上毛巾"褥子"，上面盖上手绢"被子"，让豆宝宝暖暖和和地生长！

第四天，豆豆在舒适的"房子"里长出了约2厘米的嫩芽，有的好像大象的鼻子，有的好像小蝌蚪的尾巴，有的好像刚刚破壳的小鸡探出了头……

第五天，我轻轻地掀开手绢，一个个茁壮的豆芽呈现在我的眼前，最长的已经有3厘米了，我喜出望外，连续5天的豆豆成长计划终于成功了！　　　　　　**指导老师　张　琨**

⭐ 红鹅掌

太师二附小　三年级　范芸菲

红鹅掌是一种红色的像鹅掌的花。春节期间，我家的红鹅掌花已经开得不少了。绿叶子们挨挨挤挤的，一大片一大片的。红鹅掌从绿叶中冒出来，有的半红半绿；有的完全红了，好像一团团火焰、一束束红辣椒。每片叶子中有一个又细又长、亭亭玉立的花蕊，它或是黄色，或是黄加白。

我突然觉得自己仿佛是一朵红鹅掌，穿着红色的衣服，翩翩起舞。这时，一只小虫爬来，告我晚上爬行的乐趣。一只飞蛾从头上飞过，告我它的梦想……

几片红色的叶子，几片绿色的叶子，加上嫩黄的花蕊，组成了一盆鲜艳无比的红鹅掌。

我的陶瓷老鼠

长风小学 三年级 贾力欣

看到摆在窗台上的瓷老鼠，就想起我那段难忘的经历。

那是前一段时间，姥姥带我去黑龙潭公园，我看见许多小朋友在那里给陶瓷娃娃涂颜色，我也想涂。我选购了一个陶瓷老鼠，叔叔给我拿来了颜料和笔，我就认真仔细地涂了起来。我用橘黄色涂它的裙子，用黑色涂它的眼睛，用粉色涂它的耳朵、刘海儿，用黄色涂它的丝巾，用红色涂它手里拿着的那朵鲜艳的玫瑰。最后叔叔给我的瓷老鼠喷上亮漆，瓷鼠就做好了。

回家后，我像模像样地把它摆在窗台上最显眼的位置。后来，它不仅成了我家的装饰品，还藏着我的一段美好回忆。

贪玩的小猫

晋源区第二实验小学 三年级 雷欣畅

一天，猫妈妈在院子里教小猫怎样捉老鼠，可小猫却在一边捉蝴蝶，猫妈妈见小猫不听话就出门买菜去了，小猫玩着玩着，老鼠突然窜了出来，小猫开始捉老鼠了，它扑过来，可是老鼠从小猫的掌心里逃跑了，它每次朝老鼠扑去，可是老鼠一次次从小猫的手掌逃跑，累得小猫汗流满面，小猫想：要是我刚才认真地跟妈妈学捉老鼠……小猫真后悔呀！这时妈妈回来了，猫妈妈看见老鼠就扑上去，把老鼠抓住了。

小猫对猫妈妈说："我以后再也不贪玩了，我要认真跟你学捉老鼠。"猫妈妈听了以后，笑着说："小猫懂事了。"

指导老师 问月英

美丽的小巷

太师二附小　三年级　郑文普

我家住在太原市南环三巷，这个巷子里一年四季的景色都很美。

春天，一阵春风吹出了片片嫩叶。我每天放学回家都要看看它有没有新变化。第一天去看时那小芽还是红的呢，尖尖的，只有小米粒那么大。第二天去看时，小芽已经发绿了，而且也有大米大了。再过几天，我看到有一点点的绿色装饰着大树，走近一看，原来树叶已经全部变绿了，有豌豆那么大了！春末夏初的时候，我们家门前的巷子里有一种不知名的野果子树，秋天长果子，春天就是开花了。那粉红色的小花挂满了枝头，夹杂在绿叶中非常美，微风一吹，很多小花瓣随风飘落，仿佛天女散花一样。每到这时，就有些摄影师争相来拍照，连小鸟也会赶来凑热闹，每天下午放学，我都能看到很多小鸟在枝头"开会"，唧唧喳喳地谈论着一天的见闻。我每天闻着花香，听着鸟鸣，真是亲近大自然呀！

夏天到了，从远处望去，整个巷子就像一个大凉棚，走在这绿色的长廊里，踩着点点散落的阳光，真是惬意。

秋天，叶子落了，果子树结出了很多甜美的果子，我还常采着吃呢，那酸酸甜甜的味道真让人回味无穷。

冬天，下过雪后，我看到满树都落着雪，就像穿着厚厚的棉衣，真好玩。

我们巷子里一年四季都有美景，每个季节的美景都很有趣。

美丽的大花坛

松庄小学　三年级　王施媛

公园里有一座美丽的大花坛。春天，那座美丽的大花坛开

出了白的、黄的、紫的小花朵，就像小桃子一样。夏天，又开出了五颜六色的大花，瑰丽无比，像仙女，又像小朋友的笑脸。秋天，花坛里就更漂亮了。菊花仙子开出的花，有的仿佛在晒太阳，有的好像在欣赏自己的美，还有的像仙女拿着许多美丽的丝带。冬天，鹅毛般的雪花在空中慢慢地飞着，给花盖了一层被子，它怕花儿冷，在春天开不出美丽的花朵。我喜欢这座美丽的花坛。

指导老师　许翠文

神奇的云

新建路小学　五年级　孙石仲

云，是美丽的；云，是纯洁的。

因为云是那样静美，那样富有诗情画意。云非常地巧，但二八月的云，是巧中之巧。

二八月的云，是洁白的，是纯洁的，时而变成一只温顺可爱的小绵羊，在低头吃着小草，看着它，我多想腾云驾雾飞上去，跟这只小绵羊一起无忧无虑、自由自在地奔跑、嬉戏。这时，一阵风吹来，呀！小绵羊没了！再仔细一看，哦！原来小绵羊变成了小金鱼。

这条洁白的小金鱼非常可爱，在它嘴的上方，有两朵小云彩，仿佛是小金鱼吐出的空气泡泡。这条小金鱼随着微风，慢慢地在天空的海洋中无拘无束地游泳。这时一阵大风吹过，这块云慢慢地散开，破碎了。

到了傍晚，云又开始变化。它们变成了一座座大的、小的、高的、矮的、险峻的、也有平缓的山。这些山在夕阳的衬托下，像几座五彩缤纷的矿山、石油山和天然气山。

云，真是一位了不起的魔术师，它能让自己千变万化。没有了云，大自然就缺少美，因为有了云，大自然才如此绚丽多姿。

THE WORKS
Sunlight Angel Little reporter

点评

小朋友，在你笔下我看到了一座生机勃勃的、每个季节都绽放无穷魅力的大花坛。让我也不禁和你一起进入酣畅淋漓的幻想——幻想是这篇文章最亮的亮点。

吕全玲

点评

欣赏着这篇小短文，云彩的轻巧纯洁、千变万化的特点跃然于纸上。老师眼前浮现出一幅更美的画面：一个孩子仰望天穹，如痴如醉地沉浸于变幻多姿的云彩中。全文最引人入胜的是将云彩幻化为小绵羊、小金鱼的部分，简直就是一幅活灵活现的动物画卷。

张瑞萍

景物素描

331

可爱的小乌龟

万柏林区第二实验小学　四年级　栗晓奇

我一向喜欢小乌龟。瞧，它圆圆的脑袋，两颗黑豆般的眼睛，眼睛旁有一块红色的斑痕。它的鼻孔小小的，只有针眼大小。鼻孔下有一条缝，那就是小乌龟的嘴，在它身上最引人注目的地方就是那座小山似的甲壳了，它的甲壳是由13块小甲壳组成的。

小乌龟特别调皮。有一次，妈妈让我给它换水。我先把小乌龟放到地上，它待在原地不动，可我换回水后，小乌龟却不见了踪影，我找了好半天，才在桌子底下找见它。当我拿起它来正准备把它放到鱼缸里时，我发现它浑身沾满灰尘，我决定给它洗个澡。给它洗完澡后，我把它又放回鱼缸，它像石头一样沉入缸底，一动不动。过了一会儿，它才探出头来，看看四周没有什么动静，才把头、四肢和短短的小尾巴伸出来，在水里欢快地游来游去。

小乌龟捕食也很有趣。有一次，我把一条泥鳅扔进鱼缸里给它吃。一开始，小乌龟没有做出任何反应，等到泥鳅接近小乌龟的时候，它才敏捷地伸出脚掌把泥鳅按住，张开大嘴一口就把泥鳅吞到肚子里。

瞧，我的小乌龟是不是非常可爱呢！

我的小蜗牛

太师一附小　三年级　张卓然

"阿门阿前一棵葡萄树，阿嫩阿嫩绿地刚发芽，蜗牛背着那重重的壳呀，一步一步地往上爬……"这首歌大家一定都听过吧。它讲的是一只小蜗牛可爱执著的样子。我家就养着这样一只可爱的小蜗牛，它的个头很大，头上长着触角，背上还背着个"家"呢！它的"家"一圈一圈的，上面长着漂亮的花纹，可惜中间被我不小心捏烂了，呜呜……

我们还给蜗牛盖了一间漂亮舒适的房子呢！房子底部是一个红色的小盆，里面放着湿沙子和绿色植物，房顶是一个透明的玻璃盖子，蜗牛就住在里面。我好羡慕它呀！

一天中午，我为了让它出壳，就把盖子揭开了。睡觉的时候，因为忘记盖上盖子，醒来后发现小蜗牛不见了。我和妈妈都很着急，于是分头寻找。最后，还是妈妈拿着手电，在窗台下找见了，可是我和妈妈都不敢抓蜗牛。后来，妈妈拿笔一捅，它就掉进了盆子里。

中午我又去看蜗牛，发现蜗牛爬过的地方出现了一道痕迹，原来在蜗牛软体的底部有一个吸盘，上面还分泌一些黏液，所以可以吸在其他东西上面。它还很胆小，只要轻轻对它吹口气，它就立刻缩到硬壳里，可想而知，它是多么胆小呀。

我喜欢我的小蜗牛，因为它让我懂得了一些相关知识，还给我带来了快乐。

点评

本文最有特色的就是开头部分。用一首大家熟悉的歌曲引出文章的主题，跳出窠臼，给读者耳目一新的感觉。写好文章要有技巧，更要动脑筋琢磨如何能够与众不同。"删繁就简三秋树，标新立异二月花"。相比之下，后者更加重要。

王建光

⭐ 蓬莱之旅

玉河街小学　三年级　韩应杰

今年，我们全家去山东蓬莱旅游，经过20多个小时的颠簸，我们终于来到了日思夜想的蓬莱。

看到无边无际浩瀚的大海，我顾不得脱鞋挽裤子，一头冲向大海，伸出双臂大喊："大海，我来了！"虽然是阴天，可我真正体会了海天一色的感觉，隐隐约约看见海面上有几条渔船，天上有几只海鸥在慢悠悠地翱翔。

海滩上有很多人在散步，有的在做沙雕，还有的在踏浪，我捡了许多贝壳，准备送给老师和同学，让他们和我一起分享旅行的快乐。

在素有"人间仙境"的蓬莱阁，导游介绍说："丹崖仙境"坊是"仙境"之门，游人若是一步跨过去，就立即成了仙，若两步跨过去就成了半仙。我是一步跨过去的，我兴奋地告诉爸爸妈妈："我已是'韩湘子'啦！"然后我们经过田横栈道，来到黄海和渤海分界处。我一脚踩着黄海，一脚踏着渤海，心想：若不是成了仙，哪有这般本事啊！最后，我们又参观了八仙渡、戚继光故里、海水浴场、观音庙……每处风景优美，无不使人流连忘返。

蓬莱不仅好玩，还能吃鲜美的海鲜。在这几天里，我过着神仙般的日子，如果老师和同学们去蓬莱游玩，我一定给大家做导游。

今天真冷

山西省实验小学　三年级　亓天阳

前几天还很暖和，今天就格外冷了。一起来就打了个喷嚏，天气预报今天零下17℃。

一大早，我穿了厚厚的衣服走出家门。一上路，猛觉得一股寒风向我吹来，冻得我嗖嗖的，上牙和下牙直打架。平时水管上滴答的流水结成了冰，看起来就像是一根白蜡烛。水池冻了，路面凡是有水的地方都结了冰。有的小朋友把冰面当成了滑冰场开心地玩着。我看着他们的欢腾劲儿也身不由己地加入了进去。

来到学校，发现有的同学穿着大衣，有的穿着羽绒服，里三层外三层地裹着，还戴着手套、帽子，真是武装到牙齿呀！不过这样一来，他们可真像大狗熊。教室里有些同学坐在暖气旁不肯走，因为他们冻得不成样了。

寒冷的冬天过去了，春天就离得不远了。

乡村雨后

桃南小学　六年级　张嘉敏

乡村的雨后，一切都变得格外清新。走在有些泥泞的小路上，自己也仿佛融入了这片土地。

雨后的天

雨后，天空不再是乌云密布，雷电交加了，而是湛蓝的，蓝得透明，蓝得让人心旷神怡。朵朵形状不同的云在天空中飘浮着，点缀着天空。阳光从云层中直射出来，一道一道的，把无数光芒洒向大地。只有你身临其境的时候才能感受到自然是多么神奇。酒不醉人，景却醉人，大概是只有在自然中才有的奇迹吧。

雨后的山

雨后，山显得朦朦胧胧。雾在山四周萦绕着，让山变得若隐若现，仿佛是座连绵起伏的仙山。远望，像是蒙着面纱的女子；近看，却又像是一条丝带在山的四周缠绕着。山上的树青翠挺拔，周围的杂草又高又密。不远处，是农民们的田地。雨残留在树叶上，杂草上，庄稼上，滴在地上，发出了愉快的响声。山上的羊肠小道上满是泥泞，踩一脚，便留下一个深深的脚印。

雨后的人

雨后，人们都待在家里有说有笑。过了一会儿，地上的雨渐渐干了，放羊的孩子从家里出来，嘴里哼着小曲，把羊赶到了山坡上。羊群雪白雪白的，就像许多珍珠撒在翡翠盘里。羊群悠然自得地在山坡上吃草，牧童靠在石头上，一切都是那样和谐。

点评

好个雨后即景！三个小片段把人带入了清新自然的小乡村，人们从这里走出来，最终又回到这个心灵的牧场。小作者长于描写，在本文中极力渲染雨后乡村的清新、清柔、清丽，效果很好。值得一提的是小作者敏锐的观察能力。阅读本文会让人产生沁人心脾的清新舒爽！

王海华

景物素描

335

春 雨

东岗小学 二年级 李祥宇

春雨，淅淅沥沥地下着，像一位画家，洒在小草上，小草绿了。洒在野花上，野花红了。春雨，淅淅沥沥地下着，像一位演奏家，它弹出了一首首的歌曲，那树上长出的嫩芽，就是伴奏的音符。春雨淅淅沥沥地下着，春雨，像丝线一样细，像面粉一样轻，随着温暖的春风，在天空飘洒着。春雨，淅淅沥沥地下着，多么清凉，神奇的春雨呀！

点评

精干之作！感受自然，描写细腻，小作者多情，小·文章感人！

王海华

校园是美丽的

青年路小学 四年级 袁 正

春天，每当进入校园，就有一股清香扑鼻而来，那是因为槐花开了。花坛里的菊花、串串红也长出了嫩绿色的叶子。柳树也发芽了，抽出嫩绿的枝条，给教学楼涂上了嫩绿色的漆。春天的校园被嫩绿色笼罩着。

夏天，虽然很炎热，但是走进校园，给人们凉爽的感觉——柳树垂下了长长的枝条，槐树也撑开了绿绒大伞，为人们遮阳。花坛里的那些花争奇斗艳地开放着，教学楼又换上了深绿色的新装。远远望去，好似一个小树林。

秋天，树叶开始变黄，一阵微风吹过，树叶渐渐地落了下来，操场上铺上了黄色的绒毯。我们在这里尽情地游戏。

冬天，漫天飞舞的雪花给大地穿上了银白色的衣服。校园被白雪笼罩着，银装素裹，好似一座白色的城堡。

校园是美丽的。校园是多彩的。它给我们带来欢乐，给我们增添了许多乐趣。

指导老师 高莲花

点评

小作者用清新的笔触、细腻的描写、深刻的观察，把校园四季之美真实地展现在读者眼前。一如四季之多姿多彩，校园生活见证着每位小·作者的成长。

王海华

我爱我的小提琴

柏杨树街小学　一年级　程孟琪

　　我有一个心爱的小提琴，我可喜欢她呢。她是由木头做成的，分为琴头、琴身、琴颈、弦轴、琴马等几个部分，她的上面还有四根弦，就像四根长长的头发，她还带着一个长长的琴弓，上面是由马尾做成的弓毛，当弓毛与琴弦摩擦使琴弦振动时，便发出美妙动听的小提琴声了。

　　今天我拉完小提琴在收琴的时候，看着我心爱的小提琴，自言自语道，我要把她看成我的孩子，每当我拉琴的时候，就代表她在唱歌，每当我收琴的时候就代表她该吃饭了，当我把她放进琴盒里的时候，说明她该休息睡觉了。

　　不过，要想让她把歌唱得越来越好听，就得保证每天坚持不懈地拉一个小时琴，通过努力她长大以后才能成为一名歌唱家，而我也能成一名真正的小提琴演奏家。

　　当然啦，成为一名小提琴家可不是一件容易的事情，我一定要加倍努力，坚持不懈地练琴，才能实现这个梦想，我相信"所有坚韧不拔的努力迟早都是会有回报的"。

点评

　　物我契合，这是追求向上、刻苦训练的美好境界。小提琴见证着孟琪小朋友的成长，寄托着一份美好的情感。文章语言朴实无华，裁剪处理得当，既有写实更怀憧憬。愿小作者梦想成真！

王海华

找春天

杏花岭小学　二年级　畅梓霖

　　天气暖和了，不那么冷了，妈妈帮我换掉厚毛衣，并且让我出去走走。

　　我仿佛没有感受到春天的来临，树，还是光秃秃的，燕子，还没有飞来，人们的脚步还是那么匆忙，小草种子，好像还没有睡醒呢！一阵微风吹来，不像冬天的寒风那么刺骨……春天在哪里呢？

　　当我垂头丧气地回到家，忽然，我看了茶几上怒放的水仙

点评

　　童心看世界多么美好，多么生动。小作者真实地反映了自己的所见所闻，原来在外面遍寻不到的春天就在"我"家里，真是"柳暗花明又一村"呀！

马非马

花，水仙的叶子是那么绿，像颜料上的嫩绿，花真漂亮，六朵花瓣像六只手，捧起了黄花蕊。

啊，春天原来在这里呀！

⭐ 我们的教室

新建路二校　五年级　薛皓辰

我们的教室布置得丰富多彩，独具特色。

打开教室的门，就如同打开了一扇通往知识殿堂的窗户。首先映入眼帘的，就是位于东面墙壁正中的大黑板了。这块黑板上写着有关知识积累的内容，向大家介绍了一些歇后语、名胜古迹和古代书籍，供大家学习。在北面的墙壁上，有"美文欣赏"、"红旗向我们招手"、"妙笔生花"这三个版块。"美文欣赏"，收集全班各类好文章。让同学们通过教师的点评学习习作。"红旗向我们招手"则主要以竞争为主，通过学习、纪律、卫生各个方面进行评比。"妙笔生花"，主要是同学们出的板报，让大家通过板报的方式拓展知识面。在西面墙壁的正中，就是老师上课用的白板。每天老师就站在这里，像一位辛勤的园丁一样，向我们播撒知识的种子。每当我准备做小动作的时候，看着这块白板，想着老师为我们付出的辛苦，我便会不由自主地坐好。在教室南面的墙壁上，悬挂着《小学生守则》，它一直在默默激励着我们，让我们都成为一名品学兼优的好学生。

我爱我的教室，更爱这片知识的海洋！

点评

文章按照方位顺序对"我们的教室"进行了详细描写，通过语言文字让读者仿佛看到了一个环境优美、团结向上的班集体。习作详略得当，主次分明，思路清晰，字里行间流露出小·作者对班集体的热爱之情。

马非马

⭐ 尘世间的落叶

山西省知达实验学校　初一年级　张广达

尘世间的每一片落叶，脉络中隐蕴着一篇篇精彩的华章，这里，仅是其中的一片。

太原晚报

338

阳光天使小记者　作品集

春，万物复苏，那些娇嫩的叶已躺在了枝丫上，舒适地享受着太阳的光辉。烟花鸳鸯情依依，丫枝傍水青济济。非是当年桃花源，亦然天上人间兮。春天的气息，悄悄地弥漫在万物的身旁。

夏，在三月的舒适后转换成六月的凌厉。炎阳灼烧着他们蝉翼般单薄的身体。他们只能拼命地汲取养伤。终于，一日傍晚，暴虐的暴风雨，以迅雷不及掩耳之势，来了！狂风夹杂着暴雨，凄厉的极致，让娇小的叶，寂灭！一片片叶，用血的生命，抵挡那甚能毁灭一切的力量。暴风雨的洗礼，让它们精疲力竭，只能在静默与沉寂中安然入睡。

秋，肃杀的天气。把昔日兄弟生生分离。无情的风吹着，叶子蜷着身躯，仍在用蔑然的目光，盯着无情的风，无情的大地。

它没有乞怜，它在用最卑微的身份诠释着不屈！

冬，萧索而洁白的雪下，那棵树又在酝酿着又一片片叶的重生。

叶在沉睡中骄傲，在它短暂的一生中，它努力过，奋斗过，为了下一次重生，它拼搏过！

我愿做一片叶，用生命诠释贡献与不屈！ **指导老师　李彩萍**

★ 点评

别人是"一叶知秋"，你却是一叶读懂生命的意义，而叶的春夏秋冬又暗合人生的幼青中老，立意不可谓不新颖。加油吧，努力吧，我们像期待你的美文一样期待你的精彩人生。

马非马

★ 春天的迎泽公园

山西省实验小学　五年级　董炫晖

初春，一个万物复苏的季节，和煦的春风伴随着明媚的阳光沐浴着我们的脸颊。大地重又恢复了生机，尤其是那美丽的迎泽公园，又用它的绿色来呼唤人们了。

中午的公园异常平静，漫步在林间小道上，看见了一排排的青松，树梢树枝上已是一片绿色，树下小草才露尖尖角，青青嫩芽，更是可爱。

漫步来到湖边，湖水已经解冻，一艘艘船儿又回到了湖水的拥抱。放眼眺去，一片绿色，犹如一条"树木长龙"直向远方。

★ 点评

所谓"登山则情满于山，观海则意溢于海"，你是个生活的有心人，独具慧眼，用心捕捉那美丽的点点滴滴。文章以公园这一独特的环境，描绘出春的勃勃生机，带领读者一同漫步其间感受春的气息。篇末与开头呈呼应之势，总结全文，点明中心。

马非马

漫步经过桥头，桃花、杏花、迎春花，在春光的哺育下，长出了一枝枝嫩芽，开出了一朵朵花，这花色彩繁多，有粉的、白的……有的含苞待放，有的争奇斗艳……一个个争先恐后，生怕游人看不到它们娇态的身体。

漫步在春天，无限的美好映入眼帘，那绿色，直入人心，沁人心脾。难怪古时候有句名言"一年之计在于春"啊！

我爱春天的迎泽公园。

★ 蜘蛛网的奥妙

太师一附小　五年级　吴　熙

外婆家有一个特别大的花园。一天，当我在墙边玩耍时，突然发现在原来的蜘蛛网旁边又增加了一张蜘蛛网，所不同的是，原先那张网是横的，现在的是竖的，此刻蜘蛛正在竖的那张网上扩充呢。"这是为什么呢？"我百思不得其解。这时姥爷突然叫我："吴熙，快回屋来，要下雨了！"果不其然，几分钟后，天空突然闪了一下，原来是闪电把天空撕开了一个大口子。"轰隆隆——"随着雷声，一场瓢泼大雨从天而降，天地之间仿佛挂满了珠帘。半小时后，雨停了，天放晴了，天空中出现了一道美丽的彩虹。这期间，我一直在思考着蜘蛛网的奥秘。

雨一停，我立刻到蜘蛛网前，我惊奇地发现：横的蜘蛛网已经被大雨打穿了一个洞，竖的则安然无恙。这真奇妙啊！此时我萌发了一个想法 蜘蛛是不是提前知道要下雨才去结网的呢？这个问题一直困扰着我。恰好，天气预报说明天还要下一场雨，"机会来了，正好可以验证我的猜想。"我想。

第二天，我起了个大早，来到院子里，发现有好几只蜘蛛在织竖的网，而且织得飞快，好像暴风雨就要来临。"怎么回事？衣服怎么湿了？"我不经意地一抬头，连忙"飞"回屋内，雨悄无声息像断了线的珠子从天上落下来。我一边跑一边暗暗埋怨老天爷，怎么连招呼也不打就下起雨了呢。

雨后再看，发现与我的想法完全一致。横的网已经破了，竖

★ 点评

兴趣是最好的老师。小作者从偶然的发现到通过留心观察、一追到底、弄清真相，最后有所体会与感悟，受到教育与启发。文中对景的描写起到画龙点睛的作用，较好地衬托人物活动，情景交融，寓情于景。生活也因此而更加美丽。

马非马

的还完好无损。横网、竖网都是由蛛丝构成，雨点砸在蛛丝上，为什么竖网比横网有抵抗力呢？爸爸告诉我，这是力与力的分解原理。好深奥啊！大自然又给我上了一堂科学课。同时我知道了，蜘蛛可以感觉到天气的变化，真是很了不起。

从此，我发现科学无处不在，只要你处处留心，仔细观察，就会有惊奇的发现。

指导老师　马艳萍

⭐ 美丽的乡村

八一小学　五年级　李泊远

李家楼村是一个被群山包围的小村庄。

人们住的房子虽然不是很大，但是院子里总有几棵高大的枣树。夏天，人们没事的时候，便在树下搭个床睡起了午觉，树叶发出的刷刷声伴着悠闲的人们进入梦乡。秋天，枣子熟了，当你从树下走过，说不定会有几颗枣子落到你的头上，只要擦一擦，就能悠闲地边走边吃鲜红鲜红的枣子了。

还有一些人家喜欢在院子里种几棵果树。秋天到了，红红的大苹果和金黄的梨像灯笼一样挂在树上，让人垂涎三尺。你只要一伸手就可以吃到新鲜的无公害水果，整个院子像是一个天然储藏室。

这美丽的村庄当然少不了可爱的羊群了。从远处看，一群群的绵羊像是山的斑点。公羊总是跑在前面，为后面的羊群开道。母羊紧跟其后，一边走一边吃那绿油油的草。

傍晚，大家端碗浇了菜的面，蹲在门外天高地阔地吃起来。人们谈论着家长里短，聊着农田小事，消除了一天的疲乏。

夏天的深夜，成群的青蛙开始大合唱："呱呱呱，呱呱呱！"那动听的歌声带着人们渐渐进入美丽的梦乡。

有机会你一定要来这里细细游赏，否则你会后悔的！

⭐ 点评

闭上眼睛，我的眼前呈现着一幅水墨画，是闲适、惬意的乡村生活。这种联想源自你笔下美丽的乡村。文字贴近生活，语言朴素而充满童趣，一下子就把人带入了你所生活的那个场景中，即便没有去过，也会产生身临其境的契合。只有真正的热爱，才会有打动人的文字，我已经能感觉到，美丽的不仅是乡村，更是你一颗懂得欣赏和观察的心。

郝新媛

云台山之行

羊市街小学　三年级　王井泰

7月29日，我和姥姥、妈妈一起去云台山游玩。

坐了五个小时的汽车，我们终于来到云台山。云台山著名的景点——小寨沟，到处是山，到处是水。山环绕着水，水环绕着山，再加上山间环绕着云雾，仿佛仙境一般。小寨沟里的山很陡峭，一汪汪清水靠一条条瀑布相连接，有的瀑布像一条线，有的像双胞胎，手牵着手……妈妈给我买了一把水枪，我兴奋地跑到水潭边吸了满满一管子水喷了出去，我高兴地喊："哇！喷得好远呀！"

老潭沟虽然没有小寨沟水多，但也有自己独特的风景。这里的大瀑布实在不能用任何词汇形容，我只想到了一句诗："飞流直下三千尺，疑是银河落九天。"

第二天一大早，我们去了红石峡，这里很险，不过，路还不算难走。要到红石峡的里面，途中有阶梯、石路、栈道、隧道、桥。隧道里伸手不见五指，只有一点微弱的光；栈道你得弯腰走，否则一抬头就会碰一个大包；桥的一边是深潭，一边是"瀑布"。走完这些路，才能看见一个小瀑布，但比起老潭沟的瀑布就显得微不足道了。最令人称奇的是有一块石头悬在半空中，摇摇欲坠，好像要掉下来似的，真让人心惊胆战。红石峡之所以称为红石峡是因为峡谷里的岩石都是红色的，真特别。早晨的阳光映着红色的断崖峭壁，发着星星点点的光芒。

叠彩洞是这次行程的最后一站。它是连接豫晋两省的公路隧道，是修武人民战天斗地的杰作，前后历时8年开筑而成。大小23条，首尾相连，总长4000多米。修叠彩洞的人可真了不起。

晚上九点，我们返回太原。这次旅游可真有意思。

点评

小作者以生动优美的语言、形象的修辞具体描写了云台山的美景。"山环绕着水，水环绕着山，再加上山间环绕着云雾，仿佛仙境一般"一句运用回环、比喻，写出小寨沟景色之美。再以丰富的想象"有的瀑布像一条线，有的像双胞胎"形象刻画了小寨沟清水与瀑布相依的美景。引用诗句"飞流直下三千尺，疑是银河落九天"，凸显老潭沟瀑布与小寨沟截然不同的特点。运用夸张句"隧道里伸手不见五指，只有一点微弱的光；栈道你得弯腰走，否则一抬头就会碰一个大包"形象地写出自己在红石峡隧道的感受。

米艳琴

游蓬莱海滩

尖草坪区第二实验小学　六年级　张亦霍

这两天，我的身上起了好多小疙瘩，又痒又疼，想挠又不能挠，浑身上下全是红的，比红种人还红，难受坏我了。这是怎么回事呢？听我来跟你说。

今年暑假，我去了蓬莱。但是蓬莱阁、八仙过海口都引不起我的兴趣，我只去了蓬莱海洋极地世界馆和海边。我爱海，我爱探索海底的秘密，我爱那些五彩缤纷的鱼儿，这也是一个孩子的选择。我觉得，我选择的没错，我看到了真正的海，感受到了神秘的海底世界。最让我心动的数大海了。

我以前去过宁波的海，可没有见过什么海藻、贝壳、海蜇，更没见过寄居蟹，爸爸说，宁波的海是开发过的，而这里是真正的海，还没到海边我就闻见了一股浓浓的海腥味儿。到了海边，只见沙滩上到处是海带、贝壳，远处有渔民正打鱼回来。玩水的人不多，全是渔民和捡贝壳的人。我脱下鞋子，走近一看，贝壳种类繁多、五彩缤纷，我马上来了兴趣。在我眼中，连一块其貌不扬的小石子儿都显得那么小巧、好看，我恨不得把它们全捡起来。这时，妈妈发现了一只寄居蟹，我小心地把它捡了起来，放进了袋子里，之后，我又发现了两只，我欣喜若狂，可谁知它们仨没两天就死了。哦，我知道了，任何生物都有它自己的生活环境，一旦离开，它们就会死掉。

这次旅游我的收获不小，单凭课本是学不到全部的知识的，需要我们去亲近大自然，这样才能了解更多的知识。虽然回来后身上起了好多小疙瘩，但我还是很高兴的。

点评

原来都是"海"惹得"祸"。遗憾的是在文中，我并没有找到"根源"。在你的带领下，我们畅游了海滩，仿佛闻到了浓浓的海腥，"捉"到了寄居蟹，快乐是不言而喻的，和你的感受一样，确实收获不小。结尾处 "这次旅游的收获不小"，在这不小的收获中，如果带出你"起红疙瘩、又疼又痒"的原因，以及学会自我保护的常识，文章就会更完整更饱满了。

郝新媛

景物素描

343

⭐ 日新月异的上海

青年路小学　六年级　陈嘉祺

从太原出发，经过长途颠簸，我来到了"东方明珠"——上海。在这里，我亲身体会到了上海日新月异的变化。

跨越闻名全国的黄浦江大桥，由浦西到浦东，一座座高大而奇特的建筑物拔地而起。这些新世纪的建筑让我眼花缭乱，耳目一新。距离城隍庙不远，就是2010年世界博览会的建筑工地，这预示着不久的将来，在上海又有一座现代世界级雄伟建筑物矗立其中。

穿过施工现场，我们来到浦东最繁华、最发达的地区。在浦东新区，多座形状各异的高层建筑物拔地而起，像一个个巨人守卫着这座城市。按捺不住自己的心情，我迫不及待地坐上高速电梯，仅仅几秒钟就飞上高达420.5米的金茂大厦的顶层，站在高处往下一望，不免让我有点晕乎，又有一些心惊胆战，但上海的华丽景象一览无余地展现在我的眼前。随后我又坐上磁悬浮列车，感受着它比飞机还快两倍的超快速度，磁悬浮列车以磁和电为动力，仅仅用了8分钟就到达终点，真是一次穿越时空隧道的旅游。

晚上，沉睡的夜上海又是另一番景象，这儿简直就是一群璀璨的星系点缀在中华大地上，其中最闪耀的一颗明星——"东方明珠电视塔"灿烂光辉，整个城市都浮在灯的海洋。

身在上海，处处都感受到了一个快节奏、日新月异、高速发展的城市，这不愧为代表中国经济发展的国际化大都市。

⭐ 点评

你把所见所感毫不吝惜笔墨地呈现给大家，让我们都忍不住产生想亲眼去看看的冲动。易中天教授写过一本《读城记》，说上海是一座最好、最气派的城市。你的文字中，也表达了这种感受。而这种"好"，这种"气派"是有深意的，是与上海积蓄百年的文化息息相关的。今天，上海对你而言可能只是一座发展迅速的国际大都市，在你逐步成长过程中，你会更深地领悟它文化的厚重与内涵。

郝新媛

⭐ 玩转欢乐谷

太原市实验小学　四年级　李阳泰

7月20日早晨，天刚蒙蒙亮，我就高兴地起了床，因为今天爸爸、妈妈要带我去深圳玩。

深圳最大的游乐场所——欢乐谷是我们的第三站。

进了欢乐谷，我们按照导游图的提示先去了魔幻城堡，这里面都是一些为儿童开设的项目。我先后玩了浪花跳跳、北极探险、丛林水战、模拟消防队等，每个项目都令我很开心。其中最有意思的是模拟消防队，先听工作人员讲解灭火知识，然后坐上消防车去了灭火模拟现场进行灭火训练，我们拿着水龙头，对准冒着烟雾亮着红灯的目标喷水，我发现把水喷在火根上才能很快把火浇灭。

出了魔幻城堡，来到了金矿镇，这时，已经中午了。我看见一个叫矿山车的游乐项目，虽然前面排了很多人，但它巨大的吸引力使我毫不犹豫地排到了队伍中。经过一个多小时的漫长等待和烈日暴晒，终于轮到我们了。上了矿山车，系好安全带，矿山车沿着轨道缓缓爬升到一个山洞口，突然加速朝下冲去并且不停地在急转弯和上下坡，刚开始我感觉整个矿山在旋转，后来速度太快，只能感到风在耳边呼呼地吹……最后，我正在提心吊胆的时候，矿山车已经回到出发点。这个项目使我的勇气受到了一次锻炼。

接着，我们穿过香格里拉森林，来到飓风湾。这里有世界上落差最大的"激流勇进"。与矿山车不同，矿山车虽然惊险，但有爸爸妈妈陪同，这次是我一个人去玩。我穿上雨衣，坐上小艇，慢慢上升到最高处，这里离水面有26米的落差，我害怕得闭上眼睛，小艇飞驰而下，我只觉得一阵凉风从耳边吹过，当我睁开眼睛，小艇已经溅起了至少3层楼高的滔天巨浪，浪花暴雨般砸在我的雨衣上。"激流勇进"的惊险程度远远超出我的预料，使我的好奇心又一次得到满足，勇气又一次得到锻炼。

经受了飓风湾的有惊无险，我进入玛雅水公园。这里玩水的设施和花样很多，很新奇，好多我都没见过。我看到有一个非常刺激的滑道，叫"巨树滑道"。上面的工作人员告诉我滑的方法后，我滑了下来，感觉很有趣。又玩了一会儿，我有点累了，就躺在海滩上闭目养神。突然，我不知道被什么东西推到了岸边。"为什么会这样？"我心中充满了疑问。睁眼一看，原来海滩上开始造浪了。"呀——"我叫着冲向大海。这时，一个

点评

本文以生动的笔调记述了一次快乐的旅游，小作者以"玩转欢乐谷"为题，突出游玩的酣畅淋漓。全文收启自如，过渡自然，颇显小作者过硬的写作功底。文章抓住了在魔幻城堡、矿山车、飓风湾、玛雅水公园这些景点游玩时的新奇、惊险的感受，形象地描写了自己的心理，生动地展现了当时的情形，让人为小作者丰富的语言而深深地折服，是一篇难得的佳作！

米艳琴

又一个的浪向我打来，几个浪险些把我推倒，毫无疑问，浪变大了。忽然，造浪结束时最大的一个浪一下把我打下水，还好水不深，我马上站起来了。过了一会儿，浪停了，我接着玩水上漂流、飓风滑道等游乐项目，它们都非常独特，都令我非常开心。

⭐ 秋天像咖啡

太师一附小　五年级　郭凯菲

秋天，一个美丽的季节，多少文人墨客都赞美它。而我却不怎么喜欢，瞧，满地的黄叶，无奈的值日生，多讨厌！但是细细品味，就像喝咖啡，苦中有甜。

公园里，花儿都凋谢了，惟独菊花还在丛中绽放。它的清香从远处传来，让人觉得很舒爽。走进树林，看那绿葱葱的草丛中，有许多落叶，就像铺了一层花地毯，踩上去，软软的。清理出一片空地，躺下，仰头看天，蓝蓝的，一碧如洗，耳边不时传来声声鸟鸣。一阵秋风拂过，轻轻地，闭上眼，朦胧中我似乎看见，那吹过的风变成了一位仙女，她把水果送到人们手中，她把满树的叶子送到土地上，她把清爽送给了我，我的脸像用清水拍打过一样，好不惬意。

我睁开了眼，哪里有仙女？身旁只有一片片黄叶，我笑自己太傻。但马上又陷入了沉思：是啊！秋天不就是一位仙女吗？她穿着叶子衣，披着金黄发，我曾经讨厌秋天，如今，我细细品味，那种讨厌已经烟消云散，取而代之的是一种赞赏。啊，我爱你，迷人的秋，可爱的秋！　**指导老师　张　丽**

⭐ 点评

你的文章像一条缓缓而流的小溪，清秀，流畅。文笔优美，感情真挚细腻，具有个人风格。愿你在写作路上继续采撷生活中的朵朵浪花，让自己的风格更趋完善！

高峰

⭐ 秋天来了

万柏林区大唐实验小学　二年级　任泳岩

秋天来了，伴随着凉飕飕的微风细雨悄悄地来了。

瞧，妈妈买的石榴笑得咧开了嘴巴，露出里面红红的大牙，好诱人哦！

小区院子里的落叶像黄蝴蝶一样，飞到鱼池里，小鱼轻轻地游过去把它们当作雨伞，躲在下边嬉水玩闹，真逗人啊！

⭐ 金秋

青年路小学　六年级　陈嘉祺

秋风瑟瑟，带有丝丝凉意的金秋已不经意地来到人们的身边。

谁说秋天只是带给我们凄凉与寂寞。站在汾河岸边的高处向远方眺望，花草树木中红、黄、绿相交，映衬在微波粼粼的"长龙"两边，像一幅未干的油画。漫步街边，秋雨滋润的大地、一棵小草、一个水洼……到处都充满秋的韵味。当一阵阵秋风吹过，顿时感到一种久违的凉爽，金色的落叶漫天飘落，不时轻抚着我的脸颊，"啊，真舒服。"

金秋时节，万物皆收。秋季给予人们的不仅是心情上舒畅，更多的是收获与喜悦：满街的瓜果飘香，瓜农们笑脸上，显示出秋天是一年中五谷丰登的季节；神舟七号载着祖国人民的梦想飞入太空，中国人首次进行出舱漫步，并一举成功，实现了新的飞跃。至此，一个伟大的梦想又在随风舞动的秋叶蝴蝶的陪伴下变为现实，在世界上又一次证明了中国人的强大。

金秋是一个连接开始与结束的七彩桥梁。在这个缤纷的季节里，每个人告别过去，迎接新的未来，各年级的学生们又开始了新一学年的学习；高考结束，许多学子步入自己理想的大学，开始崭新的生活；还有更多的人在回忆过去得与失的同时，也重新展望自己的将来，就像不服输的落木一样，到第二年时又是繁枝茂叶。

金秋，这个充满着梦想与期待的季节，这个承载着收获与快乐的季节，它的美丽让人惊叹，它的感染力令人震撼，就让我们静静聆听着这秋的声音，体会这秋的魅力吧！

点评

写景，一定要抓住景物的特点。石榴、落叶、游鱼，虽然着墨不多，但却把它们的颜色、形状、动态一一勾勒出来了，读后使人有身临其境的感觉。

高　峰

⭐⭐ 点评

在作者的眼里，秋天是丰收和美丽的季节。作者细腻地写出自己"恋秋"的感受，表现出热爱秋天、热爱大自然的思想感情。末段的结语非常巧妙，起到画龙点睛的作用。

高　峰

秋色精灵

山西省实验小学　六年级　段泭妮

清晨，当第一缕光明刺破暗夜的记忆，秋也被唤醒，也许还琢磨着昨夜那个香甜的梦境，似醒又非醒，她深吸一口气，又轻轻吐出，馨香含蓄却又有一丝凉意。

稚子牵着父母的手走过街头，不时打几个喷嚏，尽管父母已为他们套上了厚厚的毛线外套，但是秋已默默跟上了他的脚步；学生们戴一副眼镜，文质彬彬，背一肩沉重的书包，缓缓走在街边，呢喃道："天凉好个秋"；成年人则抬头望着打着旋儿的落叶，轻轻拍打着树干儿，慨叹着一年的流逝；老爷爷老奶奶甚至套上了棉外罩，将手袖起来，挽留着秋日的最后一抹温暖的阳光。

太阳升起来了，左右瞅瞅，没了"热闹"的伴儿，不想夏的离开。秋色精灵急忙从口袋里摸索出一个小瓶儿，缓缓扭开盖子，顿时，空气中弥漫着一线热气，这，是夏送给秋的礼物。夏曾告诉秋，想我了，就把小瓶打开，里面有我的气息。

不知不觉中，太阳已西斜。忙碌了一天的人们走出户外，一阵秋风微微掠过地面，带着自己的收获：一卷黄叶儿，一把泥土，一阵高歌，一缕思绪，像荡秋千般拍打着你的脸颊。许久没有发现的清凉记忆，又灌入了脑海，牵引出又一片思绪：秋真的来了……

叶儿又落了。秋的恬淡笑声挂满了云霄，它寄托着夏的嘱咐与希望，酝酿着爽快与欢乐，携带着风儿和叶儿，告诉人们：秋色精灵已从这里飞过……

点评

作者发挥奇妙想象，运用精妙的比喻，充满童趣的拟人，使文章顿生光彩。

高　峰

⭐ 秋菊

三桥街小学　五年级　石林育

秋景美
菊花更美
深秋来了

菊花用温暖的阳光
织成了一件件多姿多彩的华衣
衬托着丰收的季节
叶如翡翠
有时随风摇曳不停

有了菊
才将金秋装扮得华丽至极

更欣赏的
是品格
清雅洁身高风亮节
凌霜傲雪卓立不群

⭐ **点评**

　　多美的小诗啊！小作者很善于抓住事物的特点进行具体描绘和丰富的想象，文笔间渗透了情感，展示了秋菊"清雅洁身高风亮节，凌霜傲雪卓立不群"的高贵品格。

高　峰

⭐ 秋天的图画

万柏林区大唐实验小学　三年级　王嘉乐

　　秋天来了，我要给秋天画一幅画。
　　我先画田野，田野里，高粱涨红了脸，稻子笑弯了腰，棉花朵朵白，大豆粒粒饱。再画果园，梨树挂起金黄的灯笼，苹果露出红红的脸颊。我还要画大雁，它们排成一个大大的人字，向南飞去。
　　啊！秋天真是一个丰收的季节。

⭐ **点评**

　　这是一幅斑斓的秋景图。文章语言清新活泼，描写能抓住秋天事物的主要特征。篇幅短小精悍，值得一读。篇末用了"啊！秋天真是一个丰收的季节！"点睛之笔，使感情升华到高潮。

高　峰

秋天

大南关小学　五年级　李　新

秋，她踏着轻盈的脚步匆匆赶来，在人们的不知不觉中，来了，来了……

她的到来，天气顷刻间变得秋高气爽，十分爽朗；她的到来，田野里瓜果飘香，农民伯伯的笑容格外灿烂，互相诉说着丰收的喜悦；更重要的是，她的到来，大地变成了"金色的海洋"。

秋，没有夏的热情，没有春的萌动，也没有冬的冷清，她只有她自己独特的性格。虽然，她常常被人们理解成伤感、凄凉，但我就认为她是快乐的，让人充满欣喜的。她可以使我们度过愉快的国庆假期；她，也可以使我们沉浸在学习的海洋！她也不单单是凄凉的，也有几分喜悦！

秋，她收获着硕果累累的果实，欢捧着喜悦与祝福；她凝声欢唱，歌唱着金秋时节的美丽。拥有美丽与祝福的她呦！爱欢笑，爱歌唱，爱喜悦……她总是无声地享有着这一切，用自己的成果去回报人们。

细雨纷纷落，天气晚来秋。秋天，细雨霏霏，天气转凉。在轻飘的雨中，我们也都会感到，秋天来了！动物们也开始储蓄入冬的粮食了。可以说：秋天，是一个提示入冬的季节。

我赞美秋天，赞美她的云淡日丽，赞美她的秋高气爽，赞美她的香飘四野，赞美她的诗情画意……爱她带给人们的种种欢声笑语，爱她带给人们的种种欢乐！

在金秋时节中，让我们一起去感受秋天吧！

太原晚报

350

阳光天使小记者　作品集

点评

文章语言通俗易懂，拟人化语言使文章更显得生动活泼，读来令人备感亲切。如果叙述能按照一定的顺序，文章会有更强的可读性。

高　峰

秋

太师三附小　六年级　霍欣婷

初秋时，阵阵微风徐徐吹来，轻轻抚弄着脸颊，让人感到清爽

无比，柳枝随风飘舞，只见一片片墨绿的树叶在秋风中轻轻摇曳着，似乎是一张张微笑的脸儿，跟着风儿沙沙的伴奏，轻轻地唱着。

过了些时日，在夹着凉意的瑟瑟秋风的催促下，变成金黄色的树叶飘落下来，覆盖在灰色的土地上。还有许多树叶，在空中追逐着，嬉戏着，快乐地飞舞着。玩累了，才落下来准备到泥土中睡觉。有个别调皮捣蛋的，趁人不注意，又跑到了别的树上，可还是禁不住风的劝说，不情愿地落到了地上。

秋风休息的时候，树叶们似乎也累了，整个世界变得很平静，阳光洒满了大地。原本灰色的小路上满地金黄，偶尔也会有点深红，有点淡绿，似乎是为了点缀这金黄色的大地毯。可过不了一会儿，叶子们又不安分了，有的在大地上翻跟头，有的在路上扭来扭去，好像很不舒服似的。

天黑的时候，劳累了一天的大人们都回到了各自温馨的家。这时你再来看，四周是点点灯火，月亮姐姐高挂在夜空，把温柔的月光洒满大地，无数的星星在夜空中眨着神秘的眼睛。可叶子们却一动不动，静静地，我想它们也累了一天，现在该是睡觉了吧。

我喜欢秋天，秋天真的很美。

点评

"有个别调皮捣蛋的，趁人不注意，又跑到了别的树上，可还是禁不住风的劝说，不情愿地落到了地上"，"可过不了一会儿，叶子们又不安分了，有的在大地上翻跟头，有的在路上扭来扭去，好像很不舒服似的"，多么生动的描写！读这样的文章真是一种享受，仿佛身临其境。读者已经完全被带到文章中去了，作者好像把秋天写活了一般。

高　峰

⭐ 淘气的秋天

太师一附小　五年级　任　政

秋天像个淘气的野孩子，又像一个隐形人，它乘着秋风到处跑，到处吹。

秋跑到了田野上，它看谷子还没有成熟，便吹了一口气，谷子纷纷垂下了头，变得金灿灿的，农民伯伯高兴地笑了，开始收谷子。秋又跑到了树林里，它吹了一口气，把大树吹黄了，树叶一片一片地落下来，像一只只金黄的蝴蝶在空中翩翩起舞，落在地上给大地铺上了厚厚的软软的金地毯。小草们也软了，它们好像在说：太舒服了。动物们也开始了忙碌，因为秋天过去冬天就快来了。秋又来到了果园里，它又吹了一口气，苹果们露出了红红的笑脸，有些已经迫不及待地往下掉，葡萄也红

点评

作者把秋天比作了一个淘气的野孩子，多么形象，多么亲切！正是秋的"淘气"，才使得秋天成为一幅生机、和谐的画面。

高　峰

的红绿的绿，像一串串花灯挂在树上，果园的主人们开始把成熟的果实摘下来拿到市场上去卖。

　　秋孩子真淘气，它把世界变成了七彩斑斓的，带给我们无尽的凉爽和丰收的喜悦，我爱秋孩子。

秋天

新建路小学　三年级　陈蕊伊

　　秋天，落叶回到了大地妈妈敞开的胸怀里。它们有的像小花蝴蝶，扭动着美丽的翅膀翩翩起舞；有的像舞蹈演员，轻盈地旋转、旋转……脚踩在枯叶上，发出"吱吱"的响声，奏响了深秋的"交响乐"。它们甜蜜地跟泥土睡在了一起。高高的白杨树在哗哗地鼓掌；枫叶好像一个个红色的小手掌，在风中轻轻摆动，仿佛在挥手与我们告别；梧桐树叶恍如一顶顶金色的皇冠，在枝头招摇；而柏树的叶子仍是那么青翠欲滴，令你陶醉极了。

　　秋天的雨很小，很细。像牛毛针尖般，温柔地落下，当然有的小雨打在房檐上，击起水花朵朵，"丁冬"、"滴答"、"啪啪"、"沙沙"的给这如诗如画的金秋配上一支动听的歌曲。

　　秋天，红艳艳的大苹果扒开绿叶往外瞧；金灿灿的柿子像正月十五的灯笼压弯了枝头；小红灯似的枣子在枝头上一闪一闪的；像玛瑙的葡萄一串串地挂在葡萄架上荡秋千；有的荔枝太胖了，把衣服撑破了，露出了白白的肚皮；玉米特意换了一件金色的新衣，咧开嘴笑了，露出满口金黄的牙齿；大豆也许太兴奋了，有的竟笑破了肚皮；西红柿为了让自己更漂亮，便把口红涂在了脸上……

　　看，这就是一幅秋天的画卷，有金色的落叶、如丝的细雨、丰收的果实……一个缤纷而绚丽的季节。

⭐ 我爱秋天

万柏林区大唐实验小学　二年级　刘飞羽

在阳光明媚的秋日里，采摘一片慢慢泛黄的落叶，夹在书里做成一枚书签。偶尔拿出来嗅一嗅那淡淡的清香，仿佛把我们带入了一个童话世界。哪怕你闭着眼睛，什么也不用想，那也是一种心灵深处最宁静的享受。

秋天是个丰收的季节，在这个季节里，有无数种水果成熟了，粮食丰收了。

我爱秋季！

⭐ **点评**

语言流畅、活泼、清新，表达了小作者对秋天的喜爱之情。如果能再具体描写一下秋天丰收的景象，文章会更为生动。

高　峰

⭐ 秋叶

太师一附小　五年级　任　珺

天气慢慢转凉了，我整天打不起精神来，总有奄奄一息的感觉。

一阵凉风吹来，我浑身打战。无力地睁开眼睛，朦胧地看见有一群大雁飞向南方。哦，冬天快要来了吧！我是快要结束生命了吗？我闭上眼睛，欲哭无泪。

不知不觉，一场淅淅沥沥的雨下来了。雨点打在我身上的每个部分，我满身疼痛。我的生命力越来越脆弱了。我沉沉地睡了过去，任由雨点打我的全身。

雨后，我的身体开始泛黄。我无精打采地睁开眼睛，扭动一下身子。顿时，遍布全身的是疼痛。这就是树叶的命运吗？老天为何这样对我？哦，这也许是大自然的规律吧！明年春天会又有一些新的树叶长出来，像我一样的给大自然增添生机，也许它们比我更美丽！想到这里，我心情好了许多。我期待着、期待着风……

终于，刮来一阵风。我松开手，恋恋不舍地离开了大树妈妈的怀抱。在空中飞舞着，慢慢地落到了地上。

⭐ **点评**

作者将自己对秋天的思绪融入了一片小小的树叶，并展开了丰富的联想。构思有创意，含义深刻，结尾耐人寻味。

高　峰

我的心平静了许多。静静地躺在地上。仰望天空，天还是那么蓝。把最后一丝笑留给天空，然后昏昏欲睡。我要变成肥料，和秋雨一起滋润土壤，期待来年万物复苏的季节，树叶会更丰满……

⭐ 秋雨

万柏林区大唐实验小学　五年级　杨圣霖

秋天的雨来了，那样地小心，那样地胆怯，只是断断续续地掉珠子，都可以不用打伞，像春雨那样，跟小姑娘似的。

雨是慢慢地下着，似乎像断了线的珠子，于是一切就在这丝丝细雨中模糊了。这次，仙女小心了，没有把珍珠撒了，而是赐予人间秋日的雨。

绵绵的秋雨不再淘气地蹦跳，而是文静了许多，"沙沙"，"沙沙"似乎是一首歌，轻轻的、慢慢的，那样舒缓地唱，让人不由地倾听。它，正在奏响着一首丰收之际动人的歌。

雨非常地小，打在雨伞上那样轻。看着水珠从雨伞上滑落下来，一滴、两滴……不知不觉，已给往日板着脸的水泥地穿上了一层薄薄的衣，那颜色，显得有些神秘，似乎雨在跟地说悄悄话，或是讲一个神秘的故事。

听着窗外"啪嗒""啪嗒"的响声，是那样地有节奏，比刚才要欢快了一些，但分明有一些寂寞，"自古逢秋悲寂寥"。看来老天也同意这一说法了。此时，雨的乐章已快奏完了。

雨过并没有天晴，空气中沁出一丝凉意，一场秋雨仿佛要洗去夏的痕迹，秋天，就在这场雨后来了。

⭐ 秋雨绵绵

东华门小学　六年级　邢嘉威

"沙沙沙……"什么声音？哦，是秋雨，秋雨来了。秋雨绵绵，浇红了树上的苹果，染紫了藤上的葡萄；秋雨绵绵，打湿

⭐ **点评**

对于初学写景的同学来说，最难的莫过于抓住描写对象的特征，然后通过形象生动的描写表述出来。这两点小作者都做到了。而且最可贵的是，在多角度观察之后，把秋雨的特点表现得淋漓尽致。

高　峰

⭐ **点评**

这篇文章短小·而优美，文中的景物描写，运用了拟人手法，写得有神有色，充满生机，充满情趣。

高　峰

了弯腰的高粱，唤醒了金色的玉米。秋雨绵绵，火红的枫叶落在地上，成了小山羊的书签；声声呼唤顽皮的小乌龟，催促它准备冬眠的食物。秋雨绵绵，打湿了我的衣裳，调皮地钻进衣领里，天气变得异常清爽。

⭐ 九月菊

太师二附小　五年级　王丽泽

我家有一盆金黄色的九月菊。这盆九月菊，从土里长出四根主干，每根主干上，又生出许多分枝，分枝上又长满叶子。这些叶子是墨绿色的，边缘是锯齿形的。叶子分五瓣，好像人的手掌。每枝的顶端，开出了一朵绣球般的黄花，显得既矜持又高傲。

九月菊的花很漂亮。初长出来的花蕾，小小的。大一些的花蕾，花的萼片已经慢慢地舒展开了，无数层细小的黄花瓣，还是紧紧地抱在一起。已经绽开不久的花，外面的几层花瓣四面出击，长得宽了许多，也长了许多，这时的花瓣还是向上长的。再大一些的花，花心虽然还抱在一起，可外面的几层花瓣下垂了，一朵花就变成了一团金黄色的绣球。

菊花的颜色丰富，令人惊讶！不仅有红的、黄的、白的、紫的，还开出了其他花没有的绿色、蓝色和黑色。真令人称奇！

★ 点评

能按照一定的顺序对九月菊展开全面、细致地观察，叙述条理、完整，过渡自然，是一篇成功的观察作文。

高　峰

⭐ 秋色漫笔

大南关小学　五年级　贾雨心

有过诗人歌颂她，有过画家描绘她，洋洋洒洒，点点墨迹展现着秋的飘逸……

树叶依旧美丽，但比夏天似乎更沉着了一些。虽没有盎然的绿意，但绿黄在一起交织着，仍旧美丽无边。那黄，不是肃冬的枯槁，而是浅浅淡淡的米黄，看了都让人分外怜爱，远远望去，仍是那样的苍莽。

天空有几片害羞的云，是秋那轻拂的衣袖，拂过海面，拂过平原。顿时，玉米黄了，苹果红了……

田野里走来一位农夫，撸着袖子，扛着锄头，旁边是一位农妇，拿着箩筐，喜盈盈地说："今年的庄稼，收成真好！"

略带凉意的秋风，是秋那美妙的歌声，掠过城市的街道，点亮了暖灯，妈妈也把一丝一缕的温暖融进了新织的毛衣。

我捡起一片落叶，在上面书写着给秋的信。然后把信塞到岩石缝儿里，躲在树后偷偷地看。秋的笑仿佛更甜美了，她轻轻抬起手臂，带走了我的信。

看着那片叶子渐渐消失，我躺在草地上，凉爽的秋风拂过面颊，我静静地享受着秋的馈赠……

太原晚报

阳光天使小记者 作品集

索尼彩屏游戏机

回民小学　五年级　樊荣

新的一年，我最想要一个索尼彩屏游戏机。

每天，我都要经过校园旁边的小卖部，每一次都呆呆地看里面挂着的一个昂贵的索尼彩屏游戏机，每一次都怕看见别人买走自己心爱的游戏机。

记得有一次去15楼的一个小朋友家玩，他就拿着一个索尼彩屏游戏机，我看他玩游戏机里的跑车游戏，玩得手舞足蹈，车往右拐，他也跟着往右拐。他最后得了第一名，笑得就像一朵花似的。

我亲身体验了一下，确实很好玩，就和玩电脑上的跑跑卡丁车一样。而且它比电脑携带方便，所以我非常想要索尼彩屏游戏机。我妈妈每月工资才1200多元，买一个索尼的游戏机就得花两三千元，妈妈肯定不会同意。只有靠爸爸了，可是，他总是说，学习好了才给买，玩游戏会影响学习，等学习成绩上去了再买。

可是，我真的非常喜欢这款索尼彩屏游戏机，要是靠我微薄的零花钱，根本就不可能买得起，我一个星期才有5元零花钱，猴年马月才能攒到买游戏机的钱呢？

亲爱的爸爸，我希望在新的一年里，你能送我一个索尼彩

点评

小作者能以独特的视角来观察秋天，享受秋天，赞美秋天。联想丰富，构思新颖，向读者描绘了一幅和谐的秋景图。是一篇优秀的习作。

高　峰

点评

多么强烈的愿望，从"呆呆地看"、"看他玩得手舞足蹈"到"亲身体验"，一步步靠近，渴望拥有的想法一点点上扬，真是"求之不得，寤寐思服"呀！结尾饱含期待的话语，真是令人不忍拒绝。

马非马

屏的游戏机。千万不要让我失望。

☆ 月色沉香

大南关小学　五年级　贾雨心

又是一个飘香的秋夜。金秋过半，这月却显得格外清新。明月几时有？这难逢的景色，仿佛一杯美酒、一盏清茶，令人心醉。

月亮在空中停留了很长一段时间，我和弟弟闹着要去看"她"。我们爬上了周围的栏杆，月儿显得更加眉目清秀。她那深凹下去的、呈灰黑色的小坑洼显得更加清晰，把金黄色衬得更亮丽；有些暗淡的、似有似无的云散在她的周围，仿佛是月亮的面纱。慢慢地，她不再那么害羞了，但目光里却还有几分胆怯，似乎永远是一个年少的女孩。

透过枝丫和密密的叶丛，月亮被分为一个个金黄色的小碎片，每一个小碎片里都暗藏着一个梦想，焕发出奇异的光泽，那光映在弟弟圆圆的脸上，显得更加活泼可爱，他那眯缝着的双眼里，似乎也藏着一个月亮，在不断地焕发出热情。

夜更深了，月亮更加迷人。玉盘里，托着嫦娥的传说、吴刚的故事，还有玉兔那双炽热的眼睛。世界仿佛都笼罩在这清一色的光辉里。在这金黄色的光里，我仿佛看见了远方的奶奶那慈祥的、布满褶皱的笑脸。今天，是团圆的日子，也是奶奶的生日，我不能和她一起点燃生日蜡烛，愿她福如东海，寿比南山……

"海上生明月，天涯共此时。情人怨遥夜，竟夕起相思。"月圆了，人间虽不能团圆，但是对着月儿，我愿唱一曲思乡之歌，愿人与人虽不能相见，却可以彼此相知，惺惺相惜。

★ 点评

《月色沉香》好有诗意的题目，纵观全文，更让人怡然自得，不思其返。好厉害的文笔，颇有朱自清《荷塘月色》的清幽，更有苏轼"把酒问青天"的思恋，小小年纪就能如此娴熟的驾驶文字，"后生可畏"呀！

文章中对月景的描写颇为传神"慢慢地，她不再那么害羞了，但目光里却又几分胆怯，似乎永远是一个年少的女孩。""每一个小碎片里都暗藏着一个梦想，焕发出奇异的光"这样的文字忍不住想让人玩一番。

李晓霞

景物素描

357

☆ 我玩"QQ音速"

太原市外国语学校　初一年级　沈　晴

"QQ音速"是首款音乐与速度相结合的游戏，游戏的主体为各类歌曲。今天我就来给大家传授一些我玩"QQ音速"的小技巧，跟大家分享交流一下游戏心得。

这款游戏分为竞速模式和道具模式，竞速模式主要是靠自己对音乐的理解和节奏感。玩的时候不能慌，手指要灵活，跟着节奏感，感觉像是在钢琴上演奏这首歌曲，而且一定要站在欣赏它的角度去按键，那样，就算很难的歌，在你的手下也会变得很简单。当然还需要多练习，毕竟熟能生巧嘛！

还有一些朋友喜欢玩道具模式，那现在就主要讲一下道具模式的玩法。

其实，道具模式玩起来是七分运气，三分技术。如果面对的是混战模式，那么你就同时面对着好几个玩家，在得到第一个道具的时候如果是加速，那么先别忙着用，大概过几秒后如果发现别人得到的都不属于攻击性的道具时，再马上用加速，而且加速时可以去掉别人扔给你的减速道具。

唯一需要注意的问题是当你跑在比较靠前的位置，而且得到了一个无敌防御或反射一类的道具时，那么别人对你使用雾或耳机时，最好先不要用自己的道具，因为后面的人比较多，而且得到的道具基本上是攻击性的，所以常常会碰到减速、冰冻等等。

另外一种是团队模式，团队模式主要讲的是配合。团队模式大概都是３对３的比赛，最好的队形是两个跑在前面，一个留在后面。最后一名最好故意跑慢或失误几次，把距离拉开点，这样能够有机会得到冰封或金刚，虽然最后得到的经验少，但是为队伍的荣誉还是奉献一下吧。

其实，"QQ音速"并没有那么难，重要的是多加练习。对了，按照我上面介绍的玩法好好练习，不久之后你就是个"QQ音速"高手了！

★ 点评

可以看出，你是个有智慧的孩子！文中详细地为大家介绍了自己所喜爱的游戏和心得，让读者非常清晰明了游戏的最佳玩法。"站在欣赏的角度"，做任何事都会做好。不过，游戏虽好，可不能迷恋哦！

邵东华

★ 叱咤在战场上

迎泽街小学　六年级　宁翔宇

经典别致的二维画面，极富挑战性的战役，悠扬的欧洲古典

音乐以及形象各异的人物、包罗万象的地图，精美的设计，构成了一款既虚拟而又不乏真实性的即时策略游戏——《战场风云》。每当我打开这款游戏时，就会被它那精美的画面所震撼。

这款经典的第一次世界大战游戏，共能选择6个国家。别看国家少，但游戏的魅力却令人无法忘怀。不过，游戏的操作技巧还得自己玩过之后才能品味出来。当屏幕上出现任务栏时，说明游戏已经开始了，马上得投入到"建设"中。先用鼠标点击工人去建设自己的国家，然后可以通过征兵中心来召集士兵，还可以借助研究院来研究攻击力和防御力。突然间，敌人来进攻了，也不必惧怕，军事顾问会调动一切防御力量来保卫国家……

如果狡猾的敌人只打偷袭战，攻击你的盟友，"围魏救赵"的战术必将是第一选择。可以攻打敌人较薄弱的一方，敌人只得招兵回国。在战场上，坦克、重型轰炸机、骑士，甚至一名普通的士兵都能起到决定性的作用。

"战术"、"意志"，这两个词在这款游戏中运用得淋漓尽致，只有真正理解了这两个词的内涵，才能把战争打出水平来。《战场风云》让我们看到了战争的血腥和理解了人性的光辉，世界大战使每个人都受到了伤害，我们不能重蹈覆辙。这款游戏的深层意思也是如此，劝诫我们要热爱和平。所以，每个人都值得玩一玩《战场风云》！

但正如人们常说的那样，"美酒虽好，可不要贪杯哦"。《战场风云》这杯美酒，可不能多"喝"，"喝"多了可是要中毒的！

★ 点评

可以看出你是个聪明的、有思想的、有克制力的孩子！文中为大家介绍了自己所喜爱的游戏——《战场风云》，让读者理解了"战术"、"意志"这两个词的内涵，更妙的是，能从游戏中懂得热爱和平，真好！

邵东华

景物素描

359

★ 穿越火线　穿越梦想

青年路小学　五年级　范文锋

我从小的梦想就是做一名勇敢的战士，在硝烟弥漫的战场上与敌人进行枪战，前不久，我终于在网络游戏中实现了"梦想"，成为一名英勇威武的"神枪手"，这款军事题材的网络游戏就是——《穿越火线》。

一次偶然的机会，我学会了《穿越火线》的游戏方法，很快就喜欢上了它。在多次枪战实践中，我成为一名技艺高超的"上等兵"。我认为游戏中首先要挑选杀伤力较强的冲锋枪，我最喜欢的是 AK－47 式冲锋枪，它的弹夹容量大，容易操作，杀伤力强。作战中，我喜欢从侧面进攻，乘其不备搞"突然袭击"，以迅雷不及掩耳之势猛力攻击，不给敌人反应的机会，和战友协同作战也是获取胜利的好办法，我喜欢跟在战友后面前进，在发现敌人的时候，就用猛烈的火力掩护战友，同时观察周围尤其是背后有没有敌人，在我们的"连环枪"的攻击下，胜利经常会属于我们。如果在"运输船"地图内，要加倍小心，左上方有一个敌人"地道"，敌人常常会选择从这里"偷袭"，我往往会悄悄躲在隐蔽处观察情况，在可疑的时候扔一发炸弹过去，有时会有意想不到的收获。每次我的战斗之旅，都让我感觉身临其境，穿越在"枪林弹雨"中，仿佛自己已成为一名勇士。

《穿越火线》游戏给我带来了无穷的乐趣，因为是枪战，多少带一点神秘和紧张的气氛，让我体会到了惊险和刺激，锻炼了我的观察力和注意力，提高了在危急时刻快速判断的能力，它培养了我们勇往直前的战斗精神，更让我认识到团队精神的重要性。游戏中获得的胜利越多，军衔就升得越快，赢得的奖励就越多，这也是我喜欢它的原因所在。

《穿越火线》，穿越梦想，枪战还在继续，希望你也成为一名"神枪手"。

网游 QQ 堂

万柏林区实验小学　五年级　魏　娜

放假了！解放了！我又迎来了我的网游生活！

我上网时不怎么爱玩游戏，但是我在朋友的推荐下玩了《QQ堂》，确实很好玩，这需要和别人"打仗"，用"糖果炸弹"来获得胜利！在这个时候，不仅要攻击，还要防守，在攻击别人的同时，也要保护好自己。《QQ堂》这个游戏锻炼孩子们的手指灵活能力和大脑反应能力，在交战的同时也要考虑拿到对

点评

你的文章同样带给我们惊险和刺激，读者也仿佛和你一起穿越火线。读你的文章，可以看出你不只是思维敏捷、判断力快速，而且文笔优美，引人羡煞！

邵东华

点评

寥寥数笔为大家介绍了自己所喜爱的游戏——《QQ堂》，而且能把游戏当作"一个很好的老师"，从中锻炼"手指的灵活和大脑的敏捷"，更可贵的在结尾"游戏虽好，但不要'上瘾'哦！"，好孩子！如果把游戏的玩法介绍得更具体些就好了。

邵东华

你有所帮助的道具，才能够锦上添花哦！

《QQ堂》是一个很普通的QQ游戏，但是我很喜欢这个游戏，可能是因为里面很惊险、很刺激吧！我喜欢刺激的游戏或影片，这个小游戏让我学会了攻守，学会了隐蔽！虽然这并不是真的，但是手指的灵活和大脑的敏捷我学到了啊！游戏也许会是一个很好的老师呢！

游戏虽好玩，但不要"上瘾"哦！

迎泽大街在成长

太师一附小　六年级　刘高守一

在宽阔平整的迎泽大街旁，我听妈妈讲起这条街的历史：

1952年，迎泽大街初建时，路面只修了几米宽，路基只是双塔寺的卵石，填上沙，再铺上一层白灰。在当时，已是相当不错的条件了。

1955年，迎泽大街不得不重修。从五一广场到迎泽大桥，全部改为沥青路面。当时没有现在专门铺沥青的机器，是用瓢往路上泼呢，冷却起来也很慢。

上个世纪70年代末到80年代初，迎泽大街又一次翻修，路面约有50米左右，改为沥青混凝土路。

工程最大的算是今年了。机动车道与非机动车道用花池隔开，避免了交通事故的发生。原来的下水道是4米宽的三墙两洞，现在为钢筋和混凝土浇制、7米宽的双洞。原来一下大雨，大街两旁积水很深，有时能淹到小腿，因为当时技术的限制，没法达到现在的水准啊。

不能不提的还有加宽的街面、美丽的花池、节能的路灯，每一个来到"新太原"的人，都会对这巨大的变化惊讶万分！

我一边听，一边想，迎泽大街是不是像我们这些孩子一样，也在一天天成长？并且变得越来越时尚、越来越成熟？等我长大的时候，它又会变成什么样？

点评

感谢小·作者告诉读者迎泽大街的"成长史"。家长是个有心的家长，孩子是个爱学习的孩子。文章选了"听妈妈讲那过去的故事"这样一个视角，轻轻地告诉大家迎泽大街的"昨天"、"今天"。城市工程建设这样的取材在小·作者写来却一点儿也不枯燥，反而亲切、自然。

王海华

美丽的"她"

新建路二校 六年级 张天宇

最近，太原市真是容貌大变，我眼前的新景就是滨河东路。"她"不像以前那么拥挤了。汽车不用老在一起打架，司机也不会再因碰撞而经常吵闹。在"她"附近住的居民再也不用担心坐不上公交车了。

漂亮的滨河东路很长很长，开起车来特别顺畅。虽然还是双向6车道，但因为没有红灯，堵车事件很少发生。司机们都懂得，"她"是新修的，应该好好爱护、保养，不能在"她"的新衣服上，制造出不和谐的事件和音符。

原来，汽车得从漪汾桥一直下来掉个头才能走上"她"的身躯，如今，车无需下桥，而是直接通过立交桥便驶上了"她"。那种感觉就像行驶在高速路上，更像开往天边。

我爱美丽的滨河东路，更爱美丽的太原！

点评

原来小·作者眼中美丽的"她"就是太原日新月异发展着的滨河东路，关注城市交通、关心城市发展的情愫可见一斑。文章简洁地把"她"如何美丽转身记叙清楚了，由路而车、由车而人、由人而产生热爱太原这样的主题思想，文短而旨远。不足之处在于第二段中对"她"的指代，前后不一，影响文章的表达效果。

王海华

"喜"看迎泽大街

柏杨树街小学 五年级 雷雄耀

我自认为是比较了解太原的，可最近当我穿过太原的一条条道路时，发现太原的很多街道都变了，如青年路、南内环街、迎泽大街……其中，变化最大的要数迎泽大街了。

迎泽大街是一条东西方向通行的大街，现在它要比前几年太原最宽的一条大街——长风大街还要宽。这是因为迎泽大街的通行量比较大，所以进行了拓宽改造，把两旁的小商店都拆了。使之成为一个拥有双向12车道通行的山西省第一街。在大南门十字路口，还设置了一个巨大的彩色显示屏，滚动播放山西的各种产品介绍和风土人情，外地人可从这个窗口直观地了解山西，了解太原。街道上的红绿灯也换成了太阳能的，还有漂亮的雕花

隔离栏与公交候车亭。如果细看道路，你会发现人行道路与汽车道之间的黄线上有许多许多凸起的圆圈，街道两边绿化带取代了隔离带，在人行道上还设了供行人休息的坐椅和漂亮的新式电话亭，路旁还新增了许多"比萨斜塔"——节能环保路灯。当你徜徉在与迎泽公园相邻的人行道上时，听着淙淙的流水声，看着美丽的迎泽大街，会有一种分不清是在公园还是在大街上的感觉。

怎么样？你也想马上来迎泽大街看看吗？其实这只是太原变化的一个小开端，在不久的将来，太原会有更大的变化，变得别出心裁，变得意想不到，变得美不胜收，变得让你一来就再也不想离开，走也走不了。

★ 变化

新西小学　六年级　卢泽宇

为了迎接煤炭博览会，太原市对大街小巷进行了道路改造。

新学期开学第一天，我骑车经过晋祠路，眼前顿时一亮。经过了一个夏天，马路变宽了，路面变干净了，路边的花池仿佛更换了新装，花草变得格外漂亮了。古色古香造型的候车亭，更加体现出太原市的古老文化底蕴。

变化最大的还是我们学校门前的小巷。马路上的行人不再你拥我挤，汽车不再追尾。新种植的小松树像威武的士兵一样，整齐地站立在马路两边。我想，今冬，也许不用再害怕刮大风时的漫天黄沙了吧。

叮叮咚，叮叮咚……响着音乐的洒水车在清洁着马路。水洒在地上，马路被滋润了，大树被滋润了，小草被滋润了，整个城市仿佛也被这美丽的景色滋润了。

★ 美丽的花房子

太师一附小　六年级　曹逸群

如果你来到五一广场，两间美丽的花房子一定会吸引你停

★ 点评

这篇文章的切入点很好，找得也很准。由一个"小太原"给读者讲迎泽大街的新变化，由熟悉到陌生、到惊奇、再到新的熟悉，娓娓将城市的日新月异展示了出来。文章结尾以"小主人"的口吻抒发了对城市变化的新奇、热爱，文完而意未尽，可谓一篇佳作。

王海华

★ 点评

小作者从身边发生的细微变化入手，告诉我们道路在变化，城市在发展。文短但不乏亮点：一是细致的观察，从候车亭古色古香能想到了文化，殊为不易；二是具备想象力，从小街巷的变化跨越到环境的变化；三是文小而旨大，最后一段既收文，亦为点睛之笔。

王海华

景物素描 363

下脚步。

　　走近看看。咦？花房子的门前，鲜花摆放的造型多像一个伸开双臂的人呀！我想"他"一定是在欢迎五湖四海的朋友来到我们美丽的太原吧。抬起头来，你就会看到美丽的花房子上长满了爬山虎之类的植物，绿色的叶子迎风飘动，房顶四周还点缀着紫色的花朵。绕着花房子转一转，你还会发现房子的两边还有图案哩！靠近迎泽大街的一边，是一条浮雕在竹子上的长龙，另一边是一高一矮两座塔楼。妈妈说，长龙象征着我们龙城太原将要腾飞，双塔是我们太原市标志性的建筑。与正门相对的是一个拱形门，透过拱形门可以看到有一个随风摇摆的秋千，就像刚刚有一个小朋友玩过似的。

　　我站在花房子前，久久不想离开，我真想进去荡荡秋千。

★ 文华苑的变迁

太师三附小　六年级　王予祚

　　以前，我住的地方文华苑只能用三个字来形容，那就是脏乱差。当时，这里像一个垃圾站一样，里面的苍蝇满天飞，一堆堆狗屎在马路上随便堆着，我们学校附近还有许多小商小贩，搞得环境乱七八糟。

　　可现在大不一样了！如今，小商小贩没了，道路两旁还有了路灯和绿树。树有柳树、槐树，还有一种叫卫茅球的树，另外，还有可爱的小草小花……我特别想说的是路灯，那路灯有的像燕子，有的像三角形……

　　我们的居民小院不再苍蝇成群，破旧的围墙经过修修补补，再加上新换锁子，院里面还装着灯呢，这不是一种欣欣向荣的景色吗？

　　这一切还要归功于那些辛苦了一夏的工人叔叔！

　　想一想，刚开始修路时，不少人怨声载道，但修好后的景色让我们大吃一惊，所以，我们当时真不该吵啊！

　　太原是我家，建设太原靠大家。

★ 点评

　　这篇文章在反映太原城市建设的作品里面算是以小见大的成功之作。由此想到，写作就是要选好一个视角，熟练运用自己的优势，把文章写得真实、生动。如果可读性再强一些，肯定就是一篇精品佳作了。

　　　　　　　王海华

★ 点评

　　小作者从所生活的文华苑入手，写出了太原环境综合治理以来小区的新变化，由此而引出"太原是我家，建设太原靠大家"的主题，充分表现出了"以小摄大，文笔简洁，小文章反映大主题"的文章风格。

　　　　　　　王海华

⭐ 太原的新面貌

桃南小学　六年级　刘亚婧

　　要说太原的新变化可不少！首先让我们信步走上迎泽大街。这里的路面又平又整、又宽又气派，虽说没有完全修好，但两边摆着大块的石板，又白又整齐，显得十分宽阔，这漂亮的石板马上就要被安在大路妈妈身上了！放眼望去，那些已经安好的大石板顺从地躺着，多么整洁啊！进了汾河公园，往南内环走，你会看见一座立交桥。嘿！瞧吧！长长的立交桥像一条巨龙在空中穿梭，仿佛马上就会吞云吐雾，下起倾盆大雨。

　　再来说说我最欣赏的变化吧——公交车站台。想必大家都还记得以前的站台：银灰色碗口粗的支柱，大得离谱的广告牌仿佛张着大嘴在吼叫："我们的产品有多好！"遮雨篷是唯一实用的东西，却又十足地笨拙。叫我这个上下学全靠公交车的学生头痛不已！现在可真是大不相同了：手腕粗的方形红柱子，支撑着红色木条制成的镂空架子，镂雕出的各式各样的图案，给本就有古典气息的暗红色木条又添了几分古色古香的韵味。不过，这么古色古香的车站台，你是不是以为没广告了呢？No！你看，晋祠公园的圣母殿被拍下来，附上几句不太明显的晋祠广告语，被缩到只有16开大小的纸张上，镶嵌在靠边的位置，不扎眼，也不招摇。与那些大广告牌子形成了鲜明的对比。我这个"公车小女生"的心病，彻底好起来了！

　　走过大街小巷，你会发现：多了好多菊花！

　　并非花朵争奇斗艳的夏天，依然可以见到：红菊花张开着仅有的几片花瓣，绽放着迷人的笑脸；金色的菊花，打开那绣球一般的俏脸，比阳光还要绚烂；紫红色的单瓣菊，白净的脸儿仿佛蕴含着天地间所有的智慧，身着紫色的礼服，尽显大家闺秀的淑女风范；而白色的单瓣菊则像穿着白色修女服的圣女，迎着一切挫折，依旧如出水芙蓉般高雅纯洁。在这个秋天，我们看到了花儿你追我赶的奇妙景象。

⭐ 点评

　　这篇作文是反映太原城市建设，这组稿件里最切题的文章之一。全文以一个小·导游的口吻告诉读者太原经过整治后展示给世人的崭新面貌，有街道、有立交、有不一样的广告牌、有市花菊花的美丽等等。文中尤以"公交小·女生"的视角写公交站台和广告牌以及描写菊花一段最为精彩。整个文章朴实无华、承转顺畅、清新自然。结尾处单句成段，深化主题，既是文章的处理技巧，亦是点睛之笔。

王海华

景物素描

365

太原变了，变漂亮了，变气派了。我相信，它会变得更好！

★ 新新太原

大营盘小学　六年级　赵世峰

这几个月，太原有了巨大的变化，有漂亮的车站，美丽的绿化，宽阔的街道，这都很让人耳目一新。

说说车站吧，现在南内环街的公交车站都到马路中间去了，候车亭特别长，是仿古的风格，颜色像木头一般。还有就是公交车专用道。这让公交车走得非常顺，不再抢车道，也不会乱变道了。以前我从家坐车到学校需要10分钟，而现在，5分钟就到了。

南内环街还没通车的时候，路中间的绿化带移来上了挺拔的大树，树刚埋下去的时候，树干上吊着一个个袋子，我很好奇，就走了过去，哦，原来是给大树输液呢！现在科技就是发达。人能输液，树也能输液啦！

南内环街通车以后，经常有专门的清洁车。车下面有大号刷子刷着，还喷着水，这样，不仅路面干净了许多，空气清新了许多，仿佛人的心灵也被洗干净了！

新新太原，以前那灿烂的笑，变得更可爱，更漂亮了！

太原晚报

366

阳光天使小记者 作品集

★ 腾飞中的巨龙

太原市实验小学　三年级　崔蔚然

我的家乡是太原，暑假和妈妈上街，发现太原的变化太大了，它变美了，变得更加漂亮了。

一座座高楼拔地而起，听妈妈讲以前的太原高楼很少，大都是矮矮的平房，如今放眼望去，到处是高楼大厦，雄伟壮观；到处是绚丽的鲜花和绿油油的草坪。走在林荫小路上，一股股清香扑鼻而来，仿佛空气中都散发着甜甜的味道。

我觉得变化最大的是修建了很多又长又宽的柏油马路。特

别是迎泽大街，它是太原的交通要道，道路两旁，绿树成荫，鲜花盛开。迎泽桥上各种车辆来来往往，川流不息。从桥上望去，汾河水又清又亮，微风吹起，河面上漾起了层层波纹。早晨太阳出来，河面上金光闪闪，十分漂亮。在河中央有一条金色的巨龙，在太阳的照射下金光闪烁，耀眼夺目，好像要腾空而起，我觉得太原就像金色的巨龙在腾飞。

太原还修建了许多风景优美的公园和广场。清晨，人们在这里锻炼身体，做着各自喜欢的活动；傍晚，人们在这里散步，迈着悠闲的步伐，脸上都带着愉快的笑容。我感到太原的变化太大了，人们生活得很幸福。

我爱太原，太原的明天会变得更加美好！

⭐ 幽静

太师一附小　六年级　宋　星

每天上学经过迎泽大街的我，对迎泽大街的变化了如指掌。原来尘土飞扬、黄沙满天、土舞旋风的迎泽大街，现在已变成了一个宽阔、幽静的"大森林"。当迎泽大街还在改造的时候，施工现场周围插着一块牌子，上面写道："今天的不便，是为了明天的更方便！"一开始，我不以为然，现在我知道了它的用意。

当我第一次走上完工的迎泽大街时，一时间，竟然以为到了"森林"呢！

那天早晨，我匆匆地去学校，当走到迎泽大街时，我停下了脚步。原来的8车道改为12车道；原来弯着腰的路灯，现在变成了银白色的斜十字架形路灯，有点中西结合的味道。当我迈出第一步时，就与微风撞了个满怀。啊！好清爽。一路上，再也没有汽车鸣笛声了，路旁还种了许多树。闭上眼睛，一阵风吹过，树木发出"沙沙"的声响，仿佛来到大森林。我还发现所有的车都往右拐，难道是有大批警察？不是的，是因为规定只可右拐。

总之，迎泽大街给我一种幽静的大自然的感受。

⭐ 点评

小·作者热爱我们的城市，细心地感受到了城市的发展变化，不但写了街道、小·广场、小·游园，还注意到了市民群众和谐悠闲的生活。略有遗憾是全文在题目的设计、主题的升华上，和其他一些小记者一样有些虚了、大了。"腾飞"之意内容多多，文章求实、贵实。

王海华

⭐ 点评

毫无疑问，这篇文章写得非常成功！文章独树一帜、不入俗套，写出了一种轻盈、愉悦的感觉。这种感觉直观地透视了城市建设更多地服务于民、以人为本的理念，使得读者能和小·作者一起来分享这种"闹"中取"静"的新感觉、新变化了。

王海华

景物素描

367

walking and

THE Sunlight W
Angel
Little reporter

边走边想

自行车情结

山大附中　高年级　张梦秋

　　小时候常坐在妈妈的自行车后座上。我爬到车上，分开两腿，抓紧座位。妈妈推着车，一脚踩在蹬子上，一脚在地上滑两下，然后跃上车，带着我，或是去上琴课，或是去买东西，或是接我回家。遇上下雨，妈妈穿上雨衣，让我把头伸到雨衣下面。我钻进雨衣，贴在妈妈背上，又暖和，又淋不着。小时候，我也常坐在爸爸的自行车横梁上。他一手扶着车把，一手把我抱上去，然后从后面跨上车。他先缓缓地骑，等着小跑的妈妈跳上后座，才身体前倾，奋力蹬着，让车快走。每次妈妈跳上车时，我总为那一瞬间车子的震动担惊受怕，但永远都是车子很快恢复平衡，载着三个人稳稳地向前驶去。若是遇上下雨天，妈妈会从后座高高地举起一把伞。一把不大的伞，给三个人撑起了一片晴空。

　　小时候，还常常和邻居家的小孩一起坐在她妈妈的自行车上。她先爬上后座，抓着座位使劲往前挪，给我让出一点空间。我也爬上去，抱着她的腰。我们俩一前一后紧紧地挨着。"你挤不挤？""不挤，你小心别掉下去。"我们坐在车上，一起上幼儿园，一起又从幼儿园回家。现在看着自行车那小小的后座，十分惊叹怎么能让两个人坐下。

　　春去秋来，我渐渐长大，先是拥有了一辆低低的小红自行车，后来有了一辆轻便美观的蓝色成人自行车，再后来是紫色的……而今生活水平提高了，我家和邻居家早已开上了私家汽车。坐在车里，一样是去购物、上学，却不知快了多少倍，也不用担心风吹雨淋。但我还是很怀念过去与自行车的情结。每当今天再看到那老式的大自行车上坐着的一家三口，或是躲到父母雨衣下的孩子，或是两个前后坐着的小孩子时，心里总会感到阵阵温暖，回忆起往日的情景。汽车拉近了两地间的距离，但自行车却拉近了心的距离。

太原晚报

370

阳光天使小记者　作品集

点评

　　这篇文章构思巧妙，割舍不下的自行车情结背后藏匿着的是浓浓的人间真情。读者从字里行间能体会到作者对自行车的留恋和对亲情、友情的讴歌，令人感动。全文层次清晰，语句流畅，叙述生动具体。

高　峰

⭐ 书缘

滨河小学　六年级　李喆琛

　　四岁那年，有一次，我来到姥爷家，一进门就被柜子里一排排用线装订的书吸引住了。我取出一本翻开，虽然不太明白文字的意思，但我已觉得它十分精彩。妈妈给我讲着，读着，每个故事都是那么有趣，那么动听，给我留下了深刻的印象。

　　随着年龄的增长，我渐渐能够理解书里的内容，比如人物的心情啦、主人公的命运啦、作者的思想啦、表达的主题啦等等。开始时，我读《安徒生童话》，每个童话都带我飞向梦一般的境界；长大后，我读《西游记》，四个个性鲜活的人物让我着迷；再后来，我读《呐喊》，一篇篇美妙的文章像一个个音符，谱成动听的旋律。书成为我无言的老师，带我进入知识的海洋，给我插上想象的翅膀。

　　书还是一位友人，像一个知心朋友，你可以将任何心情向它倾诉。如果你对朋友失望，那么请读《夏洛的网》，主人公的友情一定会使你重新燃起对友情的信心；如果你对生活失去信心，请读《钢铁是怎样炼成的》，保尔·柯察金的事迹一定会感动你；如果你烦闷、无聊，就请阅读鲁迅的《呐喊》吧，一个个隽永、深刻的故事伴随我们一起欢乐；如果你缺少知音，那么就请读《一路风景》吧，这本书会成为你终身难忘的朋友；当你不快乐时，就读一读《绿野仙踪》，多萝西一伙的奇异经历一定会打动你的；如果你……

　　与书结缘，它将成为你的良师益友。**指导老师　赵　滨**

⭐ 点评

　　很喜欢这样一句话："孩子最初见到的是什么，那东西就将成为他的图腾，最终他也会成为那样的人。"你的书香环境注定你会与好书结缘，这会为你的成长打好一个亮丽的"底色"，要懂得珍惜。透过你自由的文字，看到了你丰富的读书经历，更让我确信你定是同龄人中的佼佼者。那么，既是"书缘"，不妨在"缘起何处"上花费些笔墨，读来就更有一气呵成的畅快感了。

郝新媛

生命的感悟

山大附小　四年级　王 淘

　　我能用自己明亮的眼睛去看世界，用耳朵去倾听世界，用语言去歌颂世界，也可以用心去感悟世界。因为，我有一个健全的体魄，更有一个美好的心灵。

　　平凡的小草又绿了整个大地，在微风的吹拂下最先点缀着人间，用自己朴素的一生装扮了我们心目中的春天。虽然，它们得不到太多的关爱，得不到充足的水和肥料，但它们依然默默无闻地献出了自己的生命，献出了一片绿色。

　　前几天，电视上播出一对残疾夫妇的舞蹈，他们用残缺的身体描绘了自己充满生机与活力的生命，他们用自己的身体画出了一道优美的曲线，诉说着飞翔的概念。

　　这次汶川大地震，有人在几天几夜不吃不喝的情况下奇迹般地活了下来，因为，在他们的心中始终保持着这样一个信念：我相信救援人员一定会来救我的，他们一定会发现我的，我离阳光越来越近了。我不能辜负了家人的期望，所以我一定要坚强地活下去！正是这样一个小小的对求生的渴望，使他们看到了生命的曙光。

　　生命正是这样。顽强的生命力就是茁壮生长的小草、残疾人的舞蹈与微笑以及在自然灾害面前不肯屈服的信念……他们用自己的行动，塑造了美好的生命，让生命更加充实，更加光彩有力。

点评

　　10岁的年纪，就能对"生命"这个话题肃然起敬，有了自己的思考，确实很难得。尽管"稚嫩"，但却可贵。文字朴实中透着灵犀，把"朴素的小草""残疾夫妇""汶川人民"的顽强展现无遗。生命的美好会随着你的成长而绽放。

　　　　　　　郝新媛

让爱天天住我家

小店区实验小学　五年级　闫俊芳

　　在我看来，生活就像是道菜，菜中有酸、甜、苦、辣各种

味道，但最重要的主料还是爱。爱是我们每天都常挂在嘴边的，因为到处都有爱的气息。

爱分为好多种。最温馨的是父母的爱。每一个人从呱呱落地开始，父母就是你的保护神。无论你犯了什么错，他们都会原谅你；在外面受了气，他们是你倾诉的对象；有什么喜悦的事会和他们一起分享快乐。这就是家的含义，它是你栖息的港湾！

最慈祥的爱是老师的爱。从我们踏入校园的那一刻起，我们的生命中就多了一位慈祥的引路者——老师。老师是你一生中的指南针，在你困惑时，帮你看清前方的路；在你犯错时，老师会用严厉的话语批评你，让你明白是非，从此不再犯同样的错误。这种阳光般的师爱是我们每个人都应该尊敬和钦佩的，让我们为全天下的老师鼓掌吧！

最感人的爱是同学间的爱。同学之间经常打打闹闹、说说笑笑，虽然不时会有些小摩擦，但也被爱的力量一笔带过；同学间应该坦诚相待，站在别人的立场想问题，这样的朋友才是真正的朋友。我们应该和每一个同学和睦相处，珍惜我们共有的美好时光！

珍惜身边的每一份爱，世间就会多份温馨。

★ 点评

孩子，有位教育家说过这样一句话："爱心会让人变得聪明起来。"这样一个看似平凡的题材，在你的笔下显得饱满、灵动，而所有的感受来源于你的体验，因此，这些"爱"来得那么自然、真实，也亲切。

郝新媛

我的梦

双西小学　六年级　刘宸硕

地震后的一个晚上，我像往常一样，洗漱完毕后便上床睡觉了，那晚，我做了一个梦。

记得我当时在一个非常陌生的学校里，那里绿树成荫，鸟语花香，孩子们正在快乐地嬉闹玩耍。"叮叮咚咚……"耳边响起了悦耳的音乐。咦？这音乐真像我们学校的上课铃，听着真亲切！我问看门的老大爷这是哪里，老大爷眯着眼睛，慈祥地说："呵呵，这是四川啊！""四川不是地震了吗？怎么还会有这么好的学校？"他说这是全国人民集资建立的"爱心小学"。

我兴致勃勃地参观着这所学校。教室里传来朗朗的读书声，大家都那么勤奋，那么活泼，那么坚强，那么热爱生命，那么热爱生活……

动听的音乐又响了，第二节课下了。大家纷纷奔向操场，举行升国旗仪式。雄壮的国歌在大地上响起，我们热血沸腾。国旗缓缓上升，随风飘舞。我看得出来，每个人的眼神里都带着对祖国深深的敬意与团结一心的凝聚力。我们是团结的！四川是团结的！中国是团结的！只有团结才能建造出如此美好的家园！

梦结束了，我睁开了睡眼，睁开了坚定、充满希望的双眼……

敬畏顽强

山西省实验小学　四年级　于静雯

当姹紫嫣红的春天来临时，泥土里，一株株小草偷偷地钻了出来，嫩绿嫩绿的，然后迅速地长成一大片一大片，为大地披上了一层绿色的地毯。

在人们轻快的脚步下，小草支撑着。美丽的花园里，蜿蜒的小径旁，小草默默地用自己的绿色装扮着五彩的世界，默默地奉献着自己的生命。

"野火烧不尽，春风吹又生"，正是小草精神的真实写照。她的生命力是那样的顽强和惊人。大自然赋予她的外表虽然是那么弱小，然而她却努力生长、积极向上，"向上、再向上！"这是它们的口号，更是它们的目标。悬崖峭壁，荒滩沟地……到处都是她的身影。暴雨击不垮，狂风吹不倒，她们依旧坚强向上……她们的精神是那样令人钦佩、赞叹。

小小的竹笋埋在地下，无情的暴风雨摧残着她柔弱的身躯。此时，她似乎低头了……然而，当最后一片乌云散去后，她却凭借顽强的精神，以惊人的速度迅速地生长，最终长成苍劲的翠竹。

小草和翠竹的生命虽然纤细、弱小，天生没有花朵的娇艳，也没有大树的挺拔，但她们却从不向艰难低头，从不向风暴示弱。一次次以自己顽强的精神赢得了我们对生命的敬畏。

★ 酸甜苦辣都是歌

山西省实验小学　四年级　李容嘉

当鲜花再一次绽开笑脸，当小草再一次钻出脑袋，当太阳再次升起，当清新的空气再次在世界弥漫，回首往日，发现人生像一碗汤，酸甜苦辣味味俱全，但细细品味，会品出幸福的味道。

酸，在人生当中，最少不了的就是辛酸。但要想做一个有成就的人，就要学会战胜它，战胜一切阻碍你成功的事物。

甜，这是一种神奇的东西，它从舌尖一直向上蹿，蹿到你心的深处……甜好比你生活中的乐事、趣事，但甜会让我们迷失那曾经坚定的方向！所以我们一定要拒绝甜的诱惑。

苦，人们最不喜欢的味道。但古语说得好："天将降大任于斯人也，必先苦其心志，劳其筋骨，饿其体肤。"歌词也唱道："不经历风雨，怎能见彩虹，没有人能随随便便成功……"总之，苦尽甘来，只要克服了生活中的种种困难，幸运之神便会降临你身旁。

辣，辣给我们的人生路增添了不少生机。当你遇到迷雾，辣是冲动，让你有勇气前行；当你害怕，辣是冲动，让你有勇气面对；当你肩负重任，面临着成功或者失败的考验，辣是冲动，让你有勇气抉择……

总之，人生一路，充满了酸甜苦辣。少不了咬唇，少不了微笑，少不了眼泪，同样，也少不了皱眉头……现在所发生的一切，既然发生了，就要勇于面对，不论酸甜苦辣，都是一首人生的歌！

★ 点评

我在中学时代，很喜欢说这样一句话"人生如茶，总有淡淡的愁苦"。现在想来，真是有几分"少年不识愁滋味"。我尝试用自己的经历感受你"如汤的人生"，却发现你的思想较那时的我要丰富许多，所以，我希望你不仅要会"品汤"，更要学会"熬汤"，不断在"少不了咬唇，少不了微笑，少不了眼泪"的思考中，体味出深刻的道理。

郝新媛

那个笑对我很重要

兴华街小学　五年级　李耿昊

那个笑，真的对我很重要。

上课，老师的微笑让我感到暖流从头涌到脚，听起课来格外精神；回到家，奶奶的微笑使我写作业更工整；爸爸妈妈的微笑让我感到家庭的幸福；上学路上，我扶老爷爷过马路，老爷爷的微笑让我感受帮助别人的快乐。

还有一个微笑，让我学习自觉起来，让我封闭的心扉渐渐打开。

那个暑假因为英语没有考好，妈妈将我送到上海，让二姨当我的家教。一天，二姨给我布置了背英语单词的作业。那天，小姨夫正好在家休息，我便和他打起了"星际"游戏，把背单词忘到了九霄云外。晚上二姨回来，我以为她会骂我，赶紧拿起书，二姨看到我紧张的表情，明白了一切。二姨微微一笑说："我也想玩个痛快，但要明白先做该做的，再做想做的。"接下来，我把心完全放在书本上，二姨坐在旁边，一个一个地帮我纠正读音。我有些不好意思，二姨上班很远，又在外企工作，压力很大，很疲劳，我于心不忍："二姨，你歇会儿，让我自己背吧。""不，我陪着你，会更快些！"二姨说完又是微微一笑，此后我学习起来就自觉多了。

就是这微微一笑，让我感到家人对我的关怀备至；就是这微微一笑，让我懂得回报家人；就是这微微一笑，让我成为一个学习自觉的孩子。

那个笑，真的对我很重要。

点评

你的文章我反复读了多遍，每一次都有不同的感受。我相信你一定懂得微笑的力量，而且是个常会对别人微笑的孩子，笑在于形，爱在于心。你回馈给二姨"微微一笑"的是"不好意思"和"自觉"，就这么朴素的几个词语，却因为来得太真切、太自然，以至于猝不及防地把读者深深打动了。

郝新媛

好想再看到那灯光

太原市第二实验中学 初三年级 向 靖

小时候曾无数次地想过，当流星划过天际的时候，我会许什么愿望呢？答案当然有许多。而现在，如果有流星划过，我唯一的愿望就是想再看到那灯光。

5岁：我害怕

小孩子像七月里的天气一样，猜不透。每当那大房间柔和的灯光射进屋里时，我就觉得很安心。记得有一次，那灯光被门阻挡在外，我就开始胡思乱想，想到童话故事中大灰狼的影子似乎在眼前跳动，我躲进了被子里，终于忍不住，还是推开那扇门，直到看到父母才回去睡觉。当灯光照进来时，我睡熟了……

11岁：成为信号的灯光

11岁时的我，和其他同学一样，喜欢听着流行歌曲，讨论着某某明星，父母房中的灯变成了我的信号。当灯光映在墙上的影子逐渐变亮起来时，我便迅速收起杂志，拿起在一旁的课本，俨然一副认真学习的模样，但内情只有我知道。

随着年龄的增长，那段通过灯光来传达信息的日子也就慢慢结束了……

14岁：想再见到那灯光

升入初三了，繁忙的功课似乎在我和父母之间隔着一堵墙，当我推开那扇门，想和他们在灯光下聊一聊的时候，他们那不语的眼神，向我传达着一个信息——去学习吧。

于是，我退了出来，门被关上了，只能看到从门上的玻璃中透过的一丝亮光，好像蜡烛的火焰。门外是父母和那柔和的灯光，门里是我和桌上的几摞书……

好想看到那柔和的灯光再次透过来，听到父母的阵阵话语，所以，在流星划过天际的那一刻，窗边的我，一定会满心期待地把心中的愿望说出来，等着它的实现……

点评

你让我们看到了青春的孤寂。所选的三个场景非常用心，灯光的作用独特而且鲜明。父母其实就是那盏柔和的灯，弱小时让你勇敢，叛逆时让你"聪明"，迷茫时让你渴望，永远伴你左右，又永远保持距离。而这个过程中，你也在不知不觉地——成长！我看到了。

马非马

边走边想

377

青春好像夏天的花

成才中学　任　帅

　　青春是水，是正在东逝的水。青春是柴，是正在燃烧的柴。青春是风，是正在起舞的风。

——题记

　　谁会在一个季节的瞬间，聆听蓓蕾初绽的声音？如同一团小小的火焰，燃烧开来，把我从梦幻中唤醒，开始那花季般的生活。

　　一个生命中最美的声音，从此绝无仅有。回首发现，曾经清晰的梦幻已经离我而去。命运的列车不会为任何人停留片刻，只能挥手作别一个越来越远的笑靥。

　　走过花季，才真正明白什么是青春。但是我很幸运，我能够倾听花开的声音，还能够继续花开的过程。

　　青春是美好的，它凝聚着最动人的活力，它需要绽放，它需要珍惜。

　　青春是短暂的，它演奏着最迅速的旋律，它需要把握，它需要珍惜。

　　珍惜所拥有的青春吧，青春应该无悔，无悔的应该有青春。

　　拥有青春，放眼世界；珍惜青春，拥有未来。

　　聆听快开，那是青春之歌的第一个音符，从此开始谱写命运靓丽的交响。花季尽情地绽放之后，便是一个充满美好的世界！

⭐ 点评

　　泰戈尔曾说"生如夏花之绚烂"，你却把青春比作夏花，好独特，有新意。"我能够倾听花开的声音，还能够继续花开的过程"，青春的你，能有如此认识实属难得。但怎样让青春无悔，你现在想好了吗？

马非马

梦想的高度

山大附中　高三年级　陈雪柠

存鹰之心于高远，取鹰之志而凌云，习鹰之性以涉远，融鹰之神在山巅

——题记

转眼间，已是高三的学生了。这两天，突然想起了几个月前楼上的师兄师姐忙着报志愿的日子，他们匆忙的脚步，亦惑亦喜的表情似乎在昭示着不同的命运。我询问了两个人，一个报了北大，一个只填了山大，尽管差距甚远，但他们的开心都溢于言表。因为他们离梦想的大学已越来越近了……

如果开始我还有疑惑的话，那么现在已豁然开朗了：不论最终的归宿在哪儿，那都是他们自己梦想的巅峰！

梦想的高度，不是人为规定，千篇一律的。它是一个辩证的量度。我们每一个人都是独一无二的个体，我们的个人能力不同，知识水平不同，对于某样东西的悟性往往也相差很远。如果用同一个标准去衡量我们梦想的高度，岂不荒唐可笑了？就像一只蛤蟆，你不能苛求它飞过草尖；一只鹌鹑，你不能苛求它在房顶上踱步；一只公鸡，你不能苛求它飞上树梢，跳个优美的舞蹈；即使是一只雄鹰，也不能苛求它刺破天际，划出个大窟窿来。

但正如题记中所说，虽然我们彼此梦想的高度不同，但我们在追求，在探索时应具备的精神却是相同的。甚至有时，这一种精神决定着我们能否到达梦想的顶峰。

每个人都想实现自己的梦想，所以为此我们必须拥有坚定的信念，顽强的意志和乐观积极的态度。但有时梦想太遥远，像黄山的顶峰总被云雾缭绕，看不见也感觉不到，这就需要我们静下心来认真分析，它真的是适合我们的梦想吗？如果我们只是一群小鸟，就不必奋力翱翔到几万米的高空，那样只是一种

点评

年少时候谁没有梦，人与人的差别就是——梦想的高度。作为一个追梦人，能理性地认识自己、客观地认识世界，其实就已经把自己的梦想摆上了一个新的高度。既然山已经在那里，剩下的就是无畏地攀登了。好运！

马非马

无畏的牺牲……

怀抱着一颗如山鹰般高远坚毅的心，让我们奋力登上属于彼此的梦想的顶峰！

我和月亮有个约会

师院附中　初二年级　段建宇

月亮是一个善意的建筑师，它无私地在每一个人心中，建起一个用神话雕成的宫殿。

——题记

每个夜晚，如果没有月亮的陪伴世界将会怎样？月亮是游子的指南针，在他们心中，月亮永远指着家乡的方向。

去年暑假，妈妈带我去呼和浩特内蒙古旅游，那里天气变化很大，早上很凉快，而到中午却很热。

我们到那儿的第一天晚上，那满天繁星，令我垂涎三尺；月亮，仿佛一个大大的玉盘，光滑无瑕。躺在软软的草地上，看着眼前的这一切，令我神往，令我陶醉。

月亮是最高的灯塔，抬头看看月亮，心就不再迷惘。

第二天早晨，我们早早地就醒了，因为我们要去看日出。朝霞渐渐地出来了。染红了半边天，那仿佛被火烧着了的天空，越来越亮，好像破壳而出的小鸟，正在飞向光明与希望。那红宝石般的天空渐渐亮了起来，"太阳为什么不能和月亮共存呢？"我问妈妈。

妈妈说："这是宇宙规律，不是人类可以控制的了的。"

我忽然觉得人类是如此的渺小，大自然是那么的伟大。

每个人心中都有一盏指路的明灯，其实，那就是月亮。在人们心中，月亮是每个游子的家。

点评

能对旅行途中观察到的月亮有发现，有感怀，取材的视角比较独辟蹊径。但无论是游记，还是借物抒情，似乎对月亮的表达都不够准确、深刻，太少的外在描写，太多的内心认识，太朦胧的情感，有点让人云里雾里。

马非马

☆ "嫦娥一号" 升空

万柏林一中　初一年级　赵泊晨

"嫦娥奔月"，这个千古流传的神话，正在成为中国航天的现实。

2007年10月24日18时05分，中国第一颗探月卫星"嫦娥一号"在西昌卫星发射中心成功升空。"嫦娥一号"的成功发射，标志着中国的深空探测正式启动。这颗卫星最初叫"探月一号"，后来改为"嫦娥一号"这个富有诗意的名字。"嫦娥"从素有"月亮城"之称的西昌升起，这本身不就是件富有诗意的事情吗？"嫦娥"的故乡在中国，但"嫦娥"属于全世界。

当我在《新闻联播》里看到"嫦娥一号"成功发射升空的画面时，内心无比激动和自豪。"嫦娥一号"顺利升空，标志着中国的探月工程进入新阶段，举世瞩目。"嫦娥奔月"成功，是我国航天史上"不可思议的成就"，因为中国在短短的30年内，就追上了欧洲400年积累下来的科学成就，成绩骄人。

令我更值得骄傲的是，"嫦娥一号"的塔架是由我们的太重人建造的，塔架的垂直度误差不超过5毫米。叔叔阿姨们对工作一丝不苟的精神，多么值得我学习啊！

我是从太重一校走出去的一名中学生，从小在太重精神的熏陶下成长。我要好好学习，练好本领。将来我一定要参加到"嫦娥"以后的发射工作中去。为祖国做出贡献，体现我的人生价值。

★ 点评

作为一名中国人，我像你一样，为"嫦娥一号"升空鼓掌欢呼；作为一名太原人，我也像你一样，为太重建造的塔架骄傲自豪。飞天梦是华夏儿女的梦想，实现它需要几代人的努力。我非常欣喜地看到，"雄关漫道真如铁，而今迈步从头越"，这其中有你。

马非马

边走边想

391

☆ 考试后的心雨

万柏林区大唐实验小学　五年级　李怡然

雨，一直下，密密地，重重地砸在我的身上，打在我的心里。

以前我是喜欢下雨的。我觉得雨很纯洁，也很明快，它滋润着万物，令人快乐。可是今天我才发现，雨真的是云的眼泪，带着云的忧伤，和着我的心情。

成绩发下来了，我有些手足无措，试卷上那些鲜红的叉子用嘲笑的眼神看着我，我不知道该如何面对。

"为什么？那道题明明能做对你却错了？"心底有个声音一直在对我喊，我很痛苦，希望让它停下来，可那个声音还继续喊："你的那个第一名呢？它哪去了？你现在才第几，月竞赛连前三都进不去，你难道就这点实力？"

我的心里开始下雨。

没人注意到，当心底的那个声音在无情地批评时，我的眼里飘过一丝泪水，却没有流下来，我咬着牙，倔强地不让它流下。

我可以让那声音停止，让我变得快乐起来，可我就要听，我要记住这次失败，把它当做我前进的动力，我不想下次考试后还在下雨。

心雨还在下着，我从来没有这样渴望过天晴。

天，会晴的，心雨，会停的。我相信！**指导教师 耿瑞芳**

★ 点评

本文文笔优美清新，"形散神聚"地驾驭能力很强，整篇文章一气呵成，行文如流水一般。以环境烘托人物的心情，情景交融，情现景中，景随情现。孩子失败虽然再所难免，但是有勇气能面对失败就更加难能可贵。相信自己，你会发现雨后的彩虹更加绚烂。

马非马

★ 桃园游

山西省实验中学　高二年级　韩孟波

许多小巷的名字都有来源，比如棉花巷、柴市巷。想来以"桃园"为名的几条街巷也是如此。或许以前那里有一片桃园，或许它就是太原的桃花源吧。

桃园的风景是全太原最好的，街边绿化的树也有些年了，枝繁叶茂，有十几米高。

我的旅程从桃园正街开始。所谓正街，也仅有几米宽，两旁五六层高的居民楼与少量却同样高大的树让整条街浸在阴凉中。我慢慢步行，享受五月午后艳阳势力范围之外的惬意。耳

旁有鸟儿的鸣叫，除此之外就是静谧。

穿过正街，我来到了桃园三巷。我站在绿阴里，向三巷更深处远望。两旁的核桃树枝繁叶茂，远远望去，树冠像浮云，又像长廊，每一片树叶都充满了活力。

在三巷的更深处，我知道那里有个小公园叫桃园，里面会有许多老人与小孩，他们在快乐地散步嬉戏；我知道那里路旁有槐树，前一阵槐花还开得很香；我知道那里有所小学，我的母校所在。

我回过神来，对面的市政府已拆去围墙。我漫步其中，那个篮球场有两支队伍在比赛，阳光洒在他们汗津津的脸上，让我一阵惆怅：如果我有时间，我也会像他们一样……耳畔有篮球击地声，有凉亭的二胡声，有小孩子的凉鞋底踩在地上的咯吱声。我想起了三年前的许多个夜晚，在这个院子里，我滑旱冰，捉迷藏，纳凉散步，那时候，我还是个孩子，无忧无虑。我看着两个花坛，三年前我在它们两个间跳来跳去，快乐地大笑。我又站了上去，跳过去，又跳回来，跳过去，又跳回来，想起各奔东西的儿时的玩伴，心中一阵苦涩。

★ 点评

一步一景，移步换景，我们跟着你一起经历了一次美丽的"桃园游"。观察非常细致，情感真挚，点滴描写都饱含着深情。如果把语言再精炼一些，结尾再自然一点，文章就更完美了。

马非马

★ 缘

成成中学　晁雪竹

我始终认为缘分是一件很奇妙的事情，可以把前一秒还互不相识的人联系到一起，就像在苍茫大海中踏上同一条船，然后一起经历欢笑苦痛，一起成长，甚至见证彼此的生死。如果缘尽了，就挥挥手，不带走一片云彩，成为生命中又一个过客。

所以我相信是缘分让我们四个走到了一起，尽管只有短短三个星期，却足以建立起女生间纯洁深厚的友谊。你看，冥冥中有股力量让我们相遇，手牵手向前走去，多么神奇！

我一直是个慢热的人，初见我的人会认为我冷淡、自私、古怪。其实我只是不善于同陌生人相处而已。朋友们，容忍我，理解我，并且真心耐心待我。我的心很暖很暖，如沐春风。她们用自己的方式维系着这份友谊。

小A漂亮开朗，是个很善良的人，就是有时有点过于激动。想起几天前她向我们描述北京地铁的拥挤，尽情处，双拳紧握，神情激奋，声音颤抖，我不禁会心一笑。我们就是喜欢她坦诚调皮的性格，她让我在与她相处中没有压力，没有猜忌和怀疑，随时可以倾心而谈。她是那么优秀，我却毫无嫉妒。我想，能让一个女生对另一个女生的才华感到钦佩而毫无嫉妒，也是很不容易的吧。加之她是我在班里第一个熟识的人，自然就对她"宠爱有加"喽！

B长得很清秀，有双让我羡慕的大眼睛，气质阳光略带娇羞。她很爱笑，时刻都能听到她不加掩饰的笑声。爱笑的她总能让我们抵挡不住嘴角的笑意，甚至在课堂上也肆无忌惮地笑出声来，惹来前排的白眼和老师的责怪。笑声里，我们的情谊更近了几分。

C和我一样，是个胖胖的姑娘，看似沉默却不时搞怪，招牌"怪脸"已被我嘲笑了好几遍却依然乐此不疲。她说我像韩剧里的金三顺，所以亲切地叫我小三；我也回敬她，叫她"老大"。她是我们大家的活宝，熊猫一样珍贵。我们商量好一起减肥，所以晚上不吃东西。每当我们经不住诱惑，总是咽下口水，眼巴巴地看着别人手中的吃食相互鼓励，相信我们在减肥的道路上一定会一路走好！

这就是我3位可爱的朋友，现在虽然因为调换座位，我们已经"天各一方"，无法像以前一样亲密无间，但一有空我们就会回归"组织"，谈谈心，说说笑，我感激她们治疗了我心中的痼疾，在我心中的黑暗荒原点亮一盏明灯，照亮了通往幸福的路。

这份友谊会贯穿我的整个人生。

★ 点评

好可爱的四个姐妹，加上你。形象清晰，个性鲜明，细节突出，非常有生活气息。更可贵的是，小·作者的文字轻松幽默，描写活泼俏皮，比如"小三"，比如"熊猫一样珍贵"，有很强的时代感，让我边读边笑。呵呵呵……

马非马

⭐ 孤独地行走

山大附中　崔　瑾

如果心中早已有了启明星，便不在乎有没有宽敞的大道，明亮的路灯；如果人生有了追求，便可以承受一切的重量。

（一）

一支蜡烛，蜡油从烛台上轻轻落下，如司马迁心中无声的泪。

展开竹简，提笔、蘸墨、落笔，重重地写下那尘封已久的历史。

从一堆堆厚重的典籍中抬起头来，眼中是裂满眼眶的血丝，放下使用已久的笔，抬起布满老茧与皱纹的手。

只因为他答应了父亲要写下流传千古、造福万世的《史记》，只因为他心中未完成的那个目标，他背负了世人的讥议和世间的大辱。他也想舍生就死，他也想痛快地斩断与这世间的一切已成为耻辱的瓜葛，但他无法做到，有一样东西牵绊着他，那样一件让他魂牵梦绕，愿为之抛弃一切的东西——《史记》。因为这，他选择了孤独地走下去，在充斥着世人辱骂、自身煎熬的路上忍耐着走下去。

太阳慢慢地升起，晨曦从门缝中洒进一束束光来，司马迁眯了眯眼睛，从历史中回过神来。在历史的陪伴下，他少了些孤独。那时的他还不知道，陪伴着他的《史记》，将来会为后世传颂，誉为"史家之绝唱，无韵之离骚"。

（二）

阳光微微有些耀眼，庄子眯着眼睛，坐在水边安心地垂钓。

水中的鱼儿来回游动，隔着清澈的水看着水边这个破衣敝屣，蓬头垢面，却一脸安逸的老头。

这个老头子心比天高，他幻想着能如大鲲般翔于海中，又幻想能如大鹏般展翅于天际。

★★ 点评

大智慧不一定有大块头，但大智慧肯定有大孤独。这一点，你从历史人物身上发现了，一方面说明你很智慧，另一方面也说明你也在体味着孤独。"人生苦旅""行者无疆"以及对历史人物散文化笔法的描写，能看出你读了不少余秋雨的书，也学到了不少写作技巧。如此坚持下去，假以时日，必成大器。

马非马

这个老头儿，妻子死去，他只是哂然一笑，不了了之；功名利禄，他也视若腐鼠；平日与他吵架的人，他却视如挚友。庄子，是个心不为形役，崇尚自由的奇怪老头。但那样的时代，却是不允许他这样的人存在的，他悲哀着这世界，同情着这世界，他看似最无情实则最有情，他看似最乐观实则最伤感。他把他所想记录下来，想要让世人警醒，他快乐地做着"特立独行"，他的愿望只是如鱼般"曳尾于涂"。

庄子就这样孤独地追求着他心中的那份真实，孤独地行走在他追求快乐的路上，成为那个时代唯一的路灯。他如同一棵孤独的树，守望着月亮，守着他的追求。

人生苦旅上，行者无疆，但要找到属于自己的那一个目标，选择了行走，选择了目标，便也同时选择了孤独。没有人陪你走到终点，没有人会影响你的下一个脚步，终点是什么样的景色，是你孤独地行走造就的。

书法情缘

青年路小学　三年级　张璐韬

"文章千古事，书法万年传"。看来，书法已经有几千年的历史了。

我六岁就对书法很感兴趣了，一开始写字的时候心里特别紧张，一拿起笔手就不停地抖，可现在写起字来已经如鱼得水了。

通过写书法我还知道了不少的古诗、名言名句、百家姓等等。过年的时候还给家里写过春联呢，瞧！我的本事大吧！

我的小家里贴满了书法获奖的奖状，有的是全国的，有的是山西省的，还有的是太原市的，这些奖状让我更加有自信心了，时刻激励我努力、努力、再努力。我心里一直暗暗下决心，一定要把字写好，长大成为一名真正的书法家！

点评

宝剑锋从磨砺出，梅花香自苦寒来。你一定是个有决心有毅力的好孩子。文章充满真情实感，如果能具体写一写练书法时所遇到的酸甜苦辣，就会更好地体现出你对书法的执著追求。

马非马

音乐伴我成长

青年路小学　六年级　武文婷

从小我对音乐就有一种特别的感觉，仿佛它是我的一位挚友，懂我，教我，常伴我身边。小时候，我就十分喜欢音乐，睡觉前，躺在妈妈的怀里，妈妈哼起小曲："在那遥远的小山村，小呀，小山村……"听着妈妈柔和甜美的歌声，我慢慢地进入了梦的王国。

与音符为伴，与乐器为友，劲歌欢舞……音乐似乎对我有魔力，我不折不扣地喜欢上它。音乐伴我走过了无忧无虑的童年，也让我了解了不同国家的音乐风格。

就拿爵士鼓来说，我讨厌它"乱哄哄"的嗓子。但有一次在电视上，看到中国演奏乐团演奏的《斗牛士》，竟惊讶于它把鼓面的"乱哄哄"演绎得动感十足、热情奔放。鼓乐声从演奏家的指尖四处迸飞，而后又化作渐渐而来的奔牛向你扑来，那激情的音乐，令人心灵摇荡，仿佛置身于激烈的斗牛场。闭上眼睛，细细品味，让人不得不竖起大拇指称赞音乐的奇妙。我爱上这种音乐，它使我变得活泼开朗、热情奔放。

酷爱音乐的我在老师的鼓励和妈妈的帮助下系统学习了爵士鼓这门乐器。回想那段枯燥乏味的"砰砰"声，老师指导时的呵叱声，还有那全校师生的鼓掌声。我……离不开音乐。当响起阵阵读书声时，我觉得它是音乐的脚步，让人细细品味金色的童年；当清扫时，那自来水的"哗哗"声，我觉得它也是一种美妙的天籁之音，就连老师严厉的批评声，我觉得也是铿锵有力、催人奋进的号角……

音乐，在我的学习生活中时时陪伴着我。当我伤心难过时，我会尝试着听听它，让我忘掉所有的痛苦烦恼；当我烦躁不安时，我便会找到它，它让我变得安静。它是我倾诉烦恼的对象，是最能体谅我心的知心朋友！

点评

读你的文章真是一种享受。你对音乐的感受深刻，画面感极强，尤其是对《斗牛士》的演绎，让我们这些旁观者也被深深吸引了。文能怡情，你的文笔优美，感情真挚细腻，极具感染力。

马非马

边走边想

387

爱的海洋

太原市实验小学　六年级　韩宝贤

在一个硕果累累的秋天，我来到了这个世界，从此，我就沉浸在爱的海洋中。

父母对我无微不至的爱，让我茁壮成长。小时候，我老爱生病，每次都是三更半夜发病。听妈妈讲，我一年光住院就得两次，每个月最少得去一次医院。在我的记忆中，有一个晚上，爸爸和妈妈又带我去医院，妈妈着急，一个劲地让爸爸把车开快些，她不停地抚摸着我的头，一直安慰我。我看见豆大的汗珠从妈妈的额头上流了下来，她的眼睛里还闪着泪花。到了医院，他们不停地忙上忙下，喂我喝水，可他们却一口都没顾上喝。看完病后，爸妈的嘴唇都干裂了，我心里真不好受。

老师对我的爱是谆谆教诲，这让我受益匪浅。在我遇到种种困难时，老师想方设法帮助我，平时对我严加管教，让我的学习更上一层楼。

同学们对我的爱也是数不胜数。在一次上体育课时，我一不小心摔倒了。同学们都停了下来，把我扶起来，问我是否摔伤？需要去医务室吗？一句句普通的话，透露出同学们对我的爱。

一落地就被爱心包围着，我也成为一个有爱心的人。在每年的捐款活动中，我都是班里捐得最多的。在得知我校夏勇同学患上白血病后，除了参加学校组织的捐款活动，我还组织了几个同学在校外为夏勇同学捐款，虽然钱不多，可这是我们的一片心。

生活多么美好，我会驾驶一叶载满真情的小舟，在爱的海洋里徜徉，同时也给每一个需要帮助的人一点真情、一点爱心。我也坚信，这份真情和爱心会传递到世界的每一个角落！

指导老师　邵东华

点评

大爱无疆。小作者在文章中写了父母之爱、老师之爱、同学之爱。字里行间洋溢着幸福的感觉。获得爱容易，不容易的是小作者懂得付出爱。感情真实细腻，言语感人至深，确是发自内心的肺腑之言。

马非马

⭐ 读书的快乐

太原市实验小学　五年级　柳　青

　　书是打开知识宝库的金钥匙。每一本好书就像一位启蒙老师，它可以带你在知识的天空中翱翔，它可以带你在快乐中学习。

　　我喜欢读书，因为它教会了我做人的准则，让我从中获得了更多的知识，让我树立起人生的奋斗目标。小时候，我总是缠着妈妈给我讲故事，并从中寻找快乐。长大啦，我认识了字，就可以自己读书了，于是妈妈便给我买来了一些童话故事。我爱不释手，当我读到《卖火柴的小女孩》时，我会情不自禁地流下同情的眼泪；当我读到《七只小羊》时，我也会为它们而感到自豪。

　　随着年龄的增长，我更加热爱读书了，那以前一本本薄薄的书如今已变成了一本本厚厚的名著了。海伦凯勒的《假如给我三天光明》让我知道了做人要坚强，不能被病魔所吓倒。高尔基的《童年》让我了解到了俄国沙皇统治的黑暗，使我更加珍惜眼前幸福的生活。

　　我热爱读书，正如高尔基所说："爱护书籍吧！它是知识的源泉。"

指导老师　燕晓鑫

⭐ 点评

　　很高兴你这么喜欢读书。相信随着年龄的增长，你的读书范围会越来越大，获得的知识和快乐也会越来越多。

王建光

⭐ 笑

万柏林区实验小学　六年级　霍曼景

　　雨声渐渐地住了，窗帘后隐隐地透进青光。推开窗户一看，呀！凉云散了，树叶上的残滴，映着月儿，好似荧光千点，闪闪烁烁。

　　真没想到苦雨孤灯之后，会有这么一幅清美的图画。屋子里黑黑的，转过身来一看，正对面有一丝光，墙上挂着一幅画——一个乡村的小女孩。她手里拿着几朵美丽的花，慢慢地向前走着，向着我微微地笑。"这笑容仿佛在哪儿见过似的，什么时候，我曾……"我不知不觉坐在窗下想、默默地想。严闭的心幕慢慢地拉开了，涌出半年前的一个画面——我正在拉着小提琴，那天很晚了，我生怕明天上课赶不上同学们的进度，所以一遍又一遍地练习着。夜，那样静谧……终于，功夫不负有心人，我把那首曲子拉得又快又好听。我看着妈妈，她冲我竖起大拇指，对着我微微地笑。

"这笑容仿佛在哪见过似的。"我仍是想，默默地想。突然，爸爸推门进来，往我桌上放了一杯牛奶，我眼前晃过一幅画面。那天晚上，很晚了，外面又下开了雨，我还在刻苦钻研着数学题，爸爸过来关切地对我说："曼景，困了吧！今天先睡吧！明天再接着学。"可我仍倔强地说："我不困。"又钻入了题海中，继续做题。时间不知不觉过去了，我的题也做完了。抬头一看，爸爸看了看我写完的数学题，向我微微地笑。

这同样微妙的神情，好似游丝一般，飘飘荡荡地合拢，绾在一起。眼前浮现的三个笑容，一时融化在爱中，互相调和，看不分明了。

指导老师　郭燕林

假如我有一支马良的神笔

长风小学　三年级　贾力欣

假如我有一支马良的神笔，我要画出许多有翅膀的漂亮仙女，让她们自由地飞翔。假如我有一支马良的神笔，我将为小动物画座漂亮、宽大的城堡，让它们不再受猎人的捕杀。假如我有一支马良的神笔，我会画许多绿树，让我们的空气不再污浊。假如我有一支马良的神笔，我会画出许多农田，让农民伯伯每年都会收割好多庄稼。假如我有一支马良的神笔，我将画出许多和平鸽，让世界变得和平、美丽……

挑灯夜战

万柏林区实验小学　五年级　蔚昊洋

　　晚上放学，和往常一样与好朋友结伴回家，回到家中开始写作业。我按下台灯的开关，咦?.灯怎么不亮？我反复尝试重新开灯，但都没有成功。这时我才恍然大悟：今天停电了。我连忙把姥爷、姥姥从外面叫回来。姥爷看了以后说："没办法了，点蜡烛写作业吧！""没问题！"我高兴地说。

　　姥爷虽然今年 70 高龄了，但动作却十分麻利。不一会儿，姥爷便让三根蜡烛像解放军叔叔般笔直地站在桌子上。见蜡烛已经摆好，我便拿出书本，开始写作业了。

　　在烛光下写作业感受就是不一样：一会儿一阵微风吹过，蜡烛的火焰微微摇动，我的作业本仿佛也微微摇起来；一会儿蜡油滴到了我作业本的旁边，吓得我胆战心惊，冒了一身冷汗；一会儿火苗又蹿得老高，构成一幅壮丽的风景线……

　　一直到现在，晚上8：40，我仍然在那三根蜡烛下写作业。望着那越来越短的蜡烛，一丝敬佩之情忽然在我的心中涌动：蜡烛多么伟大呀！它虽然没有电灯那样明亮，但是有了它，人世间又多了一种美丽而又朴实的品质——舍己为人！

指导老师　贺建炜

让梦想展翅高飞

太师一附小　五年级　王梓妍

　　梦？梦想？我拥有一个个缤纷多彩的梦：有时多愁善感，有时欣喜若狂，有时可怕惊险；我也同样拥有一个个美妙的梦想：做一位教师，当一名警察，成为时尚白领……

　　梦是做不完的，梦想是数不尽的，我就是一个爱幻想、充满好奇心的女生。我爱幻想：假如我是一位教师，我一定会尽心尽力把知识灌输给孩子，使小苗长成大树；假如我是一名警察，我一定在风雨中为群众服务，坚守岗位；假如我是时尚白领，我一定把公司业务做得更好，满足客人的需求；假如我是一个领导，我一定会为员工着想，办好每一件事，为员工争取更多的实惠；假如我是一位作家，我一定会写出更好的作品……

梦想，是无限的，是永恒的，是多姿多彩的。

在这个如花如梦的季节里，我想放飞梦想，梦想的国度就在远方。

有一种力量叫感动

万柏林区实验小学　五年级　曹宇洋

星期天早上，我在假山上玩。不经意间，一只昆虫进入了我的视线，正当它悠闲地漫步时，突然被一位小朋友踩了一脚，顿时一动不动，这下可把正在一边看热闹的一群蚂蚁乐坏了，它们一个传一个，准备将这块"肥肉"抢到自己的洞里分享。

受好奇心驱使，我决定逗一逗这群可爱的蚂蚁，我随手捡起一根木棍，从蚂蚁们手中夺下肥肉，将它捅下山坡。蚂蚁们眼睁睁地看着到手的肥肉被夺走，它们你看看我，我看看你，几乎同时冲下山坡抬起了那只昆虫。我又一次抢过昆虫，将它滚落山下，蚂蚁们又一次冲下山坡将昆虫抬起……如此反复了多次。蚂蚁没有因为我一次又一次地把昆虫打下去而不耐烦，它们始终没有把食物放弃，最终，它们费了九牛二虎之力，把昆虫抬上了山坡。而这一次，我没有把昆虫打落。因为，我早已经被蚂蚁的执著精神所震撼！

与蚂蚁的执著相比，我们人类常常自愧不如，面对困难，畏畏缩缩者有之；面对痛苦，愁眉不展者有之；面对不幸，精神颓废者有之……人的生命只有一次，我们可以白白地糟蹋它，也可以好好使用它。蚂蚁一次又一次地把食物抢回来就是靠一种坚韧不拔的品格，我们的生命也一样，只有不断克服困难，战

胜困难，战胜自我，才能拥有一段不平凡的人生！

研制神舟飞船的科学家们如果没有蚂蚁的精神，如果没有一次又一次对失败重新来过的勇气，那我们几代人的飞天梦想也许永远都只是一个梦。

我感谢蚂蚁，是它们让我懂得了生命的力量。这种力量让我久久感动着……

指导老师　赵亚萍

一条清澈的小河

迎泽区第一实验小学　四年级　邓雨薇

"人有悲欢离合，月有阴晴圆缺。"我也有这么多丰富的感情——那天，我和妈妈吵了一架……

去年，快过年时，妈妈给我买了许多漂亮的新衣服，当时，妈妈让我试穿，可我呢？我不知是怎么了，"宁死不穿"，这可气坏了我的妈妈大王呀！我趁妈妈不注意时，脚踩西瓜皮——溜之大吉！但是，妈妈并没有像以前那样对我——用她的"五指山"与我的脸蛋亲密几下，而是转身走进了卧室。

妈妈这是怎么了？我十分困惑，悄悄推开卧室的门，妈妈竟然在流泪，顿时，我心里的那条小河又黑又臭。

那天晚上吃饭时，我轻轻地对妈妈说了声："妈妈，对不起，我……"妈妈什么也没有说，只有两颗水晶般的眼泪往下流。

晚上，我心里的那条小河变得灰蒙蒙的，臭气也散了许多，可我心里还是不踏实，有啦！给妈妈一张贺卡吧！想好了以后，我进入了梦乡……

早晨，我早早起了床，精心为妈妈做了一张贺卡。我轻轻走进妈妈的卧室，将那张精致的贺卡放在床头上。灰蒙蒙的小河变了样子：变得清澈见底，还不时飘来一阵阵香气，不时有几条鱼儿打起浪花来。

这就是我与妈妈之间的故事，还有心里那条清澈的小河。

指导老师　张　佳

★ 点评

心理描写是习作的难点之一，小作者迎难而上，在习作中多次运用心理描写，表达对母亲的爱，虽有波折，却产生了很好的效果，聪明的同学应学习运用这种写法。

李秀英

我长大了

青年路小学　六年级　杨焯雅

过完了快乐暑假。

转眼间，新学期在不知不觉中悄悄来到了我们的身边，我又踏上了那条充满快乐、荆棘、压力与感动的求学之路。

回味过去的五年，我不禁感慨万分。如今的我已经不是昔日那个遇到什么困难只会叫妈妈、哭鼻子的小女孩了，我已经学会坚强。如今的我已经不是昔日那个受到什么表扬、取得什么好成绩就欢天喜地大笑的小女孩了，我已经学会了沉稳。总之，我已经长大，已经与小时候的那个我有太多太多的不同。

日月如梭，光阴似箭，眨眼间，我已经从天真无邪的小女孩，长成了一个懂事的大孩子。

我即将迈过那条成熟与稚嫩的分割线，升学的压力也爬上了我的肩头。过去的荣誉与伤心只能代表过去。我已经升入六年级了，过去五年的小学生涯，我已经将它们锁进我心中的日记本，永远回忆它、品味它。

无论前面的路多么坎坷、多么荆棘，我都会为了一颗灿烂的果实，坚持不懈地努力下去。

点评

你长大了，的确长大了，文中流泻的是小作者心与心的碰撞，长大了，学会了思考，学会了在挫折中勇敢、学会了在荣誉面前淡然，还学会了去规划未来，憧憬人生。文中发自肺腑的感受让读者产生共鸣"情为心生"所言即是。

李晓霞

学会保护自己

太师一附小　五年级　牛宇欣

9月1日，开学第一天。中央二台为我们上了一堂特殊的课——知识守护生命。

5月12日汶川大地震发生时，桑枣中学由于平时经常组织应急演练，大震来临，全校2000多名师生仅用1分36秒全部顺利逃生，没有一位伤亡。这正是知识守护生命的最好见证。

还有一个女孩儿叫李中俊，她们家离学校很远，而且全都

点评

你读懂了知识守护生命的内涵，并能将自己记忆犹新的两个事例进行文字再现，语言准确、利落。我欣赏你严谨的思维，如果在事例讲述后再谈谈自己的感受、理解，可能会给读者带来更大的冲击波！

李晓霞

是山路，路上有大大小小好几百个大坑。有一天，她去上学，却没有来到学校，父母老师整整寻找了三天三夜，仍杳无音信。原来，李中俊不小心掉进了一个40米深的大坑中，她靠着自己的力量一点一点向上爬，爬了无数次，摔了无数次，可她凭借着对生命的渴望，坚持，再坚持，硬是一点点慢慢地爬出来，夺回了宝贵的生命。

安全是人生中最重要的。珍爱生命，用知识守护生命，是我这堂课的收获。开学第一课是我一生最受益的一课。

★ 幸福是什么

太师二附小　五年级　杜懿晨

在我心中，一直有一个谜。那就是：幸福是什么？我曾经问过三个人。

我问妈妈："幸福是什么？"妈妈温和地说："幸福就是每天给学生上课，学生们能学到有用的知识，做人的道理；回到家了，自己的孩子又很听话、懂事、上进；自己的爸爸妈妈身体健康，一家人和和美美。平安就是福呀！"

我又去问爸爸。"只要每天不接送你上下学，就是幸福。"爸爸说。爸爸的回答让我很吃惊；每天早晨上学，爸爸比我起得还早，连个懒觉也睡不成。我知道，爸爸真正的幸福是看到我取得好成绩。爸爸，我一定不会辜负你哦。

最后，我去问我的姐姐。"姐姐，幸福是什么呢？"姐姐说："我的幸福，就是自己的小宝宝能身体健康，茁壮成长。"想起我的外甥女那可爱淘气的样子，我都替姐姐感到幸福。

问完他们，我又问自己，幸福到底是什么？我认为，幸福是有一个非常和睦的家庭。它虽然不用大富大贵，但也要不愁吃穿。

幸福是什么？每个人的回答都不一样。很多父母都是为了自己的孩子，这让我很感动。

让我们用心去体会幸福吧！　　　　**指导老师　樊桂娟**

★ 点评

寻找幸福的征途上，可能是荆棘丛生，可我们却忽略了享受沿途风光的秀美。而今天，小作者带着我们去寻找幸福，来发现天底下父母的幸福其实很简单，儿女平安、健康就是天下父母的一大幸事。但三思之后，蓦然回首，才会发现儿女们能体会到父母。

李晓霞

太阳结婚了

双西小学　三年级　刘知远

太阳打算结婚了，这真是宇宙中的一个重大事件。怎么事先谁都不知道呢？

大家都在猜测太阳要娶谁。有的猜太阳要娶温柔的水星；有的说太阳要娶活泼的火星；有的说太阳是娶文静的木星；还有的说太阳是爱上了朴实的土星；还有的……

反正大家七嘴八舌，都没看见太阳和谁约会。

到了结婚的那一天，全宇宙所有成员都来了，个个喜气洋洋，还都带来了贺礼。整个天空布满了红彤彤的火烧云。

原来大家说的都不对，太阳竟然娶了月亮。这个谁都没想到，一个是性子热情充满活力。一个是文静秀气柔情似水。真是出乎意料呢！

婚礼办了五天五夜，热闹非凡。

太阳带着月亮回家了，开始，他们生活得很幸福。后来，还生了一群可爱的孩子，那就是满天闪烁的调皮星星。

不知过了多少年，星星们都长大了，有的出国留学，变成了一颗流星落到了别的星球；有的被爸爸妈妈骂了，离家出走了，逃到了地球。还有的留在天空，到了晚上一闪一闪。

太阳和月亮都很想念离开的孩子。

太阳工作忙，整天在外面应酬，月亮觉得孤单，总是想让太阳陪着，很伤心。太阳脾气不好，和月亮吵架了，吵得很厉害，谁劝都不行，后来他们离婚了。

从此，太阳白天出来，月亮和星星晚上出来。他们再也没见过面。

这真是宇宙的一件大事情。

点评

这篇文章打开一扇奇特的窗，让我们深切地感受到童话世界的魅力。小作者善于营造故事情境，婚礼之前宇宙成员的议论纷纷，婚礼之中的热闹非凡，婚礼之后的风波涌起，把我们每一位读者都带进了奇异的宇宙时空中。太阳、月亮、星星，在大人眼中已是司空见惯，谁能想到它们曾经是一家人，曾经那么的幸福甜蜜？这篇略带有淡淡哀伤的童话出自一个三年级学生之手，足以证明，大胆想象对写好一篇文章是多么重要！

史晓丽

★ 人生路上的小门

太师二附小　六年级　唐　彤

人生，是一朵绚丽的花，是一片柔柔的云。在人生的路上，我们经过了许许多多或欢喜或悲伤的事。但是，你知道吗？人生路上还有许多小门呢！

人生的路上，有太多的阻碍，有太多的磨难。有时候，忍耐与低头并不意味着屈服，而代表着你要汇集更多的力量去迎接下一次的成功。所以，当你面对挫折与阻碍时，淡然一笑才是最好的做法。

忍一时风平浪静，退一步海阔天空。人生的道路好比一组旋律，有高音也有低音。当音乐高涨时，我们自然而然会想到成功与喜悦。人生的道路又好比一场戏剧，有高潮也有低潮，人生就是这样，有喜悦，有悲伤，当你面对生活中的挫折时，请一笑了之。

生活是大海，大海上的情况千变万化；人生就像海上的小船，前途难以预料。也许你一生顺利，万事如意；但更多的人会遇到风雨，甚至是狂风暴雨，小船会在狂风暴雨中沉没。这不就是生活中一道道小门吗？面对这些，我们要勇敢去面对，而不是去逃避。

在以后的生活中，当我再次遇到那些小门的时候，我知道了应该怎样勇敢去面对，而不是逃避。只要我们肯低低头，弯弯腰，相信我们就会看到狂风暴雨后那美丽的彩虹。

★ 点评

不同的人对人生的理解不相同。文章以真诚的语句告诉人们，当面对人生路上的阻碍与磨难时，要做到淡然一笑与勇敢面对。小作者对人生的磨难有一个新的解释——人生路上的一道道小门，这真是一份独特的理解。

史晓丽

边走边想

397

★ 奥运，我的梦想

五一路小学　五年级　王佳莹

听，脚步声近了，更近了，那是奥运踏着坚定的脚步向我们走来的声音。多么令人振奋让人激动的时刻啊！百年奥运，百年梦想，即将变为现实。北京奥运会开幕的日子离我们越来越近了，让我们做好准备，为奥运健儿呐喊助威，祝愿我们的奥运健儿多拿金牌，为国争光。

2008年8月8日，多么庄严、神圣的日子，我一直期待的时刻。那时奥运圣火将在北京点燃，希望将被放飞。那时我的奥运梦想也会插上翅膀，飞向蓝天，穿过高山，越过海洋，自由自在、激情翱翔。

梦里，天是那么蓝，草是那么绿，花是那么香……我踩着微风的脚印，嗅着鲜花的芳香，聆听溪水的歌谣，与奥运福娃们玩耍、嬉戏。

我会和福娃们一起飞到北京，来到我朝思暮想的鸟巢、水立方……去亲眼观看我们自己的奥运盛会，看哥哥、姐姐们奋勇拼搏，超越自我，目视五星红旗冉冉升起，让激动的泪花盈满我的眼眶。

2008北京，我会为你祝福，为你许愿，为你呐喊，为你加油，为你歌唱……2008奥林匹克，我会为你放飞希望，放飞梦想，放飞心情，放出生命的光彩。**指导老师　武旭春**

不想长大

太师一附小　六年级　张天乐

"张天乐，数学100分，语文99分，英语100分，全班第一，年级第一。"我面带微笑地走上讲台。心里美呀！同学们都投来羡慕的眼神。我可以向您——我的妈妈交代了。

您总是说我生活在蜜罐里，现在条件怎么好，一个学习都搞不好？可是我看到别的同学成绩比我好一点，我也着急，您了解吗？在家里，有做不完的家庭作业，有强加在我身上的名目繁多的学习科目；在学校，我钻进书堆里题海中。我整天背着书包，从家里到学校，从学校到家里。如临深渊，如履薄冰，终日惶惶，心惊胆战。

其实，我不想长大。长大后就要用成绩说话。我无法逃避，只能呐喊：给我一些空间，让自己放松，有看"闲书"的时间。这些要求不过分吧？

"乐乐，怎么趴在写字台上睡着了，让你学习就睡觉，你知道吗？此刻打盹，你将做梦，而此刻学习，你将圆梦。"唉！又来了。

"乐乐，你数学才考了98，语文考了98.5，就知道睡。"

我也想考第一，刚才做梦还考第一来着，妈妈，多少分您才满意？只有第一吗？

★ 说不清的爱

沙河街小学　五年级　房皓琛

爱是说不清的，人不可能会把爱说得一清二楚，有些爱是朦胧的，有些爱却表现得真切热烈；有些爱表现在一些细小的地方，还有一些爱却是每让人想起都会心潮澎湃……

有时，爱是橙色的。就像妈妈的爱，每次想起，心中都会涌起一股股的暖流。炎夏，妈妈用扇子为我扇去炎热，留下清凉；严冬，穿上妈妈亲手织的毛衣，温暖会从心底散发出来。当我取得一点点成绩时，会看到妈妈欣慰快乐的微笑；当我失败懊恼时，会看到妈妈安慰鼓励的眼神。快乐与妈妈一起分享，忧伤有妈妈为我分担，妈妈的爱是世上最无私的爱。

有时，爱是红色的。看到红色，我们就会想到天安门广场上冉冉升起的庄严的五星红旗。红旗象征着祖国，而祖国是漂泊在海外的同胞们最向往的地方，这也是身处异国他乡的游子对祖国母亲最深刻的眷恋，这是一种最伟大的爱。

有时，爱也是绿色的。一看到绿色，人们首先想到的是广袤无边的森林，美丽的草原，人类和动物赖以生存的地球家园。关爱动物，珍惜每一个生命，不让那些破坏生态环境、偷猎致使动物死亡甚至灭绝的悲剧再重演，用爱心来建造我们美丽的绿色家园。

生活中，处处都有爱，说不尽的爱就隐藏在你的身边，发现爱，用心去感受爱，你就会真切地感受到生活的美好。

★ 点评

爱是什么？爱是藏匿心中的、看不见的一种人间真情。小·作者竟然能将爱幻化成缤纷的色彩，令人可触可感，这种新颖的写法值得夸赞。小·作者精心选择了三种色彩，表达出温暖如橙色的母亲之爱、热情如红色的祖国之爱、宁静如绿色的家园之爱。读过本文，一个心胸宽广、善于思考的小·作者就翩然立在眼前。

史晓丽

致妈妈的一封信

五一路小学 六年级 赵净宇

亲爱的妈妈：

您好！快到"三八妇女节"了，我衷心祝愿您节日快乐，同时，我也想在作文中说说我的心里话。

12年前的那个冬天，您生下了我，您高兴坏了，因为终于可以做一个母亲了，终于有自己的亲骨肉了。我出生后，您无微不至地照顾我。每天深夜，我都在妈妈的怀抱中甜美地睡着。

光阴似箭，日月如梭。转眼间我已经上了小学。妈妈经常叮嘱我：要听老师的话，团结同学，上课认真听讲，注意安全等……日复一日，年复一年，这些话每天都在我耳畔回响。虽然我每天都快听出茧子了，但是我知道那是妈妈对我的爱啊！每当我生病时，您时时刻刻陪伴在我的身边。我不论要什么好吃的好玩的，您都会满足我。就算有时骂我、打我，但我知道那是您关心我、爱护我。

今天，我向您亲手献上一束花，花虽小，情意大。12年来，您为我付出的心血和汗水，我会永远记在心里，请您放心，我会努力学习，不辜负您对我的期望。

这是我为您写的一首小诗：您是房屋／我是主人／您是我遮风避雨的港湾／您是老师／我是学生／您是我知识的灌输者／您是大树／我是小草／哺育我成长

您的女儿

太原晚报

400

阳光天使小记者 作品集

点评

通过文章，相信每个人都会被作者在文中表达出对母亲的感恩之情深深感动，反映出小作者在平时小事中善于发现爱，感受爱，并愿意去回报爱，这就是一种难能可贵的品质。这封信以自己的成长中的点滴事例去抒情，由于真实而显得感人。写生活中看似平淡的却很真实的事情，一定能打动所有人的心。

史晓丽

师生情

太原市二十七中 初二年级 雷芸伊

转眼又到教师节了。

我总是很喜欢教师节，只因为有半天的假。今年的教师节，

我离开了小学，到了新学校。今年我又会为哪位老师过教师节呢？

其实，今年的教师节，我想与小学同学聚一聚。好久不见了，大家一定有好多话想说，还可以听一次老班的思想教育呢。好怀念那些以前的日子。以前总是嫌老班烦，而现在，却又是如此珍惜。

真的不知道该说什么，几年的情感怎么能用几句话表达呢。我们都很喜欢《祝福》这首歌，我听得都快伤心死啦，毕竟，我们都不想分别啊！

当我们都离开母校时，老师会在我们身后，注视着我们的每一步；当我们遇到困难时，老师会在我们身后，鼓励着让我们前进；当我们回首时，老师总是微笑的，她们永远是关心我们的。

教师节我们该怎么过呢？

为老师唱一首歌？赠老师一束花？为老师念一首诗？送老师一个礼物？

这个问题真的难以回答，这不单单是教师节礼物，更是我们的一份心意，学生与老师的一份情意。

★ 点评

小作者用生动、平实的语言告诉我们，过教师节原来还有更好的理由，那就是和"老班"的同学、老师聚一聚，说一说，乐一乐。可见小作者已经学会了珍惜，学会了感恩。略显稚嫩的是语言组织得有些零散。

王海华

★ 秋之思

山大附中　张志峰

喜欢秋，喜欢秋的硕果累累，喜欢秋的阴雨绵绵，喜欢秋的天高云淡，更喜欢秋的人情万物。

我痴情于曹操面对秋时的壮志雄心，乐观豁达，我知道自己难以像他那样面对"秋风萧瑟，洪波涌起"，但我可以享受另一番秋景，另一种心情。

从窗口向外望去，槐树总在吸引着我的目光。三年前就是在母校槐树的陪伴下，我开始走向成功。三年来，它记载了我成功的喜悦、失落的痛楚、付出的血汗，它给了我一个枝繁叶茂、充盈着成功与快乐的夏天。如今，秋风已至，片片槐叶凋落，地上的枯叶随风飞向远方，枯叶啊，请带去我的问候："母校的老槐树还好吗？"

秋天，我收获了新的学校、新的同学和新的生活，也感到了晴日中偶尔的几朵乌云。

离开了心爱的挚友，离开了熟悉的环境，这个秋天的雨竟是那么多、那么密、那么缠绵，引发人剪不断、理还乱的愁思。看这雨水顺着房顶一滴滴地落下，在空中打着转，欢笑着，歌唱着，却被重重地摔在了地面上，一刹那间粉骨碎身，不禁心生爱怜。

秋之思，思念，思念故乡的一草一木；秋之思，思索，思索秋冬过后又一个生机勃勃，万物丰茂的春夏。

喜欢秋，喜欢寂寥，喜欢阴雨，更喜欢收获、快乐。喜欢秋之情、秋之思。

高中，我来了

太原市外国语学校 郭 捷

奇妙的高中生活就此开始，难忘的初中生活在此成为历史。

——题记

带着微笑，双手捧着初中毕业证，一缕阳光洒落全身。充实地过着没有作业的假期，虽然没有作业，但我的手玩久了却犯"痒"了，便开始我的写作生涯，生平第一笔靠自己用文字换来的稿费。感觉自己在这个假期收获很大，很充实。

8月底，我参加了高中第一门课程——军训。临出发前，我就相信自己一定可以坚持到底，而且我一切准备就绪。在这期间经历过酷暑、经历过风雨，我坚持下来了。见到一周未见的父母，心都乐开了花。

军训完毕，我们正式开学了，我整理好一切物品以及校服。穿上校服站在镜前，突然发现自己变了很多，由三年前稚嫩、天真的女孩一转眼变成一位充满阳光活力的高中女生，让我似乎

点评

小作者文学修养底子扎实，在文中成功地化用了诗词的名句和意境。对秋的描写非常真实自然，特别是借秋思之调之叹，生发出了秋季进入新学校的一些感悟，既融其事于秋事中，又不失秋思之本张，文章的处理技巧非常娴熟到位。小作者笔下秋思涌动，生发无限生机，真是一篇佳作。

王海华

点评

从紧张的初中升入充满未知和求索的高中，小作者变成大作者了，这的确是一种成长和转变。郭捷用自己的文字把这段独特的心理体验告诉了大家。有对初中逝去时光的淡淡怀念，有体验成长、释放青春的快乐自信，更有希望在前、快乐出发的无限憧憬。文章写出了每一个新高中生的心声，如能在语言的成熟运用上有所提高的话，文章效果会更好。

王海华

发现时光是从镜中流逝的。

我踏着坚实的步伐，背负着梦想，朝着彩虹般的路径前行，我回头对着远逝的初中挥挥手向它说拜拜，便继续前行。

我对高中这段学习生活充满希望与憧憬，手里攥着信心的荧光棒，认真地学习着每门功课，我知道只有学会学好每门功课，才离自己的梦想不再那么远。初识高中时，并没有我想的那么轻松，但是也并未多么紧张。那是因为我遇到的老师都很有耐心，都很严肃。我想自己是幸运的，总会碰到几位"伯乐"，他们找到了我的发光点，那就是——写作。身为高中生，我一定要严谨对待每一门课，因为这样才会做一个优秀的撰稿人，才能加深我的个人涵养。我将会抓住这次机遇，向着高中呐喊："我来啦！"

同我呐喊："高中，我来啦"！

⭐ 小精灵

胜利街小学　五年级　崔友长

"就让秋风给我快乐。"我是爱秋天的。秋，一个美丽的字眼；秋，一个可爱的字眼；秋，一个神奇的字眼，我与秋天是一对知心朋友。

在我下学的路上有一棵老枫树，上面有我的喜怒哀乐。

有一天，我在枫树下面捡到一片橘黄的枫叶。我回家问爸爸："春天的枫叶是油绿的，夏天的枫叶是墨绿的，为什么秋天是枯黄的呢？"爸爸意味深长地说："哦，那是因为树里有两个小精灵，一个是绿色精灵，一个是黄色精灵，绿色精灵工作了整个春夏，他累了，所以去度假，而黄色精灵休息了整个春夏，开始工作了。这样就成了春夏绿，秋冬黄。"

我爱秋天，更希望秋到永远。我会永远记住这两个小精灵！

⭐ **点评**

这篇短文写得别出意境、不落俗套，真可谓"一叶落而知秋"，写秋但通过叶子的四季变化这样一个独特的视角，从细微处着笔，把秋天带给我们的欢乐、变化、知识简洁地表达了出来。文章短小精干，设景巧妙，不失为好文章。

王海华

落叶的飘零

三十八中　郭佳佳

　　忽然有种被甩在最后的感觉，手中的卷子随着手在微微颤抖。无论怎样努力，还是一样的结果，怎么办？心中有些浮躁、失落，这就是所谓的失败吗？

　　秋天是金光灿烂的，每个人都有着自己收获的果实，然而，我收获的只是失败。通红的柿子挂在枝头，金黄的菊花绽开笑脸，雁儿排着整齐的队伍带着快乐飞向远方……然而这一切在我眼中却是那样刺眼，如针一般毫不留情地刺入我的心。寒冷、孤独、无助、迷茫如潮水般向我袭来，我毫无招架之力，原来失败竟是这样的痛。

　　靠在树干上，展开早已揉得破烂不堪的卷子，鲜红的分数清晰地映入我的眼帘，刺痛了我，心中有些失落。

　　抬头望蓝天，云朵也显得苍白无力。闭上眼，考试的失利、家人的失望、内心的惭愧，压得我喘不过气来。

　　微风拂过，冰冷好似我的心，这次我输了，输得很惨。

　　金黄的叶子飘下来，好似小精灵，嘻嘻哈哈地打闹着；如仙女披着黄纱旋转，跳着优美的舞姿；好似可爱的黄蝴蝶，手拉手一起飞翔。我惊呆地看着这一切，怎么可以这么美？枯萎、死亡对它们似乎毫无意义，它们在秋季这么快乐地展示自己最后的美丽。

　　落叶，一片一片飘零下来，我拿起一片落叶凝视着，它虽然已经枯萎，但依旧很美，仿佛继续绽放自己的生存。瞬间，我领悟到，虽然已经失败，但应该笑着面对，因为一次失败不等于人生的结束。

　　失败后，还有明天的成功……

　　是啊！我笑了，将落叶握在手中，走向那阳光灿烂的道路……

点评

　　读到小作者这么美、这么充满哲理的文章，首先会让我们想到古人"感时花溅泪，恨别鸟惊心"的诗句。落叶之情在乎小作者的情感表达。感情不一样，文章气势、风格当然别有不同。文章前半部分属于冷色调，忧伤、孤独、失落、无奈充塞字里行间；后半部分当是暖色调，思想郁结打开后，小作者眼里那片片落叶分明跳着轻快的华尔兹，以优美的弧度融着惊喜、简单、快乐的因子，归于大地母亲的怀抱。是啊，人比之于落叶何如？落叶枯萎尚且从容快乐，我们失败一次又有什么关系呢。结尾处的领悟升华了文章的主题，提升了全文的境界。

王海华

一把伞

山大附中　张志峰

2004年夏天的太原城是一个多雨的季节。一天傍晚，我上完英语课，独自一人向公交车站走去。一阵狂风吹过，天空一片黑暗，豆大的雨点劈头盖脸从天上砸了下来，匆忙之中我把书包顶在头上，快步跑向公交站台。来到站台，才发现这个站台没有候车亭。我无奈地站在站台上，任凭雨点疯狂地打在我的身上，单薄的衣服瞬间就被淋湿了，心里只想着公交车快点来到，我焦急地在等待着……

突然，雨点不再打在身上，而我分明看到前面雨点落在地上溅起的水花。抬头一看，一把花伞出现在我的眼前，回头再看，一张善意的脸正冲我微笑。"没带伞吧，我们共用一把伞等车吧。""谢谢。"此时此刻，一股暖流传遍全身，我不再感到寒冷，没有了急躁和不安。是一把伞为我遮住了雨点，驱走了寒冷；不，是人间的友爱和帮助使我感到了幸福在全身流淌。

2006年的夏天，又是一个雨天，又是一把雨伞出现在我的眼前，事情和两年前惊人的相似。一场意外的大雨刹那间像一张密集的网罩住了整个天空，把正在放学的我们困在了校园。我们待在教室里，看着窗外发呆，家长们纷纷送来雨具。我庆幸母亲为我准备了雨伞，不用受淋雨之苦。突然之间，看到王伟同学正等家长给自己送伞，我便毫不犹豫地走过去，轻轻地拍了拍他的肩膀说："走，我们一起回家。""谢谢。"他的脸上露出了感激的笑容。把手搭在我的肩上，兴奋地喊："回家喽。"

两件发生在一把雨伞下的故事，让我领略和体会到了接受和给予的不同的幸福感。我们的身边多些关爱，多些帮助，我们的社会就会和谐，我们每一个人就会感受到幸福。

点评

　　文章从"一把伞"的细微视角切入，真实记录了两次不同的"雨中送伞"经历，由伞而即人即情，抒写出了两段不同的心路历程。从全文平实、连贯的字里行间，读者不难领会到小作者那种敏锐的观察和真挚的情感。文章活化了"伞"这一道具的作用，将主题升华到了人与人之间的相互关爱、促进社会和谐，进一步提升了全文境界。值得肯定的是小作者写作和处理文章的技巧也显得成熟。

王海华

边走边想

405

我听《青花瓷》

山大附中　雷泽群

周杰伦在去年春晚唱《青花瓷》时，是我第一次与它相逢。婉转清秀的曲调再加上周杰伦不加掩饰的嗓音，把我深深吸引。春晚过后，我迫不及待地把它找出来，一遍遍地播放，陶醉着、享受着……

它仿佛是一首脱俗的诗篇，灵动而优雅，没有世俗的杂念，只是静静地述说一个故事。它与喧嚣的世界显得格格不入，却偏偏拨动了大众的心弦，引领着人们进入一个清净的世外桃源。我静静地沉醉在其中，眼前仿佛出现了那些雨中的青花瓷，前朝的飘逸静静地躺在瓶底，装饰的墨色在瓶上飞洒，久不褪色。雾中朦朦胧胧的，青花瓷若隐若现，可望而不可即。

它仿佛是一幅潇洒的墨宝，生动而飘逸。它没有过多的颜色装饰，只是静静地描绘出一幅图画。它与喧嚣的现代社会景象互不相融，却偏偏勾勒出人们的梦中所想。我闭着眼享受着它的静谧，仿佛进入一片幽深的竹林，笛声回荡，让人心旷神怡。

沉浸在《青花瓷》的意象中，似乎已让人深深驻足其中，无法挪步。那是一个多么美丽的梦想与难以置信的奇迹！周杰伦的曲风竟与常建的文笔不谋而合，"万籁此俱寂，但余钟磬音！"久久地在人们心中回荡。

《青花瓷》的美已不能用言语形容，一次又一次地欣赏与品味，我终于感受到了在别处不能感受到的心情。许是只有这一首天籁之音才能承载人们千丝万缕的情思，并把它们永恒地封存……

点评

文章结构浑然一体，由听《青花瓷》的原因写起，然后写听到的内涵，把抽象的内容写得惟妙惟肖，把听觉转换为其他各种感觉，全文读来给人一种"静品"的感受。同时文中综合运用各种表现手法，使文采斐然。

郑小·瑞

妈妈的手

晋源区实验小学　六年级　巩艳哲

今天的作业是帮父母做家务。

洗碗时，我不经意间看了一眼妈妈的双手。那双手什么时候长了这么多茧子？并且皮肤粗糙，关节变形，怎么看都不像是一位年轻妈妈的手啊！

可不，每天妈妈都得倒炉灰、搬蜂窝煤、收拾家、看弟弟，这么一大堆活儿都需要她一个人去做。记得以前妈妈的手是修长的，手上不曾有过茧子，而此时妈妈的手完全变了，就连本应该光滑的脸上，也被岁月吹上了一条又一条皱纹……

妈妈，我向您保证，再也不惹您生气了。我一定会好好学习，不再和您顶嘴，让您在家中拥有快乐和自豪。

指导老师　李莉莉

点评

这样有意义的作业要多布置，这样有深意的感想要多表达。

冯　海

健康老妈

太师一附小　五年级　任　政

圣诞节快到了，我想要一个圣诞礼物，那就是有个健康的妈妈。

我的妈妈有着魔术师般的能量，在厨房里可以变出很多美味可口的菜肴，生活上对我的照顾更是无微不至。但是，四年前，妈妈得了一场病，一直没能够治愈。看着妈妈整天不是输液就是吃中药，痛苦憔悴的样子，我的心不知有多难过。我想让圣诞老人送给我一颗包治百病的药丸，一颗吃了就可以变得永远健康的药丸。

拥有一台电脑是我一直以来的愿望。一台内存大、网速快的电脑，可以装好多有趣的游戏——《魔兽争霸》《天龙八部》、

点评

有爱心最值得人尊重，作者对妈妈的感情让人感动。文中对比巧妙，不同愿望折射不同的心理。文章应该读给妈妈听听，也是一种精神理疗。

冯　海

《穿越火线》等，我还可以邀请同学到家里一起玩。但是现在，我决定不要电脑了，因为它跟我心底的愿望相比太微不足道了。

我希望妈妈的病能赶快好起来，一个健康快乐的老妈赶快出现在我的眼前。这样我又可以看到妈妈的笑容，又可以让妈妈带我出去玩，又可以吃到妈妈烧的好菜了。

⭐ 写作文真难

五一路小学　五年级　荣仰之

写作文的时候，老师总是让我们把人物的外貌、神态、动作、语言写具体，还得够五年级的标准——500字。我可不想写那么死板。

就拿我写的一篇日记《我的顶嘴故事》来说，我和我妈当时在马路上，她骑着电动车，我在后面坐着，妈妈教育我上课时要积极发言，可是我觉得我不回答问题也可以，就和她顶起了嘴，妈妈很生气，回家后，我觉得我顶嘴实在是不对，所以就写了日记。没有按老师的要求写什么动作啦，神态啦，因为我看不见她的神态，她还骑着电动车，就一个动作，所以我没写。

所以，在写记事文时，最重要的是写清楚主要事情，思路要放得非常宽，在不跑题的情况下，想怎么写就怎么写。

点评

骑自行车一个动作就没有神态吗？面无表情不是神态吗？粗看文章有点担心立意，好在最后的观点还在理。对于孩子有些强词夺理的思想，我们不必较真，呵呵，本文是一篇创作心得，写作是快乐的事，不是顶牛的事。

冯　海

⭐ 写作文不是什么有趣的事

山西省实验中学　初一年级　李紫璇

学生们都讨厌写作文，原因很简单，写作文并不是什么有趣的事，无非是说说空话、说说假话。

老师说：写作文要真实，书上也说，有真情实感的文章才是好作文。可是，我们也写过真实的文章啊，结果呢？老师告诉我们，主题不合适，词句不优美。而老师口中的优秀文章，是

那些辞藻华丽的虚假做作的作文，那些文章，圆滑老套，没有思想，没有灵魂。于是我们知道了，作文就应该这样写，这样写才能有个好分数。久而久之，每一个孩子都不爱说真话了，开始为了作文而作文。

对于我们来说，作文就是一个模式，首尾呼应，结构完整，套用几个排比，几个比喻，举些事例，说点空话，这就是优秀的作文。我们用眼睛看到的世界，用心感受到的世界，与作文没有关系。教育界的专家给作文搭起框架，我们就乖乖地钻进去。

不禁苦笑，大道理谁都会讲，套话谁也会说。写作原本是一件多么有趣的事，我们可以记录五彩斑斓的世界，我们可以大声说出自己的观点，我们愿意写真话，愿意写自己的想法，生活中的喜怒哀乐，对周杰伦的喜爱，对金融危机的意见，对应试教育的抵触。可是，教育家们往往对这些想法摇摇头，立意不高，中心不好。

我真的想问，让孩子们用成人化的腔调说那些毫无意义的作文，能带给我们什么？只会培养我们说谎和编假话的能力。难怪有人说，大多数人的第一次说谎经历都是从写作文开始的。我们正在这样的教育中，一点点失去属于孩子们的想象力，属于孩子们的创造力。

★ 心中的那首歌

三十五中　初二年级　石鑫若

沏一杯香茗，摆一把竹椅，施一尺屏风，抚一把古筝。恍若清泉流水，指尖轻拨之际，那古老的故事便随歌声一一渗出……

燕地衣冠如雪，为谁？为秦军之强悍，燕国之将亡？还是为了那壮士自杀般地西赴暴秦？壮士啊，明知是自杀却为何连头也不回？想起众人悲凄的神情，想起太子方才的嘱托，想起民众迫切的眼睛……不能回头。他只是高歌："风萧萧兮易水

点评

比起一般的牢骚，本文更接近事实。我想说的是，写作首先是一种技术，之后才是一种艺术。技术是残酷的，是必须下苦功夫的，对于优美词句的掌握，对于谋篇布局的思考，都是训练过程之一。如果说，写作文就是"说谎"，我认为这种谎话是必要的，在还没有掌握基本写作方法的初级阶段，"无病呻吟"就是把自己逼到墙角，以激发对文字的驾驭。古人吟诗作对之前也曾摇头晃脑、死背硬记，文章不会天成，信手难以拈来，这是写作的基本事实。

冯海

寒，壮士一去兮不复还。"歌罢，众人无一不掩面而泣。

一场大雨，送走了兴衰的秦国。

雨后微凉，乌江边上备感凄婉。

西楚霸王伫立江边，看到了身后滚滚浓烟，看到了当年八千子弟兵仅余十八骑时，不禁泪如雨下。

回身，看到了跟随自己东征西走的乌骓马，看到了心灵深处想着的虞姬，不禁高歌："……时不利兮骓不逝，骓不逝兮可奈何，虞兮虞兮奈若何。"虞姬为霸王舞了离舞，拔剑自杀。

雨又开始淅淅沥沥地下着。霸王抱着她那冰凉的身体在雨中行走。穿过一条条路，找到一片土坡，挖好一个坑，把她轻轻放了进去。这悲壮的歌声和凄婉苍凉的爱情，也一起埋进土里。

送走了鼎盛朝代，迎来了五代十国乱糟糟的局面。时代更替，宋的大旗席卷中原土地。不能忘却的，是南唐后主李煜的歌声："春花秋月何时了，往事知多少，小楼昨夜又东风，故国不堪回首月明中。雕栏玉砌应犹在，只是朱颜改，问君能有几多愁，恰似一江春水向东流……"

"咣"，琴弦断裂，歌声亦绝。耳边只有雨的"哗哗"声，历史的歌声已铭刻于心。我将振奋，去创造出黄钟大吕般的时代劲歌。

太原晚报

410

阳光天使小记者 作品集

★ ★ 点评

　　用诗词歌赋连缀，用缠绵雨水连缀，用朝代更迭连缀，看得出，作者有一定的文学修养，文字节奏感很强。

冯海

★ 责任

成成中学 初二年级 晁雪竹

　　责任像蜗牛的壳，甩不掉，挣不脱，牢牢压在你身上，需要一辈子去承受。所有的事物都有着不可推卸的责任。

　　春天唤醒万物，播撒希望的种子，这是它的责任。

　　夏天让世界覆盖浓郁的颜色，带去灼热的生命信息，这是它的责任。

　　秋天赐予每一个枝头树梢挂满丰收的喜悦，这是它的责任。

　　冬天赋予世界纯洁的力量，让每一缕阳光都谦逊而温暖，

这是它的责任。

责任，是一场用生命去进行的马拉松。20世纪初，一位美国的意大利移民弗兰克开了一家小银行。一次抢劫使他破产，储户失去了所有的存款。当他决定偿还那笔天文数字般的存款时，所有的人都劝他，他说："我在法律上也许没有责任，但在道义上，我有责任，我应该还钱。"

偿还的代价是30年的艰苦生活，当寄出最后一笔"债务"时，他轻叹："现在我终于无债一身轻了。"他用一生的辛酸和汗水兑现了责任，映照出了他伟大的人格。他为了责任不惜背负一生沉重的压力，把他最宝贵的30年耗在无尽的"债务"里，想来，是需要多么大的勇气和决心啊。

英国查尔斯王子曾经说过"这个世界上有许多你不得不去做的事，这就是责任。"责任是一个人无法避免的东西，它教会你成长，所以，认真去兑现你的责任吧，它会使你的灵魂不朽。

点评

写得真好！这么小的年纪就能写得这样好读、流畅，信息时代的中学生是有实力的。两个例子都很恰当，一个故事具有说服力，一句名言也能起到画龙点睛的作用。主题集中，不断深化，过渡简约，行文舒展，这样的作文让人读了舒服。

冯 海

⭐ 保护小树

太师三附小　四年级　王子文

冬天的早晨，北风呼呼地刮着，吹到脸上像刀割一样，难受极了。我穿着绿色的棉衣、蓝色的棉裤和白色的棉运动鞋。戴着帽子和手套，背着粉色的书包，高高兴兴地去上学。

我刚走出家门，忽然看见一棵小树被北风吹得都要齐腰折断了。我心想：要是再让小树这样下去的话，树腰肯定会折断的。

我这么一想，就赶快往我家的大门跑去。在妈妈的帮助下，好不容易才找来一根细细的竹竿和一捆麻绳，用麻绳把竹竿和小树绑在一起。紧紧地打个结。我想：这下可好了，小树总不会被风吹断了吧！

这时，小树好像在对我说："谢谢你救了我，我会好好活下去。"看着小树我心里美滋滋的，甭提有多高兴啦！就在这时，一阵冷风呼呼吹过，小树依然那样挺立着，像哨兵一样坚守自己的岗位。

点评

写了一件有意义的事。在做这事之前，还"武装"了棉衣、棉裤、鞋、手套、书包，不做一件大事实在太对不住这身行头了。呵呵。我宁愿认为这是作者的一种设计，目的是突出寒冷，为小树的受伤留下伏笔。好好写，是会脱颖而出的。

冯 海

我每天都会来到小树旁看望它，看它有什么变化。在以后的日子里，这棵小树一定会成为我生活中不可缺少的一部分。

假如

太师二附小　二年级　范嘉桐

假如我有一支马良的神笔，我要给无家可归的小猫画一个窝，让小猫在冬天不再挨冻。

假如我有一支马良的神笔，我要给灾区的小朋友画许多明亮的教室，让他们能好好学习，快乐成长。

假如我有一支马良的神笔，我要画一个大大的吸尘器，吸掉所有灰尘，让空气变得更加清新。

假如我有一只马良的神笔……

点评

第一个假如写给善良，第二个写给爱心，第三个写给环保，还可以想得再小一些，比如给父母、邻里、同学做点什么。想象是有翅膀的，可以展开，可以闭合，都是美的。

冯　海

挑战

万柏林区实验小学　六年级　王晋琦

难关不能阻止一个人的"步伐"。

刘墉曾在《萤窗小语》中记述这样的一个故事：有一个学生找我学素描，但他的手常会出汗，碳笔素描又常需要用手去压，很容易就把纸弄脏了，我多次劝他改画水粉画，他坚持画素描，没想到半年后，他的素描不但不脏，而且比别的学生画得更好，原因是他尽量避免擦抹，而用手指在上面压，手上有汗压的轻重就不同，就能压起不同定量的碳粉，创造的色阶比别人更多。

由此可知，他们先天异于一般人，而被认为缺点的地方，如果你善加分析把握，反倒是一种先天的条件。

贝多芬30岁的时候便失去了听觉，耳朵听不见一个音节，但他仍为这个美丽的世界谱写了伟大的《第九交响曲》。

不屈不挠的美国教授弗罗斯特苦战25年，硬是用数学方式推算出了太空星系以及银河系的活动和变化。英国大诗人弥尔

点评

这篇文章选择了一个全新的角度，让你的思想可以在这里自由地驰骋，让你所有读书体会在这里闪光。这是文章最大的成功之处。透过纷纭的世事，让你的思想更深刻些，时时收到"滴水看世界"的效果。

关夏敏

顿最完美的杰作诞生于他双目失明之后。

达尔文被病魔缠身40年，可是他从未间断过从事改变了整个世界观点的科学预想的探索。爱默生一么多病，并患有眼疾，但他留下了美国文学史上一流的诗文集。查里斯病不离体，却正是他在小说中为世界创造了许多最健康的人物。米开朗琪罗肠功能丧失，莫里有肺结核……

如果你常常觉得自己的步伐和条件不好，那么，你一定会从这些人身上体会到一个道理：这些难关是上天给你的最好的礼物！

指导老师　高灵仙

⭐ 爱的天平

营坊街小学　五年级　杨一凡

在父母与我们的天平上，永远都是不平衡的。

——题记

爱孩子，为了孩子，所有的父母都是那么义无反顾！而作为儿女，父母为我们的付出，真的觉得理所应当吗？我们就该心安理得地接受吗？在爱的天平上，父母的付出永远比子女重许多。

什么爱那么无私？什么爱使我们泪流满面？当然只有父母给予儿女的爱了。当我从一个嗷嗷待哺的小婴儿，成长为一个朝气蓬勃的花季少年，短暂的十几年，中间夹杂着父母的多少心血！感动之余，坐下来细细想想，是父母的付出使我们快乐健康成长。而我却……

常常因为生活的小事、学习的安排和父母发生冲突，与父母顶嘴，使他们生气，让他们操心。这难道就是我平日里口口声声的"回报"吗？不，不是！我能做力所能及的事，能好好学习努力向上！父母从不求回报，只是希望孩子能成为有用之才。这一切的一切，称不上"伟大"二字吗？毕竟我们能为父母做得太少了，但他们仍是那样执著。

展开翅膀努力飞吧，用实际行动表明"我们爱他们"！

指导老师　白志红

★ 点评

读罢你的文章，老师泪眼模糊，因为为人父母就是这样照顾孩子的，爱的天平父母之恩永远最重，为人儿女却很难报答父母的深恩，你对父母的理解会让所有的父母感动。

关夏敏

我想在那一刻说真话

羊市街小学　四年级　张卉珺

"犯错不怕，就怕不改错。"每当我听到这句话时心里就很后悔。我给你讲一个真实的故事吧：小时候，我很淘气。早晨，我和小妹妹玩，我们在楼上，我把一块砖推了下去，砸到了下面的一位大哥哥。几分钟后，大哥哥的母亲找上门，我便说是小妹妹推的，大人们信以为真，大姨和妈妈狠狠地责备了妹妹，妹妹几次想解释都没机会，只好流下委屈的泪水。

回到房间后，我心里很后悔，我便把这天永远记在我心中，把这天定为"真话节"。

我要打开我的真话窗，打开别人的真话窗，让真话照亮世界，让真话感动社会。

点评

读罢你的文章，想到一个现实的问题：诚信的真谛？一次的错误不能作为评价一个人诚信的唯一标准。但内心的觉醒是对自己今后的发展是大有益处的呦。

关夏敏

我爱妈妈

山大附小　二年级　赵亦玮

这个星期，老师布置了一个作业：做一件让家人感到幸福快乐的事情，并记录下来。我该做什么呢？为了完成这个作业，我费了好多心思，可是还想不出来。就在我有点泄气的时候，妈妈走了过来，笑着对我说："千千，你已经是个很懂事的孩子了，你每天都在做一些让妈妈感到幸福快乐的事情啊！"

对啊，我怎么没有想到呢！爸爸在南京读博士，经常不在家，妈妈一个人带我，要上班，还要照顾我的生活和学习，很辛苦。我看在眼里，疼在心里，经常帮妈妈做一些力所能及的家务。妈妈累的时候，我会给她捶捶背、倒杯水；妈妈生病的时候，我会守在她的身边，看她吃药，陪她说话。有一次，妈妈在给我做虾的时候，被虾划破了手，我一边心疼地问候妈妈，一边赶紧拿出创可贴给她贴上。妈妈把我搂在怀里，夸我是个

点评

阳光青少年，看到的均是生活中的笑脸。事情虽小，却能抓住特点，抒发真挚感情。篇末点题，是主题升华，让读者从中得到人生的启迪。

关夏敏

懂事的好孩子。

我爱妈妈，因为她是最爱我的人。我要用感恩的心去回报她！

★ 妈妈小时候的故事

太原市实验小学　四年级　叶欣璐

妈妈曾经给我讲过一个令我至今难忘的故事，这个故事让我明白了在生活中和谐是不可缺少的。

妈妈小的时候是在农村生活的，她在班里有一个很要好的朋友，她们形影不离。那个时候农村没有像现在一样的游乐园，最好的娱乐方式就是骑自行车。妈妈的朋友不会骑，妈妈便教她。一次又一次地教，可她还是没学会。这时妈妈有点不耐烦了，扶她骑到一个斜坡上时，妈妈用手一推，车子顺坡而下速度越来越快，失去控制的车子把朋友狠狠地摔在地上，车把钩住了下巴，鲜血直流，吓得妈妈不知如何是好。路过的行人叫来了朋友的父母才把她送到了村卫生院，妈妈也怯怯地跟了去。处理伤口的医生说："怎么弄的？真危险，幸亏伤到下巴，要是再往下点钩到喉咙就有生命危险了，以后玩耍时要注意安全啊。"妈妈吓哭了，妈妈的朋友忍着疼痛说："是我自己不小心。"

后来经过一段时间的休养，朋友的伤也渐渐好了，但仍留下一个让妈妈看着心痛的伤疤。事情过后不久，妈妈就随着姥姥、姥爷来到了省城上学，内疚和不安无时无刻地折磨着妈妈。第二年的暑假，妈妈回到老家，那天晚上妈妈找到朋友，鼓起勇气向朋友说出了一切，朋友只是微微笑着说："我已经知道了，只是当时不想让你受到大人们的责备。"

故事虽然发生在妈妈的身上，但却让我很感动。从中我看到了妈妈敢于承认错误的勇气和朋友的善良宽容，她们的故事会成为我今后在生活中的指南针，我会像妈妈和她的朋友一样以一颗宽容、善良、诚实的心去对待周围的每个人。

★ 点评

"文似看山不喜平"读这篇文章真是一波三折，情节动人，事情虽小，却是小中见大，作者的主题通过这个小窗口映射出来。开头简洁、明了，且一句话扣题，做到了开门见山，很能吸引读者。

关夏敏

边走边想

415

想念武老师

万柏林区实验小学　五年级　贺怡如

读起了熟悉的英语课文，我的眼泪又不自觉地流了下来。啊！又是想武老师了。

武老师是我们剑桥英语班的老师，我喜欢上她的课，我喜欢她那独特的教学方式，我喜欢她的幽默与风趣。在她的课上，我们总是感到无比轻松，她让我们在玩中学习，在快乐中学习，使我们边玩边掌握当天的知识。比方说她教我们学习外国人的习惯用语——俚语，它们的书面意思与所要表达的真实意思大不相同，我们都深深地喜欢上了这部分内容，这样，在她教我们学习书中的其他内容时，因为有了俚语做开头，我们的学习兴趣更浓了。在她的课上，我不会感觉到累，三个小时一眨眼就过去了。

读着这些熟悉的课文，我又想起了武老师给我们上的最后一节课。记得在课堂上，武老师曾打趣地对我们说："大过年的，怎么都不给我带块糖呀？"那时，我们都齐声答道:"下次带！"哪知道再也没有下次了。

当我听到武老师进修去了的消息时，我的脑袋嗡地响了起来。武老师怎么会撇下我们去进修呢？我的眼泪噌地占领了眼眶，我强忍着才没有让它们流下来。武老师，我们何时才能再次相见呢？

人们都说师恩浩荡，我们一辈子也不能忘记自己的老师。武老师，希望您能早点儿进修完，早点回来！

指导老师　翟梅花

⭐ 点评

文章语言很朴素，但朴素中却富有深情，读完你的文章以后，使人潸然泪下。本文突出特点是:真实感人。因真实感人，因感人而备觉真实。你选取生活小·事，流露纯朴真情。你真棒!

关夏敏

⭐ 期盼奥运

双西小学　六年级　马小雅

奥运离我们越来越近了。

奥运！这个让我们一听起来就激动的字眼。2001年7月13日，当前国际奥委会主席萨马兰奇先生宣布2008年奥运会在北京举办时，所有华夏儿女都激动不已。我的心情也振奋起来了！那一年，我为奥运的到来而感到由衷地喜悦和自豪！我真希望自己能快快长大，有所作为；真希望自己能举着奥运的火炬，将希望的火种播撒四方。

我期盼奥运的到来，更崇敬那些为国争光的奥运健儿。目前，我们国家对奥运会的筹备工作已基本就绪。尤其是气势雄伟的"鸟巢"令世人叹为观止。在奥运会即将到来的日子，我的梦想是当一名奥运会的小小志愿者，为世界各国友人介绍中国悠久的历史和灿烂的文化，为他们的中国之行提供帮助与支持，为奥运会的圆满举办尽我的一份微薄之力。

奥运与我，我与奥运，新北京，新奥运！让我们为奥运喝彩！

期待中国体育健儿在2008年北京奥运会上取得更加优异的成绩！

⭐ 点评

一句句激扬的文字，一声声深情地呼喊，似乎能看到那一张张洋溢着幸福的笑脸，似乎能摸到那一颗颗火热的内心，又似乎能听到那一声声砰然的心跳……文中语言始终围绕"激动"、"渴望"、"期待"来铺排文字，飞扬激情，传递热望。是啊！当一名志愿者这何尝不是每一个中国人的愿望！

吕全玲

⭐ 我爱叶子

建设北路小学　五年级　贾　萌

每当同学们去公园时，一定会去看那出污泥而不染的荷花，那婀娜多姿的水仙，那高贵清雅的菊花，那雍容华贵的牡丹，可我却不爱这些"贵小姐"，我爱那些翠绿翠绿的叶子。

也许，你认为它并不美丽；也许，你认为它没有用处，其实你错了。叶子的确没有水仙的婀娜多姿，没有菊花的高贵清雅，没有牡丹的雍容华贵，更没有玫瑰的五彩芳香，它只有三种颜色：绿、黄、红。但它的用处可大得多：叶子绿的时候，可以产生光合作用，把阳光化成养分供给大树——自己的母亲；当自己落下，叶茎可以让孩子们玩拔根的游戏，享受大自然带来的快乐；当自己已经枯黄，可以烧火，产生热量也可以成为化肥，给自己的母亲提供肥料。

在生活中，有许多像叶子一样无私奉献的人们。那些把知识养分传给孩子们的教师，不都像叶子一样吗？所以，我要给叶子唱一首歌，给和叶子同样奉献的人唱一首赞美的歌！

聆听生命之歌

师院附中　初二年级　白　羽

看一眼飞翔的鸟儿，可以减轻生命的重量；聆听鸟儿的欢歌，可以让生命在真、善、美中升华为永恒。

——题记

清晨，裹着厚厚的围巾在小道上漫步，轻轻地吸气，心中感到从未有过的舒适、宁静。忽然，耳边传来一阵鸟鸣声，"叽叽喳喳"，心中一喜，急忙抬起头，果然，几只小麻雀站在路旁的银杏树上。那棵银杏树的叶子早已化作了尘土，只剩下光秃秃的枝干孤零零地在寒风中瑟瑟发抖。可是，那几只小麻雀，好像不怕冷似的，停在枝干上，有的一动不动呆呆地望着远方，有的好像有什么喜事一样，在枝头蹦蹦跳跳，还有的在枝头上方低低地盘旋着。

不知听谁说的，鸟是树的花朵。那一只只可爱的小麻雀就仿佛是这棵银杏树上盛开着的小花，散发出满满的快乐和幸福。

能在这个喧嚣的都市中，听到这清脆的鸟鸣，实在不容易，不过，也或许是我从不曾静下心认真地聆听吧。

鸟儿不单单是鸟儿，她是这茫茫尘世的代言人。听，那叽叽喳喳的啼叫，正是鸟儿传给世人的天籁之音。

我相信鸟儿是灵魂的载体。蓝天是她的画布，那一支支洁白的羽毛，随着清风，轻轻勾勒出心中的天堂。噢，她在鸣叫，她在歌唱，歌唱世上一切的真善美，净化人们的心灵。

让我们聆听小鸟的鸣唱吧，在歌声中聆听天地间的真爱。

⭐ 把握自己的人生

太原二十七中　初一年级　雷芸伊

不知从什么时候起，脑海之中不停地浮现出一句话，它不仅仅是在提醒我，或许，它是我人生的坐标，是我人生的导航吧，我将要用我的一生去实现的诺言——把握人生的每一分钟，就是把握住了理想的人生。

很多时候，我总会想起这句话，虽然我不知道这是谁说的，可能他默默无闻，但他在我心目中是无可替代的。

我曾经读过一篇文章叫做《正确地浪费时间》。起初，我并不懂文章的含义，但读了几遍后，我知道作者是一个退休老人，这位老人每天都会浪费时间，12小时去睡觉，12小时去会友、看书、运动。

看完之后，我才明白珍惜时间并不一定是学习、学习、再学习。而后，我每天写作也都会定时，然后看一会儿书，望望星空，听一首歌，再看看家中的花草。虽然此时我上初一，但心境却比以往要平静许多。我很高兴，因为我也把握了我人生的每一分钟啊！

学校每天下午都会给我们半小时的自由时间，我会和同学在操场上边走边聊。时而放声大笑，时而一起沉默，经常，在聊天后自己会豁然开朗。这半个小时，虽然我没有用来学习，但我依然高兴，因为我用半小时的时间去巩固友谊，并且换来一个好心情，我同样是在把握人生的每一分钟。

我相信我一定能把握住自己的人生，因为我总在把握自己的每一分钟。

★ 点评

制定目标、把握人生，坦然从容间你流露着几分睿智。你，中学生——一个十五六岁的孩子，正是心中萌动而又有些浮躁的年龄，可心境却能调节得如此平静。是书，是它带给了你智慧！是它给你带来了一场心灵盛宴！是它指引你真正了解了人生的意义。

吕全玲

⭐ 松树赞

新建路小学　六年级　田　原

松树，大家都知道它"四季常青"。

松树的种子当然是松子，慢慢地成长、又结出松子。松树不开花，闻上去是一种淡淡的草药清香，仔细闻才能闻出来。它的样子和圣诞树差不多，一般是圆锥体。《本草纲目》记载：松树气味苦、甘、湿、无毒。主治：强筋骨，利耳目。

松树可以在寒冷中存活，可以在寒冷中常青。"松、竹、梅"是岁寒三友。陈毅在《青松》中写道："要知松高洁，待到雪化时"的诗句，是赞美松树那种不畏严寒、不怕"风欺雪压"的高贵品质。毛泽东在《七律·有所思》中写的"青松怒向苍天发，败叶纷随碧水驰"的诗句中也在赞美松树。

松树，在夏天时可以供人们乘凉，在人们病危时可以给人们治病；在冬天时可以在白雪皑皑的积雪中点缀一些绿色，还可以燃烧落叶烤火，使我们感到温暖。松树那种不畏严寒，不怕"风积雪压"和无私奉献的精神实在值得我们赞美。

⭐ 点评

松树的外形特点，不屈气节，奉献精神，在你的深情赞美中跃然于纸上。全文处处紧扣一个"赞"字；巧借《本草纲目》赞它的医药功效，巧引伟人诗句赞它的高洁顽强，走近生活赞它的无私，全文丝丝入扣，浑然一体。你在文中善于旁征博引，更赋予松树浓浓的诗意美。

张瑞萍

⭐ 生日

师院附中　初二年级　段建宇

生日，其实是一个普通的一天，人越长大，越觉得那一天很普通，甚至普通到自己都忘记了。

小时候，总以为"生日"是一个很重要的节日，并且把它当做一个可以无理地要玩具、无所顾忌地节日。其实，过生日只是一个形式，无须顾虑太多，仿佛一提到这个名词就会想到一些美味的饭菜及昂贵的礼物。

前几天，我刚刚参加完自己的生日纪念会，仿佛那和我没有一点关系。就在我还没准备好的时候，生日已经降临了，而

当我想好好享受的时候，它又悄悄地溜走了，我抓不回这个顽皮的孩子，只好又等一年。每年我都是这种感觉。那些和我第一次见面却又嘴上说"认不认识我了啊？都长这么大了，当年还那么小呢！她那时候牙还没长全了……"的叔叔阿姨们，在我身边不停地说着和我生日无关的话题，还有的甚至当成了他们的同学聚会。晚上，居然下雪了，我高兴极了，硬拉着妈妈和我出去玩。

让我们踏着雪漫步。那雪花一片一片地飘落下来，伴随着雪的还有风，她们是好朋友吧！风不希望看到雪孤单地飘落。

今年冬天的第一场雪和我的生日一起来了，这雪是大自然送我的礼物吧！这是我收到最好的礼物了，这么隆重。

我感谢大自然，把这场雪送给我，在纷飞的雪花中，我在笑、在跳。我看见小雪花在空中旋转、飞舞，但它终会落到地上，就像我的生日一样，这么短暂。

⭐ 学会快乐

太师二附小　六年级　张正堃

你会快乐吗？你怎样快乐？快乐并不是单单做了一些让你感到愉快的事，而真正的快乐是多方面的。

清晨，起来的时候，太阳那一缕阳光照了进来，你应该为此感到高兴，因为你并不是身处阴暗的地方，没有阳光，没有温暖；在赛场上，当对手对你微微一笑，即使失败了也应该感到庆幸，毕竟你还有朋友，会在你遇到困难时出手相救……

只要你用一种阳光的心态面对这个世界，那么你的生活将是充满快乐的。

那些每天心事重重、闷闷不乐的人们为什么不会换一种眼光面对世界呢？

公园中的爷爷奶奶，他们说自己没有儿女的陪伴，陪伴他们的只有每天落下的夕阳；正在为生活奔波的人群，他们说自己每天太紧张，没有办法同家人玩耍；坐在教室勤奋学习的少年们，

THE WORKS
Sunlight Angel
Little reporter

⭐ **点评**

　　小·作者用一颗敏感童心和爱心，告诉我们生日是一种仪式、一种感觉、一种成熟，是"当我想好好享受的时候，它又悄悄地溜走了，我抓不回这个顽皮的孩子"。简直是一篇美丽的童话。孩子的生日不单纯是物质的给予，关注孩子像晶莹雪花一样的心灵，这可能也是本文教会我们家长的一点启示吧。

王海华

⭐ **点评**

　　关于快乐是常说常新话题。大人有时尚不能完全享受"快乐"，且看作者如何言说。文章自己设题自己做答，告诉读者一个孩子的快乐观。但我看到这个小·作者的心灵境界比忙碌于斯世的大人们都高超，文短而旨远，不失为好文！

王海华

他们说自己每天被书本压得喘不过气，听不到欢乐的笑声。其实，快乐不只在于成功的多少，不只在于得到多少财富，不只在于名声的显赫。真正的，发自内心的快乐在于你看问题的方式。

爱因斯坦曾经说过"世界上没有比快乐更使人美丽的化妆品。"的确，快乐是无害的、是健康的，所以，朋友，无忧无虑地、大胆地去快乐吧。

★ 好朋友

气化街小学　六年级　郭　昕

我的好朋友很多，但和我"友谊"最深的好朋友是书。选择书作为好朋友是有很多原因的。

古人说："书中自有黄金屋，书中自有颜如玉"、""书山有路勤为径，学海无涯苦作舟"、"知识是到达天堂的翅膀"。老师说："现在要用功读书，读一本好书就多交了一个好朋友。"父母说："要对书有抉择，一本好书可以让你受益终生，一本坏书会把你引入歧途。"

在老师和家长的教诲下，我对读书产生了浓厚的兴趣，现在书柜中大部分都是我的书，书对我有很大的吸引力，有时还会使我废寝忘食，总是想着书柜中的书本。

在众多的书中，我对杨红缨的作品情有独钟，《女生日记》、《神秘的文老师》、《非常女生》等，都是我经常翻阅的书，其中的《女生日记》我百看不厌，这本书主要写了六年级女生的成长过程，真实而生动地展示了当代少年儿童的快乐和烦恼，作者杨红缨以诙谐幽默的笔调展示了丰富多彩的学校生活和家庭生活，揭示了女生心中的好多小秘密和羽化成蝶的痛苦和快乐，引人入胜，发人深省，这本书中让我懂得了如何和同学相处，学会了站在别人的立场思考问题。

我爱书，我喜欢读书，我会在书的陪伴下快乐成长，我的生活也会因为有了书而变得充实。　　　　**指导老师　高晓春**

★ 点评

书籍是人类最好的朋友。人小心大，与书为朋，可谓幸事。爱书更要读书、用书，让书的营养更好地滋养我们成长。杨红缨是当代知名儿童文学作家，拥有一批忠实的小读者。希望好书能丰富、陪伴我们的人生。

王海华

⭐ 敬畏生命

青年路小学　四年级　白佳艺

　　放学回到家，往窗外望去，我惊喜地看到，窗前的小树已经发芽了。那是一棵小柳树，整个冬天它都是默默的。干枯的、黄褐色的枝条，在瑟瑟的冷风中颤抖。可是经过一个漫长的冬天，那光秃秃的枝干上钻出几片小小的嫩绿的小叶子。我突然愣住了。是什么使它长出这小叶子呢？

　　上午第一节课，语文老师给我们讲小飞蛾奋力求生和香瓜子发芽的故事。从作者的一声声感叹、一句句鼓动人心的话语中，我懂了！每个生物都有生命。我们应该好好地去喜爱它、珍惜它、敬畏它！

　　小小的叶子也一样，它被春天勃勃的生命力鼓舞着、涌动着，它们伸出绿叶，那嫩嫩的、黄绿色的小芽，虽说还太柔弱，但却那样执着，像一张张小小的笑脸，去迎接太阳、走进春天。我震惊，人为了保护生命，可以付出任何代价，植物、动物为了保护生命，也在竭尽全力，即使它知道自己可能不成功，可是它愿意去拼、去搏。

　　春天是短暂的，生命是有限的。但是，我们却可以通过不懈的努力去创造那无限的价值。"让生命穿越时空，成为永恒。"让我在生命与永恒的拔河中，成为真正的赢家！

⭐ 点评

　　一沙一世界，一叶一天堂！小作者用细腻含情的笔触，把残冬过后一抹新绿的生命意象写得流畅、自然、深刻。能够从一片柳叶折射季节更迭、天道轮回、生命敬畏，以小寓大，裁剪得当，充分显示了小作者驾驭文章的能力。文章启迪我们开展生命的教育是一项博大的爱的事业，需要从孩童时代抓起。每个生命都值得尊重，都应该去珍惜。

王海华

⭐ 最后的战役

滨河小学　六年级　成子叙

　　6年了，我打了无数场战役，算是久经沙场的老兵了。再过几个月，我就要退役了。但在退役之前，我还要打一场硬仗。

　　这场战斗是最后的一场战役。敌人无比凶残，而且无比残酷。这次战争只有两个选择，要么战死疆场，英勇就义；要么

边走边想

423

长驱直入，打得敌人丢盔弃甲、人仰马翻。

这是残酷的抉择。我相信大多数人都选择其二。但是，选择不会代表结果。我们为了成功，没日没夜地训练、实践。时不时再搞点模拟战役。在这些训练战役中，只有胜者方能生存。

在这次战役中，我们必须攻下几座坚固的城池，才能取得胜利。敌人是凶残的，城池也是坚固的。但是为了取得胜利，我们必须比敌人更强大，我们的心必须比城池更坚固，方能使成功之门敞开。只有强大，才能成功！只有适者，才能生存！

这是残酷的战役，但我不怕。因为我有信心，我已武装到了心灵！

来吧！冲锋！向着目标，进攻！

战争开始了，冲锋吧！

我的命根子

建设北路小学　五年级　李晏蓉

大家好，我是一名书迷。书在我的生活中，像我的生命一样宝贵。从《水浒》到《狼图腾》，从《童年》到《木偶奇遇记》，从《昆虫记》到《我们爱科学》……我乘载着想象的翅膀越洋跨海，由古到今，从国内到国外，吮吸着那字字"甘霖"，品尝着那丰富"佳肴"，这种感觉无可言喻。

说了我的切实感受，再来看看我是怎样"痴狂"地读书吧！

我干什么都要带上一本书。上次我练琴的时候我还偷偷看书来着。我有一个习惯，每天晚上睡觉前我都要看上半个多小时书，要不然我就睡不着觉。

有一次，我脱了衣服躺在被子里看书，妈妈叫我："蓉儿，睡觉了。"我因为看得太入迷没听见，妈妈以为我睡着了，便过来关灯。我正津津有味地读着书。可把妈妈气坏了，生气地说道："小丫头，睡觉了！"我才合上书，关灯，睡觉。

我之所以爱看书，是因为书给了我课本上所没有的知识，教会了我许许多多做人的道理。如今，我真正领悟了高尔基所

说的"书是人类进步的阶梯"这句话的真谛。

书，是我的"命根"，有了书做伴，我的天空会很蓝；有了书做伴，我的阳光会璀璨；有了书做伴，我的生活会浪漫。

指导老师　李林秀

☆ 泥土的呻吟

师院附中　初二年级　毕恺欣

在它那平凡而朴实、博爱而厚重的外表下更有一颗善良的心。

——题记

我是一捧泥土，曾经的我在孩子的脚下幸福地踩着，在孩子的手心里快乐地躺着，我是痛并快乐着。而如今我只得依偎在大树脚下。

城市里的泥土，已经被那坚硬的柏油路代替，我的同胞在日益减少，我的身体也大不如从前了，只希望人们可以还给我们一片可以生存的土地。

还可以想见，从前的我有多么的幸福，我是孩子们眼中的宝，他们把我抛在空中，我可以体验飞翔的感觉，当大人们从他乡回到家时，总是会捧起我说：这是家乡的味道。当人们远渡重洋时，总会带上我，因为带上我，他们好像离家近了。我还可以回想起，动物们在我身上飞奔的感觉，可如今，动物们都在动物园的囚笼里，踩在水泥地上。是，没错，水泥地很坚固，但我也是必不可少的，如果没有我，蔬菜水果，花草树木都将从哪里生长发芽？如果没有我，孩子的童年将缺少乐趣。所以，我希望人们可以给我们一小片生存的土地，只要一小片就好。

我的身体在颤抖，我知道，我的身体正在风化，我就要消失了，我很怀念从前。我也知道，是不可能回到从前的，我只想告诉人们，不要等我们的泥土都消失了才懂得珍惜。

我是一捧泥土，来自远方的泥土，我的同伴跟我一样，已经向死亡迈出了一步，而且还在前进，我们都不消失，只希

如果让我想象，我是风，我是云，我是大树，我是雄鹰……就是不会想象自己是泥土。小作者将自己对环境的关注，对自己所生活世界的悲悯情怀，全化在了一篇拟人化的想象作文里，独辟蹊径，发人深省。

马非马

边走边想

425

望子孙可以过以前一样的快乐生活。我是一捧来自故乡的土，身上还带着故乡的味道，记忆里还满载着故乡的幸福，眼里还是故乡的剪影，嘴里还是满口的故乡话，心里还存着故乡的思念。

我是一捧泥土，从远方而来，我还要继续前进，直到找到一片可以让我生存的地方。

我是一捧泥土，穿越了时间，来到这里，只想告诉人类：请你们听听泥土的呻吟吧！

与贝多芬对话

师院附中 初一年级 雷夏曦

正如一根火柴，点亮了希望与热情，我的眼前是一片光辉；正如一道闪电，划破了阴霾与悲哀，我的耳边是胜利的凯歌与黑暗的呻吟；正如一汪清泉，滋润了苦难与不幸，我的面前是一颗不屈的灵魂。

"我要扼住命运的咽喉，它绝不能使我屈服。"我仿佛听到，您在黎明前在肉体和心灵双重痛苦重压下的呐喊。爱情令您失望，耳聋也开始了它的酷刑，内脏的疼痛也日益剧烈，但您挺直了身躯迎接着它们。您曾对密友申德勒说："命运便是这样地来叩门的"。在命运的连续呼唤之下，您的回答永远是坚定的，没有幽咽的悲叹与呻吟。一种力量在您的眼中升起，意志之歌将迎接着胜利。于是，您没有沉沦，在命运的叩门声中自信坚定地前进，始终保持着不屈不挠的斗争精神、巨大的创造力和道德标准。

您是有正义感的人，是共和国的坚决拥护者，主张无限制的自由与民族的独立。当您听到拿破仑称帝之事时大发雷霆，并毅然地划去了《英雄交响曲》中题献给拿破仑·波拿巴的词句，换成一个含有报复意味而又非常动人的题目："英雄交响曲……纪念一个伟大的遗迹。"您愤慨的话语"他也不过是一个凡夫俗子"无不洋溢着一种对颠覆共和国之人的轻蔑。面对着

★ 点评

开篇语言非常有力量，一下子就把贝多芬这颗不肯向命运屈服的灵魂展现在读者眼前。全文多处引用恰到好处，可以看出，小作者不仅在读书，而且在思考。以前我激励自己总是爱用海伦·凯勒的"假如给我三天光明"，今后恐怕要加上贝多芬的"我要扼住命运的咽喉"了。谢谢你，雷夏曦。

马非马

为侵略他国的法国军官们演奏，您言辞激烈地拒绝了公爵的邀请。因为有了这份正义，您永远不会停止对真理的追求。

在您早已完全失聪、在爱情屡屡受挫的情况下，在罗西尼与意大利歌剧的控制下的维也纳，当《第九交响曲》响彻云霄时，您的巨著终于战胜了庸俗，许多人感动得痛哭起来，您也在终场时激动得晕了过去。在艺术的巅峰之上，您撷取了心灵的永恒与欢乐，战胜了自己的命运与痛苦。圣洁的欢乐，成了震撼人心的源泉，使不了解您的人陶醉于您的执著的信仰，使仇敌真正从心底佩服您。博爱与友谊成了您的号召与向往。为了心中的艺术，您一生执著，无怨无悔，最恨的是耳聋。音乐中您如在旷野里奔跑，忘记所有的苦难。痛苦便是您欢乐之源，艺术则是您战胜苦难的武器。

★ 如果我有一支马良神笔

太原市实验小学　五年级　孙彦琦

如果我有一支马良神笔
我要画出许多事物
让那些
吃不饱的人们不再挨饿

如果我有一支马良神笔
我要画出许多衣服
让那些
受冻的人们不再被冻着

如果我有一支马良神笔
我要画出许多无尘粉笔
让那些
老师们的脸上不再被弄上粉笔灰

★ 点评

我想这首诗正是你心灵的反映。人生的路途中总有许许多多需要我们伸出双手献出我们爱心的地方。写作文就应该以积极的心态、细腻的笔触记录下自己的心路历程。

关夏敏

如果我有一支马良神笔
我要画出一些雨点儿
让那些
干涸的地方得到滋润

如果我有一支马良神笔
我要画出一些学校
让那些
山里的孩子们拥有一所很好的学习场所

如果我有一支马良神笔
我要画出……

⭐ 礼貌

山西省实验小学　二年级　赵辰天

礼貌是小时候爸爸妈妈教我学着叫"爷爷好，奶奶好"。
礼貌是上学了见到教师以后就敬礼说："老师好"。
礼貌是遵守秩序，不跨越栏杆，要走人行横道和天桥。
礼貌是不随地吐痰，爱护公园绿绿的小草。
礼貌是尊敬老人和帮助弱小。
礼貌是感谢父母，感谢祖国，感谢师长的崇高。
礼貌是跆拳道课上的忍耐克己和感谢对手的一拳一脚。
礼貌是爱护农民伯伯辛苦种来的粮食，要把剩饭一粒一粒捡起来吃掉。
礼貌是我们中华民族的传统美德，2008年北京奥运会就要来了。我们要讲文明，学礼貌，迎接世界五大洲的朋友，把我们家门口的奥运会办好。

⭐ 点评

文章写出了自己对"礼貌"的理解，写出了为追求理想而孜孜以求的动人情形，给人以鼓舞。选题新颖，开篇点题；撷取小事，详细记叙；真情注入，深含哲理。

关夏敏

⭐ 青年

师院附中　初二年级　秦德胜

"名与利，莫问候；书并剑，到心头。举臂托飞舟，挥毫万山红。美哉中华伟少年，他日神州竞风流。"每每听到这激昂明快的歌曲，就不由想到了青年。青年，该是一个多么神圣的字眼，可是我们不得不问，青年该学些什么？青年时光该如何度过？青年该有怎样的理想抱负？青年的使命责任又是什么？青年能为我们的国家民族做些什么？

前段时间热播的《恰同学少年》对于回答这五个问题，给了我们一些启示。

《恰同学少年》以毛泽东等青年在湖南第一师范的求学经历为主线，充分展现了以毛泽东、蔡和森、向警予、陶斯咏等为代表的优秀青年为寻求理想而奋发向上的斗志，以天下为己任的抱负与情怀，改造中国与世界的雄心壮志，还原了那段令人热血沸腾的时光。

正如梁启超先生所言："今日之责任，不在他人，而全在我少年。"每一个读书人，尤其是青年，都不该忘记知行和一、经世致用这求学的航标。何谓经世？致力于国家，致力于社会谓之经世；何谓致用？以我之所学，化我之所用谓之致用。我们读书，向来只为了两个字：做事！做什么事呢？做于国于民有用之事！

当我们回眸百年前那满怀激情的岁月时，总是不由感慨，这是怎样的一群青年啊！对父母，他们温和孝顺；对师长，他们恭敬有礼；对朋友，他们携手共进；他们意气风发，有"年少峥嵘屈贾才，山川奇气曾终此"的自信；他们豪气干云，有"名世于今五百年，诸公碌碌皆余子"的豪情。他们，引领时代的浪潮！

当我们回眸20世纪初，在那风雨飘摇、动荡不安而又国运多舛的局势下，多少有志青年，毅然挺身而出，挑起民族兴

边走边想

429

★ 点评

一篇激情洋溢的文章，开头直奔主题，选材切合实际，蕴含着朴素而深刻的哲理，读来令人精神振奋，情绪激昂。精粹的议论，画龙点睛。

高　峰

亡的重担，他们有德、有才、有志、有胆、有识，他们承载着整个民族的希望与未来。他们满怀憧憬，以无限的热忱和精力投身于时代变革的洪流当中，追寻着心中的光明与理想。最终，在他们手上，缔造出一个强盛的新中国。

青年该有怎样的定位呢？"豪情冲云霄，追寻光明的理想；敢为天下先，担当民族的命运"，这24个字可以概括。

⭐ 老师

师院附中　初二年级　段建宇

老师引领我进入知识的海洋，老师为我开启知识的殿堂。

老师是春雨，滋润着正在大地上复苏的我们，让我们茁壮成长；老师是园丁，为我们修枝剪叶，挺拔向上；老师是摇篮，在我们的成长中，为我们编织五彩的梦。

5岁，还在幼儿园的我，觉得老师只是一个类似家长的人。爸爸妈妈每天上班忙，所以把我们都送到那儿。

7岁，当我迈进小学时，我发现，老师是一个能教我们知识、教我们做人的人。在小学的6年里，与老师同学发生过的一切都令人很难忘。不过也从这时起，我开始惧怕老师，老师也在我的印象中变得凶了起来。

14岁，我终于跨进了初中的校门，这里的一切都让我觉得很新鲜，包括比小学大一倍的操场，不过，我最感兴趣的依然是老师。在那会让人迷路的教学楼里，我找到了我们的教室，仿佛密林知道鸟儿找到出路一样，高兴中微带紧张。在接下来的相处中，老师也稍微扭转了我心中凶恶的形象，不过我也知道他们是为了我们，在我的印象中，老师也有了幽默的一面。在谈吐中无时无刻不在透露出他们对我们的关心，以及幽默的语言来调动我们的学习兴趣。

老师把我从一个懵懂的小女孩变成了一个有梦想、知道自己目标的人。让我向成功一步步地迈进。

太原晚报

430

阳光天使小记者 作品集

⭐ 点评

通过对自己成长历程中老师留给自己的印象的叙述，把师生的感情引向纵深。

高　峰

从另一面成功

太原五中　解惠洋

春秋争霸的硝烟早已被时间荡尽，翻开那些荡气回肠的记忆，充斥其间的是尔虞我诈，兵来将往。于是，那个孑然独立掩面而笑的绝色美女的身影就显得无比怆然。

或许许多人会认为西施是红颜祸水，恨她将那个如日中天的吴国一步步推向亡国的深渊。也许有人会同情西施的身不由己，怜惜她一个弱女子却肩负着越国再次崛起的重任。然而，有多少人会想到，那个与心爱的人泛舟湖泊的女子其实演绎了一种属于自己的成功。

作为一个女子，她的美丽被当做复国的筹码固然是悲哀而无奈的。一面是故国，一面是倾心的男子。在男权的笼罩下她无法选择自己的位置。她本来只想做一个浣纱的普通女子，却被推上了吴王的宝殿。于是，一切改变了。西施在吴王妃的位置上，裙裾轻摆，嫣然一笑。用她的力量扶起一个蒙尘的败亡之国，又将另一个如日中天的王国推入万劫不复的深渊——于是，一切改变了。

试想，如果西施当真如她所愿只是一个浣纱女，那么她的价值也只付诸于一匹匹轻纱，但历史中的她却在无奈中实现她的最大价值。

其实，世间万物真正活得有价值的能有几个？人的愿望总是单纯而美好的，但世事的纷繁与复杂却将一切打破。选择安心于现实的安排，在无奈与被迫中发挥自己的所有潜力，或许你会发现自己真正的价值原来是在这里，在无意间从另一面成功！

点评

读史可以使人明智，很显然，你读了，也思考了，而且没有人云亦云，真是难得。文字也相当流畅，读了你的文章，让我也禁不住想马上找出史书，重读一下西施的故事，看看能否让自己也从另一面成功。

马非马

边走边想　431

诚信

大南关小学　四年级　刘文婕

在我很小的时候，妈妈就给我讲过《狼来了》的故事，讲完之后告诉我要做一个诚信的人。当时的我还不懂诚信是什么，妈妈就告诉我：诚信就是不撒谎，不做故事中放羊的那个孩子。

现在，我已经是一名四年级的小学生了，我知道了诚信是一种高尚的品格，是表里如一，是言行一致，它是人心灵中最圣洁的花朵，它会让一个人更加完美。不讲诚信的人，注定会走向失败。

有一次，我跟着奶奶去我家附近的菜市场买菜。刚刚走进菜市场，我就被一位叔叔卖的菜吸引住了，蔬菜看起来既干净又新鲜，可好像光顾的人并不多，生意有点冷淡。我拉住奶奶，让她买这里的菜，可奶奶好像没有听见似的，径直走进了另一家店铺选了几样菜，拿着回家了。回家以后，我问奶奶为什么不到叔叔那里买菜？奶奶笑笑说："我不买他的菜，是因为他给我们称的菜总是缺斤短两。虽说菜看起来不错，可他不讲诚信啊！我们怎么能买他的菜呢？"后来我又跟奶奶去过几次菜市场，有一次我发现那位叔叔的菜摊不见了，有人说是因为大家都不买他的菜所以经营不下去了。我知道了诚信还可以创造财富。

拥有诚信，一朵小小的浪花，可以飞溅起整个海洋；拥有诚信，一片小小的绿叶，也可以倾倒一个季节。让我们大家从我做起，从身边做起，在学校做诚信的好学生，在家中做诚信的好孩子。

点评

通过自己经历的一件小事，感受到诚信的价值，这是一篇典型的以小见大的范文。文章以《狼来了》的故事开头，巧妙而自然。

王建光

成功属于强者

新建路二校　六年级　贾晓萌

这里说的强者是指那些意志坚强、坚韧不拔的人，并不只是说强大。

最近我读了一篇文章《小草和大树》，是叙述以《简·爱》著称于世的英国作家夏洛蒂·勃朗特逆境成才的故事的。

夏洛蒂三姐妹的童年是不幸的，她们生活贫穷，过得很艰难。但她们硬是用惊人的毅力与钢铁般的意志，克服重重困难，敲开了文学圣殿的大门，其生命如一朵傲立于风沙中的仙人掌，

壮实而美丽。

面对艰难的处境，人们常常会觉得生活暗淡无光；面对世俗的偏见，人们常常会失去进取的信心；面对生存的挫折，人们常常会悲观退缩。但成功只属于那些坚持不懈、奋力拼搏的人。当夏洛蒂姐妹们面对艰难的生活现实时，她们选择了迎难而上，孜孜不倦地追求自己所热爱的文学事业，最终获得了成功。

阳光总在风雨后，当你走过阴霾，走过艰难，眼前就会是一片阳光，灿烂无比。

我们在学习中肯定会遇到困难，在生活中也可能有挫折，但这正是考验人的意志与毅力的时候。越是困难越需要坚强，越不能放弃，不能停下前进的脚步。学习、生活中可能有失误，老师可能会批评你，但这也是我们接受教训、拨正船头、继续前进的时机。我们只要听从老师的教导，执著地去努力、去拼搏，就一定能获得成功，实现自己的理想。

成功只属于坚韧与坚强的人。

THE WORKS
Sunlight Angel Little reporter

点评

这篇习作使我想到了一句名言"机会只给有准备的人"。小作者从三姐妹的人生经历中受到启发，更坚定了自己在学习上的信心，她在随时为自己做"准备"，准备接受风雨，更准备迎接成功。小读者们，成功的机会对谁都是均等的，成功往往等于坚持一下。

李秀英

⭐ 公益广告的启示

山西省实验小学　五年级　张志豪

"高度决定视野，角度改变观念，尺度把握人生。"这是一则公益广告，但给我的启示却不小。

高度决定视野，你站得高才能看得远。寓意指你学的知识多了，自然就比别人想问题时多想一层。马未都先生有一定的收藏经验和收藏理论，才会在真真假假的宝贝中练出一双慧眼。所以我们应该多学习，争取站在一个高度在想问题时多想一层，成为一个智者。

角度改变观念，每个人站在不同的角度上，所以思想观念亦不同。就像好多人读过一本书后都有各自的心得，在读书谈感受的时候我相信每个人的感受都会不一样。所以我们应该多吸取别人好的意见，兼听则明嘛！

点评

看来，小作者是中央十套《百家讲坛》的忠实听众，不但熟悉讲坛内容，连广告语也烂熟于心，更为可贵的是小作者还能把对此的思考写下来，如此系列的学习对于一位小学生来讲视野可谓宽，角度可谓新，尺度可谓佳！

李秀英

边走边想

433

尺度把握人生，我们做什么事儿都应该有个尺度，这样才不会做错事、说错话，才会在社会交往中、朋友相处中才不会让别人讨厌你，也不会好心没好报让别人误解你！

我们做人做事要向上面三句话中所说的一样，多学习、多思考成为智者；多接受优良的意见成为一个强者；做事当把握风寸、尺度，成为一个人见人爱的人。这三句话永远在我心中，记住这三句话它会成为我人生的好伴侣！

✿ 信念无敌

万柏林区实验小学　六年级　李艺帆

在充满荆棘、挫折、坎坷的人生道路上，应该具备坚定的信念。信念让你面对困难时不再退缩，有了信念，成功才会离你不远。

看，一片茫茫无痕的沙漠，一支探险队在负重跋涉。而口渴如焚的队员们没有了水。水是队员们穿过沙漠的信心与源泉。这时，探险队长从腰间拿出一只水壶说，这里还有壶水。但穿越沙漠前，谁也不能喝。那壶水从队员手里依次传递开来，沉沉的。一种充满生机的幸福和喜悦在每个队员濒临绝望的脸上弥漫开来。终于，探险队员们一步步挣脱了死亡线，顽强地穿越了漫无边际的沙漠。当他们为成功喜极而泣的时候，突然想到给了他们精神和信念以支撑的水。打开水壶盖，潺潺流出的却是满满一壶沙……再看三国时期，曹操带领自己的军队行进在炙热的途中，战士们个个抱怨天气太热，又没有水喝，都显得懒洋洋的。这时，曹操说，穿过大片草地，前面就是大片的梅林，只要大家快点前进，就可以吃到酸甜的梅子。听到这话，战士们喜笑颜开，精神振奋。大步地向前挺进。军队越走越远，但始终没看到大片的梅林，却打胜了那次战争。

再看爱迪生，他发明了电灯泡，让全世界振奋。他的每次失败，都预示着下次的成功，他不断地为自己喝彩、鼓励。因为他有坚定的信念去面对他所受的挫折。

在茫茫无边的沙漠中，干枯的沙子有时可以是清冽的水。

★ 点评

"信念"说起来容易做起来难，习作中的故事可见一斑，从小作者坚定的笔触中，我们看到了一颗执著前行，迎难而上的心，那是他的信念。朋友，你的呢？与信念为伴，成功离你不远。

李秀英

只要你的心里驻扎着清泉的信念。在你面对挫折与坎坷时，"信念"是鼓舞你通向成功最好的方法与力量。在这个世界上，没有人能够使你倒下，如果你自己的信念还站立的话，那么，你的成功就会离你不远。

指导老师　高灵仙

⭐ 品味巴金

新建路小学　六年级　殷汶楠

"穿越一个世纪，见证沧桑百年，刻画历史巨变，一个生命竟如此厚重。他在字里行间燃烧的激情，点亮多少人灵魂的灯塔；他在人生中真诚地行走，叩响多少人心灵的大门。他贯穿与文字和生命中的热情、忧患、良知，将在文学史册中闪耀着璀璨的光辉。"这是2003年巴金被评为"感动中国十大人物"之一时的颁奖词。品味这段话，其实就是在品味巴金先生一生的成就和价值。

这位自认为活得平凡但其实并不平凡的老人于2005年辞世。他给我们留下的是无数人心中的感动与敬仰。他为人类留下了千万字的作品，取得了巨大的成功。即便如此，他依然说："我愿意再活一次，重新做人，重新工作，让我的生命开花结果。"他总想再多给这个世界多创造一些有价值的东西。

他说："人的一生在于奉献而不在于享受！"付出这件事值得每个人去做，多为社会做一些事，社会就会因你而又增添了一丝光彩。汪国真也在他的诗中写道："给予你了，我便不期望回报，如果付出就是为了有一天索取，那么我将变得多么渺小。"

是的，多为别人做一些事情，让自己种的小苗，通过浇水、施肥，长成一棵参天大树，开最鲜艳的花，结最饱满的果实。如果每一个人的生命都是这样，世界将会多么美好！不断品味巴金先生的一生，不断会有新的收获。

指导老师　于　洁

✨ 点评

通过对巴金先生的回忆，表达了对这位文学巨匠言行的景仰和自己的思索。文章夹叙夹议，这样的形式在小学生作文中并不多见。希望小记者继续发扬勤于思考的特点，再接再厉，写出更多好文章。

王建光

边走边想

435

感谢挫折

后小河小学　六年级　丁雄飞

人生旅途中的挫折，如同大路上的石头，又像凶猛的拦路虎一样，拦住我们前进的脚步，但是，谁又能没有挫折和困难？

"宇宙之王"霍金，以乐观的态度顽强地活了下来，并撰写了著名的《时间简史》。挫折可以锻炼我们乐观向上的品质，成功的基础就是靠乐观支撑的。

夏洛蒂姐妹在歧视与贫困中成长。她们与偏见抗争，写出了著名的《简·爱》。这挫折，不是可以锻炼我们顽强的毅力吗？而成功，不就是靠顽强的毅力抗争的结果吗？

成功是岩缝中苗壮的幼苗，它在汗水与心血的浇灌下，撑破岩石，战胜困难，长成大树。如果没有挫折和困难锻炼我们，能有今天的成功吗？让我们大声呼喊："感谢你——挫折！"

★ 点评

通过两个典型事例，总结出挫折对于成功的重要性，并能理性地表示感谢。这篇文章短小精悍，论点鲜明，论证严谨，论据充分，是篇典型的微型议论文。

王建光

别里科夫的悼词

山西省实验中学　高一年级　乔云蔷

一个，别里科夫，死了。

还有那么多，别里科夫，活着。

但至少，世界上少了一个折磨在套子中的人，至少可以让其他人的思想萦绕着新新的文化。一个，别里科夫，死了。

远去了他自己那些愚人一样的表情——

不再没精打采一样行尸走肉，不再战战兢兢地脸色苍白，不再唉声叹气而有如幽灵，不再性情孤僻以致两耳不闻窗外事，不再愣愣地心神不安，不再病态到直打哆嗦。

一个，别里科夫，死了。

消逝了他自己那些僵硬、呆板的话语——

不会再存在"不定会出什么乱子"的惊惶，不会再听到"我

是正大光明的人"一样的"自信",不会再感觉"您对上司应当尊敬才对"的刻板,也不会再担心"我得把我们谈话的内容报告校长"的威胁。

一个别里科夫死了。

但还有那么多,别里科夫,活着。

空气中还会弥漫着他土豆一样一成不变的思维——"天下竟有这么歹毒的人",也许惹恼他们的仅是一句话,一个神态。

空气中仍会散发着别里科夫式的腐臭气息。那种慎重,那种多疑,那种纯粹套子式的论调,简直压得透不出气,让许多要求进步的人绝望。

这个别里科夫式的思维,在那个时代,会弥散开去。

并且,对于这些思维凝滞的人,他们也终会被自己主宰的套子勒死——他们自己的行径束缚住了自己。

然而,总有那些拥有坚定的新派作风的人会追随时代的潮流,步步革新,很努力地、不屈服地挣脱沙皇的封建套子,迎来崭新的自由国度。

我们很悲哀、惋惜地通过历史的眼睛悼念别里科夫们的死去——他们本身也许是不情愿的,但在那一个环境中,却也无可奈何。沙皇统治是抽气机,把所有个性思想抽成真空,而他们只能生活在统治者的意志中。

但我们庆幸,有那么多人"谦虚"地悼念,尽管他们没有明显地反抗,但是他们的潜意识带动着一个时代的进步,刷新着彷徨在套子边缘的人们的思想。

一个别里科夫死了。

还有很多,别里科夫,活着。

无端的悼念只是过眼云烟,那被莫名其妙的规矩封住的思维终究只能发霉,死去。但我们确信,世界在奔腾。

因为有更多,柯瓦连科们,奋斗着——是他们,冲破了重重阻碍,站在时代的最前端,让我们看到了历史的厚重与光荣,更让我们可以十分自豪地、无所顾忌地召唤着如今时代的崛起,因为我们有那么多同行者,奋斗着!

★ 点评

小作者以小说一样的语言、剧本一样的节奏,将语文课本里别里科夫这样一个经典形象剖析得无比深刻,给人以更多的社会思考和哲学启示。透过字里行间,能够感受到小作者对别里科夫这个形象把握充分、成竹在胸。文章以悼词的形式,透过历史这双眼睛折射和反映现实,融思想性、生动性、哲学性于一体,显示出较强的驾驭文章的能力。

王海华

边走边想

437

角度改变观念

万柏林区实验小学　五年级　魏　娜

"清晨，一个小女孩趴在一片叶子旁边细细地看着，她一会儿跑到左边，一会儿又跑到叶子右边，突然，她大叫起来："妈妈，快看啊！我站在哪里，哪里都有一只新的蜜蜂呢！"这是一个不懂事的女孩天真的想法，但这个天真的想法告诉我们——角度改变观念。

你的角度不同，看到的事物也就不同，这就好比下棋，两个人对抗的时候往往向右偏一步就获得全盘的胜利，可总是绕一大圈才到达目的地，这就等于给了对方胜算，就只是一步之遥，你就赢了，又因为你的角度不对，所以，你就输了。

人生也是如此，当吃亏的时候，才明白过来，不能听信别人的甜言蜜语，把握好听他说话的角度，才不会受骗。另外，要仔细探究一下乞丐的意图……

我听过一个故事，"有一个人，他十分歧视乞丐。一次，他在大街上，一个乞丐从他身边走过的时候给他塞了一个纸条，当时他没有看，还以为这个乞丐向他乞讨，于是他厌恶地说：'不，不行。'当那个人到了一家饭店打开纸条一看，原来上面写着：'有人偷了你的钱包。'这时他才明白过来，一摸套装里的钱包已经不翼而飞。"这个故事说明，如果当时他能多相信那个乞丐一点，改变一下对乞丐的态度，改变一下自己的角度，那么，他的损失就不会那么大了。

只要改变一个角度，改变一个观念，会让世界更加美妙，让我们共同开辟一个全新的天空，让我们在天空中自由翱翔。要知道，改变一个观念，也许会改变人生！

太原晚报

438

阳光天使小记者　作品集

高度决定视野

万柏林区实验小学　五年级　张博睿

"欲穷千里目，更上一层楼"，只有站得高，才能看得远。只有

站得高，我们的视野才能更宽广。视野的宽阔与否决定着对世界的认识程度，影响着个人的胸怀与志向，最终支配了个人一生的命运。

站在小山坡上就比站在陆地上看得远；站在高楼大厦上就比站在小山坡上看得远；站在高山就比站在楼顶上看得远；站在翱翔在蓝天上的飞机中就比站在高山上看得远；假如我们能够有幸登上月球，那么整个地球就都在我们的视野之中了！所以说高度决定视野。

有时在一个问题上，知道得多，想法比较全面，答案就会更完美一些。在哪一学科你多学一些，就比别人多知道一些，就多前进了一步，多往上走了一个台阶，视野就多开阔了一点。正如有一位科学家，当别人问他成功的秘诀时，他说："我只是站在了巨人的肩膀上，没有别的。"我想如果我们每个人都能站在巨人的肩膀上，那我们的社会就会有飞速的发展。

在每一处都有一个最高点，但是永远没有止境。在科学界、文学界、艺术界……没有一个人看到过，也没有一个人走到最高处，永无止境。所以我们只有坚持不懈地努力，争取站得更高，看得更远，才能看得更精彩。

"高度决定视野"这是生活中的真理，没有一个人能更改。愿我们所有的人都能够不断进步，站得更高，为我们亲爱的祖国尽自己的一份力量！

指导老师　朱　玉

点评

文似看山不喜平，写文章就应该力求跌宕起伏，方能引人入胜。小作者在文中旗帜鲜明地表达了自己的观点，然后层层论述，摆事实讲道理，一气呵成，酣畅淋漓，不失为一篇佳作。

马非马

★ 会唱歌的洋娃娃

五一路小学　三年级　李　晨

新的一年，我很想要一个穿着裙子会唱歌的洋娃娃，做梦都想要。

爸爸妈妈常常不在家，我觉得很孤单。

孤单的时候，我会闷闷不乐，做什么都没劲，吃饭吃不下，看书看不进去，干什么都无精打采的。

如果我有了会唱歌的洋娃娃，那就不一样了！只要我一孤单，她就能响起童年的歌声，让我感到很快乐，就不寂寞了。

点评

文能言声，我想文章正是小作者心灵的反映。这愿望娓娓道来，仿佛让我们看到一个小女孩寂寞的身影。一个小节讲一层意思，层层递进，段落分明。"滴水看世界"，爱她就要关心她，就要付出我们的精力和时间。

马非马

边走边想

439

我可以和她玩过家家，说说话。我当医生，她当病人，我帮她治病，自由自在的。

她就像我的小妹妹，陪伴着我度过童年。

⭐ 星期八

太师一附小　五年级　任　珺

崭新的 2008 年来了。

"新年要有新气象。"老师说。"新年要有新梦想。"我说。

在 2007 年的学习中，忧大于喜。为什么呢？星期一至五，我都在紧张的学习中度过。好不容易有个星期六、星期日，又被可恶的课外辅导班占据了。这不得不让我叫苦呀！有时单元测试没考好，心情就很不愉快。还有家长的"混合双打"，真是"哑巴吃黄连——有苦说不出"！我多么梦想有一个星期八呀！这也是众多"同伴"的梦想。

我多次祈祷，希望有一个星期八。星期八，是学生们的节日，学生都不用上学上班。在这天，人们可以做自己喜欢的事情。星期八，是一个没有作业，没有考试的日子，是我们的自由日……

"任珺，相信现实吧！星期八只是一个虚拟的节日，永远不会有星期八！"我仿佛听到一个声音在我耳边轻轻地说。

星期八，我的梦想，我希望在 2008 年实现。

⭐ 多几个生日

小五台小学　五年级　刘　晟

7 月 26 日是我一年中最喜欢的一天。在 2008 年的那一天，蛋糕上会插着 12 根蜡烛，那一天就是我的生日。每一个人都喜欢属于自己的那一天，蛋糕和礼物是免不了的，而且还可以美美地玩上一天。

我已经度过了 11 个这样的"快活节"，但几乎忘了 10 个。我常常幻想着每一天都是我的快活节，可以每天吃蛋糕，每天

玩电脑，每天收到礼物……所有美好的事都降临在我头上，如果真有那么一天的话，我会……

"刘晟，起床了！"妈妈从厨房叫道。我爬起来一看9点半。我懒洋洋地下了床，平常的这会儿第二节课早已下了，不过没关系，今天也是我生日。"咚咚咚，咚咚咚"，我打开门一看，原来是同学来了，每人手里都拿着一份礼物。我拆开第一份礼物，哇！一只可爱的小老鼠，第二份礼物，哇！一张魔兽光碟……吃完饭，我们又去游泳，第二天，我们又去了汾河二库玩。

"刘晟，起床了！"妈妈叫道。我爬起来一看表，7点，我正奇怪妈妈怎么这么早叫我，今天不也是我生日么？妈妈又催："快点，上学迟到了呀！"这时我才想起今天是星期一，刚从美梦中醒来。

在2008年，一个月过一次生日那多好啊！

THE WORKS
Sunlight Angel Little reporter

★ 盼望8月8日

东华门小学　五年级　王文洁

2008年是中国人最盼望的一个年头。这是从第一届到第29届奥运会中，中国第一次当东道主。

北京奥运会开幕时间是8月8日。在8月8日那一天，哪怕我去不成北京现场，也要在家里看电视转播，为运动健儿加油。至于其他比赛项目，我也一定会看，哪怕是挑灯夜战，也要看完比赛。在第28届雅典奥运会时，我原打算要看，但妈妈没让我看，理由是怕影响我第二天的学习，我只有上床睡觉的份了。

这次奥运太不同寻常，我一定要完整地看完我喜欢的比赛，就算妈妈使出"碎碎念神功"，我也坚决不睡。一想到这里，我仿佛身处鸟巢看比赛！

啊！那不是刘翔吗？他跑得可真快呀，一次次地跨过所有障碍，超过所有对手，奔向了终点。刘翔赢了！全中国人民为刘翔欢呼，他的成绩再创历史——11秒33。

瞧！郭晶晶……

2008年8月8日，期待着看到更多的精彩！

点评

做梦是每个人的权利，谁也不能剥夺，但要想美梦成真，还真有点难度。小作者天马行空的想象，让读者不禁莞尔。文章语句通顺，生活气息浓厚，内容具体、有条理，结尾用一句感叹句抒发感情，表达出自己想要实现梦想的强烈愿望。

马非马

点评

同一个世界，同一个梦想。北京奥运会是我们每一个中国人的骄傲。小作者在文章中不仅表达了对奥运会开幕式的期待，而且对我国的运动员也是充满信心。整篇文章积极向上，充满朝气。

马非马

丝丝银辉寄思念

尖草坪区第二实验小学　六年级　郭晓婧

　　今天，是中秋之夜，和谐而又饱和的月光普照着大地，看着洒满了丝丝银辉的小院，我的心里流过一丝温暖。

　　中秋节是一个让人听着都感到温暖的词。今年的中秋节似乎少了那么一点温馨。几个月前的地震让许多孩子失去了双亲，成了孤儿，今年的中秋佳节，父母不会陪他们一起过了，但是，他们会有许许多多的"爸爸妈妈"来陪他们过。他们并不孤单。我曾在电视看过一个几岁的小女孩，当记者问她父母去哪里的时候，出乎我意料的是，她没有落泪，没有哭泣，平静地说："爸爸妈妈去旅游了，还说给我带个漂亮的洋娃娃呢！"说着，给了记者一个大大的微笑。我不禁心痛了，多么可爱的孩子啊！我再一次落泪了，为了她的微笑，也为了那个美丽的谎言。

　　中秋之夜，月亮很圆很圆，我望着月亮出了神，喃喃地说："月亮真圆啊……"

⭐ **点评**

　　滑过脸颊的是一种滴泪，为那些失去双亲的孤儿，为那个在美丽谎言中微笑的女孩，更为我们的小作者，在这月圆团团之时，忆起的是我们的同胞，逝去的生命。这是一种大爱、这是一种大团圆，民族齐心，其力断金。一个小学生有这样的民族责任感，有这样博大的爱，我们民族怎能不昌盛，不强大！视角的独特，选材的典型，使文章意味深长！

李晓霞

情浓中秋夜

太师一附小　五年级　张天乐

　　每逢中秋来临，赏月谈月便成为人们久谈不衰的话题。

　　今年与往年不同，姥爷不在了，妈妈没有来回跑，奶奶生病在医院，我还得上课，尽管这样，我还是盼望全家赏月，欢度中秋佳节。

　　天黑了，我和妈妈往家走。呦！月亮升起来了！只见月亮像一位羞答答的小姑娘从云层里露出脸，圆圆的，亮亮的，挂在天空。看着月亮，我不禁浮想联翩。

小时候，我爱听月亮的故事。很久以前月亮也想穿漂亮衣服。于是它去找裁缝，初一的月亮弯弯像月牙，裁缝说它真苗条，过几天来取。过了几天月亮去取衣服，裁缝说，才几天你怎么胖了？我给你重新做吧！十五这天，月亮又去找裁缝取衣服，裁缝一看月亮圆圆的，吓跑了。这个童话让幼时的我知道了月亮的变化规律。

我喜欢中秋的意境，圆圆的月光之下，圆圆的月饼，苹果熟了，鸭梨、葡萄纷纷上市。月光下品尝着节日的美食，一边赏月，一边思念身处异乡的亲人——北京上大学的姐姐。正所谓："独在异乡为异客，每逢佳节倍思亲。"我喜欢中秋的意境，妈妈每年给我们做月饼吃。妈妈做的月饼外观像大饼，很厚实，新鲜的面，新鲜的馅，很爽口。

不知不觉到家了。我迫不及待地拿出月饼，有豆沙的，有肉松的，有蛋黄的……切好摆上，把水果洗好，叫上爸妈，坐在阳台上看着月亮，刚要吃。妈妈提议："我们来说带月的诗句，说出才可以吃月饼。""同意。我先说。""床前明月光，疑是地上霜。举头望明月，低头思故乡。"妈妈说："明月松间照，清泉石上流"接下来爸爸说："海上生明月。"我突然想起《中秋月》中的一句"中秋月，月到中秋偏皎洁。"大家把掌声送给了我。

点评

喜欢你的题目，情浓中秋夜。想必文章中弥漫的是那浓浓的亲情，带着几许期待我走进文中，回忆中的情浓之时、现实生活中团圆赏月都让我见证了文章的标题。关于月亮的描写细腻妥帖，可美中不足的是文章不够洗练，照应处欠缺。巴金老先生曾说过："墙上挂着一把琴，就一定要在后文中让弹出声音来。"记住了吗？

李晓霞

颂奥运

太原理工大学子弟小学　六年级　原申惠

有一面旗帜，
是由五种颜色的环圈套叠在一起而成；
有一种精神，
是互相了解，友谊，团结和公平竞争；
有一场盛会，
象征着和平、友谊和团结。

它是亿万人追逐的梦想，

因为这个梦想，

每个人充满了激情、斗志，

盼望在世界领奖台上，

看到鲜艳的五星红旗一次次升起；

听到雄壮的义勇军进行曲一次次响起；

热泪也一次次夺眶而出。

终于，

奥运会来到了中国，

中国人一百多年的愿望实现了，

看哪！

火炬迎着晚霞传来了，

近了，更近了，

它离我们的心越来越近了……

★ 见证中国的强大

万柏林区实验小学　六年级　刘丹宁

2008……

2008，让中国成为全球瞩目的国家。

年初南方的一次百年罕见的大雪灾，让无数旅客滞留，也造就了许多铲雪的铁锹；五月中旬的一场山崩地裂的大地震，让原本拥有温暖家庭的人失去了幸福，但是在美丽的天堂又多了一位散发金色光晕的天使；8月8日是世人验证的时刻，是华人百年梦想的腾飞；9月25日，中国神舟七号飞上浩瀚的宇宙，宇航员穿上中国制造的"问天服"，顺利出仓！

成功的旗帜在赛场飘扬，真挚的友谊在世界纷飞，和平的白鸽在蓝天翱翔。世人发出巨大的惊叹。

2008，注定是一个不平凡的年份。这一年，是温暖与力量的交汇点，是美丽与人性的交融体，2008的另一个名字叫做爱。

指导老师　严　静

★ 2008，我为你喝彩

青年路小学　六年级　于弘毅

2008年，是跌宕起伏的一年，是充满兴奋的一年。在这一年中，从百年不遇的雪灾到5·12汶川大地震，再到充满激情的北京奥运会，我们既感受到了全国人民万众一心的力量，又感到了奥运会的成功举办带给我们的喜悦。

2008年是跌宕起伏的一年。五月的地震，带给了我们无限的悲痛。在这次抗震救灾中，出现了许许多多的可歌可泣的感人事迹。面对灾难，人的本能就是逃生。但是，在地震发生时，正给幼儿园大班辅导的红岩镇中心小学周汝兰老师没有抛弃她的学生，而是一次、二次、三次、四次冲进教室抢救学生，直到全班52名学生成功脱离危险。

谭千秋老师的事迹更让人感动。在地震中，东汽中学一栋教学楼顷刻坍塌。当时，谭千秋正在这栋教学楼的教室里上课。危急时刻，他用双臂将四名学生紧紧地掩护在身下。13日晚上，当人们从废墟中将他扒出来时，他的双臂还张开着，趴在讲台上，手臂上伤痕累累，后脑勺被楼板砸得凹了下去，献出了生命，而4名学生则在他的保护下成功获救。

尽管发生了这么大的自然灾害，但是，我们还是挺过来了，这靠的是什么？是我们的万众一心、众志成城，是我们那坚持不懈的精神！

2008是充满兴奋的一年。8月奥运会的成功举办，向世界展示了一个科技发达，经济实力雄厚的国家，更弘扬了中华民族传统文化的辉煌和伟大，让人们记住了中国的名字。

2008年是值得喝彩、值得纪念、值得收藏的一年。我会把2008年这个特殊的年份，永远装进我的记忆中去。

★ 点评

边走边想

445

行文简洁明了，字里行间体现出浓浓真情。2008年的记忆跃然纸上，永存心底。

王建光

★ 铭记 2008

尖草坪区第二实验小学　六年级　郭晓婧

2008，不平凡的一年——年初的雪灾、5月份的地震、盛夏的奥运、初秋的奶粉、九月下旬的神七……一幕幕让人感动，一幕幕让人愤怒，一幕幕让人叹息，一幕幕让人热血沸腾……

感动——"我是我们班的班长！"小林浩说。一个仅仅二年级的小学生，在可怕的地震中逃出来，他没有害怕，也没有退缩，只是默默地跟在校长身后，竭尽全力背出了两名同学，谁能知道他那刚刚与死神擦肩的小小的身躯承受了多大多大的痛苦？我无意间想起了"范跑跑"，相比之下，他比一个孩子还要无知。"我想对大家说，要多吃饭，这样才有力气背出更多的同学！"看着屏幕上六一晚会小林浩头缠绷带的样子，天真的话语，我的双眼蒙上了一层薄薄的雾。

愤怒——不知何时，我们身边布满了"雷"。居然往奶粉里加三聚氰胺，我想那些老总不会不知道三聚氰胺为何物吧！那东西有毒哪！昧着良心把掺了三聚氰胺的奶粉卖给年轻的父母们，天呐，那些都是一条条鲜活的生命，是一个个可爱的天使！他们的良心何在？我冷笑，不会是滴了眼药水吧？当初往奶里加三聚氰胺的时候，他难道没有想到后果吗？！

叹息——在中国举办的奥运会上，最让人关注的无疑是田径。比赛田径的时候，刘翔退出了，看着他那遗憾的神情，我也只能叹息。老天就是这样爱捉弄人，中国好不容易出了个天才，却又受了伤。有人在网上骂他，我藐视：他有伤，却要为了你的虚荣心再战，你却在这里大骂，你不觉得自己很渺小吗？为刘翔抱不平之余，只能扼腕叹息。**指导老师　张雅丽**

点评

用三种情绪概括了自己2008年的心情，形式巧妙。小记者对重大事件直抒胸臆，爱憎分明，体现出了自己的性格。

王建光

⭐ 不平凡的一年

羊市街小学　四年级　王井泰

2008，是不平凡的一年。在这一年我们国家经历了太多太多，不仅有苦难，还有幸福，这些都是对我们中华民族的考验。

2008，苦难的一年。经历了南方大雪灾和汶川大地震的中国，已不是从前的中国。灾难，使我们更加团结。南方雪灾涌现出多少感人的故事，汶川大地震有多少舍己救人的英雄，他们是我们的榜样！灾难来临时，全国人民都献出了自己的一片爱心。我所在的羊市街小学举行了"为灾区——献上一份爱心的活动"。我们为灾区人民捐出了自己的零花钱，虽然很少，但这些钱就像一只载满爱心的小白鸽，飞向灾区，飞入灾区人民的心里。

2008，使我们兴奋的一年。前有北京奥运会的举行，后有"神七"飞天的欣喜，让我国成为世界上第三个在太空漫步的国家。奥运会的成功举办令世人瞩目，繁荣兴盛的国家已经不能同日而语。这些，让每一个中国人都无比骄傲、自豪。

⭐ 点评

言简意赅。"像一只载满爱心的小·白鸽，飞向灾区，飞入灾区人民的心里"。这个比喻很生动，是全文的亮点。

王建光

⭐ 运动员，我为你喝彩

大南关小学　五年级　李　新

在这个不平凡的 2008 年，
我们共同迎来了奥运的脚步。
那激情的圣火第一次燃烧在鸟巢上空，
令每一个中国人骄傲与自豪！

看！陈燮霞举起那沉重的杠铃，
为中国赢得了沉甸甸的首金；
看！张娟娟一射打破历史，
挺起了中国人的脊梁！

看！杜丽并没有辜负我们的希望，

在金牌榜上增添了又一笔的辉煌；

看！中国男篮又一次闯进八强……

啊！2008！

我为你自豪！

那一个个使人激动的时刻，

那一个个崭新的历史，

将在这一年书写辉煌！

2008，我为你喝彩！

感动2008

胜利桥东小学　六年级　高 瑞

桌上厚厚的日历，已被时光老人毫不吝惜地一页一页撕去。我们也即将告别2008，迎来崭新的一年。然而，用心回眸2008，你就会发现，在2008年有许多事情是我们不该忘记，也不能忘记的。2008让我们感动。

在2008年，我们感受到了北京奥运会开幕式带给我们的精彩绝伦。一幅立体的中国画轴，不仅让鸟巢沸腾，也让全世界为之动容，而中国体育健儿摘金夺银、奋勇争先，稳居金牌榜第一的骄人战绩，更是鼓舞士气，激励人心；在2008年，我们还经历了"神七"飞天，当中国航天员翟志刚身穿我国自行研制的"飞天"宇航服漫步太空，在外太空留下中国人足迹的时候，全世界的华人都为之激动、为之振奋……

但同样还是在2008年，我们也承受了南方百年不遇的冰冻雪灾、四川汶川大地震带给我们的揪心痛楚和苦难。冰雪灾害使得电力中断、交通瘫痪、通讯受阻，许多期待回家与家人团聚的游子被迫停下了匆匆返乡的行程，无奈的人们只好把思念、关切、祝愿化作无限的牵挂遥寄远方的亲人。而5月12日的强震更是搅碎了巴山蜀水的平静与安宁，近十万个鲜活的生命刹

那间阴阳两隔，永远留在了人们追思的记忆中……

　　然而，坚强的中国人民并没有被眼前的苦难所吓倒。命运多舛的祖国，激发了我们万众一心、共赴国难的壮举，"多难兴邦"的古训更是增强了我们不畏艰辛、重建家园的坚定信念。于是，我们看见了无数军民奋战在抢险救灾一线的刚毅身影；我们看见了强震不久就不顾危险出现在灾区指挥的温家宝爷爷；我们看见了用自己的血肉之躯，为学生们撑起一片生命天空的英雄教师；我们看见了全国亿万人民为灾区踊跃捐款、捐物的动人场景……

　　"地动天不塌，大灾有大爱"，我想这正是中国人为什么不能被困难压倒的根本原因所在。　　　　指导老师　路文萍

★ 不平凡的 2008

尖草坪区第二实验小学　六年级　荣佳琦

　　2008年，度过了多少个难忘的日日夜夜？有着多少段充满传奇色彩的经历？然而，就在这不平凡的一年里，中华儿女们有过多少欢乐和叹息，有过多少激动和痛苦，这——就是精彩而又历经艰辛的2008！

　　2008是不平凡的一年！

　　就在人们还殷殷期待着北京奥运会到来时，一个巨大的灾难降临了——四川人民经受了一次惊心动魄的大地震，这是对上亿个中华儿女的考验，沉重的打击只能使弱者低头叹息！面对这样的情景，他们却能够如此坚强镇定地面对一切。可见，他们是多么执著！我想，是信念！是信念让他们重新看到微微发光的希望之火！

　　恶魔只会使失败者恐惧，人们并没有被失败所压倒，而是迎来了又一次激动人心的时刻——"神七"问天。一条长长的巨龙飞向了浩瀚的太空，这代表着中国从此成为宇宙上一颗闪亮的明珠！而今，这一条巨龙再一次书写它光辉的一刻，这是多么值得我们骄傲与自豪啊！人们纷纷怀着一颗激动的心，为这条巨龙加油、助威。此时，我的耳畔仿佛又一次听到了中华儿女为"神七"加油的声音，这些话语是那么激动、那么坚定！

★ 点评

　　小作者以真挚的感情，表达了中国人民在灾难面前不屈服的信念和神七发射成功后的自豪。文章的字里行间都流露出了这种感情。正是因为有了千千万万这样的中国人，我们的祖国才能战胜一切艰难，逐渐强盛。

　　　　　　　　王建光

happy r

THE **Sunlight** **W**
Angel
Little reporter

快乐阅读

海伦教会我坚持

山西省实验小学　五年级　倪子轩

"宝剑锋从磨砺出，梅花香自苦寒来"，写这句话的人难道像诸葛亮一样料事如神，知道后面会有一个海伦·凯勒。

海伦·凯勒还没有记住世界的绚丽色彩，残酷的命运已经让她有三重残疾，盲、聋、哑，小小的她怎能承受这样的打击？

我曾闭上眼睛，捂住耳朵，堵住嘴，努力体会海伦的感受。刚开始有新鲜好奇的感受，还带着些享受，耳畔好久没有这样安静过了，就如同在世外桃源一般。可是没过多久，刚才的好奇和新鲜感就都没有了，反过来是烦躁。喝水发不出声，走路会碰头。无奈，只好退出情景剧，回到原来的自己。而海伦·凯勒居然度过87年的岁月，真是了不起！

我再次想象着海伦学说话的情景，想着她为练一个单词而大汗淋漓、口干舌燥。想着想着，我的脸红了，头低下了，海伦这样艰苦还在坚持，而我却时常偷懒，不想做数学题，不想背概念。

我可不是这么不堪一击的，于是我学会了坚持……

感谢海伦·凯勒！

太原晚报

452

阳光天使小记者 作品集

点评

你充满童趣的叙述"闭上眼睛，捂住耳朵，堵住嘴……"的体验过程中，我能感受到你领悟了很多，并把"坚持"这种精神力量注入了自己的成长之中。你的体验描写太活灵活现了。相信"坚持"会让你更加热爱生活，也更加热爱生命。

郝新媛

读《七律 长征》

山西省实验小学　五年级　李昶雨

二万五千里的长征，有多少战士为你而倒下？

二万五千里的长征，多少悲壮的故事在你的途中产生！

二万五千里的长征，又有多少人因你而感动至今？

泸定桥啊，你是大渡河上的天阶，而在登上天阶的路上，你却眼睁睁地看着，看着湍急的河水吞没了那么多鲜活的生命。泸定桥啊，那翻滚的浪花分明是你在哭泣，你怎能忍心让深深爱

着你的战士摔下桥去？

六盘山啊，你逶迤蜿蜒，为红军战士设置了重重磨难，六盘山啊，你三千米的海拔，又为红军带来了怎样的艰难？六盘山啊，或许，你知道你是长征途中最后的主峰，而有意对疲惫交加的战士们再次考验？

红军逢山能开路，遇水就架桥。红军翻越了千山，战胜了万水。红军通过了人类难以生存的雪山、草地，攻克了"一夫当关，万夫莫开"的娄山关、剑门关、腊子口。这些险关要隘明白了，这就是红军！

艰苦奋斗，不怕牺牲，踏平坎坷成大路。长征行程之长，路途之险，困难之巨，古今中外，闻所未闻。世界知道了，这就是红军。

红军战士以敢于战胜一切的气概，在血雨腥风中终于闯出一条生路，谱写了一曲气贯长虹的英雄凯歌，惊天动地的壮丽史诗！历史记住了，这就是红军。

二万五千里的长征啊，请放心吧，你的精神已经融进中华的血液，在中华子孙的体内流淌。

点评

与其说是一篇读后感，倒不如说是一篇精美的散文。知感交融，富有感染力。能写出这样铿锵的文字，一定是读了很多遍，用心、用情、用想象贴近过那段岁月。结尾的"提神"之笔融入更多自己的情、思，使文章显得大气、豪迈。

郝新媛

★ 读《山野探宝记》有感

青年路小学　四年级　徐雨杉

我的理想是长大后当一名女科学家，因此，凡是有关科学方面的资料，我都特别喜欢，也充满了好奇心。《山野探宝记》就是我最喜欢的一本少儿自然科学书籍，这是一本1962年出版的、已经发黄了的书。你可别以为它写的都是些寻宝呀、挖金子之类的事，它介绍的是各种稀奇古怪的植物，扣人心弦的故事情节一下子就把我深深地吸引住了。

这是一个描写植物工作者野外勘察经过的故事。一个由科学研究院组成的野生植物勘察队，从北到南，经过山东、浙江、云南、广西等地，勘察和调查了高山、海滩、岛屿、原始森林、湖泊、草原和沙漠的各种野生植物。生动有趣的故事、惊险离奇的情节，丰富多彩的知识、妙趣横生的人物，都让我兴奋不

已。我白天看了晚上看，吃饭时看，睡觉前看，前前后后看了不下几十遍，越看越有滋味，越看越爱不释手。由此我也迷上了各种野生植物和中草药，《本草纲目》就是因它而买的。

这本书共写了23个小故事，介绍了几十种野生植物，让读者沉浸在紧张有趣的故事情节的同时，也能学到很多野生植物特性方面的知识。例如太子参，一株很细的小草，下面却长了一个胡萝卜样的根，鲜嫩得像一个刚生下来的小孩，它是一种名贵的补药，吃了可以强壮身体；灵芝，长得像一个蘑菇，常生长在榆树、桦树等阔叶树的树桩旁边，每年5月份开始生长，7月份生长最旺，它能治疗多种疾病，是滋补强壮的珍品；活化石银杏树，有雌雄两种，雄的只开雄花，雌的才能结果，但也一定要雄树的花粉传过来才行，银杏树要过三四十年才结果，现在发现，它的叶子里含有一种黄酮甙，提取出来可以治疗心血管病……

我非常喜欢这本书，这是爸爸小时候读过的书，当他把这本书送给我时，我一下子就被它吸引住了，经常看得津津有味、废寝忘食，后来爸爸见我如此痴迷，就把他小时候看过的一整套20多本少年自然百科丛书全给了我。我高兴得一蹦三尺高，抱住爸爸的脖子亲个没完。

点评

孩子，这是多么神奇的一本书，让你痴迷到"白天看了晚上看，吃饭时看，睡觉前看，前前后后看了不下几十遍……"都让我有些迫不及待了，可这本书究竟怎样"生动有趣、惊险离奇、丰富多彩、妙趣横生"，这些"宝物"却没有让我们"探到"，真有些遗憾啊。期待再次从你的文中"探宝"。

郝新媛

我读《三国演义》

青年路小学　五年级　郝雅婷

《三国演义》是我国古典四大名著之一，也是我们中华民族的文化瑰宝。当我读了它之后，学到了许许多多的知识，也明白了许许多多的人生哲理。

在《三国演义》中，我最喜欢的人物要数号称"武圣"的关羽了。关羽曾在沙场上建立过无数的功绩，但最令人敬佩的却是他那种讲义气的精神，无论谁帮助过他，他一定会回报。记得曹操在赤壁之战后大败而归，被吴国的军队逼进了华容道，眼看就要被擒，这时候，正把守华容道的关羽因为念曹操旧日曾有恩于自己，所以放了他，结果差点被斩首。由此可看出关羽不是

一个忘恩负义的人。读到这里，我不禁想到了自己。是啊，长这么大，帮助过我的人数也数不清，可我记住了吗？回报了吗？

我敬佩关羽，更喜欢刘备。刘备，不能说是一个枭雄。他能成为三国鼎立的一分子，是因为他有一颗爱贤的心，要是他没有这份心，恐怕就不会得到诸葛亮这个贤人的帮助了，最多只能在家喝喝茶，织织草鞋罢了。而诸葛亮为什么心甘情愿为他打天下呢？那是出于对刘备的爱贤的心的感激。读到这里，我想到了我们的班长邝泳韶，他从一年级到五年级，尽心尽力为班级做出了不少好事，是老师的好帮手，就犹如刘备和诸葛亮的关系一样，因为老师相信他，放心地把事交给他，他为了不辜负老师的关爱，工作自然就尽心尽力了。

《三国演义》，教会了我许许多多的道理，让我爱不释手。

点评

观后感重在有感而发。小作者从《三国演义》众多人物中选取了讲义气的关羽、礼贤下士的刘备作为重点描述对象，有理、有据、有自我反思、联系生活实际，而且用了"我敬佩……更喜欢……"这样一个过渡句，使得文章如行云流水般流畅自然。

马非马

⭐ 令人着迷的《诛仙》

太原市实验小学　六年级　杜鹏云

有的人喜欢让人发笑的漫画书，因为漫画可以让人放松；也有的人喜欢小说，因为小说可以让人进入到书的故事情节；而我喜欢看武侠小说，尤其爱看《诛仙》。

《诛仙》讲述了一位名叫张小凡的少年被青云门救后，加入了青云门。张小凡在青云门的地位是步步高升，武艺也到了出神入化的境界。在鬼王宗攻打青云门的时候，张小凡挺身而出，力挽狂澜，保住青云门。这本书描写战斗场面非常细致，扣人心弦，让读者身临其境。

《诛仙》征服了我们班同学的心，百分之九十的同学都看过它。《诛仙》一共有八本，同学们手里大都只有一本，我们都是交换着看完的，也就是用最少的钱看最多的书。一本书经几十个人看完后，书仍然崭新，这说明什么呢？说明同学爱这本书，珍惜这本书。假如今天有同学借到了一本没有看过的《诛仙》，他总会用一个晚上的时间看完，不管有多么瞌睡，都必须坚持。因为这本书后面还排着别人，每个人都只有一个晚上的时间。

点评

这篇读后感行文流畅，无可挑剔。不过，读书还是要有所选择的，需要指出的，因为并不是所有吸引人的书都是有价值的，只有那些思想性、艺术性、可读性三合一的才值得大家费这么大的工夫去读。长大之后会发现，有些书读了纯粹是浪费了时间，损耗了视力。

王建光

有的同学上课看了，下课看，在体育课上，经常可以看见十几个男生坐在跑道上看《诛仙》，他们一动不动，早已融入书中。我们也会互相讨论《诛仙》，谈谈自己最喜欢的人物，谈谈自己最喜欢的故事情节。

《诛仙》，一本超级好看的武侠小说。《诛仙》，一本让人爱不释手的武侠小说。《诛仙》，一本让人百看不厌的武侠小说。

读《鸵鸟行动计划》有感

新建路二校　六年级　韩琦岩

森林是什么？字典上说：森林是大片生长的树木。可我却有不同的答案，森林是我们的母亲，是她用甘甜的乳汁哺育我们成长，一代又一代。

在几千万年前，当我们人类出现时，森林妈妈就用她温柔的双手迎接我们的到来。她用大量的柴火给我们带来了光明，带来了精美的新家，带来了美好的生活。她的无私奉献让我们一代又一代享受着大自然的美好。但是，在我们越来越懂得享受大自然的时候，我们看到的只是一个个半截的树干，枯死的枝叶……

这让我想到了童话故事《鸵鸟行动计划》，本来绿树成荫鲜花满地的多树国，因为汽水瓶底国王破坏了树木，使得自己的国家遭受到沙漠王国的吞没。为了拯救自己的国家，艾森国王、巧克力王子和波波博士制定了详细周密的鸵鸟行动计划。他们发誓要把沙漠国王赶出多树国，让他们的多树国恢复原貌。最难忘最感动的还是巧克力王子的一句话："为了森林，我死上一千次也不悲伤！"故事里有一段话让我特别难忘："我们以后要把森林当做护国女神，要颁布法律，侵犯护国女神者处以极刑……"

我们人类该好好反思了，作为妈妈的孩子，不能只懂得索取她的爱，而不知回报和孝敬妈妈。毕竟有了森林，有了树木，才有我们更加美好的生活。

点评

有高度，有深度，有广度，这是我对这篇习作的感受。习作一开始就把森林提到了"母亲"的高度，有哺育我们之恩的高度，从《鸵鸟行动计划》的讲述中感到小·作者对"森林"理解的深度，继续将视野拓展到了整个人类的广度，引发我们所有人思考。

李秀英

听《青花瓷》有感

山西知达学校　初一年级　张广达

釉色亮闪叹人生过往情，汉隶藏底觅历史青花迹。

跃然纸上是泼墨山水画，嫣然一笑成入土千年秘。

《青花瓷》，才子佳人情藏其中，点点墨迹，笔笔汉隶，朦胧之美皆入歌中，浓墨之香全出曲词。

这便是一种境界，这便是一种情结。

这是流行中的一枝独秀，这是时尚中的一股清流。

这是千里之外台上一束傲霜金菊，这是天下无双雨中一道缤纷彩虹。

这就是《青花瓷》，好听的《青花瓷》，堪与《菊花台》相比。它让我们看到了一个不同的方文山，也看到了一个不同的周杰伦。词淡雅，曲素丽，加之韵律恰如其分，唱功深厚，咬字清楚，它绝对是一首好歌。

万千情尽在不言中，此夜曲中观泼墨，何人不起听歌情。

★ 点评

高山流水觅知音，千古青花今韵听。孩童能解其中味，老师看罢更动情。

李秀英

读《幸福是什么》

太原市实验小学　六年级　柳　青

在这个世界中，每个人对幸福的理解不同。这也意味着每个人都有着他独一无二的幸福。今天读了《幸福是什么》让我对幸福有了更深的理解。

这是一篇富于哲理的文章。文章主要讲述了三个小伙子与一位仙女讨论幸福是什么。最后，他们约定，十年后再次在此相聚。那时候，仙女将会告诉他们幸福是什么。在这十年中，三个小伙子都通过自己的努力找到了工作，也对幸福有了一点理解。十年后，三个小伙子如期在那口井旁边相会。相会后，他们各自谈着这几年的事情，并说出了对幸福的理解。这时，仙女出现了。她对三个小伙子说："其实幸福就是靠自己最大的努力去帮助别人。"三个小伙子若有所思地点点头。

其实，幸福是个抽象的词。没有人可以把它完完全全地表达出来和解释出来。不同的人对它有着不同的解释。但是，幸福就在我们的身边，它会在不经意间流动着。有时候对你来说一个不起眼的帮助，也会让别人的心温暖许久，也会使别人感受到幸福。

文中说幸福就是靠自己最大的努力去帮助别人，我也很赞同。爱因斯坦曾说过忧他人之忧，乐他人之乐。不就正是说明这个道理吗？所以我也希望大家能像文中所说那样，去体验帮助别人而收获幸福的感受。

每个人都是幸福的！每个人都是快乐的！不要再埋怨自己是不幸的，不要再埋怨他人没有给你带来幸福。相信我，每个人都会有着自己独一无二的幸福！

与书同行

青年路小学 五年级 李 臻

书是我的良师益友，书是我寻找知识的海洋，书里有悲伤也有欢乐，就让我们与书同行吧，随它们忧伤，与它们共乐！

那天中午，和家人闲聊中谈到了书。家人问我，最喜欢什么书？哪本？这让我很难回答，看过的书太多了，为此，我打开书柜，漫无目的地寻找着，映入眼帘的是大大小小各式各样的书，看着看着，忽然我眼前一亮，看到一本名叫《我的野生动物朋友》的书，对了，就是它！

说起这本书，还真得给大家讲讲。那年暑假，我在书店精挑细选了几本暑假要读的书，其中一本就是《我的野生动物朋友》。这本书题目吸引人，我毫不犹豫就选了它。刚翻了几页就立刻融入书中了，与书中的喜怒哀乐同行，让我忘记了所有的一切。

书中的主人公也就是作者是个法国小女孩，名叫蒂皮，1990年出生于非洲纳米比亚，从小和拍摄野生动物的父母在丛林长大，与野象相亲，同鸵鸟共舞，变色龙、牛蛙、豹子、狒

狒……一个个给她带来奇趣、欢乐、惊险、幻想，甚至皮肉之苦，最终都成为她最好的朋友。

对了，给大家透露点内容，听了你肯定吓一跳，书中有个小而惊险的片段，至今让我难忘，小标题是：豹子很危险，但我照样跟它玩。

那天，蒂皮正和妈妈还有豹子杰比、变色龙莱昂一起散步，路上遇见了两个非洲小男孩，男孩看见了豹子，便惊慌失措，大喊大叫，夺路而逃。他们并不知道，遇到野兽，这样做是万万不行的，事情不可避免地发生了，变得越来越严重，杰比逮住了最小的那个……

这一刻，让谁都心惊胆战，但就是这样一个凶猛的野兽也成为了主人公蒂皮的朋友，现在你开了眼界了吧？

我最喜欢的一本书

新建路二校　五年级　金　悦

描写友谊的书不少，给我印象最深的，还是一本叫《流浪猫和流浪狗》的童话书。

这本书主要讲了在富人云集的度假村，有一只流浪猫和一只流浪狗，它们与富人家的宠物波斯猫和西施犬成了好朋友。它们之间发生了很多有趣的故事，故事的最后，是波斯猫和西施犬遇到了危险，流浪猫和流浪狗拼尽全力救它们脱险。这虽然是一个童话，但并不是普通猫猫狗狗的故事，它告诉我们什么才是真正的友谊。整本书从头到尾都在围绕身份不同的几个朋友之间发生的事情来表达"患难是友谊的试金石"这个道理。

在日常生活中，同学们有时会以"貌"取人，有时会以各种理由不帮助别人，这样是不会获得真正的友谊的。任何人都不可能看透别人的心思，也不可能轻易知道谁是真心的朋友。表面上对你好的人不一定是你真正的朋友，只有在你遇到困难时真心帮助你的人才是真朋友。当然，我们每个人也都要真心对待自己的朋友，不论他是谁，不论他是什么身份，都应该真诚相待，只有

点评

推荐一本好书，一般都是文中这个程序，先介绍书籍内容，再说明这本书好在哪里。由此类推，介绍一部好看的电影、一个好玩的电子游戏、一篇好小说，一般情况下，都应该按照这个结构进行写作。当然，开头、结尾的设计可自由发挥，没有一定之规。

冯海

你真心地对待别人，才能够换来别人真心地对待你。

这就是我最喜欢的一本书，我现在郑重地向大家推荐，相信你们也会喜欢它的。

★ 海伦·凯勒创造奇迹

——《假如给我三天光明》读后感

尖草坪区第二实验小学　五年级　张亦雷

《假如给我三天光明》这本书写的是一个真实、感人肺腑的故事，我迫不及待地读完了它，从中受到了许多教益。

海伦·凯勒自幼双耳失聪、双目失明。但在安妮莎莉文老师的帮助下，她以惊人的毅力，克服学习语言的种种障碍，竟然学会了说话，多不可思议的事呀！长大后，她又以优异的成绩毕业于美国名校拉德克利夫学院，还掌握了英、法、德、拉丁、希腊五种文字，成为著名的作家与教育家。

这本书中的每一段故事、每一个情节都十分感人，令我记忆最深的是，安妮莎莉文老师教她学"水"这个单词时，不停地在小海伦的手心上反复地拼写字母，并让她亲身感受水的冰凉。可以这么说，海伦的每一番成就都有她的功劳。海伦很小就被病魔丢弃到一个黑暗、无声又无助的世界里，对世上的每一个事物都不了解太多，我想，如果我是莎莉文老师，一定就退缩了。海伦·凯勒也十分不容易，她一次次克服了软弱，以超出常人的毅力，用生命的全部力量创造了奇迹。

我是多么的幸福呀！有一双水汪汪的大眼睛，一双听觉灵敏的耳朵，但海伦没有。可她却有那么大的成就。看来，一个人能不能取得成就，并不在于自身条件好坏，而在于有没有奋斗精神。平常，我经常有一点困难就气馁，反过来不妨想想，这些困难和凯勒比起来，算些什么呢？我们应学会自己主宰自己的命运。海伦不正是这样吗？

指导老师 张雅丽

★ 点评

这篇文章自然、朴素，犹如一股清泉流淌于读者的面前。结尾反问的运用，起到了画龙点睛的作用。文章真实生动，情真意切，特别是在结尾处结合自身所发出的感慨使文章极具感染力，发人深省。

关夏敏

文短而意丰

——读《伊索寓言》

万柏林区实验小学　六年级　李瑞晨

　　《伊索寓言》是一部寓言精品。书中的寓言故事短小精粹，多以动物的个性、遭遇、命运来比喻世间的各种现象、影射人们处事的某些不足。

　　我们先来读一读《毛驴和蚱蜢》。一只驴听到几只蚱蜢正在叫，它被蚱蜢的叫声吸引住，并希望自己拥有同样迷人的声音。驴问蚱蜢吃什么食物才有这样迷人的声音。蚱蜢回答是露水。驴子听了，决定以后只喝露水生活，不久就饿死了。驴子的愚蠢，其实是在给某些人"画像"。

　　尽管《伊索寓言》中的故事是一大堆表面上与我们无关的事，但在这一大堆事中，每个人都能找到自己，看到自己的"傻"。有时候，自己就是那个令人发笑的角色。但在生活舞台上仍然展示那看似聪明实则愚笨的"风采"。

　　再来读《大力士神与车夫》这则寓言：车夫在货车车轮刚陷入车辙时，就向大力士神求救，而大力士神却告诉他，在你没有自助之前，任何祈求都是徒然的。这说明在求助之前，必须做自助的尝试，自助是最好的援助，万事都不能一味依赖别人。

　　《伊索寓言》中的故事都非常短小，但却蕴含着隽永的思想内容。对此人生哲理宝典，要重在不断地去读，不断地品味，不断地感悟。《伊索寓言》就像一个生活的过滤器，把很复杂的事物用寓意分清了头绪，变得简单了，阅读时只要肯动脑筋，去理解，去联想，就会有收获。

★ 点评

　　短小、隽永，文章以具体的几篇小故事为例，运用简洁、却不乏生动的语言，新颖别致的写法，表现了对生活深刻的理解及美好的祝愿。文短而意丰，短短的一篇文章当中不仅有小作者思想的火花在跳跃，而且字里行间跳动着的童心，也使文章有了生命力。

关夏敏

读《爱迪生》有感

万柏林区实验小学　六年级　孙荣君

　　我不是个爱看书的孩子，但有一本书让我一遍又一遍地读，且百读不厌，这本书的名字就是《爱迪生》。读了这本书，我笑在脸上，甜在心里，越看越来劲。每当我看到爱迪生一本正经地孵小鸡时，不由得笑了起来。每当我看到爱迪生的发明一个又一个成功时，心里别提多高兴了，就像打翻了蜜罐。我像小鸡啄米，一字不漏地看，而且还牢记在心里。书中讲爱迪生经常面临饥饿、流浪和悲伤。虽然有数不尽的失败，可他一心热爱科学，一步一步地往前走。

　　很多次，爱迪生都是没日没夜地工作，肚子饿了，就胡乱吃点；上下眼皮直打架，就伏在桌上打个盹。不知过了多少个不眠之夜，不知历经多少个劳累的白天，他的实验才获得成功。

　　成功要勤劳，还要付出。爱迪生如果没有这种精神，就不会获得成功！上学期期末考试，考前我就没有复习，想考试可能不难，可发了卷子我就傻眼了！英语才考了 69 分！从那以后，我时常用爱迪生的故事鞭策自己，认真复习。在又一次的考试中得了 94 分。由此，我知道了成功不是件容易的事，但也不是件困难事，只要肯努力，就能成功。

　　现在，每当我看到爱迪生的画像，就想起他的名言：99%汗水＋1%的灵感等于天才！我没有太多的灵感，但我会用100%的汗水来努力学习。

指导老师　高灵仙

点评

　　很喜欢你的感觉。"笑"、"甜"、"来劲"先总的概括，然后分别就这三种感觉——再谈，尤其是小·鸡啄米，很形象啊！在静态中增添了动态的色彩，非常有趣。段末点出感动的原因，随后就书的内容及自己亲身的经历来谈体会，最后以爱迪生的名言作结尾，完美了文章，也鼓舞激励了自己。可在这里，我也想指出一点哦！二、三段是文章的重点，如果事例稍具体、生动些，那就不需要你呼口号似地谈自己的收获了，读者也能感同身受了！

吕全玲

穿越时空的幽默

——读《我与兰登书屋》

太原市外国语学校　高二年级　贾帆菲

　　第一次接触这本书是在妈妈的好朋友家里。后来，便迫不

太原晚报

462

阳光天使小记者　作品集

及待地去书店买了一本，回家细细品味。于是，深夜临睡前，点一盏泛着黄晕的台灯，读这本书便成了我每日必修的功课。

刚开始时，是很有抵触情绪的。可能因为看过的人物传记都比较无聊吧。但后来，慢慢地，就被吸引住了。其实，在最初，吸引我的是他不时冒出的颇有深度、值得回味的话。比如"我懂得不要让许多无用的信息搞混自己的思路，因为每个聪明人的脑袋里并不需要所有的信息；他只要知道什么时候到哪儿找到他想要的就可以了。"再比如"战争是结束了，可是人们还得为战争买单。"读到后来，贝内特那典型的美国式的幽默就出来了。

我印象特别深的有两段。

一个是关于斯泰因小姐的。当斯泰因写了本《美国地理史》，而贝内特作为主编，按着惯例给她写"出版者告白"，而贝内特竟然坦率承认看不懂她的书，甚至连书名都不懂！天知道这种出现在每本书首页的"告白"会带来怎样的谴责与不屑！有趣的是，他又紧接着写到"斯泰因小姐告诉我，那是因为我是个笨蛋！"这种坦率、真诚，还有些许孩子味儿，让人不禁莞尔一笑。

1944 年，《出版人周刊》登了一幅年轻貌美的女作家凯瑟琳·温瑟的漂亮照片，以此来宣传她的新书。"不甘落后"的贝内特马上也用一整版宣布即将推出的斯泰因的新作，并且也配上她的照片。有趣的是，照片下面还有这样一句话："嗨，我们也有美女作家！"众所周知，当时的斯泰因已是 70 岁高龄，而凯瑟琳 30 岁不到……至此，贝内特的幽默是可见一斑了。

不久前，我窝在温暖的床上，听着呼啸而过的风，嘴角始终上扬着，读完了这本书。

"一点点幽默就能让我们的生活有劲头。"这是他一生的信条。有人曾经问他"你希望自己的墓志铭上写什么？"他总是说，他希望这样写："每当他走进房间，人们总是因为他的到来而更快乐。"

活着时，如此。

死以后，他的书替他完成。

穿越 30 年的时空，我邂逅了他的幽默。

★ 点评

看完你的文章，我想做的第一件事就是去书店买一本《我与兰登书屋》，然后听着呼啸而过的风，读！幽默是一种智慧，懂得幽默的人一定懂得人生。你的语言非常老道，尤其是结尾，简直让我对这本书有些迫不及待了。

马非马

快乐阅读

463

读《爱的教育》

万柏林区实验小学　四年级　郭世杰

　　刚放暑假我就接受了一场"爱的教育"。安利柯是意大利作家亚米契斯的小说《爱的教育》中的主人公。这本书以日记的形式讲述了安利柯在三年级这一学年中遇到的事，字里行间充满了他对祖国、父母、老师和同学的爱，这种真挚的感情也深深地感染了我。

　　安利柯是个真诚友善、勤奋努力的孩子，他身边围绕着一群善良而富于爱心的同学：热情的班长代洛西，助人为乐的卡隆，孝顺的波莱科西，还有和蔼的老校长，慈母般的老师，每一个平凡的故事中都有爱在流淌——老校长教育孩子们要爱国，老师教育孩子们要尊重父母，父母教育孩子们要尊敬老师，同学们之间要团结友爱，从这些故事中，我真正领悟到什么是用温暖的眼光看待世界。

　　《爱的教育》带给我们的启示太多了："感恩"告诉我们要感谢敬爱于自己有恩的老师；"嫉妒"教会我们保持一颗平常心，坦然面对生活中的成功与失败；"坚忍"让我们知道什么是永不放弃。

　　读完《爱的教育》我问自己：是谁给了我们接受良好教育的机会？是谁无微不至地照顾我们的生活？是谁循循善诱教导我们学习？是谁带给我们无私纯洁的友谊？是祖国、父母、老师、同学，是他们的爱带给我们这一切。**指导老师　齐春梅**

点评

　　"读一本好书，就是和许多高尚的人谈话"。小作者读了《爱的教育》，结识了书中一群善良而富有爱心的同学，感悟到"用温暖的眼光看待世界"，明白了什么是"感恩"与"坚忍"，这些内容引发他深深的思考，能感受到爱，能珍惜自己拥有的一切，这不就是最宝贵的一笔财富吗？小作者以朴实的话语娓娓道来，将"爱的教育"传递给每位读者，将读书带给人的精神力量尽情释放。

史晓丽

口袋里的爸爸

青年路小学　六年级　王思远

　　当你看到《装在口袋里的爸爸》这个书名，可能会被它深深吸引，爸爸怎么能装在口袋里呢？

故事源于妈妈对爸爸的不理解和责骂。自尊心受到伤害的爸爸变得如拇指般大小，和儿子杨歌一起经历了许多生活、学习中的酸甜苦辣，最后，儿子终于理解了爸爸，体会到了父母的艰辛。

在《爸爸能不能成为明星》的故事里，爸爸谋到了在《新格列弗游记》中扮演主角格列弗的难得机会。他千辛万苦、不顾生命安危地拍摄影片，但故事情节最终被不择手段、只顾挣钱的导演剪辑得一塌糊涂，充满了暴力、血腥……不堪入目。于是爸爸决定销毁拷贝。一个舍己为人、勇敢正直的父亲形象跃然纸上，让我们备受感动。

当看到拇指大小的爸爸用小勺子当桨，坐在拖鞋里划着积水逃出卫生间时，我们体会到了父亲的艰辛，再也不会忘记关水龙头，并注意养成良好的生活习惯；当看到儿子杨歌盲目崇拜明星，为其挥霍钱财，并挖苦讽刺父亲时，我们为他的无知感到痛心，再也不会盲目追捧明星，挥霍父母的血汗钱；当我们看到爸爸为了让一个身患绝症的小姑娘满足最后的愿望，表演不熟悉的马戏而摔得鼻青脸肿、满头是包的时候，我们体会到了父亲无私的爱心，更加热爱自己的父亲；当我们看到爸爸被小偷偷走，但他利用自己的智慧帮小偷改邪归正并被安全送回家时，体会到了父亲的智慧与伟大，不禁对他肃然起敬……

点评

古人云，好题文一半。这句话告诉我们，文章需要一个精彩的题目，让人眼前一亮。"口袋里的爸爸"，的确是一个吸引人的题目，正如小作者在第一段中所说的那样，读者一定会被它深深吸引。小作者先是简洁的介绍出故事的主要内容，消除人们心头众多的疑惑，再选取了几处精彩的镜头，为大家慢慢回放，让大家从他的叙述中细细品味大人生活中的酸甜苦辣，感受作为大人的艰辛。这种从整体到局部的方式写读后感，是一种不错的方法。

史晓丽

⭐ 读《海伦·凯勒》

建设北路小学　五年级　苏文慧

读了《海伦·凯勒》这本书后，我一直深深沉湎其中。这真是一个感人肺腑的故事，从中还能学到许多东西。

这本书中介绍了美国女学者海伦·凯勒一岁半时生了一场重病之后，双目失明、双耳失聪。可是，她没有对世界放弃，而是凭着超人的毅力和顽强学会了说话，而且竟然学会了五种语言。她还写了许多著作，其中自传《假如给我三天光明》名扬

点评

小作者不仅以精炼的语言介绍出这本书的主要内容，而且写出了自己从主人公身上感受到宝贵的品质。读书，思考，再读书，这样一直走下去，相信每个人都会实现自己的梦想。

史晓丽

海外。她还为人类作出了许多贡献，受到了许多国家的赞赏和鼓励，一生获得了无数的鲜花与掌声。

一个双目失明、双耳失聪的残疾人为什么会取得如此大的成就呢？我想，这是因为在她的身上有着超人的毅力、勇敢面对现实的品质和充满不屈不挠的精神吧。这些品质让她走上一条令人佩服的人生道路，并且成为一个有知识、受人尊敬的伟人。

读完这本书，我明白了一个道理：一个人只要有远大的目标，只要不懈地奋斗，梦想总有一天会实现、会成功的。

★ 感受名人的境界

万柏林区实验小学　五年级　范李侨娜

刚放暑假的第三天，妈妈就给我买了《影响中小学生成长的66个人物》这本书。

我翻开书，看到了许多正如前言中所说的伟大人物。其中，最令我感兴趣的有：名垂千古的史学家司马迁、西班牙艺术大师毕加索、人民的好总理周恩来、数学天才华罗庚……

司马迁小时候就文采过人，在父亲去世前，留下让他完成《史记》的遗愿，他铭记在心，夜以继日地忘我写作。但因替战败投降匈奴的李陵说了几句公道话，触怒了汉武帝，被关进牢狱。他本想一死了之，但想到尚未完成的《史记》，于是，接受了奇耻大辱的宫刑。他最终完成了《史记》这部千古不朽之作。我们如今生活条件，无论哪一点，都比古代优越，更应该珍惜。

著名的西班牙艺术大师毕加索专心研究绘画，把时间看作生命，绝不浪费，绘画达到了登峰造极的境界。与从小对绘画的热爱，对绘画的渴望有关。一个人无论出生时怎样，能活下来就不容易。如果按照自己的爱好去发展，必将比其他人获得成功的几率大，也比其他人做起来容易、有趣。

这本书告诉我们：名人并非天生就是名人，他们也曾和我们一样默默无闻，也曾受过命运的无情嘲弄，也曾在迷茫

点评

惊讶小·作者在最后一段中的感受，"名人并非天生就是名人，他们也曾和我们一样默默无闻，也曾受过命运的无情嘲弄……"这让人自然而然地想到冰心的一句诗"成功的花儿，人们只惊慕她现时的明艳，然而当初她的芽儿浸透了奋斗的泪泉，洒遍了牺牲的血雨。"小·作者真正走进了这本书中，在整体把握内容的基础上，详细介绍出她最佩服的人物成功经历，并且将这份拼搏奋斗的力量传递给每位读者。

史晓丽

与困顿中徘徊，也曾把挑战命运作为自己的人生口号。但是，坚毅的品性、过人的胆略、恒定的信念与执著的勇气，使他们熬过了人生的严冬，迎来了生命的春天。一切的成就不是轻易得来，是靠从小树立远大理想，从小发奋苦读，坚持不懈而得来的。

⭐ 细品名著

师院附中　初二年级　段建宇

　　一本好书像一杯香醇的牛奶，细细品味，才能尝出书中那细微美妙的滋味。

　　看书的第一步是选书，是否是一本好书是关键。今天我要推荐的书是《巴黎圣母院》，这是法国作家雨果的小说。这本书以一个丑怪无比的罗锅子为中心，以中世纪花都巴黎为背景，构成一个引人入胜的故事……

　　卡其莫多虽有丑陋的外表，但他心地善良，知道世间的美与丑。爱斯梅拉达是个美丽善良的姑娘，她不仅有美丽的外表，而且还有一颗善良的心。从对待那只山羊，救下那个落魄的诗人，以及对待那个曾经伤害过自己的卡其莫多可以看出，她的心灵是纯净的，是没有污垢的，可是她的后果却是悲惨的。一个美丽善良的姑娘，流浪在最肮脏的环境中生活，受到的是嘲讽，玩弄，最后做了彻底的牺牲。

　　这本书反映出了当时的社会风气，那个邪恶的副主教，当无法占有的时候选择了毁灭，毁灭爱斯梅拉达。这本书让我们看到的不是一个简单的故事，它深刻地揭示了人心的善与恶，不论在什么时候，人的共性始终存在着，就是向往并追求美好的生活。我们看到的应该是美好的东西，而不要让肮脏的东西充斥着我们的眼睛。这也就是世界名著的魅力所在，从一个小事情反映出一个大道理。

✦ 点评

　　品读名著，这是最美好的一种享受。小作者为大家推荐了《巴黎圣母院》，对书中几个主要人物性格特点做出较为恰当的分析，让我们感受到这部小说的魅力所在。想一想，我们生活在多么阳光的一个社会，更应该珍惜每一天的幸福生活。经典名著带给人类的是永恒的思考，这篇文章做到了。

史晓丽

读《红楼梦》有感

十二中　初三年级　张羽飞

　　《红楼梦》，太沉重的悲切，甚至令人不忍再成为其读者。

　　大观园，有太多的哀怨，太多无辜的魂灵。这些美丽的容颜，总也挽留不了他们西去的脚步，反而增添了啼血的悲鸣！本想驾一缕春风追寻她们的情影，但那又怎么能够？也罢，也罢，那无声的啜泣在耳边萦绕不绝已足够。园子里早已禁不住更多的苦痛，但这阻挡不了呵，阻挡不了更多生命的凋零与消逝。

　　姣妍如花的少女们，莺声燕语的少女们，曹雪芹用全部的心去讴歌，用全部的心去感触。我最偏爱的是这位女子，这个同样逝去的孩子。

　　终是留不住她的，那水做的骨肉，玉琢的心肠，错来了这一世。纤弱的美注定是要被破坏的，被那个不可一世的时代。冰雪的聪明是薄命的，过洁的生命是孤寂的。这带露的修竹再禁不住狂风暴雨的摧残。唱不完这伤感，叹不尽那凄凉，泪已枯，心已碎，意已尽，终而，她成仙而去。

　　可她与他的相识呢？一个是绝世佳人，一个是杰出少年；一个聪明绝顶，一个博学多才；一个无意于功名利禄，一个从不说"仕途经济"的混账话；她整天为他哭泣，他整天为她牵肠挂肚。他最美的诗句，他最高的才情，他最痴切的情感，他最高洁的品性，都毫无保留地奉献给她。

　　张生还可以跳过粉墙与莺莺约会，杜丽娘还可以在梦中同柳梦梅结成夫妻，而他们连这点儿幸运都没有。痛楚与悲悯，磨难与幻梦，凝成了她，凝成了这段绝世的爱恋。

　　她去了，千红一哭，万艳同悲，挽不回她随风而逝的那缕香魂。她需要怎样的祭奠，又何需祭奠？

　　这一切到底是好，还是了，白茫茫一片大地，空荡荡，却又沉甸甸，充盈着心窝。作者的笔下滴血，继而化作这些动人

太原晚报

468

阳光天使小记者　作品集

点评

　　一个心思细腻的红学迷，文思泉涌的小作者，写出这样一篇哀婉凄美的文章，可谓"红楼一叹"。小作者具有极高的文学修养，句句动情，字字泣泪，倾诉出对林黛玉这个人物的无限怜爱与悲悯。

史晓丽

的精灵。

终于，连他也转身而去，只留下生前身后众多风云，只留下这样的"白茫茫真干净"。

我爱《阿衰》

迎泽区第一实验小学　五年级　崔悦彬

谁都有喜欢的书，包括我！但是，我喜欢的书却是与众不同的，另类的，平时老师不让看的书——《阿衰》。

当我每次看这本书的时候，都忍不住会哈哈大笑。在笑中，把我的所有烦恼都消除了，看完，我一身轻松。记得那一次考试前，我压力过大，整天闷闷不乐。妈妈发现后，给我买了本《阿衰》，看完后，我开开心心去迎接考试。结果，我考了个好成绩。

有人说，我看漫画不务正业，但我觉得，像《阿衰》这种漫画，既增加了幽默细胞，又了解了一个道理：笑一笑，没什么事过不了的。我们要微笑面对任何事情，像阿衰这样普普通通的孩子，虽然小错不断，却是善良的。

我深刻地感觉到：读这本书是一种享受。

这就是我喜欢的书，你喜欢吗？

五毛钱能买到什么愿望

海边街小学　五年级　曹　弘

我最喜欢看《五毛钱的愿望》啦。这本书主要讲了巫师树村里发生的一系列怪事。

在巫师树村召开的教友联谊会上，来了一个名叫泰德司·布林的奇怪的小矮人，他声称只要花五毛钱从他那儿买一张带红点的卡片，就可以使一个愿望得以实现。11岁的波莉是个说话没有分寸的坏脾气女孩，她的愿望是让大家喜欢她；罗威娜

点评

真是一个有思想的孩子，敢于钟情于"不务正业"的《阿衰》，并以事实为依据，写出自己读过这本书之后的收获，进而提出一个具有哲理性的观点"笑一笑，没什么事过不了的。我们要微笑面对任何事情"。如果一本书能传达这样的思想，怎能拒绝它？在生活中，我们可能都属于阿衰那样普普通通、小错不断却很善良的人，面对任何挫折困难都来笑一笑，生活一定会更真实更美好。

史晓丽

是个轻浮的女孩子，她喜欢上了一个卖农具的亨利·派朴尔，她的愿望是让他永远留在自己身边；16岁的男孩儿亚当，因家里缺水经常去打水，他的愿望是农场到处都是水。

最后，他们三个人的愿望都以出人意料的方式实现了，但同时也带来了很多的麻烦。

这本书告诉我们，世上是没有天上掉馅儿饼的好事。我们应该用行动实现自己的愿望，不应该相信不真实的东西。这本书写得非常有意思，希望大家能看一看这本书，想一想给你带来了哪些启示。

⭐ **点评**

呵，这篇文章真有意思，把大家带进了奇妙的巫师树村，童年充满奇特想象，这样的书一定能唤起大家的情感共鸣，悄然走进幻想世界中，享受思想插上翅膀自由飞翔的惬意。

史晓丽

读《西游记》

众纺路小学 六年级 赵文墉

我对《西游记》情有独钟。它是吴承恩先生的杰作，讲述的是孙悟空和唐三藏及师弟八戒、沙僧去西天取经的故事。

小时候的我读起《西游记》来，总觉得既过瘾又有趣，那光怪陆离、色彩斑斓的神话世界，令我流连忘返，回味无穷。但今日今时，再次拜读《西游记》，我的领悟却变了。每个人都能在解读它时获取不同的感觉和启示。有人喜欢它鲜明的人物个性；有人喜欢它活泼诙谐的对话旁白；有人还研究它的历史背景、社会现象。但在我看来，书中曲折的情节中暗藏着人们渴望而不可及的生活理想和人性追求，那就是——自由。

孙悟空破石而出，"不伏麒麟辖，不服凤凰管，又不服人间王位所约束"，闹龙宫，闹冥司，花果山上称王。孙悟空其实就是自由的化身，他的品质中最突出的就是向往自由，他始终在追求自由，他的一切斗争也是为了争取自由。这样一个鲜活的形象给予了读者一种追求自由，追逐自由的力量和勇气。我认为我们就是要学习这种开拓进取的精神。

孙悟空无疑是英雄的典范。他为了自由，为了尊严，不惜与一切进行斗争。他和天兵天将、神仙菩萨打得轰轰烈烈、惊天动地，看似热闹而精彩，我却隐隐感到一层悲剧成分：他看

⭐ **点评**

好一个追求自由的英雄孙悟空，令人拍案叫绝。小作者写出自己两次看《西游记》的不同感受，由最初专注于情节的有趣转化为对人性追求的思索，足以表明思想的日趋成熟！在文章中，小作者从两方面剖析了孙悟空这个鲜明的形象，一是具有追逐自由的力量和勇气，二是英雄的典范，并提出了自己对孙悟空这个角色的理解——抗争中的悲壮，正应了流传很广的那句话"一千个读者就有一千个哈姆雷特"。

史晓丽

上去神通广大，但在与命运的搏斗中总显得无助、单薄。正因为这种对抗的差距与悬殊，发自内心而拼尽全力的抗争才显得悲壮，明知不可为而为的勇士才能凸显出其英雄本色。

升旗的荣耀

后小河小学　五年级　刘泽良

在小学阶段，每个学生都梦想成为一名升旗手，因为升旗是一个人的荣耀。今天我就为大家介绍一位同学升旗的经历。

肖晓是一名品学兼优、崇拜英雄的学生，他有一个愿望就是当一名升旗手，所以，他不惜一切地表现自己。可是因为他没有引人注目的事迹，所以很多次都没能当选。在一个偶然的情况下，他捡到了一个钱包，自认为可能会被评为升旗手，但愿望又落空了。他没有灰心，也没有放弃努力，更没有打消升国旗的念头，而是更加积极地表现自己。

在动物园，他和别人一起抓住了几个"盗猴贼"；在名片风波上，他不想成为什么总经理、董事长这些大官，他只想做一名合格的升旗手；甚至在寒假里，不惜"挪用公款"独自去北京观看升旗仪式，虽然最终由于家人的着急而没能看上升旗，反而被罚写了1000字的检查和关了一天的禁闭。他没有被这次的阴影所挫败，还陆陆续续做了许多好事，搀扶同学逛公园，惩恶扬善，帮助贫困的孩子参加"手拉手"活动……直到最后，终于被评为了升旗手。在介绍词上，学习尖子林茜茜说"他正直、勇敢、坦诚、热情，与坏人坏事做斗争，对同学春天一般温暖"。此时的他终于如愿以偿了，站在主席台上充满了喜悦与自豪。

听过，想过，千万不要错过，让我们共同欣赏《今天我是升旗手》这本书吧。

点评

形式新颖，原以为小作者介绍的是身边的某位同学，为了当上一名升旗手不惜一切地表现自己。虽说那位同学的愿望一次次落空，但始终没有放弃追求，直到最后梦想得以实现。本想认识这位同学，没想到是书中的一个主人公，书名《今天我是升旗手》。相信这样别出心裁的好书推荐，一定会受到所有人的青睐！

史晓丽

《超级市长》读后

迎泽区第一实验小学　五年级　任佚佳

同学们，你们知道马小跳吗？你们知道，我也知道。马小跳就是那个"威震学校"的"大"男孩，但他这个"大错不犯，小错不断"的"大"男孩也有一番"事业"。

这天，马天笑先生在报纸上看到一个竞选超级市长的公告，便怂恿马小跳去，就这样，一个市长诞生了……

竞选地点人山人海，一个名叫王天骄的完美女孩进入了马小跳、唐飞、毛超、张达的视线里，而一个肥胖的身躯挡住了他们的视线，这就是王天骄的妈妈。

神童林子聪和成语大王丁文涛也去竞选，林子聪觉得这本来是凤凰的游戏，鸡却跑来掺和；丁文涛则认为，"一定要把大象和蚂蚁放在一起，大象只会踩死蚂蚁"；唐飞、毛超、张达也感觉马小跳没戏。果然，马小跳在初赛时，评委们都不愿意看他的才艺表演，但出乎大家的预料，马小跳不仅初赛告捷，而且过关斩将，最后成了"超级市长"。

马小跳的成功秘诀就是自信。自信是人成功的开始，你自己都不信任自己，别人怎么能信任你，提拔你，谁还给你机会证明你自己呢？

马小跳意志坚定，说什么做什么，决不马虎，最终赢得了竞选。"世上无难事，只怕有心人"，这点我要向马小跳学习。

点评

《淘气包马小跳》是一套极为畅销的校园小说，同学们都喜欢故事中那个"大错不犯小错不断"的马小跳。小作者将《超级市长》一书中的故事情节做出简要介绍，将马小跳成功的秘诀展示出来，那就是自信、坚定！如果我们每个人都具有这样的品质，有什么困难能把我们压倒呢?感谢杨红樱给我们提供这么好的精神食粮，感谢任佚佳精心推荐的这本书！

史晓丽

父爱如山

青年路小学　六年级　陈　茜

每个人都有自己喜爱的一本书！要说起我最喜爱的一本书，非《金故事——品读父爱》莫属了！

这本书的封面是两只手。一只是孩子的小手，另一只是父

亲的大手。孩子的小手紧紧握着父亲粗糙的手！仅仅一个这样的画面，是多么吸引人。这本书中的每一个故事都没有出现一个爱字，却把父亲的爱描述得清清楚楚。

其中，我最喜欢的一个故事是《爸，我等着你回家》。这个故事讲述的是一位父亲18年前犯罪入狱，为了孩子的幸福，离婚了。母亲骗孩子说，父亲是海员，出海去了。在儿子上大学时，父亲扮成看门的老头，时时刻刻关注自己的儿子。在儿子意外犯错后"顶罪"，被开除。儿子将他带进母亲的面店打工，可父亲却默默地走了。母亲告诉孩子真相，孩子说：父亲，我等你！

相信你听了我的介绍，就知道我为什么喜欢这本书了！是因为这本书的父爱真正打动了我，那种父爱如山的真情让我感动。

这就是我最喜欢的一本书！我相信，任何一个人都会喜欢这本书——《金故事——品读父爱》！

★ 在逆境中奋斗

双西小学　五年级　刘丁元

谁都有自己喜欢的一本书，谁都有自己脑海中那一本好看的书籍，我脑海中的那一本书就是《鲁滨逊漂流记》。

主人公鲁滨逊·克鲁索出生在英国约克城的一个体面家庭，在他长大以后，违背父母的意愿，坐上了一艘开往伦敦的船，可是没过几天，船就遇到了大风暴，这次航海给了鲁滨逊一个惨痛的教训。于是，他在巴西买了一块种植园，成为了种植园主。可是航海又一次迷住了他，在1659年9月10日，他上了一艘货船，这艘船在12天后又遇到了风暴，船上所有的人几乎都丧了命，鲁滨逊漂流到一座荒岛上。他在这座荒岛上克服了常人难以想象的困难和挫折，他与病魔、与环境做斗争，在这里，他生活了整整27年，后来一艘英国船来到这座荒岛上，把鲁滨逊带回了阔别已久的英国。回到英国后，他的父亲已经过世，他继承了父亲的遗产，终于过上了幸福安定的生活。

点评

父爱如山，深沉含蓄。小作者从《金故事——品读父爱》一书中深深理解了这一点。为了更好地把这本书推荐给大家，小作者着实费了一番心思，他先是描写封面，以细腻的手法营造一种爱的氛围，接着从文中选取了一则故事娓娓道来，那带着辛酸眼泪的故事再一次告诉人们，父爱是永恒的，我们身边不缺少爱，缺少的是对爱的理解与感受。

史晓丽

点评

小作者以简洁的语句写出了《鲁宾逊漂流记》的主要内容，着重介绍出他历经重重磨难，直至获得幸福。很多人都读过这个故事，但是小作者能从故事中体会到内在的含义，人处于逆境时要坚强，一定要与命运抗争到底，终究会获得胜利。这种读后体会真实可感，有感召力，人类正是拥有这种精神，才会生生不息。

史晓丽

这本书没有讲述什么大道理，就是说明了人在逆境、无助、悲伤时，不要时刻想着那些悲伤的事情，一定要有坚强的意志和精神，一定要和命运抗争到底。鲁滨逊就是在历尽艰辛与磨难后，为了寻找精神的寄托和灵魂的依附，最终选择了生存的信念，开始了一段与命运抗争的历程，最终战胜了命运。

读《卖火柴的小女孩》有感

万柏林区实验小学　六年级　刘珈豪

大年夜的傍晚，我听着窗外的鞭炮声，坐在电视机前等着春节联欢晚会开播，随手拿起那本《安徒生童话》，翻到了《卖火柴的小女孩》。我最喜欢这篇童话，它给我留下了深刻的印象，我已经读了许多遍，有的地方都能背出来了。

在大年夜，我们一家人围在一起，吃着美味佳肴，看着春节联欢晚会，放着烟花爆竹，分着压岁钱，那个卖火柴的小女孩，却在风雪交加的平安夜，赤着脚，走在寒冷而黑暗的街上，用旧围裙兜着火柴叫卖。她没卖掉一根火柴，只有刺骨的寒风在回答她，只有飘落在她金黄色的头发上的雪花在陪伴着她。

小女孩又冷、又饿、又孤独，她用几乎冻僵的小手一连擦燃了五次火柴。第一次她看见了温暖的大火炉；第二次她看见了喷香的烧鹅朝她走过来；第三次她看见了美丽的圣诞树；第四次她看见了疼她爱她的奶奶，她是多么向往那美好的生活啊！为了留住奶奶，为了留住那些美好的幻景，她擦燃了大把的火柴——当新年的太阳升起时，人们看到小女孩双手通红，攥着一把没有燃尽的火柴，嘴上带着微笑，冻死在大年夜的街头。

同是除夕夜，我们和卖火柴的小女孩相比，真是一个天上一个地下。我们一定要珍惜这来之不易的好时光，好好学习，掌握更多的本领，将来让更多的人都过上幸福生活。

指导老师　李　丽

点评

小作者带着一份对主人公的同情介绍出故事的主要内容，足以打动读者心弦。在几次幻想过后，小女孩的生命走向尽头，故事也就以这样的方式结束了，留给人们的是叹息，是思索。小作者联想到自己的幸福生活，并愿意把自己的爱心献出去，去帮助更多的人，这就是书的力量！

史晓丽

学会独立

青年路小学　五年级　李　好

《乌塔》这篇文章，让我受益匪浅，明白了很多道理。

"光从电视和书本上认识世界总不完美，我从电视上经常看见意大利，但只有亲自来到这里，它的美丽才深深地感动了我。"的确，我也有同感。书上曾经介绍过山水甲天下的桂林，但我却没什么感觉。直到我去了桂林，漫游在漓江上，我才真切地感受到漓江的水真静啊！静得让你感受不到它在流动；漓江的水真清啊！清得可以看见江底的沙石；漓江的水真绿啊！绿得仿佛那是一块无瑕的翡翠。还有那些千奇百怪的钟乳石！这时，桂林才真正吸引了我。"真正"这个词是我发自内心的感受，书本上只是作者的想法，要想获得真正的美，还得亲自去实践，亲身去感受。

这篇文章让我感受最深的是乌塔独立生活的能力。乌塔11岁就有了独自去游历欧洲的念头，用了3年的时间挣到足够的钱，14岁开始旅游，并把自己的旅程安排得井井有条。而我周围的孩子呢？14岁的孩子依旧是家里的"小公主"和"小皇帝"。乌塔11岁开始赚钱，而我们需要钱时，只需大手一挥，"爸妈，一人给我准备50块钱，明天我和同学出去玩儿。"家长从小就娇惯着孩子，让我们过着衣来伸手，饭来张口的生活。孩子出门玩会儿，家长都不放心，更别说是独自出门旅游。外国的家长不是不爱他们的孩子，只是教育的理念和方式不同，我想，如果把我们这样娇生惯养地养大，和外国的孩子放在一起比一比，那我们只能扑扇几下翅膀，望着其它的鸟儿自由自在地飞翔。

躬身实践，在实践中感知生活，增强独立生活的能力，这对我们很重要！

★ 点评

在读书中处处和自己的经历相联系，从而产生丰富的感受，提高自己的认识，这种写读后感的方式很恰当。这篇文章首先介绍出"亲身实践，亲身感受"重要，接着让大家了解到外国小女孩乌塔非凡的独立生活能力，从而感受外国家长的教育理念，这篇文章表达出渴望长大的中国孩子的心声，感染力强。

史晓丽

我最喜欢的一本书

太师一附小　五年级　郝昕瞳

书伴随着我们的一生。从小时的儿歌，到童年的连环画、小人书，再到成年的杂志、小说，书就如同我们食物中的盐，骨骼中的钙，在我们的生活中不可或缺。书使我们的生活丰富多彩，所以我喜欢读书，我更要寻找好书。

我发现了！我找到了！我找到了好书，它的名字叫《汤姆叔叔的小屋》。

看到封皮，你会看到汤姆叔叔在黯然神伤，望着窗外。天空阴晴不定，好像马上一场雷雨就要来临。想知道怎么回事吗？赶快打开书看看吧。

花纹驳杂的石墙，简陋的小瓜棚，里面住着汤姆叔叔一家。但是，好景不长，因为他的主人欠了奴隶贩子黑利500块钱，所以汤姆叔叔只好被抵押去贩卖。在船上，他被第二个主人买下，并跟主人回到了家。他很受主人的喜欢，渐渐的，他成为主人的大管家，主人还曾经答应他还他自由呢！但是，当他沉浸在欢乐中时，不幸发生了，第二个主人圣克莱尔在咖啡馆劝架时不幸遇刺，当他在悲痛之余，万万没有想到的是，他的女主人情急之下，居然要卖掉所有奴隶！汤姆只好再次漂泊。这时他已到了最后一个奴隶主手里，这个主人很凶残，时常打骂奴隶，他看见汤姆身体强壮，四肢发达。就想把他变成一个打手……

汤姆命运如何呢？他能逃脱奴隶主的魔掌吗？如果你关心汤姆的命运，赶快找来原著读读吧！

太原晚报

476

阳光天使小记者　作品集

读书伴我成长

山西省实验小学　六年级　陈嘉禾

我从小便与书有着不解之缘：哺育我们的婴儿教育书、父母讲的故事书、学龄前的连环画、上学时的课本，课外的各种散文、作文选、科普书、历史书和许多名著。

日复一日，我就这样在一片书香中体味着作品的精髓，艰深的文字不再是理解的障碍，读书对于我来说更多的是一种需要，而不是一种负担。

记得小时候，我还不识字，妈妈就耐心地教我背唐诗，茶余饭后，妈妈便教我读《唐诗三百首》里的唐诗，妈妈说一句，我就鹦鹉学舌地模仿一遍……

低年级时，我迷上了科普书籍，妈妈就帮我买了一套《少儿百科全书》，厚厚的几本，宇宙气象，人类文明，世界地理，这些知识书上都有。书中的每个问题都说得非常详细，真使人爱不释手。在如饥似渴阅读的同时，我家又住进了一位"新朋友"——《新世纪中国少儿十万个为什么》。这套书又使我增长了许多知识。

一次，老师在讲《宇宙生命之谜》时，让我们自己先了解宇宙的奥妙，我回忆起了在《新世纪中国少儿十万个为什么》中了解的地球的引力，便滔滔不绝地介绍给同学们听。当小老师的感觉真好，这还得归功于我的书朋友呢！

现在六年级了，我当然应更有意识地去读一些优秀的散文、作文集，从文章中我不仅积累了许多好词好句，也领悟了许多做人的道理。

读书是积累，知识的大小要靠日积月累才形成。年华如水，一去不复返，怎样才能不让它白白流逝呢？抓住了知识，抓住了今天，你就抓住了生命，抓住了未来。书将继续伴我成长，是我生命之光环。

★ 点评

读完本文，深切感受到读书的的确确伴随着小作者的成长。文中字里行间充满了对读书的热爱：是书，让她增长了知识；是书，让她当上同学们的小老师；是书，让她的思想一天天深刻起来。结尾一段的体会，是读书之后真实表白，不爱读书的人是永远体会不到其中滋味。

史晓丽

快乐阅读

477

★ 我与书

万柏林区实验小学　六年级　黄德慧

小时候，我特别不爱读书，以至于妈妈给我买的书都"堆积成山"了，可是我就懒得动一动，整天不是看电视就是玩。那时书与我是"陌生"的朋友。

偶然的一次，我翻开了妈妈给我新买的一本书——《智慧背囊》。我被书中具有哲理性的小故事吸引住了。里面的文章跌宕起伏，高潮的部分扣人心弦，再次翻开《智慧背囊》，我就又跟随着作者游历大江南北，欣赏独特风光，体会作者的感受。我在书的海洋中遨游，读书让我忘记了时间，转眼间一个小时过去了，可是我觉得才过了一分钟。从此我爱上了书，爱它是因为可以与很多智者交流；爱它是因为可以让我开阔眼界；爱它是因为可以陶冶我的情操——书从此成了我形影不离的好朋友，我无时无刻不带着它，手捧着新买的书就像获得了一块无价之宝。是的，书永远是我的营养品，永远是我干渴时的甘泉，饥饿时的面包啊！

同学们，你们是不是现在还不喜欢书呢？如果是，快去买一本好书吧，当你进入角色时，你的感受就会和我一样，永远都不会把"书"这个词忘掉。作家祝大同爷爷说得对，"读书无禁区"。同学们，敞开你的心扉，释放你的激情，快去读书吧！它会使你受益匪浅。

我的三步读书法

万柏林区实验小学　五年级　贺怡如

我是个小书迷，从小就喜爱读书，只要有时间，就抱着书本不撒手，常常因为读书忘了吃饭，忘了睡觉。读的书多了，也就有了点读书的小窍门，我把它叫做三步读书法。

第一步是粗读。拿到一本书或一篇文章后，快速地把各章节浏览一遍，目的有两个：了解文章的大概内容，判断文章是否适合自己阅读，有无精读的价值；对于需要继续精读的文章，要知道文章的重点在哪一部分，哪些内容需要自己去重点关注。比方说，我粗读《珍珠鸟》这篇课文后，知道它是讲人和珍珠鸟和谐相处的故事，文章描写细腻，寓意深远，应该继续精读，重点章节是后半部分。

阳光天使小记者　作品集

第二步是精读，仔细阅读文章，尤其是重点章节。在读的过程中，要善于提问题：作者是要表达一个什么中心意思，是通过怎样的写作手法一步一步地阐述明白的，哪些描写特别形象恰当，值得我们去学习。还是《珍珠鸟》这篇文章，珍珠鸟对作者的态度，由怕到不怕，再到信赖，整个过程被作者描写得活灵活现，就像发生在我们自己身上一样，然后作者笔锋一转，很自然地得出了结论：信赖，往往创造出美好的境界。使我们深刻地感受到，人与人，人与动物，人与自然之间，只有和谐相处，才能达到美好的境界。

第三步是做笔记。好记性不如烂笔头，仅仅完成前两步是不够的。我有一个专门的读书记录本，每读完一篇好文章，我都要做笔记，有书名、作者、好词好句、精彩片段、中心思想、读后感等内容。通过记笔记，我能够很好地掌握阅读内容，把一些写作技巧借鉴到自己的文章之中，提高自己的写作水平。

通过以上三步，读书就能从囫囵吞枣、不求甚解到融会贯通，读有所得，写作水平就会大幅度提高。你愿意试试这三步读书法吗？

★ 点评

怡如，读完文章，我伏案深思——如果同学们都像你这样读书，那将会呈现怎样的光景啊！以《珍珠鸟》这篇文章为例，你层层递进分三步谈了你读书的方法：怎样区分需粗读与精读的文章；对于需精读的文章，你深入细致，很有条理地讲述了方法。这样，即理解了文章，又学到了写作的手法；强调必要时需做笔记、写感想。我想读到这里同学们已感受到你的自信，同时也拥有了好的读书写作方法。

吕全玲

初读《聊斋志异》

八一小学　四年级　贺宇洋

去年底，我当上了太原晚报阳光天使小记者。上个周末，我参加了在尔雅书店举行的"挑书大赢家"活动。那里有好多和我年龄一样大的同学。活动开始了，我们大家开始挑选自己喜欢的图书，我挑了中国古典名著《聊斋志异》。

回到家里，我一口气读完了其中的《贾儿》，内容是有一个女人叫贾妻，睡觉醒来后，看见自己身旁竟然睡着一个身材矮小的男人。贾儿对着月光仔细一看，男人的身后有一条毛茸茸的尾巴，原来是一只狐狸精。贾儿不知如何是好，不久，那只狐狸精醒来了，下了床，跑到门边，没有打开门却已经消失得无影无踪。把贾儿吓得灵魂都快飞了。狐狸精跑到一个酒店，有

★ 点评

孩子，你热爱国学，选读名著，我非常赞赏。《贾儿》这一故事叙述得津津有味，看来你是被离奇的故事情节吸引了，可也不忘思考，努力从故事中寻找启示。四年级的你对于这部名著收获已经颇丰了。

吕全玲

快乐阅读 479

一个小男孩知道它不是人，就给了它一坛酒，结果狐狸精被毒死了。

这篇文章告诉我们，遇到坏人时，一定要靠自己的聪明才智对付坏人。

我和书的故事

青年路小学　五年级　王思远

我和书之间有很多故事，尤其是一个月前发生的一件事情，令我难忘。

那天，刚上第二节课，班主任老师便神秘地提着一个袋子走进了教室。原来，这就是老师要推荐给我们的一本好书——《藏獒》。它叙述的是"父亲"在草原上和牧民与藏獒的传奇经历，藏獒的忠诚与灵性给我留下了深刻的印象。老师还从中读了一些片段。于是我肚里的小书虫又因为想看书而发牢骚了。终于，在我几次请求下，妈妈答应和我一起去买那本书。

我们将目标锁定在附近的一家书店，要知道这可是太原最好的书店呀，我攥着钱满心欢喜地跑进里面。

"阿姨，请帮我拿一本《藏獒》！"我大声地说。她匆忙从一个架子上往下取书，但却是《藏獒Ⅱ》。我脑子里突然闪出一个可怕的念头，书卖完了！"阿姨，我想买的是《藏獒》。"我怯生生地说，刚才的勇气也不知跑到哪里去了。"噢，卖完了。"阿姨说罢便走开了。我捏着被汗水浸湿的钱，垂头丧气地离开了书店。刚出门，眼泪便哗哗地流了出来。不是伤心，而是绝望。连这里都没有，在其他地方怎么能买到呢？

妈妈十分镇静，决定再带我去学校周围的两家书店找找，我十分不情愿地坐上车，嘴撅得老高。

在第一家店里，我们碰壁了。我慢慢挪到第二家书店，有气无力地问："有《藏獒》吗？""有啊，正好剩最后一本！"说罢，阿姨热情地将一本书放在我手里。我一看，啊！这不正是我踏破铁鞋无觅处的《藏獒》吗？我阴云密布的脸上顿时笑开

了花。赶忙付了钱，夺过书就跑，生怕它被别人买走。"哎，小朋友，找你的钱！"我这才想起，还没找钱呢……

从此，这本书便被我放在床头，成为我的一个好朋友。虽然这件事过去了许久，我却依然记忆犹新。

★ 读《老人与海》有感

建设北路小学　五年级　尚雅枫

当我读了《老人与海》这篇名著后，被故事中的老人深深感动。他遭遇了鲨鱼的袭击后，已筋疲力尽，但他不是悲叹命运对自己的不公，而是充分利用自己的头脑和双手，布下埋伏，与鲨鱼搏斗。在绝望和无助中用自己的顽强和毅力与饥饿、疾病等作斗争，最终胜利地捕到了鲨鱼。

一开始，老人乘着一只小船出海捕鱼。但是在一次捕鱼中，他被一条大银鱼拉到了深海，于是老人与银鱼搏斗，最终捕获了银鱼。但银鱼的血染红了海面，引来了几只饥饿的鲨鱼。老人为了保住大银鱼，与鲨鱼们开始了搏斗。在漆黑的夜晚，老人摸着黑，拿着木棍与鲨鱼拼搏，经过了一个又一个夜晚，老人战胜了鲨鱼，拖着疲惫的身子，回到了自己的港湾。而那鱼骨和小船，则留在了沙滩上，被旅游者驻足观看……

读完这篇名著后，我真的被老人的顽强和勇敢深深地打动了，他在那么危险的环境下，把自己从绝望中解救了出来。使我感动最深的是他的毅力和决心，老人在海上遇见鲨鱼，求生的希望就是毅力。我不禁想起自己，我们对生活，对学习是不是也应该向他学习呢？遇到困难是不是也应该勇敢地面对而不是逃避呢？

记得我在学习的过程中，经常遇到一些困难，我不是想办法克服它，而是和困难玩起了捉迷藏。有一次，我阅读课外书时，遇到了一个不会读的字，但始终没有去查字典，如果我要搞清楚这个字，就会花时间和精力，于是，我心安理得地放弃了。可是后来在考试中我又遇到了同一个字，我还是没有解决掉，我好后悔。以后，我要像"老人"一样，勇敢地和困难作斗争。

★ 点评

面对绝望、无助，多少人倒下了，给自己的生命留下了多少遗憾！可谁又曾料到有多少人站起来了，给自己生命谱写了一首赞歌！是毁灭还是生存取决于内心。老人用他坚韧顽强的毅力，摧毁了"绝望"！你选择精彩的最打动人心的片段并结合自身的实例，真切地感动了一把！站在我面前的你，似乎也是那样的勇敢、顽强！

吕全玲

朋友，你看过这本书吗？如果没有，我建议你看看！你一定会和我一样感动的！

★ 我与书的故事

万柏林区实验小学　六年级　龚泽佳

书，是一扇开启智慧大门的钥匙；书，是人类进步的阶梯；书，不仅被古往今来的仁人志士所赞颂，它更是我最亲密的朋友！

每当我高兴时，悲伤时，兴奋时，无奈时，随手拿一本书，清香的书的气息便会让我如痴如醉，所有心情便都融化在那一个个如音符般跳动的书页当中了。直到现在，每当我看到那三排整齐的书，那五彩缤纷的颜色，我小小的心中还留着一种自豪感——我有这么多的朋友！

有朋友就有故事。望着我自己的书柜，我和书的一个故事便浮现在我的眼前——那是我最喜欢的一本书，书名叫《白牙》。这本书还是我爸爸送我的礼物哩。书中那只刚强、坚韧的狼和狗的混血儿至今还深深打动着我。所以，这本书也一直被我当作宝贝看待。

那是一次考试的一周后，我们到学校看成绩。记得那次考试也是我最有把握的一次。但是成绩单一下来，却泼了我一身冷水——三门功课考得都不好，就连我最钟爱的数学也在90分以下！我犹如一棵被突如其来的风暴刮倒的小树，刚才那得意洋洋的神色顿时烟消云散。我哭了。我哭着跑回家，一头扎倒在我的小床上。一会儿，我止住了哭声，望着我的书柜发呆：我的好朋友们，你们知道我的成绩么？会安慰我么？一阵抽泣，我的目光移到了那本《白牙》上。《白牙》，不就是父亲送我的那本书么？白牙，不就是那只不怕挫折，刚毅的混血狗么？我为什么不能学习白牙的精神？父亲送我这本书，不也是希望这本书能教我些什么吗？想到这儿，我心中又萌发了好好学习的种子……

又是一年考试的一周后，我终于拿到了我自己理想的分数——我庆幸，我有《白牙》这样的好朋友，你有么？

点评

喜、怒、哀、乐只因为书，也因为有了书，使得生活如奏响的乐曲——跌宕起伏，千回百转。我很欣赏你对书的钟爱：有书为伴，生活所以不再孤寂;有书为伴，生活平添几分色彩。孩子，你的语言能力很强，很欣赏你用"五彩缤纷"来形容书的色彩。同时，这也透露出你对书的喜爱之情。此外，文章六处连续使用问号，这样就把你心中所有的情感抒发得淋漓尽致了。

吕全玲

歌舞中的青春

太原市十二中　初三年级　黄思达

聆听美妙的音乐是一种享受，把自己喜欢的音乐分享给更多的朋友，更是一种快乐。

想必大家都听到过《歌舞青春》这个有活力的名词。对，你说的没错。《歌舞青春》就是现在全世界最受欢迎的歌舞电影。仅在台湾就有200万民众为其癫狂，大陆更是不胜枚举。

我想要与大家一同分享的是这部歌舞电影中的一首压轴歌曲——《BREAKING　FREE》。中文意思是放飞自由。男女主角在剧中把歌曲演绎得淋漓尽致。

歌曲的开头是很舒缓的。初听起来有一种浪漫的情调，但其中也伴有一丝惆怅，随着歌曲高潮的来临，心中的惆怅逐渐转变为喜悦。男女主角的绝配声色也是歌曲最大的亮点。女主角每次上台演出总带有一些初出茅庐的羞涩，给观众一种可爱、清新的感觉。男主角呢？一名优秀的高中篮球队长，唱起歌来他的霸气将整场的气氛推向白热化。在男主角演唱"BREAKING FREE"时，他经典的滑步和迷人的笑容使我记忆深刻：他身着白色队服，双脚超乎想象地滑动，坐在电脑前观看的我常常忍不住站起身来，发疯似地随他摆动。

同样吸引我的还有演唱戏剧化的开始，实在是不可思议。女主角利用自己和同伴的聪明才智，让学校体育馆的计分设备暂时失灵。学校不得不让正在比赛的男主角暂时离场。面试结束时，他俩最终赶到现场，开始演唱歌曲。随着男主角的带动，女主角渐入佳境。在场的老师扔掉了手中的纸和笔跟着他们打拍子，同学们纷纷起立，或大声跟唱，或奋力鼓掌。本不支持他们面试的家长在听到他们高亢的演唱后，也露出了会心的笑容。

★ 点评

歌舞电影的表现形式新颖、丰富、有活力，它将声音、动作、人物、情节完美地结合在一起，要求欣赏者调动全身的每一个器官来领会。本文小作者做到了这一点。他笔下的《歌舞青春》或舒缓或激昂，或机敏或冲动，这来自于作者在情节安排上的精心与巧妙，只有跌宕起伏才能吸引读者的眼球。而就在这华美的音乐与画面中，男女主角又成为最引人注目的角色，把更多的笔墨倾吐在他们身上，使得人物形象鲜明、生动。结尾的戛然而止让读者回味无穷。

郑小·瑞

⭐ 再回童年

太原市外国语学校　高一年级　王婪婪

"Forever young，I want to be forever young……"安静的、暖暖的时光里，蓝天像记忆的放映员。

被阳光筛选的那些孩子气的片段，轻轻地，又一次呈现。听这首《Forever young》，适合用看电影的心情去回访曾经的故事和童年的生活。那种超越了时间的温习，把人拉进纯真和美好。歌曲由干净的童声合成，不夹杂任何修饰和技巧，只是纯粹的童音展现。整首歌的旋律很悠扬，没有强烈的鼓点和厚重的金属感。淡淡的背景音乐完美地凸显出几个小孩子动听的声音，像安琪儿般浅吟无忧。结尾的部分是一个女孩的高声独唱，唱出无与伦比的感动。不由自主地跟着她一起读完那句年轻的誓言，心里霎时充满神圣感，仿佛安宁的心依偎在世界的怀抱里，再喧闹也吵不到明朗的笑意。戴上耳机，嘴角微微上扬……

⭐ 点评

文章对歌曲及听时的感受进行了形象的描绘，语言美得自然舒服。多处运用比喻、拟人等手法，起到了渲染的作用。但缺乏理性的思考，是不是从歌曲当中能听出我们的人生等，这样文章就更有深度了。

郑小·瑞

⭐ 陕北的好江南

万柏林区实验小学　六年级　李　慧

耳畔又想起了郭兰英老师唱的《南泥湾》了，虽然这是一首革命的歌曲，但听着是那么亲切，它优美的音律常会把我们带回那个激情高昂的年代。

这首歌虽是老歌，但是我很喜欢听，在它的音乐里我能找到过去的真情，能感觉到革命的激情，能领略到历史的真实。它让我们记住了那个年代的艰苦，记住了革命战士的英勇。

听这句歌词"来到了南泥湾，南泥湾好地方，到处是庄稼，遍地是牛羊。"如此美的地方怎能不令人神往。在我的心中，这首歌如良师教会了我做人的道理，如益友让我在遇到困难时想到它翻天覆地的变化。

⭐ 点评

可能是歌曲本身脍炙人口，经久不衰的诱惑，可能是作者对歌词中描述的情景的向往，也可能是欢快的旋律让人动容，我们看到文章在力求表现这一切。尽管一个十多岁的孩子无法体会"南泥湾"所包含的革命情怀，至少他用心去欣赏音乐，用心去揣摩文字，用心去交流感受了，这就足够了。

郑小·瑞

当我打开这首音乐时，将会置身在美的海洋，一幅无与伦比的画面会出现在面前，那里有开满山坡的鲜花，一片片绿油油的广阔田野，还有那一位位勤劳朴实的人民。这些是多么值得赞颂啊，特别是战士和老乡那种真挚的情感和心贴心的交流。

多听一听老歌吧，它会净化人的心灵，洗涤我们这代人的自私和懦弱。

听好歌如同读好书一样的重要，让我们一起来听《南泥湾》。

⭐ 童话里的翅膀

金陵中学河西分校　初一年级　张　怡

好听的流行歌曲无数，我却独爱这首《隐形的翅膀》。

"每一次 / 都在徘徊孤独中坚强 / 每一次 / 就算很受伤也不闪泪光……"歌在轻柔的音乐中伴着张韶涵甜美的声音唱出，带我们进入了一个童话。这个童话是《丑小鸭》吧，历经磨难，一只优雅的白天鹅翱翔于天宇。那曾经的丑小鸭身上，会看到我们年少时的影子。

我们也在反复遭遇挫折，我们也在不断迎接困难，我们也将独自面对成长道路上的风雨……青春的旅途，总是欢笑与泪水交织，心灵，难免是寂寞的。"我知道 / 我一直有双隐形的翅膀 / 带我飞 / 给我希望……"就让这心灵的寂寞在时光里流逝吧。擦去眼角隐忍的泪水，抬起在困难面前低下的头，放眼望去，彼岸有一道雨后的虹，那耀眼的光芒使我们忘却了旅途的疲惫，轻轻地拂去脚上的尘土，迈出坚定的步伐，而不管这条道路有多坎坷。

清风吹过，理想化作一双翅膀，看不见，摸不着，悄悄地附在肩上，让我们健步如飞。飞过夏日的炎炎似火，飞过秋雨的延绵萧瑟，飞过冬夜的漫长寒冷；最后一片雪花飘然远去，还有些寒冷的大地上，小草已迫不及待地探出了头。草色青青，因为无尽的绝望已经过去，希望开始发芽。奋斗的汗水洗刷着青春的道路，一切的迷惘哀伤已经随风飘逝，飘散在久远的曾经。春回大地，一片生机，彼岸的彩虹向我们招手，我们在盎然的

⭐ 点评

有时写作是一种感觉。当灵感到来的时候，文如泉涌，奔流不息。我想本文小作者正是找到了这样一种感觉。文章把对歌词的理解与对生活的理解联系起来，创造了美的意境，给读者带来春风拂面般的享受。纵向来看，文章的开头抓住读者的视线，中间引起读者的共鸣，结尾带着读者的思绪飞向梦想开始的地方。浑然一体，淋漓酣畅。

郑小瑞

春色中再一次启程。"隐形的翅膀／带我飞向远方／哪里会有风，就飞多远吧……"

在青春书写的童话里，我们有双隐形的翅膀，伴我们飞向远方。在现实谱写的生活中，这双隐形的翅膀是理想，化作前进的动力，让我们不懈努力着。有了理想，我们相信，远方的风景总是更美。

无数流行歌曲中，我独爱这首《隐形的翅膀》，因为它唱出了我们的心声。

隐形的翅膀，让我们的梦想与天地一样长远，留一个愿望，让自己想象……

486

★ 品味好歌

太原市外国语学校　初二年级　沈　晴

每每听到《真心英雄》这首歌，我总是感慨万千。

这首歌曲，我最喜欢的就是那句"不经历风雨，怎么见彩虹，没有人能随随便便成功。"这句话用朴实的语调阐释了一个人生真谛：只有付出辛苦，经历风雨，就能获得成功的果实。到了那时，你会得到一种快乐。那种快乐不同于平常的开怀一笑，它充满了成就感。

成功常需要付出很大的代价。我们把目标比喻成一棵枝繁叶茂的理想之树，不用说，通往理想之树的路会布满泥泞和荆棘。爱迪生经过1500多次的失败，经过无数打击与嘲讽后，仍旧回到实验台上做实验。我虽然不知道他那时的遭遇有没有使他烦恼，有没有痛苦，有没有自卑，但他笑着对自己说，"成功离我又近了一步"，他坚信自己的理想之树已经结满了丰硕的果实，最终他成了伟大的发明家。

还是那句话，风雨过后的彩虹才是最美丽的，用汗水浇灌的果实才是最甜美的。我不奢望自己能有多么伟大的成就，但只有现在努力了，将来才可能成功，将来靠我自己把握！

再一次品味这首经典老歌，再一次回味无穷……

★ 点评

这篇文章的作者很会"品"。一是会品歌词，那么多句子中品到最有分量的一句；二是会品人生，小小年纪就悟出了成功的道理；三是会品文字，前进的路上几多曲折，通过具体的事物都表现出来了。从结构安排上来看，详略运用十分得当，使得文章看上去就像一个衣着得体、精神饱满的人一样，耐看、好看。

郑小瑞

团结一心战台风

太原市36中 初一年级 张 研

听！台风来了，它正咆哮着侵略海边的城市，贪婪地吞噬着人们的生命和财产。人们绝望了，眼睁睁地看着亲人们离去，却什么也不能做！而这时，人们的眼前一亮，上前紧紧地抓住了他们的希望——人民子弟兵！这边解放军战士手挽着手、肩并着肩，那边武警官兵正与呼啸而来的台风争分夺秒，争夺每一个生命。他们不停歇一分一秒，这个战士倒下了，下一个战士便上前继续作战。就这样，战士们与台风争夺了很长时间后，台风终于被战士们的精神与气势吓退了。幸存的百姓们向战士们围过来，表达他们的感激之情。

名曲《战台风》就是对"团结一心，共渡难关"最好的解释。这让我想起了一句歌词："一双筷子轻轻被折断，十双筷子牢牢抱成团。"是啊，一个集体如果有了团结，是不会轻易被打倒的，就像一个班集体一样。在学习上，我们需要它；在学校运动会上，我们需要它；在年级辩论会上，我们需要它；在学校举办的一次次的活动上，我们需要它……正因为有了团结，我们才能在一次次的活动中取得胜利，也正是这些胜利让我们班更团结，更离不开班集体。

我们的国家不也是这样的吗？就是因为有了这种"团结一心，共渡难关"的信念，我们才一次次地取得胜利！

团结的力量，你体会到了吗？

点评

文章第一段对台风来了子弟兵奋战以及百姓感激的情景进行了刻画，有气势、很感人。第三段"我们的国家不也是这样的吗？就是因为有了这种"团结一心，共渡难关"的信念，我们才一次次地取得胜利！由好曲到生活，由生活又回归好曲，一部作品带给我们的思考太多太多了……

郑小·瑞

我爱自由飞翔

万柏林区实验小学 六年级 刘珈豪

"……在你的心上，自由的飞翔！灿烂的星光，永恒的徜徉！一路的方向，照亮我心上……"

自由，是不受拘束，不受限制的意思；飞翔，是盘旋地飞；自由地飞翔，是不受拘束地在天空中任意盘旋。从小到大，我听过许多的歌，唯独这首是我的最爱。

这首歌就是"凤凰传奇"唱的《等爱飞翔》。它唱出了我的心声。

我仿佛身临其境，常常使我情不自禁地跟着唱起来："在你的心上，自由地飞翔……"啊，这是一首多么美妙动听的歌，它常使我忘记了烦恼，忘记了忧伤。我好像那只雄鹰，正在天空中自由自在地飞翔，让这自由的歌传遍世界的每一个角落，把烦恼、忧伤都抛到九霄云外。

这首歌中，那让人舒服的调子，让人飞翔的曲子，每一个字都是那样丰富多彩，每一句话都是那样动听！

雄鹰，飞吧，飞过蓝天白云，飞向美好的未来，飞向成功

⭐用自信的翅膀飞翔

大南关小学 五年级 卢子鲲

歌曲，是放飞心灵的翅膀；歌曲，是内心感情的释放；歌曲，是人生道路上真谛的光芒。

有一首歌，存于我的内心深处，我为其强有力的节奏而感染，亦为其告诉我的真理所感动，他就是"快乐男生"所演唱的歌曲《我最闪亮》。

"灯光和火花一起闪亮，也亮不过我的梦想……"每当我听见这首歌曲的第一句，我总是被感动着，灯光亮着，火花亮着，我的梦想也亮着！有着美好的梦想，为其去拼搏，去品味奋斗带给我的艰辛和快乐，去感受成功的喜悦，这不正是一个人一生所追求的吗？

古人云："士不可以不弘毅，任重而道远。"这句话的含义，正被这首歌曲体现得淋漓尽致。每当想起其中"被淋湿的翅膀，才拥有穿越过那暴风雨的力量"的歌词时，我总会坚定了自己的信念，确定了自己的目标，去奋斗、拼搏！

歌曲的高潮，是以一种极强的旋律来抒发情感的，每每听

⭐ 点评

一首歌带给人的感受或来自于歌词，或来自于旋律。本文小作者抓住歌词中最精彩的部分展开联想和想象，让自己的心情随着歌声自由翱翔，表达得酣畅。我们似乎可以从文字中看到一个孩子纯净的内心世界。

郑小瑞

⭐ 点评

"灯光亮着，火花亮着，我的梦想在亮着！"这是一种蓬勃的自信；"被淋湿的翅膀，才拥有穿越过那暴风雨的力量！"这是一种逆境挫折中的自信；"现在我想唱就唱，我最闪亮……"这是一种豁达开朗的自信。小作者选取了三句最有感受的歌词，分别诠释自信的含义，突出了主题。首尾呼应的表达给人一种完整、完美的感觉，不失为一篇佳作！

郑小瑞

这首歌，就感觉一缕微风拂过心灵，我会变得乐观、向上。听着"现在我想唱就唱，我最闪亮……"感受着生活应有的一份乐观，心情豁然开朗。

这首《我最闪亮》是我人生前进的动力，我喜欢这首脍炙人口的歌曲，它使我变得更加自信、更加乐观，这首歌曲，为我插上了自信的翅膀，在蔚蓝的天空中自由翱翔！

⭐ 听妈妈的话

万柏林区实验小学　四年级　张笑然

我非常喜欢周杰伦的歌。

周杰伦很有才华，自己作词、作曲，而且他对自己要求很高。因为从童年时期便得到了妈妈的极大鼓励与帮助，所以他才能有今天的成功。他创作的《听妈妈的话》更是打动了听到这首歌的每一个人。

《听妈妈的话》这首歌，有时节奏鲜明，很有韵律；有时又舒缓流畅，很是轻松。

当听到"别人在玩游戏，而我却靠在墙壁背我的ABC。我说我要一台大大的飞机，但却得到一台旧录音机。"我体会到了他的童年是在妈妈的严厉要求下度过的，他心里可能抱怨，可能不理解，但"长大后我开始明白，为什么我跑得比别人快……"正如谚语所说"一分耕耘，一分收获"，在他付出艰辛的努力后，终会实现自己。"听妈妈的话，用功读书"，不再是刻板的说教，它生动地告诉我，珍惜年少时光，才会拥有美好的明天。

当听到"妈妈的辛苦，不让你看见，温暖的食谱在她心里面"，我又体会到了妈妈对孩子无微不至的关怀，那无私的、不求回报的母爱像春风化雨般滋润着我们的心田，我们才能健康茁壮地成长。我们年少时，感受到了母爱的宽容与博大，然而当妈妈渐渐老去的时候，皱纹悄悄地爬上了额头，白发偷偷地染上鬓角，"听妈妈的话，别让她受伤，想快快长大，才能保护她"便唱出了我们的心声。

⭐ 点评

这篇习作没有华丽的辞藻，没有刻意的渲染，而是用最真实的感情，最朴实的语言与读者交流，从文字中流淌出来的是对母爱真情的感动。小作者如果没有真正了解周杰伦的成长经历，没有真正听懂这首歌，是写不出这样的文字的。由此我们可以想到，每个人的成功都付出了超人的努力，我们在欣赏歌曲、追逐歌星的同时别忘了学习他奋斗的精神。

郑小·瑞

《听妈妈的话》让我懂得了怎样去爱妈妈，去爱身边的每一个人。《听妈妈的话》是一首让人受益匪浅的好歌。

★ 最美的太阳

太原市外国语学校　初二年级　牛蓓蓓

有时候，人生就是一场场奇妙的际遇，就像我现在听的这首歌，能打动我，是因为他的歌词激励着我。听这首歌时，所有的感触便生动起来，就犹如和一个与自己相似经历的人，交换彼此的心境。

当所有人都把对流行音乐的注意力锁定在 R & B、HIP – HOP 时；当悲伤的情歌让人深陷在寂寞和消沉中时；当时代把颓废、不羁当作时尚时；有这样一个男孩，勇敢地一步一步为梦想而努力，不理会流言蜚语，不随波逐流，坚持自己的信念，勇敢地抱着梦想往前飞！用高亢而华丽的嗓音，激励着我们——坚持最初的梦想，勇敢往前走！

一首加入摇滚元素，气势磅礴、励志的歌曲，用张杰高亢的嗓音，可征服任何困难，冲破阴霾乌云的霸气，完美地演绎。让人畅快！一个字：爽！

听《最美的太阳》——听到勇敢的坚持，张杰用与以往清亮澄澈不同的略微嘶哑而高亢的嗓音，传递着力量和希望；厚重而杂乱的伴奏旋律里听到风雪的沧桑，表达挫折和坎坷。在勇敢和沧桑之间，在坎坷和希望之间，在挫折和力量之间，放纵自己的心情，听张杰唱他自己的故事，我最深切的感受，是一缕阳光铺开的温暖。

《最美的太阳》是阳光下的故事。当早晨的第一缕阳光洒向大地的时候，踩着我的脚踏车，迎风飞驰！今天，我们需要更努力地学习。用微笑回馈生活给我们的磨炼，勇敢地面对生活的困难！做我们要做的事情，为梦想而奋斗！

这个夏天依然炎热，听《最美的太阳》，给自己一份勇气，几分执著。

张杰，是你带给我阳光的心情，是你带给我生命的感悟，是

太原晚报

490

阳光天使小记者 作品集

★ 点评

读着这篇习作，我的内心被震撼了。一个孩子，从一首歌中得到了前进的勇气和力量。这种力量可能会激励着她冲开迷雾，走出挫折，走向成功，走向太阳！这是一个成年人所无法想象的。是一首歌带给我们的感动！文中许多描写准确、生动，神采飞扬。如："所有的感触便生动起来，""我最深切的感受，是一缕阳光铺开的温暖。""用微笑回馈生活给我们的磨练。"这是平日善于捕捉生活体验的结果，是写作不可或缺的元素。

郑小·瑞

你带给我——最美的太阳。

⭐ 月夜的海

山西省实验小学　五年级　段洺妮

月光透进来了。其实，月光很亮、很柔、很美、很轻、很暖。它带着一只蟋蟀、一片清香、一丝睡意、一个葡萄架的影子，一起进来了。

茅屋的壁上，斑斑驳驳的，像是印了一幅油墨画。四周的围栏，静静的，像在听知了的合奏。静，别样的美啊！

不远处就是大海了。远远的，海面翻腾的声音飞进了你的耳朵。沙滩仿佛很小，小得只够容下你一人畅想。不知是否该到涨潮的时候了，海面不再平静，先是一浪低矮的，后面又来了一浪略高的，再往后又是一浪较高的……到最后，海水卷着浪花、贝壳、鱼虾一同朝前翻去，消失在沙滩上，如轻纱、似薄雾、像丝绸，宛如一缕长长的飘带；若是撞击在岩石上，定会飞散开来，溅起一串串珍珠，撞出一颗颗玉石，撒开一片片水晶；若是奔向空中，就会落下一丝丝细雨，飘下一朵朵银花；若是两个浪头一起过来，定会并排着，随着一阵清爽的海风，又猛然向下一落，留下一片水汪汪的沙滩和一堆白色的泡沫……

夜更深了，月光似水，洒在逐渐平静的海面上。圆圆的明镜似的月儿，映在幽蓝的海面上，被波浪推着、挤着，随着起伏的纹路摇曳着……

贝多芬这首《月光曲》，以其柔美的情态，自然的力量，悠扬的曲调，恍若心香一束，不由令人浮想联翩。

⭐ 点评

好细腻的笔触！好柔美的文字！好潇洒的情怀！小作者在《月光曲》的奏鸣中所感受到的一切，如同一段跌宕起伏的视频画面浮现在我们面前。月光、海浪、沙滩给人以无限的遐想，这份遐想由小作者用唯美的文字倾诉出来，娓娓动听。文中对海浪的描写尤为细腻，在海水撞击岩石时所呈现出的不同姿态让人心驰神往，那珍珠，那水晶，裹着小作者清新的文字向读者铺洒开来……

郑小瑞

⭐ 从《生死不离》想到的

山西省实验中学　初二年级　王一斐

5月12日，震惊世界的汶川大地震发生了。短短几天，一首含泪做出的、充满对灾区人民深厚感情的小诗《生死不离》即流传开来，随即被谱成歌曲，由著名影星成龙演唱，一遍又一遍感动着中国，感动着世界，激发着民族精神，激励着每一个参加抗震救灾的人们。

一首好的歌曲势必有它的时代性、激励性和艺术性。《生死不离》同样也是。这首歌弘扬了主旋律，即伟大的中华民族精神和抗震救灾精神。这首歌的激励性表现在以人为本。在这次抗震救灾中处处体现了以人为本，生命至上。《生死不离》其中一段歌词是这样的：生死不离，我数秒等你的消息，相信生命不息，与你祈祷一起呼吸。我看不到你却牵挂在心里，你的目光是我全部的意义。无论你在哪里，我都要找到你。手拉着手，生死不离。充分表达和反映了要把抢救人的生命放在第一位。这首歌的艺术性也是显而易见的，推出后很快在大街小巷流传，其动人的曲调，朗朗上口的歌词，震撼人心的力量。特别是"无论你在哪里，我都要找到你"一句最打动人心，也是我喜欢这首歌的重要理由。

《生死不离》和其他赈灾歌曲一起构筑了我们的民族精神和感情寄托，丰富了我们的精神家园，从中可以给我们以启示，如对事业的执著追求、勤奋学习、坚忍不拔的精神，超越前人的理想与愿望等。

★ 点评

正如一滴水可以反映太阳的光辉，一首歌也能折射一个民族的精神。这是小·作者创作的出发点，也是《生死不离》这首歌带给我们每个人的感动。文章用规规矩矩的结构，朴朴实实的话语，真真切切的感受为读者解读了《生死不离》这首歌的独特魅力。思路清楚，条理清晰，结尾将歌曲带给我们的启示拓展到执著追求、坚忍不拔，使主题得到了升华。

郑小·瑞

★ 穿越时空

锦绣苑小学　五年级　霍　雷

那时我们
深爱着许多事物
又憎恨着许多事物……
伤害着谁
却也被谁伤害着……
一句句经典的话语回荡在我的耳边，这是一个叫做时空之轮的游戏开头所题注的诗句，优美的主题曲柔和地镶嵌在每句

话的中间，好像五线谱与动人的曲线上的音符。

当我第一次听到这个音乐的时候，我就知道，它是最美的。美的似乎每一个起伏都带给你温暖，每一个声调都带给你欢乐。

我深深地爱上了这首叫做ChronoCross的主题曲，从开头的柔和，到中途的动荡起伏，到最后的忽然收尾。每一段都做得恰到好处，给人意犹未尽，无穷幻想。

如果你听过这首曲子，你一定知道我现在的心情。

如果你没听过这首曲子，真遗憾，快敲下你的键盘，在广阔的网络上寻找它的身影吧，当你遇到它时，就会知道，什么叫做美。

一起来享受这首乐曲吧，它会带给你快乐、温馨。

这首曲子就好像它的名字一样，让我们在优美旋律的世界，穿越时空，与它相会。

我们惊讶于一个五年级的学生对一段乐曲会有如此独特的感受；更惊讶于文章作者深厚的语言功底。"优美的主题曲柔和地镶嵌在每句话的中间""镶嵌"用活了；"美的似乎每一个起伏都带给你温暖，每一个声调都带给你欢乐。"感受写活了。文章题目是"穿越时空"，让我们也穿越文字，与小作者在乐曲中相会吧！

郑小·瑞

★ 净化心灵的《天路》

九一小学　四年级　马钰婷

我已经记不清是什么时候第一次听韩红演唱的《天路》了，只记得我刚一听这首歌，就深深地喜欢上了它。我学声乐已经四年了，对音乐一直很热爱。当我第一次听《天路》的时候，闭目凝神，歌曲带给我的享受，感觉不仅能使自己烦躁的内心舒畅起来，而且还能使浮躁的心情平静下来。

每一次，当优美的旋律响起来的时候，我就能感觉到韩红那自然流畅的歌喉带来一种舒缓柔美的感受，尤其是唱到高音，那歌声清亮带着我的思绪也飞到了远方，我摇头晃脑地任想象的翅膀飞舞，在那美好的地方，高高的山冈，蓝蓝的天，白白的云，一望无际……多美啊。

不知不觉中，耐人寻味的感觉渐渐地微弱了，音乐也舒缓下来了，直到结束，我才醒来，而那种绕梁三日，余音未尽的感觉却一直令人回味。

★★ 点评

这是一个不到十岁的孩子对音乐的感受，没有刻意雕饰，没有浓墨涂抹，只是把内心触摸到的音乐的变化用文字表达了出来。小作者用心感受音乐，用心书写文字，带给我们的一份真实，一份踏实。由此我想到，小学生作文是不需要"精心"设计、谋划的，而是需要用心体会、抒发。

郑小·瑞

☆ 隐形的翅膀

同心外国语学校　初一年级　潘志强

　　说起歌，谈起歌，我总会想起一些令人心情愉快、放松的歌曲。这些歌曲富有内涵，在欣赏时，它们不仅是一首歌曲，还是一首精美的诗词，有韵味，给人一种美的享受。《隐形的翅膀》就是这样一首优雅、放松身心的歌曲。

　　让我最欣赏的，不仅仅是歌手美妙的歌喉，还有那优美的旋律。在聆听这首歌时，我仿佛置身于一个奇妙的世界，这个世界，只有安详平静，它会让你的整个心情在空中荡漾，让你用心去感受这令人舒心、清新的旋律。

　　还令我欣赏的，就是那如诗般的歌词和其中蕴涵深刻的寓意。"我知道，我一直有双隐形的翅膀，带我飞，飞过绝望。"这句中，虽然简单明了，但其中含有不怕艰难险阻，并勇于坚强面对，迎难而上的精神。"不去想，他们拥有美丽的太阳，我看见，每天的夕阳，也会有变化。"通过你的倾听，就会体会到其中乐观对待人生事物的态度。不羡慕别人所拥有的，而要珍惜自己所有的，这同时也是做人处世的宝贵财富。"我终于看到，所有梦想都开花，追逐的年轻，歌声多嘹亮。我终于翱翔，用心凝望不害怕，哪里会有风，就飞多远吧。"这句中，我感受到对成功、收获的喜悦和珍惜，其中包含着对未来的憧憬和向往。

★ 点评

　　对于一首歌的鉴赏，从整体感受到优美旋律，再到寓意深刻的歌词，小作者的思路多么清晰啊。而这些歌词中"乐观对待人生"、"珍惜自己所有"、"憧憬美好未来"的寓意，是作者用心体会后的准确理解。我们高兴地看到，青少年学生从健康的歌曲中找到了正确的人生观、价值观。本文的作者就起到了传播弘扬的作用哦。

郑小·瑞

☆ 蜗牛的愿望

小五台小学　六年级　刘　晟

　　《蜗牛》是我最喜欢的一首歌，它的调子很美，歌词也很有寓意，就像一个寓言故事——向上爬就会有蓝天。

　　大家都知道蜗牛的爬行速度很慢，一天也爬不了多远，但向上爬总会有一天可以看见蓝天。蓝天离蜗牛的距离就像成功

离我们的距离，只要向上爬，只要努力，就可以看到树梢上的蓝天、困难后的成功。蜗牛越爬越高，越爬越明亮，只要有决心，总有一天可以成功。

一只小蜗牛要寻找哪里会有蓝天，随着轻轻的风轻轻地飘，它所历经的伤都不敢说疼，它一直等待着阳光照着它的脸，在最高点乘着叶片往前飞，任风吹干流过的泪和汗，小小的天有大大的梦想，总有一天会有属于它的天。

这就是《蜗牛》讲的寓言故事，一只小蜗牛的小愿望。

⭐ 雨夜

师院附中　初二年级　白 羽

这是一个宁静的雨夜，四周寂寥无人，淅沥的细雨伴着微风在天地之间肆情飘洒，忽而溅起一片水花，就像跳动的音符，叩响雨与自然的完美乐章，那是一首不是诗的诗，是一幅不是画的画。

独自走在小巷中，耳机中，响着《Kiss the rain》那柔柔的流动的音乐，中间隐约夹杂着一丝淡淡的哀愁、伤感、忧郁。

丝丝细雨轻轻打在身上，湿润了燥热的夏装，贴在皮肤上，凉凉的，驱散了都市的喧哗和嘈杂，洗净了街道的沉闷与复杂，让万物变得明亮、纯洁。

据说那也是一个满天繁星的夜晚，也是一场雨，飘忽而下，荡涤尽尘世间的彷徨、苦闷，空气仿佛在流动，韩国音乐家Yiruma有感而发，写下了这首《Kiss the rain》(《雨的印记》)。

这首曲子淡淡的，平和而安静，仿佛在讲述一个古老的传说，传说中有静静的村庄，静静的河流，静静的柳树，一切都是那样安谧而静美，你的心情会随着乐曲中那微微的起伏而产生微妙的变化。那美妙的琴音，动人的旋律，仿佛轻轻一摁就会流淌出雨滴来。跳动的音符拨动着我的心弦，我感到心正随之翩翩起舞，在淡淡的伤感中充满着惬意。

在这灵动的音律中，心感到前所未有的宁静与平和，一切

点评

一首歌，一个寓言故事，作者给这两种事物找到了结合点，架起了互通的桥梁。"蓝天离蜗牛的距离就像成功离我们的距离，"一句成为点睛之笔，激励着蜗牛不断地爬，激励着作者不断地进步。如果能把个人的成长也联系到故事中，作为第三样事物写一写，会更丰满。

郑小瑞

劳累与困乏也在瞬间烟消云散，随着音乐，仿佛超然于天地万物之外，再不受任何的拘束，自由自在，率意而洒脱；又仿佛早已与万物融为一体，物我两忘，再没有一丝一毫的俗念。那一刹那，即是永恒，心充盈于天地之间，追寻那遥远记忆的彼岸。这时，过去美好的回忆便涌了出来，很多很多已经过去好久的事情就好像发生在昨天一般。那些熟悉的笑脸，那些快乐的身影，定格在那动人的记忆中，也埋在我心中的最深处。我便深深陶醉于其中。

这是一个宁静的雨夜，雨还在淅淅沥沥地下着，《Kiss the rain》那柔和的旋律还在耳畔轻轻回荡着，漫步走在小巷中，一切都很美。

点评

文章在乐曲中体现出一种静美，对曲子的意境描写的美，对自己的感受描写的静。语言上长短句结合，叠词运用很恰当、形象，使文章显得灵动。

郑小瑞

回忆

迎泽区第一实验小学　六年级　李睿彤

一张旧报纸，一纸发黄的老照片，一首老歌，总能勾起人心中最美的、最深的回忆。一次偶然，听到了范玮琪《最初的梦想》。听着，听着，想起小时候的一些事，还有那曾经的梦。小时候，看着大人们写的书，总是有些不那么美好的结局；悲伤的、无奈的，还有一些让我感到很奇怪的。那时候，我就想自己写一本书，让结局很完美很完美。但就像歌里所唱："被现实大海冷冷拍下。"也许在我那个年纪时，这还只是梦，还不能称之为梦想吧。

后来，大一些了，看到橱窗里摆放着的各种各样的漂亮衣服，于是，我又想成为一名服装设计师，每天泡在画纸的海洋里。我开始照着漫画书学着画各种卡通人物的衣服，时间久了，兴趣渐渐淡下来，没有了昔日的热情。

有一段时间，我迷上了像《鬼吹灯》、《盗墓笔记》之类的小说。被那神秘危险的各种墓穴、在一夜之间消失了的罗刹古国吸引着。我想成为考古学家，去解开这一个个令人匪夷所思的谜团。

点评

童年是无忧无虑的，是天真稚嫩的。读了《回忆》，让我们感到童年还是装满幻想、装满回忆的岁月。小作者爱读书，更爱写书；爱穿漂亮衣服，更爱设计漂亮衣服；爱读惊险故事，更愿意探索惊险背后的秘密。这就是童年！文章如此清晰的思路，流畅的表达，以及小作者对梦想执着的追求，都来自于平日的努力。加油！你会更棒！

郑小瑞

虽然，我并不知道未来会怎样，但那最初的梦想，还是那么美丽，一遍又一遍被时光大海冲洗着，却永不褪色。只要心中有一个信念，不管是曾经的，还是现在的梦想，都会实现。这首歌，带着微微忧伤却又充满着坚定与希望的旋律，谱写了一支梦想之歌！

每一个牺牲都永垂不朽

师院附中　初二年级　牛宇奇

集结号的吹响，打开了中国战争片的新局面。不仅因为榴弹炮弹爆炸的真实气浪，手榴弹盖落下时的叮叮声，老步枪一发一发射击的细节刻画，那种生死相依、性命攸关的战友情，更有对死亡的新理解。

凌乱的巷战只为表现战争不可避免的伤亡。灰色的天空，灰色的战场，灰色的军装，就好像杀戮的悲凉。对俘虏的异乎寻常，更加表现了这种疯狂。

不再有"无敌"的英雄在弹雨中呐喊，更真实的是英雄们甚至还没有喊出一声就牺牲了。每个人都是有血有肉地被刻画的形象，却无声息地瞬间倒下，仿佛就在你的面前，让你无比心痛地牺牲了。但正是这样才更让人感觉到每一个牺牲都是永垂不朽的。

一仗下来，整建制的九连只剩下47人。他们领到的任务是"钉"在汶河窑场阵地，除非集结号响起，否则不能撤退。打退步兵山呼海啸般的冲锋，以人力和机械较量阻挡坦克的攻击，夜袭中引爆炸药后的拼刺刀……九连只剩下了被误俘的连长谷子地。

可全连都只是"失踪"，那就意味着你可能是逃跑，也可能是投敌——只有谷子地知道，他们都是英烈。他开始为他那死去的弟兄们寻找真正的归属。他们有自己的理想，自己的信念，所以他们对死亡才不会逃避，才没有丝毫的畏惧，

战士死得不明不白才是最冤屈的。他们最怕的就是不被人理解，他们的牺牲其实都是永垂不朽的。找寻，找寻，谷子地

★★ 点评

"每一个牺牲都永垂不朽"这样的题目让人震撼！文章对"灰色"背景的描绘表现得悲凉；对无声息倒下的英雄的塑造烘托出悲壮。作者更多用抒情的手法表达思想，思路很清楚：无论是失踪还是英烈，无论是找寻还是重建，都不重要，重要的是牺牲换来的是更强的力量！作者的情感用语言充分地表达出来了，非常有力量。

郑小·瑞

愤怒，痛苦，我们观众就与他一起咆哮，隐痛。

他没日没夜地挖掘，只为寻找一点碎片的痕迹——哪怕只是一丝而已，只要能证明战士们的英勇就够了。

有人说连队打光了重建是一种荣誉，《集结号》中九连为什么没有像钢七连那样重建。打光了的九连，"失踪"二字是谷子地的痛，痛也是一种铭记，所以他要找到部队和属于他们的名分。因为每一个牺牲都是永垂不朽，每一次牺牲要换来更进一步的胜利，汇聚成一股更强的力量。

⭐ 上海旧时

太原外国语学校　高一年级　王棽棽

霓彩闪烁，黑白颠倒的上海滩演绎着上世纪三四十年代的风情画。一场美梦的盛开，一场噩梦的终结。是兴隆，也是衰败；是崛起，更是没落。

一部被翻拍的经典《新上海滩》折射了一个时代的起落沉浮。故事中的许文强从失意的漂泊青年艰辛打拼成为鼎鼎有名的商界人才，却无法抵抗时代的暗流，在与黑帮的纠缠中尝尽丧家亡国的痛楚，重返上海滩复仇而倒下。故事讲述了夜色妖娆的上海滩上腥风血雨的黑道生活，也有诸多矛盾冲突中生长的凄美爱情。

至于许文强和冯程程的爱情，也许相遇本身就是一种笃定的错误。他们的刻骨恋情终究化为海平面的泡沫，乱世里的真爱成为仇恨藩篱里不能盛开的玫瑰。程程单纯而坦白，只是她似乎没有足够的勇气和决心飞离父亲的臂弯，柔弱的双肩想要支撑起脱离父辈恩怨而自由无缚的爱便显得有些力不从心。

心已被茧包裹，他们的深情注定成为一次凄美的牺牲。丁力和冯程程结婚的教堂外，和平鸽安详飞过，神父庄严证婚。还有一个人躲在车里黯然神伤——就算没有明天，曾经已是所有。

冰冷的枪声响过，冯敬尧和许文强双双倒下。天空撕裂留下两道划痕。一切都晦暗地无声结束。

点评

读罢此文，引人深思那段历史。本文是一篇非常自然的观后感，对情节进行了简要而清晰的概括，同时把自己的感受融入其中，使文章有叙有议有情。语言上有整句有散句，错落有致

郑小·瑞

那个世界善恶错位，但他们的执著勇敢让黑暗里也有光明的存在。轰轰烈烈的上海滩，把它埋进虚拟的历史。我怀着不平静的心情，纪念这座城。

⭐ 通往梦想的道路

金陵中学河西分校　初一年级　张　怡

电影《头文字D》，一部青春与梦想的传奇，一页热血与奋斗的篇章。

每个少年都像主人公拓海那样，也许自身是渺小的，却拥有一个远大的梦想。心比天高，不会因为自身的渺小而放弃梦想，义无反顾地踏上追梦的道路。

前进的路，艰辛坎坷，但是，再多艰险也不能让你屈服。晨光熹微，冉冉升起的旭日给你希望，缓缓流淌的溪水给你清爽，让你充满活力地开始一天的旅途；夜色深沉，姗姗来迟的明月带来温婉，天际飘浮的流云带来静谧，轻轻地带走你一天的疲劳与烦忧；星辰稀疏，拂晓的天空昭示着新一天的到来，旅途中的人啊，又要起程了。

屏幕上，我们看到拓海的眼神变得执著勇敢，手握方向盘，一路向北；找到了信心，与梦想一同成长着。饰演拓海的周杰伦，在少年时也曾这样为梦想不懈奋斗，他成功了。这部电影演绎的是拓海和周杰伦两个人的成长，他们那么相似。

观看《头文字D》，你会发现一条梦想的道路无限延伸，途中有深深浅浅的足迹，洒满了汗水与泪水，那是奋斗的痕迹。

⭐ 点评

文章开篇点明主题，关键词呈现在读者面前，"青春与梦想""热血与奋斗"，接着用对比、类比的手法阐释前者，用拉伸的镜头、抒情的文字阐释后者，结尾回归主题。整篇文章条理清楚，思路严密，起起伏伏中浑然一体，表达了小作者对梦想的追求，对奋斗的坚定。

郑小·瑞

⭐ 学会勇敢

三十九中　初一年级　陈静熙

相信大家对电影《狮子王》并不陌生吧？狮子天生的习性无比凶猛、好斗。但是这个电影却把狮子的情以动画的方式展现在人们的眼前，以至于上到七八十岁的老人，下至三四岁的孩子都能了解其中的道理，也因此而喜爱这部影片。

在故事里，小辛巴的父亲是一个美好的胜灵之地的王者，但是，相貌丑陋的小辛巴的叔叔刀疤却想要杀掉这个英明的王者，篡夺王位，在它的陷害下，这位王者为了救小辛巴而死。幼小的辛巴一直以为是自己的错，因此，在刀疤的追杀下，他慌忙逃到了一个满目青翠的世外桃源，碰到了蓬蓬和丁满，过着没有忧虑的日子，简单但不乏味。

漫长的时光中，辛巴长大了，他明白要回去面对他的未来，要给他的领地带去希望、正直和勇敢，要去挑战他的叔叔刀疤。当他满心欢喜地回到久别的故乡，看到的却是黑色的天空，发焦易碎的花草，充满着恐怖，又无声无色。毫无疑问，这都是刀疤的恶。为了让这片原本富饶的土地脱掉肮脏的外衣，他决定跟刀疤决斗，最终，他取得了胜利。

初看完这部电影，感觉是如此的简单、明了。但是狮子的形象却在我这个记忆力差到常常走错回家路的人来说却记忆犹新……

这部电影在简单中折射出许多复杂，使人们提起《狮子王》不是平白，而是更多的感悟。

⭐ 奋斗

太原市外国语学校　初二年级　牛蓓蓓

明天又要开始新的一天了，你是否已经做好一切准备去奋斗了呢？

《奋斗》这部电视剧的主人公是一个奋发有为的年轻人。他有一种理想，却导致另一种现实。他有一种最可贵的精神，那就是不停地奋斗。

奋斗就是对自己的选择负责，无论结果是得是失；奋斗就是全力以赴，不能付出100%的人没资格谈论奋斗；奋斗就是持之以恒，永远是在解决困难，而不是绕开困难！理想的奋斗

又体现出了每个人的追求，为了理想，也不丢失自我。陆涛的理想很崇高，可和现实碰撞就显得格格不入。

剧中有这么一句话"在这个早晨，有多少人想把自己手里的东西要卖出去，有的是几根油条，有的是几张报纸，而我们拥有的是整个一块地；当你不知道自己的努力方向时，要知道踩刹车，否则，车就失去了控制。"《奋斗》给我的唯一收获是：人是各种各样的，不同的人需要不同的生活。

最平淡的生活，最真实的话语，让人在笑过之后心中仍留着一份很深的感触，剧中的每一个人都有自己鲜明的个性，自己独特的生活方式，同样也不约而同有着许多共同之处，在他们每个人身上都能找到现代年轻人身上的特征。

为了自己一直以来的梦想，也为了一直关心自己的所有人，相信自己的实力，去奋斗吧！因为我们还年轻……

★ 我爱《宝贝计划》

太师二附小　五年级　曹羽桐

我喜欢看电影，喜欢电影里主人公的神奇故事。比如：《金刚》里大猩猩的神勇，《博物馆奇妙夜》里保安员的机智与大胆，《功夫》里功夫之人的豪爽。不过要说最喜欢的，还是非《宝贝计划》莫属。

《宝贝计划》主要讲了有两个小偷无意中在医院"偷"到了一个可爱的婴儿，孩子出自一个富豪家庭，和他们有仇的黑社会想方设法要得到这个小宝贝。在知道宝宝落入黑社会手中只有死路一条时，两个小偷决定要保护宝宝，并把他交回到父母手中。他们像爸爸妈妈一样喂养和照料着这个宝宝，还要躲避警察的追踪和坏人的追杀，冒着生命的危险和敌人打斗，最后在游乐园与坏人展开了一场你死我活的决斗、最终战胜了坏人，使宝宝回到了父母的怀中。

我喜欢这部电影，因为这部电影既紧张刺激又幽默搞笑，让人时而捧腹大笑时而又提心吊胆，所以我看了电影又看了遍

点评

由一部电视剧引发小·作者对生活的一些感悟和思考，这应该是观后感的一种写法。整篇文章紧紧围绕所要表达的主题：按自己的生活去奋斗，为自己的选择负责。如果能再谈一谈自己生活的具体事例会更有说服力。

郑小·瑞

点评

寥寥数笔，把长达两小·时的剧情介绍得简明扼要，清楚完整，这是需要功夫的。小·作者做得很棒！影片用幽默诙谐的情节向人们传达着正义和善良，小·作者也在用朴实、流畅的语言向读者传递着美好、纯真。结尾幽默一笔让人忍俊不禁。真实是这篇文章最大的成功！

郑小·瑞

电视仍然觉得津津有味，真是让人百看不厌啊。《宝贝计划》里不仅超级可爱的宝宝是人见人爱，两个小偷我也非常喜欢。

他们虽然有小偷小摸的坏毛病，但是面对金钱的诱惑，他们没有违背自己的良心，甚至不惜生命代价，与黑社会的人一决胜负，终于夺回了宝宝，这是一种人性中的善良。

《宝贝计划》还让我们看到了一个欣慰的结局：好人战胜了坏人，正义战胜了邪恶，宝宝幸福地回到了妈妈的怀抱。

噢，它还有一个搞笑的结尾，妈妈给宝宝起了一个名字叫："李嘉诚"！

发扬"亮剑"精神

青年路小学　五年级　范文锋

"剑已出鞘，电闪雷鸣……"每当耳边响起熟悉的《亮剑》主题曲，便禁不住热血沸腾，《亮剑》这部电视剧我太喜欢了，闭上眼睛，一幕幕感人的情景便浮现在眼前。

看着这部电视剧，我自己也仿佛置身于抗日战争时期晋西北那硝烟弥漫的战场，独立团团长李云龙率领部队英勇抗击日寇，他们作战神勇、不畏强暴，同日寇进行着艰苦卓绝的斗争。最让我感动的场面是，独立团骑兵连和日军交战时，全连只剩下五人，连长孙得胜带领他们毅然亮出了军刀，和日军进行了殊死搏斗，最后全军覆没。他们这种顽强不屈的精神把我感动得热泪盈眶，正如李云龙所讲："狭路相逢勇者胜，亮剑精神就是我们军队的军魂！"

我最喜欢的人物是李云龙，他那机智勇敢、正直豪爽、诙谐幽默的性格给我留下了深刻的印象。他用兵如神，令敌人闻风丧胆；他重情重义，对战友家人钟爱有加；他爱民如子，与穷苦人民鱼水情深。

这部电视剧让我认识到在学习和生活中，遇到困难和挫折的时候，要克服一切困难，以坚韧不拔的毅力去战胜困难，取得胜利，如果每一个中国人都能发扬"亮剑"精神，中华民族就会更加强盛，更加辉煌！

点评

在众多好片中选择《亮剑》来写，足见作者对它情有独钟。文中对剧情的概括，对感动场面的描述，对喜欢的人物的剖析，条条在理，头头是道。给读者呈现出了一个十多岁的孩子对亮剑精神的感悟。结尾由亮剑联系到自己的学习生活，联系到民族的兴盛，主题得以升华，让每一个读到它的人无不为之动容。

郑小瑞

震撼世界的七日

太师二附小　四年级　张美瑜

　　暑假到了，电视上五花八门的故事片、动画片、科教片终于可以尽情欣赏了。中央一台黄金强档播出的《震撼世界的七日》虽已播完，却让我久久不能忘怀。

　　该片用纪实的手法真实再现了5月12日14时28分，我国四川汶川发生里氏8.0级大地震的前前后后，生动再现了震后救援中一个个感人的故事。

　　大地震时时刻刻牵挂着人们的心，在倒塌的废墟中，余震不断，面对余震中废墟下呼救的人民，救援队选择的是冒着生命危险，不顾一切地用千斤顶、吊车把砖块、预制板下压着的一个个鲜活的生命解救出来。电视剧中的演员们扮演着不同的角色，有救援队长、普通士兵、灾民、医务人员……他们被那种友爱互助的精神所感染着，使他们忘记自己的身份，分不清哪里是拍摄现场，哪里是真实救援现场，分不清是雨水、泪水、血水，还是汗水，把那种亲情和感动表现得淋漓尽致。

　　《震撼世界的七日》是一部感人的电视剧，它给人留下无数感慨，它让我懂得如何珍惜生命……

幸福是什么

尖草坪区第二实验小学　五年级　郭晓婧

　　我曾经想过，幸福是什么？幸福本来就没有一个完整的定论，但一听到电影《暖情》里那个7岁小孩子告诉他爸爸，幸福就是和爸爸妈妈生活在一起，看着他稚嫩的脸，我鼻子酸酸的。

　　这是一部给人震撼、给人深思的电影。一个小男孩为了追寻弃家而去的母亲，一个中年男人为了给儿子找回他一生的母

点评

　　"5·12""汶川"这些字眼深深烙在每一个中国人心上，难以忘怀。不仅仅因为罕见的大地震造成的破坏令人震惊，更是因为在大灾面前全中国人表现出的大爱感天动地！文章不仅记录了影片的主要内容，而且把自己目睹的情景糅合在其中，自然贴切。"分不清哪里是拍摄现场，哪里是真实救援现场，分不清是雨水、泪水、血水，还是汗水，"是全文的绝妙之笔，它向世人传递的信息是爱是无法表演的！爱是发自于心的！

　　　　　　郑小瑞

爱，一个为人妻为人母的女子在物欲与亲情之间挣扎，而上演的催人泪下的故事。在那个浪漫之都大连，小冬冬与他的父亲离开家乡小镇，历经千辛万苦，寻找他那个在全家正处于困难之时离家随他人而去的母亲。影片的结局还是圆满的，在电视台的帮助下母亲来到了小冬冬的病房，而母亲最终也放弃了舒适的生活，小冬冬既能得到母爱，也能与父亲永远在一起……

哦，幸福就是和爸爸妈妈快乐地生活在一起！

★ 毁灭是最好的终结

太师二附小　六年级　闫　悦

2007年，一部由著名导演乔纳森执导的影片——《终结者3》引起了众多影迷的关注，其制作精美的动作场面令人着迷，但更吸引人的是这部影片带给人们的无限深思。

这部影片讲的是：由于遍地核爆炸构成的"审判日"即将来临，美国联邦局建立了可以终止"审判日"的"天网"程序，可是这套人类创立的程序有了自己的思想，反而加快了"审判日"的来临，约翰·康纳和他的助手琳达·汉密尔顿肩负起了摧毁天网的任务，最新机种 T－X 女机器人与从未来赶来保护约翰·康纳的机器人 T－101 展开了战斗……

随着科学技术一步又一步的飞跃，人们对地球的伤害也越来越深，地球给予我们的资源也面临着枯竭的危险，人们在满足自己的欲望同时也加剧了地球的毁灭，人类就是这样，在发现危机的时候才想起挽救，可那也是于事无补的，人类创造的高科技，往往会让人类自己付出代价。

这不仅仅是一部让人们可以坐在电影院里观赏的影片，它还是我们生活的一个真实写照。在影片的最后，主人公说了这样一句话——毁灭其实就是最好的终结。的确，在我们受到应有的惩罚时，毁灭才能弥补我们的过错。我们只有一个地球，不要再伤害她，请伸出自己的双手去保护属于我们大家的地球！

⭐ 穿越老鼠的梦想

太师一附小　五年级　康乃馨

　　老鼠也有梦想，你想到过老鼠居然会有当大厨、烹饪美味的梦想吗？在《料理鼠王》这部卡通片中就讲述了这样一个幽默荒诞的故事。

　　一只名叫雷米的小老鼠一心想成为一个伟大的厨师，但是人们不喜欢厨房里的老鼠，对它四处追打。雷米没有泄气，一次偶然的机会，它来到了著名厨师古斯汀古斯特工作的法国餐馆的下面，从而发生一幕幕人鼠美食联盟的离奇故事。最后，他们终于烹制出了全巴黎最棒的普罗旺斯焖菜，并向世人展示了小老鼠对烹饪的无比热情……

　　看完这部动画片，我们家已是充满了欢乐的气氛，影片中老鼠那诙谐夸张的动作、憨厚幽默的神态以及精美的动画制作，都深深吸引了我的眼球，在欢笑之余，我不禁对这部片子产生了无限的遐想。

　　这只老鼠的成功得益于它对梦想的执著，得益于追求梦想的勇气。如果缺少这样的执著与勇气，我们也将和老鼠一样一事无成。

　　穿过老鼠的梦想，我看到了学习中更需要这种精神，一种敢想敢干的精神；一种开朗活泼、勇于创新的精神；有时候还要敢于异想天开、充满幻想，只要你能想象、你去思维，你的梦想就无限大、无限美。

　　兴趣是最好的老师，想象是梦想的翅膀，如果我们真正领会到影片中所宣扬的这种精神，那么，我们就获得了一半的成功。

　　有梦的老鼠一定很美，穿过老鼠的梦想，展开想象让我们一起飞吧。

⭐ 点评

　　这篇文章带给读者的是惊叹！惊叹一个小小的老鼠居然会有梦想！梦想经过努力居然会实现！惊叹一个孩子居然能捕捉到老鼠梦想背后的坚持！并激励自己向着心中的梦想飞翔！小作者思路清楚，叙述层层深入，语言生动流畅，是一篇佳作。

郑小瑞

⭐ 假如我是机器小叮当

万柏林区实验小学　三年级　卫李赋凌

　　一说起《机器小叮当》这部动画片，我就会想起那可爱的小叮当，那永远装不满的口袋，那多功能的工具……讲着讲着，我好像变成了机器小叮当。

假如我是机器小叮当，我要拿出"行为相反剂"，只要把它洒在坏人身上，坏人就立刻改邪归正，甚至还会做好事呢。

假如我是机器小叮当，我要拿出"自动垃圾箱"，只要你来到垃圾箱前，它会立刻伸出一个袋子，让你把垃圾倒进去，然后它会自动把袋口绑好，送进自己的肚子里，由于它的肚子里充满热量，垃圾在里面会片刻化成灰烬，这样既方便又环保。

假如我是机器小叮当，看到全球越来越严重的环境污染，我还要拿出"空气自动保护装置"，让它悬挂在空中，只要被污染的空气碰到它，就会立刻净化为氧气。

只要我是机器小叮当，我还会……

机器人是人创造，我相信，只要发挥我们人类的智慧和才干，一定能创造出比机器小叮当更先进的东西。

可爱的小精灵

青年路小学 六年级 张炜佳

一个穷苦的孩子，一个可爱的精灵，一个美丽的故事……当我看完《长江七号》后，它就成了我最喜欢的电影。

有一个穷苦的孩子叫小迪，小迪与他的父亲相依为命。父亲是个工人，而小迪却上着贵族学校，爸爸没有钱给小迪买玩具，只好去垃圾站捡回了一个绿色的小球，没想到绿球是一只"太空狗"，小迪给它起名叫"七仔"，也就是"长江七号"。从此，在七仔的陪伴下，小迪与七仔一起快乐地生活了一段时间。然而好景不长，小迪的爸爸在一次工作中不幸去世，七仔为了救爸爸，用尽了所有的能量，救活了爸爸，而它却变成了一只布偶，直至永远永远。

更吸引我的是演员们的精彩表演，由周星驰扮演的小迪爸爸让人难忘，因小迪不懂事不好好学习，成绩没考好又乱改试卷，周星驰作为一个"爸爸"表现出的焦虑忙乱、不知所措让

点评

动画片永远是孩子的最爱，而动画片中的机器人又是最爱中的最爱。小·作者用生动有趣的语言假想了自己是机器小叮当会怎么样？奇特的想象，合理的构思，再加上准确的表达，使全文充满了童趣。结尾意味深长。三年级的小学生能做到这些，很是可贵。

郑小·瑞

点评

这篇习作开头的方式很特别，孩子、精灵、故事，怎么联系在一起呢？读者浮想联翩，一定会饶有兴趣地读下去。影片的主要故事情节被小·作者简要概括，既完整又切中了要害。字里行间流动着一种感动。爸爸为了小迪，七仔为了爸爸，小迪为了七仔……如果能抓住这些感动再谈一谈感受，会为文章增添不少温暖的色彩。

郑小·瑞

每一位观众为之动容。

想一想，在现实生活中，我们也常有像小迪那样不懂事、不体谅父母、淘气、不听话、让父母伤心的时候，所以，我们要学会去爱亲人，体谅父母，理解父母，不管犯下多大的错误，相信他们一定会谅解我们的！

同学们，有空的话你也看看《长江七号》吧，相信你可以从中发现一些更好的东西。

⭐ 永远不放弃

万柏林区大唐实验小学　五年级　李怡然

在一个机器人的世界里，会发生什么样的事情呢？影片《机器人历险记》可以带你去看一看。

在铆钉镇，机器人洛尼铜巴顿出生了，他有一个发明家的梦想并且想成为大焊先生那样伟大的机器人。当他即将踏上寻梦之旅时，他的父亲说出了影响他一生的话："永远不要放弃。"这句话让他在追梦途中从不认输，最终成了大焊先生的接班人——为机器人造福的人。

这部影片构思新奇，创意独特，故事情节跌宕起伏、引人入胜。可是最让我难以忘怀的却是那句"永远不要放弃"。

当我们遇到挫折与困难时，如果能勇往直前，用坚强的意志去战胜它而不是畏首畏尾地逃避它，放弃自己的梦想；当人生坠入低谷时，如果能鼓起信心的风帆，开足马力，驶出绝望之海而不是从此一蹶不振、在痛苦中失去目标，我们就一定能让梦想实现，到达成功彼岸。

永不放弃是成功最重的一块敲门砖，希望大家能铭记这句话，并且有机会找来这部影片看一看，相信你将会有更多收获。

⭐ 点评

短短的文字让我们读懂的是一份沉甸甸的思考：那就是无论做任何事情都不要轻言放弃！小作者语言凝练、流畅，值得称道。对于影片的主要内容概括得明确简洁，印象最深刻的话凸显得自然得体，与生活的联系对照又合情合理。可以说，只有具备清晰的头脑，严密的思路，丰富的积累，才能有如此的表达。

郑小·瑞

快乐阅读

507

r a i n b o w

THE Sunlight
Angel
Little reporter W

七彩童谣

豆豆的奥运情

沙河小学　五年级　吕　帅

有一只小老鼠叫豆豆，它很想看一次奥运会，每天想得失魂落魄。

有一天，豆豆再也忍不住了，就把想法对爸爸妈妈说了。爸爸说："不行，这里是西方，离中国可是很远啊！你不怕路上出事吗？"妈妈也劝道："等咱们有了钱，再带你去，好吗？"豆豆极力争辩道，说它一定会安全回来，爸爸和妈妈这才极不情愿地答应了。

第一天，小老鼠豆豆走到了森林里，刚进森林，就看到一只大花猫迎面扑来，小老鼠豆豆极力地逃，大花猫拼命地追，直到豆豆爬上了一座高山，大花猫才停止了追杀，可豆豆也浑身是血，十分乏力，躺在地上昏了过去。一个小时、一天、三天，豆豆终于从昏睡中醒了过来，它感叹道："真是困难重重呀，但我一定要坚持下去。"它继续向前走去。

一条瀑布挡住了它的去路，小老鼠豆豆找到了一只皮鞋，它坐到皮鞋里，划了过去。

"终于来了！"只听一声疲惫的喊声从远处传来，原来是豆豆。这五个月来，豆豆风餐露宿，日夜兼程，一路上千辛万苦，终于在奥运会即将开幕时赶来了，此时豆豆已是伤痕累累了。

2008 年奥运会开幕了，豆豆看见五个福娃在做着各种各样的表演，开心地笑了。

点评

孩子：佩服你，想象力真丰富，用童话的笔法一下子把读者吸引到故事当中，让我们和小老鼠豆豆一起经历了那么多曲折，最后笔锋一转，如此这般的历经艰辛居然是为了参加奥运会，立意好，构思新。

郝新媛

水果选美大赛

太原市实验小学　三年级　齐杨娇子

秋天到了，水果家族进行了一次盛大的选美大赛。各种水

果纷纷报名。你瞧，已经上来一位：

大家好，我是草莓。我红红的，但是，没熟的时候是绿绿的。我对人们可有好处了。我红彤彤的看起来很可爱，咬一口又酸又甜。

大家好，我是西瓜。我外表很绿，但里面很红，也很甜。说完它就得意地跳起舞来，心想我总是第一。突然"啪"的一声西瓜摔倒在台下，头破血流，人们赶紧把它抬到了医院。

又一个水果匆匆地来了，我叫桃子。我很漂亮，咬一口很柔软，更甜。像冰糖块儿，人们都说我是水果之王。

最后，草莓是第一名，100分。桃子是第二名，95分。西瓜是第三名，90分。草莓兴高采烈地走上领奖台。

⭐ 星星们的聊吧

万柏林区大唐实验小学　四年级　韩明颖

大家晚上抬头看见星星，你走他也走，你不走他也不走，大家认为这是不可能。其实呀！星星在去月亮姐姐开的聊吧的路上。

月亮姐姐觉得无聊，就开了这所聊吧。每天有成千上万个星星排队来聊吧谈心事，月亮姐姐从星星们的口中知道了不少烦事，如：一个星星说人类太讨厌了，早上不盖房，偏偏晚上盖，一堆嘈杂的声音弄得我觉都不能睡；又一个星星说，人类真不害臊，早上冒烟就冒吧，到了晚上一缕缕烟就从烟筒里冒出来，多呛呀！人类太恶心了，早上把垃圾清理完算了，可晚上就开始烧垃圾，一股股臭烟还夹杂着一股股臭味，我到了好几次宇宙医院听医生说："你快不行了，因为你得了晚期肺癌！"

有一次，她听一个星星说："人类大量砍伐树木，地球爷爷将在5亿年后中剧毒而身亡！"月亮姐姐长松了一口气说："没关系，再过1亿年人类就能改好！""那可不一定，我问了地球爷爷，他说人类犯的这个错是必须现在就改，要不然人类破坏越来越大，再过4亿年也改不了呀！""啊！不会有这么严重吧！""当然有这么严重啦！我骗你就被陨石撞死，行了吧！"月亮姐姐听了星星的话相信了，重重地叹了一口气……

大家知道月亮姐姐为什么重重地叹了口气吗？大家保护环境吧！

指导老师 郑小瑞

⭐ 秋天的服装秀

太师二附小　四年级　王佳鑫

秋天，天气变凉，一年一度的树叶服装秀开始了。

一个个打扮得漂漂亮亮的树叶纷纷赶到了服装秀的比赛现场。主持人松树伯伯在简短的介绍后宣布："一年一度的服装秀现在开始。首先，有请银杏叶闪亮登场。"

银杏叶自信地说："我认为我一定会成为这次的冠军。我的外形看起来就像一把扇子，人见人爱。"

"下一位有请枇杷树叶。"

枇杷树叶毫不示弱地说："我认为我才是这次比赛的冠军，我的叶子有治病的功效，感冒、咳嗽，只要喝下用我的叶子熬制的汤很快就会好起来。我的外套也非常美丽，有绿色的，有黄色的，就像一把把花雨伞。"

下面出场的是枫树叶。看到前面的选手都自告奋勇地介绍自己，它也急忙说："我觉得我才能得冠军，你们看我的样子多像一只只手掌啊，而且还披着红色的外套呢！"

听到前面的几位选手都在介绍自己的优点，后面的参赛选手也着急了，你一句我一句地说个不停。

比赛终于结束了，由于大家都很好地展现了自己美丽的一面，评委们给了相同的分数，大家打了个平手。

✦ 点评

在想象作文中加入现代元素，更富有生活气息。每种树叶都独具特色，特点鲜明，颜色不一，形状多样。但是感觉叶子的性格像是一个模子里刻出来的，一样的说话语气，一样的行为，有些单调了。

马非马

两粒种子

万柏林区第二实验小学　四年级　宋圆玥

戈壁滩上有两粒种子，一粒因热而抱怨死去，另一粒种子则用尽力气吸吮着每一滴水分，顽强地活着。

一粒种子大叫："热死了，热死了！我真不希望我还是没有变成种子的我！""唉，别叫了，我也热，伙伴，但我还是在努力吸吮着每一滴水分，伙伴，你知道我最大的愿望吗？那就是成为一片树林，让路过的人乘凉！""哎呀，真热，我多么想喝一些水呀，那水一定很清很清，很凉很凉。""别做白日梦了，只有靠你自己呀。"一粒种子不停地抱怨着，另一粒种子却一直努力地吸吮着水分，一直鼓励自己的伙伴，但这粒种子听烦了，不到一两天就枯死了。

另一粒种子却一直忍耐着，终于有一天，种子感到自己不知不觉中长大了，长高了，路过的人说："啊，这片林子真大呀！"听到了表扬，它对人们说："坚持就是胜利。"

这句话在林子里飘荡了很久。　　　**指导老师　曹　静**

★ **点评**

想象给童心插上飞翔的翅膀。小作者采用了倒叙的写作手法，通过两粒种子在恶劣环境下选择了不同的生存方式，向我们揭示了"坚持就是胜利"这一道理。文章篇幅短小·精干，语言简练准确，令人回味。

马非马

空中运动会

太原市实验小学　五年级　曹　铃

一个风和日丽的星期天。风儿传递着信息，让我们所有会飞翔的鸟类在空中集合，让大家举行一次特别有意义的空中运动会，大家拍手叫好，兴奋极了。

风儿轻柔地舞动，云儿温和地漂浮，彩虹漂亮地挂在天空，蓝天敞开宽阔的胸怀，来祝贺空中运动会如期举行。轻盈的飞机为大家早已画好银白色的跑道，麻雀，乌鸦，云雀，黄鹂，百灵，喜鹊……它们做好了一切准备，就等比赛开始。这时，不知谁叫了一声"看，是不是飞机也和我们比赛呢？看，还有宇宙飞船呢！"大家一看是麻雀在说话，宇宙飞船真的来了！他说："你们比赛也不告诉我，真不够朋友，"听了这话，大家都笑了，原来是怕宇宙飞船超越它们。这时，蓝天映衬着白云的笑脸，我们生长在一片蓝天下，发着不同的光和热，虽然宇宙飞船要快得多，但是大家一致认为，他们也都非常努力，辽阔天空也因此更加迷人、更值得留恋。　**指导老师　智玉兰**

★ 都是人类惹的祸

太原市实验小学　四年级　叶欣璐

在我们生活的星球上有片古老的森林，它存在了几百万年，许多动物在那儿愉快地生活着。小鸟宝宝和小树杨杨就是这样的。鸟儿站在树枝上，天天给树唱歌。树呢，听着鸟儿歌唱，听到高兴时会发出沙沙声给小鸟伴唱。

严寒很快就要来临了，小鸟宝宝在空中盘旋着对小树杨杨说："杨杨，我得走了，要到很远的地方去过冬，明年我一定还回来。我走了你怎么办呀？"小树杨杨使劲在风中挥舞着手："好啊，我等你回来。你不用担心我，雪花姐姐会给我穿上保暖衣的。"宝宝走后不久，下起了大雪，纷飞的雪花把杨杨和其他的树木包裹得像穿上了老天爷赐给的白大褂，杨杨果真能暖暖地过冬了。

春天悄悄地来到大地上，原始森林里的柳树姑娘迎着春风翩翩起舞；水池中的水仙花亭亭玉立好看得很；美丽的小鸟在树上欢快地歌唱。直到一天上午，一些人拿着工具来到这片森林，他们不懂得珍惜这些美好的事物和爱护动物、植物，全然不顾树木的哭泣、鸟儿的哀求，一点不留情地乱砍滥伐。小鸟宝宝和父母回来了，可是眼前的一切全变了样儿，小树杨杨不见了。宝宝到处打听杨杨的消息，终于小熊告诉她杨杨已经被送到了火柴厂。小鸟宝宝飞到火柴厂寻找小树杨杨，可是已经晚了，树木全都做成了火柴。

从此，宝宝变得沉默了。森林里再也听不到小鸟宝宝愉快

的歌声，小伙伴们问宝宝妈妈："宝宝怎么了，是不是生病了？"宝宝爸爸叹了口气："唉，都是人类惹的祸！" **指导老师　邢彦芳**

⭐ 一场比赛的启示

八一小学　三年级　陈酉通

在一次比赛中，小鹿和小马在预赛中战胜了所有的对手，进入了决赛。比赛开始了，小鹿撒开双腿奔向了终点。只见小马不甘示弱，紧追不舍，可是，小鹿已经到达了终点。猴子给小鹿戴上了美丽的花环。

因此小鹿得意洋洋地回到了家，而且，每天把花环戴在脖子上，不是吃就是睡，养得胖胖的。有一次，小鹿的好朋友小兔来了，对它说："小鹿，动物们都在练习跑步，你也来参加吧！"小鹿雄赳赳、气昂昂地说："哼！就你们也敢跟我比，你们都是我的手下败将！"再说说小马，每天起早贪黑，终于有一天练成了一匹健壮的马。

第二届跑步比赛开始了，只听裁判员拿起枪，"砰"的一声，小马像离弦的箭一样，遥遥领先，再看看那小鹿，身体胖胖的，腿儿粗粗的，没跑几步，就跌倒了，动物们看着领先的小马，都为它加油，小马听见加油声奋力冲到了终点。鲜花和欢呼声都奔向了小马。小马谦虚地说："冠军只属于现在不属于将来。"而小鹿呢，灰溜溜地让小猴派来的汽车接走了。

这让我们明白了一个道理：虚心使人进步，骄傲使人落后！

指导老师　董莲芬

⭐ 点评

这是"山寨版"的龟兔赛跑，内容虽然不同，揭示的却是同一个道理。

王建光

⭐ 太空旅行记

八一小学　四年级　王锡瑞

这天，小花狗迈克尔早早地起了床，麻利地收拾好背包，走进它的梅赛德斯·奔驰牌豪华轿车，一路风驰电掣，赶到马丁航天飞机研究发射中心，三步并作两步地登上"马丁一号"，进入驾驶舱，系好安全带。"10、9、8……3、2、1——发射！""呼！"航天飞机像离弦的箭，冲向苍天。威严的狗王理查德亲自坐到显示屏面前，观看迈克尔如何工作，只见屏幕上的迈克尔正聚精会神地驾驶航天飞机。"嗨！迈克尔！我是狗王！你在干什么？""我正在驾驶'马丁一号'飞船，火箭、燃火槽已完成使命，脱离飞船！"飞船那头传来迈克尔欢快的声音。

"嗯，该吃晚餐了！"迈克尔拿了一盒土豆泥和一个汉堡包，美美地吃了一顿，"嗯，饱了。"它心满意足地拍拍肚子，它又细心地驾驶飞船，一小时后，飞船终于稳稳地降落在荒无人烟的月球，"叭！"迈克尔打开舱门拿着工具爬出来，它又开出一辆月球探测车，拍摄了许多照片，收集了不胜枚举的石头、沙子标本，又回到飞船，驾驶着它飞离月球，一小时后，地球已赫然在前，它立刻按下了降落电钮，之后开始整理自己的东西，但不小心触着了墙上的锁机按钮，忽然飞船风似的下降，它往控制台的屏幕上一看，那刺眼的红字令它眩晕，那上面赫然写着："本飞船已锁死，无法控制！""嗵！"飞船砸到了降落跑道上，但飞船和迈克尔安然无恙。后来，因为迈克尔收集标本有功，被狗王封为飞船发射场经理。 **指导老师 任彩仙**

★ 邮购父母

桃园小学　四年级　王佳琪

　　他推开父母房间门，一看！天啊！自己的父母不见了！而且房间被收拾得干干净净，索尼一惊：怎么会？这时，他感觉到背后凉嗖嗖的，一只冰冷的手拍了拍他的背，他猛地回头，只见两个邮购的爸爸妈妈就站在他的身后，嘴里一字一句地说："宝－贝－我－们－去－游－乐－园－好－吗？"索尼很高兴，便和他们去了游乐园以及娱乐场所。

　　从此，索尼和他的爸爸妈妈整天只顾玩耍，学习成绩也

下降了。有一次，索尼又考了 55 分，同学们都嘲笑他，他这才知道是邮购的爸爸妈妈害了他。他大叫道："我不要邮购的爸爸妈妈，我要我自己的爸爸妈妈！"刚说完，他便惊醒了。

索尼惊出一身冷汗，原来是一场梦啊！他从床上坐起，奔向爸爸妈妈的房间，拉开门一看！自己的父母不见了！而且房间被收拾得干干净净。索尼一惊：完了！完了！跟梦里的一模一样，我可怎么办啊？正想着，一只"冰冷"的手拍了拍他的背，他刚想回头，只听后边两个熟悉的声音响起："宝贝，我们去游乐园好吗？"

索尼扭头定睛一看，是他自己的父母，他想起，今天是他的生日，那两个人是父母给他的惊喜呀！

索尼和父母一起去游乐园玩，看电影，看球赛……度过了幸福美满的一天。

★ 蚊子喝醉了

杏花岭小学　二年级　田雨佳

我生病了，浑身滚烫，奶奶用汾酒给我擦了全身来降温。

夜深了，家人都睡了，蚊子又悄悄地来吸我的血了。一只大蚊子轻轻地对一只小蚊子说："宝贝，你先吸吧！你正在长身体，你一定要多吃点儿。"小蚊子扑上去闻，还没有等到喝上一口就东倒西歪地飞来飞去，最后一头撞到了玻璃上，死了。其余几只蚊子议论纷纷："这小蚊子怎么这么笨呀？连一口都没喝着就死了？……这到底是怎么回事呀，要不然咱们去看看。"这几只蚊子一起扑向了我，嘴刚碰了我一下，它们就开始摇摇晃晃、东倒西歪，有的一头撞到了墙上，有的一头栽到了地上，还有的撞到了天花板上、玻璃上，死了。老蚊子看到了这一切，好奇怪："咦，这是怎么回事？难道这个小姑娘施了什么魔法吗？我还是找大王去吧。"大王带领着一群蚊子兵将跟着老蚊子飞到我床边，大王朝我远远闻了一下，"不对，这个味道从前在哪儿闻过，是什么呢？哦，我想起来了，是酒。难道那些蚊子是喝

点评

文章有些悬疑色彩。从题目到内容，从开头到结尾，始终被一种亦真亦幻的感觉笼罩着。特别是两个相同情节的描写，让人充分享受到了电影镜头蒙太奇式的阅读快感。全文风格另类，仿佛是从小说中抽出来的一个章节。唯其另类，故而耐读，这是小作者的成功之处。

王海华

点评

多么充满童趣的一篇短文！小作者设定了生病这样一个场景，以拟人化的写法，把蚊子写活了。生动、有趣，一颗童心化为一篇真挚之文。只可惜小作者这种"以汾酒大灭活蚊"的招数属于独门秘笈，不可普及推广啊。

王海华

七彩童谣

517

THE WORKS
Sunlight Angel
Little reporter

醉啦？……大王您有没有解药呀？……没有，咱们还是快逃吧，以后谁也别再惹这个小姑娘了！"

哈哈！从此每晚我都能安然入睡。

花儿与叶子

桃南小学　四年级　张　昊

春天的时候，柳绿花红，莺歌燕舞，百鸟争鸣。青的草，绿的叶，五颜六色的花，像刚刚醒来一样，一切都是新的。春姑娘把一切装扮得那么漂亮。

然而，在一棵桃树上，发生了一件这样的事情：

一朵像胭脂一样红的桃花和一片像绿油漆刷过的绿油油的叶子在争吵。

花儿说："我们这么漂亮，你们那么丑陋，根本就不配当我们的护花使者。"

叶子说："没有我们给你们输送养料。你们就不会开得这么漂亮。"

花儿说："我们的生命虽然短，但是我们很漂亮，你们的生命虽然长，但是你们很丑陋。"

叶子说："你们虽然漂亮，但只是在享受，我们虽然丑陋，但我们是在奉献。"

就这样，她们一直吵到了夏天，初夏的时候，花儿开始落了，一片片，到了最后一片花瓣快要落下的时候，她哭着说："对不起，叶子哥哥，我们错了，我们不应该骂你们丑陋，你们虽然外表不是很漂亮，但是心却很美，你们有一颗无私奉献的心。"说完，她落下了。

阳光天使小记者　作品集

点评

一篇经过设计的童话，道理易懂，但作者构思成现在的文章，很不容易。结尾不错，就是一个结果。古人说：朝闻夕死，就是说早晨明白了道理，即使晚上死去了也是值得的。"她落下了"一句体现了这种意境。

冯海

鸟儿与老树

五一路小学　四年级　袁满杰

　　鸟儿和老树是好朋友。老树给鸟儿遮风避雨，鸟儿天天给老树唱歌。冬天到了，鸟儿必须离开老树回南方去，老树有点舍不得。小鸟答应明年春天再回来，继续给老树唱歌。

　　春天来了，鸟儿又回来找她的朋友。可她的老树朋友，因为太老了，倒在河里，被河水冲走了。小鸟找到大河问："大河，大河，你把我的老树朋友冲到哪里去了？"大河说："老树已经被我冲到瀑布那里去了。"小鸟来到瀑布前，发现这里并没有老树。只见瀑布下面的河岸上有一株牵牛花，在它的叶片上还爬着蜗牛先生。小鸟赶紧又问蜗牛："你看见我的朋友老树了吗？"蜗牛说："它被大河冲下来以后就又从这里滚走了。"

　　小鸟走过一段平坦的小路，发现蟋蟀先生正在造它漂亮豪华的住宅。小鸟问："你知道我的老树朋友的事情吗？"蟋蟀说："它一路滚来，把它的种子撒了一路，不久在路的两旁就会长出它的孩子来。"小鸟又问："它呢？"蟋蟀说："瞧！它就在我的房子后面呢！"小鸟惊喜地看见了它的老树朋友就躺在不远的草丛中。它高兴地飞到老树身边，为老树唱起了动听的歌！

点评

　　很有意境，作者的想象里有时间，有空间，这种结构文章的方式在许多文学名篇里有过。时间和空间是一言难尽的，希望作者及时捕捉，多多成文。

　　　　　　　冯海

一场梦

兴华街小学　二年级　马玉聪

　　有一天，那是一天早上，由于地球上有严重的污染，我不想在地球上待了。我想到银河上生活。

　　我来到了东风航天城，坐上了飞船，这里好暖和啊！我打开了发动机，很快就起飞了。

　　一个小时之后，飞船很快就飞到了银河。银河上有清清的河水，绿色的草坪，美丽的小鸟，还有多彩的太阳。在银河上也能看到地球，可是地球上的空气太脏了。

我什么时候能把我的爸爸和妈妈接来就好了。正在想的时候，我突然睁开了眼睛，这时才知道原来是一场梦啊！醒来之后，看见妈妈在做饭，爸爸在看报，我就到厨房告诉了妈妈，又去爸爸那里说了我的梦，爸爸说："你这个梦真有意思啊！"

指导老师　郝晓华

科学家奇遇记

万柏林区大唐小学　四年级　张钊瑞

在森林深处，有一个从来没有人知道、没有人去过的地方，里面住着一些快灭绝的动物。

因为没有人知道这个地方，所以这里的生活舒服极了，安静极了。可是有一天，一位科学家迷路了，竟然进了这个一直没人知道的地方。还累倒了，在他危难的时候，是一只小猴子救了他，他醒来发现自己躺在床上，一只小猴子用很标准的汉语跟他说："您好，我叫陶陶。"科学家惊奇地说不出话来，半天才回过神说："上帝呀，你……竟然……然……在说话。"猴子对科学家说："怎么啦，你们人类学外语，动物就不能学吗？"科学家又说："可是我们学外语有学习机才能学呀。"小猴说："你是不是说这个东西。"猴子拿出一个类似"步步高"模样的机器，原来是让动物学人话的机器。科学家问："你们的科技很发达，那你们一定有一些枪、炮之类东西，为什么你们的同伴被杀掉？""枪和炮是什么东西，难道是杀我们同伴的东西？"猴子不解地问。科学家点了点头。这时河马大叔一边叹气一边说："请您救救我们，像我们应该在水里生活，现在我们的孩子都长得怪怪的。"其他动物也七嘴八舌地说了起来，这时科学家向它们保证，出去以后一定会保护它们。

科学家后来组织了"保护动物协会"。一天，科学家的家里有很多萤火虫，组成了一行字，"谢谢你对我们的帮助，相信我们未来会更加美好。"

指导老师　张晓婷

☆ 鲸的自述

太师二附小　五年级　陈朝淞

　　有很多人看到过象，都觉得象是一种很大的动物，其实，我和我的朋友比他们大很多呢。我是鲸鱼中体形较小的种类——虎鲸。由于我们性情凶猛，能捕食比我们个头更大的猎物。我们得了一个绰号叫"海中之虎"，怎么样，厉害吧？

　　我们鲸是个大家族，最大的有16万公斤重，最小的也有2000公斤重。在中国发现过 "一位"4万公斤重的长须鲸，约17米长，一条舌头就有十几头奶牛那么重。它要是把嘴巴张开，有两米多高。

　　别看我们现在生活在海洋里，可我的祖先是生活在陆地上的。后来由于生存环境发生了变化，它们被迫来到了浅海地区，最后，又经过了很长很长的年代，它们才像今天一样在海里生存了。

　　我们跟别人一样用肺呼吸，但为了适应水中生活，我们把鼻孔长在脑袋上。呼气的时候浮出海面，从鼻孔里喷出气来，把肚子里的水也喷向天空，就像花园里的喷泉一样，等吸足了气，再潜入海中。

　　我们每天都要睡觉，睡觉的时候，总是"几位"聚在一起，我们通常会找一个比较安全的地方，头朝里，尾巴朝外地在一起呼噜呼噜地大睡。

　　可由于人类对海洋的污染越来越严重，许多地方我们已无法生存。我们的数量也在急速地下降，也许过不了多久，我们就会灭绝，你们人类就再也见不到我们了。人类啊，求求你们了，帮帮我们吧！

指导老师　刘彩萍

★ 点评

　　你的妙笔为我们与鲸的沟通架起了一座桥梁。跟文中这只勇猛、庞大的虎鲸交谈，我们对它的外形、生活习性有了更形象的了解。结尾的深情呼吁，更能打动读者的心。这篇小短文改得很成功，用自我介绍的方式娓娓道来，读起来感到亲切、自然、真实而且妙趣横生。

张瑞萍

蛇和喜鹊

太原市实验小学　四年级　梁鑫宇

　　一天，有一条蛇被砍成了两断，死了。喜鹊看见了，非常伤心。她从天河里衔了一块泥，把蛇的身体接上，又从天河里含了一口水洒在蛇的伤口上，蛇被奇迹般地救活了。

　　过了一会儿，蛇醒了。它对喜鹊说："喜鹊妹妹，谢谢你救了我。"喜鹊笑着说："蛇大哥，不用谢，这是我应该做的。"这时，天色已晚。喜鹊对蛇说："蛇大哥，我该回家了，愿你天天开心，再见。"说完喜鹊向天河飞去。第二天，喜鹊带了一些蛇爱吃的东西向蛇家飞去。过了半小时，喜鹊来到了蛇家门口朝着屋里说："蛇大哥，我来给你送饭来了。"听到喜鹊的声音，蛇连忙穿好衣服，爬向门口。它一看喜鹊带来的食物就流出了口水。正在这时，一位猎人出现了，它一看到喜鹊就拿起枪来打喜鹊，喜鹊一看不妙，连忙扇动翅膀想飞走，可是猎人已经把子弹射了出来。"砰"的一声，喜鹊被猎人打死了。蛇一看见喜鹊死了，非常伤心，心中火冒三丈，飞快地爬到猎人身上，对猎人疯狂地乱咬，不一会儿，猎人就被蛇咬死了。

　　到了第二天，蛇为它的恩人——喜鹊举办了隆重的葬礼。

指导老师　邢彦芳

★ 点评

　　小作者非常会讲故事，通过一个寓言式的故事，让我们明白每个生命都需要相互呵护，每个生灵都应该和谐相处。如果每个小记者都能讲好故事，写文章也就不是难事了。

王海华

搭建更广阔的人生舞台

杨 进

秋天来了！在这个收获的季节,阳光天使小记者的书也快和大家见面了。对于孩子、家长、老师,对于我们和所有关心孩子成长的人们,这真是一件开心的事儿。

书中所收文章都是太原晚报阳光天使小记者的作品,都发表在《太原晚报》学校周刊上。除 2007 年 8 月至 2008 年底的文章外,我们把 2009 年小记者上"两会"的作品也及早地收了进来。

阳光天使小记者作品集(第一辑)和秋天一道来临,真是一个好的兆头。小记者作品集的问世,既是对我们工作的回首,也是对所有小记者这段人生经历的一份总结。在这里,大家可以充分地感受到小记者们成长的脚步声。

太原晚报阳光天使小记者团是 2007 年 8 月 22 日成立的,太原晚报学校周刊也是同年 7 月 6 日创办的。到今天,小记者团和学校周刊都整整两岁啦。两年来,我们经历了许许多多。"这里,有体验、有采访、有情感的交流、有心灵的碰撞。这里,有欢笑、有泪水、有飞扬的激情、有深刻的沉思。这里,是快乐成长的摇篮。阳光天使小记者团是一片天空,可以任孩子们自由翱翔。阳光天使小记者团是一方舞台，可以让孩子们绽放光彩。"

阳光天使作品集的大部分文章是小记者们参加各种社会实践活动后的真实感受，其最大特点是：情感丰富，思路清晰，自然清新，充满童趣，具有一定的观察能力。这也是我们所竭力倡导的。不虚情，不假意。我手写我心。新思维，新表达，真体验。用自己的语言和喜好，说自己想说的话，写自己真实的体验，哪怕是一丁点小感觉。这是学校周刊"作文"的定位，也多多少少蕴藉着我们些许忧虑。本来，写作是一件有趣的、高兴的事儿，但我们在大量堆砌辞藻的背后看到许许多多的痛苦不堪、愁眉苦脸。本来，童言无忌。孩子的语言应该鲜活、生动，鲜嫩欲滴，但扑入我的眼帘的往往是板着面孔的大话、套话、假话。孩子们的真情实感哪里去了？孩子们的想象力、创造力哪里去了？应试教育的孩子怎么如此这般地早熟？

两年来，我们时时刻刻惦记着一份责任、一份担当。不失时机地给孩子们创造接触社会、感受生活的平台，从小培养孩子们的现代公民意识。在组织小记者参加社会实践活动和主题征文活动的同时，还始终如一地给孩子们一些"作文"理念："怎么想的就怎么说，怎么说的就怎么写。""求真实，有思想，讲技巧。""写真实的生活，诉真实的情感，真是善和美的灵魂。""手随心动，文由情出。""写作可以探究思考和情感的奥秘。""细心观察，用心体会，写出自己的真情实感。"

两年来，我们和阳光天使小记者们一起成长，一起收获欢笑，一起收获泪水。尤其是在小记者跑"两会"的日日夜夜里。那天，在南宫广场，与会的政协委员们惊奇地发现，人群中多了一群小孩儿。大家都有些疑惑："这些小孩儿从哪儿来的？上'两会'干什么？""这么小的记者采访'两会'，这可是件新鲜事。""你们是哪个学校的？怎么上的'两会'呀？你们是怎么选拔出来的？"阳光天使小记者吸引了"两会"所有人的目光。他们成为"两会"最靓丽的风景。那天，小记者们在会场外采访了张兵生市长。他们沉着，不怯场，主动提问。张兵生市长说："在今天的开幕式上，我看到你们在奏国歌时行队礼，感到特别兴奋。小记者们这么小就关心国家大事，难能可贵。青少年正如早上八九点钟的太阳，太原市的美好未来与梦想需要由你们来完成。"第二天,《太原晚报》以显著位置刊发了他们撰写的独家报道:《书写未来从现在开始——访太原市市长张兵生》。小记者跑"两会",让人难忘。小记者《珍藏在心中的红马甲》、《勇敢见证成功》、《放飞梦想的地方》等感受"两会"的文章,让人心动。一位领导表示:在市"两会"期间,由太原日报社组织的太原晚报阳光天使小记者登上了参政议政的大舞台,他们活跃在采访一线,用录音笔和相机记录下代表、委员们履行职责、参政议政的风采,这是2009年太原市"两会"的一大亮点,给市"两会"带来了新气象。这在全国尚属创新举措,对培养孩子们从小关心国家大事、体验社情民意、关注家乡发展、感受国家民主政治建设的进程具有积极推动作用。

我们为阳光天使小记者而感动、自豪。我们的阳光天使小记者在茁壮成长。在小记者成长的路上,得到了社会各界的奖掖和扶持。我们和3500名阳光天使小记者心存感激,将铭记在心。2009年4月26日,市长张兵生为小记者题辞:"阳光天使小记者,书写未来从现在开始。"2008年11月29日,市委常委、宣传部长范世康,太原市委副秘书长、太原日报社社长赵国柱分别题辞:"希望阳光天使小记者积极参加社会实践活动,不断丰富人生阅历,将来成为优秀的新闻工作者,成为有益的社会活动家。""阳光天使小记者,祖国新闻事业的未来。"2008年11月5日,共青团太原市委书记马皖东、太原市教育局局长马兆兴分别寄语小记者:"小记者的活动对孩子们了解社会,接触社会,关注民生现实,认识更多的同龄人都有好处。""学习不仅仅是在课堂上、在学校里,更是在生活中,在社会这个大家庭里,希望小记者们勇敢地走出校园,用心灵去感悟,用思维去创造,用语言去表达。希望更多的孩子能够积极参与,为自己的生命添上更加精彩的一笔,也希望太原晚报阳光天使小记者团更有活力和凝聚力!"

感谢所有关心、支持、帮助太原晚报阳光天使小记者团和太原晚报学校周刊的朋友们。

阳光天使小记者团

2007年8月至2008年12月
大事记

阳光天使小记者 作品集

2007年8月16日	"我和交警叔叔同站岗"活动
22日	太原晚报阳光天使小记者团正式成立
29日	小记者团徽标揭晓
2007年9月26日	"我看太原新变化"主题征文
2007年10月24日	"集体舞，跳起来"主题征文
2008年1月16日	新年贺卡大赛
25日	"我是挑书大赢家"活动
2008年2月14日	"我与热线记者面对面"活动
27日	"我家的春节故事"征文
2008年3月19日	"让我们的家园更美好"征文

☆ 2008年5月7日 ｜ 母亲节征文：献给妈妈的爱

28日 ｜ "5·12"专题：我用自己的方式爱你

31日 ｜ "六一，我们和你在一起"大型活动

☆ 2008年6月14日 ｜ 奥运福娃乐园游活动

☆ 2008年暑假 ｜ 暑期系列征文活动：读本好书、听首好歌、看部好片、网游争锋

☆ 2008年8月5日 ｜ "走进农家，体验乡情"夏令营活动

22日 ｜ "与奥运同行，感受运动乐趣"活动

27日 ｜ "我家的春节故事"征文

30日 ｜ "为奥运加油"主题征文

☆ 2008年9月10日 ｜ 教师节主题征文：老师，您辛苦了

17日 ｜ "中秋抒怀"主题作文

23日 ｜ 小记者采访少代会

☆ 2008年10月22日 ｜ "秋的随想"征文

☆ 2008年11月19日 ｜ "瞧，我们这个班"主题作文

29日 ｜ 小记者走进读者节活动

☆ 2008年12月10日 ｜ "我的读报生活"主题作文活动

31日 ｜ "2008我为你喝彩"主题作文

阳光天使小记者之歌

1=G 2/4
自豪、欢快地

张奕欣 词
蒋言礼 曲

图书在版编目（CIP）数据

阳光天使小记者 作品集/赵国柱主编. —太原: 山西人民
出版社，2009.8

ISBN 978-7-203-06561-6

Ⅰ.阳…　Ⅱ.赵…　Ⅲ.作文—中小学—选集　Ⅳ.H194.5

中国版本图书馆 CIP 数据核字（2009）第 146388 号

阳光天使小记者　作品集

主　　编：	赵国柱
责任编辑：	贺　权
助理编辑：	徐晓宇
装帧设计：	0351 视觉设计机构
出 版 者：	山西出版集团·山西人民出版社
地　　址：	太原市建设南路 21 号
邮　　编：	030012
电　　话：	0351-4922220（发行中心）
	0351-4922235（综合办）
E-mail：	fxzx@sxskcb.com
	web@sxskcb.com
	Renmshb@sxskcb.com
网　　址：	www.sxskcb.com
经 销 者：	山西出版集团·山西人民出版社
承 印 者：	山西出版集团·山西人民印刷责任有限公司
开　　本：	787mm × 1092mm　　1/16
印　　张：	33
字　　数：	600 千字
印　　数：	1-5 000 册
版　　次：	2009 年 9 月第 1 版
印　　次：	2009 年 9 月第 1 次印刷
书　　号：	ISBN 978-7-203-06561-6
定　　价：	76.00 元

如有印装质量问题请与本社联系调换